Kohlhammer

Hartmut Kreikebaum †
Dirk Ulrich Gilbert
Michael Behnam

Strategisches Management

8., überarbeitete Auflage

Verlag W. Kohlhammer

8., überarbeitete Auflage 2018

Alle Rechte vorbehalten
© W. Kohlhammer GmbH Stuttgart
Umschlagabbildung: © Vally – Fotolia.com, © Michael Brown – Fotolia.com
Gesamtherstellung: W. Kohlhammer GmbH, Stuttgart

Print:
ISBN 978-3-17-031111-4

E-Book-Formate:
pdf: ISBN 978-3-17-031112-1

Für den Inhalt abgedruckter oder verlinkter Websites ist ausschließlich der jeweilige Betreiber verantwortlich. Die W. Kohlhammer GmbH hat keinen Einfluss auf die verknüpften Seiten und übernimmt hierfür keinerlei Haftung

Vorwort

Die erste Auflage dieses Lehrbuchs, damals noch mit dem Titel »Strategische Unternehmensplanung«, wurde von Prof. Dr. Hartmut Kreikebaum verfasst und erschien 1981 als Monographie im W. Kohlhammer Verlag, bevor wir im Jahr 2011 den Kreis der Autoren erweiterten. Nun liegt das Buch bereits in der 8. Auflage vor. Leider hat unser sehr verehrter akademischer Lehrer und väterlicher Freund, Hartmut Kreikebaum, die Fertigstellung dieser neuen Auflage nicht mehr erlebt. Er verstarb am 1. Juli 2016. In seinem Gedenken setzen wir die Arbeit an diesem erfolgreichen Lehrbuch weiter fort.

Die vorliegende 8. Auflage wurde vollständig überarbeitet, aktualisiert und vor dem Hintergrund unserer Erfahrungen mit dem Buch in Studium und Lehre weiterentwickelt. Wir entwerfen ein geschlossenes Prozessmodell des strategischen Managements, in welchem die Entwicklung und Umsetzung von Strategien wesentliche Elemente repräsentieren. Sie bilden das Kernstück der Arbeit von Strateginnen und Strategen in Unternehmen. Wir zeigen zudem, dass ein Strategieprozess nur dann Wirkung entfalten kann, wenn dieser umfassend in die Struktur, die Systeme sowie die Kultur eines Unternehmens eingebettet ist. Breiten Raum im Buch nehmen klassische aber auch viele neue Instrumente des strategischen Managements sowie praktische Beispiele ein. Besonders intensiv behandelt werden ferner die Herausforderungen für das strategische Management, die aus der Globalisierung resultieren.

Das Lehrbuch unterscheidet sich von anderen Konzepten des strategischen Managements in einem entscheidenden Punkt. Aus unserer Sicht kommt neben den traditionellen Aufgaben der Strategieentwicklung und -umsetzung der ethischen Reflexion von Folgen und Nebenfolgen unternehmerischer Handlungen eine entscheidende Rolle zu. In den meisten Ansätzen zum strategischen Management spielen ethisch relevante Fragen im Hinblick auf anstehende unternehmerische Entscheidungen keine oder nur eine sehr untergeordnete Rolle. Wir zeigen in unserem Ansatz, dass es eine nicht delegierbare Kernaufgabe des strategischen Managements darstellt, auch die ethische Verantwortung von Unternehmen gegenüber sämtlichen relevanten Stakeholdern zu thematisieren.

Bei der Bearbeitung dieses Lehrbuches erhielten wir vielfältige konzeptionelle, inhaltliche und redaktionelle Unterstützung. Unser besonderer Dank für ihr großes Engagement gilt den Mitarbeiterinnen und Mitarbeitern der Professur für Betriebswirtschaft, insbesondere Unternehmensethik, an der Universität Hamburg. Zu nennen sind hier vor allem Alexandra Christiansen, Jordis Grimm, Kira Herrenknecht, Kevin Högy, Jannis Hollnagel, Kristin Huber, Morten Luchtmann, Maximilian Schormair, Stephanie Schrage und Luisa Schümann. Besonders bedanken möchten wir uns zudem bei Frau Anna-Lena Maier, die die vielfältigen Aufgaben bei der redaktionellen Erstellung dieses Buches an der Professur koordiniert hat.

Schließlich gilt unser Dank Herrn Dr. Uwe Fliegauf vom Kohlhammer Verlag für die hervorragende Zusammenarbeit bei der Erstellung dieses Buches.

Hamburg und Boston, im Januar 2018

Dirk Ulrich Gilbert

Michael Behnam

Inhalt

Vorwort 5
Abbildungsverzeichnis... 11
Tabellenverzeichnis.. 14

Teil I Grundlagen.. 17

1 Begriffliche Abgrenzungen.... 17
   1.1   Planung 17
   1.2   Strategien... 23
   1.3   Strategisches Management.. 28

2 Zweck des strategischen Managements 34

3 Anmerkungen zum Status quo der Forschung im strategischen Management 39
   3.1   Entwicklungsgeschichte: Von der Finanzplanung zum strategischen Management... 39
   3.2   Forschungs- und Arbeitsbereiche im strategischen Management.......... 46

Teil II Eine Konzeption des strategischen Managements 55

1 Zum Prozesscharakter des strategischen Managements 55

2 Unternehmerische Vision und strategische Zielplanung................. 60
   2.1   Bedeutung und Funktionen der Vision 60
   2.2   Relevanz von Leitbildern für die Umsetzung der Vision 64
   2.3   Präzisierung der unternehmerischen Vision durch das Setzen von Zielen.. 67
       2.3.1   Content: Ziele und Zielsysteme............................ 68
       2.3.2   Process: Die Ableitung von Zielinhalten..................... 72

3 Segmentierung und strategische Analyse 76
   3.1   Segmentierung 76
       3.1.1   Bedeutung und Aufgabenbereiche der Segmentierung............ 76
       3.1.2   Externe Segmentierung des Marktes: Strategische Geschäftsfelder.......... 77

		3.1.3	Interne Segmentierung des Unternehmens: Strategische Geschäftseinheiten	83
	3.2	Strategische Analyse		89
		3.2.1	Bedeutung und Aufgabenbereiche der strategischen Analyse	89
		3.2.2	Analyse der Unternehmenssituation und Identifikation von Kernkompetenzen	91
		3.2.3	Analyse der Umwelt	103
		3.2.4	Strategische Prognose und Frühaufklärung	109
		3.2.5	Grenzen der strategischen Analyse	115

4 Strategieentwicklung und -bewertung ... 119

- 4.1 Bedeutung und Aufgabenbereiche der Strategieentwicklung ... 119
- 4.2 Alternative Perspektiven der Strategieentwicklung ... 122
  - 4.2.1 Market-based View versus Resource-based View ... 122
  - 4.2.2 Intendierte Strategieentwicklung versus emergente Entstehung von Strategien ... 126
  - 4.2.3 Inkrementaler versus synoptischer Ansatz ... 128
  - 4.2.4 Strukturalistischer versus rekonstruktivistischer Ansatz ... 130
- 4.3 Organisatorische Ebenen der Strategieentwicklung ... 135
  - 4.3.1 Unternehmensstrategien ... 136
  - 4.3.2 Geschäftsbereichsstrategien ... 140
  - 4.3.3 Funktionalstrategien ... 142
  - 4.3.4 Unternehmensübergreifende Kooperationsstrategien ... 143
- 4.4 Ergebnisse der Strategieentwicklung ... 145
  - 4.4.1 Überblick ... 145
  - 4.4.2 Produkt-Markt-Strategien ... 147
  - 4.4.3 Generische Wettbewerbsstrategien ... 152
- 4.5 Integrative Betrachtung der Dimensionen von Strategie: Der »Strategy Diamond« ... 164
- 4.6 Bewertung und Auswahl von Strategiealternativen ... 169

5 Strategieimplementierung ... 174

- 5.1 Bedeutung und Aufgabenbereiche der Strategieimplementierung ... 174
- 5.2 Umsetzung strategischer Maßnahmenprogramme ... 178
  - 5.2.1 Ausgestaltung der Organisationsstruktur ... 178
  - 5.2.2 Ausgestaltung der Unternehmenskultur ... 181
  - 5.2.3 Ausgestaltung von Systemen ... 184
- 5.3 Durchsetzung strategischer Maßnahmenprogramme ... 187

6 Strategische Kontrolle ... 188

- 6.1 Bedeutung und Aufgabenbereiche der strategischen Kontrolle ... 188
- 6.2 Organisation der strategischen Kontrolle ... 191

7 Strategisches Management und ethische Reflexion ... 193
7.1 Bedeutung und Aufgabenbereiche der ethischen Reflexion ... 193
7.2 Konzeptionelle Zusammenhänge zwischen strategischem Management und ethischer Reflexion ... 197
7.2.1 Formale Zusammenhänge ... 197
7.2.2 Funktionale Zusammenhänge ... 198
7.2.3 Prozedurale Zusammenhänge ... 199
7.3 Implikationen für die Praxis des strategischen Managements ... 202

Teil III Instrumente im Rahmen des strategischen Managements ... 213

1 Überblick und empirische Relevanz von Instrumenten im strategischen Management ... 213

2 Instrumente zur Unternehmensanalyse ... 216
2.1 Potenzial- und Lückenanalyse (Gap-Analyse) ... 216
2.2 Wertkettenanalyse ... 219
2.3 Activity-System-Maps ... 224
2.4 Geschäftsmodellanalyse ... 227
2.5 Produktlebenszyklusanalyse ... 236
2.6 ABC-Analyse ... 239

3 Instrumente zur Umweltanalyse ... 242
3.1 Konkurrentenanalyse ... 242
3.2 Benchmarking ... 244
3.3 Branchenstrukturanalyse ... 248
3.4 Marktanalyse ... 252
3.5 Instrumente zur expliziten Berücksichtigung der Unsicherheit ... 257

4 Integrative Instrumente ... 259
4.1 SWOT-Analyse ... 259
4.2 Szenarioanalyse ... 264
4.3 Portfolio-Analysen ... 268
4.3.1 Marktanteil-Marktwachstum-Portfolio ... 269
4.3.2 Marktattraktivität-Wettbewerbsvorteil-Portfolio ... 274
4.3.3 Technologie-Portfolio ... 276
4.3.4 Kritische Stellungnahme ... 277

5 Instrumente zur Strategieimplementierung ... 280
5.1 Balanced Scorecard ... 280
5.2 Budgetierung ... 287

6 Kritische Überprüfung der Instrumente und Entscheidungshilfen ... 289

**Teil IV Herausforderungen für das strategische Management
im Rahmen der Globalisierung** 293

1   **Der Begriff der Globalisierung** 293
    1.1   Dimensionen der Globalisierung 294
    1.2   Ebenen der Globalisierung................................... 295

2   **Besonderheiten eines strategischen Managements im globalen Wettbewerb** 297
    2.1   Formulierung der Vision im globalen Wettbewerb.............. 297
    2.2   Segmentierung auf globaler Ebene 302
    2.3   Strategische Analyse im globalen Kontext.................... 304
          2.3.1   Analyse der Umwelt 305
          2.3.2   Analyse der Unternehmenssituation 309
    2.4   Strategieentwicklung im globalen Kontext 310
          2.4.1   Theorie des monopolistischen Vorteils nach Hymer/Kindleberger 311
          2.4.2   Die Internalisierungstheorie nach Buckley/Casson..... 316
          2.4.3   Die Stufenstrategie nach Johanson/Vahlne............ 323
          2.4.4   Der Koordinations- und Konfigurationsansatz nach Porter 327
          2.4.5   Die transnationale Strategie nach Bartlett/Ghoshal 328
    2.5   Strategieimplementierung auf globaler Ebene 333
    2.6   Zur strategischen Kontrolle im globalen Wettbewerb.......... 337

Literaturverzeichnis. 339

Abbildungsverzeichnis

Abb. 1.1:	Der Aufbau von Teil I im Überblick	16
Abb. 1.2:	Strategieprozessmodell nach Andrews	29
Abb. 1.3:	Dimensionen des strategischen Managements	53
Abb. 2.1:	Der Aufbau von Teil II im Überblick	54
Abb. 2.2:	Prozessmodell des strategischen Managements	57
Abb. 2.3:	DuPont-Kennzahlensystem	70
Abb. 2.4:	ZVEI-Kennzahlensystem	71
Abb. 2.5:	Zusammenhang von strategischen und operativen Zielen	73
Abb. 2.6:	Zweidimensionale Produkt-Markt-Matrix eines Maschinenherstellers	80
Abb. 2.7:	Geschäftsfeldabgrenzung nach der Inside-out-Methode	81
Abb. 2.8:	Marktmodell zur Bestimmung von Geschäftsfeldern	82
Abb. 2.9:	Unterscheidung zwischen strategischen Geschäftsfeldern und -einheiten	86
Abb. 2.10:	Prozess der strategischen Unternehmensanalyse	91
Abb. 2.11:	Identifikation von Kernkompetenzen	93
Abb. 2.12:	Arten von Ressourcen in Unternehmen	94
Abb. 2.13:	Nicht-Imitierbarkeit von Ressourcen als Differenzierungspotenzial	97
Abb. 2.14:	Die VRIO-Methode zur Ermittlung von Kernkompetenzen	98
Abb. 2.15:	Anwendung der VRIO-Methode zur Ermittlung von Wettbewerbsvorteilen	99
Abb. 2.16:	Stärken/Schwächenprofil einer Geschäftseinheit	102
Abb. 2.17:	Arten von Umweltbedingungen	104
Abb. 2.18:	Abnehmende Manövrierfähigkeit bei wachsender Häufung der schwachen Signale	111
Abb. 2.19:	Zusammenhang zwischen strategischer Frühaufklärung und strategischem Management	112
Abb. 2.20:	Filterstufen im Rahmen der strategischen Analyse	117
Abb. 2.21:	Structure-Conduct-Performance Paradigma	122
Abb. 2.22:	Argumentationslogik des Market- und Resource-based View	125
Abb. 2.23:	Types of Strategies	127
Abb. 2.24:	Organisatorische Ebenen der Strategieentwicklung	136
Abb. 2.25:	Coopetition	144
Abb. 2.26:	Produkt-Markt-Matrix nach Ansoff	147
Abb. 2.27:	Diversifikationstypen nach Ansoff	148
Abb. 2.28:	Anpassungskreislauf nach Miles/Snow	153
Abb. 2.29:	Generische Wettbewerbsstrategien nach Porter	157
Abb. 2.30:	Zusammenhang zwischen Rentabilität und Marktanteil: »Stuck in the Middle«	159
Abb. 2.31:	Strategy Diamond – Die fünf Hauptdimensionen einer Strategie	165

Abb. 2.32:	Die fünf Hauptdimensionen der Strategie von IKEA	167
Abb. 2.33:	Six barriers to strategy execution	175
Abb. 2.34:	The Eight Components of the Strategy Execution Process	177
Abb. 2.35:	Der strategische Kontrollprozess	189
Abb. 2.36:	Das System der strategischen Kontrolle	192
Abb. 3.1:	Der Aufbau von Teil III im Überblick	212
Abb. 3.2:	Nutzung von Instrumenten im strategischen Management	215
Abb. 3.3:	Potenzial- und Lückenanalyse (Gap-Analyse)	217
Abb. 3.4:	Modell einer Wertkette	219
Abb. 3.5:	Modell eines Wertshops – die Arztpraxis	221
Abb. 3.6:	Activity-System-Map von IKEA	225
Abb. 3.7:	Die vier Elemente eines Geschäftsmodells	230
Abb. 3.8:	Das Geschäftsmodell von Apple am Beispiel des iPhone	232
Abb. 3.9:	Der Produktlebenszyklus	237
Abb. 3.10:	Grafische Darstellung der ABC-Analyse	240
Abb. 3.11:	Konkurrentenanalyse	243
Abb. 3.12:	Prozess des Benchmarking	246
Abb. 3.13:	Profitabilität verschiedener Branchen	249
Abb. 3.14:	Elemente der Branchenstrukturanalyse	250
Abb. 3.15:	Vorgehen im Rahmen der Branchenstrukturanalyse	251
Abb. 3.16:	Kriterien zur Durchführung der Marktanalyse	253
Abb. 3.17:	SWOT-Analyse	262
Abb. 3.18:	SWOT-Analyse-Matrix	263
Abb. 3.19:	Modell der Szenariotechnik	266
Abb. 3.20:	Marktanteil-Marktwachstum-Portfolio (BCG-Matrix)	270
Abb. 3.21:	Normstrategien des Marktanteil-Marktwachstum-Portfolios	272
Abb. 3.22:	Zielportfolio eines Unternehmens	273
Abb. 3.23:	Marktattraktivität-Wettbewerbsvorteil-Portfolio	275
Abb. 3.24:	Empfohlene strategische Schlussfolgerungen aus dem McKinsey-Portfolio	276
Abb. 3.25:	Aufbau der Balanced Scorecard	281
Abb. 3.26:	Vereinfachte Darstellung einer Balanced Scorecard	282
Abb. 3.27:	Vorgehen im Rahmen der Strategieumsetzung mit der Balanced Scorecard	283
Abb. 3.28:	Die Strategy Map für Solvay und Quintiles	285
Abb. 3.29:	Vergleich der Ansätze »Better Budgeting« und »Beyond Budgeting«	289
Abb. 4.1:	Der Aufbau von Teil IV im Überblick	292
Abb. 4.2:	Formulierung einer weltweit ausgerichteten Vision	298
Abb. 4.3:	Bild der Unternehmensvision	299
Abb. 4.4:	Vier Ebenen der globalen sozialen Unternehmensverantwortung (Global Corporate Social Responsibility)	301
Abb. 4.5:	Portfolio zur Wettbewerbsanalyse	308

Abb. 4.6:	Argumentationslogik der Theorie monopolistischer Vorteile	313
Abb. 4.7:	Argumentationslogik der Internalisierungstheorie	319
Abb. 4.8:	Psychic Distance Chain	323
Abb. 4.9:	Establishment Chain	324
Abb. 4.10:	Internationalisierungsmodell von Johanson/Vahlne	325
Abb. 4.11:	Vier Typen von Internationalisierungsstrategien	328
Abb. 4.12:	Multidimensionale strategische Fähigkeiten bei transnationalen Unternehmen	330
Abb. 4.13:	Vier Normstrategien	331

Tabellenverzeichnis

Tab. 1.1:	Strategische versus operative Planung	20
Tab. 1.2:	Englischsprachige Journals zum strategischen Management	46
Tab. 1.3:	Denkschulen im strategischen Management	49
Tab. 1.4:	Wichtige Arbeiten zur Strategieinhaltsforschung	51
Tab. 2.1:	Vergleich ausgewählter Strategieprozessmodelle	56
Tab. 2.2:	Leitbilddefinitionen	65
Tab. 2.3:	Anforderungen an Leitbilder	66
Tab. 2.4:	Übersicht über mögliche Ziele in Unternehmen	69
Tab. 2.5:	Strukturalistischer vs. rekonstruktivistischer Ansatz	135
Tab. 2.6:	Wertbeitrag durch Parenting	138
Tab. 2.7:	Überblick über Arten von Strategien	146
Tab. 2.8:	Selektive Investitionen bei Singapore Airlines	163
Tab. 2.9:	Anforderungen an dialogfördernde Organisationsstrukturen	205
Tab. 2.10:	Ausgewählte Ethikmaßnahmen in der Praxis	206
Tab. 3.1:	Merkmale der Wertschöpfungskonfigurationen Wertkette, Wertshop und Wertnetzwerk	223
Tab. 4.1:	Umweltfaktoren für international tätige Unternehmen	307
Tab. 4.2:	Erwartete Internalisierungseffekte als Entscheidungsgrundlage des strategischen Managements	320
Tab. 4.3:	Stärken und Schwächen hinsichtlich der Multidimensionalität der transnationalen Unternehmen	330
Tab. 4.4:	Kategorisierungsraster zur Einordnung der Strategietypen	332

Abb. 1.1: Der Aufbau von Teil I im Überblick

Teil I Grundlagen

Das Gebiet des strategischen Managements ist für die Praxis wie für die betriebswirtschaftliche Theorie gleichermaßen von aktueller Bedeutung. Die Beschäftigung mit den strategischen Aspekten der Unternehmensführung erscheint nicht nur reizvoll, sondern auch notwendig, um die Handlungsfähigkeit von Unternehmen in einer Umwelt sicherzustellen, die durch zunehmende Unsicherheit und Komplexität geprägt ist. Das langfristige Überleben am Markt und die nachhaltige Erreichung unternehmerischer Ziele sind i. d. R. nicht vorrangig auf Indikatoren wie die Größe oder das Alter eines Unternehmens zurückzuführen, sondern vielmehr auf dessen erfolgreiche Strategien. Die Entwicklung und Umsetzung von solchen Strategien stellen deshalb zentrale Aufgaben für das Management von Unternehmen dar. Als heterogenes und stark durch die unternehmerische Praxis geprägtes Forschungsgebiet zeichnet sich das strategische Management jedoch immer noch durch einen Mangel an gesicherten Erkenntnissen, durch Uneinheitlichkeit der Begriffe, durch ordinale oder gar nur nominale Skalierung der Informationen sowie durch eine fast unüberschaubare Vielfalt an verschiedenen Ansätzen und modischen Tendenzen aus.

Um eine breite und nachvollziehbare Basis für das Verständnis des strategischen Managements zu schaffen, werden in diesem ersten Kapitel wichtige Grundbegriffe, der Zweck sowie die Entwicklungsgeschichte des strategischen Managements erläutert (▶ Abb. 1.1). Kritische Überlegungen zu den wesentlichen Forschungs- und Arbeitsbereichen im strategischen Management bilden dann die Überleitung zum zweiten Kapitel, in dem eine allgemein akzeptierte Konzeption des strategischen Managements detailliert entwickelt wird.

1 Begriffliche Abgrenzungen

1.1 Planung

Einen grundlegenden Bestandteil des strategischen Managements bildet die Planung zukünftiger und erfolgsrelevanter Aktivitäten. In Literatur und Praxis findet sich dabei häufig eine Gleichsetzung von »Planen« und »Planung«. Es erscheint jedoch angebracht, diese beiden Begriffe voneinander abzugrenzen. Das Wort »Planen«, im deutschsprachigen Raum seit dem 15. Jahrhundert gebräuchlich, leitet sich vom lateinischen »planta« (= Grundriss eines Gebäudes, Grundfläche) ab. »Planen« beinhaltet damit, einen Grundriss bzw. ein Schema zu entwerfen, wie etwas zu tun oder auszuführen ist. Im Gegensatz zu »Planen« bedeutet »Improvisieren« (lateinisch: improvisus = unerwartet, unvorhergesehen), ad hoc zu entscheiden, etwas dem Zufall zu überlassen, also planlos zu handeln.

Es sind im Wesentlichen vier inhaltliche Merkmale des Planens zu unterscheiden (Horváth 2000, S. 4–6; Macharzina/Wolf 2015, S. 408–410):

- Planen beinhaltet eine allgemeine geistige Beschäftigung mit der Zukunft. Es werden Programme entwickelt, welche die Grundlage zukünftiger Handlungen des Unternehmens darstellen. Da zukünftige Umweltentwicklungen von Unsicherheit geprägt sind, ist es notwendig, Prognosen und verschiedene Szenarien im Rahmen der Planung aufzustellen. Diese Prognosen und Szenarien dienen der Vorhersage von Entwicklungen sowie der Risikoreduktion.
- Planen ist durch Rationalität gekennzeichnet, die insbesondere durch das konkrete Prüfen alternativer Handlungsmöglichkeiten im Hinblick auf mögliche Umweltsituationen zum Ausdruck kommt. Dies bedeutet auch, dass Entscheidungsträger* methodisch und systematisch bei der Lösung von Planungsproblemen vorgehen, um die Zielerreichung des Unternehmens sicher zu stellen.
- Planen hat in Unternehmen einen repetitiven Charakter, da sich diese Tätigkeit zumeist über mehrere Perioden erstreckt und in regelmäßigen Abständen entwickelt, kontrolliert und verändert wird. Der wiederholende Charakter des Planens kommt außerdem dadurch zum Ausdruck, dass es in gleicher Form auf mehreren Ebenen im Unternehmen stattfindet. Die Ergebnisse dieser Pläne gilt es, strukturiert zu aggregieren und zu bewerten, um daraus konkrete Handlungen abzuleiten.
- Planen beinhaltet das Auswählen konkreter Handlungsalternativen im Sinne einer Entscheidung. Im Gegensatz zu Wild (1982, S. 39) wird hier die Auffassung vertreten, dass die Entscheidungsfindung Bestandteil des Planens ist, da nicht nur bei der Auswahl der bestmöglichen Handlungsalternative eine Entscheidung zu treffen ist, sondern mit jeder Teilstufe des Planungsprozesses Vorentscheidungen verbunden sind. Daraus ergibt sich, dass der Entscheidungsträger zugleich auch Planungsträger ist und der Entscheidungsakt in die Planung einzubeziehen ist.

Die Begriffe Planung bzw. Unternehmensplanung kommen erst seit dem 20. Jahrhundert in der deutschen Sprache vor. In Abgrenzung zum »Planen« wird unter »Planung« die zukunftsbezogene Tätigkeit verschiedener Planungsträger in Organisationen verstanden. Planung ist also diejenige kollektive Tätigkeit in Organisationen, die zum gegenwärtigen Zeitpunkt eine Entscheidung vorbereitet und unter verschiedenen Handlungsmöglichkeiten eine Alternative auswählt. Durch die Art der Planung werden die Struktur des Planungssystems und der Ablauf des Planungsprozesses bestimmt.

Das Ergebnis bzw. das Objekt des Planens und der Planung wird als Plan bezeichnet. Man kann einen Plan »im Kopf haben« oder schriftlich fixieren. Da beim Prozess der Planung mehrere Planungsträger beteiligt sind, sollte aus Gründen der gegenseitigen Information und der Koordination ein als Ergebnis von mehreren Planungstätigkeiten entstehender Plan in schriftlicher Form vorliegen. Dies gilt insbesondere in Großunternehmen, die eine Vielzahl von Hierarchieebenen aufweisen und in internationale Wertschöpfungsnetzwerke eingebunden sind, die es zu koordinieren gilt. Der Plan muss bezeichnen, wer, was, warum, womit, bis wann und unter welchen Annahmen errei-

---

* Im Interesse einer besseren Lesbarkeit wird nicht ausdrücklich in geschlechtsspezifischen Personenbezeichnungen differenziert. Das gewählte generische Maskulinum schließt eine adäquate weibliche Form gleichberechtigt ein.

chen soll. Wenn im Folgenden von Planung gesprochen wird, geschieht dies bezogen auf das Untersuchungsobjekt »Unternehmen«. Andere Arten von Planung sind z. B. Raumplanung, Verkehrsplanung und Bildungsplanung.

Diesen sicherlich einfach nachvollziehbaren Aspekten der Planung in Unternehmen stehen aber Schwierigkeiten gegenüber, die sich aus den folgenden Bedingungen einer Planungssituation ergeben:

- Über die künftige Entwicklung besteht prinzipielle Unsicherheit. Diese Erkenntnis ist so alt, wie sich Menschen mit der Erstellung von Plänen befassen. So stellte bereits Lorenzo di Medici fest: »Über das Morgen gibt es keine Gewissheit«.
- Da die zu planenden Gegenstände in der Realität ausgesprochen komplex sind, müssen im Allgemeinen sehr viele Faktoren erfasst werden. Die Unsicherheit wird durch die vielfältigen Verknüpfungen zwischen den einzelnen Faktoren noch potenziert. In Wirklichkeit muss deshalb stets eine Begrenzung auf die als wichtig angesehenen Faktoren sowie eine Gewichtung dieser Variablen vorgenommen werden.
- Insbesondere im Rahmen der Planung strategisch relevanter Aktivitäten sind, anstelle genauer quantitativer Angaben (metrische Skalierung), oftmals nur qualitative Aussagen (ordinale und nominale Skalierung) möglich.
- Das Eintreten des geplanten Ergebnisses hängt zumeist nicht nur vom eigenen Handeln, sondern auch von den Aktionen und Reaktionen der »Mitspieler« ab (Konkurrenten, Lieferanten, Kunden, Staat, Gesellschaft). Es liegt mithin eine doppelte Kontingenz des Handelns vor.
- Planung wird umso komplexer und damit umso schwieriger, je stärker verschiedene Anspruchsgruppen ihren Einfluss auf die Planung geltend machen. In international tätigen Unternehmen wird die Planung zusätzlich durch geografische Distanzen sowie politische und kulturelle Unterschiede erschwert.
- Pläne tendieren generell dazu, sich zu verselbstständigen. Es besteht z. B. die Gefahr, dass ein einmal verabschiedeter Plan auch bei einer Veränderung der ursprünglichen Bedingungen beibehalten wird.

Je nachdem, wie weit die Planung einer Organisation in die Zukunft reicht, unterscheidet man typischerweise

- kurzfristige Planung,
- mittelfristige Planung und
- langfristige Planung.

Als Planungszeitraum (Planungsperiode) bezeichnet man in diesem Zusammenhang die Zeitdauer, für die ein bestimmter Plan Gültigkeit besitzt. Der Planungszeitraum wird i. d. R. in Jahren angegeben und vor allem durch folgende Einflussfaktoren bestimmt:

- die Prognostizierbarkeit der Zukunft (ökonomischer Horizont, Planungshorizont) einschließlich Möglichkeiten der Informationsgewinnung,
- die zeitliche Reichweite bis zum Wirksamwerden der Maßnahmen sowie
- Planungsobjekte und langfristige Orientierungsdaten der Planung.

Die Vielschichtigkeit der Einflussgrößen lässt erkennen, dass keine allgemeingültigen Aussagen über die im Einzelfall sinnvolle Länge des Planungszeitraums getroffen werden können. Diese ist vielmehr produkt-, markt- und unternehmensspezifisch festzulegen. Dabei sind beispielsweise der Lebenszyklus der Produkte, ihre Entwicklungsdauer und die Kapitalbindungszeit ebenso zu berücksichtigen wie die zu lösenden Kundenprobleme.

Eine weitere, der Unterscheidung nach der Dauer des Planungszeitraums sehr ähnliche, aber nicht vollkommen deckungsgleiche Typologie, differenziert zwischen strategischer und operativer Planung (▶ Tab. 1.1). Diese Abgrenzung hängt in erster Linie davon ab, was man unter strategischer Planung bzw. unter Strategien versteht. Nach Gälweiler (1986, S. 152–153) hat die strategische Planung die Aufgabe, Ertragspotenziale zu schaffen und zu erhalten. Demgegenüber umfasst die operative Planung die möglichst optimale Ausschöpfung der bestehenden Ertragspotenziale. Aus der Tatsache, dass die strategische Planung neue Ertragspotenziale aufbauen soll, während die operative Planung das Beste aus dem Status quo machen soll, ergibt sich automatisch der längere Planungszeitraum der strategischen Planung im Vergleich zur operativen Planung.

Tab. 1.1: Strategische vs. operative Planung (Quelle: Thommen/Achleitner (2012, S. 956)).

Merkmale / Art der Planung	Strategische Planung	Operative Planung
Hierarchische Ebene	Schwerpunkt auf der obersten Führungsebene	Involvierung aller Ebenen; Schwerpunkt mittlere Führungsebenen
Unsicherheit	relativ groß	relativ klein
Art der Probleme	meistens unstrukturiert und relativ komplex	relativ gut strukturiert und oft repetitiv
Zeithorizont	Akzent langfristig	Akzent kurz- und mittelfristig
Informationsbedürfnisse	primär außerbetrieblich (Umwelt)	primär innerbetrieblich (Teilbereiche)
Alternativenauswahl	Spektrum der Alternativen grundsätzlich weit	Spektrum eingeschränkt
Umfang	Konzentration auf einzelne wichtige Problemstellungen	umfasst alle funktionellen Bereiche
Detailliertheit	relativ gering; globale Aussagen	relativ hoch; konkrete Aussagen

Neben diesem längeren Planungszeitraum zeichnet sich die strategische Planung vor allem durch folgende Merkmale aus:

- generelle Offenheit hinsichtlich der möglichen Optionen,
- hohe Unsicherheit,
- hohes Abstraktionsniveau und
- geringer Detaillierungsgrad der Planung.

Die operative Planung hingegen ist neben dem kürzeren Planungszeitraum vor allem gekennzeichnet durch

- eine geringere Reichweite an Alternativen,
- geringere Unsicherheit,
- stärkere Ausrichtung auf Ausführungsentscheidungen operativer Teilbereiche und
- ein höheres Ausmaß an Details.

In Theorie und Praxis besteht weitgehende Übereinstimmung darüber, dass der operativen Planung insgesamt die Aufgabe zufällt, die strategischen Entscheidungen in Einzelmaßnahmen der Teilbereiche des Unternehmens umzuformen (siehe dazu auch Szyperski/Winand 1980, S. 78). Wir verstehen unter operativer Planung die gesamte Planung, die sich im Rahmen und in Ausführung der strategischen Planung vollzieht. Die operative Planung findet auf der Ebene kleinerer Teilbereiche des Unternehmens (z. B. Funktionsbereiche: Einkaufsplanung, Personalplanung, Absatzplanung) statt.

Die strategische Planung besitzt eine große Tragweite und bezieht sich zumeist auf die Ebene des Gesamtunternehmens sowie die Steuerung des Portfolios von Geschäftseinheiten. Sie zielt insofern primär auf die Sicherung der Effektivität eines Unternehmens ab, während sich die operative Planung vorwiegend mit der Verbesserung der Effizienz beschäftigt (Grimm 1983; Hofer/Schendel 1978). Mit anderen Worten: Im Rahmen der strategischen Planung stellt sich insbesondere die Frage, ob man die richtigen Dinge tut (»Are we doing the right things?«), wogegen bei der operativen Planung eher die Frage im Vordergrund steht, ob man diese Dinge richtig tut (»Are we doing the things right?«).

Es ist schwierig, wenn nicht unmöglich, anzugeben, ab welchem konkreten Planungszeitraum man von strategischer Planung spricht. Dies liegt vor allem darin begründet, dass sich andere, definitorisch relevante Faktoren, wie z. B. die Unsicherheit bzw. Stabilität der Unternehmensumwelt, die Reaktionsgeschwindigkeit von Wettbewerbern oder die Bedeutung von staatlichen bzw. internationalen Regulierungsvorgaben zwischen verschiedenen Branchen erheblich unterscheiden. Somit kann ein mittelfristiger Planungszeitraum von drei Jahren für Unternehmen in hoch dynamischen und innovativen Branchen einen stark strategischen Charakter besitzen, während derselbe Planungszeitraum für Unternehmen in stabilen Branchen mit geringer Dynamik vor allem von operativen Aspekten geprägt ist.

Es lässt sich jedoch eine Wechselwirkung zwischen der Stabilität der Umwelt und der Länge des Planungszeitraums feststellen, die zu folgendem Dilemma führt: Je stärker die Turbulenz der Umweltbedingungen ist, desto langfristiger müsste die strategische Planung orientiert sein, desto geringer erscheinen allerdings wiederum die Einwirkungsmöglichkeiten des Unternehmens. Obwohl vielfach die Notwendigkeit zu einer längerfristigen Betrachtungsweise eingesehen wird, ist die gegenwärtige Praxis der strategischen Planung eher durch eine Zurücknahme und tendenzielle Verkürzung des Planungszeitraums gekennzeichnet.

Die im Verlauf des strategischen Planungsprozesses notwendigen Abstimmungsprozesse können in vertikaler und horizontaler Richtung verlaufen. Bei der vertikalen Abstimmungsrichtung wird ferner unterschieden zwischen

- Planung von oben nach unten (Top-down/retrograd),
- Planung von unten nach oben (Bottom-up/progressiv) und dem
- Gegenstromverfahren (Down-up).

Während dem Top-down-Verfahren eher ein synoptischer Ansatz zugrunde liegt, finden sich beim Bottom-up-Konzept stärker inkrementale Züge des Planungsprozesses. Im Folgenden gehen wir näher auf die Möglichkeiten der vertikalen Abstimmung ein.

Planung von oben versus Planung von unten
Das Verfahren der Planung von oben nach unten (Top-down) findet sich insbesondere in Unternehmen mit einer ausgeprägten Entscheidungszentralisierung. Hier übt die Unternehmensleitung maßgeblichen Einfluss auf die Festlegung der Visionen, der Strategien, der Maßnahmen sowie der Ziele aus und gibt langfristig den Rahmen für die weitere Planung vor. Der Vorteil dieses Verfahrens wird in der Eindeutigkeit der Planungsvorgaben sowie in der integrativen Wirkung gesehen. Zielkonflikte treten, zumindest theoretisch, so gut wie nicht auf, da die Unterziele aus den durch die Unternehmensleitung vorgegebenen Zielen retrograd abgeleitet werden. Die Nachteile dieses Verfahrens liegen in der ungenügenden Motivierung und in den sich hieraus ergebenden möglichen Widerständen der nachgeordneten Führungsorgane. Diese können sich insbesondere bei der Zielfindung übergangen fühlen. Außerdem besteht die Gefahr, dass die Oberziele zu unrealistisch sind, so dass ein weiterer Durchgang notwendig wird. Auf der anderen Seite erleichtert ein Top-down-Ansatz die Integration der Planung durch die Unternehmensleitung.

Im Gegensatz dazu geht man beim Verfahren der Planung von unten nach oben (Bottom-up) von den Erkenntnissen und Wünschen der letztlich für die Planungsdurchführung verantwortlichen Planungsträger aus. Da die Planung von unten nach oben verläuft, beinhaltet diese Form des Vorgehens eine stärkere Identifikation der Planungsträger mit der strategischen Planung. Dem steht jedoch der Nachteil gegenüber, dass die von unten nach oben entwickelten Planungsinhalte nicht den Vorstellungen der Unternehmensleitung zu entsprechen brauchen. Deshalb funktioniert die Planung von unten nach oben nur unter der Voraussetzung, dass übergeordnete Absichten der Unternehmensleitung bestehen und den verantwortlichen Planungsträgern bekannt sind.

Angesichts der geschilderten Nachteile sind beide Verfahren mit dem Mangel behaftet, dass sie die vertikalen Interdependenzen zwischen den vor- und nachgelagerten Plänen vernachlässigen.

Das Gegenstromverfahren
Dieses Verfahren behebt die genannten Probleme. In der amerikanischen Planungsliteratur wird es auch als »Top-down/Bottom-up« oder »Down-up« bezeichnet (Lorange 1980, S. 188). Das Gegenstromverfahren impliziert die Erstellung von Analysen durch die nachgeordneten Planungsträger (z. B. Sparten), während wesentliche Planungsprämissen, Strategien und Ziele für das Gesamtunternehmen als Rahmenbedingungen durch die Unternehmensleitung vorgegeben werden. Für die Erarbeitung von Spartenzielen und -strategien in dem so vorgegebenen Rahmen sind dagegen die Geschäftsbereiche selbst verantwortlich. Verschiedene Gremien in Unternehmen (z. B. Planungskomitees und Planungsausschüsse) übernehmen eine wichtige Rolle bei den nach dem Gegenstromverfahren ablaufenden Abstimmungsprozessen.

1.2 Strategien

Die Begriffe »Strategie« und »strategisch« sind zu Modewörtern und damit unklar und vieldeutig geworden (Beispiele: »strategische Motivation«, »strategische Kostenrechnung«, »strategisches Marketing«). Als Konsequenz ergibt sich daraus, dass diese Begriffe auch in Verbindung mit »Management« nur dann beibehalten werden können, wenn sie sorgfältig definiert und abgegrenzt werden.

Die etymologischen Wurzeln des Wortes »Strategie« lassen sich auf die altgriechischen Begriffe »stratos« (= Heer) und »agein« (= führen) zurückführen. In Griechenland wurden ab 550 v. Chr. die Heerführer und Feldherren »strategos« genannt, die ursprünglich eine rein militärische Funktion ausübten. Mit der Zeit nahm auch ihre Bedeutung in Verwaltung und Politik zu. In der Drakonischen Verfassung wurde um 500 v. Chr. in Athen ein Kollegium von zehn militärischen Oberbeamten eingesetzt, das sich »Strategia« nannte. Dieses Gremium war nicht nur für die Fragen der Kriegsführung verantwortlich, sondern bestimmte im antiken Griechenland auch die Politik, insbesondere die Außenpolitik. Damit wurde die Regierungsführung in wesentlichen Zügen verändert und eine Reihe von Strukturen geschaffen, die für die Entwicklung der Demokratie wesentliche Bedeutung hatte (Evered 1983, S. 58). Der Strategiebegriff wurde aus diesem Grund zunächst in einem allgemeineren Sinne, d. h. als Kunst der Staatsführung, aufgefasst.

Vom 15. Jahrhundert bis zum Ende des 18. Jahrhunderts n. Chr. war das Wort »Strategem« in Europa ein Begriff für die Kriegslist. Von der »Strategie« ist erst ab dem 19. Jahrhundert im Zuge der Napoleonischen Kriege die Rede (Evered 1983, S. 63). Das Mitglied des preußischen Generalstabs, Carl von Clausewitz (1780–1831), formulierte die folgende, für den militärischen Bereich wichtige und darüber hinaus weit beachtete Definition (von Clausewitz 1991, S. 345): »*Die Strategie ist der Gebrauch des Gefechts zum Zweck des Krieges; sie muss also dem ganzen kriegerischen Akt ein Ziel setzen, welches dem Zweck desselben entspricht, d. h. sie entwirft den Kriegsplan, und an dieses Ziel knüpft sie die Reihe der Handlungen an, welche zu demselben führen sollen, d. h. sie macht die Entwürfe zu den einzelnen Feldzügen und ordnet in diesen die einzelnen Gefechte an. Da sich alle diese Dinge meistens nur nach Voraussetzungen bestimmen lassen, die nicht alle zutreffen, eine Menge anderer, mehr ins Einzelne gehender Bestimmungen sich aber gar nicht vorher geben lassen, so folgt von selbst, dass die Strategie mit ins Feld ziehen muß, um das Einzelne an Ort und Stelle anzuordnen und für das Ganze die Modifikationen zu treffen, die unaufhörlich erforderlich werden.*«

Der Strategiebegriff wurde erst sehr viel später auf den betriebswirtschaftlichen Bereich übertragen. Nach diesem Verständnis stellt die Strategie ein zielorientiertes Rahmenkonzept für Taktiken dar, das unter Ungewissheit zu formulieren sowie im Lichte der jeweils aktuellen Umweltinformationen ständig zu überprüfen ist (Brockhoff 1999, S. 151).

Die Einführung des Strategiebegriffs in die betriebswirtschaftliche Literatur wurde insbesondere befördert durch die Spieltheorie. Nach von Neumann/Morgenstern (1967, S. 79) entspricht die Strategie eines Spielers einem »*Plan, der angibt, welche Wahl er (der Spieler, d. Verf.) zu treffen hat in allen nur möglichen Situationen, für jede nur mögliche wirkliche Information, die er in diesem Augenblick im Einklang mit dem Informationsschema, das die Spielregeln für diesen Fall vorsehen, besitzen kann*«. Die schwierige Übertragbarkeit des Strategiebegriffs der Spieltheorie auf die Unternehmenspraxis ist dadurch begründet, dass die zu bewältigenden Entscheidungen der Unternehmenspraxis i. d. R. zu komplex sind, um die maßgeblichen Variablen der jeweiligen Situation mit den Mitteln der Spieltheorie adäquat abbilden zu können. Außerdem spiegeln die in der Spieltheorie beschriebenen Situationen oftmals eher Probleme der operativen als der strategischen Planung wider (Anthony 1965).

In der Literatur hat sich im Bereich des strategischen Managements eine Vielzahl unterschiedlicher Definitionen des Strategiebegriffs herausgebildet. Basierend auf einer extensiven Literaturstudie betont Chaffee (1985, S. 89): »*Yet virtually everyone writing on strategy agrees that no consensus on its definition exists*«. Die Schwierigkeiten einer eindeutigen begrifflichen Abgrenzung des Strategiebegriffs begründet Mintzberg (1987b, S. 16) wie folgt: »*It is important to remember that no-one has ever seen a strategy or touched one; every strategy is an invention, a figment of someone's imagination.*« Selbst wenn eine Strategie schriftlich fixiert ist, bleibt sie immer ein gedankliches Konstrukt und kann sich niemals in einen physischen Gegenstand wandeln. Für Mintzberg (1987c, S. 29) und Barney (2011, S. 6–8) bezeichnet eine Strategie deshalb zunächst lediglich eine »Theorie«. Erst durch ihre Umsetzung in konkrete Maßnahmen kann schließlich bewiesen werden, ob diese Theorie erfolgreich war oder nicht. Um einen umfassenden Überblick über die Bedeutung des Strategiebegriffs zu bekommen, müssen deshalb stets die mit dem Konstrukt Strategie verbundenen Vorstellungen untersucht werden (Dannenberg 1990, S. 21). Für Mintzberg (1987b) ergeben sich daraus insgesamt fünf verschiedene Sichtweisen von Strategie, die er als die »5 Ps for Strategy« bezeichnet:

- Plan: Strategien bezeichnen einen Plan und definieren, was und wie ein Unternehmen bestimmte Ziele erreichen will. Dieser Definition folgend werden Strategien vorausschauend und intendiert entwickelt, um unternehmerische Ziele zu erreichen.
- Ploy: Strategien können als Spielzüge verstanden werden oder als geschickte Manöver, um Wettbewerber zu überlisten und zu bekämpfen. Die Strategie besteht hierbei oftmals nur in einer Ankündigung, bestimmte Maßnahmen durchzuführen, um Wettbewerber in ihren Handlungen zu beeinflussen.
- Pattern: Während Strategien, verstanden als »Plan« oder »Ploy«, lediglich Intentionen eines Unternehmens widerspiegeln, versteht man unter »Patterns« konkrete Muster von Entscheidungen sowie Handlungen eines Unternehmens, die bewusst ausgewählt werden, um am Markt erfolgreich zu sein. Demnach bezeichnen Strategien konsistente Verhaltensweisen eines Unternehmens, um Wettbewerbsvorteile zu erlangen.
- Position: Strategien beschreiben die Stellung des Unternehmens im Spannungsfeld zwischen der Umwelt und den jeweiligen Wettbewerbsbedingungen innerhalb einer bestimmten Branche. Durch die Strategie wird dabei zum einen festgelegt, wie Renten auf Märkten abgeschöpft und Ressourcen sinnvoll eingesetzt werden sollen. Zum anderen bestimmt die Strategie die Position des Unternehmens im Verhältnis zu den verschiedenen Wettbewerbern. Das Verständnis von Strategie als »Position« ist für Mintzberg kompatibel mit den bereits genannten Sichtweisen von Strategie. Eine »Position« kann durch einen »Plan« oder »Ploy« angestrebt und durch konkrete »Patterns« von Verhaltensweisen gesichert werden.
- Perspective: Während die Sichtweise von Strategie als »Position« versucht, die Stellung des Unternehmens in seiner externen Umwelt zu beschreiben, fokussiert die fünfte und letzte Verwen-

dungsart des Begriffs Strategie auf das Innere eines Unternehmens. Das Verständnis von Strategie als »Perspective« bezeichnet, wie ein Unternehmen seine externe Umwelt im Inneren wahrnimmt und sich vor diesem Hintergrund positioniert. Diese bestimmte Form der Weltanschauung repräsentiert das kollektive Bewusstsein und den »Charakter« eines Unternehmens und determiniert die Beziehungen zu den unterschiedlichen externen und internen Anspruchsgruppen.

Unternehmensstrategien sind vor diesem Hintergrund als ein mehrdimensionaler Zusammenhang von ersten Aktionen und Plänen bis zum endgültigen Erfolg durch eine Zielerfüllung charakterisiert. Inhaltlich können sie entweder konkrete Vorgaben für Handlungsanweisungen umfassen oder Planungsergebnisse enthalten, die unmittelbar in Handlungen umzusetzen sind. Als allgemeine Verfahrensrichtlinien machen sie Aussagen darüber, wie ein Unternehmen seine vorhandenen und seine potenziellen Stärken einsetzt, um Veränderungen in den Umweltbedingungen zielgerichtet zu begegnen (Chaffee 1985, S. 89; Ulrich 1990, S. 107). Entscheidend ist dabei, stets ein ganzes Bündel konkreter Aktivitäten zu kombinieren, um sich nachhaltig vom Wettbewerb abzuheben und einen aus Kundensicht einzigartigen Wert zu erzeugen. In den Worten Porters (1996, S. 64): »*Competitive strategy is about being different. It means deliberately choosing a different set of activities to deliver a unique mix of value*«. Nachhaltigen Erfolg haben Strategien für Porter jedoch nur dann, wenn die zahlreichen Einzelaktivitäten auch zueinander *passen*, d. h. einen »Fit« haben.

Neben dieser Definition von Porter und der Mintzbergschen Klassifikation des Strategiebegriffs finden sich in der Literatur zahlreiche weitere Versuche einer begrifflichen Abgrenzung. Die vielfach zitierte Unterscheidung von Chaffee (1985) vereint wesentliche Strömungen der Forschung im strategischen Management. Chaffee proklamiert drei sog. »Models of Strategy«:

- Lineare Strategie: Diese Sichtweise folgt der traditionellen Planungsschule und betont, dass Strategien aus integrierten Entscheidungen, Aktivitäten und Plänen bestehen, die bei der Setzung und Erreichung von Zielen helfen. Chandler ist ein prominenter Vertreter dieser Auffassung. Er betont: »*Strategy is the determination of the basic long-term goals of an enterprise, and the adoption of courses of action and the allocation of resources necessary for carrying out these goals*« (Chandler 1962, S. 13). Das lineare Modell geht davon aus, dass Top-Manager wesentlichen Einfluss auf die Steuerung von Unternehmen haben und das Wettbewerbsumfeld aktiv gestalten können.
- Adaptive Strategie: Dieser Sichtweise liegt die Annahme zugrunde, dass die Strategie eines Unternehmens sowie dessen vorhandene Ressourcen zu den jeweiligen Umweltbedingungen »passen« müssen, um Wettbewerbsvorteile erzielen zu können. Hofer (1973, S. 47) fasst dies pointiert zusammen, wenn er eine Strategie folgendermaßen charakterisiert: »*[Strategy is] concerned with the development of a viable match between opportunities and risks present in the external environment and the organization's capabilities and resources for exploiting these opportunities*«. Vor dem Hintergrund sich stetig wandelnder Umweltbedingungen muss Planung jedoch dezentralisiert erfolgen und ein hohes Maß an Flexibilität besitzen. Ähnlich wie ein biologischer Organismus, muss ein Unternehmen Anpassungsfähigkeit entwickeln, um langfristig zu überleben.
- Interpretative Strategie: Im Gegensatz zur linearen Sichtweise betont das interpretative Strategieverständnis, dass Top-Manager nur einen indirekten Einfluss auf die Organisation und deren

jeweilige Umwelt nehmen können. Die unternehmerische Realität wird nicht länger als objektiver Sachverhalt, sondern als Ergebnis sozialer Konstruktionen betrachtet. Chaffee (1985, S. 93) beschreibt diese Perspektive wie folgt: »*Strategy in the interpretative model might be defined as orienting metaphors or frames of reference that allow the organization and its environment to be understood by organizational stakeholders*«. Wettbewerbsvorteile können entsprechend auch nicht über eine Veränderung der Kombination physischer Ressourcenströme als vielmehr durch eine aktive Veränderung der psychischen Ressourcen, der Wahrnehmungen und Verhaltensweisen der Organisationsmitglieder, erreicht werden. Nur wenn die verschiedenen Stakeholder[1] an die unternehmerischen Ziele glauben, können Strategien erfolgreich sein.

Die im Rahmen der interpretativen Sichtweise von Strategie hervorgehobene Bedeutung von Stakeholdern hat in den letzten Jahren zunehmend Einfluss auf das strategische Management gewonnen. Der Aufbau und die Pflege von Beziehungen zu den Stakeholdern eines Unternehmens sind dabei zum einen ökonomisch begründet, zum anderen beruhen sie auf der Einsicht, dass Unternehmen eine ethische Verantwortung gegenüber ihren externen und internen Anspruchsgruppen haben. Während in klassischen Definitionen, wie z. B. bei Porter (1996), primär Wettbewerber als Stakeholder genannt werden, die bei der Strategieformulierung zu berücksichtigen sind, betonen neuere Ansätze zum strategischen Management die Relevanz einer Vielzahl von Stakeholdern, wie z. B. Investoren, Kunden, Mitarbeiter, Staat, politische Parteien und Nichtregierungsorganisationen, wenn es um die langfristige Sicherung des Unternehmenserfolges geht.

Insbesondere initiiert durch die Arbeiten von Freeman (1984) besteht heute weitgehend Konsens darüber, dass ohne die Berücksichtigung der Wertvorstellungen und Erwartungen von Stakeholdern sowie einer Pflege von tragfähigen Beziehungen zu diesen Gruppen, eine langfristig erfolgreiche Strategieformulierung kaum möglich ist (Hinterhuber 2015; Johnson et al. 2014). Traditionelle Ansätze im strategischen Management scheinen nur unzureichend in der Lage, die Komplexität der realen Beziehungszusammenhänge von Unternehmen zu erfassen. Sie bedürfen entsprechender Methoden, um die Zusammenarbeit mit den wesentlichen Stakeholdern strategisch auszurichten (Freeman/McVea 2005, S. 189–200). Dass die Verantwortungsfrage der strategischen Führung gegenüber den Stakeholdern eines Unternehmens oftmals vernachlässigt wurde und immer noch wird, erscheint umso verwunderlicher, als die moralische Dimension des Begriffs Strategie bereits seit den 1970er Jahren u. a. an der Harvard Business School immer wieder hervorgehoben wurde. Für Christensen/Andrews/Bower (1973, S. 110) besteht eine Strategie stets aus vier Komponenten. Sie beschreibt erstens die Marktchancen eines Unternehmens, zweitens reflektiert sie die vorhandenen Kompetenzen und Ressourcen einer Organisation, drittens macht sie Aussagen über Ziele und persönliche Werte der Führungskräfte, und viertens sollte sie stets die ethischen Konsequenzen der jeweiligen strategischen Alternativen gegeneinander abwägen. Diese Ideen greifen auch Porter/Kramer, die heute an der Harvard Business School tätig sind, in jüngster Zeit wieder verstärkt auf (Kramer/Pfitzer 2016; Porter/Kramer 2011). Sie fordern von Unternehmen ein radikales Umdenken und die Übernahme einer ethischen Verantwortung im Rahmen ihrer Wertschöpfungsprozesse. Demnach

---

1 »*A stakeholder in an organization is (by defintion) any group or individual who can affect or is affected by the achievement of the organization's objectives*« (Freeman 1984, S. 46). Im deutschen Sprachraum wird dieser Begriff zumeist mit Anspruchsgruppen oder Bezugsgruppen übersetzt.

sollen Unternehmen in Zukunft den sog. »Shared Value« in den Mittelpunkt des strategischen Managements stellen, d. h. sie sollen Wert in Unternehmen auf eine Art und Weise generieren, der zugleich auch Wert für die Gesellschaft schafft (siehe dazu auch Schormair/Gilbert 2015).

Vor dem Hintergrund der bisherigen begrifflichen Präzisierungen lassen sich zusammenfassend folgende charakteristische Elemente einer Strategie ausmachen:

- Unternehmensstrategien geben den Umfang und die allgemeine Richtung an, in die sich ein Unternehmen langfristig entwickeln will. Sie bezeichnen oftmals Pläne und stellen zunächst nur »Theorien« bzw. mentale Modelle in den Köpfen der Mitarbeiter dar. Strategien müssen deshalb stets durch nachfolgende Maßnahmen ergänzt bzw. ausgefüllt werden.
- Unternehmensstrategien lassen erkennen, in welcher Weise das intern vorhandene Potenzial unter Ausnutzung der bestehenden und der zukünftigen Stärken eingesetzt werden kann, um die Ziele des Unternehmens zu erfüllen. Strategien bezeichnen also eher den Weg als das Ziel. Sie bestehen zumeist aus einer Vielzahl miteinander verwobener Einzelentscheidungen bzw. maßnahmen, die einen Wettbewerbsvorteil begründen. Nachhaltigen Erfolg haben Strategien jedoch nur dann, wenn die zahlreichen Einzelaktivitäten einen »Fit« aufweisen.
- Unternehmensstrategien werden stets beeinflusst durch die Chancen und Risiken, die sich aus den externen Umweltbedingungen ergeben. Sie können letztere entweder aktiv gestalten oder reaktive Anpassungsstrategien sein.
- Das Ziel von Strategien ist die Befriedigung der Bedürfnisse der unterschiedlichen Stakeholder eines Unternehmens sowie der ethisch verantwortliche Aufbau nachhaltiger Erfolgspotenziale durch die Ausnutzung von Wettbewerbsvorteilen.

In Abgrenzung zu Andrews (1971, S. 28), Chandler (1962, S. 13) und Steiner (1969, S. 321) schließt der von uns verwendete Strategiebegriff den Prozess der Zielformulierung nicht explizit mit ein. Unternehmensstrategien bezeichnen hiernach nur ein »[...] *fundamental pattern of present and planned resource deployments and environmental interactions that indicates how the organization will achieve its objectives*« (Hofer/Schendel 1978, S. 25).

Abschließend sei angemerkt, dass in der Langfristigkeit ein weiteres, wesentliches Strukturmerkmal von Unternehmensstrategien zu sehen ist. Je nachdem, ob die Geltungsdauer oder die Umsetzungszeit einer Strategie betrachtet werden, ergeben sich zwar unterschiedliche zeitliche Planungshorizonte, die Wirksamkeit einer Strategie ist aber zumeist langfristiger Natur. Zum einen löst die Umsetzung von Unternehmensstrategien zahlreiche Maßnahmen aus, die sich über einen bestimmten Zeitraum erstrecken. Strategien müssen so umfassend formuliert sein, dass sie diese Maßnahmenketten und die zu deren Realisierung erforderliche Zeit einbeziehen. Zum anderen werden bei der Durchführung von Maßnahmen dauerhaft wirkende Bindungen eingegangen, z. B. durch Kapitaleinsatz, langfristig bindende Verträge und die Bereitstellung von Mitarbeitern. Weil diese Bindungen meist nicht beliebig oder nur mit hohen Aufwendungen wieder gelöst werden können, stellen sie für spätere Planungsperioden Daten dar. Allerdings kann die Fristigkeit strategischer Entscheidungen in Abhängigkeit von den Veränderungen der Umweltbedingungen durchaus variieren. In Industrien, die sehr kurze Produktlebenszyklen aufweisen (z. B. Unterhaltungselektronik und Computer), müssen strategisch relevante Entscheidungen oftmals eine sehr kurzfristige Wirkung entfalten, um das erfolgreiche Überleben des Unternehmens zu sichern. Verändern sich Rahmenbedingungen hingegen langsamer, können strategische Entscheidungen auch längerfristig geplant werden, ohne Wettbewerbsvorteile zu gefährden.

1.3 Strategisches Management

Abschließend ist zu begründen, worin der Ansatz des strategischen Managements besteht und wie dieser Begriff abzugrenzen ist. Moderne Konzeptionen des strategischen Managements entwickelten sich ursprünglich aus der Kritik an der »strategischen Unternehmensplanung«. Letzterer wurde erstens vorgeworfen, zu einem »versteinerten« Ritual für Planungsstäbe geworden zu sein, das sich periodisch wiederhole und hauptsächlich im Ausfüllen von Planungsformularen erschöpfe. Zweitens wurde kritisiert, dass die strategische Unternehmensplanung die konkrete Umsetzung von Strategien sowie Interdependenzen zwischen Strategie, Struktur und Kultur eines Unternehmens ebenso wenig berücksichtigte wie die Bedeutung von situativen Gegebenheiten und Interaktionen (Bamberger/Cappallo 2003; Rasche 2008, S. 7). Als Protagonist des strategischen Managements ist Harry Igor Ansoff anzusehen, der diesen Ansatz erstmals in Form eines ganzheitlichen Konzepts entfaltete (siehe dazu insbesondere Ansoff 1965; 1966; 1976; 1979; Ansoff/Declerck/Hayes 1976). Ansoffs Plädoyer für ein strategisches Management umfasst vor allem drei Aspekte:

- Erstens seien die Umweltbedingungen zu analysieren, die sich durch zunehmende Turbulenz und Diskontinuitäten auszeichnen.
- Zweitens sei das Konzept einer »strategischen Führung« nur durch geeignete »strategische Manager« durchzusetzen.
- Drittens müssten die Anpassungszeiten verkürzt werden, mit denen die Unternehmensleitung auf Umweltveränderungen reagiert. Dies könne z. B. durch ein »strategic issue management« geschehen, das bereits »schwache Signale« aufnimmt und in vorausschauendes Handeln umsetzt.

Grundlegend für die weitere Entwicklung des strategischen Managements waren Arbeiten, die insbesondere an der Harvard Business School entstanden. Dort entwickelten Learned/Christensen/Andrews/Guth (LCAG) (1969) zunächst das sog. LCAG-Framework, welches den Ausgangspunkt für sämtliche spätere Konzepte zum Thema »Business Policy« darstellt (siehe dazu auch Porter 1981). So unterscheidet Andrews (1971) erstmals explizit zwischen den beiden Aufgaben der Strategieformulierung und Strategieimplementierung (▶ Abb. 1.2). Erstere berücksichtigt dabei die Chancen und Risiken der Umwelt, die internen Ressourcen eines Unternehmens, die persönlichen Wertvorstellungen des Managements sowie die Verantwortung gegenüber den Interessen derjenigen Stakeholder, die von einem Unternehmen Beiträge zu ihrer Zielerreichung erwarten (Andrews 1971, S. 28). Die Strategieimplementierung umfasst insbesondere drei Aufgaben. Sie erstreckt sich auf die Gestaltung adäquater Organisationsstrukturen sowie prozesse, Anreizsysteme und Kontrollprozeduren. Außerdem wird die Implementierung von der konkreten Ausgestaltung der strategischen und operativen Führung sowie der Besetzung des Top-Managements beeinflusst.

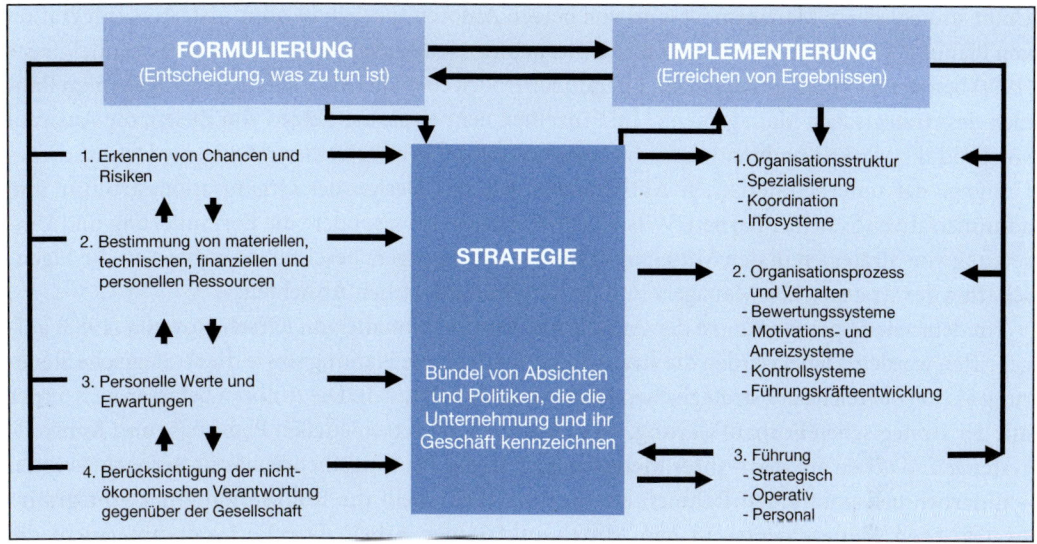

Abb. 1.2: Strategieprozessmodell nach Andrews
(Quelle: Andrews (1971, S. 28)).

Im klassischen Harvard-Ansatz wird stets die Notwendigkeit betont, dass Unternehmen im Rahmen der Strategieentwicklung auch die Frage nach den ethischen Konsequenzen ihrer Handlungen stellen sollten. Unternehmen sind ein Teil der Gesellschaft und müssen deshalb auch eine ethische Verantwortung gegenüber den jeweiligen Anspruchsgruppen übernehmen. Für die Strategieentwicklung bedeutet dies, sich des klassischen Konflikts zwischen Gewinnorientierung zum einen und der Übernahme ethischer Verantwortung zum anderen bewusst zu sein und Wege zu finden, mit diesem Dilemma umzugehen. Auch wenn viele moderne Ansätze zum strategischen Management sich auf den Harvard-Ansatz beziehen, wird die dort propagierte ethische Dimension der Unternehmensführung meistens ausgeblendet. Vor dem Hintergrund der jüngsten Unternehmensskandale und des zunehmenden Verlustes an Vertrauen in die Wirtschaft als Ganzes verwundert dies allerdings. Wir werden im Folgenden auf den konzeptionellen Zusammenhang zwischen strategischem Management und ethischer Reflexion eingehen (▶ Teil II, Kap. 7). Wir sind davon überzeugt, dass Unternehmen nur dann nachhaltige Wettbewerbsvorteile generieren können, wenn auch die ethischen Konsequenzen unternehmerischer Entscheidungen im Strategieprozess Berücksichtigung finden.

Neben den genannten Autoren haben sich in den USA ferner Hax/Majluf intensiv mit dem strategischen Management beschäftigt. Hax/Majluf (1984) entwickelten am MIT ein sog. integratives Konzept. Sie behandeln in ihrem Ansatz als traditionelle Schwerpunktbereiche der strategischen Unternehmensplanung

- die Entwicklung der Strategieplanungstheorie,
- Konzepte und Instrumente der Strategieplanung sowie
- eine Methode zur Entwicklung des Unternehmensstrategieplans.

Unter strategischem Management wird von beiden Autoren speziell die administrative Integration von Planung, Organisationsstruktur und Unternehmenskultur verstanden. Rumelt/Schendel/Teece (1991) betonen in ihrem umfassenden Literaturüberblick ebenfalls die Vielfalt der Aufgaben im Rahmen des strategischen Managements. Im Einzelnen nennen sie das Setzen von Zielen, die Auswahl von Produkt-Markt-Kombinationen, die Bestimmung der Wettbewerbsstrategie, die Definition des Umfangs der unternehmerischen Aktivitäten sowie das Design der Organisationsstruktur und administrativen Systeme. Barnett/Wilsted (1989) rücken insbesondere die Formulierung und Umsetzung von Strategien in den Mittelpunkt ihrer Ausführungen, beschreiben außerdem die Eigenschaften des strategischen Managers und der unternehmerischen Absichten.

Im deutschen Sprachraum ist der Ansatz von Ansoff erstmalig von Kirsch/Roventa (1983) aufgegriffen worden. Dabei werden die strategische Analyse, die Planung sowie die strategische Steuerung als Kernbereiche des strategischen Managements behandelt. Die Autoren befassen sich ferner mit der strategischen Frühaufklärung, sie diskutieren die verschiedenen Planungs- und Kontrollsysteme und gehen auf den – ihrer Meinung nach in der Planungstheorie häufig vernachlässigten – unternehmenspolitischen Rahmen ein. Scholz (1987) stellt die Konzeption eines »Integrativstrategischen Managements« in den Mittelpunkt seiner Arbeit. Der Verfasser untersucht die Integration strategischer Prinzipien (z. B. strategische Stimmigkeit), strategischer Aktivitäten (z. B. Strategieformulierung und -implementierung) und strategischer Felder (z. B. Produktion, Absatz, Organisation). Einen weiteren einflussreichen deutschsprachigen Beitrag zur Fortentwicklung des strategischen Managements stellt das Werk von Hinterhuber (2015) dar. Der Verfasser beschäftigt sich vorrangig mit Visionen, Unternehmenspolitik und Strategien als Ausdruck eines »strategischen Denkens«. Er behandelt Direktiven, Organisations- und Umsetzungsprobleme, die Unternehmenskultur sowie strategische Führungskompetenz als Gegenstände des »strategischen Handelns«. Das Gesamtwerk ist aus einer empirischen Untersuchung des Innovationsverhaltens und der strategischen Planungssysteme von europäischen Unternehmen heraus praxisorientiert entwickelt worden.

In der praxisbezogenen Literatur werden die Kernprobleme des strategischen Managements häufig auch unter dem Oberbegriff der »strategischen Unternehmensführung« diskutiert (Ringlstetter/Henzler/Mirow 2003). Dargestellt werden Einzelfragen zu folgenden Themenbereichen: strategische Führung als Schlüssel zum Unternehmenserfolg, strategische Prozessforschung, strategische Flexibilität, Wertsteigerung durch Innovation und praktische Anwendungsbeispiele der strategischen Führung. Eine Weiterentwicklung des strategischen Denkens, von der strategischen Planung hin zum strategischen Management bzw. zur strategischen Führung, heben auch Hahn/Taylor (2006) mit dem ab der 6. Auflage (1992) geänderten Titel ihres Sammelbandes »Strategische Unternehmungsplanung – Strategische Unternehmungsführung« hervor. Behandelt werden Wesen und Konzepte der strategischen Planung und Führung, die strategische Geschäftsfeld-, Organisations- und Führungssystemplanung, institutionelle Aspekte der Organisation, Branchen- und Wettbewerbsanalyse, der Kernkompetenzenansatz, Aspekte der Implementierung und Kontrolle von Strategien, der Status quo der Corporate Governance sowie neue Perspektiven und künftige Rahmenbedingungen. Die Herausgeber betonen, dass sich strategische Führungsprozesse nicht nur auf die klassischen Kerngegenstände der strategischen Planung, sondern auch auf die übergeordneten Fragen der Unternehmenspolitik sowie auf die Unternehmensphilosophie und Unternehmenskultur bezögen.

Vor dem Hintergrund der vielfältigen Beiträge sowohl zum strategischen Management als auch der strategischen Führung in Unternehmen nehmen Müller-Stewens/Lechner (2016, S. 15–17) die folgende Unterscheidung beider Begriffe vor. Ausgangspunkt für die Differenzierung ist die Annahme, dass es in jedem Unternehmen eine – wie auch immer geartete – strategische Führung gibt. Der Begriff des strategischen Managements ist aus ihrer Sicht wesentlich enger zu fassen: Er bezieht sich im Wesentlichen auf explizites und intendiertes Handeln in strategischen Kontexten. Das strategische Management wird dadurch zu einem bewussten Vorgang in Unternehmen, in welchem Ideen generiert, geprüft und weiterentwickelt werden. Inwieweit das Management auf die notwendigen fortlaufenden und kollektiven Lernprozesse im Rahmen des strategischen Managements tatsächlich Einfluss nehmen kann, ist dabei abhängig von der grundsätzlichen Einstellung zur Gestaltbarkeit sozialer Systeme. Der Spielraum, in dem das Management strategischen Wandel überhaupt steuern kann, wird in der Literatur zwischen den Polen »Voluntarismus« (volle Gestalt- und Manipulierbarkeit) und »Determinismus« (Unbeeinflussbarkeit) verortet. Der Determinismus folgt der Annahme, dass die Entwicklung eines Unternehmens durch die Strukturen des Marktes und der Branche im Wesentlichen festgelegt ist. Führungskräfte können durch strategische Initiativen insofern nur beschränkt Einfluss auf den Erfolg ihres Unternehmens nehmen. Beim Voluntarismus dagegen betrachtet man das Verhalten einer Organisation als grundsätzlich planbar. Führungskräfte können durch ihre Strategien einen gewünschten Wandel herbeiführen und Unternehmen nach ihrem Willen gestalten (Gilbert 2005, S. 411; Müller-Stewens/Lechner 2016, S. 433–434).

Wir vertreten einen zurückhaltenden Standpunkt gegenüber der Möglichkeit einer bewussten und geplanten Steuerung von strategischen und auch organisatorischen Prozessen. Eine so verstandene Position bezeichnet man in der Literatur als »gemäßigt voluntaristische Haltung« (Gilbert 2005, S. 410–411; Kreikebaum/Gilbert/Reinhardt 2002, S. 171). Gemäß diesem Ansatz kann das Management zwar grundsätzlich in die Prozesse des strategischen Managements eingreifen, die Entwicklung und Umsetzung von Strategien erfolgt aber immer unter dem Einfluss anderer kontextueller Faktoren, deren Auswirkungen niemals exakt antizipierbar sind. Mit anderen Worten: Der Zusammenhang von strategischer Steuerung und Ergebnis ist emergent (von Hayek 1969). In Unternehmen kommt entsprechend immer nur ein Teil der Strategien auf geplante Art und Weise zustande, d. h. er wird mit einer bestimmten Absicht reproduziert. Zumeist entstehen – neben intendierten Strategien – immer auch sog. emergente Strategien, die erst ex post als strategische Muster erkennbar sind (Mintzberg 1987b). Danach entwickeln sich im Laufe der Zeit aus einzelnen unternehmerischen Maßnahmen bestimmte Muster von Strategien, ohne dass diese das Ergebnis bewusster Planung gewesen wären. Emergente Strategien haben für Mintzberg stets ein »sich herausbildendes« Momentum. Nach der gemäßigt voluntaristischen Haltung stößt jede rigide strategische Planung deshalb irgendwann an ihre Grenzen. Es ist zu bezweifeln, dass die dramatischen Entwicklungen im Wettbewerbsumfeld von Unternehmen durch den vermehrten Einsatz von Instrumenten des strategischen Managements vollständig beherrschbar sind (Henzler 1988; Müller-Stewens/Lechner 2016).

Zusammenfassend kann festgehalten werden, dass sich das strategische Management durch folgende Merkmale auszeichnet:

- Strategisches Management gilt als eines der wichtigsten Führungsinstrumente des Top Managements. Es lässt sich auf die kurze Formel bringen: »Processes and tools they use to get their job done« (Claycamp 1985, S. 10).
- Neben der Produkt-Markt-Beziehung werden beim strategischen Management auch andere System-Umwelt-Beziehungen in die Betrachtung miteingeschlossen. Externe Umweltorientierung und interne Kompetenz der Unternehmung werden als gleichgewichtig betrachtet. Ergebnis des strategischen Managements ist die Positionierung des Unternehmens in seiner Umwelt sowie die Koordination und Kombination seiner internen Ressourcen.
- In präskriptiver Sicht beschreibt strategisches Management einen Prozess, in dem eine rationale Analyse der gegenwärtigen Situation und zukünftigen Möglichkeiten und Gefahren zur Formulierung unternehmerischer Visionen, der Segmentierung des Unternehmens und der Umwelt sowie zur Entwicklung von Strategien, Maßnahmen und Zielen führt.[2] Diese Bausteine geben an, wie das Unternehmen unter bestmöglicher Ausnutzung der vorhandenen Ressourcen die durch die Umwelt bedingten Chancen wahrnimmt und die Bedrohungen abwehrt. Alle Aktivitäten im strategischen Managementprozess bedürfen stets einer strategischen Kontrolle hinsichtlich ihrer Wirksamkeit. Sie sind nach unserem Verständnis des gemäßigten Voluntarismus nur beschränkt plan- und steuerbar.
- Strategisches Management erstreckt sich auf verschiedene Ebenen im Unternehmen. Im Einzelnen gilt es, sowohl Unternehmensgesamtstrategien (in Konzernen auch Konzernstrategie genannt) als auch Geschäftsbereichs- und Funktionsbereichsstrategien zu entwickeln (Hungenberg 2014, S. 15–18; Müller-Stewens/Lechner 2003, S. 43–71). Auf übergeordneter Ebene rücken zudem vermehrt Kooperationsstrategien in den Mittelpunkt der Betrachtung (Sydow/Windeler 2001). Danach ist der individuelle Unternehmenserfolg zunehmend abhängig von kollektiven Strategien, die Kooperationspartner in Netzwerken gemeinsam entwickeln und umsetzen (Gilbert 2003b; Schmidtchen 2005; Sydow 2010).
- Strategisches Management ist nicht nur auf die Entwicklung, Bewertung und Implementierung von Strategien, sondern auch auf weitere Gegenstandsbereiche ausgerichtet. Obwohl Strategien im Mittelpunkt des strategischen Managements stehen, müssen auch Entscheidungen über die Struktur des Unternehmens getroffen sowie Systeme installiert werden, die zu dessen Führung und Koordination notwendig sind (z. B. Anreizsysteme und Informationssysteme). Neben die Struktur und die Systeme tritt als weiterer Gegenstandsbereich des strategischen Managements die Kultur eines Unternehmens. Sie drückt sich insbesondere in den jeweils gelebten kollektiven Werten, Normen und Zielen aus, die das Verhalten der Organisationsmitglieder prägen. Strategien müssen demzufolge nicht nur mit der Struktur einer Organisation und den administrativen

---

2 Die prozessuale Sichtweise des strategischen Managements dominiert in der Literatur. Erste Ansätze zu Prozessmodellen finden sich bereits bei Andrews (1971), Ansoff (1965), Hofer/Schendel (1978) sowie Steiner (1969). Auch in neueren Arbeiten dominiert die Prozessperspektive (vgl. u. a. Hitt/Ireland/Hoskisson 2016; Hungenberg 2014; Johnson et al. 2014; Lombriser/Abplanalp 2015; Mintzberg/Quinn/Voyer 1995; Welge/Al-Laham 2012; Welge/Al-Laham/Eulerich 2017; de Wit 2017).

1 Begriffliche Abgrenzungen

Systemen kongruent, sondern auch in die Unternehmenskultur integriert sein, damit eine Organisation langfristig wettbewerbsfähig bleibt.[3]

- Das strategische Management geht stets einher mit der Notwendigkeit anzuerkennen, dass Unternehmen als Teil der Gesellschaft letztlich Mittel und nicht Zweck menschlichen Handelns sind. Insofern gilt es, die Voraussetzungen, Inhalte und Ergebnisse des Strategieprozesses einer permanenten ethischen Reflexion zu unterziehen. Dabei soll aufgezeigt werden, dass und wie Unternehmen ihrer Verantwortung gegenüber der Gesellschaft gerecht werden können.

Ausgehend von diesen Merkmalen des strategischen Managements lässt sich die folgende Arbeitsdefinition ableiten. Sie dient als Ausgangspunkt für Aufbau und Inhalt dieses Lehrbuches:

> Strategisches Management ist im Wesentlichen Aufgabe des Top-Managements. Es bezeichnet einen Prozess, in dessen Mittelpunkt die Bestimmung einer unternehmerischen Vision, die Segmentierung des Unternehmens und der Umwelt sowie die Entwicklung und Bewertung von Strategien stehen. Als vorgelagerte Schritte der Strategiebestimmung sind eine Analyse und Prognose der internen und externen Umweltbedingungen vorzunehmen. Konkrete Maßnahmen dienen einer Implementierung der entwickelten Strategien. Die Aktivitäten im strategischen Managementprozess unterliegen einer strategischen Kontrolle hinsichtlich ihrer Wirksamkeit. Sie müssen stets auf ihre Kompatibilität mit den Strukturen und Systemen sowie der Kultur des Unternehmens hin überprüft werden. Das strategische Management kann sich dabei auf das Gesamtunternehmen, die Geschäfts- und Funktionsbereiche sowie die übergeordnete Ebene der Kooperation mit Netzwerkpartnern beziehen. Die Voraussetzungen, Inhalte und Ergebnisse des strategischen Managements sind einer permanenten ethischen Reflexion zu unterziehen, um der Verantwortung des Unternehmens gegenüber seinen Stakeholdern gerecht zu werden.

Die in diesem Buch vorgestellte Definition und Konzeption des strategischen Managements folgt im Wesentlichen dem Strategieverständnis der Harvard-Tradition. Im Folgenden sind zunächst der Zweck des strategischen Managements näher zu bestimmen sowie einige Anmerkungen zu seiner Entwicklungsgeschichte zu machen. Anschließend erfolgt ein kurzer Überblick über verschiedene Theoriekonzepte sowie den Status quo in der Strategieprozessforschung. Durch diese Ausführungen wird insbesondere verdeutlicht, dass sich strategisches Management als Disziplin stetig weiterentwickelt und durch eine Vielzahl unterschiedlicher Ansätze auszeichnet.

---

3 Konzepte zum strategischen Management, in denen neben Strategien, Strukturen und Systemen auch die Unternehmenskultur eine wesentliche Rolle spielt, sind zahlreich (vgl. u.a. Abell 1980; Hahn 2006b; Hax/Majluf 1984; Hinterhuber 2015; Hungenberg 2014; de Wit 2017). Die besondere Bedeutung der Unternehmenskultur für den langfristigen Erfolg von Unternehmen wurde bereits von Peters/Waterman (1983) hervorgehoben. In ihrem 7-S-Modell identifizieren die Autoren neben Strategie, Struktur und Systemen weitere Erfolgsfaktoren, die mit der Unternehmenskultur in engem Zusammenhang stehen. Im Einzelnen sind dies das Selbstverständnis einer Organisation, deren Stil, wesentliche Spezialkenntnisse sowie das Stammpersonal. Die Ergebnisse von Peters/Waterman bestätigen sich auch in empirischen Studien jüngeren Datums (siehe dazu bspw. die Untersuchung kritischer Erfolgsfaktoren von Bailom/Matzler/Tschemernjak 2013).

2 Zweck des strategischen Managements

Strategisches Management bezeichnet den Prozess, durch dessen Aktivitäten sich ein Unternehmen zum einen an die Veränderungen seiner Umwelt anpasst und zum anderen versucht, diese aktiv zu gestalten. Durch geeignete Strategien versucht ein Unternehmen, sich vor dem Hintergrund der jeweiligen Umweltbedingungen in eine gewünschte Richtung zu entwickeln, um konkrete Ziele und ein überdurchschnittliches Ergebnis im Vergleich zu seinen Wettbewerbern zu erreichen (Barney 2011; Porter 1996; Rumelt/Schendel/Teece 1991). Unternehmerische Entscheidungen und die Zielerreichung sind jedoch stets mit Unsicherheit verbunden, da die Zukunft nie präzise vorausgesehen werden kann und sich Wettbewerbsbedingungen ständig wandeln. Entwicklungen auf wirtschaftlicher, politischer und sozialer Ebene sind durch Diskontinuität und Fremddynamik gekennzeichnet. Eine einfache Fortschreibung vergangenheitsorientierter Daten in die Zukunft in Form von Prognosen reicht für die Entscheidungsfindung nicht aus (Lombriser/Abplanalp 2015, S. 20). Ein solches Vorgehen kann sogar gefährlich sein und zu gravierenden Fehlentscheidungen führen, wenn beispielsweise die Nachfrage nach Produkten oder das Verhalten von Wettbewerbern falsch vorausgesagt werden. Eine Prognose generiert nämlich stets zwei Kategorien von Daten: Informationen, die geeignet sind, die Zukunft zu prognostizieren und irrelevante Daten, die keine sinnvollen Aussagen über die Zukunft enthalten. Da die Zukunft aber unsicher ist, erscheint es unmöglich, zwischen diesen Kategorien von Informationen eindeutig zu unterscheiden (Gigerenzer/Kober 2008).

Vor diesem Hintergrund muss strategisches Management ein Minimum an Konsistenz erzeugen und unsichere Situationen strukturieren, damit Entscheidungsträger emergente Probleme handhaben können. Auf die Notwendigkeit zur Reduzierung von Unsicherheit weist vor allem Mintzberg (1987c, S. 28–29) eindringlich hin: »*Strategy is needed to reduce uncertainty and provide consistency […], in order to aid cognition, to satisfy intrinsic needs for order, and to promote efficiency under conditions of stability (by concentrating resources and exploiting past learning)*«. Durch strategisches Management ist es möglich, ein gewisses Maß an Stabilität zu erzeugen und den Fokus des Geschäfts zu definieren, um Unsicherheiten zu reduzieren. Damit einher geht für das strategische Management die Aufgabe zur Wahrnehmung und ständigen Erweiterung möglicher Handlungsspielräume angesichts eines permanenten Wandels (Ungericht 2012).

In den letzten Jahren beklagen Unternehmen zunehmend, dass sich die Unsicherheiten im Hinblick auf Entscheidungen durch die ansteigende Komplexität und Dynamik der Umweltbedingungen immer weiter erhöhen (Rall/König 2005). Diese Entwicklungen werden unter anderem auf die zunehmende Bedeutung der Globalisierung für Unternehmen zurückgeführt, die wir noch ausführlich diskutieren (▶ Teil IV). Globalisierung zeichnet sich stets durch das Anwachsen weltweiter Abhängigkeiten auf verschiedenen Ebenen aus (Krüger 1999, S. 19–20). Es kommt bspw. zu einer länderübergreifenden Zunahme der Marktinterdependenzen zwischen Kunden, Konkurrenten und anderen Stakeholdern. Aus der Zunahme dieser Interdependenzen sowie der Reduzierung von Markteintrittsbarrieren resultiert eine Intensivierung des Wettbewerbs, der sich Unternehmen auf globaler Ebene stellen müssen und die vermehrt kritisch diskutiert wird (Hitt/Ireland/Hoskisson 2016).

Der Bedeutungszuwachs internationaler Wettbewerbsstrukturen wird in jüngster Zeit zudem durch die Digitalisierung weiter verstärkt, die in der Strategieentwicklung von Unternehmen zumeist noch nicht die notwendige Berücksichtigung gefunden hat (Bughin/LaBerge/Mellbye 2017; Dawson/Hirt/Scanlan 2016). Die Steigerung des Handels von Gütern und Dienstleistungen auf globaler Ebene geht einher mit einer dramatischen Zunahme weltumspannender Datenströme. Diese sog. »digitale Globalisierung« drückt sich in der Übermittlung enormer Mengen an Daten und Informationen aus, die es Unternehmen ermöglichen, ihre Ideen, Innovationen und Geschäftsmodelle auf globaler Ebene schnell und erfolgreich umzusetzen (Bughin/Lund/Manyika 2016). Die Digitalisierung führt in vielen Branchen sogar zu disruptiven Veränderungen (Christensen 1997), welche traditionelle Strategien vollständig infrage stellen und gänzlich neue Geschäftsmodelle ermöglichen (z. B. Uber, Airbnb oder Netflix). Eine aktuelle Studie von McKinsey belegt, dass Unternehmen, die in Marketing und Vertrieb, bei Produkten und Services, in der Supply Chain sowie bei der Ausgestaltung ihrer betrieblichen Leistungserstellungsprozesse digitale Strategien fokussieren überdurchschnittlich erfolgreich im Wettbewerb sind (Bughin/LaBerge/Mellbye 2017). Strategisches Management gewinnt vor diesem Hintergrund an Bedeutung, um die vielfältigen Risiken im Zusammenhang mit der Digitalisierung zu identifizieren, aber auch um deren Chancen proaktiv zu nutzen.

Immer mehr rückt zudem die Notwendigkeit in den Vordergrund, die ökologischen und sozialen Konsequenzen unternehmerischen Handelns im Rahmen des strategischen Managements zu berücksichtigen. Dies ist zum einen notwendig, um sich bietende Chancen aus einer ökologiegerechten Gestaltung des Produkt- und Dienstleistungsprogramms zu nutzen. Zum anderen entspricht es einer ethischen Verantwortung, die von zahlreichen Stakeholdern immer stärker eingefordert wird. Eine Strategie erklärt internen und externen Anspruchsgruppen, wofür ein Unternehmen steht, sie weist ihm Bedeutung und Sinn zu und sie definiert die Grenzen unternehmerischen Handelns. Das Wissen um die Strategie eines Unternehmens ermöglicht es insbesondere externen Stakeholdern (z. B. Investoren) das Geschäft zu verstehen, ohne Teil desselben zu sein. Aus einer Strategie und ihren verschiedenen Dimensionen (Plan, Ploy, Pattern, Position und Perspective) resultiert für Mintzberg (1987c, S. 28) so die Persönlichkeit und Identität eines Unternehmens. Ohne diese hätten die verschiedenen Anspruchsgruppen keine Anhaltspunkte, um die Handlungen von Unternehmen zu verstehen, mit diesen sachgerecht umzugehen und ihre Entscheidungen entsprechend den verschiedenen Dimensionen von Strategie neu auszurichten.

Strategisches Management hat vor diesem Hintergrund vor allem die Aufgabe, die Gefahr von Fehlentscheidungen zu reduzieren und den Erfolg eines Unternehmens dauerhaft zu sichern (Macharzina/Wolf 2015). Durch die Entwicklung und Umsetzung von Strategien gilt es, Ertragspotenziale zu schaffen. Diese bieten die Voraussetzung dafür, Wettbewerbsvorteile zu erzielen und die jeweiligen Ziele eines Unternehmens zu erreichen (Gälweiler 2005, S. 26). Welche primäre Zielsetzung sich ein Unternehmen gibt, ist u. a. abhängig von Branche, Eigentümerstruktur, Rechtsform oder Herkunftsland. In der Praxis dominieren Ziele wie die Maximierung des Shareholder Value (Rappaport 1999), die Gewinnmaximierung, der Ausbau von Marktanteilen, die Befriedigung von Kundenbedürfnissen, das Ausschalten von Konkurrenten oder die Generierung von Wissen. Unabhängig von der jeweiligen Zielsetzung hat das strategische Management die Aufgabe, die zur Zielerreichung erforderlichen Strategien zu entwickeln und umzusetzen.

Der Gefahr von Fehlentscheidungen kann das strategische Management auch durch ein strukturiertes Risikomanagement begegnen. Spätestens seitdem der Gesetzgeber in Deutschland im Jahr 1998 das Gesetz zur Kontrolle und Transparenz im Unternehmensbereich (KonTraG) verabschiedete, ist die proaktive Auseinandersetzung mit und das aktive Steuern von unternehmerischen Risiken für Unternehmen verbindlich vorgeschrieben. Das KonTraG ergänzt insbesondere Vorschriften des Handelsgesetzbuches (HGB) sowie des Aktiengesetzes (AktG) und erweitert die Haftung von Vorstand, Aufsichtsrat und Wirtschaftsprüfern. Neben dem KonTraG finden sich zahlreiche weitere Initiativen und Gesetze, die sich auf die risikobewusste Steuerung von Unternehmen beziehen. Zu nennen ist hier insbesondere der Deutsche Corporate Governance Kodex (DCGK) von 2002.

Die Unternehmensleitung wird insbesondere durch das KonTraG dazu aufgefordert, ein unternehmensweites Früherkennungssystem für Risiken (»Risikomanagement«) zu installieren. Aussagen über wesentliche Risiken, denen sich das Unternehmen gegenübersieht, sind im Lagebericht der Gesellschaft zu veröffentlichen. § 91 Abs. 2 AktG lautet: »*Der Vorstand hat geeignete Maßnahmen zu treffen, insbesondere ein Überwachungssystem einzurichten, damit den Fortbestand der Gesellschaft gefährdende Entwicklungen früh erkannt werden.*« Im Grunde bezeichnet diese Verpflichtung eine Selbstverständlichkeit. Sie konkretisiert lediglich bereits vorhandene Geschäftsführungspflichten des Vorstands. Dieser ist uneingeschränkt verantwortlich für die Strategie und das strategische Management im Unternehmen (Müller-Stewens/Lechner 2016, S. 110). Vor dem Hintergrund zahlreicher Unternehmensskandale und Insolvenzen in den letzten Jahren will der Gesetzgeber an die große Bedeutung eines aktiven Risikomanagements erinnern und Unternehmen dazu anregen, ihr strategisches Management von Unternehmensrisiken zu professionalisieren (Gerpott/Hoffmann 2008; Lück 1998; Seibert 1999) und die Corporate Governance zu verbessern (Kißler 2011; Welge/Eulerich 2014).

Der Großteil der Corporate Governance-Forschung geht davon aus, dass sich die etablierten Transparenz- und Risikomanagementsysteme sowie der DCGK positiv auf das unternehmensinterne Risikomanagement, eine erhöhte Transparenz für Investoren und Anteilseigner, den Unternehmenserfolg sowie die Legitimität gegenüber den jeweils relevanten Stakeholdern auswirken (Pott/Wömpener 2008; Schneider/Scherer 2015; Welge/Eulerich 2014). Auch wenn diese empirischen Ergebnisse nicht als gesichert angesehen werden können, leisten sie einen Beitrag zur Erklärung der relativ hohen Akzeptanz des DCGK (Welge/Eulerich 2014, S. 330). Zudem verdeutlichen sie die große Bedeutung, die Unternehmen einem strategisch ausgerichteten Management von Risiken in der Praxis beimessen sollten.

Ein weiterer Zweck des strategischen Managements liegt im Umgang mit und der Reduktion von Komplexität. Die Reduktion von Komplexität kann durch die Stabilisierung von Verhaltensweisen und Erwartungen sowie das Zerlegen vorliegender Gesamtprobleme in Einzelprobleme gelingen. Es gilt, ein konsistentes Gerüst an Zielen und Einzelmaßnahmen auszuarbeiten, um Unternehmen erfolgreich am Markt zu positionieren (Porter 1991, S. 96). Eine weitere Aufgabe liegt in der Integration von Einzelentscheidungen in einen umfassenden Gesamtplan unter Berücksichtigung der vorhandenen Handlungsinterdependenzen (Mintzberg 1987c, S. 26). Insbesondere in großen und international tätigen Unternehmen ist das Herunterbrechen der Strategie auf die einzelnen Subeinheiten sowie die Koordination der Einzelentscheidungen eine wesentliche Aufgabe des strategischen Managements. Die strategisch relevanten Maßnahmen der international verstreut angesiedelten Subeinheiten von Unternehmen sind aufeinander abzustimmen. Strategisches Management steckt hierdurch den Rahmen ab für Entscheidungen, die innerhalb der operativen Planung eine optimale

Ausnutzung der vorhandenen Ertragspotenziale ermöglichen (Gälweiler 2005, S. 25–27). Dies gilt vor allem für die mit der Strategie in engem Zusammenhang stehende Budgetierung. Das strategische Management muss den Rahmen für die Einzelbudgets von Geschäfts- und Funktionsbereichen, Abteilungen sowie Projekten vorgeben und deren Zielerreichung überwachen.

> **Risikomanagement in Unternehmen**
>
> Während Unternehmen früher zumeist lediglich über Währungsrisiken in ihrem Jahresabschluss berichteten, hat sich dieses Verhalten seit Einführung des **KonTraG** (§ 91 Abs. 2 AktG) verändert und die meisten Firmen veröffentlichen heute i. d. R. wesentlich umfangreichere Risikoreports. So publiziert die Adidas AG im Rahmen ihres Geschäftsberichts bspw. einen sog. **Risiko- und Chancenbericht**, der zwischen verschiedenen Kategorien von Risiken unterscheidet. Die wichtigsten dort genannten Risikokategorien sind
>
> - **strategische Risiken** (z. B. gesamtwirtschaftliche Risiken, Risiken in Verbindung mit Medien- und Stakeholder-Aktivitäten, Wettbewerbsrisiken),
> - **operative Risiken** (z. B. Personalrisiken, Geschäftspartnerrisiken, IT-Risiken)
> - **rechtliche Risiken** (z. B. Risiken in Verbindung mit Zoll- und Steuerbestimmungen) und
> - **Finanzrisiken** (z. B. Währungsrisiken, Zinsrisiken und Ausfallrisiken).
>
> Laut Geschäftsbericht versucht die Adidas AG, den Shareholder Value langfristig zu steigern. Hierbei soll »qualitatives und nachhaltiges Wachstum durch gute Corporate Governance« unterstützt werden (Adidas AG 2015, S. 160). Das **Risikomanagement** trägt dazu bei, dieses Ziel zu erreichen. Es beruht auf konzernweit gültigen Richtlinien und hat die Aufgabe der Risikoidentifikation, -beurteilung, -überwachung, -aggregation, -steuerung und -dokumentation sowie des Risikocontrollings (siehe dazu Adidas AG 2015, S. 156–174).
>
> Neben dem KonTraG finden sich in zahlreichen anderen Gesetzen konkrete Hinweise auf die Installierung von Risikomanagementsystemen in Unternehmen und die Verbesserung der Corporate Governance. Zu nennen sind hier u. a. das **Bilanzrechtsreformgesetz (BilReG)** von 2004, das **Gesetz zur Unternehmensintegrität und Modernisierung des Anfechtungsrechts (UMAG)** von 2005, das **Bilanzrechtsmodernisierungsgesetz (BilMoG)** von 2009 sowie das **Gesetz zur Angemessenheit der Vorstandsvergütung (VorstAG)** von 2009. Zudem enthält das **HGB** Regelungen (§§ 289, 315, 317, 321 sowie 322), die Aktiengesellschaften dazu auffordern, über Risikomanagementziele und -methoden der Gesellschaft zu berichten.
>
> Neben den genannten Rechtsnormen finden sich im **DCGK** freiwillige Selbstverpflichtungen, die das Risikomanagement in Unternehmen betreffen. Zu nennen ist hier insbesondere die Verpflichtung zur Informationsversorgung des Aufsichtsrats durch den Vorstand (3.4 DCGK), wobei es seit der Neufassung des DCGK aus dem Jahr 2015 dem Aufsichtsrat obliegt, die angemessene Versorgung mit Informationen sicherzustellen. Der Aufsichtsrat hat festzulegen, welchen Informations- und Berichtspflichten der Vorstand entsprechen muss. Ferner soll der Aufsichtsrat einen Prüfungsausschuss einrichten, der sich u. a. mit der Wirksamkeit des internen Kontrollsystems sowie des Risikomanagementsystems befasst (5.3.2 DCGK).

Der künftige Zustand der Umweltbedingungen kann sich gegenüber der heutigen Situation schnell und drastisch ändern. In das strategische Management von heute muss deshalb auch stets ein gewisses Maß an Intuition und Kreativität im Hinblick auf die Erfassung der möglichen Welt von morgen sowie die Strategieentwicklung mit einfließen (Elbanna/Child 2007; Gigerenzer/Kober 2008). Nur dann wird das strategische Management die oben erwähnten Aufgaben voll erfüllen können. Letztlich ist es der Zweck des strategischen Managements, nicht nur den Erfolg und die Liquidität, sondern vor allem das langfristige Überleben des Unternehmens sicherzustellen. Die Überlebensfähigkeit von Unternehmen kann dabei nicht als selbstverständlich vorausgesetzt werden. Dies wird durch das Scheitern vieler Unternehmen am Markt deutlich, die es nicht geschafft haben, ihre Strategien den sich verändernden Umweltbedingungen anzupassen. So sind in Deutschland im Jahr 2016 zum Beispiel das Modehaus Steilmann, die Ladenkette Strauss Innovation und der Brennstoffhersteller German Pellets in die Insolvenz gegangen. Diese und viele andere prominente Beispiele (z. B. Quelle, Schlecker oder Grundig) verdeutlichen, dass jeder Wettbewerbsvorteil nur von temporärer Natur ist. Unternehmen müssen ihre Strategien ständig in Frage stellen und weiterentwickeln, um dauerhaft am Markt zu überleben. Diese Sichtweise teilt auch Schendel (1992a, S. 3), wenn er betont: »[...] *there is no ultimate 'goodness' test for strategy, except the continued existence of the firm*«. Für manche Autoren ist die Untersuchung der Frage, warum manche Unternehmen am Markt überleben und andere nicht, sogar *die* zentrale Frage des strategischen Managements (Josefy et al. 2017).

Oftmals geht das erfolgreiche Überleben im Markt einher mit einer langfristigen Perspektive, die Unternehmen in ihrer Unternehmenspolitik verfolgen und die das Ergebnis strategischer Kalkulationen ist. Empirische Ergebnisse bestätigen die These, dass eine kurzfristige Gewinnorientierung zu weniger ökonomischem Erfolg und Wachstum führt, als wenn Unternehmen ihre Strategien längerfristig planen. Barton et al. (2017) kommen bei einer Analyse von 615 US-amerikanischen Unternehmen beispielsweise zu dem Ergebnis, dass langfristig und strategisch agierende Unternehmen erfolgreicher sind als Wettbewerber, die sich lediglich auf kurzfristige Renditen konzentrieren. Langfristig agierende Unternehmen weisen ein stärkeres Umsatzwachstum auf, haben höhere Gewinne, schaffen mehr neue Arbeitsplätze und ihre duchschnittliche Börsenkapitalisierung liegt über der von kurzfristig ausgerichteten Wettbewerbern. Beobachtet man jedoch Führungskräfte in der Praxis, dann erscheint oftmals ein eher kurzfristiges Denken und Handeln die dominante Steuerungslogik in Unternehmen und Finanzmärkten zu sein. Die Gründe dafür werden zumeist in einem Druck von Außen durch Aktionäre und Investoren sowie vorhandene Anreizsysteme für Führungskräfte gesehen (Rappaport 2011). Dieses Verhalten scheint sich auch nach der Finanzkrise im Jahr 2008 nicht fundamental geändert zu haben, wie zahlreiche Beiträge in einem Sammelband der Nonprofit Organisation Focusing Capital on the Long Term (2015) zeigen. Wir sind der Ansicht, dass daraus umso mehr die Notwendigkeit erwächst, sich aktiv mit den Zielen und Strategien eines Unternehmens und dessen nachhaltiger Entwicklung auseinanderzusetzen. Es gilt, ein strategisches Management zu entwickeln, welches trotz herrschender Komplexität und Dynamik langfristig erfolgreiche Strategien entwickeln kann. Gleichwohl muss das strategische Management flexibel und schnell reagieren können, wenn Unsicherheiten konkrete und langfristige Planung erschweren. Auf diesen Umstand weist Mintzberg (1987c, S. 26) pointiert hin, wenn er am Beispiel der Titanic die Grenzen einer strategischen Planung beschreibt: »*Setting oneself on a predetermined course in unknown waters is the perfect way to sail straight into an iceberg. Sometimes it is better to move slowly, a little bit at a time, looking not too far ahead but very carefully, so that behavior can be shifted on a moment's notice«.*

3 Anmerkungen zum Status quo der Forschung im strategischen Management

3.1 Entwicklungsgeschichte: Von der Finanzplanung zum strategischen Management

Das strategische Management weist eine mittlerweile über 60-jährige Geschichte auf (Knyphausen-Aufseß 1995; Müller-Stewens/Lechner 2016; Rumelt/Schendel/Teece 1991). Der Terminus »Strategie« im heutigen Sinne tauchte erstmalig in einer Publikation von Newman (1951) Anfang der 1950er Jahre auf. Einschlägige Kurse an amerikanischen Business Schools fanden jedoch schon wesentlich früher statt. An der Harvard Business School wurden bereits im Jahr 1911 erste Lehrveranstaltungen zum Thema »Business Policy« angeboten. Im Rahmen der Forschung fand das Thema Strategie seit den 1960er Jahren des vergangenen Jahrhunderts eine immer stärkere Berücksichtigung. Mit der Publikation von Chandler (1962) »Strategy and Structure«, dem LCAG-Framework von Learned et al. (1969) und Ansoffs (1965) »Corporate Strategy« wurden die begrifflichen und konzeptionellen Grundlagen für das Feld des strategischen Managements gelegt. Der Terminus »strategisches Management« wurde durchgängig aber erst ab Ende der 1970er Jahre verwendet, befördert durch die Publikation eines einflussreichen Konferenzbandes von Schendel/Hofer (1979).

Von einem zwingenden zeitlichen Ablauf der Entwicklung von der Finanzplanung über die Langfrist- und strategische Planung bis hin zum strategischen Management kann zwar nicht gesprochen werden. Basierend auf einer von Gluck/Kaufman (1980, S. 157) in die Diskussion eingeführten Klassifikation lassen sich gleichwohl bestimmte Entwicklungsphasen voneinander abgrenzen (Hahn 2006a, S. 3–25; Hungenberg 2014, S. 48–64; Scherer 1995, S. 9–21).[4] Typischerweise lässt sich die Entwicklungsgeschichte des strategischen Denkens in vier Phasen gliedern:

- Phase der Finanzplanung (ca. 1950–1965),
- Phase der Langfristplanung (ca. 1965–1975),
- Phase der strategischen Planung (ca. 1975–1990),
- Phase des strategischen Managements (ca. 1990–heute).

Die einzelnen Phasen unterscheiden sich zum einen hinsichtlich der Frage, welche Planungsaktivitäten die Unternehmen durchführen, um auf die Entwicklung der Umwelt adäquat zu reagieren.

---

4 Siehe dazu auch die zahlreichen, nach Erscheinungsjahren geordneten Literaturhinweise im Sammelband von Hahn/Taylor (2006, S. 573–618).

Zum anderen lässt sich eine ansteigende Komplexität in den Unternehmen beobachten, die vor allem zu Veränderungen der jeweiligen Organisationsstrukturen geführt hat.

Phase der Finanzplanung (ca. 1950–1965)
Die Entwicklung in den 1950er und 1960er Jahren wurde geprägt durch einen Verkäufermarkt, der ein beträchtliches industrielles Wachstum und expandierende Unternehmen nach sich zog. Angesichts dieser Gesamtsituation konnten sich die Unternehmen mit einer kurzfristigen Planung im Produktions- und Finanzbereich begnügen. Konjunkturelle Einbrüche Mitte bis Ende der 1960er Jahre zwangen die Unternehmen dazu, sich verstärkt mit dem Absatzmarkt zu beschäftigen und längerfristige Zielvorstellungen zu entwickeln. Zu diesem Zweck wurden vielfach umfangreiche Planungsabteilungen aufgebaut, die aber teilweise mehr die Funktion von volkswirtschaftlichen Abteilungen erfüllten und sich insbesondere mit der Analyse und Prognose von Umweltbedingungen begnügten. Die 1960er Jahre waren deshalb typisch für die Entwicklung ganzer Expertenstäbe und Planungsabteilungen, die entsprechend ihrer methodischen Schulung zunächst einmal bestrebt waren, die Umwelt so vollständig und so exakt wie möglich zu erfassen, ohne zwingend den aktuellen Bedarf an solchen Informationen zu berücksichtigen.

Phase der Langfristplanung (ca. 1965–1975)
Diese Phase ist gekennzeichnet durch unternehmensexterne Entwicklungen (stark ausschlagende Konjunkturzyklen, Aufgabe des Bretton-Woods-Prinzips fester Währungsparitäten, Beschleunigung des wissenschaftlich-technischen Wandels, erste Ölkrise 1973) sowie die erhebliche Ausweitung der Geschäftstätigkeit der Unternehmen auf neue Märkte mit dem Ziel der Risikostreuung. Dementsprechend trat in den 1970er Jahren die Frage in den Vordergrund, wie die Unternehmen unvorhergesehenen Ereignissen (sog. Diskontinuitäten) begegnen sollten. Die für die Unternehmensplanung Verantwortlichen wurden gezwungen, vollständig umzudenken. Bisher hatten sie sich vielfach damit begnügt, Wachstumsprognosen auf der Grundlage der Vergangenheitsentwicklung aufzustellen und die bisherige Entwicklung einfach zu extrapolieren. Dies führte notwendigerweise zum Aufbau von Überkapazitäten und zu damit verbundenen Kostenerhöhungen. Stagnierende Umsätze bei gleichzeitig ansteigendem Kostenniveau zwangen die Unternehmen u. a. zu einer kritischen Überprüfung ihrer bisherigen Planungspraxis. Erforderlich wurde nunmehr die Beschäftigung mit dem Grundgedanken einer strategischen Unternehmensplanung. Man erkannte gleichzeitig, dass strategische Planung eine Aufgabe der Unternehmensleitung selbst sein müsse.

Phase der strategischen Planung (ca. 1975–1990)
Ausgehend von den Erkenntnissen der Langfristplanung zeichnet sich die Phase der strategischen Planung durch einen paradigmatischen Sprung aus (Knyphausen-Aufseß 1995, 1997). Bedingt wurde dieser durch den dramatischen Anstieg der Umweltturbulenzen einerseits und die Einführung von neueren Planungsinstrumenten andererseits. Nachhaltig beeindruckt von den Auswirkungen der Ölkrise im Jahr 1973, versuchten größere Unternehmen der Instabilität der Umwelt mit komplexeren Organisationsstrukturen (z. B. Matrixstruktur) und ausgefeilteren Analyseinstrumenten zu begegnen. Die Weiterentwicklung des methodischen Planungsinstrumentariums übte einen beson-

3 Anmerkungen zum Status quo der Forschung im strategischen Management

ders großen Einfluss auf Theorie und Praxis der strategischen Planung aus. Bereits in den 1960er Jahren setzte man Wirtschaftlichkeits- und Investitionsrechnungen, Verfahren der Unternehmensforschung sowie einfache Wenn-Dann-Wirkungsmodelle im Rahmen der operativen Planung ein, um zu einer systematischen Entscheidungsvorbereitung zu gelangen.

Mit Beginn der 1970er Jahre wurden im Rahmen der strategischen Planung in immer stärkerem Maße Lern- und Erfahrungskurven, Portfolio-Analysen, Stärken-/Schwächenanalysen, Szenario-Analysen und andere, hauptsächlich quantitative Analyseverfahren benutzt. Im Hinblick auf die notwendige Informationsbeschaffung und -verarbeitung erwies sich der Einsatz von Computern zunehmend als ein Hilfsmittel der strategischen Unternehmensplanung. Eine methodische Bereicherung, die damit in engem Zusammenhang steht, ergab sich durch den Einsatz von sog. Frühwarnsystemen. Diese Instrumente sollten das vorhandene Defizit an Prognoseinformationen abbauen helfen. Auch die Verfeinerung der Prognosen diente zusammen mit der Entwicklung von Entscheidungshilfen wie der flexiblen Planung dazu, die strategischen Entscheidungen der Unternehmensleitung zu erleichtern. Ab den 1980er Jahren traten zunehmend Fragen der Internationalisierung von Unternehmensstrategien und der Globalisierung des Marketings in Erscheinung. Dies drückte sich in einer abnehmenden Prognostizierbarkeit der Umweltveränderungen, der Verkürzung der Reaktionszeit, einer Verlängerung der Anpassungszeit für notwendige Reaktionsmaßnahmen sowie der größeren Bedeutung von Umweltveränderungen für das Unternehmen aus.

Eine Sichtung empirischer Arbeiten zu diesem Thema zeigt, dass die formalisierte Unternehmensplanung sich während der 1960er Jahre schnell in den Vereinigten Staaten verbreitete, um nach einer zeitlichen Verzögerung von rund zehn Jahren auch in Großbritannien, der Bundesrepublik Deutschland und anderen Teilen Europas implementiert zu werden (Bhatty 1981; Houlden 1995). Eine 1980 in 104 der größten amerikanischen Industrieunternehmen (FORTUNE 500) durchgeführte Untersuchung ergab, dass bereits 90 % dieser zumeist multinationalen Firmen irgendeine Form der Langfristplanung betreiben (Capon/Farley/Hulbert 1980, S. 5–6). Die ersten eigenen Untersuchungen wurden im Zeitraum 1976–1977 in der Bundesrepublik durchgeführt (Kreikebaum 1992; Kreikebaum/Grimm 1978; Kreikebaum/Suffel 1981). Untersuchungsgegenstand war die Analyse der Voraussetzungen und des Prozessverlaufes der Einführung einer strategischen Unternehmensplanung. Über die Verbreitung strategischer Planungssysteme in der Bundesrepublik konnten folgende Erkenntnisse gesammelt werden (Kreikebaum/Grimm 1986, S. 858):

- 48,3 % der Unternehmen gaben an, ein strategisches Planungssystem zu besitzen,
- 23,3 % befanden sich in der Einführungsphase und
- 28,4 % besaßen kein strategisches Planungssystem.

Die Entwicklung der strategischen Unternehmensplanung wurde bereits durch die Erkenntnis Chandlers (1962) »structure follows strategy« induziert. Der amerikanische Wirtschaftshistoriker hatte im Rahmen einer empirisch gestützten Ex-post-Betrachtung herausgearbeitet, dass die organisatorischen Strukturveränderungen bestimmten Veränderungen der Unternehmenspolitik und der strategischen Entscheidungen der Unternehmensleitung folgten. Chandler wies insbesondere nach, dass der Wandel von zentralen, nach funktionalen Gesichtspunkten aufgebauten Unternehmensstrukturen zu dezentralen Divisionen in den von ihm untersuchten US-amerikanischen Unternehmen als Folge strategischer Veränderungen (verstärkte Diversifizierung) anzusehen sei.

Diese Beobachtung wurde durch die Arbeit von Dyas/Thanheiser (1976) für europäische Großunternehmen bestätigt. Die Autoren beschäftigten sich u. a. mit Wachstum und Wandel der 100 größten Unternehmen von 1950–1970 und zeigten deren organisatorische Veränderungen während dieses Zeitraums auf. Der Wandel zur Diversifikation und damit auch zur Divisionalisierung war sowohl in den deutschen als auch in den untersuchten französischen Unternehmen festzustellen. Bei unserer zweiten Untersuchung von 40 Unternehmen mit Geschäftsbereichsorganisation stellten wir Ende der 1970er Jahre fest, dass die strategische Planung in formalisierter Form im unmittelbaren Zusammenhang mit der oder im Anschluss an die Divisionalisierung eingeführt wurde (Kreikebaum/Suffel 1980, S. 27). In den 1980er und 1990er Jahren setzte sich diese Tendenz weiter fort.

Die strategische Planung schien Ende der 1980er Jahre jedoch immer mehr an ihre Grenzen zu stoßen. Zumeist lagen die Hauptprobleme der damaligen Planungskonzeptionen in einer Vernachlässigung der Implementierungsbemühungen von Strategien in Unternehmen. Dieses Problem resultierte u. a. daraus, dass in vielen Unternehmen die Strategieentwicklung an Stabsabteilungen delegiert wurde und die Akzeptanz neuer Strategien bei Linienmanagern in der Folge nur gering war. Zudem gelang es nicht immer, die strategische Zielplanung mit der operativen Budgetierung zu verbinden. Schließlich stellten sich Manager und Wissenschaftler die kritische Frage, ob die oftmals rigiden und starren Methoden der Planung in vielen Unternehmen noch dazu in der Lage wären, die zunehmende Komplexität der Umwelt adäquat abzubilden.

Insbesondere Mintzberg (1993) kritisierte bestehende Planungssysteme und lenkte die Aufmerksamkeit von Praktikern und Forschern auf den Umstand, dass eine rigide Planung in zunehmend komplexen und sich schnell wandelnden Wettbewerbsumfeldern nicht immer möglich und zielführend erscheint. Strategieentwicklung ist für Mintzberg außerdem niemals ausschließlich das Ergebnis konkreter Planungsaktivitäten in Unternehmen. Eine konkrete Strategie ist vielmehr stets auf einem Kontinuum zu verorten, zwischen rein geplanter bzw. deliberater Strategie zum einen und emergenter Strategie zum anderen (Mintzberg 1987b, S. 13–14; Mintzberg/Ahlstrand/Lampel 2009, S. 12–13; Mintzberg/Waters 2004, S. 17–18). Statt den Fokus auf die klassische Analyse und Planung zu legen, erscheint es vielmehr notwendig, das strategische Denken in den Köpfen der Mitarbeiter zu verstärken sowie die visionäre Steuerung der Unternehmensentwicklung in den Vordergrund zu rücken (Knyphausen-Aufseß 1995, S. 20). Vor diesem Hintergrund wird klar, dass wir zu Anfang der 1990er Jahre eine neue Phase im Hinblick auf die Entwicklung des strategischen Denkens identifizieren können, die Phase des strategischen Managements.

Phase des strategischen Managements (ca. 1990–heute)
Ausgehend von der Kritik an der strategischen Unternehmensplanung hat sich die Beschäftigung mit dem strategischen Denken in Unternehmen sowohl in der Forschung als auch der Praxis seit den 1990er Jahren ständig weiterentwickelt. Die vielfältigen Erkenntnisse und Methoden der strategischen Planung haben dabei ihre Relevanz nicht verloren, sie sind vielmehr eingeflossen in moderne Konzeptionen des strategischen Managements. Unter Korrektur der Fehlentwicklungen von strategischen Planungssystemen baut das strategische Management auf dessen Techniken und Erfahrungen auf (Hungenberg 2014, S. 51–54). Die meisten Autoren sehen in der strategischen Planung insofern einen wichtigen Teilbereich des strategischen Managements, sie reduzieren das

strategische Denken in Unternehmen aber nicht auf eine immer weitere Verfeinerung rigider Planungsaktivitäten (Hahn 2006b; Welge/Al-Laham 2012; Welge/Al-Laham/Eulerich 2017).

Wie in der begrifflichen Abgrenzung des strategischen Managements bereits ausgeführt, treten als Gegenstand dieses Lehrbuchs neben die Planung von Strategien zahlreiche andere Aufgaben und Kompetenzen, um Unternehmen langfristig erfolgreich am Markt zu positionieren. Besondere Bedeutung scheint die Fähigkeit der Führungsspitze zu haben, die Kreativität und das strategische Denken im ganzen Unternehmen zu fördern und Strategien nicht nur zu entwickeln, sondern vor allem auch erfolgreich umzusetzen. Eine visionäre Führung und die breite Verankerung strategischer Fähigkeiten in Unternehmen sind dazu wichtige Voraussetzungen. Zu nennen ist auch die Notwendigkeit, die Ergebnisse, Annahmen und Durchführung des Strategieprozesses mittels strategischer Kontrolle zu überwachen und stetig weiterzuentwickeln. Darüber hinaus betont die jüngere Forschung stets die Aufgabe des strategischen Managements, einen »Fit« herzustellen zwischen Strategie, Struktur und Kultur des Unternehmens sowie dessen externer Umwelt (Hahn/Taylor 2006; Rasche 2008). Pettigrew/Whipp (1992) fordern in diesem Kontext, dass es im strategischen Management um eine grundlegende Kohärenz gehen müsse. Diese resultiert erstens daraus, dass Strategien interne Konsistenz aufweisen, d. h. sich nicht selbst widersprechen. Zweitens müssen Strategien konsonant mit den Umweltentwicklungen sein und einen konkreten Wettbewerbsvorteil generieren. Drittens gilt es sicherzustellen, dass die Strategien realisierbar und mit den Strukturen des Unternehmens sowie den Ansprüchen der Stakeholder kompatibel sind.

Aus diesen Erkenntnissen resultiert in jüngeren Ansätzen zum strategischen Management die Konsequenz, den kontinuierlichen Wandel von Strategie, Struktur und Kultur nicht als Bedrohung, sondern als Chance zu begreifen (Müller-Stewens/Lechner 2016). Unternehmen seien daher so auszurichten, dass sie diese Anpassungsvorgänge erfolgreich bewältigen (Hahn/Taylor 2006; Hungenberg 2014). Praktisch bedeutet diese Forderung bspw., dass die verschiedenen Instrumente des strategischen Managements (z. B. Portfolio-Analysen) lediglich den Ausgangspunkt der Strategieentwicklung markieren. In einem zweiten Schritt sind Strategiediskussionen auf den verschiedenen Ebenen eines Unternehmens sowie in den einzelnen organisatorischen Subeinheiten anzuregen, welche die Informationen und Denkrichtungen aufnehmen, die den Instrumenten des strategischen Managements zugrunde liegen.

Entscheidend für die Entwicklung des strategischen Managements war in den letzten Jahren auch die Erkenntnis, dass es keine einfachen strategischen Erfolgsrezepte geben kann, die sich in Management-Handbüchern nachlesen lassen und von jedem Unternehmen angewendet werden können (Knyphausen-Aufseß 1997; Rasche 2008). Insbesondere Barney (1986; 1991) und Wernerfelt (1984; 1995), aber auch zahlreiche andere Vertreter des sog. »Resource-based View« (vgl. z. B. Hamel/Prahalad 1994; Lavie 2006; Peteraf 1993) weisen immer wieder darauf hin, dass allgemein verfügbare Fähigkeiten und organisatorische Ressourcen nicht automatisch zu nachhaltigen strategischen Wettbewerbsvorteilen gegenüber der Konkurrenz führen (▸ Teil II, Kap. 3.2.2 und 4.2.1). Wettbewerber könnten diese leicht zugänglichen Erfolgsfaktoren ohne weiteres imitieren und der bestehende Wettbewerbsvorteil verschwände rasch wieder. Gemäß dem Resource-based View können Unternehmen andauernde Wettbewerbsvorteile und überproportionale Renten vielmehr nur dann erzielen, wenn sie einzigartige, nicht-imitierbare und nicht-substituierbare Ressourcenkombinationen sowie die Fähigkeit zu deren (Aus-)Nutzung im Markt besitzen. Es muss außerdem gelingen, Markteintrittsbarrieren aufzubauen, die Konkurrenten nachhaltig davon abhalten, überproportionale Unternehmensgewinne »wegzufressen«.

Die theoretische Strömung des Resource-based View hat in den letzten Jahren einen großen Einfluss auf die Entwicklung des strategischen Managements ausgeübt (Priem/Butler/Li 2013). Die verschiedenen Autoren entwerfen ihr Programm dabei vor allem in Abgrenzung zum in den 1980er Jahren dominierenden »Market-based View«, dessen bekanntester Vertreter Michael Porter ist (▶ Teil II, Kap. 4.2.1). Ausgehend von den Annahmen der Industrieökonomik entwirft Porter (1980; 1981; 1985) ein Konzept zur Strategieentwicklung, welches im Kern auf dem sog. »SVE-Paradigma« (Struktur-Verhalten-Ergebnis-Paradigma) beruht. Die Charakteristika einer Branche (»Struktur«), wie z. B. die Anzahl der Wettbewerber oder die Höhe der Markteintrittsbarrieren, determinieren nach dieser Sichtweise wesentlich den Erfolg (»Ergebnis«) eines Unternehmens. Die Charakteristika der Branche bestimmen und begrenzen aber auch die Handlungsspielräume und Aktivitäten (»Verhalten«) der einzelnen Wettbewerber. Unterschieden im Verhalten und der Ressourcenausstattung von Unternehmen, wie sie der Resource-based View thematisiert, kommt nach dieser Sichtweise nur eine untergeordnete Bedeutung bei der Erklärung von Erfolgsdifferenzen zu.

In der neueren Forschung zum strategischen Management setzt sich gleichwohl immer stärker die Erkenntnis durch, dass es im Verhältnis zwischen Resource-based und Market-based View nicht um eine Entscheidung für oder gegen eine der beiden theoretischen Positionen gehen kann (Rasche 2008). Vielmehr sind beide Forschungstraditionen als Dualität im Sinne von Giddens (1984) zu begreifen, d. h. sie können gleichzeitig nebeneinander existieren, sich gegenseitig befruchten und einen positiven Beitrag zur strategischen Führung von Unternehmen leisten. Dennoch lässt sich feststellen, dass der Resource-based View zu Beginn des 21. Jahrhunderts immer noch aktuell ist. Eine Reihe von Autoren versucht den Ansatz weiter zu entwickeln und dessen Erkenntnisse auf unterschiedliche Problembereiche des strategischen Managements anzuwenden (Barney/Mackey 2016; Espino-Rodríguez/Padrón-Robaina 2006; Lavie 2006; Levitas/Ndofor 2006).

Sowohl der Market-based View als auch der Resource-based View analysieren die Entwicklung von Strategien primär auf der organisationalen Ebene. Dabei steht die Frage im Mittelpunkt, wie Prozesse zu organisieren sind, um auf verschiedenen Hierarchieebenen markt- und/oder ressourcenorientierte Strategien zu entwickeln. Strategien werden in diesen Forschungsrichtungen insofern als etwas betrachtet, das Organisationen planen und schließlich umsetzen wollen. Beide Perspektiven vernachlässigen jedoch das Problem, welche Rolle die tatsächlichen *Handlungen* der Akteure spielen, die dafür verantwortlich sind, konkrete Konzepte und Instrumente im strategischen Management operativ anzuwenden (Jarzabkowski 2004).

Unter dem Oberbegriff »Strategy as Practice« gewinnt eine Forschungsströmung in den letzten Jahren immer mehr an Bedeutung, die sich diesem Thema widmet (Bromiley/Rau 2014; Chia 2004; Jarzabkowski 2004; Jarzabkowski/Balogun/Seidl 2007; Jarzabkowski et al. 2016; Rasche 2008; Whittington 1996, 2006). Die Strategy as Practice-Bewegung bezeichnet vermutlich eine der wichtigsten Weiterentwicklungen des strategischen Managements zu Beginn des 21. Jahrhunderts. Sie gewinnt aus unserer Sicht vor allem deshalb immer mehr Anhänger, weil die praktische Umsetzung von Strategien nach wie vor eines der größten Probleme im strategischen Management darstellt. In der traditionellen Forschung haben Forscher, Berater und Praktiker den Schwerpunkt ihrer Aufmerksamkeit zumeist auf die ökonomische Vorteilhaftigkeit von Strategien gelegt, ohne aber die konkreten

3 Anmerkungen zum Status quo der Forschung im strategischen Management

Handlungen, Interessen und Ziele der Manager zu berücksichtigen, die diesen Strategien zugrunde liegen. Mit anderen Worten: Die mikropolitischen Prozesse müssen in den Vordergrund der Betrachtung rücken. Es stellt sich die Frage, durch welche Handlungen sich Strategien tatsächlich entwickeln und umsetzen lassen, um die Praxis des strategischen Managements zu verbessern. Neben dieser Aufgabe diskutiert die Strategy as Practice-Literatur vor allem, welche Akteure an strategierelevanten Handlungen in Unternehmen beteiligt sind bzw. sein sollten (z. B. Manager, Berater) und wie sie ihre jeweiligen Intentionen und Wertvorstellungen in den Strategieprozess einbringen können.

In der jüngsten Zeit hat sich zudem eine intensive Diskussion in Theorie und Praxis um den Begriff des Geschäftsmodells entwickelt (Gilbert 2011; Rentmeister/Klein 2003; Schallmo 2013, 2014; Schaltegger/Hansen/Lüdeke-Freund 2015; Wirtz 2013; Wirtz/Schilke/Ullrich 2010). Innovative Geschäftsmodelle erscheinen als eine notwendige Voraussetzung, um auf die aktuelle Dynamik und Komplexität des globalen Wettbewerbs adäquat reagieren zu können. Sie bilden die Essenz der unternehmerischen Tätigkeiten ab und unterstützen das Management bei der Identifikation und Analyse der Erfolgsfaktoren sowie der Anpassung an sich wandelnde Märkte. Auch wenn der Begriff des »Business Modeling« in der Wirtschaftsinformatik bereits in den 1970er Jahren des letzten Jahrhunderts Verwendung fand, so ist doch die Beschäftigung mit diesem Thema im strategischen Management noch relativ neu. In der Literatur zeigt sich dabei eine große Vielfalt unterschiedlicher Defintionen und Ansätze (Foss/Saebi 2017), die zumeist dahingehend übereinstimmen, dass es sich bei einem Geschäftsmodell um die Beschreibung dessen handelt, *was* ein Unternehmen tut, und vor allem, *wie* ein Unternehmen den Prozess der Wertgenerierung mit und für seine Anspruchsgruppen durchführt und profitabel steuert (▶ Teil III, Kap. 2.4).

Die Entwicklung der Forschung und Praxis des strategischen Managements wird von einer großen Zahl von Publikationen begleitet. Allein die steigende Anzahl englischsprachiger Journals, die sich seit den 1970er Jahren explizit dem Thema Strategie widmen, ist ein Indikator dafür, dass man heute vom strategischen Management als einer eigenständigen Disziplin im Rahmen der betriebswirtschaftlichen Forschung sprechen kann. Die ersten Journals, die herausgegeben wurden und damals noch stärker die Planung von unternehmerischen Aktivitäten fokussierten, waren *Long Range Planning* (1968) und das *Journal of General Management* (1970). Im Jahr 1980 wurde das *Strategic Management Journal* gegründet, welches bis heute als das wichtigste Publikationsorgan für Fragestellungen der strategischen Unternehmensführung anzusehen ist. Einen großen Einfluss auf die Forschung und Praxis haben auch die beiden von der Academy of Management herausgegebenen Journals *Academy of Management Review* und *Academy of Management Journal*. Einen stark praxisorientierten Fokus weisen die *Harvard Business Review* und das *McKinsey Quarterly* auf. Diese zwei Journals publizieren ebenfalls zahlreiche Artikel mit Bezug zum strategischen Management und haben weltweite Verbreitung gefunden. Tabelle 1.2 gibt einen Überblick über wichtige englischsprachige Journals zum strategischen Management.

Tab. 1.2: Englischsprachige Journals zum strategischen Management
(Quelle: Eigene Darstellung)

Wichtige englischsprachige Zeitschriften zum strategischen Management	
Wissenschaftliche Fachzeitschriften:	Gründungsjahr
Academy of Management Journal	1958
Long Range Planning	1968
Journal of General Management	1970
Academy of Management Review	1976
Journal of Business Strategy	1980
Strategic Management Journal	1980
Advances in Strategic Management	1983
Business Strategy Review	1990
Journal of Strategic Change	1990
International Review of Strategic Management	1990
Journal of Economics & Management Strategy	1992
Strategic Organization	2003
Praxisorientierte Managementzeitschriften:	
Harvard Business Review	1922
McKinsey Quarterly	1964

Zusammenfassend lässt sich festhalten, dass die Unterscheidung zwischen Market- und Resource-based View zum einen sowie die Strategy as Practice-Bewegung zum anderen nur eine mögliche, wenn auch wichtige Klassifizierung der zahlreichen Forschungsströmungen im strategischen Management bezeichnen. Je nach Autor, Herkunft und Intention variieren theoretische Grundpositionen sowie praktische Implikationen einzelner Konzepte zum Teil erheblich. Wir werden im Folgenden den Status quo dieser Diskussion abbilden und die aktuellen Erkenntnisse in unsere Konzeption des strategischen Managements integrieren. Zuvor sollen jedoch mit der Unterscheidung zwischen »Strategy Process«, »Strategy Content« sowie »Strategy Context« noch drei Forschungs- und Arbeitsbereiche dargestellt werden, durch die sich das strategische Management auf übergeordneter Ebene strukturieren lässt.

3.2 Forschungs- und Arbeitsbereiche im strategischen Management

Im Rahmen des strategischen Managements existiert eine Vielzahl von Bereichen, auf welche sich die Forschung, aber auch die Arbeit von Managern und Beratern erstrecken kann. Eine umfassende Abgrenzung und Beschreibung dieser Forschungs- und Arbeitsbereiche ist an dieser Stelle nicht möglich. Die Vielfalt der Konzepte verdeutlicht die Komplexität des Forschungsgegenstandes. In

Anlehnung an die einschlägige Literatur lassen sich insbesondere drei Forschungs- und Arbeitsbereiche unterscheiden (Hutzschenreuter/Kleindienst 2006; Scherer 1995):

- »Strategy Process«-Forschung,
- »Strategy Content«-Forschung und
- »Strategy Context«-Forschung.

Die Unterscheidung zwischen »Strategy Process«-Forschung (Strategieprozessforschung) zum einen und »Strategy Content«-Forschung (Strategieinhaltsforschung) zum anderen ist als klassisch zu bezeichnen (Schendel 1992a, 1992b). Die meisten Publikationen über strategisches Management lassen sich dem einen oder dem anderen Bereich zuordnen. Beeinflusst durch die oben beschriebene »Strategy as Practice«-Bewegung hat sich in letzter Zeit eine weitere Strömung im strategischen Management etabliert, die sog. »Strategy Context«-Forschung (Strategiekontextforschung). Inhaltlich lassen sich die drei Bereiche folgendermaßen abgrenzen:

»Strategy Process«-Forschung

Die Strategieprozessforschung betrachtet, *wie* die Prozesse der Strategieformulierung und -implementierung zu gestalten sind, um Erfolg versprechende Strategien zu finden und Wettbewerbsvorteile aufzubauen. Laut Chakravarthy/Doz (1992, S. 5) soll die Strategieprozessforschung insbesondere analysieren, »[...] *how effective strategies are shaped within the firm and then validated and implemented efficiently*«. Es geht in der Strategieprozessforschung um die Identifikation von Konzepten, die zur Entstehung, Kommunikation, Reformulierung und Umsetzung von Strategien geeignet sind und die das Treffen konkreter Entscheidungen über viable Strategiealternativen ermöglichen (Chakravarthy et al. 2003; Knyphausen-Aufseß 1995; Rühli/Schmidt 1999; de Wit 2017). Die meisten Ansätze im strategischen Management sind prozessual aufgebaut. Dies wird bereits in der klassischen Definition zum strategischen Management von Schendel/Hofer (1979, S. 11) deutlich: »*Strategic management is a process that deals with the entrepreneurial work of the organization, with organizational renewal and growth, and more particularly, with developing and utilizing the strategy which is to guide the organization's operations*«.

Wie der jeweilige Strategieprozess im Einzelnen aufzubauen ist, variiert gleichwohl beträchtlich zwischen den verschiedenen Ansätzen.[5] So klassifiziert van de Ven (1992) Konzepte hinsichtlich der unterschiedlichen Bedeutungszuweisung und sequenziellen Reihenfolge der Prozessphasen. Chakravarthy/Doz (1992) unterscheiden nach der organisatorischen Ebene und differenzieren zwischen Individuum, Unternehmen und Umwelt. Hart (1992) wiederum betrachtet die unterschiedliche Rolle

---

5 Aufgrund der Vielzahl verschiedener Konzepte erfolgt hier keine ausführliche Beschreibung der wichtigsten Prozessmodelle. Vergleichende Darstellungen und kritische Analysen zur Strategieprozessforschung finden sich bereits zahlreich in der Literatur zum strategischen Management. Siehe dazu bspw. Bamberger/Cappallo 2003; Huff/Reger 1987; Kranz 2007; Lechner 2006; Rühli/Schmidt 1999, 2001; Welge/Al-Laham 2012). Grundlegende Publikationen zu diesem Themenbereich erschienen auch in den beiden Special Issues des *Strategic Management Journals* im Jahr 1992, die sich ausschließlich dem Thema »Strategy-Process Research« widmeten (siehe dazu u. a. Chakravarthy/Doz 1992; Pettigrew 1992, Schendel 1992a, 1992b). Auch Hutzschenreuter/Kleindienst (2006) haben eine umfangreiche kritische Analyse der Strategieprozessforschung vorgelegt. Auf Basis einer extensiven Literaturrecherche in 21 internationalen Zeitschriften analysieren sie insgesamt 227 Artikel, die sich explizit mit der Strategieprozessforschung beschäftigen.

des Top-Managements sowie den Führungsstil und differenziert zwischen insgesamt fünf verschiedenen Typen von Strategieprozessen. Farjoun (2002) und Kranz (2007) versuchen, die Strategieprozessforschung in chronologischer Reihenfolge zu ordnen.[6]

Besondere Bedeutung für die Strategieprozessforschung hat die von Mintzberg/Lampel (1999) in die Diskussion eingeführte Unterscheidung der sog. »Ten Schools of Thought« (siehe auch Mintzberg/Ahlstrand/Lampel 2009). Die Autoren klassifizieren die Beiträge zum strategischen Management nach präskriptiven und deskriptiven Ansätzen. Präskriptive Konzepte schreiben mehr oder weniger vor, wie Strategien formuliert werden sollten. Problematisch ist allerdings, dass sie nicht erklären, wie sich Strategien tatsächlich bilden. Dieser Aufgabe widmen sich stärker die deskriptiven Ansätze. Sie konzentrieren sich jeweils auf bestimmte Teilbereiche des Strategieentwicklungsprozesses. Dabei versuchen sie weniger zu beschreiben, worin das »ideale« strategische Verhalten liegen soll, sondern zu erklären, wie Strategien in der Praxis tatsächlich zustande kommen (Mintzberg/Ahlstrand/Lampel 2009, S. 5–6).

Im Einzelnen grenzen Mintzberg/Lampel drei präskriptive und sieben deskriptive Ansätze ab (siehe dazu auch Kirsch/van Aaken 2008). In die Kategorie der präskriptiven Ansätze lassen sich die Design-, die Planungs- und die Positionierungsschule einordnen. Unter die deskriptiven Ansätze fallen die unternehmerische und die kognitive Schule sowie die Lern-, Macht-, Kultur-, Umwelt- und Konfigurationsschule. Tabelle 1.3 fasst die Unterschiede der zehn Denkschulen zusammen. Trotz der unterschiedlichen Perspektiven ergeben sich bei näherer Betrachtung vielfältige Gemeinsamkeiten zwischen den meisten Prozessansätzen im strategischen Management. In der Forschung sowie der Beratungspraxis von Unternehmen besteht ein mehr oder weniger großer Konsens darüber, dass sich der Strategieprozess in verschiedene Phasen einteilen lässt. In Anlehnung an den ursprünglichen Harvard-Ansatz (siehe dazu insbesondere Andrews 1971 und Learned et al. 1969) finden sich in fast allen Prozessmodellen zumindest die Phasen der Strategieformulierung und -implementierung. Andere Ansätze umfassen noch die Phasen der strategischen Analyse und Kontrolle sowie der operativen Planung und Budgetierung (siehe z. B. Hahn/Taylor 2006; Hax/Majluf 1984; Lombriser/Abplanalp 2015; Welge/Al-Laham 2012; Welge/Al-Laham/Eulerich 2017). Ein Konsens besteht ebenfalls darüber, dass der Strategieprozess zumeist nicht streng linear verläuft. Die Aktivitäten sind vielmehr rekursiv miteinander verwoben und können bzw. sollten sich zeitlich überlappen. In den meisten Ansätzen spiegelt sich zudem wider, dass der Strategieprozess das Ergebnis rationaler Überlegungen von Managern sein und zu intendierten Strategien führen soll. Je nach Ausgestaltung des Prozesses und den jeweiligen Kontextbedingungen sind die meisten Autoren auch für die Entstehung emergenter Strategien offen und vertreten eine gemäßigt voluntaristische Haltung (Müller-Stewens/Lechner 2016).

---

6 Ein Überblick über mögliche Klassifikationsschemata in der Strategieprozessforschung findet sich auch bei Chakravarthy et al. 2003, S. 4).

3   Anmerkungen zum Status quo der Forschung im strategischen Management _____ 49

Tab. 1.3: Denkschulen im strategischen Management
(Quelle: Eigene Darstellung in Anlehnung an Mintzberg (1990, S. 192–197)).

	Designschule	Planungsschule	Positionierungsschule	Unternehmerische Schule	Kognitive Schule	Lernschule	Machtschule	Kulturschule	Umweltschule	Konfigurationsschule
Zugrundeliegende Theorietradition	Keine (Architektur als Metapher)	(Verbindungen zur Stadtplanung, Systemtheorie und Kybernetik)	Ökonomische Theorien (Ind. Organization) und Militärgeschichte	keine	Psychologische (kognitive) Theorien	Keine (evtl. vage Verbindungen zur Lerntheorie in der Psychologie und Pädagogik)	Politikwissenschaften	Anthropologie	Biologie	Geschichte (evtl. Katastrophentheorie in der Mathematik und Gleichgewichtstheorie in der Biologie)
Gegenwärtiger und zukünftiger Status der Forschung	Nur auf der Grundlage präskriptiver Ansätze	Gering, es sei denn sie wird empirisch ausgerichtet	Sehr hoch, vermutlich auch weiterhin hoch	Leicht zunehmende Bedeutung	Gegenwärtig mittel; zukünftig evtl. abnehmend	Zunehmende Bedeutung	Zunehmende Bedeutung	Gegenwärtig mittel; ohne konzeptionelle Innovation abnehmend	Momentan gering, wahrscheinlich abnehmend	Zunehmende Bedeutung
Basisempfehlung (Leitaussage)	Denke!	Formalisiere! (Dekomponiere)	Analysiere! (Fährte)	Beobachte genau!	Überwinde!	Lerne!	Unterstütze!	Wachse zusammen!	Reagiere!	Integriere!
Empfohlene Realisierungsmethode	Entwurf der Strategie als Fallstudie	Programmiere! (besser als formulieren)	Kalkuliere! (besser als kreieren oder festlegen)	Zentralisiere! (und hoffe)	Sorge Dich! (überwinden und erfinden unmöglich)	Spiele! (besser als beabsichtigen)	Sammle! (besser als teilen oder produzieren)	Verewige den Zustand! (besser als verändern)	Verewige den Zustand! (besser als verändern)	Nimm es hin! (besser als nuancieren)
Strategieverständnis	Explizite Perspektive, einzigartig	Expliziter Plan, dekomponiert in Unterstrategien und Programme	Explizite generische Position (ökonomisch und bzgl. der Wettbewerbsposition), gilt auch für Akteure	Implizite Perspektive (Vision), persönlich und einzigartig (Nische)	Mentale Perspektive (individuelles Konzept)	Implizites Verhaltensmuster, häufig kollektiv	Taktieren und positionieren, offen und verdeckt, Einheiten (Mikro) und organsationsweit (Makro)	Kollektive Perspektive, einzigartig und zumeist implizit	Spezifische Position (Nische in Pop. Ecol.)	Alle aufgeführten Arten, abhängig von der Situation
Organisatorischer Wandel	Gelegentlich, bedeutsam	Periodisch, inkremental	Stückweise, kann plötzlich auftreten	Gelegentlich, meistens bedeutsam und »revolutionär«, »opportunistisch«	Selten (mentaler Widerstand)	Kontinuierlich (zumeist inkremental und stückweise; gelegentlich große Sprünge)	Häufig, stückweise, idiosynkratisch	Selten (ideologischer Widerstand)	Niemals oder selten und bedeutsam (Pop. Ecol.); häufig und stückweise (Kontingenztheorie)	Gelegentlich, bedeutsam und »revolutionär«
Bedeutung des Umfelds	Nützlich (ökonomische, soziale, technische...), bietet manchmal Gefahren, zumeist gesteuerte Gelegenheiten	Fügsam, Checkliste von Faktoren, die vorhergesehen oder bevorzugt gesteuert werden müssen	Anspruchsvoll hinsichtlich des bestehenden Wettbewerbs, aber in ökonomischen Größen analysierbar	Manövrierbar, um eine Nische zu finden	Erdrückend für die Kognition	Verlangend, schwierig	Unlenkbar (Mikro) Anpassungsfähig (Makro)	Zufällig	Diktatorisch (Pop. Ecol.) anspruchsvoll, allgemeine Dimensionen (Kontingenztheorie)	Alles, was kategorisierbar ist (z.B. nach den links aufgeführten Kategorien)
Zentrale Akteure	Top Manager (»Architekt«)	Planungsstab	Analysten	»Führer«	»Kopf«	Jeder, der fähig ist zu lernen	Jeder, der Macht hat	Kollektiv	Umwelt	Alle aufgeführten, abhängig von der Situation

»Strategy Content«-Forschung

In der Strategieinhaltsforschung wird angestrebt, die konstitutiven Faktoren von Erfolg in Unternehmen zu identifizieren und zu erklären, welche Wettbewerbspositionen und Verhaltensweisen zu überproportionalen Gewinnen unter sich verändernden Rahmenbedingungen führen (Barney 1991, 2011; Hamel/Prahalad 1994; Porter 1980, 1992). Mit anderen Worten, es geht um die konkrete Frage nach den Performance-Wirkungen bestimmter Strategien, die sich aus einem Strategieprozess ergeben haben. Eine Vielzahl von Studien zum strategischen Management widmet sich diesem Thema (Bailom/Matzler/Tschemernjak 2013; Stadler/Wältermann 2012). Inhaltlich beziehen sich diese Studien bspw. auf die erfolgsrelevanten Auswirkungen von Strategieoptionen wie Differenzierung oder Kostenführerschaft, Diversifikation, vertikale vs. horizontale Integration, Mergers & Acquisitions oder geografische Expansion. Zusammenfassend erstreckt sich die Strategieinhaltsforschung mithin darauf, die Existenz von Grundstrategien (sog. generischen Strategien) zu untersuchen, die unter bestimmten Kontextbedingungen zum Erfolg führen.

Die o. g. Forschungsbemühungen sowohl zum Market-based View als auch zum Resource-based View können zu großen Teilen der Strategieinhaltsforschung zugerechnet werden. Innerhalb dieser Paradigmen stellen sich verschiedene Forschungsfragen (Jenner 2003, S. 342):

- Existieren bestimmte Strategien, die anderen generell überlegen sind?
- Variiert die Effektivität von Strategien in Abhängigkeit von den Umweltbedingungen (Strategie-Umwelt-Fit)?
- Sind Strategien bei bestimmten Unternehmen effektiver als bei anderen Unternehmen (Strategie-Unternehmens-Fit)?

In der Strategieinhaltsforschung geht es mit anderen Worten um die kritischen Erfolgsfaktoren, die Unternehmen voneinander unterscheiden. Besonders das PIMS-Programm (Buzzell/Gale 1987) wie auch die Analyse der Erfolgsfaktoren von 43 Unternehmen durch Peters/Waterman (1982) haben dieses Forschungsfeld nachhaltig geprägt. In der jüngeren Strategieinhaltsforschung besteht ein weitgehender Konsens darüber, dass keine generellen Erfolgsstrategien existieren, die in verschiedenen Branchen und Zeiten sowie unterschiedlich großen Unternehmen stabil sind (Bailom/Matzler/Tschemernjak 2013; Nicolai/Kieser 2002). Die Erfolgsfaktorenforschung kann auch nicht erklären, wie Unternehmen zu Kernkompetenzen kommen und wie genau die erfolgreiche Positionierung in einer Branche stattfinden sollte (Rühli/Schmidt 2001, S. 532). Vielmehr komme es auf die jeweiligen Kontextfaktoren an, ob bestimmte Strategien erfolgreich sind oder nicht (de Wit 2017).

Eines der Hauptprobleme liegt in der Umweltdynamik, die erfolgreiche Strategien zum Teil sehr schnell wieder obsolet werden lässt. D'Aveni (1995a; 1995b) führt in diesem Zusammenhang den Begriff des Hyperwettbewerbs ein. Er zeichnet sich u. a. durch schnelle technologische Entwicklungen, intensiven Imitationswettbewerb zwischen Konkurrenten, sich verkürzende Produktlebenszyklen und rasch wandelnde Kundenbedürfnisse aus. Die Komplexität und Dynamik der Umweltentwicklungen, so die These D'Avenis, macht es systematisch unmöglich, allgemein gültige und langfristig anhaltende Erfolgsfaktoren zu identifizieren. Damit gewinnt die Gestaltung von dynamischen Strategieprozessen in Unternehmen an Bedeutung, um den vorhandenen Strategieinhalt kontinuierlich kritisch evaluieren und weiterentwickeln zu können. Tabelle 1.4 vermittelt einen Überblick über wichtige Arbeiten in diesem Forschungsfeld.

3 Anmerkungen zum Status quo der Forschung im strategischen Management _____ 51

Tab. 1.4: Wichtige Arbeiten zur Strategieinhaltsforschung
(Quelle: Eigene Darstellung in Anlehnung an Bailom/Matzler/Tschemernjak (2013, S. 12–13)).

Autoren/Titel	Methode	Ergebnisse – Erfolgsfaktoren
Peters/Waterman: In Search of Excellence, New York, 1982	Analyse von 43 erfolgreichen Unternehmen	8 Erfolgsdimensionen: Aktives Agieren, Kundennähe, unternehmerischer Freiraum, Produktivität durch die Mitarbeiter, sichtbar gelebtes Wertesystem, Fokussierung auf das Kerngeschäft, flexible, überschaubare Aufbauorganisation, Freiheit und Kontrolle in der Führung
Buzzel/Gale: The PIMS Principles, New York, 1987	Analyse einer Datenbank mit Kennzahlen von über 3.500 Unternehmenseinheiten	7 strategische Hauptfaktoren: Marktanteil, Produktivität, Investment-Intensität, relativer Kundennutzen, Innovationsrate, Wachstumsrate des Markts, vertikale Integration
Collins/Porras: Built to Last, London, 1994	Analyse von 20 Unternehmen mit „Kultstatus"	Drei strategische Gestaltungsprinzipien: Nicht das Erbringen einer Leistung, sondern das Schaffen eines stabilen Systems zur Leistungserstellung steht im Vordergrund (nicht die Produkt-, sondern die Unternehmensidee zählt); im Mittelpunkt steht die Dualität vom „Und" und nicht die „Entweder-oder-Annahmen" (z.B. hohe Qualität und niedrige Kosten); Organisationen brauchen einen Kernbestand von Werten
Nohria/Joyce/Robertson: What Really Works, New York, 2003	Analyse von 60 Unternehmen aus 40 Branchen	Die 4+2 Formel: Unternehmen mit hohen Ausprägungen in den vier primären Managementdisziplinen (Strategie, Umsetzung, Kultur und Struktur) und in zwei von vier fakultativen Sekundärdisziplinen (Talente, Innovation, Führung sowie Fusionen und Partnerschaften) sind erfolgreicher als die Konkurrenten und steigern den Shareholder-Value
Simon: Hidden Champions des 21. Jahrhunderts. Die Erfolgsstrategien unbekannter Weltmarktführer, Frankfurt, 2007	Analyse von insgesamt 1.316 „Hidden Champions"	Gemeinsame Merkmale der Hidden Champions: Klare und ambitiöse Zielsetzungen, enger Marktfokus, globale Orientierung, Kundennähe, kontinuierliche Innovation, Fokus auf eigene Kernkompetenzen, Aufbau klarer Wettbewerbsvorteile, gleichzeitiger Fokus auf Technologie- und Marktorientierung, selektierte und hoch motivierte Mitarbeiter, starke Führerschaft durch Top-Management
IBM: Das Unternehmen der Zukunft, Stuttgart, 2008	Analyse von 1.130 Interviews mit CEOs und Führungskräften	Unternehmen, die in Zukunft erfolgreich sein wollen, verfolgen fünf klare Strategien: Fokussiert auf Veränderungen, innovativer als von Kunden erwartet, global integriert, von Natur aus revolutionär, engagiert, nicht nur regelkonform
Stadler/Wältermann: Die Jahrhundert-Champions. Fünf Prinzipien für dauerhaften Unternehmenserfolg, Stuttgart, 2012	Analyse von 9 „Jahrhundert-Champions", ausgewählt nach Kriterien „Überleben" und „Performance", im Vergleich zu nächstbesten Unternehmen	5 Erfolgsprinzipien: Effizienz vor Innovation, Diversifikation in verwandte Geschäftsbereiche, aus Fehlern lernen, Finanzen konservativ managen und Risiken streuen, Wandel kultursensibel gestalten

»Strategy Context«-Forschung

Die Strategiekontextforschung kritisiert an den traditionellen Forschungsarbeiten zum strategischen Management, dass diese sich zu stark entweder auf die Prozess- oder die Inhaltsperspektive konzentriert haben (MacKay/McKiernan 2004; McKiernan/Carter 2004), ohne die Rahmenbedingungen zu untersuchen, in die Strategieprozesse eingebettet sind. Die meisten Forscher und Berater sind sich darin einig, dass jeder Strategiekontext einzigartig ist und es einen Fit geben muss, sowohl zwischen Strategieprozess und inhalt als auch dem Kontext. Strategisches Management in Unternehmen existiert insofern niemals voraussetzungsfrei.

Vor diesem Hintergrund analysiert die Strategiekontextforschung vor allem die internen und externen Rahmenbedingungen, welche die Strategieprozesse in Unternehmen beeinflussen. Mit anderen Worten, es geht um die Frage, wo das strategische Management innerhalb und außerhalb des Unternehmens verortet ist. Die Analyse erstreckt sich bspw. auf die jeweilige Branchenstruktur, in der Unternehmen aktiv sind, die internationalen Rahmenbedingungen des Wettbewerbs, sich verändernde Megatrends oder auch den organisatorischen Kontext (de Wit/Meyer 2010, S. 10–11). Insbesondere auf der organisatorischen Ebene gilt es dabei zu klären, welche Rolle die Führungskräfte und ihre konkreten Handlungen im Rahmen des Strategieprozesses spielen, wie strategische Lernprozesse in Unternehmen verlaufen und wie Strukturen zu gestalten sind, damit sowohl intendierte als auch emergente Strategieentwicklung möglich sind. Auf der personalen Ebene gilt es schließlich zu untersuchen, welche Akteure in den Strategieprozess involviert sind und wie diese Entscheidungsträger sich während des Prozesses verhalten.

Zusammenhänge

Obwohl die meisten Forscher die Trennung zwischen Strategieprozess, Strategieinhalt und Strategiekontext als künstlich bezeichnen, wird sie häufig vorgenommen, um Forschungsfragen präziser formulieren zu können (McKiernan/Carter 2004, Schendel 1992a, 1992b). In Forschung und Praxis gilt es jedoch stets zu beachten, dass die getrennte Analyse der einzelnen Bereiche nicht dazu führen darf, die Ergebnisse der drei Forschungsrichtungen unabhängig voneinander zu betrachten. Wenn Unternehmen erfolgreich strategisches Management betreiben wollen, müssen sie stets auf der Prozess- und Inhaltsebene denken und gleichzeitig die kontextuellen Rahmenbedingungen berücksichtigen. de Wit/Meyer (2010, S. 5) weisen pointiert auf diese Notwendigkeit hin: »*It cannot be emphasized enough that strategy process, content and context are not different parts of strategy, but are distinguishable dimensions. [...] Each strategic problem situation is by its nature three dimensional, possessing process, content and context characteristics, and only the understanding of all three dimensions will give the strategist real depth of comprehension*«.

Die drei Dimensionen sind rekursiv miteinander verwoben und betrachten strategische Probleme aus verschiedenen Blickwinkeln. So wird bspw. die Art und Weise, wie ein Strategieprozess organisiert ist, einen wesentlichen Einfluss auf den Inhalt der sich daraus ergebenden Strategien und die Wahrnehmung der kontextuellen Rahmenbedingungen besitzen. Gleichzeitig haben bestimmte Strategieinhalte einen starken Einfluss darauf, wie Strategieprozesse in Zukunft organisiert werden und welche Kontextfaktoren berücksichtigt werden. Der Zusammenhang zwischen den drei Arbeitsbereichen ist in der folgenden Abbildung grafisch aufgezeigt (▶ Abb. 1.3).

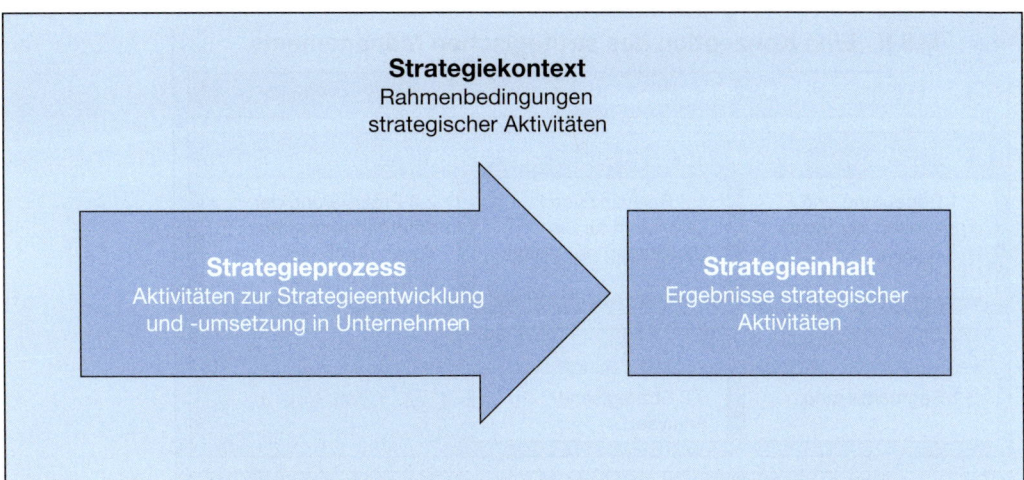

Abb. 1.3: Dimensionen des strategischen Managements
(Quelle: Eigene Darstellung).

In diesem Lehrbuch werden wir alle drei Dimensionen des strategischen Managements explizit berücksichtigen und miteinander verbinden. Vorgestellt wird deshalb ein Strategieprozessmodell, welches aus verschiedenen Phasen besteht und explizit Kontextfaktoren berücksichtigt. Durch die rekursive Verknüpfung von »Process« und »Context« sind die Voraussetzungen dafür zu schaffen, erfolgsrelevanten »Content« im Strategieprozess zu generieren.

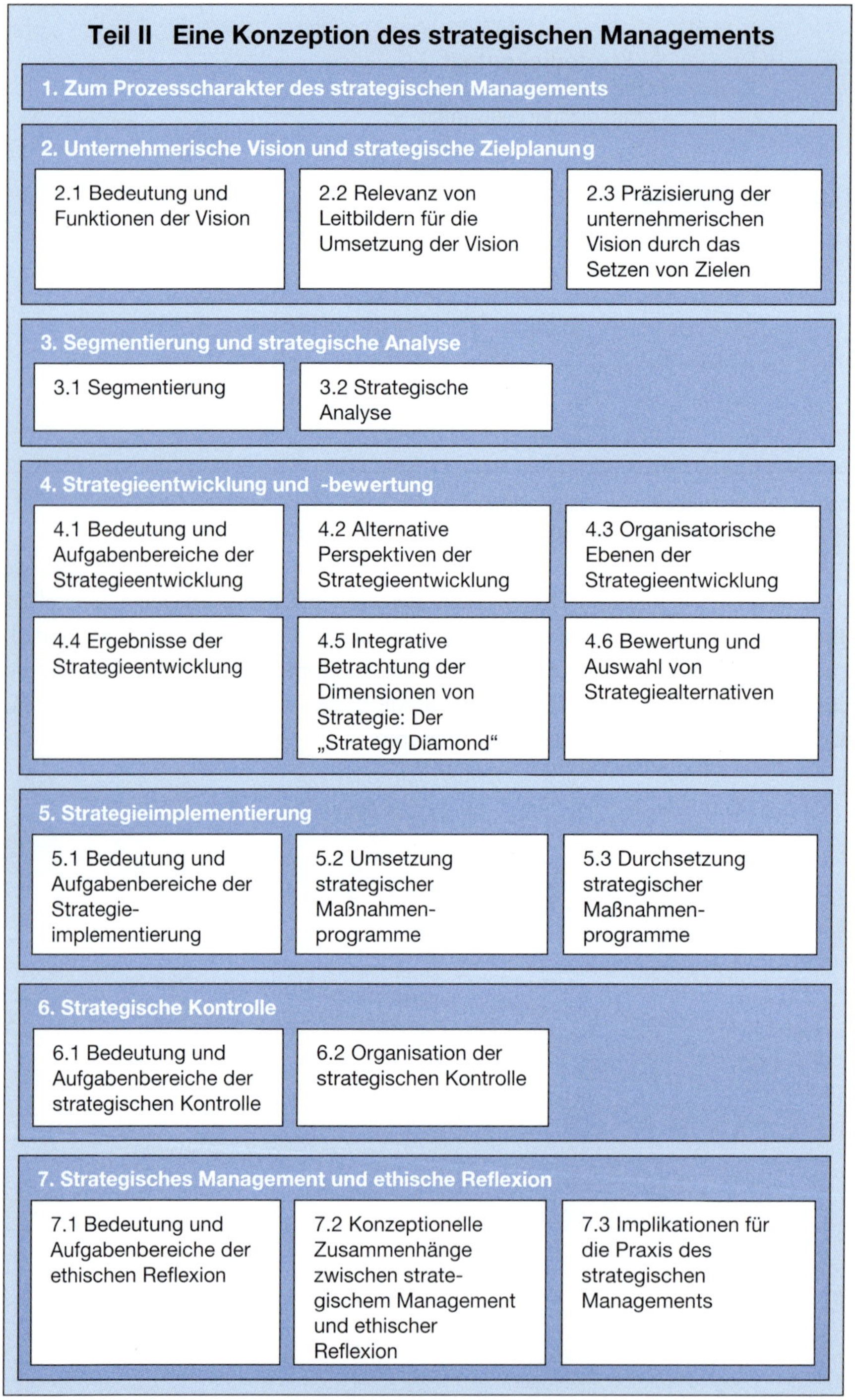

Teil II Eine Konzeption des strategischen Managements

1. Zum Prozesscharakter des strategischen Managements

2. Unternehmerische Vision und strategische Zielplanung

2.1 Bedeutung und Funktionen der Vision	2.2 Relevanz von Leitbildern für die Umsetzung der Vision	2.3 Präzisierung der unternehmerischen Vision durch das Setzen von Zielen

3. Segmentierung und strategische Analyse

3.1 Segmentierung	3.2 Strategische Analyse

4. Strategieentwicklung und -bewertung

4.1 Bedeutung und Aufgabenbereiche der Strategieentwicklung	4.2 Alternative Perspektiven der Strategieentwicklung	4.3 Organisatorische Ebenen der Strategieentwicklung
4.4 Ergebnisse der Strategieentwicklung	4.5 Integrative Betrachtung der Dimensionen von Strategie: Der „Strategy Diamond"	4.6 Bewertung und Auswahl von Strategiealternativen

5. Strategieimplementierung

5.1 Bedeutung und Aufgabenbereiche der Strategieimplementierung	5.2 Umsetzung strategischer Maßnahmenprogramme	5.3 Durchsetzung strategischer Maßnahmenprogramme

6. Strategische Kontrolle

6.1 Bedeutung und Aufgabenbereiche der strategischen Kontrolle	6.2 Organisation der strategischen Kontrolle

7. Strategisches Management und ethische Reflexion

7.1 Bedeutung und Aufgabenbereiche der ethischen Reflexion	7.2 Konzeptionelle Zusammenhänge zwischen strategischem Management und ethischer Reflexion	7.3 Implikationen für die Praxis des strategischen Managements

Abb. 2.1: Der Aufbau von Teil II im Überblick

Teil II Eine Konzeption des strategischen Managements

1 Zum Prozesscharakter des strategischen Managements

In diesem Kapitel werden die inhaltlichen Elemente des strategischen Managements in ihrem konzeptionellen Zusammenhang dargestellt. Das strategische Management beschreibt einen Prozess, der von der unternehmerischen Vision und den Wertvorstellungen der Entscheidungsträger ausgeht. Er umfasst die Formulierung der strategischen Ziele, die Entwicklung, Bewertung und Implementierung von Strategien sowie konkreten Maßnahmen bis hin zur Vorgabe von konkreten quantitativen Zielen für die operative Planung. Diese Prozessschritte werden durch die Segmentierung und strategische Analysen sowie durch eine strategische Kontrolle begleitet. Wir schlagen zudem vor, den klassischen Strategieprozess um eine gezielte ethische Reflexion zu erweitern. Der hier vertretene konzeptionelle Ansatz des strategischen Managements wird im folgenden Kapitel ausführlich erläutert und begründet (▶ Abb. 2.1).

Die zukunftsbezogenen Tätigkeiten des strategischen Managements stehen in einem sachlichen und zeitlichen Zusammenhang. Die Strukturierung und Koordinierung dieser Einzelaktivitäten erfolgen durch die Festlegung eines Prozesses, der die Gliederung und arbeitsteilige Gestaltung des Planungsablaufes umfasst. Zwar kann eine typische phasendeterminierte Aktivitätenfolge bei strategischen Entscheidungsprozessen in der Unternehmenspraxis nicht eindeutig nachgewiesen werden (Gilbert/Behnam 2009b; Hauschildt/Petersen 1987; Witte 1968). Dennoch kann der strategische Managementprozess in präskriptiver Sicht als zeit- und sachlogische Strukturierung verschiedener Planungsaktivitäten verstanden werden. Wie andere Handlungen im Rahmen der Unternehmensführung (z. B. Reorganisation, Innovationsmanagement oder Marketing) bezeichnet auch das strategische Management einen Entscheidungsprozess, der sich anhand von Elementen eines einfachen Phasenmodells beschreiben lässt.

In den ersten Entwicklungsjahren des strategischen Managements konzentrierte sich die betriebswirtschaftliche Forschung auf die Formulierung von präskriptiv-synoptischen Prozessmodellen. In einer späteren Phase wurden deskriptiv-inkrementale Ansätze bevorzugt, die im Zusammenhang mit einer empirisch fundierten Entscheidungstheorie entstanden. Die Diskrepanz zwischen diesen beiden Sichtweisen resultiert daraus, dass es sich bei den einzelnen Planungsaktivitäten um interdependente Vorgänge handelt, die in einen dynamischen Rückkopplungsprozess eingebunden sind. In der Literatur wurde vor diesem Hintergrund eine Vielfalt von Prozessabläufen zum strategischen Management entwickelt, die sich meist nur in Einzelheiten voneinander unterscheiden. Auch wenn weder in der Literatur noch in der Praxis Einigkeit darüber besteht, wie ein Strategieprozess genau konzipiert werden sollte, so finden sich doch grundlegende Muster in den meisten Konzepten wieder (siehe dazu Gilbert/Behnam 2009b sowie Mintzberg/Ahlstrand/Lampel 2009). Tabelle 2.1 gibt einen exemplarischen Überblick über ausgewählte Strategieprozessmodelle.

Tab. 2.1: Vergleich ausgewählter Strategieprozessmodelle
(Quelle: Eigene Darstellung)

Author & summary	Activity phases or stages			
Strategy process	**1. Strategic analysis**	**2. Strategy formulation**	**3. Strategy implementation**	**4. Strategic control**
Ansoff (1965) Conceptual strategic planning model: focus on expansion and diversification	1. Objectives 2. Internal and external analysis; gap analysis	3. Development of decision criteria – feasibility study 4. Decision making	5. Strategic plan – product-market, administrative and finance strategy as well as strategic budget	6. Review
Steiner (1969) Process model of strategic planning	1. Purpose of the firm and values of top-managers 2. Evaluation of threats and opportunities and weaknesses and strengths	3. Long-term objectives – strategic planning and plans 4. Medium-range programming – design subpolicies and substrategies	5. Short-term programming and tactical plans 6. Design organisation for plans	7. Review and evaluation of plans – continuous feasibility tests
Andrews (1971) Conceptual strategy process model	1. Identification of objectives 2. Environmental and resource analysis 3. Identification of opportunities and threats	4. Identification of strategic alternatives – strategic decision making process 5. Social responsibilities 6. Management values	7. Organisational structure and relationships 8. Organisational processes and behavior 9. Leadership	10. Revise objectives and strategies
Hofer/Schendel (1978) Complex conceptual model for formulating corporate and business level strategies	1. Identification of desired corporate objectives and major business areas 2. Identify SBU environmental characteristics and trends – external and internal analysis 3. Gap-analysis	4. Identification and evaluation of strategic options 5. Design portfolio and forecast future 6. Identify gap closing options 7. Derive SBU and corporate strategies	8. Implementation	9. Revise objectives and strategies
Lorange (1980) Normative model of corporate strategic planning	1. Objectives setting – identification of relevant strategic alternatives	2. Strategic programming – develop programs for achieving chosen objectives	3. Budgeting – establish detailed action program for strategy	4. Monitoring – measure progress toward fulfilment of strategies 5. Establish incentives to motivate goal achievement
Mazzolini (1981) Conceptual organisational process approach to strategic behavior	1. Decision-need identification	2. Search for alternatives 3. Investigation of courses of action 4. Review and approval	5. Implementation	
Rogers (1981) Normative model	1. Set objectives 2. Environmental assessment (market/clients, products/services, competition)	3. Modify objectives 4. Develop and analyse strategic alternatives – select/optimise plan(s)	5. Implement plan	6. Feedback/Control
Hax/Majluf (1984) Strategy process model	1. Structural conditions	2. Strategy formulation (covers corporate, business and functional strategies)	3. Strategic programs 4. Strategic and operational budgeting	
Kreikebaum (1997) Conceptual strategy process model	1. Set overall strategic objectives 2. Internal and external analysis	3. Strategy formulation, evaluation and selection	4. Align organisational structure and relationships 5. Strategy implementation	6. Strategic control – ongoing evaluation of objectives, analysis, segmentation and strategies
Kirsch (2001) Strategic management process model	1. Firm's overall objectives	2. Strategic programming on project, employee and investment object level	3. Short and long term operative planning	4. Strategic programming and operative planning control
Farjoun (2002) Organic model of the strategic management process	1. Analysis of external (firm environment) and internal (firm organisation) influences	2. Strategy formulation	3. Strategy realisation/implementation	4. Feedback, revision, learning and control of strategy and firm performance
Hungenberg (2014) Strategic management process model	1. Internal and external analysis of the situation and integration of both analytical results	2. Strategy formulation (covers corporate, business and functional strategies)	3. Implementation	4. Control

1 Zum Prozesscharakter des strategischen Managements

Wie aus der Tabelle ersichtlich wird, unterscheiden sich die einzelnen Strategieprozessmodelle zum Teil erheblich im Hinblick auf ihre Komplexität und Schwerpunktsetzung. Gleichwohl finden sich in den meisten Ansätzen die grundlegenden Phasen der Strategieentwicklung und -umsetzung, die sowohl von einer strategischen Analyse als auch Kontrolle begleitet werden.

Wir entwickeln in diesem Lehrbuch ein geschlossenes Prozessmodell des strategischen Managements (▶ Abb. 2.2). Die von uns vorgeschlagene Ausgestaltung des strategischen Managements resultiert aus bisherigen Erkenntnissen der konzeptionellen Forschung. Sie spiegelt aber auch die Arbeit von Strategen in Unternehmen wider. In vielen Unternehmen finden sich derartige oder sehr ähnlich ausgestaltete Prozessmodelle zur Entwicklung und Umsetzung von Strategien (Gilbert/Behnam 2009b).

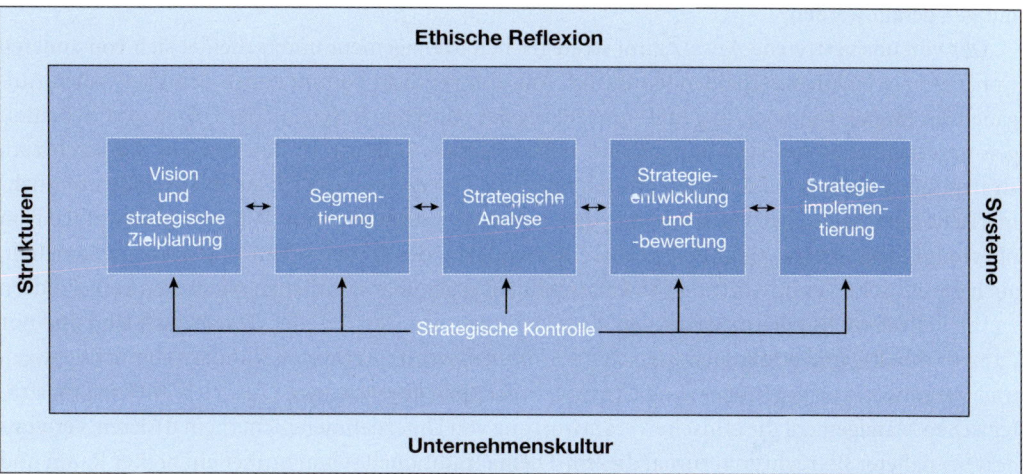

Abb. 2.2: Prozessmodell des strategischen Managements
(Quelle: Eigene Darstellung).

Der von uns vorgeschlagene Gesamtprozess des strategischen Managements umfasst in seinem Kern folgende Subprozesse:

- Entwicklung einer Vision und strategische Zielplanung,
- Segmentierung,
- strategische Analyse,
- Strategieentwicklung und -bewertung,
- Strategieimplementierung und
- (prozessbegleitende) strategische Kontrolle.

In dem von uns vorgeschlagenen Modell stellen wir die Entwicklung und Umsetzung von Strategien als die wesentlichen Elemente im strategischen Management dar. Sie bilden das Kernstück der Arbeit von Strategen in Unternehmen. Aus den Ergebnissen dieser Subprozesse ergibt sich im Wesentlichen die Richtung für das strategische Handeln. Ein Strategieprozess kann aber nur dann Wirkung entfalten, wenn er durch eine ethische Reflexion erweitert wird und in die Struktur, die Systeme sowie die Kultur eines Unternehmens eingebettet ist. Diese müssen strategieadäquat ausgestaltet sein, um durch ihre koordinierende Wirkung das Handeln in Unternehmen auf die konkreten strategischen Ziele hin auszurichten (Hungenberg 2014, S. 10). Es muss stets einen Fit zwischen den einzelnen Objekten des strategischen Managements geben, damit diese erfolgswirksam sein können. Diese Erkenntnis ist zentral für das strategische Management. Sie bestätigt sich immer wieder auch in empirischen Studien.

Bereits Chandler (1962) wies darauf hin, dass Strategie und Struktur eines Unternehmens interdependent sind und nicht unabhängig voneinander optimiert werden können. Diesen Gedanken fasst er schließlich in seiner an späterer Stelle noch ausführlicher zu diskutierenden These »Structure follows Strategy« prägnant zusammen. Zudem wird der gesamte Strategieprozess von den Umweltbedingungen beeinflusst. Diese stellen den Kontext dar, innerhalb dessen strategische Entscheidungen gefällt werden.

Der von uns vertretene Ansatz zum strategischen Management unterscheidet sich von anderen Konzepten in einem entscheidenden Punkt. Aus unserer Sicht kommt neben den klassischen Aufgaben der Strategieentwicklung und -umsetzung der ethischen Reflexion der Folgen und Nebenfolgen unternehmerischer Handlungen eine entscheidende Rolle zu. In den meisten Ansätzen zum strategischen Management spielen ethisch relevante Fragen im Hinblick auf anstehende unternehmerische Entscheidungen keine oder nur eine sehr untergeordnete Rolle. Wir sind gleichwohl davon überzeugt, dass es eine nicht delegierbare Kernaufgabe des strategischen Managements darstellt, auch die ethische Verantwortung von Unternehmen gegenüber sämtlichen relevanten Stakeholdern zu thematisieren. Es gilt anzuerkennen, dass Unternehmen stets Teil der Gesellschaft sind und nur dann nachhaltig und erfolgreich wirtschaften können, wenn sie ethische Standards berücksichtigen und Verantwortung gegenüber ihren Anspruchsgruppen übernehmen. Dass viele Autoren im strategischen Management die ethische Verantwortung von Unternehmen nicht thematisieren, verwundert bei näherer Betrachtung, zumal diesem Thema traditionell schon immer ein breiter Raum und große Bedeutung zugemessen wurde. Christensen et al. (1987, S. 459–460) weisen nachdrücklich auf diesen Umstand hin: »*The emerging view in the liberal-professional leadership of our most prominent corporations is that determining future strategy must take into account – as part of its social environment – steadily rising moral and ethical standards. Reconciling the conflict in responsibility which occurs when maximum profit and social contribution appear on the same agenda adds to the complexity of strategy formulation and its already clear demands of creativity. Coming to terms with the morality of choice may be the most strenuous undertaking in strategic decisions.*«

Unser Modell des strategischen Managementprozesses beinhaltet keine unumkehrbare und lineare Abfolge der einzelnen Phasen. Die Phasen sind vielmehr als Schritte in einem iterativen Prozess zu verstehen, der durch Rückkoppelungen und Phasenüberlappungen charakterisiert ist. In der Realität sind die einzelnen Phasen des strategischen Managements eng miteinander verwoben und bauen aufeinander auf. Obwohl wir die Phasen aus didaktischen Gründen gesondert voneinander beschreiben, findet sich oftmals keine klare Trennung in der Praxis. So führt die Arbeit im Rahmen der strategischen Analyse nicht selten direkt dazu, konkrete Strategien zu entwickeln. Ferner sollten sich Unternehmen schon während der Segmentierung und strategischen Analyse Gedanken darüber machen, wie sie bestimmte Strategien letztlich umsetzen wollen. Während der Implementierung von Strategien resultieren aus der aktuellen Marktposition und den Reaktionen der Wettbewerber zudem wieder Rückwirkungen auf zukünftige strategische Initiativen. Oftmals sind es aber auch Reorganisationen oder ein Kulturwandel in einem Unternehmen, aus denen sich Konsequenzen für zukünftige Strategien ergeben.

Bei dem von uns vorgestellten Prozessmodell handelt es sich folglich um eine idealtypische Strukturierung, wie strategisches Denken und Handeln in Unternehmen ausgestaltet werden kann. Entscheidungsprozesse folgen in Unternehmen aber nicht immer exakt der von uns propagierten logischen Struktur. In der Unternehmenspraxis finden sich oftmals auch Strategieprozesse, in denen keine logische Abfolge der Aktivitäten erkennbar und vielleicht auch gar nicht sinnvoll ist. Ein solches, nicht idealtypisches Vorgehen erscheint insbesondere dann sinnvoll, wenn die Umweltbedingungen, mit denen Unternehmen konfrontiert sind, sich sehr schnell und unvorhersehbar verändern. In einer empirischen Untersuchung der Boston Consulting Group von 120 internationalen Unternehmen bestätigt sich die Sinnhaftigkeit dieses Vorgehens. Unternehmen, die ihre Strategieprozesse an die jeweiligen Umweltentwicklungen anpassen, sind demnach erfolgreicher als jene, die unabhängig von Kontextbedingungen einem bestimmten Strukturmuster folgen (Reeves/Love/Tillmanns 2012). Die Autoren empfehlen den Unternehmen entsprechend Strategieprozesse anzuwenden, die sich je nach Kontext und der Möglichkeit zur Veränderung der Umweltbedingungen im Hinblick auf ihre Flexibilität und Fristigkeit sowie die genutzten Instrumente unterscheiden.

Wie bereits angedeutet, vertreten wir ebenfalls einen zurückhaltenden Standpunkt gegenüber der Möglichkeit einer vollständig bewussten und geplanten Steuerung von strategischen und auch organisatorischen Prozessen. Entsprechend dieser gemäßigt voluntaristischen Haltung können Führungskräfte zwar in die Prozesse des strategischen Managements intervenieren, die Entwicklung und Umsetzung von Strategien erfolgt aber immer unter dem Einfluss anderer kontextueller Faktoren, deren Auswirkungen niemals exakt und vollständig antizipierbar sind. Der Zusammenhang von strategischer Steuerung und Ergebnis ist deshalb immer auch emergent. In Unternehmen kommt immer nur ein Teil der Strategien auf geplante Art und Weise zustande und wird mit Absicht reproduziert. Neben intendierten Strategien entwickeln sich immer auch sog. emergente Strategien, die erst ex post als strategische Muster erkennbar und nicht konkretes Ergebnis eines Strategieprozesses sind (Mintzberg 1987b).

Obwohl emergente Strategien und Prozesse sowie die Intuition von Führungskräften eine wichtige Rolle im Rahmen des strategischen Managements spielen, halten wir es für sinnvoll, im Folgenden eine idealtypische Perspektive des Strategieprozesses vorzustellen. In diesem Lehrbuch geht es uns in erster Linie darum, grundsätzliche Fähigkeiten zur strategischen Problemlösung zu vermitteln. Die Leserinnen und Leser sollen für die unterschiedlichen Fragestellungen des strategischen Managements sensibilisiert werden. Wir wollen ihnen konkrete Methoden und Konzepte aufzeigen, die sie in der betrieblichen Praxis des strategischen Managements anwenden können. Diese vielfältigen Aufgaben lassen sich aus unserer Sicht am besten erfüllen, wenn wir sowohl die grundlegenden Zusammenhänge als auch die Besonderheiten des strategischen Managements anhand eines leicht verständlichen, idealtypischen Prozesses erläutern. Die folgenden Kapitel des Buches orientieren sich deshalb an dem von uns in Abbildung 2.2 vorgestellten Prozessmodell des strategischen Managements. Davon abweichende Perspektiven werden immer dann aufgegriffen und gesondert hervorgehoben, wenn es für das Verständnis des strategischen Managements sinnvoll erscheint.

2 Unternehmerische Vision und strategische Zielplanung

2.1 Bedeutung und Funktionen der Vision

Im Rahmen des strategischen Managementprozesses nimmt die Vision eine zentrale Rolle ein. Spätestens seit der Studie von Peters/Waterman (1982) besteht ein Konsens darüber, dass sichtbar gelebte Wertesysteme und klare Vorstellungen über die Gegenwart und Zukunft eines Unternehmens entscheidenden Einfluss auf dessen Erfolg haben. Zu vergleichbaren Ergebnissen kommt Gluck (1981) bereits in den 1980er Jahren. Er zeigt, dass besonders erfolgreiche Unternehmen sich durch eine klar formulierte und erfolgreich umgesetzte Vision auszeichnen. Um langfristig überleben zu können, müssen Unternehmen über Grundüberzeugungen verfügen, an denen sich die Entscheidungen von Management und Mitarbeitern orientieren können (Bleicher 2016). Wir bezeichnen dieses richtungweisende Gedanken- und Wertemodell für die zukünftige Entwicklung eines Unternehmens als Vision. Im Folgenden gilt es, zunächst die zentralen Eigenschaften und Funktionen einer Vision darzustellen sowie die Vision von anderen Instrumenten zur Gestaltung der Unternehmenspolitik, wie Mission und Leitbild, abzugrenzen.

Vision

Die Vision stellt ein wichtiges Führungsinstrument dar, um Werte in einem Unternehmen zu vermitteln und zur Geltung zu bringen. Wie bei anderen schöpferischen Prozessen auch, existiert idealerweise zu Beginn jeder unternehmerischen Tätigkeit eine gemeinsame Überzeugung, in der sich bestimmte Wunschvorstellungen beteiligter Personen manifestieren. Die Boston Consulting Group (1988, S. 7) hebt diesen Aspekt in der nachstehenden Definition hervor: »*Die Vision ist ein konkretes Zukunftsbild, nahe genug, dass wir die Realisierbarkeit noch sehen können, aber schon fern genug, um die Begeisterung der Organisation für eine neue Wirklichkeit zu erwecken*«. Die Vision beschreibt insofern ein konkretes und für erstrebenswert gehaltenes Szenario der zukünftigen Wirklichkeit. Sie legt die Richtungen fest, in die sich das Unternehmen entwickeln will. Eine vorhandene Vision muss deshalb von Zeit zu Zeit überdacht werden und kann unterschiedliche Ausprägungen aufweisen. In Visionen finden sich beispielsweise Aussagen über die zukünftig angestrebte Position im Wettbewerb, die vermehrte Ausrichtung auf Kundenbedürfnisse, fundamental zu verändernde Geschäftsmodelle, die Rolle des Unternehmens in der Gesellschaft sowie einen möglicherweise beabsichtigten organisatorischen und kulturellen Wandel (Müller-Stewens/Lechner 2016, S. 221–224).

> **Fallbeispiel Linde**
> Als ein Beispiel für die Formulierung einer Vision sei das Unternehmen Linde genannt. Linde ist ein weltweit führender Technologiekonzern, der insbesondere Industriegase und Ingenieurdienstleistungen anbietet. Linde hat folgende Vision (www.linde.com):
>
> **Our Vision**
> »*We will be the leading global gases and engineering company, admired for our people, who provide innovative solutions that make a difference to the world.*«

Die Vision lässt sich mit dem Polarstern vergleichen, der wegsuchenden Karawanen in der Wüste stets den Weg weist, auch wenn sich die Landschaft durch Sandstürme laufend verändert. Der Polarstern ist nicht das Ziel der Reise, aber er hilft der Karawane den Weg zur Oase zu finden, gleich, aus welcher Richtung die Karawane kommt und wie unwegsam das Gelände sein mag. Auch in Unternehmen brauchen Mitarbeiter und andere Anspruchsgruppen eine Vision, der sie wie dem Polarstern folgen können. Unabhängig von der jeweiligen Position im Unternehmen gibt die Vision die Richtung vor, in die Mitarbeiter ihre Kraft, ihr Denken, Handeln und Fühlen lenken sollen. Auch wenn die Wettbewerbssituation sich ändert, liefert die Vision Klarheit über die zukünftigen Ziele und motiviert die Mitarbeiter, Wege zu diesen Zielen zu finden. Insbesondere in großen Unternehmen, in denen strategische Führung und operative Umsetzung auseinanderfallen, hilft eine Vision, die verschiedenen Tätigkeiten der Mitarbeiter zu koordinieren und in bestimmte Richtungen zu kanalisieren.

Um handlungsleitende Kraft zu entwickeln und Mitarbeiter nachhaltig zu motivieren, sollte eine Vision insbesondere folgende Eigenschaften aufweisen (Bleicher 2016, S. 109–111; Hinterhuber 2015, S. 88–89):

- Realitätssinn: Die in einer Vision formulierten Zukunftsvorstellungen sollten mit den heute und in Zukunft verfügbaren unternehmerischen Ressourcen und vor dem Hintergrund der externen Umweltbedingungen realisierbar sein. Die Unternehmensleitung sollte die Dinge so sehen, wie sie sind, und keinen unrealistischen Vorstellungen und Wünschen folgen. Eine Vision sollte den wirklichen Bedürfnissen der Mitarbeiter entsprechen und glaubhaft sein. Entbehrt die Vision eines Realitätssinns, kann sie sogar negative Auswirkungen auf das Unternehmen haben. Wenn Mitarbeiter eine Vision als unrealistisch empfinden und nicht an deren Verwirklichung glauben, hat dies typischerweise eine sinkende Motivation zur Folge. Das Vertrauen in die Führung erodiert. Nicht wenige Unternehmen sind an zu ambitionierten Visionen gescheitert, die nicht zu erreichen waren. Auch die Führungskräfte sehen sich dann häufig nicht in der Lage, den Mitarbeitern die Vision zu vermitteln und diese operativ umzusetzen.
- Offenheit: Eine Vision sollte aufgeschlossen sein gegenüber den unterschiedlichen Zielvorstellungen der Stakeholder innerhalb und außerhalb einer Organisation. Es ist entscheidend, alle Möglichkeiten zur Veränderung des Unternehmens und seiner Umwelt zu erkennen, zu akzeptieren und transparent anzugehen. Offenheit gegenüber den Wünschen und Bedürfnissen von Kunden genießt dabei hohe Priorität.
- Spontaneität: Die Vision eines Unternehmens muss stets versuchen, Probleme von verschiedenen Blickwinkeln aus zu betrachten und Raum für Kreativität bei deren Lösung zu öffnen. Es gilt, Bestehendes kritisch infrage zu stellen und neue Voraussetzungen und Spielregeln zu definieren, um Wettbewerbsvorteile zu realisieren.

Eine Vision erbringt vor diesem Hintergrund eine wesentliche Selektionsleistung. Sie setzt der zukünftigen unternehmerischen Entwicklung bestimmte Grenzen und ermöglicht gleichzeitig eine Öffnung für verschiedene Wege der Zielerreichung. Eine unternehmerische Vision ist insofern eine Art Brille, durch die die Mitarbeiter und andere Stakeholder die Umwelt und das Unternehmen betrachten, um die Zukunft einer Organisation erfolgreich zu gestalten. Eine Vision erhöht den Zusammenhalt in einem Unternehmen und fördert das Denken in komplexen Systemzusammenhängen (Hinterhuber 2015, S. 95).

Im Einzelnen sollte eine Vision vier Aufgaben erfüllen (Bleicher 2016; Müller-Stewens/Lechner 2016):

1. Fokussierungsfunktion: In einer Vision kommen zukünftige Zielvorstellungen zum Ausdruck. Gleichzeitig werden Grenzen der unternehmerischen Tätigkeit beschrieben. Die Vision dient der Ausrichtung der Organisation auf notwendige Tätigkeiten, Kernkompetenzen und Entwicklungsbereiche. Eine solche Fokussierung ist vor dem Hintergrund knapper Ressourcen notwendig und sichert die Überlebensfähigkeit des Unternehmens.
2. Koordinationsfunktion: Durch ihre normativen Inhalte und klaren Zielvorstellungen hilft eine Vision die Aktivitäten im Unternehmen zu koordinieren. Dies erscheint insbesondere in großen multinationalen Unternehmen notwendig, da die einzelnen Wertschöpfungsaktivitäten teilweise in sehr unterschiedlichen Ländern stattfinden. Eine einheitliche Ausrichtung der Organisation kann einen positiven Beitrag zur Integration der Einzelaktivitäten leisten.
3. Identifikations- und Motivationsfunktion: Die Vision schlägt primär eine Brücke zwischen dem Unternehmen und seinen Mitarbeitern, aber auch zu den anderen wesentlichen Anspruchsgruppen. Durch die Vision sollen sie dazu motiviert werden, dem Unternehmen die Erfüllung seiner Ziele durch ihre spezifischen Leistungsbeiträge zu ermöglichen. Insbesondere die Mitarbeiter gilt es, durch die Vision anzusprechen und zu Höchstleistungen anzuregen. Eine Identifikations- und Motivationswirkung entsteht nur, wenn eine Vision Sinn vermittelt, begeistert und Impulse für eine gemeinsam erstrebenswerte Zukunft setzt.
4. Legitimationsfunktion: Die Legitimierungsaufgabe halten wir für besonders wichtig. Im Zusammenspiel mit den in der Mission präzisierten Grundwerten trägt die Vision dazu bei, die Existenz eines Unternehmens zu rechtfertigen und diese vor dem Hintergrund der Ansprüche der verschiedenen Stakeholder zu verdeutlichen. Suchman (1995, S. 574) präzisiert die Notwendigkeit, dass Unternehmen eine eindeutige Legitimationsgrundlage benötigen, um die Unterstützung der verschiedenen Stakeholder nicht zu verlieren: »*Legitimacy is a generalized perception or assumption that the actions of an entity are desirable, proper, or appropriate within some socially constructed system of norms, values, beliefs, and definitions*«. Werden ein Unternehmen und seine Handlungen von Stakeholdern als legitim betrachtet, entwickeln diese Vertrauen in die Organisation. Dadurch steigt die Bereitschaft der Stakeholder, ihre jeweiligen Ressourcen zur Zielerreichung der Organisation einzusetzen. Verlieren Unternehmen ihre Legitimationsgrundlage, werden sie verletzlich gegenüber ihren Stakeholdern und büßen an Wettbewerbsfähigkeit ein. Die legitimierende Funktion der Vision stellt eine zentrale Voraussetzung für die Identifikations- und Motivationsfunktion der Interessenträger dar.

Die Vision beinhaltet die grundsätzlichen Einstellungen und geplanten Verhaltensweisen des Unternehmens zu den Veränderungen der Umweltbedingungen im Marktbereich. Eine statische Vision führt eher zur Ausbildung von reaktiven Anpassungsstrategien und zur Beibehaltung des Status quo. Demgegenüber befähigt eine dem Konkurrenten zuvorkommende dynamische Grundeinstellung zur Umwelt dazu, eigene Vorstellungen am Markt durchzusetzen. Je nach Ausprägung setzt eine Vision also unterschiedlich viel Energie frei. Ist die Vision fest in der Unternehmenskultur verankert, schafft sie Sicherheit und ermöglicht eine erfolgreiche, kontinuierliche Erreichung gesetzter Ziele. Unternehmen mit einer Vision können sich zum einen langfristig entwickeln. Sie sind auch in der Lage, Fehler zu akzeptieren. Visionäre Unternehmen können zum anderen mit alternativen

Plänen auf Abweichungen reagieren, denn die grundsätzliche Richtung ist bekannt, in die sie sich entwickeln wollen (Hinterhuber 2015, S. 95). Die praktische Relevanz, die der Vision im Rahmen des strategischen Managements zukommt, zeigt sich bspw. daran, dass 45 % der in einer Studie von Bain & Company befragten Unternehmen aus Nordamerika und 37 % der europäischen Unternehmen eine Vision entwickelt haben (Rigby/Bilodeau 2015, S. 5).

Mission
Der Begriff der Vision wird in der Unternehmenspraxis oftmals synonym mit dem Begriff der Mission verwendet. Beide Instrumente dienen der Gestaltung und Umsetzung der Unternehmenspolitik. Gleichwohl lassen sich bei näherer Betrachtung inhaltliche Differenzen herausarbeiten, aus denen sich Konsequenzen für die Praxis ergeben. Während die Vision i. d. R. eine auf die Zukunft ausgerichtete Leitidee beschreibt, erstreckt sich eine Mission stärker auf die Gegenwart und die Grundbedürfnisse der verschiedenen Stakeholder (Müller-Stewens/Lechner 2016, S. 224). Die Zukunftsorientierung einer Vision führt deshalb dazu, dass diese immer dann obsolet wird, sobald die angestrebte Wirklichkeit erreicht wird. Eine Mission dagegen kann oftmals über Jahre unverändert bleiben.

Eine Mission versucht vor allem zwei Fragen zu beantworten:

1. Warum existiert dieses Unternehmen überhaupt?
2. Was ist der Grundzweck dieses Unternehmens?

Ausgehend davon kann eine Mission folgendermaßen definiert werden: Die Mission beschreibt den Zweck eines Unternehmens und liefert eine konsistente Begründung für dessen Existenz. Sie umfasst tragende und dauerhafte Grundsätze des Unternehmens und präzisiert, welchen Auftrag dieses gemeinsam mit seinen Mitarbeitenden verfolgt. Oftmals finden sich in der Mission konkrete Aussagen über die Bereiche, in denen ein Unternehmen grundsätzlich tätig sein und welchen Nutzenbeitrag es für seine Anspruchsgruppen liefern will. Die Mission kann als der ideologische Kern einer Vision verstanden werden, da sie etwas aussagt über die Grundwerte des Unternehmens und warum dieses überhaupt existiert (Lombriser/Abplanalp 2015, S. 245).

Ähnlich wie die Vision soll eine Mission im Unternehmen eine Orientierungsfunktion für die Mitarbeitenden übernehmen und einen Beitrag zur Koordination der vielfältigen Handlungsmuster leisten. Zudem hat die Mission eine Legitimationsfunktion gegenüber externen sowie eine Motivationsfunktion gegenüber internen Anspruchsgruppen. Empirische Ergebnisse deuten jedoch daraufhin, dass die genannten Erwartungen an eine Mission in der Praxis nicht immer erfüllt werden, da die dort verfassten Zielvorstellungen oftmals nicht realistisch, zu ehrgeizig und mehrdeutig sind (Bart 1997). Wesentliche Entscheidungen in Unternehmen scheinen oftmals mehr durch die realen Machtverhältnisse beeinflusst zu sein, als durch Vorgaben, die sich aus einer Mission ergeben. Diese Problematik resultiert zum einen aus dem Sachverhalt, dass relevante Anspruchsgruppen oftmals nicht in den Entwicklungsprozess einer Mission eingebunden werden und sich deshalb nicht mit dieser identifizieren können. Andererseits entstehen Akzeptanzprobleme in Unternehmen, wenn eine Mission nicht ausreichend kommuniziert und implementiert wird (Müller-Stewens/Lechner 2016, S. 228–229).

> **Fallbeispiel Starbucks**
> Als ein Beispiel für die Formulierung einer Mission sei Starbucks angeführt. In seinem Mission Statement bekennt sich das Unternehmen zu Folgendem (www.starbucks.de):
> »*Qualität steht im Mittelpunkt [...]. Wir kümmern uns um den nachhaltigen Anbau und gerechten Handel der feinsten Kaffeebohnen, rösten sie mit größter Sorgfalt und verbessern die Lebensbedingungen der Menschen, die den Kaffee anbauen. All das ist uns sehr wichtig und wir werden daran stets weiterarbeiten.*«
> Diese Grundwerte der Unternehmensführung werden ständig evaluiert, um zu gewährleisten, dass die Führungskräfte die postulierten Werte auch einhalten. Dazu wurde von Starbucks ein »Mission Review Committee« gegründet, an welches sich Mitarbeiter wenden können, wenn sie den Eindruck haben, dass bestimmte Verhaltensweisen von Managern von den Werten der Mission abweichen.

2.2 Relevanz von Leitbildern für die Umsetzung der Vision

In einem engen Zusammenhang zur Vision und Mission eines Unternehmens stehen dessen Leitbilder. Der Begriff des Leitbilds wird oft synonym mit dem Begriff der »Unternehmensgrundsätze« verwendet. Auch wenn sich in den letzten Jahren zunehmend der Begriff des Leitbildes durchsetzt, hat dies bisher nicht zu einer begrifflichen Homogenisierung beigetragen. Ähnlich wie bei Vision und Mission finden sich zahlreiche Definitionen in der Literatur, die vielfach unterschiedliche Akzente setzen. Tabelle 2.2 gibt einen Überblick.

Die meisten Autoren sehen in Leitbildern die schriftliche Ausformulierung von unternehmenspolitischen Grundsätzen. Leitbilder dienen ebenso wie Vision und Mission als Grundlage für das strategische und operative Management. Durch die schriftliche Fixierung wird die Transparenz der wesentlichen Grundsätze eines Unternehmens erhöht und deren Umsetzung intensiviert. Leitbilder spiegeln den Umgang des Unternehmens mit seinen Anspruchsgruppen wider. Sie können folglich intern und extern ausgerichtet sein. Mit der Formulierung der Unternehmensgrundsätze sollen verschiedene Funktionen erfüllt werden. Diese Aufgaben entsprechen im Grunde den oben bereits genannten Funktionen einer Vision im Unternehmen, haben aber nun einen höheren Konkretisierungsgrad (Bleicher 2016; Kleinfeld 2002; Welge/Al-Laham/Eulerich 2017):

- Fokussierungsfunktion: Leitbilder definieren in erster Linie Möglichkeitsräume, gleichzeitig aber auch Grenzen unternehmerischer Betätigung. Beispielsweise lassen sich Handlungsalternativen, die nicht im Einklang mit dem Leitbild eines Unternehmens sind, von vorneherein ausschließen.
- Koordinationsfunktion: Leitbilder helfen bei der Präzisierung unternehmerischer Zielvorstellungen im strategischen Managementprozess und unterstützen die Koordination dezentraler Entscheidungen. Leitbilder können bspw. als Ausgangspunkt für die konkrete Strategieformulierung dienen. Dadurch sinkt die Gefahr, dass Teilstrategien nicht miteinander vereinbar sind. Ein Leitbild reduziert zudem Komplexität. Es steigert die Handlungsfähigkeit einer Organisation, indem es konkrete Bezugspunkte für Dialoge zwischen den Anspruchsgruppen aufzeigt.

2 Unternehmerische Vision und strategische Zielplanung

Tab. 2.2: Leitbilddefinitionen
(Quelle: Eigene Darstellung)

Quelle	Leitbilddefinition
Abplanalp/ Lombriser (2013), S. 124.	Zusammenfassende Darstellung des Selbstverständnisses, der Ziele und der Handlungsgrundsätze eines Unternehmens. Ein Leitbild dient in der Regel dazu, die der Strategie zugrunde liegende Vision sowohl den Mitarbeitenden wie auch weiteren Interessengruppen zu vermitteln.
Hinterhuber (2015), S. 109.	Zusammenfassung der prioritären Ziele, die für jeden strategischen „Stakeholder" formuliert werden.
Meckl (2009) S. 692–693.	Schriftlich fixierte Zusammenfassung der allgemeingültigen Grundsätze und Vorstellungen des Unternehmens auf abstrakter Ebene, an denen sich Entscheidungen und Verhaltensweisen im Unternehmen orientieren sollen.
Simon/von der Gathen (2010), S. 17.	Explizite Aussagen zur Unternehmenskultur, Umgang mit Mitarbeitenden oder dem Führungsstil im Unternehmen.
Stöger (2010), S. 43.	Schriftliche Niederlegung der grundsätzlichen Ausrichtung des Unternehmens, an der sich Strategie, Ziele und Maßnahmen auszurichten haben.
Steinmann/Koch/ Schreyögg (2013), S. 658.	Formulierung kultureller Orientierungsmuster

- Identifikations- und Motivationsfunktion: Leitbilder leisten einen Beitrag zur Sinnstiftung der Mitarbeiter in ihrer täglichen Arbeit. Sie können dadurch zu einer erhöhten Identifikation und Motivation führen. Diese Wirkung entfalten Leitbilder typischerweise dann, wenn Mitarbeiter und Führungskräfte aus unterschiedlichen Hierarchieebenen in deren Entwicklungsprozess einbezogen sind.
- Legitimationsfunktion: Leitbilder haben eine legitimierende Funktion, indem sie unternehmerisches Handeln nach innen und außen begründen. Sie sorgen dafür, dass trotz des kontinuierlichen Wandels der Umwelt eine bestimmte Kontinuität im Hinblick auf die Grundvorstellungen eines Unternehmens gewahrt bleibt.

Eine wesentliche Schwierigkeit liegt darin, dass Leitbilder oftmals zu wohlklingenden, aber folgenlosen Lippenbekenntnissen verkommen. Sie werden zwar in Form von Hochglanzbroschüren, im Intranet sowie im Internet kommuniziert. Im unternehmerischen Alltag fehlt es aber oft an einer gelungenen Implementierung der schriftlich kodifizierten Normen und Wertvorstellungen (Bart 1997). Tabelle 2.3 gibt einen umfassenden Überblick über inhaltliche, formale und prozessuale Anforderungen, die eine erfolgreiche Erarbeitung und Umsetzung von Leitbildern auszeichnen.

Tab. 2.3: Anforderungen an Leitbilder
(Quelle: Eigene Darstellung in Anlehnung an Kleinfeld (2002, S. 375))

Inhaltliche Anforderungen	
Glaubwürdigkeit	Die beschreibenden Aussagen müssen der Wahrheit entsprechen, die Ziel- bzw. Zukunftsvorstellungen realisierbar sein.
Langfristige Ausrichtung	Das Leitbild ist langfristig auszurichten. Allerdings kann ein Leitbild auch veralten. Es muss sich relevanten internen und externen Veränderungen anpassen.
Allgemeingültigkeit	Das Leitbild soll grundsätzliche Probleme adressieren. Es ähnelt in dieser Hinsicht einem Gesetzestext.
Überprüfbarkeit	Die Grundsätze sind so zu formulieren, dass anhand verschiedener Entscheidungen, Verhaltensweisen und Äußerungen in der Praxis eine Einhaltung oder Nichteinhaltung des Leitbildes festgestellt werden kann.
Formale Anforderungen	
Klarheit	Das Leitbild ist möglichst prägnant und verständlich zu formulieren, um die Einprägsamkeit zu fördern und Missinterpretationen vorzubeugen.
Ausreichende Konsistenz	Das Leitbild sollte ein System aufeinander abgestimmter Grundsätze darstellen. Im Falle möglicher Zielkonflikte sind diese realistisch zu beurteilen.
Prozessuale Anforderungen	
Partizipative Erarbeitung	Das Leitbild sollte weder extern entwickelt noch vom Management vorgegeben, sondern möglichst in einer heterogen zusammengesetzten Gruppe erarbeitet werden.
Umfassende Kommunikation	Das Leitbild ist nach seiner Verabschiedung nicht nur einmalig vorzustellen, sondern allen Anspruchsgruppen regelmäßig zu vermitteln.
Umsetzung	Die Grundsätze sind vom Management vorzuleben und für einzelne Bereiche und Tätigkeiten zu konkretisieren.
Einklagbarkeit	Da die Wirkung ungewiss ist, wenn aus den Leitsätzen reine Appelle werden, sind Kontrollmöglichkeiten sowie Anreiz- und Sanktionssysteme zu entwickeln.
Offenheit für Kritik	Das kritische Hinterfragen der Leitsätze sollte nicht nur ermöglicht, sondern auch gefördert werden – mit der Folge, das Leitbild gegebenenfalls zu überarbeiten.

Leitbilder lassen sich auf verschiedenen Ebenen und für verschiedene Anwendungsbereiche in Unternehmen formulieren. Unternehmensleitbilder sind i. d. R. verbindlich für das ganze Unternehmen bzw. die Unternehmensgruppe (z. B. Umweltleitlinien, Sicherheitsstandards). Bereichsleitbilder leisten dagegen einen wesentlichen Beitrag zur Operationalisierung der Unternehmensleitbilder auf der Ebene von einzelnen Funktionsbereichen (z. B. Mitarbeiter-Leitbild, Beschaffungs-Leitbild), Geschäftseinheiten oder Tochtergesellschaften. Bereichsleitbilder haben entsprechend nur Gültigkeit für die Mitarbeiter aus bestimmten Organisationseinheiten im Unternehmen.

> **Fallbeispiel Ritter Sport**
> Ein Beispiel für ein Leitbild zur Führung von Mitarbeitern und den allgemeinen Umgang mit Kunden und Geschäftspartnern bietet die Leitbildbroschüre der Alfred Ritter Schokoladenfabrik. Das Leitbild dient dem Ziel, zwischen Gesellschaftern, Beirat, Geschäftsführung und allen Mitarbeiterinnen und Mitarbeitern ein Fundament des Vertrauens zu schaffen. Es hält die für Ritter Sport typischen Werte und Geschäftsgrundsätze fest, nach denen das Unternehmen sein Handeln ausrichtet. Mitarbeiter, Gesellschafter, Beirat und Geschäftsleitung verpflichten sich, dieses Leitbild zu leben. Das Leitbild von Ritter Sport gibt u.a. Auskunft über die Haltung des Unternehmens zu den Themen Vereinbarkeit von Familie und Beruf, Führung, und Nachhaltigkeit. Beispielsweise finden sich im Leitbild von Ritter Sport folgende konkrete Aussagen in Bezug auf die Vereinbarkeit von Familie und Beruf: »Wir unterstützen unsere Mitarbeiterinnen und Mitarbeiter bei der Betreuung ihrer Kinder, finanziell und organisatorisch.«, »Wir bieten Telearbeit (Homeoffice) an, insbesondere um Mitarbeiterinnen und Mitarbeitern die Betreuung von Familienangehörigen (Kinder, Pflegebedürftige) zu ermöglichen«, »Wir gestalten individuelle Lösungen – wie z.B. Teilzeit, Freistellung, Urlaub – zur Bewältigung schwieriger Lebensphasen.« (www.ritter-sport.de)

2.3 Präzisierung der unternehmerischen Vision durch das Setzen von Zielen

Die Vision eines Unternehmens sowie die schriftliche Kodifizierung dieser Wertvorstellungen definieren im Leitbild die »Persönlichkeit« einer Organisation. Durch diese Instrumente werden aber lediglich die allgemeinen Grundsätze unternehmerischen Handelns bestimmt. Um konkrete Wirkungen entfalten zu können, gilt es, die in Vision und Leitbild formulierten Vorstellungen über die Zukunft des Unternehmens weiter zu operationalisieren und in konkrete Ziele umzusetzen. Die Beschäftigung mit den Zielen eines Unternehmens bezeichnet seit jeher einen zentralen Forschungsgegenstand in der Betriebswirtschaftslehre, speziell im strategischen Management.

Ziele definieren bestimmte zukunftsorientierte Zustände, die Unternehmen anstreben und aus denen sich konkrete Verhaltensweisen für die Organisationsmitglieder ableiten lassen (Kappler 1975). Sie determinieren nachfolgende Entscheidungs- und Wertschöpfungsprozesse, die sich an den konkreten Zielinhalten auszurichten haben. Ohne das Setzen von Zielen würden den Akteuren in Unternehmen klare Bezugspunkte und die Orientierung für ihre Aktionen fehlen. Insofern setzt jedes unternehmerische Handeln das Setzen von Zielen voraus. Neben der zentralen Orientierungsfunktion haben Ziele auch eine Steuerungs- und Koordinationsfunktion. Sie verpflichten verschiedene Organisationseinheiten, die unabhängig voneinander agieren und Entscheidungen treffen, auf übergeordnete Ziele. Nicht zu übersehen ist auch die Legitimationsfunktion von Zielen. Entscheidungsträger können bestimmte Maßnahmen gegenüber externen und internen Stakeholdern unter Rückbezug auf übergeordnete Unternehmensziele rechtfertigen und so ihr Handeln legitimieren.

Wie bereits erläutert, unterscheidet man in der Forschung zum strategischen Management zwischen Content und Process. Diese Differenzierung findet sich bei näherer Betrachtung auch in der Zielforschung wieder. Aus der Inhaltsperspektive gilt es festzulegen, welche konkreten Ziele Unternehmen verfolgen wollen bzw. sollten. Aus der Prozessperspektive dagegen stellt sich die grundlegende Frage, wie die formulierten Ziele im Unternehmen umzusetzen sind.

2.3.1 Content: Ziele und Zielsysteme

Die Beschäftigung mit den Zielinhalten hat eine lange Tradition in der Betriebswirtschaftslehre (siehe dazu ausführlich Fritz et al. 1988, S. 567–586; Macharzina/Wolf 2015, S. 211–258). Die klassische Mikroökonomie z. B. postuliert, dass Unternehmen dem Ziel der Gewinnmaximierung folgen. Dieses Ziel soll durch eine bestimmte Kombination der eingesetzten Produktionsfaktoren erreicht werden. Schon Adam Smith ging davon aus, dass ein derartiges Verhalten aller Unternehmer auf volkswirtschaftlicher Ebene zu einer optimalen Ressourcenallokation in einem (freien) Markt führen würde. Erst in den 1960er Jahren begann die deutsche Betriebswirtschaftslehre sich kritisch mit Zielen, Zielsystemen und Zielinhalten auseinanderzusetzen. Frühe Arbeiten fokussierten dabei insbesondere ertragswirtschaftliche Ziele (Hauschildt 1977; Heinen 1966).

Spätestens seit den 1980er Jahren entwickelt die betriebswirtschaftliche Zielforschung eine deutlich kritischere Perspektive im Hinblick auf das primäre Ziel der Gewinnmaximierung. Empirische Studien kommen seither immer wieder zu dem Ergebnis, dass die Gewinnmaximierung nicht das oberste Ziel von Unternehmen darstellt und keineswegs die dominante Stellung hat, die man ihm oft zumisst (ein Überblick findet sich bei Macharzina/Wolf 2015, S. 234–235). Es zeigt sich, dass Unternehmen nur selten einer monistischen Zielausrichtung am Gewinn folgen und versuchen, einzig den Marktwert des Unternehmens und das Vermögen der Kapitaleigner (= Shareholder Value) zu maximieren. Sie scheinen vielmehr pluralistische und auch gesellschaftsbezogene Zielinhalte zu bevorzugen, an denen sie ihre Wertschöpfungsaktivitäten ausrichten (Thommen et al. 2017, S. 43–49).

So kommt Al-Laham (1997, S. 104) in einer empirischen Studie bspw. zu dem Ergebnis, dass neben Gewinn und Rendite auch Ziele wie Kundenzufriedenheit, Existenzsicherung und Erhaltung der Arbeitsplätze eine wichtige Rolle im Rahmen der strategischen Steuerung spielen. Raffée/Fritz (1992) stellen in einer Befragung von 144 Unternehmen fest, dass diese sich nicht nur an finanziellen Zielen wie Gewinnerzielung, Kosteneinsparungen und Liquidität orientieren. Es findet sich vielmehr eine Vielzahl nicht-finanzieller Ziele wie Mitarbeiterzufriedenheit, Kundenloyalität, Kapazitätsauslastung und die Erhaltung von Arbeitsplätzen. Fritz et al. (1988) kommen zu dem Ergebnis, dass ökologische Ziele ebenfalls eine entscheidende Rolle spielen. In einer internationalen Untersuchung findet Yoshimori (1995) Belege dafür, dass sich Unternehmen aus Deutschland, Japan und Frankreich weniger stark am Shareholder Value orientieren. Sie richten sich vielmehr am Stakeholder Ansatz aus und rücken die verschiedenartigen Interessen ihrer diversen Anspruchsgruppen in den Vordergrund der Betrachtung (siehe dazu auch Freeman 1984 und Freeman/McVea 2005). In einer Studie von Verwijmeren/Derwall (2010) führt diese Fokussierung auf die Interessen der Stakeholder zu einer erhöhten Performance und besseren Kreditratings, zudem scheint die Wahrscheinlichkeit zu sinken, dass Unternehmen in Konkurs gehen.

Eine abschließende Übersicht über Zielinhalte lässt sich aufgrund der Vielzahl der Interessen und Ziele der unterschiedlichen Anspruchsgruppen nicht erstellen. Tabelle 2.4 vermittelt einen exemplarischen Überblick und nennt Beispiele für konkrete Zielinhalte in Unternehmen.

Tab. 2.4: Übersicht über mögliche Ziele in Unternehmen
(Quelle: Ulrich/Fluri (1995, S. 97–98)).

Katalog möglicher Unternehmensziele	
1. Marketingziele	• Produktqualität • Produktinnovation • Kundenservice • Sortiment
2. Marktstellungsziele	• Umsatz • Marktanteil • Marktgeltung • Neue Märkte
3. Rentabilitätsziele	• Gewinn • Umsatzrentabilität • Rentabilität des Gesamtkapitals • Rentabilität des Eigenkapitals
4. Finanzwirtschaftliche Ziele	• Kreditwürdigkeit • Liquidität • Selbstfinanzierung • Kapitalstruktur
5. Macht- und Prestigeziele	• Unabhängigkeit • Image und Prestige • Politischer Einfluss • Gesellschaftlicher Einfluss
6. Soziale Ziele in Bezug auf die Mitarbeiter	• Einkommen und soziale Sicherheit • Arbeitszufriedenheit • Soziale Integration • Persönliche Einstellung
7. Gesellschaftsbezogene Ziele	• Umweltschutz und Vermeidung sozialer Kosten unternehmerischer Tätigkeit • Nicht-kommerzielle Leistungen für externe Anspruchsgruppen der Unternehmung • Beiträge an die volkswirtschaftliche Infrastruktur • Sponsoring (finanzielle Förderung von Kultur, Wissenschaft und gesellschaftlicher Wohlfahrt)

Angesichts der Vielfalt möglicher Ziele in Unternehmen wurde in Theorie und Praxis immer wieder versucht, konsistente Zielsysteme zu entwickeln. Man geht davon aus, dass ein strukturiertes Zielsystem dazu beitragen kann, die Kompatibilität von Zielbeziehungen zu fördern und Konflikte zwischen Zielen aufzudecken. Ein stringentes Zielsystem trägt dadurch zum Gesamtunternehmenserfolg bei und sichert das langfristige Überleben des Unternehmens. Das wohl bekannteste Modell ist das sog. DuPont-Kennzahlensystem. Es wurde bereits im Jahr 1919 vom amerikanischen Chemiekonzern DuPont entwickelt und in die Praxis umgesetzt. Das Zielsystem hat die Gestalt einer Kennzahlenpyramide. Der Return on Investment (ROI) wurde von DuPont zum Oberziel erhoben. Der ROI errechnet sich aus dem Produkt des Kapitalumschlags und der Umsatzrentabilität (▶ Abb. 2.3).

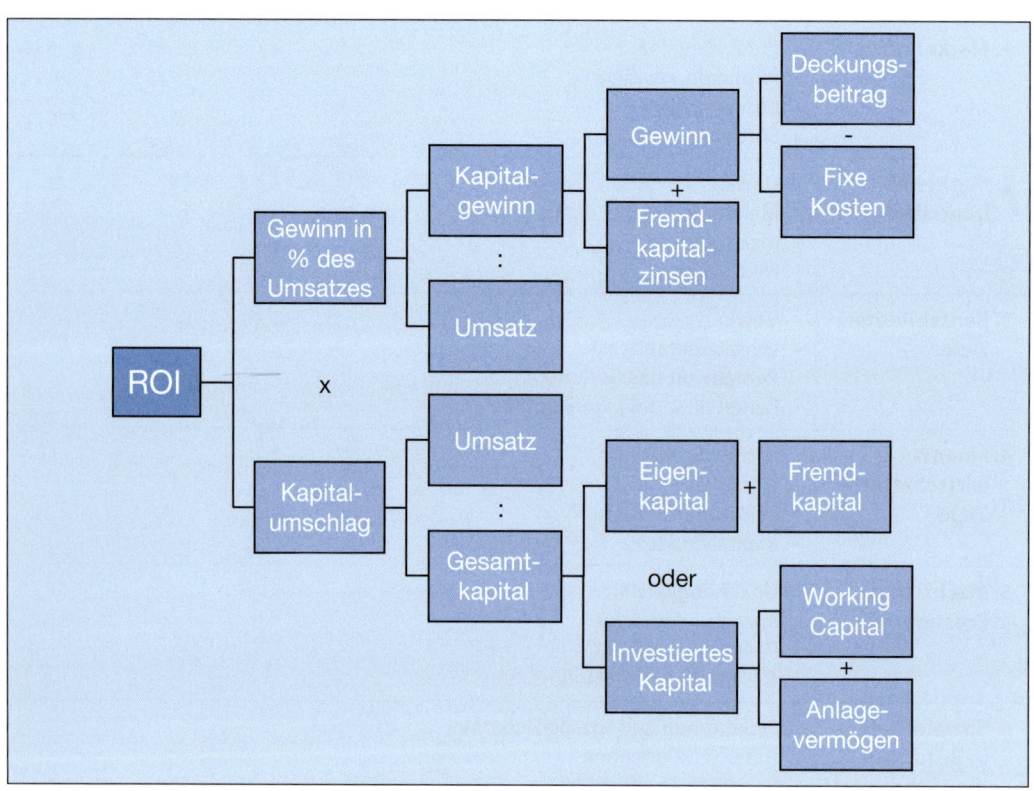

Abb. 2.3: DuPont-Kennzahlensystem
(Quelle: Eigene Darstellung in Anlehnung an Macharzina/Wolf (2015, S. 220))

Das in Deutschland am weitesten verbreitete Konzept, welches auf dem DuPont-System basiert, wurde vom Zentralverband Elektrotechnik- und Elektronikindustrie (ZVEI) 1970 erarbeitet. Das ZVEI-Kennzahlensystem wird trotz seiner Herkunft und Komplexität branchenübergreifend eingesetzt. Es ist relativ allgemeingültig aufgebaut und hat als Spitzenkennzahl die Eigenkapitalrentabilität, aus der sich in mehreren Stufen Unterziele wie Umsatzrentabilität, ROI oder Kapitalbindung ableiten (▶ Abb. 2.4). Durch die sog. Wachstumsanalyse werden Veränderungen bei der Erreichung der einzelnen Zielparameter verdeutlicht (z. B. Beschäftigungsentwicklung). Die Strukturanalyse bezeichnet den Hauptteil des Zielsystems und ermöglicht die genaue Analyse der Ertragsfähigkeit eines Unternehmens.

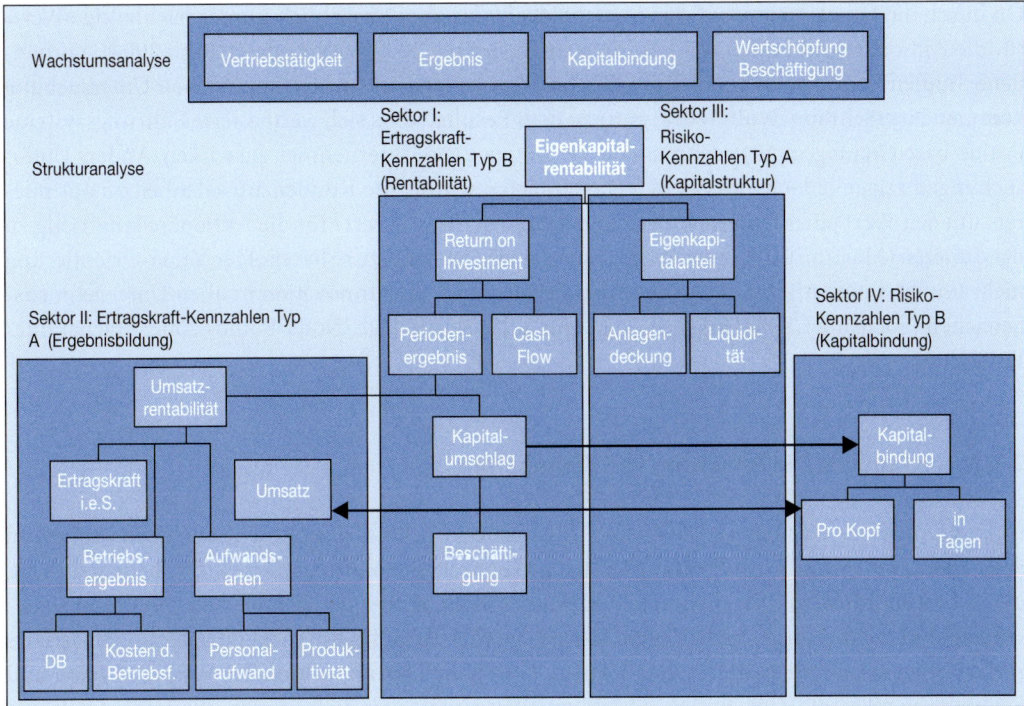

Abb. 2.4: ZVEI-Kennzahlensystem
(Quelle: Betriebswirtschaftlicher Ausschuss des Zentralverbandes Elektrotechnik- und Elektroindustrie (ZVEI) e.V. (1970, S. 118))

Über die beiden Schemata hinaus existieren zahlreiche weitere Vorschläge, die Beziehungen zwischen Ober- und Unterzielen in Unternehmen abbilden (siehe dazu Macharzina/Wolf 2015, S. 220–226). Für Unternehmen haben Zielsysteme vor allem die Funktion, entscheidungsrelevante Informationen bereitzustellen und den Entscheidungskräften die Planung, Steuerung und Kontrolle des Unternehmens zu erleichtern. Problematisch an den vorgestellten Zielsystemen ist gleichwohl, dass sie nur den Erfolg zu bestimmten Zeitpunkten bestimmen und kaum zukunftsorientiert sind. Deswegen gehen viele Unternehmen in jüngster Zeit dazu über, sog. wertorientierte Führungs- und Zielsysteme zu implementieren, die auf den Shareholder Value als zentrale Zielgröße zurückgreifen. Setzt man den Shareholder Value als Oberziel eines Unternehmens fest, dann folgt daraus eine Ausrichtung der Unternehmensstrategie an den Interessen der Aktionäre (Rappaport 1999, 2006). Diese zukunftsorientierte Zielgröße ist für Kapitalanleger besonders interessant, da sich der Marktwert üblicherweise aus der Ertragskraft und den Einzahlungsüberschüssen eines Unternehmens in künftigen Perioden berechnet (Macharzina/Wolf 2015, S. 231). Zukünftige Free Cash Flows werden aufsummiert und abgezinst. Bühner/Stiller/Tuschke (2004, S. 721) fanden bei fast 70 % der von ihnen untersuchten DAX-Unternehmen wertbasierte Führungssysteme vor, die sich an Kennzahlen orientieren, die auf den Shareholder Value fokussieren. Beispiele für solche Kennzahlen sind z. B. der Economic Value Added (EVA) oder der Cash Flow Return on Investment (CFROI).

Ob durch die Fokussierung auf den Shareholder Value aber tatsächlich immer nachhaltig »Wert« für die Aktionäre geschaffen wird, ist umstritten (Jensen 2002; Jörg/Loderer/Roth 2004). Vorhandene Studien kommen zu gemischten Ergebnissen. In einer aktuellen empirischen Untersuchung kommen Firk/Schrapp/Wolff (2016) zwar zu dem Resultat, dass sich wertbasierte Führungssysteme (Value-based Management) positiv auf die Perfomance von Unternehmen auswirken. Andere Untersuchungen zeigen jedoch, dass es sich eher anbieten würde, die Kundenzufriedenheit zu optimieren, um den Wert eines Unternehmens und somit auch den »Wert« für die Aktionäre langfristig zu maximieren (Martin 2010). Insofern folgt aus dem Bekenntnis zur Shareholder Value-Orientierung nicht immer automatisch ein Optimum an Performance und Innovation in allen Unternehmensbereichen (Focusing Capital on the Long Term 2015; Haspeslagh/Noda/Boulos 2002; Macharzina/Wolf 2015).

2.3.2 Process: Die Ableitung von Zielinhalten

Es ist unmittelbar einsichtig, dass Vision, Mission und Leitbilder eines Unternehmens aufgrund ihrer Abstraktheit und Unvollständigkeit näher konkretisiert werden müssen. Das bedeutet nicht, die Unbestimmtheit von Vision und Leitbild durch Maßnahmen der Komplexitätsreduktion zu beseitigen. Vielmehr ist der Unschärfegrad so weit zu präzisieren, bis hinreichend operationalisierbare Zielkriterien herausgearbeitet werden können. Durch die Dekomposition der Vision, Mission und Leitbilder in relevante Zielbeiträge entsteht eine Hierarchie von Zielkriterien, die an die Stelle von abstrakten unternehmerischen Absichten treten. Da hierbei keine Bewertung der Vision vorgenommen wird, führt die Dekomposition nicht zu einer Bedeutungsverschiebung, sondern zu einer Objektivierung des Ausgangsproblems. Nach Wild (1982) sollte ein unternehmerisches Zielsystem folgende Anforderungen erfüllen:

- Die Ziele sollten realistisch sein.
- Die Ziele sollten durchsetzbar und kongruent mit der Organisation sein.
- Die Ziele sollten transparent und überprüfbar sein.
- Das Zielsystem sollte Konsistenz aufweisen.
- Die Ziele sollten operationalisierbar sein.

Falls zwischen den einzelnen Zielen wesentliche Konflikte bestehen, wird die Erreichung eines übergeordneten Unternehmensziels kaum möglich sein. Deshalb nimmt die Zielüberprüfung eine wichtige Rolle im strategischen Management ein. Sowohl einzelne Ziele als auch ganze Zielsysteme sind vor dem Hintergrund veränderter Umweltbedingungen und veränderter Planprämissen regelmäßig zu evaluieren und kritisch auf ihre weitere Gültigkeit zu hinterfragen. Um die Operationalisierung der Ziele im Unternehmen sicherzustellen, schlagen wir vor, im Prozess der Zielformulierung eine klare Unterscheidung zwischen strategischen und operativen Zielen vorzunehmen (▶ Abb. 2.5). Diese Unterscheidung präzisiert Unternehmensziele vor allem hinsichtlich ihrer verschiedenen Charakteristika und Dimensionen.

2 Unternehmerische Vision und strategische Zielplanung

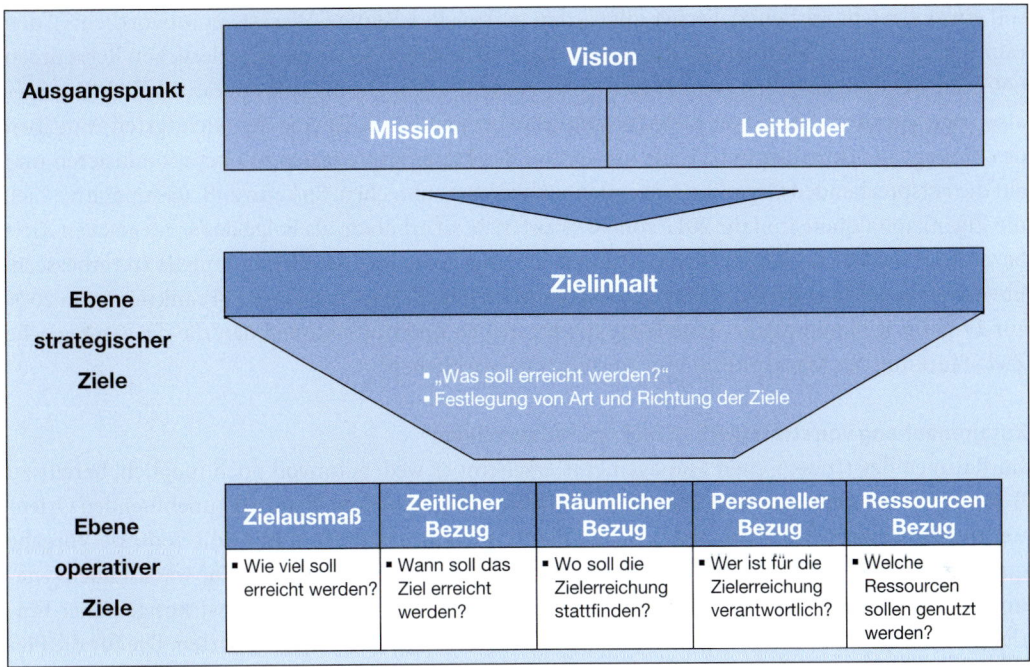

Abb. 2.5: Zusammenhang von strategischen und operativen Zielen
(Quelle: Eigene Darstellung).

Strategische Ziele

Strategische Ziele sind qualitativer Natur. Sie werden typischerweise anhand einer Analyse und Prognose der strategischen Position des Unternehmens bestimmt. Strategische Ziele können sowohl langfristige als auch kurzfristige Komponenten enthalten. Sie orientieren sich an der Vision, Mission und den Leitbildern des Unternehmens (z. B. Marktanteils-, Wachstums- und Diversifikationsziele). Die strategischen Ziele bezeichnen vorwiegend Aussagen über den konkreten Zielinhalt (»Was soll erreicht werden?«). Im Mittelpunkt steht die sachliche Festlegung dessen, was durch bestimmte Ziele angestrebt wird (Content). Strategische Ziele beziehen sich auf Tatbestände im Unternehmen und dessen Umwelt, die dem Management wünschenswert erscheinen. Sie geben Art und Richtung der angestrebten Entwicklung vor. Wie oben bereits angedeutet, zeigen Ergebnisse der empirischen Zielforschung, dass Unternehmen i. d. R. ein ganzes Bündel inhaltlich verschiedener Ziele wie Gewinn, Kundenzufriedenheit, Produktivität und Marktanteile verfolgen (Macharzina/Wolf 2015, S. 214). Da strategische Ziele typischerweise qualitativer Natur sind, gilt es, diese durch das Ableiten operativer Ziele weiter zu konkretisieren.

Operative Ziele

Operative Ziele leiten sich aus den strategischen Zielen ab. Im Zuge des Planungsprozesses gilt es, die qualitativen strategischen Ziele weiter zu präzisieren. Dies geschieht durch konkrete Aussagen über das quantitative Zielausmaß (»Wie viel soll erreicht werden?«) und den zeitlichen Bezug (»Wann soll etwas erreicht werden?«). Ferner gilt es, den personellen Bezug (»Wer ist verantwortlich?«), den räumlichen Kontext (»Wo soll die Zielerreichung stattfinden?«) sowie die erforderlichen Ressourcen (»Welche Ressourcen sollen genutzt werden?«) zu definieren. Der Begriff operatives Ziel wird hier also vorwiegend im Sinne von Zielerfüllungsgrad verwendet. Es ist eine der wichtigsten Aufgaben des Managements, strategische Ziele im Verlauf des Planungsprozesses zu operationalisieren und auf die entsprechenden Organisationseinheiten herunterzubrechen. So kann z. B. das operative Ziel, die Eigenkapitalquote im Jahr 2017 von 30 % auf 35 % zu erhöhen, als Folge des strategischen Ziels bezeichnet werden, die Kapitalstruktur durch Verringerung des Fremdkapitalanteils zu verbessern. Ebenso stellt das operative Ziel »Steigerung des Marktanteils bei Produkt A in Frankreich von 26 % auf 29 % im 1. Planungsjahr« eine Folge der Strategien und Maßnahmen dar, die das strategische Ziel »Stärkung der Marktposition im Ausland« verwirklichen.

Zusammenhang von strategischen und operativen Zielen
Im Rahmen des strategischen Managements erscheint es weder sinnvoll noch möglich, bereits zu Beginn des Planungsprozesses konkrete Zielvorgaben zu formulieren. Bei einer zunehmenden Orientierung der Unternehmen an strategischen Planungsentscheidungen nimmt die zentrale Vorgabe quantifizierter Ziele für dezentrale Unternehmensbereiche immer weiter ab. Die wachsende Dynamik und Komplexität der Umweltbedingungen macht es unmöglich, die Auswirkungen aller Einflussgrößen auf eine oder wenige Zielgrößen uno actu zu erfassen und zu bewerten. Die für die Planung in unterschiedlichen Organisationseinheiten notwendigen quantitativen Zielangaben ergeben sich erst als Ergebnis der Strategien- und Maßnahmenformulierung im Laufe des strategischen Managementprozesses. Sie müssen sich an der Knappheit der Ressourcen des Unternehmens orientieren, d. h. begrenzte Planungsmittel und knappe Entscheidungszeit zu einer Frage der Zweckmäßigkeit und Wirtschaftlichkeit machen (Bosch 1993, S. 174).

Die grundsätzlichen Entwicklungsrichtungen eines Unternehmens und seiner Teilbereiche, d. h. die Vision und übergeordneten strategischen Ziele, sind vorab festzulegen. Auf Basis der Informationen aus der internen und externen strategischen Analyse, den grundlegenden Entscheidungen zur Segmentierung und den daraus abgeleiteten Strategien können dann konkrete Aussagen über die Ausgestaltung operativer Ziele getroffen werden. Diese Unterscheidung hilft der Neigung entgegenzuwirken, die strategischen Ziele vorschnell zu quantifizieren oder einfach fortzuschreiben. Durch ein solches Vorgehen würde eine notwendige Vorstufe im Prozess des strategischen Managements übersprungen, nämlich die Formulierung von strategischen Maßnahmen zur Erreichung der Vision und der strategischen Ziele.

Der Verzicht auf das vorschnelle Quantifizieren von Zielen entkräftet den oftmals geäußerten Vorwurf einer induktiven Ziel- und Strategiesetzung zugunsten einer inkrementalen Vorgehensweise. Bei dem auf Lindblom (1965; 1968) zurückgehenden sog. inkrementalen Ansatz verläuft die Entscheidungsbildung als ein sich stückweise vollziehender Verhandlungsprozess, dessen Ergebnis nicht von vornherein feststeht. Der inkrementale Ansatz stützt sich auf Erkenntnisse, die bei der Untersuchung politischer Verhandlungsprozesse bereits in den 1960er Jahren gewonnen wurden und heute noch aktuell sind. Man geht dabei von einem engen zeitlichen und inhaltlichen Zusammenhang zwischen dem Zielbildungsprozess und den Problemlösungsaktivitäten aus. Was als (operatives) Ziel schließlich erreicht wird, ist sowohl von den Aktivitäten der Entscheidungsträger während des strategischen Managementprozesses als auch von den wirksamen Umwelteinflüssen abhängig. Würden bereits zu Beginn des Planungsprozesses konkrete Aussagen über das erstrebte Zielerreichungsmaß (z. B. Steigerung des Umsatzes um 7 %) oder den zeitlichen Bezug (z. B. Erreichung der Umsatzsteigerung in zwölf Monaten) getroffen, so entbehrten diese oftmals einer realen Grundlage.

In einer praktischen Planungssituation können niemals sämtliche Unternehmensvariablen durch eine Entscheidung erfasst werden. Auch lassen sich nicht sämtliche Variablenausprägungen als Zeitvektor über die totale Unternehmensdauer definieren. Vielmehr muss das strategische Management von zeitlichen, sachlichen und wirkungsmäßigen Unvollständigkeiten ausgehen. Ohne konkrete Angaben über die zu verfolgenden Strategien und Maßnahmen und die inkrementale Präzisierung der Ziele im Laufe des strategischen Managementprozesses kämen nur höchst unsichere Schätzwerte für diese zustande. Weist das strategische Management in Unternehmen keinen inkrementalen Charakter auf, so würden die strategischen Ziele zu global formuliert und es unterbliebe deren erforderliche Konkretisierung bis hin zum (quantitativen) Zielausmaß.

Es sei darauf hingewiesen, dass auch der inkrementale Ansatz der Planung Schwächen hat. Durch das sog. »Muddling-through« kann der Weitblick und die Vorausschau, Veränderungen rechtzeitig einzuleiten, verloren gehen. Eine zu starre Fixierung auf den jeweils nächsten Anpassungsschritt erschwert visionäre und oftmals notwendige Trendbrüche in der Unternehmensstrategie. Diesen Schwächen kann man durch sog. synoptische Planungsmethoden begegnen. Hierbei wird zunächst eine perspektivische und langfristige Zielstruktur entwickelt, die erst im Anschluss durch mittel- und kurzfristige Nahzielkonzeptionen präzisiert wird. In der Unternehmenspraxis erscheint es sinnvoll, in den Prozessablauf des strategischen Managements sowohl inkrementale als auch synoptische Elemente zu integrieren. Unternehmen benötigen visionäre Fernzielkonzeptionen, genauso wie eine inkrementale Prüfung und Anpassung dieser Ziele vor dem Hintergrund der aktuellen Wettbewerbsposition. Auf diesen Umstand und die Unterschiede zwischen inkrementalen und synoptischen Schritten im strategischen Management gehen wir noch genauer ein (▶ Teil II, Kap. 4.2.3).

Viele Unternehmen haben die Notwendigkeit einer systematischen Zielplanung erkannt. Mit der begrifflichen Trennung zwischen strategischen und operativen Zielen werden zum einen die bestehenden charakteristischen Unterschiede zum Ausdruck gebracht. Die Unterteilung entspricht der Forderung nach Differenzierung und terminologischer Klarheit im strategischen Management. Auf der anderen Seite trägt diese Abgrenzung der unterschiedlichen Kompetenzaufteilung und organisatorischen Abwicklung des Planungsprozesses Rechnung. Die Präzisierung der strategischen und operativen Ziele ist kein vom Unternehmensgeschehen und von der Person des Planungsträgers unabhängiger Prozess. Ziele müssen nicht nur für das Gesamtunternehmen formuliert werden, denn sie sind auch für die einzelnen Organisationseinheiten maßgebend. Im Prozess des strategischen Managements sind deshalb strategische und operative Ziele auf Sparten, Tochtergesellschaften, Abteilungen oder Filialen herunterzubrechen.

Trotz dieser theoretischen Einsichten stehen die Zielbildung einerseits und Aktivitäten im strategischen Management andererseits häufig als isolierte Blöcke nebeneinander. Die Ziele werden z. B. Top-down »gesetzt« und bilden den Rahmen für die anschließende strategische Planung. Die notwendige Interdependenz der beiden Prozesse wird zwar gesehen, kommt aber nicht durchgängig in einer entsprechenden institutionellen und instrumentellen Verzahnung zum Ausdruck. So ist es in der Unternehmenspraxis nicht selten der Fall, dass Linienabteilungen konkrete operative Marktziele und die Controllingabteilungen eines Unternehmens die Finanzziele vorgeben, ohne sie mit den übergeordneten strategischen Zielen abzustimmen. Diese Verknüpfung der strategischen mit der operativen Planung ist gleichwohl erfolgskritisch (▶ Teil I, Kap. 1.1). Zudem gibt es eine Reihe von Instrumenten im strategischen Management, deren zentrales Anliegen die Präzisierung und Umsetzung unternehmerischer Ziele ist. Eine Balanced Scorecard unterstützt z. B. Unternehmen dabei, konsistente Zielsysteme zu entwickeln und die Verbindung zwischen der Vision und Strategie zum einen sowie den strategischen und operativen Zielen zum anderen herzustellen. Die Implementierung einer Strategie wird dadurch nachhaltig unterstützt und die Führung anhand von konkreten Zielvereinbarungen in der Organisation erleichtert (zur Balanced Scorecard ▶ Teil III, Kap. 5.1).

3 Segmentierung und strategische Analyse

3.1 Segmentierung

3.1.1 Bedeutung und Aufgabenbereiche der Segmentierung

In Abgrenzung zu anderen Konzepten des strategischen Managements schlagen wir vor, die Segmentierung als einen eigenständigen Prozessschritt im strategischen Management zu verankern (▶ Abb. 2.2). Wir gehen davon aus, dass die Segmentierung eine große Bedeutung für die Strategieformulierung von Unternehmen sowie deren Erfolg bzw. Misserfolg hat. Aus unserer Sicht erscheint deshalb eine explizite Berücksichtigung im strategischen Managementprozess sinnvoll. Die wichtige Rolle der strategischen Segmentierung wird auch in anderen Konzepten zum strategischen Management deutlich, wenngleich die Segmentierung dort zumeist im Rahmen der strategischen Analyse diskutiert wird (vgl. z.B. Grant/Nippa 2006; Hitt/Ireland/Hoskisson 2016; Hungenberg 2014; Stöger 2010).

Die Grundannahme der strategischen Segmentierung lautet, dass es im Prozess der Strategieentwicklung nicht ausreicht, das Geschäft eines Unternehmens als Ganzes zu betrachten. Da die einzelnen Unternehmensbereiche in verschiedenen Segmenten des Marktes tätig sind, erfordert deren Bearbeitung auch unterschiedliche Strategien. Der Bezugspunkt einer Strategie sollte insofern immer das konkrete Geschäft sein, in dem man tätig sein will, und nicht nur das Unternehmen als Ganzes. Es gilt deshalb, die Chancen und Risiken sowie die Rahmenbedingungen der unterschiedlichen Geschäftssegmente ausreichend zu berücksichtigen. Die analytische Grundlage dazu liefert die Segmentierung. Aus deren Sicht sind grundsätzlich zwei Fragen zu beantworten, bevor ein Unternehmen mit der Ableitung von Strategien beginnen kann:

- In welchem Bereich bzw. welchen Bereichen des Marktes wollen wir überhaupt tätig sein? Mit anderen Worten: In welche strategischen Geschäftsfelder (SGF) wollen wir investieren?

- Wie schaffen wir die organisatorischen Voraussetzungen im Unternehmen, um die strategischen Geschäftsfelder effizient zu führen und zu bedienen. Mit anderen Worten: Welche strategischen Geschäftseinheiten (SGE) bilden wir?

In der Literatur existiert kein Konsens über die genaue Abgrenzung der Konstrukte strategische Geschäftsfelder vs. strategische Geschäftseinheit (Lombriser/Abplanalp 2015, S. 80–95). Oftmals werden beide Begriffe auch fälschlicherweise synonym verwendet. Es wird sich zeigen, dass eine genaue Präzisierung der Segmentierung von Geschäftsfeldern (»strategic business areas«) und Geschäftseinheiten (»strategic business units«) einen positiven Beitrag zur erfolgreichen Ausgestaltung des strategischen Managementprozesses leisten kann. Die Segmentierung des Marktes mittels der Bildung strategischer Geschäftsfelder wird dabei auch als externe Segmentierung bezeichnet und lenkt den Blick auf die Umwelt des Unternehmens. Die Abgrenzung der strategischen Geschäftseinheiten dagegen richtet den Blick auf das Unternehmen und seine Strukturen und wird deshalb interne Segmentierung genannt. Beide Formen der Segmentierung gilt es, im Folgenden näher zu erläutern.

3.1.2 Externe Segmentierung des Marktes: Strategische Geschäftsfelder

Die Frage, in welchem Bereich des Marktes man überhaupt tätig sein will, erscheint auf den ersten Blick vielleicht trivial. Unternehmen sind aber oft gerade deshalb gescheitert, weil sie die Frage der externen Segmentierung und damit der Definition des Marktes, in dem sie überhaupt tätig sind bzw. sein wollen, nicht hinreichend beantwortet haben. Theodore Levitt (1960) wies auf dieses grundlegende Problem bereits in den 1960er Jahren des letzten Jahrhunderts immer wieder eindringlich hin. In seinem vielfach zitierten Aufsatz mit dem englischen Originaltitel »Marketing Myopia« zeigt er anhand von Beispielen aus der Eisenbahn-, Öl- und Automobilindustrie die Problematik einer verkürzten Definition des Geschäfts auf. Mit Blick auf die jüngste weltweite Finanzkrise und vor dem Hintergrund der dramatischen Schwierigkeiten, denen vor allem die amerikanischen Automobilhersteller zu Beginn des 21. Jahrhunderts gegenüberstehen, erscheinen seine Ausführungen, obwohl bereits 60 Jahre alt, fast prophetisch und haben nichts von ihrer Aktualität eingebüßt. Levitt (1960 [deutsche Übersetzung von 1979, S. 100–101]) führt aus:

»*Die mit enormer Finanzunterstützung durchgeführte Verbraucherforschung der Detroiter Automobilhersteller vermochte über Jahre hinweg nicht das zutage zu fördern, was der Kunde wirklich wünschte. Dass der Automobilkunde etwas anderes wollte, als ihm die amerikanische Automobilindustrie bis dahin vorgesetzt hat, sah Detroit erst ein, als es Millionen von Kunden an ausländische Hersteller kleinerer Wagen verloren hatte. [...] Die Antwort ist, dass Detroit die Wünsche und Bedürfnisse seiner Kunden niemals wirklich erforscht hat. [...] Denn Detroit denkt in erster Linie produktorientiert, nicht kundenorientiert.*«

Levitt (1960) zufolge schwebt über jedem Geschäftsmodell stets ein sog. »shadow of obsolescence« und damit die Gefahr der Irrelevanz. Dieses Problem ist dann besonders groß, wenn Unternehmen zu kurzsichtig agieren und ihrer Strategie eine einseitig produktorientierte Definition des Geschäfts zugrunde legen. In den meisten Branchen gab oder gibt es zu bestimmten Zeiten große Wachstumsraten und hohe Renditen. Oftmals gelingt es Unternehmen aber nicht, ihre jeweiligen Wettbewerbsvorteile dauerhaft zu verteidigen, weil sie die Veränderungen der Branche nicht ausreichend in ihrer Segmentierung abbilden. Daraus ergibt sich ein für das strategische Management wesentlicher Schluss: Jeder Wettbewerbsvorteil eines Unternehmens ist letztlich nur temporärer Natur und muss immer wieder verteidigt und weiterentwickelt werden.

Neben der Automobilindustrie lassen sich andere aktuelle Beispiele nennen, auf welche diese Schlussfolgerungen zutreffen. So haben Unternehmen, die Lexika oder Wörterbücher produzierten (z. B. Brockhaus oder Pons) es nicht verstanden, die sich bietenden Möglichkeiten durch das Internet und die Digitalisierung in ihren Geschäftsmodellen ausreichend abzubilden. In der Folge hat das Auftauchen von Online-Lexika wie Wikipedia oder die Online-Übersetzungshilfe LEO im Geschäft mit klassischen Enzyklopädien oder Wörterbüchern zu dramatischen Umsatzeinbußen geführt. Mit ähnlichen Schwierigkeiten kämpfen viele Musikverlage, die einen Einbruch der Verkäufe von Tonträgern verkraften müssen und nicht rechtzeitig genug erkannt haben, dass es dem Kunden letztlich nicht um den Kauf einer CD oder Schallplatte geht, sondern um das Hören von Musik. Kunden kaufen immer weniger ganze Alben einzelner Künstler in Form einer CD, sondern nutzen heute vermehrt Musikstreaming-Dienste. Dabei hat insbesondere das 2008 an den Markt gegangene schwedische Start-up Spotify zur Diffusion dieser neuen Form der mobilen Musiknutzung und einem Wandel im Umgang mit Musik beigetragen (Haupt/Grünewald 2014, S. 97–99). Spotify ermöglicht auf seiner Plattform das legale Streamen und Teilen von Musik. Nutzer können so nicht nur eine große Musiksammlung selbst durchsuchen, sondern auch die Playlists anderer Spotify-User hören. Derzeit nutzen nach Unternehmensangaben weltweit rund 100 Millionen Kunden monatlich Spotify (Stand 2017), wodurch sich das junge Unternehmen zum Marktführer in diesem Segment des Musikmarktes entwickelt hat. Das Unternehmen verfolgt dabei eine sog. »Freemium-Strategie«: Kunden können entweder ein kostenloses Angebot nutzen, welches durch Werbeeinspielungen finanziert wird, oder sich für die Premium Variante entscheiden, d. h. ein kostenpflichtiges Abonnement abschließen, das werbefrei angeboten wird. Einige Internet- und Medienunternehmen sind dem Beispiel von Spotify gefolgt und haben eigene Streaming-Dienste etabliert wie Google Play Music, Amazon Music Unlimited, Deezer, Tidal, Apple Music oder die insbesondere in Asien erfolgreiche Plattform JOOX der Firma Tencent. Der aktuelle Erfolg von Spotify zeigt sich darin, dass sich bislang schon 50 Millionen Kunden für das zahlungspflchtige Abonnement von Spotify entschieden haben, während dies bei Apple Music erst gut 20 Millionen sind (Stand 2017). Bei der strategischen Segmentierung geht es vor diesem Hintergrund darum, zunächst die Bedürfnisse und Wünsche der Kunden und anderer relevanter Stakeholder zu erkennen und im Anschluss daran möglichst effektive Strategien abzuleiten, um diese Bedürfnisse und Wünsche zufrieden zu stellen.

Anforderungen an strategische Geschäftsfelder

In der externen Segmentierung wird ein heterogener Gesamtmarkt typischerweise in mehrere homogene Teilmärkte aufgeteilt, die einen Ausschnitt aus dem gesamten Betätigungsfeld eines Unternehmens repräsentieren. Die einzelnen Marktsegmente werden als strategische Geschäftsfelder (SGF) bezeichnet, in denen Kunden auf den Einsatz des Marketing-Mix eines Unternehmens gleichförmiger reagieren als Kunden des Gesamtmarktes (Gathen 2014). Die Abgrenzung strategischer Geschäftsfelder ist erforderlich, da sich einzelne Marktsegmente durch verschiedene Eigenschaften, unterschiedliche Kundenbedürfnisse und jeweils eigene »Spielregeln« auszeichnen, die für die konkrete Strategieentwicklung relevant sind (Müller-Stewens/Lechner 2016, S. 165–169). Die einzelnen strategischen Geschäftsfelder können von Unternehmen dann differenziert angesprochen und bearbeitet werden. Vor allem aber sollten Unternehmen sich auf diejenigen Segmente konzentrieren, die sie aufgrund ihrer Fähigkeiten am besten bearbeiten können und die am attraktivsten erscheinen.

Die Qualität der jeweiligen Abgrenzung der strategischen Geschäftsfelder hat insofern einen unmittelbaren Einfluss auf die Erfolgswahrscheinlichkeit zukünftiger Strategien. Sie sollte deshalb bestimmten Anforderungen genügen. Im Einzelnen lassen sich folgende Kriterien unterscheiden, an denen sich die Qualität der Marktsegmentierung messen lässt (Gathen 2014, S. 308–309):

- Identifizierbarkeit: Einzelne strategische Geschäftsfelder sollten sich durch Segmentierungstechniken eindeutig unterscheiden und direkt messen lassen, um klar abgrenzbare Gruppen von Kunden identifizieren zu können.
- Substanz: Die einzelnen Geschäftsfelder sollten ein ausreichendes Geschäftsvolumen aufweisen und vom Unternehmen profitabel zu bearbeiten sein. In vielen Branchen lässt sich ein Trend zur Ausdifferenzierung des Angebots beobachten, der oftmals mit der Zunahme an möglichen Marktsegmenten einhergeht. Deshalb gilt es kritisch zu prüfen, welche dieser Geschäftsfelder für das jeweilige Unternehmen und seine speziellen Produkt-Markt-Kombinationen relevant sind und sich technologisch sowie ökonomisch sinnvoll bedienen lassen. Gleichzeitig sollte es formale Mechanismen und Messinstrumente geben, um den Erfolg bestimmter Segmentierungsstrategien zu überwachen.
- Erreichbarkeit: Die Geschäftsfelder müssen mit Maßnahmen der Kommunikations- und Distributionspolitik für das Unternehmen erreichbar sein. Die Geschäftsfelder müssen überdies Konsistenz aufweisen zu den strategischen Zielen. Aus Sicht des Kunden muss es glaubhaft sein, dass ein Unternehmen bestimmte Segmente bedient. So wäre es bspw. für den indischen Automobilhersteller Tata kaum möglich, unter dieser Marke in das Segment der Oberklassefahrzeuge vorzudringen. Ähnliche Probleme hatte Volkswagen bei dem letztlich vergeblichen Versuch, sich mit dem Phaeton erfolgreich gegen die Wettbewerber Mercedes, BMW und Audi zu positionieren. Einzig in China konnte der Phaeton erfolgreich am Markt postiniert werden. In den meisten anderen Märkten blieben die Absatzzahlen aber weit hinter den Erwartungen von Volkswagen zurück. Die Marke VW wird von den Kunden zwar im Grunde sehr positiv bewertet, sie steht jedoch in der Automobilindustrie (noch) nicht für Kompetenz in der Oberklasse. Das Segment der Oberklassefahrzeuge ist schwer bzw. nur sehr langfristig erreichbar. Über viele Jahre stellte sich deshalb die Frage nach dem ökonomischen Sinn dieser Strategie. Letztlich wurde die Produktion des Phaeton im Jahr 2016 eingestellt.
- Stabilität: Die Entwicklung und Umsetzung von Strategien zur Bearbeitung bestimmter Geschäftsfelder umfasst stets eine bestimmte Zeitdauer. Marktsegmente müssen deshalb eine bestimmte Kontinuität aufweisen, zumindest für die Zeitdauer der Strategieimplementierung. Die Stabilität von Marktsegmenten variiert stark über Branchengrenzen hinweg.
- Reaktionshomogenität: Strategische Geschäftsfelder sollten jeweils eigene Reaktionsmuster im Hinblick auf die vom Unternehmen umgesetzten Strategien aufweisen. Innerhalb einzelner Marktsegmente führen bestimmte Strategieimpulse so zu homogenen Reaktionen der Kunden.

- Ansprechbarkeit: Nicht zuletzt ist die Frage zu beantworten, ob ein Unternehmen überhaupt dazu in der Lage ist, die einzelnen Marktsegmente mit den ausgewählten Marketinginstrumenten erfolgreich anzusprechen. Zudem sollte die Segmentierung Hinweise darauf liefern, welche Ressourcen und Strategien sinnvoll erscheinen, um einzelne Segmente effizient zu bearbeiten.

Es lässt sich festhalten, dass ein strategisches Geschäftsfeld einen Ausschnitt aus dem gesamten externen Arbeitsbereich eines Unternehmens darstellt, der sich von anderen Segmenten hinsichtlich seiner Chancen und Risiken sowie der Erfolgsfaktoren unterscheidet (Lombriser/Abplanalp 2015, S. 80). Strategische Geschäftsfelder bieten Hilfsmittel zur strategischen Planung und Ableitung erfolgreicher Strategien. Es handelt sich bei strategischen Geschäftsfeldern letztlich um gedankliche Konstrukte, die voneinander abgegrenzte heterogene Tätigkeitsfelder eines Unternehmens repräsentieren. Sie stellen dabei jeweils nur einen Teil der Umwelt des Unternehmens dar.

Bei der Bestimmung strategischer Geschäftsfelder in der Praxis unterscheidet man zwei Arten des Vorgehens, zum einen die sog. Inside-out Segmentierung und zum anderen die Outside-in Segmentierung.

Inside-out Segmentierung

Bei der Inside-out Segmentierung gehen die meisten Unternehmen von einer Produkt-Markt-Matrix aus, bei der sie ihre Produkte und Dienstleistungen auf einer Achse und die bedienten Märkte auf der anderen Achse abtragen. Bei dieser Vorgehensweise der Segmentierung geht man von der intern vorhandenen Angebotsvielfalt des Produktprogramms aus und stellt erst im Anschluss die Frage nach den Märkten, auf denen sich diese Produkte positionieren lassen. Aus diesem Grund bezeichnet man diese Form der Segmentierung auch als »Inside-Out-Methode«.

Märkte / Produkte		Inland			Ausland (Europa)			Ausland (Rest)		
		Textil	Bau	Metall	Textil	Bau	Metall	Textil	Bau	Metall
Maschinentyp A	mechanisch		•	•	•			•	•	
	elektrisch	•	•	•	•	•		•	•	
	elektronisch	•	•	•	•	•	•	•	•	•
Maschinentyp B	mechanisch	•	•	•	•	•	•	•	•	
	elektrisch	•	•	•	•	•	•	•	•	•
	elektronisch	•	•	•	•	•	•	•	•	•
Maschinentyp C	mechanisch		•	•	•	•		•	•	
	elektrisch		•	•	•	•		•	•	
	elektronisch		•	•	•	•		•	•	
• heutige Produkt-/Marktkombinationen										

Abb. 2.6: Zweidimensionale Produkt-Markt-Matrix eines Maschinenherstellers
(Quelle: Lombriser/Abplanalp (2015, S. 81))

3 Segmentierung und strategische Analyse

Im Rahmen der Inside-out-Methode listet ein Unternehmen zunächst die bestehenden Produkte und Dienstleistungen auf (Lombriser/Abplanalp 2015, S. 80–81). Je nach Ziel der Segmentierung können ganze Produktgruppen, aber auch einzelne Produkte Gegenstand der Segmentierung sein. In einem zweiten Schritt sind die verschiedenen relevanten Marktsegmente zu identifizieren, auf denen sich die einzelnen Produkte potenziell absetzen lassen. Es ergibt sich eine Matrix, wie in Abbildung 2.6 am Beispiel eines Maschinenbauunternehmens dargestellt. Die Analyse der zweidimensionalen Matrix ermöglicht es, bereits bearbeitete, aber auch vom Unternehmen bislang noch unbearbeitete Märkte zu identifizieren. Potenzielle neue Tätigkeitsfelder werden so offengelegt.

In einem dritten und letzten Schritt gilt es, bestimmte Produkt-Markt-Kombinationen zu Umweltbereichen mit ähnlichen Bedürfnissen zusammenzufassen. Die so abgegrenzten Bereiche der Matrix bilden die strategischen Geschäftsfelder (▶ Abb. 2.7). Ein strategisches Geschäftsfeld besteht typischerweise aus mehreren sinnvollen Produkt-Markt-Kombinationen, die untereinander bestimmte Gemeinsamkeiten aufweisen (z. B. Abnehmer, Verwendungszwecke, Konkurrenten) und zwischen denen wechselseitige Abhängigkeiten (z. B. bezüglich Produktpolitik, Kommunikationspolitik oder Preispolitik) bestehen (Lombriser/Abplanalp 2015, S. 81). Die so abgegrenzten Geschäftsfelder sollten in der Folge möglichst homogen in sich selbst, gleichzeitig aber möglichst heterogen zu den anderen Geschäftsfeldern sein.

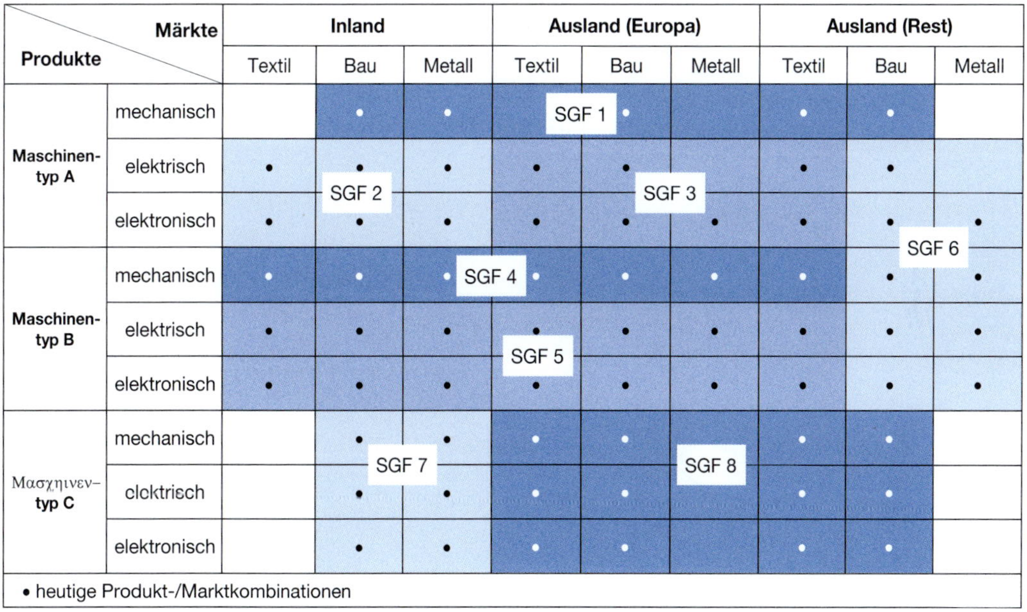

Produkte	Märkte	Inland			Ausland (Europa)			Ausland (Rest)		
		Textil	Bau	Metall	Textil	Bau	Metall	Textil	Bau	Metall
Maschinentyp A	mechanisch		•	•	SGF 1 •				•	•
	elektrisch	•	• SGF 2	•	•	• SGF 3	•	•	•	•
	elektronisch	•	•	•	•	•	•	•	• SGF 6	•
Maschinentyp B	mechanisch	•	•	• SGF 4	•	•	•	•	•	•
	elektrisch	•	•	•	• SGF 5	•	•	•	•	•
	elektronisch	•	•	•	•	•	•	•	•	•
Μασχηινεν-typ C	mechanisch		• SGF 7	•	•	•	• SGF 8	•	•	•
	elektrisch		•	•	•	•	•	•	•	
	elektronisch				•	•	•	•		

• heutige Produkt-/Marktkombinationen

Abb. 2.7: Geschäftsfeldabgrenzung nach der Inside-out-Methode
(Quelle: Lombriser/Abplanalp (2015, S. 81))

Der wesentliche Vorteil der Inside-out-Methode ist ihre Einfachheit. Aus einer großen Anzahl möglicher Produkt-Markt-Kombinationen lässt sich schnell eine überschaubare Zahl strategischer Geschäftsfelder ableiten. Problematisch bei dieser Vorgehensweise ist allerdings, dass sie sich ausschließlich auf das bestehende Produkt- und Leistungsprogramm eines Unternehmens sowie bereits bekannte Märkte konzentriert. Durch eine zu starke Orientierung an den eigenen Produkten vernachlässigt man aber die wirklichen Kundenbedürfnisse. Diese spielen bei der Inside-out-Methode keine explizite Rolle. Es besteht die bereits angesprochene Gefahr, dass Unternehmen ein Produkt- und Leistungsprogramm anbieten, für das es keine nachhaltige Kundennachfrage gibt. Zudem lassen sich Veränderungen von Märkten und Trends der Kundenbedürfnisse nicht hinreichend abbilden. Im Rahmen der Segmentierung empfiehlt es sich deshalb, stets auch die Outside-in-Methode der Segmentierung anzuwenden, um Strategien zu entwickeln.

Outside-in Segmentierung
Die zweite Methode zur Bestimmung strategischer Geschäftsfelder basiert auf einer stärker marktorientierten Sichtweise. Sie zeichnet sich durch einen explizit kunden- und technologieorientierten Fokus aus. Man bezeichnet dieses Vorgehen deshalb als Outside-in Segmentierung. Als ein erster Ansatzpunkt für die Segmentierung des Marktes dient dabei oftmals der von Abell (1980) propagierte Ansatz zur Geschäftsfeldabgrenzung. Durch seine Marktorientierung ist dieser Ansatz in der Lage, dem Risiko produktfixierter Ansätze der Segmentierung entgegenzuwirken (Gathen 2014). Abell hat zur Bestimmung des aus unternehmensindividueller Sicht relevanten Marktes bzw. Tätigkeitsbereichs ein dreidimensionales Beschreibungsschema entwickelt (▶ Abb. 2.8). Unterschieden werden die folgenden drei Betrachtungsebenen:

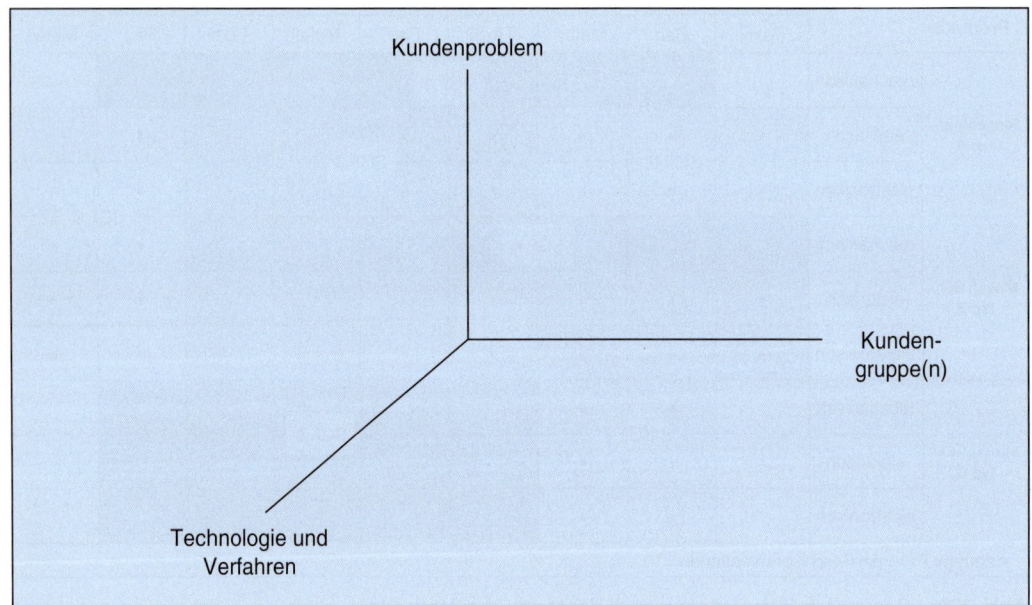

Abb. 2.8: Marktmodell zur Bestimmung von Geschäftsfeldern
(Quelle: Abell (1980, S. 30))

Kundenproblem (»What need is being satisfied?«)
Die Kundenbedürfnisse stehen im Mittelpunkt der Segmentierung. Es stellt sich die Frage, welche Wünsche die Kunden tatsächlich haben und mit welcher Kombination von Produkten, Dienst-

leistungen und Technologien Leistungsbündel definiert werden können, um relevante Kundenprobleme nachhaltig zu lösen. Wichtig hierbei ist, dass Produktfunktionen und deren Eigenschaften aus der Sicht der Anwender bzw. Kunden definiert werden.

Technologie/Verfahren (»How customer functions are being served?«)
Hier geht es um die Frage, welche Technologien und Verfahren (im weitesten Sinne) eingesetzt werden, um die vorhandenen Kundenprobleme zu lösen. Zum Beispiel lösen Bus und Bahn das gleiche Problem des Personentransports auf der Basis sehr unterschiedlicher technologischer Grundlagen.

Kundengruppe(n) (»Who is being served?«)
Die dreidimensionale Betrachtungsweise des Tätigkeitsbereichs in einem Geschäftsfeld wird durch die Beschreibung der Kundengruppe(n) abgeschlossen. Zur Bestimmung der Beschreibungskriterien ist auf Erkenntnisse der Marktforschung zurückzugreifen.

Anhand der drei Dimensionen versucht man nun möglichst homogene Geschäftsfelder zu definieren, die sich untereinander nicht oder nur sehr gering überschneiden. Homogen ist ein strategisches Geschäftsfeld, wenn es aus einer Kombination von Kundenproblem bzw. -bedürfnis, Technologie, Verfahren und Kundengruppen besteht, die ähnliche Erfolgsfaktoren und Ertragsaussichten aufweisen. In diesem Fall lässt sich das Geschäftsfeld mittels strategischer Maßnahmen (z. B. dem Marketing-Mix) einheitlich ansprechen und bearbeiten.

Der wesentliche Vorteil der Outside-in-Methode im Rahmen der strategischen Segmentierung ist ihre Marktorientierung. Kundenbedürfnisse bilden den Ausgangspunkt der Segmentierung. Neben den aktuellen Produkten und Dienstleistungen werden auch zukünftige in Betracht gezogen. Zudem geht die Analyse über das eigene Unternehmen hinaus. Außer den eigenen Technologien, Verfahren und Kundengruppen berücksichtigt man bei der Segmentierung auch die von gegenwärtigen oder zukünftigen Wettbewerbern. Zu welchen Problemen es führt, wenn Unternehmen die marktorientierte Sichtweise bei der Segmentierung vernachlässigen, haben wir bereits beschrieben. Insbesondere Ansoff (1979) zeigt, dass ehemals erfolgreiche Firmen oftmals scheitern, da sie es versäumen, die tatsächlichen Kundenbedürfnisse in den Mittelpunkt ihrer strategischen Maßnahmen zu stellen. Ein rein produktorientiertes und nach innen gerichtetes Denken führt stets die Gefahr mit sich, nur unzureichend auf Marktveränderungen zu reagieren und die Strategien entsprechend anzupassen. Aus diesem Grund bietet es sich im Rahmen der Strategieentwicklung an, Erkenntnisse aus der Inside-out sowie der Outside-in Segmentierung miteinander zu kombinieren.

3.1.3 Interne Segmentierung des Unternehmens: Strategische Geschäftseinheiten

Die Bildung strategischer Geschäftseinheiten (SGE) ist erstmalig in der strategischen Planung bei General Electric (GE) vorgenommen worden. Das Konzept entstand Ende der 1960er Jahre des vergangenen Jahrhunderts, als Fred Borch, der damalige CEO von GE entschied, das Unternehmen in autonome Einheiten aufzuspalten. Die SGE sollten als isolierte und lebensfähige Unternehmen im

Unternehmen geführt werden können (Gluck 1986, S. 25). GE folgte damals einer Empfehlung von McKinsey & Co. und damit einem Trend dieser Zeit. Andere Beratungsgesellschaften wie z. B. Arthur D. Little propagierten ebenfalls die Idee, Unternehmen in SGE aufzuspalten, die jeweils einen eigenen Geschäftsbereich mit einem eigenen externen Markt für Güter und Dienstleistungen repräsentierten. Zudem sollten sich die Ziele und Strategien einer SGE unabhängig von anderen Geschäftseinheiten festlegen und umsetzen lassen.

Wenn Unternehmen sich dazu entscheiden, SGE als Führungskonzept im strategischen Management zu nutzen, dann sind ihre Ziele insbesondere folgende (Henzler 1978, S. 913):

- Schaffung von homogenen Einheiten, die für die Formulierung und Umsetzung eigener Strategien verantwortlich sind.
- Erhöhung der Transparenz und Verbesserung der Führungseffizienz innerhalb komplexer Unternehmensstrukturen.
- Bessere Erreichung übergeordneter strategischer Ziele und optimale Ausnutzung vorhandener Ressourcen und Synergiepotenziale.

In der Unternehmenspraxis erfolgt die interne Segmentierung typischerweise in einem Top-down-Prozess und liegt vor allem in der Verantwortung des Top-Managements. Dabei gibt es kein Patentrezept für eine optimale Segmentierung in Unternehmen. Die SGE müssen allerdings in den Gesamtzusammenhang des strategischen Managements sinnvoll eingebettet werden.

Abgrenzung strategischer Geschäftseinheiten

In der Literatur herrscht keine Einigkeit im Hinblick auf die inhaltliche Abgrenzung von SGE. Es finden sich zahlreiche begriffliche Vorschläge, die sich zum Teil deutlich widersprechen. Einigkeit herrscht lediglich im Hinblick darauf, dass eine SGE ein Unternehmensbereich ist, der für die effektive und effiziente Bearbeitung eines oder mehrerer strategischer Geschäftsfelder verantwortlich ist und als Ganzes Gegenstand unternehmerischer Entscheidungen wird (Lombriser/Abplanalp 2015, S. 84–85). In der Unternehmenspraxis gelten SGE als wirksames Instrument zur Formulierung von Strategien. Um einen positiven Beitrag zur Steuerung des Unternehmens im Rahmen des strategischen Managements leisten zu können, sollten SGE jedoch bestimmte Kriterien erfüllen:

- Marktpotenzial: Es muss vom Umfang her attraktiv sein, für eine SGE eigenständige strategische Ziele zu erarbeiten. Zudem muss die SGE einen klar abgrenzbaren externen Markt (z. B. ein strategisches Geschäftsfeld) bearbeiten und nicht bloß als interner Lieferant dienen.
- Eigenständigkeit der Marktaufgabe: Die Marktaufgabe einer SGE muss unabhängig von der einer anderen SGE sein. Die Maßnahmen zur Realisierung strategischer Entscheidungen in Bezug auf eine SGE sind auch in Hinsicht auf ihre langfristigen Rückwirkungen unabhängig von denen anderer SGE. Eine SGE sollte selbst entscheiden können, welche Produkte und Dienstleistungen sie anbietet, welche Geschäftsmodelle sie entwickelt, wie sie die Beschaffung nötiger Vorprodukte organisiert und welche Investitionen sie tätigt. Dies bedeutet gleichzeitig, dass eine SGE möglichst wenige Überschneidungen mit anderen SGE aufweist. Im Idealfall wird ein strategisches Geschäftsfeld nur von einer SGE bearbeitet.

- **Abhebung von der Konkurrenz**: Eine SGE sieht sich einer eindeutigen Konstellation externer Konkurrenten gegenüber, an denen sie sich misst und die sie am Markt zu übertreffen versucht.
- **Leistungsmessung**: Eine SGE ist häufig als Profitcenter organisiert; Gewinn oder Verlust sollten eindeutig messbar sein. Das Top-Management der SGE wird typischerweise anhand der Erreichung bestimmter strategischer Ziele der jeweiligen SGE beurteilt.
- **Stabilität**: SGE sollten über längere Zeit stabil sein, um die entwickelten Strategien auch am Markt umzusetzen und eine langfristige Planung zu ermöglichen.

In der Praxis erfüllen SGE nur selten sämtliche Anforderungen. Besonders bedeutsam erscheint vor allem das zweite Kriterium. Kann eine Organisationseinheit im Unternehmen keine eigenständigen Entscheidungen treffen, welche Märkte sie wie bearbeiten will, handelt es sich nicht um eine SGE im engeren Sinne. Im Extremfall könnte eine SGE deshalb für sich selbst stehen und aus einem Konzern ausgegliedert werden.

Beziehung zwischen strategischen Geschäftsfeldern und strategischen Geschäftseinheiten

Die begriffliche Ähnlichkeit zwischen SGF und SGE führt häufig dazu, dass beide Konstrukte nicht sauber auseinander gehalten werden (Lombriser/Abplanalp 2015, S. 86). Dies kann zu Missverständnissen und falschen Schlussfolgerungen führen. Abbildung 2.9 fasst die wesentlichen Merkmale von sowie die Unterschiede zwischen SGE und SGF zusammen. Es wird deutlich, dass SGF vor allem dazu dienen, wirksame Strategien zu planen und strategisch relevante Fähigkeiten zu entwickeln, die für eine erfolgreiche Bearbeitung von Märkten erforderlich sind. Ein SGF ist dabei nicht an die gegenwärtige SGE-Struktur gebunden. Es stellt ein primär gedankliches Konstrukt der strategischen Steuerung dar. Das SGF repräsentiert einen Ausschnitt aus der Umwelt des Unternehmens. Die Segmentierung orientiert sich an Kriterien wie Kundenbedürfnis, Verfahren/Technologie und Abnehmergruppen.

Bei der SGE handelt es sich dagegen um ein Führungsinstrument des Managements zur konkreten Umsetzung der SGF-Strategien. SGE bilden Teile des Unternehmens und reflektieren i. d. R. real-organisatorische Abgrenzungen. Bei ihrer Bildung orientiert man sich an bestehenden SGF-Konstellationen. Sie weisen ebenfalls Abgrenzungskriterien wie Marktpotenzial, Eigenständigkeit und Abhebung von der Konkurrenz auf.

Ein strategisch-konzeptionelles Denken der Unternehmensführung ist auch dann unbedingt erforderlich, wenn in der Aufbauorganisation klar abgegrenzte SGE fehlen (Lombriser/Abplanalp 2015, S. 86). Vor allem bei kleinen und mittleren Unternehmen wäre es nicht sinnvoll, diese in eine Vielzahl von SGE aufzuteilen. Gleichwohl ist es oft nötig, dass ein kleines oder mittleres Unternehmen die Umwelt in verschiedene SGF segmentiert, um Märkte zielgerichteter bearbeiten zu können.

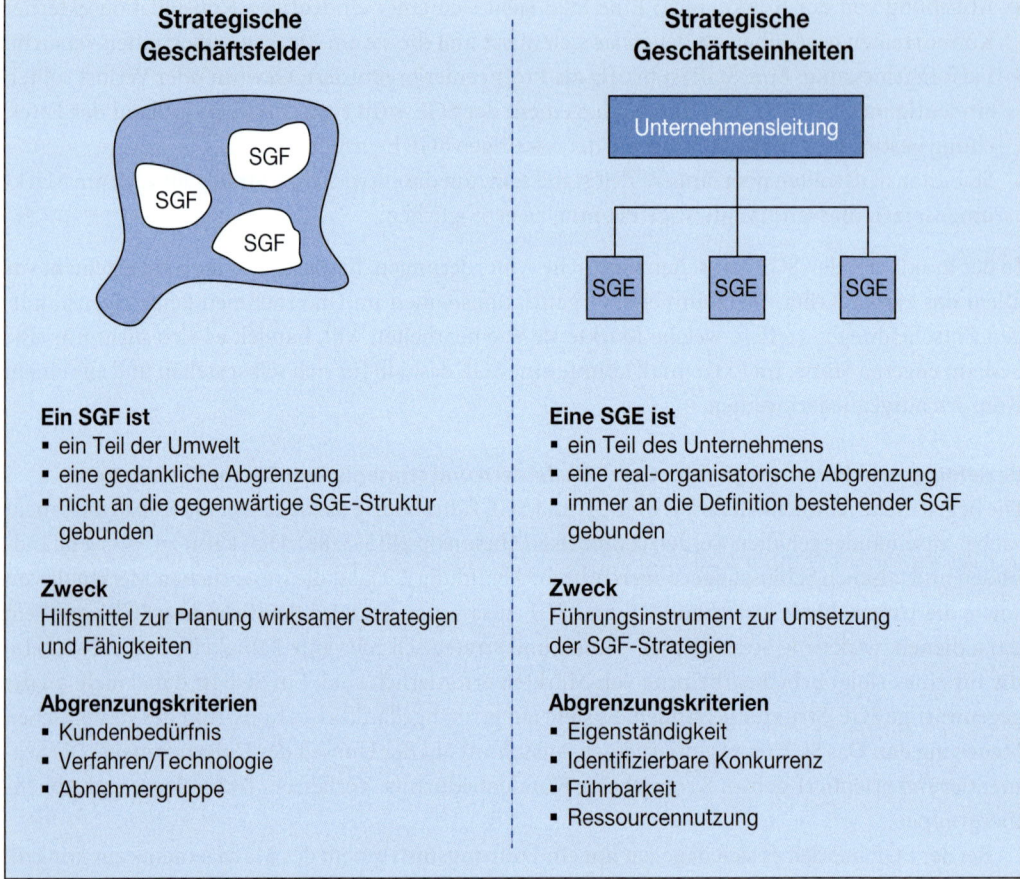

Abb. 2.9: Unterscheidung zwischen strategischen Geschäftsfeldern und -einheiten
(Quelle: Lombriser/Abplanalp (2015, S. 87))

Interdependenzen zwischen strategischen Geschäftseinheiten

Die Interdependenzen zwischen den Geschäftseinheiten sind zunehmend in den Mittelpunkt des Interesses gerückt. Dabei kann zwischen Ressourceninterdependenzen (z. B. in der Fertigung und Beschaffung), innerbetrieblichen Leistungsverflechtungen (eine Geschäftseinheit stellt bspw. Vorprodukte her, die von einer anderen Geschäftseinheit weiterverarbeitet werden) und Marktinterdependenzen (z. B. befriedigen zwei Produkte verschiedener Geschäftseinheiten einer Unternehmung dasselbe oder ein sehr ähnliches Konsumentenbedürfnis) unterschieden werden. Diese Interdependenzen erschweren zwar die saubere Abgrenzung strategischer Geschäftseinheiten, sie bilden aber den Hauptansatzpunkt für SGE-übergreifende Horizontalstrategien. Nach Porter (2004a) gelten die das gesamte Unternehmen erfassenden Horizontalstrategien als der eigentliche Kern der Unternehmensstrategie. Ohne Verflechtungen zwischen Unternehmenseinheiten, die durch eine entsprechende Horizontalstrategie genutzt werden, gibt es nach dieser Auffassung keine überzeugenden ökonomischen Gründe für diversifizierte Unternehmen (▶ Teil II, Kap. 4.3.1 und 4.4.2). Das entstehende »Dilemma der strategischen Segmentierung« (Gerl/Roventa 1981, S. 855; Link 1985, S. 60) kann nur einzelfallspezifisch gelöst werden. Eine »feine« Segmentierung führt besonders dann zu Vorteilen, wenn einzelne Unternehmensteile sehr unterschiedlichen Umweltsituationen gegenüberstehen. Allerdings wird dann die Entscheidungsautonomie der Einheiten fraglich. Eine »grobe« Segmentierung ermöglicht zwar autonome strategische Planungen, führt u. U. aber dazu, dass die Strategien den unterschiedlichen Produkt-Markt-Gegebenheiten nicht optimal angepasst sind.

Die Berücksichtigung der Interdependenzen zwischen den einzelnen SGE erscheint dann von großer Bedeutung, wenn man Unternehmen als Bündel von Kernkompetenzen betrachtet, die nur in Zusammenarbeit verschiedener Einheiten generiert werden können (▶ Teil II, Kap. 3.2.2 und 4.2.1). Prahalad/Hamel (1990, S. 81–82) schlagen vor, Unternehmen nicht als ein Portfolio einzelner SGE zu sehen, sondern als ein Portfolio von Kernkompetenzen. Darunter werden Fähigkeiten zur Koordination diverser Produktionsaktivitäten und Technologien verstanden, die sich quer durch die Wertschöpfungsprozesse des Unternehmens und somit auch durch die verschiedenen SGE ziehen. Die Autoren befürchten, dass das Vorhandensein einer SGE-Struktur in Unternehmen zu einem verkürzten Denken führen kann und einzelne SGE ihre Ziele unabhängig voneinander optimieren. Sie fühlen sich nicht gemeinschaftlich für den Aufbau und Erhalt von Kernkompetenzen im Unternehmen verantwortlich und neigen nicht selten dazu, anderen SGE wichtige Ressourcen vorzuenthalten (Müller-Stewens/Lechner 2005, S. 221; Prahalad/Hamel 1990, S. 80–85). Gelingt es nicht, die Grenzen zwischen den SGE aufzubrechen, erscheint es kaum möglich, das Innovationspotenzial des gesamten Unternehmens voll auszuschöpfen. Im Rahmen des strategischen Managements sollten SGE deshalb als potenzielle Quellen und Speicher von Kernkompetenzen verstanden werden, die nur in Zusammenarbeit verschiedener SGE entstehen können. Auf der Basis gemeinsamer Kernkompetenzen können dann die Kernprodukte und Dienstleistungen entstehen, mit denen die SGE die jeweiligen SGF am Markt zu bedienen versuchen.

Ein weiterer wichtiger Gesichtspunkt betrifft die Frage der strategischen Leitungsspanne (Gerl/Roventa 1981, S. 854–855). Bei großen und diversifizierten Unternehmen besteht die Gefahr, dass die Unternehmensleitung durch eine hohe Zahl von SGE überfordert wird. Das eigentliche Segmentierungsziel einer Reduzierung der Gesamtkomplexität des Unternehmens wird dann nicht erreicht. Die Anzahl der SGE sollte nicht so groß werden, dass das Top-Management den Überblick verliert und die speziellen Charakteristika der jeweiligen Einheit nicht mehr versteht. In großen Unternehmen kann jedoch die Leitungsspanne schnell zunehmen. Hier empfiehlt sich dann die Einfügung einer weiteren Ebene, sog. strategischer Sektoren, mit dem Ziel der Zusammenfassung bestimmter Geschäftseinheiten. Dies ist vor allem sinnvoll, wenn die SGE gemeinsame Ressourcen nutzen und nur gemeinschaftlich bestimmte Kernkompetenzen generieren können. Auf der Ebene strategischer Sektoren kann dann unter Berücksichtigung der Gesamtstrategie des Unternehmens entschieden werden, welche Ressourcen gemeinsam zu nutzen und wie die operativen Aufgaben der einzelnen SGE aufeinander abzustimmen sind.

Strategische Geschäftseinheiten und Aufbauorganisation

Die Beziehungen zwischen strategischen Geschäftseinheiten und der Aufbauorganisation des Unternehmens werden in der Literatur zum Teil fehlinterpretiert. Den Grund dafür sieht Gälweiler (1979, S. 260) vor allem in der begrifflichen Ähnlichkeit von strategischer Geschäftseinheit und organisatorischer Einheit. Andere Bezeichnungen wie z. B. Geschäftsgebiet oder Geschäftsbereich anstelle von Geschäftseinheit würden vermutlich weniger Anlass bieten, eine Konkurrenzbeziehung mit den in der Strukturorganisation bestehenden operativen Einheiten herzustellen. Für Gälweiler (2005, S. 263) bezeichnen SGE aber keine organisatorische Alternative zu den in der Praxis dominierenden Formen der Strukturorganisation. Die Abgrenzung und Steuerung von SGE ist deshalb streng genommen kein Problem der Unternehmensorganisation als vielmehr der strategischen Steuerung (Gälweiler 1979, S. 252). SGE dienen lediglich als Hilfsmittel, um die mit bestimmten Marktanforderungen einhergehenden Voraussetzungen und Verhaltensfolgen in ein kohärentes Wirkungsgefüge zu überführen und die für eine langfristige Erfolgssicherung notwendigen Entscheidungen abzuleiten.

Bei näherer Betrachtung lassen sich insgesamt drei Varianten von Beziehungen zwischen SGE und der organisatorischen Struktur eines Unternehmens unterscheiden:

- Eine SGE ist deckungsgleich mit einer Einheit der Aufbauorganisation.
- Eine Einheit der Aufbauorganisation besteht aus zwei oder mehr SGE.
- Zwei oder mehr Einheiten der Aufbauorganisation (oder auch eindeutig abgrenzbare Teilaktivitäten aus solchen) bilden eine SGE.

Da die Bildung organisatorischer Einheiten nach anderen Kriterien erfolgt als die Bildung strategischer Geschäftseinheiten, stellen SGE keinesfalls eine Alternative zur Weiterentwicklung der divisionalen Struktur dar (Gälweiler 1979, S. 252). Das schließt aber nicht aus, dass es zwischen SGE und Aufbauorganisation wechselseitige Abhängigkeiten gibt, also auch Einflüsse von strategischen Überlegungen und Erkenntnissen auf die konkrete Form der Unternehmensorganisation. In einer Untersuchung amerikanischer Großunternehmen zeigte sich zudem, dass nur in 7 % der Fälle die strategischen Geschäftseinheiten deutlich von den operativen Einheiten abwichen (Haspeslagh 1982, S. 65). Um die Umsetzung strategischer Entscheidungen zu sichern, wird in der Praxis deshalb eine enge Verknüpfung strategischer und operativer Organisationseinheiten bevorzugt. SGE-Struktur und operative Aufbaustruktur sind also oftmals deckungsgleich und umfassen die gleichen Personen. Dies ist insbesondere in kleinen und mittleren Unternehmen der Fall. Sie bestehen nicht selten aus nur einer SGE, die dann verschiedene SGF am Markt bearbeitet.

Besteht eine Einheit der Aufbauorganisation aus zwei oder mehr SGE oder bestehen zwei oder mehr Einheiten der Aufbauorganisation (oder auch eindeutig abgrenzbare Teilaktivitäten aus solchen) aus einer SGE, dann weicht die SGE-Struktur von der bestehenden Aufbaustruktur ab. In diesem Fall kann man die SGE-Struktur als eine Sekundärorganisation mit eigenem Ziel- und Berichtssystem interpretieren (Lombriser/Abplanalp 2015, S. 85). Diese Struktur koexistiert dann mit der Primärorganisation und erhöht die Effizienz bei der Entwicklung und Umsetzung strategischer Programme.

3.2 Strategische Analyse

3.2.1 Bedeutung und Aufgabenbereiche der strategischen Analyse

Ohne ein fundiertes Wissen über die momentane Lage des Unternehmens und zukünftige Entwicklungen der Umwelt lassen sich Unternehmen nicht erfolgreich steuern. Die Komplexität innerhalb und außerhalb des Unternehmens muss zielgerichtet reduziert werden, um strategische Entscheidungen treffen zu können. Dies bestätigt auch die Erfolgsfaktorenforschung: Ohne ausreichendes Wissen über die vorhandenen Fähigkeiten eines Unternehmens sowie eine solide Kenntnis über den Markt und eine daraus resultierende Kundenorientierung erscheint es kaum möglich, Wettbewerbsvorteile auf Dauer zu verteidigen (Bailom/Matzler/Tschemernjak 2013; Müller/Müller-Stewens 2009). Gleichwohl hat die Erfolgsfaktorenforschung auch Grenzen, auf die wir bereits eingegangen sind (▶ Teil I, Kap. 3.2).

Im Rahmen der strategischen Analyse gilt es erstens, sich ein Bild über die internen Stärken und Schwächen des Unternehmens zu machen (▶ Teil II, Kap. 3.2.2). Dies bedeutet bspw. die Fragen zu beantworten, wie sich Kostenstrukturen darstellen, in welchen Geschäftsbereichen Gewinne erwirtschaftet werden, wie effizient die Produktion ist und wie zufrieden die Mitarbeiter sind. Zweitens fragen die externe Umweltanalyse sowie die strategische Prognose und Frühaufklärung, welche Chancen und Risiken sich dem Unternehmen stellen (▶ Teil II, Kap. 3.2.3 und 3.2.4). Es geht darum herauszuarbeiten, welche Erwartungen Kunden, Lieferanten, Wettbewerber und andere externe Stakeholder haben, wie sich Absatz- und Beschaffungsmärkte in Zukunft entwickeln und wie Unternehmen am besten auf diese vielfältigen Entwicklungen reagieren sollten.

Grundsätzlich lassen sich zwei Ansätze unterscheiden, wie Unternehmen bei der strategischen Analyse vorgehen können, deduktiv oder iterativ (Pümpin/Amann 2005, S. 68–69):

- Der deduktive Ansatz folgt einem umfassenden Vorgehen und betrachtet die strategische Analyse als einen Problemlösungsprozess. Er wird von vielen Beratungsgesellschaften und Marktforschungsunternehmen propagiert. Der eigentlichen Strategieentwicklung gehen umfangreiche Analysen von Unternehmen und Umwelt voraus. Auf der Basis von möglichst validen Informationen werden in einem deduktiven Prozess Strategien entwickelt.
- Beim iterativen Vorgehen entwickelt man zunächst auf der Grundlage von bereits vorhandenem Wissen über das Unternehmen und seine Umwelt erste strategische Varianten. Eine tief greifende und strukturierte Analyse erfolgt erst dann, wenn bestimmte Fragestellungen konkret beantwortet werden sollen. Aktivitäten der strategischen Analyse und der Strategieentwicklung wechseln sich sozusagen ab.

Welche der beiden Vorgehensweisen in der strategischen Analyse zu empfehlen ist oder ob beide Verfahren miteinander verbunden werden, hängt von der jeweiligen Situation ab. Ein deduktives Vorgehen empfiehlt sich vor allem dann, wenn ein Unternehmen mit völlig neuen Entwicklungen in einem Marktumfeld konfrontiert ist und Veränderungen der Umwelt bisher nicht in die strategische Planung einordnen konnte (Pümpin/Amann 2005, S. 69). Deduktive Verfahren eignen sich auch, wenn Produkte und Geschäftsmodelle noch in ihrer Entwicklungsphase sind. Um das

Risiko zu reduzieren, sind Wettbewerbskräfte und Marktentwicklungen ex ante möglichst gut einzuschätzen.

Das iterative Verfahren bietet sich dagegen an, wenn schnelle Reaktionen auf Marktentwicklungen nötig sind und umfangreiche bzw. zeitintensive Analysen nicht mehr möglich erscheinen. Nicht selten führen auch finanzielle und personelle Engpässe dazu, dass Unternehmen bei der strategischen Analyse eher iterativ vorgehen. Sie verzichten dann auf eine systematische und umfassende Informationsbeschaffung. Dies ist insbesondere in mittelständischen Unternehmen oftmals der Fall. In einer Studie von 533 Unternehmen konnten wir zeigen, dass auch im Mittelstand die Notwendigkeit zur strategischen Analyse gesehen wird (Bassen/Behnam/Gilbert 2001). Die große Mehrheit der Unternehmen gibt an, dass ein solides Wissen über Konkurrenz, Absatzmärkte, gesetzliche Rahmenbedingungen oder soziokulturelle Faktoren notwendig ist, um erfolgreiche Strategien zu formulieren. Tatsächlich aber erhebt nur eine kleine Zahl der befragten Unternehmen diese Daten. So stufen bspw. 73 % der Mittelständler die Analyse des ausländischen Absatzpotenzials und 68 % die Analyse der Konkurrenz als wichtig ein, aber nur 41 % untersuchen diese beiden Bereiche tatsächlich. Unsere Ergebnisse belegen nachdrücklich, dass im Mittelstand im Bereich der strategischen Analyse großer Nachholbedarf besteht. Zwar erkennt der Mittelstand selbst die Dringlichkeit dieses Problems. Dessen Beseitigung scheitert aber i. d. R. an der dafür notwendigen Zeit sowie den personellen und finanziellen Ressourcen, die man einsetzen müsste, um eine strukturierte strategische Analyse durchzuführen (Bassen/Behnam/Gilbert 2001, S. 424).

Unabhängig von der Methode des Vorgehens muss im Rahmen der strategischen Analyse festgelegt werden, welche Sachverhalte Gegenstand der Erhebung sind und mit welchen Instrumenten diese Daten erhoben werden sollen. Wir werden die wichtigsten Analysebereiche und Instrumente der strategischen Analyse in den folgenden Abschnitten ausführlich vorstellen (▶ Teil III).

Zusammenfassend lässt sich sagen, dass die zentrale Aufgabe der strategischen Analyse im frühzeitigen Erkennen von erfolgsrelevanten Informationen und Entwicklungen innerhalb und außerhalb des Unternehmens liegt. So verstanden, ist die strategische Analyse eine zentrale Phase im Prozess des strategischen Managements und ihre Ergebnisse werden schließlich dazu genutzt, um konkrete Strategien zu entwickeln und zu bewerten (▶ Abb. 2.2). Ausgehend von einem Bewusstsein, dass jede noch so ausgefeilte Analyse von Daten durch subjektive Wahrnehmungen, Vorlieben und Machtstreben der Akteure beeinflusst wird, gilt es, durch den Einsatz von Instrumenten und Methoden die Komplexität von Entscheidungssituationen beherrschbar zu machen. Wir diskutieren im Folgenden zunächst ausführlich die Analyse der internen Unternehmenssituation und behandeln danach im Detail die Analyse der externen Umweltbedingungen sowie die strategische Prognose und Frühaufklärung. Zum Abschluss dieses Abschnitts diskutieren wir dann die Grenzen und grundsätzliche Probleme der strategischen Analyse.

3.2.2 Analyse der Unternehmenssituation und Identifikation von Kernkompetenzen

Im Rahmen der strategischen Analyse der Unternehmenssituation geht es darum, ein möglichst klares Bild der gegenwärtigen Lage des Unternehmens aufzuzeigen. Gegenstand der Unternehmensanalyse sind die Stärken und Schwächen des Unternehmens und seiner Teile. Ferner sind die vorhandenen Kernkompetenzen zu identifizieren, die eine unabdingbare Voraussetzung für die Erzielung nachhaltiger Wettbewerbsvorteile sind. Die einzelnen Untersuchungsfelder sind nach Art, Menge, Zeit, Wert sowie ihren Beziehungszusammenhängen zum Unternehmen zu analysieren. Ziel der Unternehmensanalyse muss es auch sein, Aussagen über die Wert- und Grundeinstellungen der Führungskräfte des Unternehmens sowie die vorhandenen bzw. zukünftigen Unternehmenspotenziale des Unternehmens zu gewinnen.

Jedes Unternehmen verfügt über eine Fülle an Einzelinformationen. Die vorhandenen Informationen sind zu ermitteln, zu ordnen und für strategische Entscheidungen selektiv zu verdichten. Die strategische Unternehmensanalyse kann deshalb als ein Subprozess der strategischen Analyse aufgefasst werden, der die Ermittlung und Bewertung strategischer Potenziale sowie die Erstellung eines Stärken-/Schwächenprofils umfasst. Abbildung 2.10 verdeutlicht diesen Zusammenhang und wird von uns im Folgenden näher erläutert.

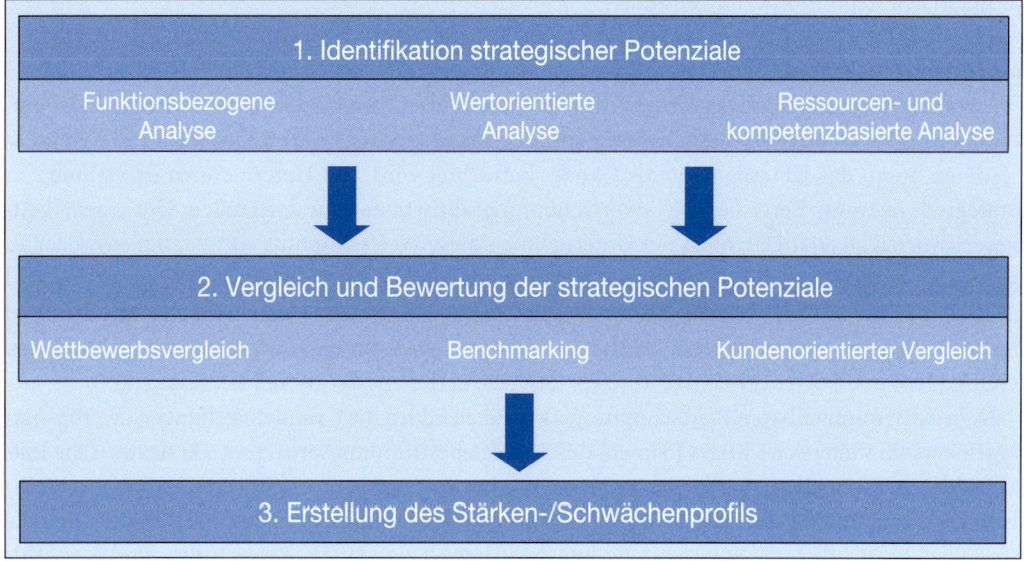

Abb. 2.10: Prozess der strategischen Unternehmensanalyse
(Quelle: Eigene Darstellung in Anlehnung an Welge/Al-Laham/Eulerich (2017, S. 361))

Schritt 1: Identifikation strategischer Potenziale
Im ersten Schritt sind die für eine strategische Entscheidung relevanten internen Potenziale zu identifizieren und zu selektieren, um die Stärken und Schwächen des Unternehmens zu ermitteln. Hierbei kann funktionsbezogen, wertorientiert oder ressourcen- bzw. kompetenzbasiert vorgegangen werden. Die drei verschiedenen Vorgehensweisen werden im Folgenden erläutert.

Funktionsbezogene Analyse

Im ersten Fall stehen die betrieblichen Funktionen wie Beschaffung, Produktion, Marketing, Forschung und Entwicklung im Mittelpunkt der Betrachtung. Zur Ermittlung der funktionsspezifischen Potenziale sind in der Literatur verschiedene Kriterienkataloge entwickelt worden. Sie orientieren sich weitgehend an dem bereits in den 1970er Jahren entwickelten Ansatz von Hofer/Schendel (1978, S. 145). Danach ergeben sich die Stärken und Schwächen eines Unternehmens anhand finanzieller, physischer, personeller und organisatorischer Ressourcen sowie der technischen Fähigkeiten. Stärken bzw. Schwächen eines Unternehmens resultieren aus der Bewertung der zur Verfügung stehenden Ressourcen.

Die funktionsbezogene Analyse kann sich auch auf das Produktprogramm beziehen. Da der zukünftige Erfolg eines Unternehmens stark von der Tiefe und Breite des vorhandenen Produktprogramms abhängig ist, gilt es, dieses quantitativ und qualitativ zu bewerten. Zur Analyse des Produktprogramms eignen sich bspw. die Lebenszyklusanalyse und sog. Umsatzstrukturanalysen (ABC-Analysen). Erstere hilft bei der Identifizierung der marktphasenbedingten Anforderungen an die Strategieentwicklung. So lassen sich bspw. Marketingaktivitäten für die einzelnen Phasen eines Lebenszyklus besser planen. Mit der Umsatzstrukturanalyse kann man dagegen analysieren, welche Produkte die Hauptumsatzträger sind und in welchen Produktbereichen Bedarf zu einer strategischen Repositionierung besteht.

Wertorientierte Analyse

Die wertorientierte Analyse der Unternehmenspotenziale ist hauptsächlich von Porter (2004a) entwickelt worden. Demnach ist es schwierig, unternehmensspezifische Wettbewerbsvorteile zu identifizieren, wenn das Unternehmen als Ganzes betrachtet wird. Ein Unternehmen ist vielmehr in strategisch relevante Bereiche, sog. »Wertschöpfungsaktivitäten«, zu unterteilen. Um einen Wettbewerbsvorteil zu erlangen, muss ein Unternehmen diese Wertschöpfungsaktivitäten entweder zu geringeren Kosten ausführen oder sie so gestalten, dass sie zu einer Produktdifferenzierung und größerem Kundennutzen führen. Zur systematischen Analyse eines Unternehmens, mit dem Ziel der Identifizierung wertbezogener Aktivitäten, entwickelten die Beratungsgesellschaft McKinsey (Gluck 1980) und Porter (1985) das Konzept der Wertkettenanalyse (▶ Teil III, Kap. 2.2).

Neben den unmittelbaren Wertschöpfungsaktivitäten bilden die Grundeinstellungen des Top-Managements ein weiteres wichtiges Element des Strategiebestimmungsprozesses. Da strategische Entscheidungen selten allein auf der Basis ökonomischer Kriterien getroffen werden können, durchdringen Werte und Grundeinstellungen alle Phasen des Planungsprozesses. Werte und generelle Ziele üben hinsichtlich der externen und internen Umwelt eine Filter-, Bewertungs- und Auswahlfunktion aus. Sie prägen generell die Wahrnehmung von Chancen und Risiken sowie die Aufnahme und Verarbeitung von strategisch wichtigen Informationen. Ein Wechsel in der Unternehmensleitung kann über einen Wertewandel zu einer strategischen Neuorientierung führen. Jedes Unternehmen sollte deshalb explizit über eine realistische Einschätzung seiner gegenwärtigen und zukünftigen Verhaltensweisen verfügen. Die Werte und Grundeinstellungen können in Form von Unternehmensleitbildern, Unternehmensphilosophien, Führungsgrundsätzen oder Corporate-Identity-Programmen dokumentiert und offengelegt werden.

Ressourcen- und kompetenzbasierte Analyse

Bei der ressourcen- und kompetenzbasierten Analyse steht die Identifikation strategisch relevanter Fähigkeiten des Unternehmens im Mittelpunkt, die als Kernkompetenzen nachhaltige Wettbewerbsvorteile generieren. Danach liegen die wahren Quellen von Wettbewerbsvorteilen eines Unternehmens in der Fähigkeit des Managements, tangible und intangible Ressourcen, Technologien, Know-how und Produktionsfertigkeiten zu Kompetenzen zu bündeln (Prahalad/Hamel 1990). Theoretische Grundlage für die kompetenzbasierte Analyse ist der sog. Resource-based View, der insbesondere auf den Überlegungen von Penrose (1959) und Wernefelt (1984) beruht und im strategischen Management spätestens seit Anfang der 1990er Jahre eine große Rolle spielt (▶ Teil II, Kap. 4.2.1).

Den Ausgangspunkt der Strategieentwicklung im Resource-based View stellt die Analyse der Ressourcenpotenziale eines Unternehmens dar. Aus der genauen Kenntnis der Ressourcen, die dem Unternehmen zur Verfügung stehen, können die Kernkompetenzen des Unternehmens abgeleitet werden. Diese werden in der Literatur sehr unterschiedlich definiert, stellen jedoch zumeist Fähigkeiten oder Bündel von Ressourcen dar, die für Unternehmen eine herausgehobene strategische Bedeutung haben und diese in die Lage versetzen, wesentlichen Kundennutzen zu generieren. Die Analyse und Bestimmung von Kernkompetenzen kann dabei in drei Schritten erfolgen. Abbildung 2.11 zeigt diesen Zusammenhang.

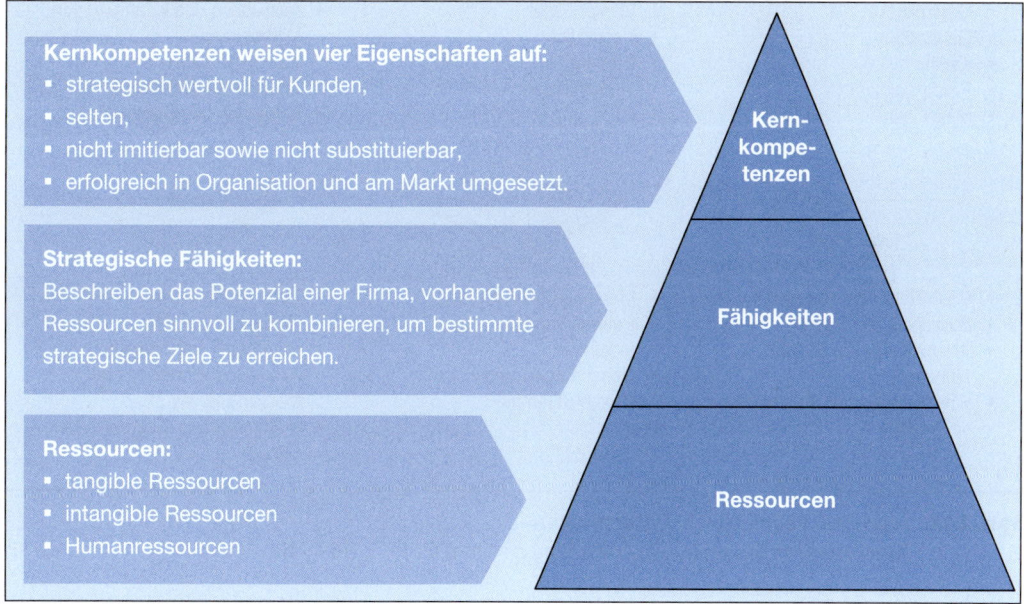

Abb. 2.11: Identifikation von Kernkompetenzen
(Quelle: Eigene Darstellung)

In einem ersten Schritt gilt es zu prüfen, welche tangiblen und intangiblen Ressourcen sowie Humanressourcen im Unternehmen zur Verfügung stehen (▶ Abb. 2.12). Tangible Ressourcen bezeichnen Bestände an materiellen Produktionsfaktoren wie Grundstücke, Gebäude, Kapital, Maschinen und finanzielle Cash-Reserven eines Unternehmens. Intangible Ressourcen stellen dagegen immaterielle Vermögenswerte dar wie Markennamen einer Firma, die Reputation oder Patente. Humanressourcen wiederum können sich in der Ausbildung und Erfahrung von Mitarbeitern, bestimmten Fähigkeiten oder auch der Motivation und dem Commitment niederschlagen. Es ist wichtig zu verstehen, dass tangible und intangible Ressourcen sowie Humanressourcen aus Sicht des Kernkompetenzenansatzes alleine noch keinen strategischen Wert repräsentieren. Sie werden zwar zu großen Teilen bilanziell erfasst, dabei ist aber noch unklar, inwiefern sie tatsächlich dazu beitragen, die strategischen Ziele eines Unternehmens zu erreichen. Es könnte bspw. sein, dass ein Unternehmen bestimmte Grundstücke und Maschinen besitzt, diese aber nicht nutzt bzw. auslastet. In diesem Fall entstehen sogar Aufwendungen, denen keinerlei Erträge gegenüberstehen. Genauso besteht die Möglichkeit, dass bestimmte intangible Ressourcen wie Patente oder Lizenzen durch finanzielle Mittel zwar erworben wurden, aber (noch) nicht verwendet werden. In beiden Fällen entstünde dem Unternehmen durch den Besitz der Ressourcen alleine noch kein Wettbewerbsvorteil.

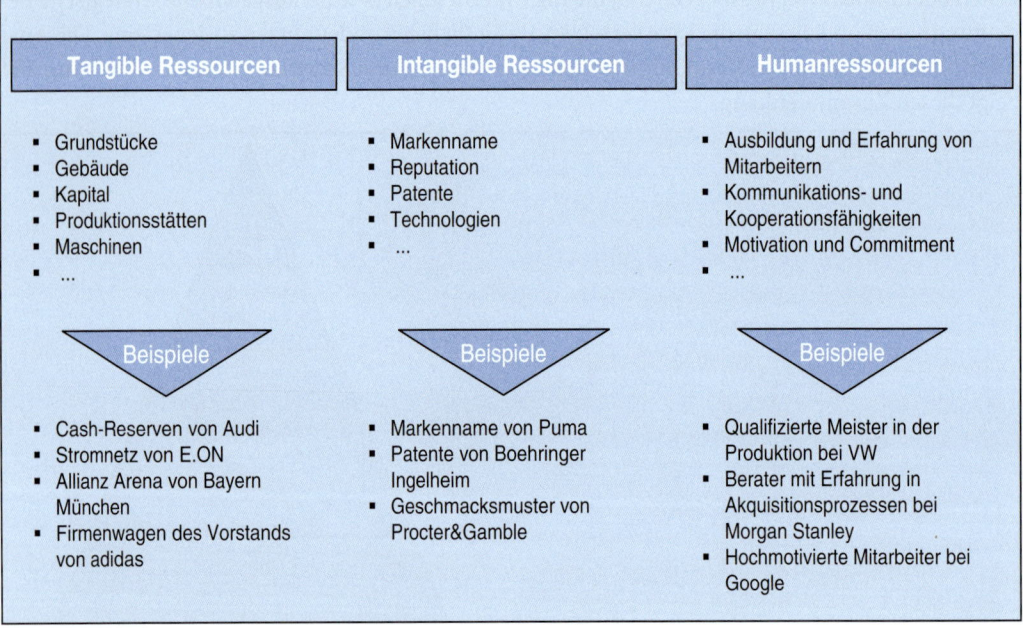

Abb. 2.12: Arten von Ressourcen in Unternehmen
(Quelle: Eigene Darstellung in Anlehnung an Grant (2016, S. 118–123))

Aus strategischer Sicht stellt sich im zweiten Schritt der Analyse die Frage, ob ein Unternehmen in der Lage ist, vorhandene Ressourcen so miteinander zu kombinieren, dass strategische Ziele auch tatsächlich erreicht werden. Gelingt dies, spricht man davon, dass ein Unternehmen bestimmte strategische Fähigkeiten (»Capabilities«) aufweist. Die Fähigkeiten bzw. Capabilities von Unternehmen als zentrale Analyseeinheit sind insbesondere Gegenstand des sog. Capability-based View, der in der Literatur oftmals als eigenständiges Konzept betrachtet und vom Resource-based View abge-

3 Segmentierung und strategische Analyse

grenzt wird (siehe dazu Müller-Stewens/Lechner 2016, S. 342–347). Wir gehen an dieser Stelle nicht auf die möglichen Unterscheidungen beider Ansätze ein, stimmen aber der zentralen Aussage des Capability-based View zu, wonach Fähigkeiten alleine noch nicht ausreichend sind, um nachhaltige Wettbewerbsvorteile aufzubauen. Die meisten Unternehmen sind mehr oder weniger dazu in der Lage, auf der Basis bestimmter Ressourcenkombinationen Produkte und Dienstleistungen sowie Geschäftsmodelle anzubieten. Von Kernkompetenzen spricht man aus Sicht des Resource-based View aber erst dann, wenn diese Fähigkeiten zur Ressourcenkombination bestimmte Kriterien erfüllen, die es im dritten Schritt der Analyse zu evaluieren gilt. In Anlehnung an Prahalad/Hamel (1990) sowie Barney (1991; 2011) weisen Kernkompetenzen insbesondere vier Eigenschaften auf, die ebenfalls Gegenstand der unten vorgestellten VRIO-Methode sind:

- Strategischer Wert: Kernkompetenzen müssen vom Kunden wahrgenommen werden und für ihn einen bestimmten strategischen Wert bzw. Nutzen haben (»Value«). Durch den kombinierten Einsatz der vorhandenen Ressourcen lösen Unternehmen Kundenprobleme und befriedigen nachhaltig deren Bedürfnisse. Die Wertschätzung bzw. der Kundennutzen können sich vielfältig ausdrücken. Kunden können bspw. bereit sein, Premiumpreise zu bezahlen, oder sie entwickeln eine hohe Loyalität zu einem Unternehmen.
- Seltenheit: Es ist offensichtlich, dass Ressourcenkombinationen, die eine große Zahl von Wettbewerbern einsetzt, nicht dazu geeignet sind, nachhaltige Wettbewerbsvorteile zu generieren. Von Kernkompetenzen spricht man folglich nur dann, wenn bestimmte Potenziale selten sind und nicht gleichzeitig von zahlreichen anderen Wettbewerbern am Markt angeboten werden (»Rarity«). Durch die Seltenheit bestimmter Ressourcenkombinationen wird einem Unternehmen die Möglichkeit gegeben, sich deutlich von der Konkurrenz abzuheben. Dies muss nicht unbedingt bedeuten, dass ein Unternehmen, um erfolgreich zu sein, das Einzige am Markt sein muss, welches bestimmte Fähigkeiten aufweist. Solange in einem Markt keine vollkommene Wettbewerbssituation herrscht, haben spezifische Ressourcenkombinationen stets das Potenzial, Wettbewerbsvorteile zu generieren. Die Seltenheit von Ressourcenkombinationen ist jedoch zumeist nur temporärer Natur. Wettbewerber werden Produkte, Geschäftsmodelle und Innovationen mit der Zeit kopieren und vorhandene Differenzierungs- oder Effizienzvorteile angreifen oder sogar verschwinden lassen.
- Nicht-Imitierbarkeit und Nicht-Substituierbarkeit: Um zu verhindern, dass die Konkurrenz sich ebenfalls bestimmte Ressourcen aneignet, sollten Kernkompetenzen vor Imitation geschützt werden (»Imitability«) und nicht substituierbar sein. Wir diskutieren zunächst Gestaltungsbereiche im strategischen Management, die sich unmittelbar auf die Imitierbarkeit auswirken, bevor wir im Anschluss das Kriterium der Nicht-Substituierbarkeit behandeln. Im Hinblick auf die Nicht-Imitierbarkeit lässt sich Folgendes festhalten: Je besser bestimmte Ressourcenkombinationen gegen Imitation geschützt sind und je teurer eine mögliche Imitation für den Wettbewerber ist, desto höher ist ihr Potenzial, nachhaltige Wettbewerbsvorteile aufzubauen und überdurchschnittliche Renditen zu erzielen. Betrachtet man Abbildung 2.13, so zeigt sich, dass die finanzielle Ausstattung, ein Maschinenpark oder Skalenvorteile wesentlich leichter zu imitieren sind als Patente, einzigartige Ressourcen (z. B. Besitz einer Hotelimmobilie am Pariser Platz in Berlin) oder eine vorhandene Markenloyalität. Die Gefahr der Imitierbarkeit hängt

laut Barney (1991, S. 107–111; 2011, S. 130–133) zudem von mindestens drei übergeordneten Faktoren ab:

- Historische Entwicklung und Pfadabhängigkeit: Erstens entwickeln sich Ressourcenkombinationen immer in Abhängigkeit von sog. »unique historical conditions« in der jeweiligen Unternehmensgeschichte. Ein Unternehmen kann bspw. einen nachhaltigen Wettbewerbsvorteil aufbauen, wenn es als erste Firma ein Produkt oder Geschäftsmodell auf den Markt bringt. So lassen sich sog. »first-mover-advantages« abschöpfen. Historische Gegebenheiten sind außerdem stets einzigartig und führen in Unternehmen zu einer sog. »Pfadabhängigkeit« (»path dependency«), die nicht imitierbar ist. Diese kann sich darin äußern, dass in der Vergangenheit getroffene Entscheidungen zu irreversiblen Sunk Costs führen, die das Unternehmen in seiner strategischen Flexibilität einschränken (z. B. Investitionen in einen neuen Maschinenpark). Andererseits kann Pfadabhängigkeit aber auch einen wirksamen Imitationsschutz darstellen, wenn bestimmte Entscheidungen der Vergangenheit heute dazu beitragen, einzigartige Ressourcenkombinationen hervorzubringen und Wettbewerbsvorteile aufzubauen. Beispiele dafür sind über lange Jahre hinweg erworbene Fähigkeiten von Mitarbeitern in Beratungsunternehmen, die zum Anbieten qualitativ hochwertiger Beratungsdienstleistungen erforderlich sind, oder der vergangene Erfolg bestimmter Produkte, der sich auch heute noch im Marketing kapitalisieren lässt (z. B. VW Käfer).
- Soziale Komplexität: Zweitens kann laut Barney (2011, S. 132) eine sog. soziale Komplexität (»social complexity«) dazu führen, dass die Imitation von Wettbewerbsvorteilen scheitert oder mit sehr hohen Kosten verbunden ist. Demnach führen Ressourcenpotenziale oft erst dann zu Wettbewerbsvorteilen, wenn deren Kombination eingebettet ist in die Kultur und soziale Struktur eines Unternehmens (»social embeddedness«). Wettbewerbsvorteile, die in solchen sozialen Strukturen begründet sind (z. B. innovative Unternehmenskultur oder Reputation und bestehende interpersonelle Beziehungen), können von Wettbewerbern nur schwer kopiert werden. Die soziale Komplexität ist unternehmensspezifisch und alleine deshalb schwer kopierbar.
- Kausale Ambiguität: Drittens erwächst ein Imitationsschutz auch durch Unklarheiten in den Kausalbeziehungen zwischen der Ressourcenbasis und den Wettbewerbsvorteilen. Für Barney (2011, S. 131) entsteht diese sog. »causal ambiguity« dadurch, dass Wettbewerbsvorteile stets auf mehreren Ressourcen bzw. deren Zusammenwirken beruhen. Oftmals sind es nicht nur einige wenige Ressourcen und strategische Fähigkeiten, aus denen sich am Ende ein Wettbewerbsvorteil ergibt. In der Praxis sind es oftmals sehr viele Attribute, die zusammengenommen erfolgsrelevant sind. Diese komplexen Ressourcenkombinationen können Wettbewerber nicht einfach imitieren, da sie nicht in der Lage sind, diese von außen einzuschätzen.

Im Hinblick auf das Kriterium der Nicht-Substituierbarkeit lässt sich Folgendes feststellen: Je weniger Produkte, Dienstleistungen oder Geschäftsmodelle existieren, die ein strategisches Äquivalent zu vorhandenen Ressourcenkombinationen und damit verbundenen Wettbewerbsvorteilen eines Unternehmens darstellen, desto nachhaltiger sind deren Ertragsaussichten. Gefahr durch Substitute droht aus mindestens zwei Richtungen. Konkurrenten können zum einen völlig neue Wege gehen, um Substitute am Markt anzubieten (z. B. substituiert Wikipedia das Geschäftsmodell der Brockhaus Enzyklopädien). Zum anderen droht insbesondere bei technischen Produkten und Dienstleistungen stets eine Erosion der Wettbewerbsposition durch technologischen Wandel (z. B. nimmt der Marktanteil der Streamingdienste in der Musikindustrie beständig zu und bedroht den Verkauf von CDs).

- Umsetzung in Organisation und Markt: Das letzte Kriterium zur Prüfung, ob es sich bei bestimmten Ressourcenkombinationen um Kernkompetenzen handelt oder nicht, bezieht sich auf deren erfolgreiche Umsetzung in der Organisation und am Markt (»Organized for Exploitation«). Nicht nur die Beherrschung von Kernkompetenzen ist notwendig, um langfristig wettbewerbsfähig zu bleiben, sondern auch die Fähigkeit, aus diesen Kompetenzen positive Rückflüsse am Markt zu erzielen. Aus einer ressourcenorientierten Sicht bedeutet dies, sicherzustellen, dass das Zusammenwirken von Strategie, Struktur und Kultur eines Unternehmens das Ausbeuten von Kernkompetenzen am Markt tatsächlich ermöglicht und nachhaltig fördert. Zahlreiche organisatorische Maßnahmen können in dieser Hinsicht relevant und erforderlich sein, um Kernkompetenzen auszubeuten, wie z. B. Organisationsstrukturen, Management-Überwachungssysteme oder Incentive-Strukturen. Es stellt sich insofern die Frage, ob ein Unternehmen auch in der Lage ist, die Strategien in der Praxis umzusetzen und tatsächlich ökonomische Erträge am Markt zu realisieren.

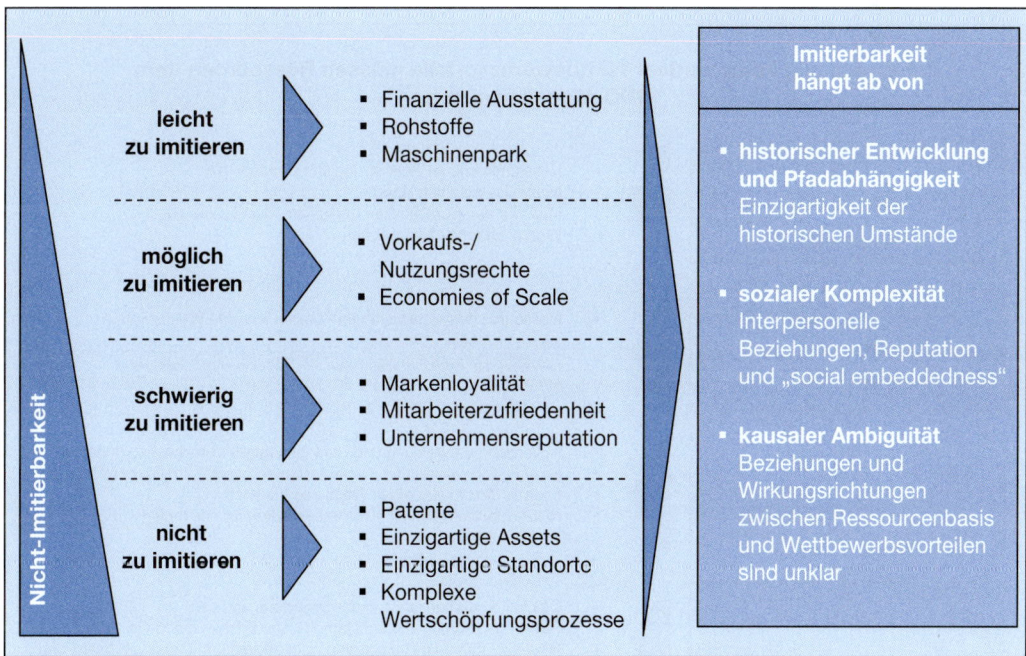

Abb. 2.13: Nicht-Imitierbarkeit von Ressourcen als Differenzierungspotenzial
(Quelle: Eigene Darstellung)

Zusammenfassend sprechen wir aus Sicht des Resource-based View also nur dann von Kernkompetenzen, wenn ein Unternehmen die Fähigkeit besitzt, vorhandene Ressourcen sinnvoll zu kombinieren, um strategische Ziele zu erreichen. Diese spezifische Ressourcenkombination muss strategisch wertvoll für den Kunden und selten sein. Zudem sollte sie nicht oder nur mit hohen Kosten imitierbar sowie nicht substituierbar sein. Schließlich muss ein Unternehmen so organisiert sein, dass es die Kernkompetenzen am Markt tatsächlich ausbeuten und ökonomische Renten erzielen kann.

Ein weiteres Kriterium, welches im Zuge der Abgrenzung von Kernkompetenzen diskutiert wird, ist die Fähigkeit eines Unternehmens zur Übertragbarkeit bestehender Kernkompetenzen auf andere Märkte. Während die externe Übertragung von Kernkompetenzen an Wettbewerber durch Imitation verhindert werden soll, ist eine interne Ausdehnbarkeit von Kernkompetenzen von einem Unternehmensbereich in einen anderen durchaus wünschenswert. Dies bedeutet, dass Unternehmen vor allem dann Kernkompetenzen aufweisen, wenn sie mit bestimmten Fähigkeiten in verschiedenen Geschäftsfeldern und auf unterschiedlichen Märkten erfolgreich agieren können.

In der angelsächsischen Literatur wird die Frage, ob bestimmte strategische Fähigkeiten eine Kernkompetenz darstellen, oftmals anhand der sog. VRIO-Methode überprüft (▶ Abb. 2.14). Diese Methode fasst die oben diskutierten Kriterien zur Ermittlung von Kernkompetenzen zusammen und ermöglicht es Führungskräften, eine strukturierte Analyse ihrer internen Ressourcenpotenziale vorzunehmen. VRIO steht dabei für die Anfangsbuchstaben der vier Eigenschaften von Kernkompetenzen: »**V**alue«, »**R**arity«, »**I**mitability« und »**O**rganized for Exploitation«.

Abb. 2.14: Die VRIO-Methode zur Ermittlung von Kernkompetenzen
(Quelle: Eigene Darstellung)

3 Segmentierung und strategische Analyse

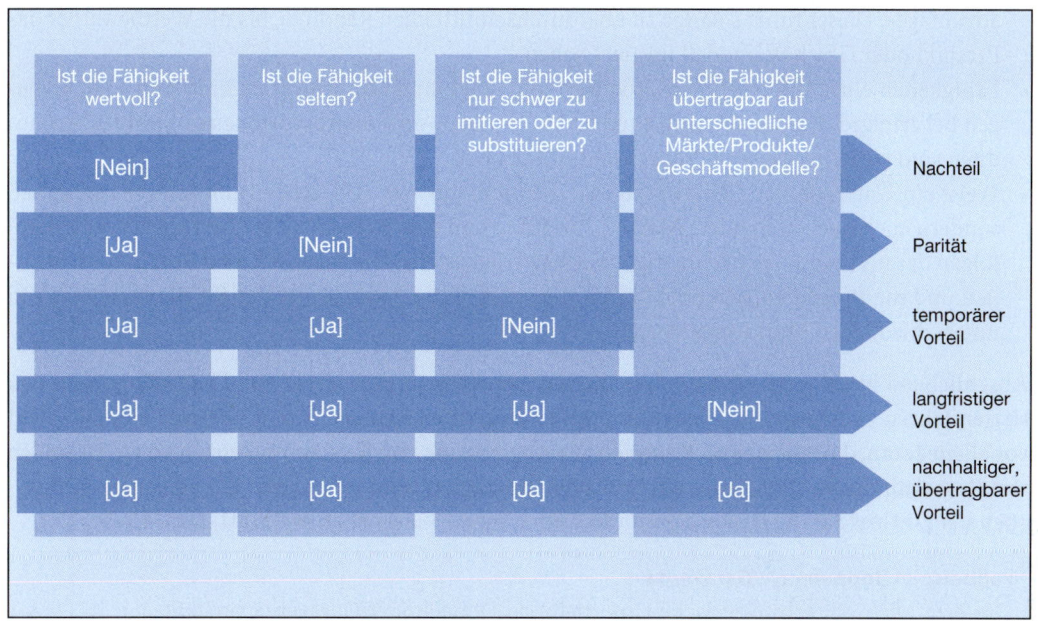

Abb. 2.15: Anwendung der VRIO-Methode zur Ermittlung von Wettbewerbsvorteilen
(Quelle: Darstellung nach Bailom/Matzler/Tschemernjak (2013, S. 151) und Barney (2011, S. 136))

Auf Basis der Kernkompetenzenanalyse ermöglicht die VRIO-Methode es auch, eine Aussage darüber zu treffen, welche Art von Wettbewerbsvorteil ein Unternehmen mit seinen vorhandenen Fähigkeiten zur Kombination von Ressourcen erzielen kann. Je nachdem, welche Kriterien im Hinblick auf Kernkompetenzen erfüllt sind, besteht eine unterschiedliche Wettbewerbssituation. Abbildung 2.15 gibt einen Überblick über die zu erwartenden ökonomischen Renditen in den jeweiligen Wettbewerbssituationen, je nachdem, ob bestimmte Ressourcenkombinationen wertvoll, selten, schwer imitierbar und substituierbar sind und ob ein Unternehmen diese Fähigkeiten auch ausbeuten und auf unterschiedliche Märkte, Produkte oder Geschäftsmodelle übertragen kann (siehe dazu Barney 2011, S. 136–137):

- Sind bestimmte Fähigkeiten aus Sicht des Kunden nicht wertvoll, dann wird ein Unternehmen auch nicht in der Lage dazu sein, Marktchancen aktiv zu nutzen und Umweltrisiken zu neutralisieren. Es wird einen Wettbewerbsnachteil im Vergleich zur Konkurrenz aufweisen. Die Renditen liegen typischerweise unter dem Branchendurchschnitt.
- Ist eine bestimmte Fähigkeit wertvoll, aber nicht selten aus Sicht der Kunden, dann ergibt sich eine Parität hinsichtlich der Wettbewerbssituation am Markt. Unternehmen, die solche Ressourcenkombinationen am Markt umsetzen, werden lediglich dazu in der Lage sein, branchenübliche Renditen zu erzielen.
- Aus Fähigkeiten, die wertvoll und selten, aber nicht schwer zu imitieren sind, resultieren typischerweise temporäre Wettbewerbsvorteile und kurzzeitig überdurchschnittliche Renditen. Unternehmen, die diese Fähigkeiten am Markt umsetzen können, haben zumeist einen »first-mover-

advantage«. Dieser führt solange zu überdurchschnittlichen Renditen, bis die Wettbewerber das Produkt oder Geschäftsmodell imitiert haben.
- Fähigkeiten eines Unternehmens, die wertvoll, selten und nur schwer zu imitieren sind, erzeugen bei erfolgreicher Umsetzung zumeist langfristige Wettbewerbsvorteile am Markt. Die Renditen sind typischerweise überdurchschnittlich hoch.
- Weist ein Unternehmen Fähigkeiten auf, die nicht nur wertvoll, selten, und schwer imitierbar, sondern auch noch auf andere Märkte, Produkte und Geschäftsmodelle übertragbar sind, dann folgen daraus besonders nachhaltige Wettbewerbsvorteile. Die Renditen sind überdurchschnittlich und multiplizieren sich noch durch die erfolgreiche Ausbeutung der Kernkompetenzen in unterschiedlichen Marktumfeldern.

Abschließend bleibt anzumerken, dass die kompetenzbasierte Analyse von Unternehmen in den letzten Jahren zunehmend an Bedeutung im strategischen Management gewonnen hat. Dies liegt vor allem daran, dass die obigen Kriterien zur Abgrenzung von Kernkompetenzen an vielen Stellen von Prahalad/Hamel (1990) und Barney (1991) propagiert werden und die Autoren einen weit reichenden Einfluss auf die Diskussion im Resource-based View haben (▶ Teil II, Kap. 4.2.1).

> **Fallbeispiel Doppelmayr/Garaventa**
> Das österreichisch-schweizerische Unternehmen Doppelmayr/Garaventa versteht sich als Qualitäts-, Technologie- und Marktführer im Seilbahnbau und betreibt Produktionsstandorte und Serviceniederlassungen in mehr als 35 Ländern. Bis heute hat das Unternehmen über 14.700 Seilbahnsysteme für Kunden in mehr als 90 Ländern entwickelt und gebaut (Stand 2017). Doppelmayr/Garaventa besitzt eine Kernkompetenz im Bereich der Lösung komplexer Transportprobleme unter schwierigen Umweltbedingungen. Durch die Fähigkeit, effiziente, sichere und benutzerfreundliche Transportlösungen zu schaffen, generiert Doppelmayr/Garaventa Wert (**Value**) für seine Kunden. Diese Fähigkeit, die daraus resultierende Reputation des Unternehmens und die zahlreichen Innovationen sind selten (**Rarity**) und nur schwer vom Wettbewerb imitierbar (**Imitability**). Zudem gelingt es dem Unternehmen, ökonomische Erträge aus seinen Aktivitäten zu generieren (**Organized for Exploitation**). Das Unternehmen ist Weltmarktführer mit einem Marktanteil von 60 % und erzielte im Jahr 2016 einen Umsatz von 834 Millionen €.
>
> Doppelmayr/Garaventa nutzt seine Kernkompetenz insbesondere beim Anlagenbau in Sommer- und Wintertourismusgebieten. Zunehmend gelingt es dem Unternehmen, seine Fähigkeit zur Lösung komplexer Transportprobleme unter schwierigen Umweltbedingungen erfolgreich auf andere Märkte zu übertragen und so nachhaltige Wettbewerbsvorteile zu generieren. Seit Jahren verfolgt man erfolgreich die Strategie, Seilbahnen als Verkehrsmittel im städtischen Personenverkehr zu positionieren oder mittels Seilbahntechnik Beförderungsprobleme in Industrie- und Bergbauunternehmen zu lösen. Hier lässt sich beispielhaft auf das größte Stadt-Seilbahn-Netz der Welt in Boliviens Metropole La Paz verweisen. 2014 begann das Unternehmen La Paz mit einem Netz aus 1.400 Seilbahnkabinen – die den Gondeln alpenländischer Ski-Seilbahnen sehr ähnlich sind – zu überspannen. Diese als städtisches Transportmittel genutzte Seilbahn verbindet die am Hang gelegenen Stadtteile mit dem im Tal liegenden Stadtzentrum. Da an den Hängen vor allem ärmere Viertel zu finden sind, hat die Seilbahn auch eine soziale Funktion, indem die ärmere Bevölkerung günstiger und schneller Zugang zum Stadtzentrum bekommt.

Schritt 2: Vergleich und Bewertung der strategischen Potenziale

Der zweite Schritt im Prozess der internen Unternehmensanalyse besteht in der Bewertung der strategischen Potenziale. Es geht um die schlüssige Beantwortung der Frage, ob die ermittelten Potenziale und Fähigkeiten in einer strategischen Entscheidungssituation als Stärke oder als Schwäche anzusehen sind. Im Gegensatz zur Kernkompetenzanalyse geben die o. g. funktionsbezogene sowie die wertorientierte Analyse darüber noch zu wenig Aufschluss. Da die Unternehmenssituation nicht isoliert von ihrer relevanten Umwelt beurteilt werden kann, sind die betrieblichen Potenziale entsprechend zu relativieren. In der Praxis könnte eine Einstufung der strategischen Potenziale eines Unternehmens z. B. anhand folgender Kriterien vorgenommen werden:

- Vergleich mit der historischen Entwicklung des Unternehmens,
- Vergleich mit anderen Phasen des Produktlebenszyklus,
- Vergleich mit den Wettbewerbern innerhalb der Branche sowie
- branchenübergreifender Vergleich (z. B. durch Benchmarking).

Schritt 3: Erstellung des Stärken/Schwächenprofils

Im dritten Schritt der Analyse der Unternehmenssituation kann auf Basis der funktionsbezogenen und wertorientierten Analyse zum einen sowie der Kernkompetenzenanalyse zum anderen ein Stärken/Schwächenprofil erstellt werden. Obwohl keine objektiven Vergleichsmaßstäbe existieren, vermag ein Stärken/Schwächenprofil die Unternehmensanalyse zu versachlichen und damit die Annahmen der Analyse transparent zu machen. Als Datengrundlage kann ein Punkt- oder Nutzwert-Modell herangezogen werden. Die ordinalskalierten Ausprägungen der einzelnen Merkmale bzw. Kriterien werden durch entsprechende Gewichtung in Punkt- bzw. Nutzwerte transformiert und durch Addition zu einem Gesamtwert aggregiert. Auf diese Weise erhält man ein Profil, das folgende Informationen umfasst (Welge/Al-Laham/Eulerich 2017, S. 417):

- Strategische Stärken, d. h. Faktoren, die einen Wettbewerbsvorteil des Unternehmens begründen und die Schlüsselkompetenzen darstellen, an denen die Strategien ansetzen.
- Strategische Schwächen, d. h. Bereiche, in denen das Unternehmen Mängel bei den Ressourcen und Fähigkeiten aufweist. Strategien sind auch zur Beseitigung der Schwächen zu formulieren.
- Basisanforderungen, d. h. Ressourcen und Potenziale, die sich weder durch hohe noch durch niedrige Ausprägungen auszeichnen. Diese Basisanforderungen sind durch Strategien so zu fördern, dass aus ihnen neue strategische Wettbewerbsvorteile gewonnen werden können.

Zur Verdeutlichung sei in Abbildung 2.16 ein exemplarisches Stärken/Schwächenprofil einer Geschäftseinheit dargestellt.

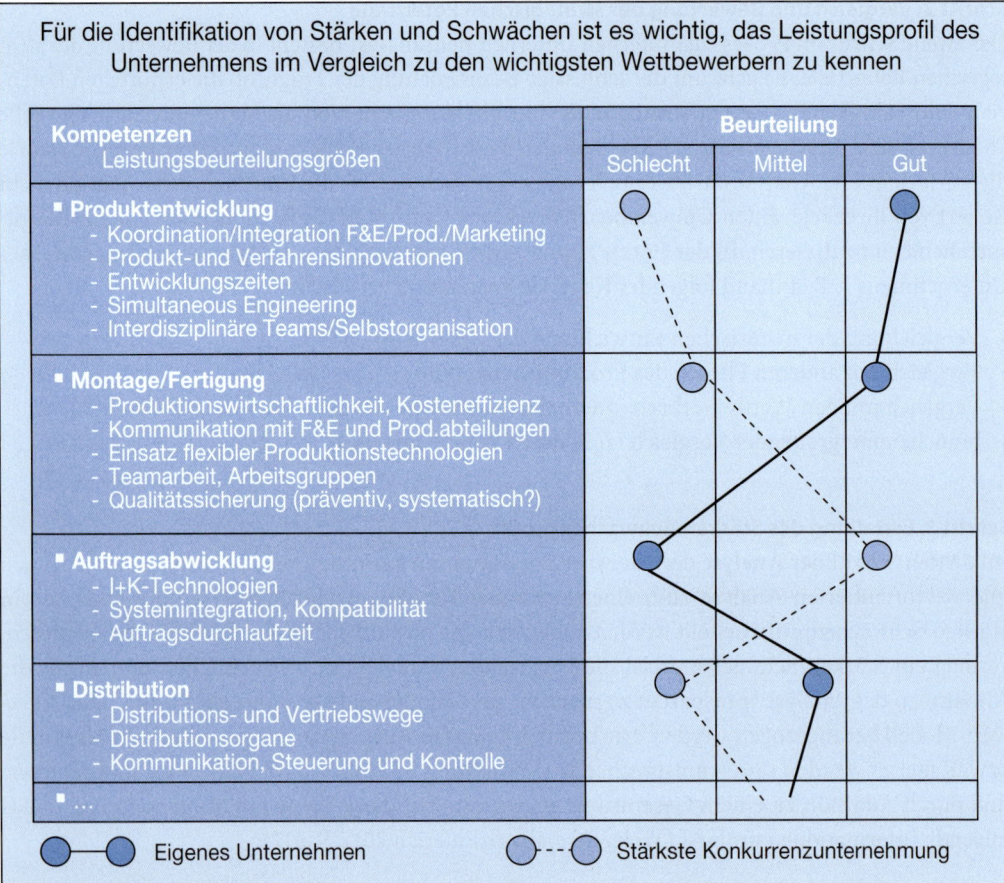

Abb. 2.16: Stärken/Schwächenprofil einer Geschäftseinheit
(Quelle: Eigene Darstellung in Anlehnung an Hinterhuber (2015, S. 145))

Das Herausarbeiten von Stärken/Schwächenprofilen sowie der Kernkompetenzen bietet Unternehmen eine Entscheidungsbasis zur Ableitung erfolgreicher Strategien und zeigt, welche Optionen es im Markt gibt, Wettbewerbsvorteile aufzubauen. Wichtig ist zu erkennen, dass die eigentlichen Quellen zukünftiger Wettbewerbsvorteile in den Fähigkeiten eines Unternehmens liegen, Kernkompetenzen zu generieren. Diese entstehen aber oftmals nur aus langfristigen, organisationalen Lernprozessen innerhalb des gesamten Unternehmens. Dies erfordert nicht selten die Abkehr von einer stark hierarchischen Organisation und das Einführen von SGE-übergreifenden Lernprozessen. Wettbewerbsvorteile entstehen vor allem dann, wenn Unternehmen die Kundenbedürfnisse im Blick haben und innerhalb ihrer Organisation auf horizontaler Ebene gut zusammenarbeiten.

3.2.3 Analyse der Umwelt

Die Ausrichtung eines Unternehmens auf seine spezifischen Umweltbedingungen ist ein konstitutives Merkmal des strategischen Managements. Informationen über die relevanten Umweltbedingungen und deren Veränderungen bilden gewissermaßen den »Rohstoff« für strategische Entscheidungen. Die Verknüpfung des Unternehmens mit seiner Umwelt beziehen viele Autoren bereits in die Definition des strategischen Managements mit ein. In der amerikanischen Literatur wird die Übereinstimmung der Unternehmensstrategie mit den Umweltbedingungen als erforderlicher »Fit« bezeichnet (Bourgeois 1986, S. 377). Aufgabe der Umweltanalyse ist es daher, entscheidungsrelevante Informationen über die unternehmerische Umwelt zu liefern, um Strategie, Struktur, Systeme und Unternehmenskultur so aufeinander abzustimmen, dass den Herausforderungen der Märkte sowie gesellschaftlichen Ansprüchen an das Unternehmen bestmöglich begegnet werden kann. Dabei sieht sich ein Unternehmen mit seinen jeweils verschiedenen strategischen Geschäftseinheiten unterschiedlichen »Umwelten« und nicht einer einheitlichen Umwelt gegenüber. Diese spezifischen Umweltsegmente beinhalten auch jeweils eigene Bedrohungen und Chancen.

Umweltbedingungen sind Gegenstand einer vergangenheits- und gegenwartsorientierten Analyse sowie einer zukunftsgerichteten Prognose. Welche speziellen Umweltbedingungen im Einzelfall als relevant anzusehen und genauer zu analysieren sind, ist von einer Vielzahl von Einflussgrößen (z. B. Branche, Unternehmensgröße, Konjunkturlage) abhängig. Allgemein lässt sich die Forderung aufstellen, dass die Umweltanalyse den Zweck verfolgen muss, die Erfolgsfaktoren des Unternehmens zu identifizieren, um die von außen kommenden Chancen und Risiken zu erkennen. In Anlehnung an Andrews (1971, S. 57–60) und Johnson et al. (2014, S. 34–37) können dazu folgende Fragen dienen:

- Unter welchen gesetzlichen, wirtschaftlichen, technischen, politischen und soziokulturellen Bedingungen operiert das Unternehmen im nationalen und internationalen Wettbewerb?
- Welche Trendentwicklungen zeichnen sich ab?
- Welche Wettbewerbsstruktur und dynamik herrscht innerhalb der eigenen Branche und in anderen Industrien vor?
- Welche Anstrengungen sind erforderlich, um bei der gegebenen Konkurrenzsituation erfolgreich zu sein?
- Welches Spektrum an Strategien ergibt sich unter Berücksichtigung der unternehmerischen Vision angesichts der gesetzlichen, wirtschaftlichen, technischen, politischen und soziokulturellen Entwicklungstendenzen?

Abbildung 2.17 vermittelt einen Überblick über diejenigen externen Umweltbedingungen, die für das strategische Management von Bedeutung sind. Allerdings können bei dieser Darstellungsform nicht die bestehenden Interdependenzen zwischen den Umweltbedingungen aufgezeigt werden. Im konkreten Einzelfall ist es aber notwendig, diese Zusammenhänge zu berücksichtigen. So beeinflussen bspw. gesetzliche Auflagen ebenso den technologischen Sektor, wie auch umgekehrt technologische Veränderungen auf die Gesetzgebung einwirken.

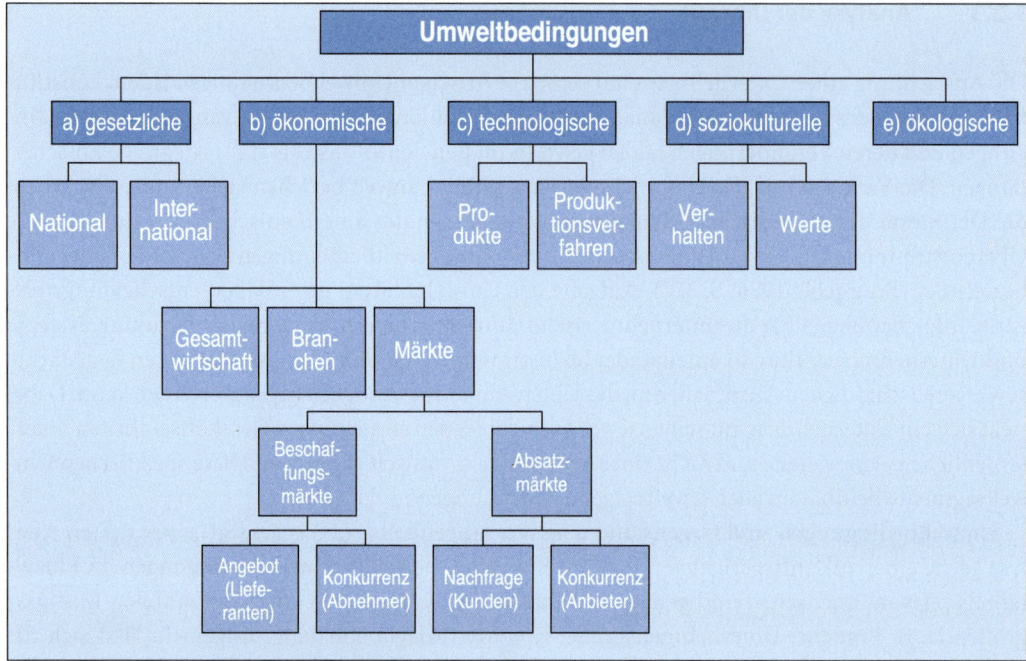

Abb. 2.17: Arten von Umweltbedingungen
(Quelle: Eigene Darstellung)

(a) Gesetzliche Umweltbedingungen

Unter gesetzlichen Umweltbedingungen sind solche Bedingungen zu verstehen, die durch Aktivitäten des Staates und der Körperschaften mit Gesetzgebungshoheit vorgegeben werden und damit für das Unternehmen bindend sind. In erster Linie ist dies die nationale Gesetzgebung. An erheblicher Bedeutung hat inzwischen auch die internationale und supranationale Gesetzgebung gewonnen (z. B. in der Europäischen Union), die um eine Angleichung und Harmonisierung der unterschiedlichen nationalen Gesetzgebungen bemüht ist und an der sich eine derart exportintensive Wirtschaft wie diejenige der Bundesrepublik Deutschland in vielfältiger Weise orientieren muss.

Bezogen auf das einzelne Unternehmen lassen sich die gesetzlichen Umweltbedingungen danach unterscheiden, ob sie mehr den internen Bereich des Unternehmens regulieren oder aber stärker auf die externen Beziehungen des Unternehmens einwirken. Interne Auswirkungen haben z. B. die gesetzlichen Regelungen

- des Gesellschaftsrechts,
- der Unternehmensverfassung,
- des Arbeits- und Tarifvertragsrechts,
- der Betriebsverfassung sowie
- die technischen Sicherheits- und Prüfvorschriften aller Art.

Die Beziehungen des Unternehmens nach außen beeinflussen insbesondere Gesetze und Verordnungen über

- die Finanz- und Währungspolitik,
- die Wirtschafts-, Wettbewerbs- und Konjunkturpolitik,
- die Außenhandelsgesetzgebung,
- die Patentschutzgesetzgebung,
- die Steuergesetzgebung sowie
- die Umweltschutzgesetzgebung.

Bei einigen Normen, z. B. bei der Gesundheits- und Sozialgesetzgebung, ist sowohl eine Auswirkung auf das Innenverhältnis als auch auf das Außenverhältnis des Unternehmens festzustellen. Die Gesetzgebung steckt einen Rahmen ab, den das strategische Management als Restriktion berücksichtigen muss. Es wird i. d. R. keine Ausweichmöglichkeiten haben und sich den bestehenden Gesetzgebungsregelungen reaktiv anpassen müssen. Das Beispiel der Umweltschutzgesetzgebung zeigt jedoch, dass Unternehmen auch Chancen haben, den vorgegebenen gesetzlichen Rahmen proaktiv für ihre Strategieentwicklung auszunutzen, indem sie bspw. ökologiegerechte Innovationen (z. B. Elektroautos) auf den Markt bringen. Selbstverständlich lassen sich die genannten Faktoren je nach Bedarf noch weiter differenzieren. Sie können z. B. Informationen über die Außenhandelsgesetzgebung folgende Tatbestände betreffen:

- Zölle,
- gesetzliche Export- und Importrestriktionen,
- Freihandelszonen und
- Wirtschaftsgemeinschaften.

Im Bereich der Währungspolitik enthalten

- Regelungen der Währungsparitäten,
- währungspolitische Gesetze sowie
- Auslandskapitalbestimmungen (Erlasse über die gesetzliche Investitionsförderung im Ausland, die Kapitalliberalisierung und die Beteiligungshöchstgrenzen für ausländisches Kapital)

 u. U. wichtige Angaben.

(b) Ökonomische Umwelt

Unter ökonomischen Umweltbedingungen werden diejenigen Einflussfaktoren verstanden, die durch die gesamtwirtschaftliche Entwicklung (sowohl national als auch international), die Branche sowie die Bedingungen auf den Absatz- und Beschaffungsmärkten gekennzeichnet sind. Die Entscheidung über Breite und Tiefe der Analyse ökonomischer Umweltbedingungen wird beeinflusst durch die Art und Intensität der Abhängigkeit des Unternehmens von der als spezifisch wahrgenommenen Umwelt. Dies sei im Folgenden näher ausgeführt.

Gesamtwirtschaftliche Entwicklung

Die gesamtwirtschaftliche Entwicklung findet u. a. in folgenden Indikatoren ihren Niederschlag:

- Entwicklung des Bruttoinlandsprodukts (real und nominal),
- Entwicklung von Umfang und Struktur der Bevölkerung (Alterspyramide, Zahl der Haushalte, regionale Entwicklung),
- Entwicklung von Zahl und Struktur der Erwerbspersonen einschließlich deren regionaler Veränderung,
- Wachstumsraten z. B. der industriellen Produktion, unterteilt nach den für das Unternehmen wichtigen Industriezweigen,
- Einkommensentwicklung und -verwendung,
- Index der Lebenshaltungskosten,
- Entwicklung der Investitionen in den für das Unternehmen wichtigen Sektoren sowie
- Entwicklung des öffentlichen Sektors (Staatsausgaben, Steuern, Förderungsprogramme).

Die Analyse der gesamtwirtschaftlichen Daten erstreckt sich nicht nur auf das Inland. Sie umfasst darüber hinaus auch diejenigen Länder, die als Schlüsselländer der wirtschaftlichen Betätigung des Unternehmens angesehen werden. Im Grenzfall muss die gesamte weltwirtschaftliche Entwicklung analysiert werden.

Entwicklung der Branche

Unter der Branchenentwicklung sind alle Umweltfaktoren zu verstehen, welche die geschäftliche Situation des speziellen Wirtschaftszweiges (der Branche) beeinflussen. Diese Angaben dienen in erster Linie zum Vergleich der eigenen Unternehmensentwicklung mit der anderer Unternehmen im Sinne eines Benchmarking (▶ Teil III, Kap. 3.2). Es ist jedoch darauf hinzuweisen, dass die Branchenkennziffern jeweils nur eine durchschnittliche Angabe und damit lediglich eine erste Orientierungsgröße darstellen. Inhalte einer Branchenanalyse können bspw. der Gesamtumsatz der Branche, die Umsatzentwicklung nach einzelnen Produktgruppen sowie die Entwicklung verschiedener Produktivitätskennziffern sein. Ein Vergleich der gewonnenen Daten mit der Entwicklung anderer Geschäftszweige kann Anreizwirkungen für die strategischen Entscheidungen haben und möglicherweise Änderungen im Produkt- und Leistungsportfolio des Unternehmens bewirken.

Im Sinne einer erforderlichen Verknüpfung von Umweltdaten und strategischen Entscheidungen kann auch hier eine stellenweise vertiefte Analyse der Zusammenhänge notwendig sein. Ziel solcher Detailanalysen ist es, Aufschlüsse über vorhandene Konzentrations- oder Diversifikationstendenzen, über Kooperationsbestrebungen sowie über Veränderungen der Größenstruktur und der Anzahl der Wettbewerber zu gewinnen. Aufbauend auf den Erkenntnissen der Industrieökonomik hat Porter ein Modell zur Strukturanalyse von Branchen entwickelt. Ziel dieser sog. Branchenstrukturanalyse ist es, das Gewinnpotenzial einer Branche in Abhängigkeit von der Wettbewerbssituation einzuschätzen (▶ Teil III, Kap. 3.3).

Analyse der Bedingungen auf den Absatz- und Beschaffungsmärkten
Bei der Analyse der Marktbedingungen ist zwischen den Absatz- und den Beschaffungsmärkten zu unterscheiden. Die Analyse der Absatzmärkte umfasst die Analyse der Nachfrage und der Konkurrenzsituation. Die Untersuchung der Nachfrage setzt eine Segmentierung des Gesamtmarktes nach Abnehmergruppen, regionalen Gesichtspunkten, Absatzwegen oder Kundenclustern voraus. Benötigt werden bspw. Informationen über

- das Marktvolumen (Marktpotenzial),
- das Marktwachstum,
- die Marktanteile sowie
- über die Preis- und Ertragsbedingungen.

Die Segmentierung des Untersuchungsobjektes »Markt« ist dabei so weit voranzutreiben, dass konkrete Entscheidungen über Produkte und Dienstleistungen sowie Geschäftsmodelle getroffen werden können. Voraussetzung für die Marktanalyse ist zudem eine klare Abgrenzung des relevanten Marktes. Wie bereits im Rahmen der Bestimmung strategischer Geschäftsfelder diskutiert wurde (▶ Teil II, Kap. 3.1.2), ist diese Abgrenzung nicht trivial und hat entscheidenden Einfluss auf den zukünftigen Erfolg bzw. Misserfolg eines Unternehmens.

Die Analyse der Konkurrenzsituation auf den Absatzmärkten bezieht sich auf den wichtigsten aktuellen und potenziellen neuen Wettbewerber. Gegenstand dieser Analyse ist bspw. die Beschaffung von Informationen über

- die Umsätze im In- und Ausland,
- die Anzahl der jeweils Beschäftigten,
- die Kapazitäten,
- die Marktanteile,
- die Programmtiefe und breite,
- spezifische Produkteigenschaften,
- die jeweiligen Standortvorteile sowie
- die geplanten Strategien.

Während die Absatzmarktsituation alle Lieferungen und Leistungen des Unternehmens nach außen umfasst, ist bei der Analyse der Beschaffungsmärkte die umgekehrte Richtung zu verfolgen. Die wichtigsten Beschaffungsmärkte für ein Unternehmen sind

- die Rohstoffmärkte,
- der Arbeitsmarkt,
- die Märkte für den Bezug von Hilfsstoffen, Fertigungsmaterial und Halbfabrikaten,
- der Investitionsgütermarkt,
- der Kapitalmarkt sowie
- die Energiebezugsquellen.

Insbesondere bei den Rohstoff- und Energiemärkten haben sich in den letzten Jahren einschneidende Veränderungen ergeben. Teilweise gravierende Verknappungserscheinungen führten zu beträchtlichen Preiserhöhungen. Die Situation auf diesen Beschaffungsmärkten ist deshalb auch stets unter dem Gesichtspunkt möglicher Substitutionsgüter zu untersuchen. Gegenstand einer Analyse der Beschaffungsmärkte und ihrer Entwicklung sind u. a.

- Menge und Qualität der Bezugsgüter,
- deren Verfügbarkeit unter dem Gesichtspunkt der technologischen Entwicklung,
- die Preis- und Bezugsbedingungen,
- vorhandene oder künftige Lieferrisiken sowie
- die bisherigen und potenziellen Lieferanten.

(c) Technologische Umwelt

Analysen der technologischen Umweltbedingungen sind in erster Linie für Industrieunternehmen von Bedeutung, die einem starken technologischen Wandel unterliegen; sie haben aber auch eine zunehmend große Bedeutung für Dienstleistungsunternehmen, die von der Digitalisierung betroffen sind. Gegenstand der technologischen Umweltanalyse dieser Unternehmen ist der »Stand der Technik« als die Gesamtheit des technologischen Wissens über Produkte und Produktionsverfahren, die bereits bekannt oder noch in der Entwicklung befindlich sind. Bei Produkttechnologien wird zwischen Basisinnovationen und Verbesserungsinnovationen unterschieden. Gegenstand der Analysen können die Lebensdauer der Produkte, die Zeit zwischen der Erfindung (Invention) und ihrer Markteinführung (Innovation) sowie die sog. Innovationsschübe sein.

(d) Soziokulturelle Umwelt

Neben den oben genannten Gebieten sind im Rahmen der strategischen Analyse auch soziokulturelle Entwicklungen zu beobachten und zu bewerten. Als soziokulturelle Umweltbedingungen gelten diejenigen Einflussfaktoren, die aus der gesellschaftlichen Umgebung im weiteren Sinne auf das Unternehmen einwirken. Beispiele dafür sind:

- Veränderungen des Freizeitverhaltens und des Freizeitkonsums,
- Veränderung kultureller Normen,
- Veränderungen im Anspruchsniveau der Mitarbeiter,
- Veränderungen in der Arbeitseinstellung sowie
- Änderungen im politischen Verhalten.

Soziokulturelle Veränderungen spielen dabei nicht nur auf nationaler, sondern vor allem auf internationaler Ebene eine große Rolle. Interkulturelle Unterschiede bedingen so bspw. oftmals die Notwendigkeit, Produkte an lokale Bedingungen anzupassen, oder sie erfordern Unterschiede bei der strategischen Führung von Mitarbeitern.

(e) Ökologische Umwelt

Obwohl die fortschreitende Zerstörung der natürlichen Lebensgrundlagen bereits in den 1960er Jahren erkannt und in Aufsehen erregenden Veröffentlichungen beschrieben wurde, zeichnet sich eine systematische Beschäftigung mit den Problemen der ökologischen Umwelt und insbesondere der Umweltverschmutzung erst seit Ende der 1980er Jahre ab. Die ökologischen Bedingungen des wirtschaftlichen Handelns sind für das strategische Management in doppelter Hinsicht bedeutungsvoll. Erstens muss sich die Unternehmensleitung bei ihren Entscheidungen an den bestehenden Normen des Umweltrechts orientieren (reaktiv-passive Anpassung). Die ökologische Umwelt bietet zweitens aber auch Chancen eigener geschäftlicher Betätigung, z. B. durch die Entwicklung von Produkten und Produktionsverfahren zum verbesserten Schutz der Umwelt (aktiver Umweltschutz).

Beide Überlegungen lassen es zwingend erscheinen, die Entwicklung der natürlichen Lebensgrundlagen sorgfältig und permanent zu beobachten. Das primäre Ziel dieser Analyse ist es, den Einsatz von Rohstoffen und Energien ökologisch sinnvoll und Kosten sparend zu senken und die Produktion von Gütern und Dienstleistungen möglichst umweltschonend zu gestalten. Zu untersuchen sind vor allem diejenigen Belastungen von Luft, Boden und Gewässern, die durch die eigene betriebliche Tätigkeit hervorgerufen werden.

3.2.4 Strategische Prognose und Frühaufklärung

Die Informationen der strategischen Analyse beziehen sich im Wesentlichen auf die unmittelbare Vergangenheit und Gegenwart des Unternehmens. Im Rahmen des strategischen Managements wird aber häufig auch versucht, künftige Entwicklungen und Trends zu antizipieren. Um einmal erlangte Wettbewerbsvorteile nachhaltig gegenüber der Konkurrenz zu verteidigen, müssen sich die Anstrengungen der Unternehmen darauf konzentrieren, neue Wettbewerbsvorteile rascher als die Wettbewerber zu erarbeiten. Voraussetzung hierfür ist es, schneller und besser als die Konkurrenz die künftige Struktur der Märkte sowie das Verhalten der Stakeholder zu prognostizieren. Die Deckung dieses Prognosebedarfs gelingt nur dann, wenn ergänzend auch Planung und Strategieentwicklung prognosegerecht ausgestaltet werden (Reiß 1989, S. 1631–1632). Prognosen sind insofern wichtige Bestandteile nahezu aller Pläne.

Zumeist werden Prognosen als Wahrscheinlichkeitsaussagen über zukünftige Ereignisse definiert. Sie beruhen auf Beobachtungen der Vergangenheit und einem bestimmten theoretischen Verständnis zur Erklärung dieser Beobachtungen. Auf dieser Basis gilt es dann, Vermutungen, Annahmen und Erklärungsmuster für zukünftige Entwicklungen abzuleiten (Bea/Haas 2016, S. 297–298). In der Praxis nutzen Unternehmen Prognosen sehr häufig im Rahmen des strategischen Managements. Dennoch dürfen Prognosen nicht überbewertet werden; sie stellen im engeren Sinne lediglich zukunftsbezogene Bedingungs- und Wirkungsaussagen dar, die wiederum jeweils unterschiedliche Prognoseprobleme aufwerfen. Zudem sind mit Prognosen zahlreiche methodische Schwierigkeiten verknüpft, auf die wir im Folgenden noch eingehen (▶ Teil II, Kap. 3.2.5).

Prognosen sind für alle Planungsfelder zu erstellen, die auch im Rahmen der unternehmensinternen und externen strategischen Analyse untersucht werden. Ein Schwergewicht liegt oftmals auf der Prognose möglicher Marktentwicklung, da dem Marketingplan in strategischer Hinsicht eine besondere Bedeutung zukommt. Aber auch die strategische Relevanz der technologie- sowie der ökologieorientierten Bedingungsrahmen erfordert eine spezielle Frühaufklärung, die sich auf deren Besonderheiten konzentriert.

Neben Prognosen finden sich in der Praxis häufig auch Frühaufklärungs- bzw. Früherkennungssysteme, die eine Reaktion auf die Zunahme nicht-prognostizierbarer Ereignisse und Überraschungen (sog. Diskontinuitäten) sind. Diese Methoden sind spezielle Formen von Informationssystemen zur Bewältigung der Unbestimmtheit und großen Menge an Informationen (Bea/Haas 2016; Müller-Stewens/Lechner 2016; Müller/Müller-Stewens 2009). Ihr Ziel ist es, möglichst frühzeitig auf bestimmte Veränderungen im Unternehmen sowie in der Umwelt aufmerksam zu machen, entsprechende Tiefenanalysen auszulösen und relevante Erkenntnisse über Chancen und Gefahren an die Führungskräfte zu übermitteln. Vielfach lassen sich Umweltveränderungen ex ante nicht als eindeutig positiv oder negativ einstufen. Eine Bewertung ist deshalb erst durch eine »Spiegelung« am Kompetenzprofil des gesamten Unternehmens möglich.

Während die gesamtwirtschaftlich ausgerichtete Prognose- und Frühaufklärung eine relativ lange Tradition aufweist, sind einzelwirtschaftliche Ansätze erst im Zuge entscheidender Veränderungen der wirtschaftlichen Rahmenbedingungen in den 1970er Jahren entwickelt worden. Als Ausgangspunkt für die Entwicklung von modernen Frühaufklärungssystemen gilt insbesondere das Ansoffsche Konzept der »Strategic Issue Analysis«. Kern dieses Konzepts ist die Annahme, dass Diskontinuitäten sich bereits in einem Frühstadium durch sog. »schwache Signale« (»weak signals«) ankündigen. Ansoff (1975; 1976) stellt daher die Forderung auf, ein Unternehmen solle bereits beim Empfang dieser schwachen Signale über strategische Handlungsalternativen nachdenken und nicht erst dann, wenn z. B. Bedrohungen über das Unternehmen hereinbrechen.[7]

Die »Strategic Issue Analysis« geht von der Annahme aus, dass grundsätzlich kein Ereignis plötzlich eintritt, ohne sich in irgendeiner Form anzukündigen. Diskontinuitäten und Marktentwicklungen haben stets Vorboten bzw. Vorläufer, die man als schwache Signale bezeichnet. Diese gilt es frühzeitig zu erfassen, da dann der strategische Handlungsspielraum eines Unternehmens noch am größten ist, sich aber im Zeitablauf weiter verringert (▶ Abb. 2.18). Schwache Signale sind typischerweise neue und rudimentäre Informationen, die sich oftmals erst im Zeitablauf zu logischen Mustern verdichten. Die strategischen Konsequenzen für ein Unternehmen sind zudem meist nicht genau quantifizierbar. Während in der operativen Prognoseplanung wohlstrukturierte und durchweg quantifizierbare Informationen (z. B. Auftragseingang) überwiegen, sind strategisch und langfristig relevante Informationen zumeist schlecht strukturiert und teils sogar widersprüchlich. Vor allem aber werden sie nicht selten völlig unterschiedlich von Entscheidungsträgern interpretiert. Aus diesem Grund werden schwache Signale auch oft ignoriert und es kommt nicht selten zu einer Dominanz der »Hard-Facts« im strategischen Management (Krystek/Müller-Stewens 2006, S. 176–180). Wie Wirtschaftskrisen in letzter Zeit aber immer wieder gezeigt haben, wäre gerade das Erkennen entscheidungsrelevanter schwacher Signale für die meisten Unternehmen von unschätzbarem Vorteil gewesen.

---

7   Zur strategischen Prognose und den verschiedenen Generationen von Frühaufklärungssystemen siehe z. B. Bea/Haas 2016, Gälweiler 2005, Hergert 2007 sowie Krystek/Müller-Stewens 2006. Der Ansatz der »Strategic Issue Analysis« ist in Ansoff 1975, 1976 sowie Kreikebaum 1989 dargestellt.

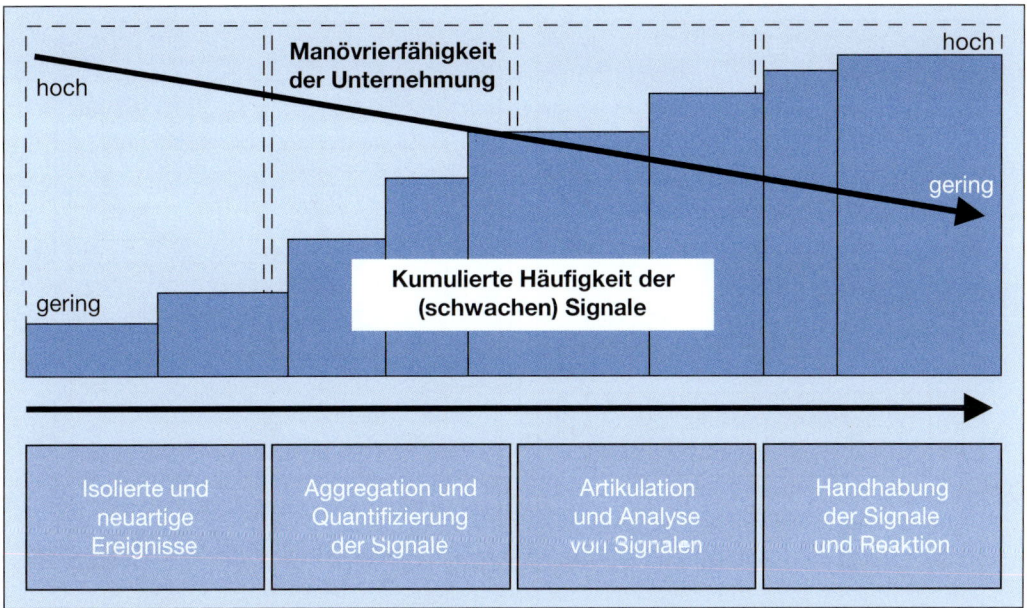

Abb. 2.18: Abnehmende Manövrierfähigkeit bei wachsender Häufung der schwachen Signale
(Quelle: Krystek/Müller-Stewens (2006, S. 179))

Die Aktivitäten im Rahmen der strategischen Prognose und Frühaufklärung lassen sich vor diesem Hintergrund in mindestens zwei Arten unterteilen, das sog. Scanning und das Monitoring. Beim Scanning tastet man die Umwelt relativ ungerichtet und offen ab. Es geht zunächst darum, schwache Signale zu identifizieren, die Hinweise auf zukünftige Diskontinuitäten geben könnten. Strategisch relevanten Signalen geht man anschließend im Zuge des Monitoring zielgerichtet und strukturiert nach. Streng genommen beginnt die Frühaufklärung also dort, wo die strategische Prognose endet (Müller-Stewens/Lechner 2016, S. 190).

Es ist ein Grundproblem des strategischen Managements, dass die Prognostizierbarkeit der Umweltentwicklungen in den letzten Jahren immer schwieriger geworden ist. Umso mehr erscheint es notwendig, auf diese Herausforderung mit dem Aufbau eines »strategischen Radars« zu reagieren (Wulf et al. 2011). Informationen aus dem in Abbildung 2.19 dargestellten Prozess der Frühaufklärung leisten dann einen Beitrag für den gesamten Prozess des strategischen Managements, denn

- sie führen zu einer Verbesserung der Qualität der strategischen Analyse und Prognose,
- sie unterstützen die Entwicklung von strategischen Zielen und Strategien,
- sie geben Hinweise auf mögliche Implementierungsbarrieren und
- sie unterstützen die strategische Kontrolle und Anpassung durch die Bereitstellung relevanter Erfolgsindikatoren.

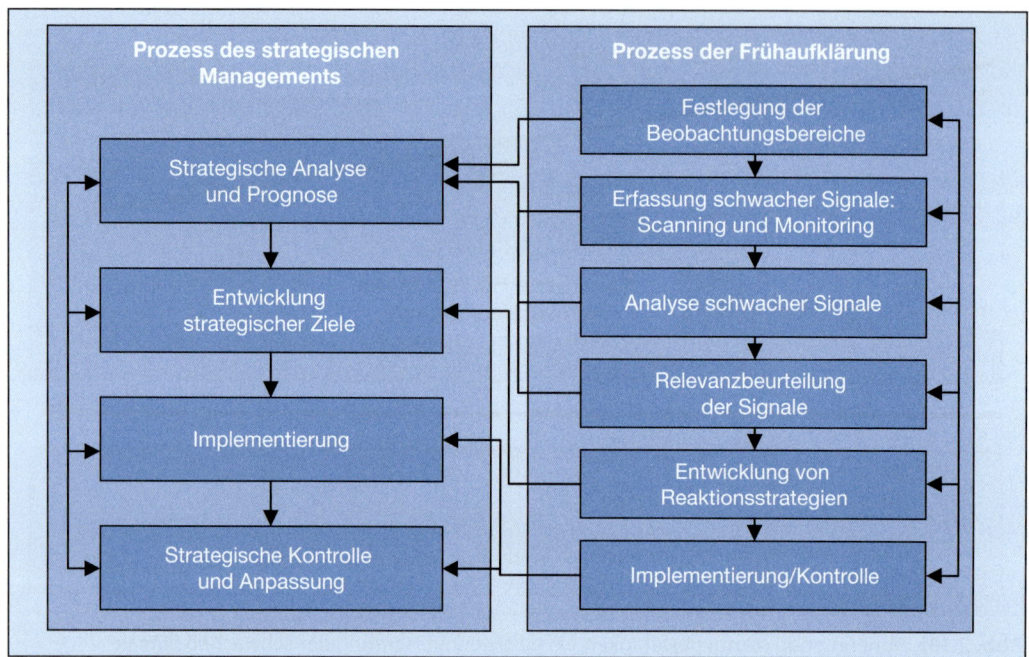

Abb. 2.19: Zusammenhang zwischen strategischer Frühaufklärung und strategischem Management
(Quelle: Hergert (2007, S. 33))

Unternehmen können zur strategischen Prognose und Frühaufklärung zahlreiche Instrumente wie bspw. die Szenarioanalyse, Delphi-Befragungen, Cross-Impact-Analysen oder Trend- und Zukunftsforschung nutzen. Im Rahmen des strategischen Managements sind solche Früherkennungssysteme in allen Bereichen des Unternehmens (z. B. im Marketing und Vertrieb, Produktions-, Finanz-, Risikomanagement oder Forschung und Entwicklung) zu implementieren. Die Mitarbeiter, Kunden und Lieferanten vor Ort können die schwachen Signale oftmals am besten wahrnehmen.

Einschränkend ist anzumerken, dass auch moderne und methodisch ausgefeilte Instrumente der strategischen Prognose und Frühaufklärung letztlich nur beschränkt verlässliche Informationen liefern können. Es liegt in der Natur der Sache und stellt ein wesentliches Grundproblem des strategischen Managements dar, dass die Zukunft nicht antizipierbar ist und es eine Zunahme von schwer zu prognostizierenden Entwicklungen gibt. Deshalb werden auch in Zukunft immer wieder schwache Signale nicht vom strategischen Radar erkannt und von Unternehmen übersehen werden. Im Rahmen des strategischen Managements gilt es deshalb abzuwägen, wie viele Ressourcen in die Prognose und strategische Frühaufklärung investiert werden und welchen Output diese Form der Analyse leistet. Aufwand und Ertrag der Frühaufklärung sind einander gegenüberzustellen mit dem Ziel, eine möglichst hohe Informationseffektivität und -effizienz zu erzielen (Krystek/Müller-Stewens 2006, S. 181; Müller-Stewens/Lechner 2016, S. 187–189). Diese Probleme im Rahmen der strategischen Prognose und Frühaufklärung geben bereits konkrete Hinweise auf die prinzipiellen Grenzen der strategischen Analyse, die im Folgenden diskutiert werden.

Zukünftige Trends und ihr Einfluss auf das strategische Management
Einige Beratungsunternehmen untersuchen regelmäßig aktuelle Trends im Hinblick auf die Veränderung strategierelevanter Umweltbedingungen. Die Kenntnis und Bewertung dieser Trends können im Rahmen der strategischen Prognose und Frühaufklärung dabei helfen, Bedrohungen für Unternehmen frühzeitig zu erkennen und Marktchancen in Zukunft besser zu nutzen.

In einer aktuellen Studie identifiziert das Beratungsunternehmen EY (Ernst and Young) (2016) acht Megatrends, die sich in den kommenden Jahren stark auf das strategische Management von Unternehmen auswirken werden. Diese Megatrends sind: die Disruption von Branchen, »smarte« Konnektivität, Wandel im Gesundheitswesen, Urbanisierung, Ressourceneffizienz, Wandel der Arbeitswelt, die Revolution der Verhaltensökonomie und die Ermächtigung der Kunden. Im Folgenden werden exemplarisch fünf dieser Trends und ihre Konsequenzen für das strategische Management näher beschrieben. Die Auswirkungen dieser Trends lassen sich in der Regel nicht eindeutig abgrenzen. Häufig stehen Trends miteinander in Beziehung und beeinflussen bzw. verstärken sich gegenseitig.

Disruption von Branchen
Wettbewerb findet in Zukunft vermehrt nicht mehr nur zwischen Unternehmen aus ein und derselben Branche statt, sondern auch branchenübergreifend zwischen Akteuren verschiedener Branchen. Disruption beschreibt dabei eine tief greifende Veränderung der grundlegenden und häufig über einen langen Zeitraum gewachsenen Eigenschaften und Spielregeln einer Branche, die vor allem mit technologischem Wandel in Verbindung gebracht wird. Neue und innovative Geschäftsmodelle, Produkte, Technologien oder Dienstleistungen lösen bestehende ab oder verdrängen diese vollständig. Ein aktuelles Beispiel, wie Technologie traditionelle Branchen verändern kann, liefert die Automobilindustrie. Traditionell standen in der Automobilbranche hinsichtlich der Entwicklung, Herstellung und des Verkaufs von Fahrzeugen lediglich einige wenige internationale Automobilhersteller miteinander im Wettbewerb. Während der Wert eines Fahrzeugs früher zu 90 % durch seine Hardware bestimmt wurde, basiert er heute zu mehr als 50 % auf der in einem Auto verarbeiteten Software. Technologieunternehmen wie Alphabet oder Apple und Softwareanbieter treten deshalb in den Wettbewerb um das Automobil ein. Wenn Personen- und Lastkraftwagen sowie andere Fahrzeuge zukünftig autonom fahren, könnten die Automobilindustrie, die Transport- und Logistikbranche sowie die Elektronikindustrie zu einer Mobilitätsbranche verschmelzen. Vor diesem Hintergrund gewinnen strategische Allianzen zwischen Unternehmen zunehmend an Bedeutung. Für Unternehmen, die über die traditionellen Grenzen zwischen Branchen hinausblicken, um kundenorientiert Probleme zu lösen, kann dies neue Wachstumsmöglichkeiten bieten.

»Smarte« Konnektivität
Ein weltweiter Wachstumstreiber werden in den kommenden Jahren smarte Konnektivitätslösungen sein. Nachdem viele Menschen bereits durch Social Media-Anwendungen miteinander verbunden sind, vernetzt die nächste Generation des Internets vermehrt Dinge. Dieses Phänomen wird auch als das Internet der Dinge (Internet of Things) bezeichnet. Nach Angaben des

Unternehmens Machina Research werden bis zum Jahr 2025 rund 27 Milliarden Geräte wie Sensoren, Sicherheitskameras, Fahrzeuge und Produktionsmaschinen miteinander vernetzt sein. Die Daten, die aus dieser Vernetzung resultieren, lassen sich auswerten und neue Dienstleistungen entstehen, die herkömmliche Produkte und Dienstleistungen ergänzen. Dabei können neben den Unternehmen auch Verbraucher von der zunehmenden Vernetzung profitieren. Kunden und Unternehmen treffen künftig nicht mehr nur am Point of Sale aufeinander, sondern stehen in ständigem Austausch, solange der Kunde ein Produkt und die dazugehörenden Services nutzt. Dies ermöglicht Kostensenkungen und einen effizienteren Einsatz von Ressourcen. Smarte Lösungen verändern derzeit beispielsweise die Energiewirtschaft. Smarte Energieversorgungsnetze (»Smart grids«) vernetzen Stromproduzenten stärker mit Stromkonsumenten und erlauben es, die Energieversorgung durch das Zusammenspiel von Erzeugung, Speicherung, Netzmanagement und Verbrauch in einem Gesamtsystem effizienter zu machen.

Wandel im Gesundheitswesen
Gesundheit und Wohlbefinden gewinnen sowohl in Industrieländern als auch in Wachstumsregionen wie China oder Afrika immer mehr an Bedeutung. Während in Industrieländern die Ausgaben im Gesundheitswesen aufgrund der alternden Bevölkerung steigen, bringt wirtschaftlicher Aufschwung in Wachstumsmärkten häufig eine bewegungsarme Lebensweise mit sich. Drei große Herausforderungen, die es in Bezug auf Gesundheit weltweit zu bewältigen gilt, sind die Erweiterung des Zugangs zur Gesundheitsversorgung, eine Verbesserung der Qualität sowie ein verantwortungsvolles Kostenmanagement. Die digitale Gesundheitsversorgung über mobile Apps und Wearables liefert dabei mögliche Ansätze, um kosteneffektiver zu arbeiten. In Afrika werden beispielsweise mobile Gesundheitslösungen genutzt, um den Zugang zur Gesundheitsversorgung in ländlichen Regionen zu erweitern. Die Entwicklung nachhaltiger Ansätze für die Gesundheitsversorgung erfordert von Unternehmen unterschiedliche Fähigkeiten, von der Entwicklung von Apps bis hin zu Analysen von Gesundheitsdaten zur Kundenbindung. So drängen neue Wettbewerber aus ehemals entfernten Branchen – z. B. Technologie, Telekommunikation, Einzelhandel – ebenfalls in den Markt.

Urbanisierung
Auf Basis der gegenwärtigen demografischen Entwicklung werden bis zum Jahr 2050 vermutlich zwei Drittel der Weltbevölkerung in Städten und nur noch ein Drittel der Welt in ländlichen Gegenden leben. Der Großteil dieses Städtewachstums wird in Asien und Afrika stattfinden. Ein solches Wachstum setzt bestehende Millionenstädte unter Druck, dem erhöhten Bedarf an Infrastruktur nachzukommen. Innovationen zur Reduzierung der Kosten der Infrastruktur (z. B. smarte Energieversorgungsnetze oder Technologien zur Steuerung der Verkehrsströme) helfen Städten, nachhaltiger und lebenswerter zu werden. Um diesen Herausforderungen gerecht zu werden, sind öffentliche und private Kooperationen ein Ansatzpunkt, um die Kreativität und Investitionen des privaten Sektors mit der langfristigen Vision und Finanzierung des öffentlichen Sektors zu vereinen.

> **Ressourceneffizienz**
> Die durch den Anstieg der Weltbevölkerung verursachte steigende Nachfrage nach Ressourcen führt zur Verknappung von Rohstoffreserven. Knapper werdende Ressourcen führen dabei auch zu schwankenden Preisen und beeinflussen die Wirtschaftlichkeit von Unternehmen. In der Folge steigt der Druck, neue umwelt- und ressourceneffiziente Technologien zu entwickeln. Die Substitution von fossilen Energieträgern stellt eine Herausforderung für die Geschäftsmodelle von Energieversorgungsunternehmen dar und bewirkt eine Reduzierung des Kohleanteils am weltweiten Energie-Mix. Schätzungen gehen davon aus, dass erneuerbare Energiequellen bis zum Jahr 2040 mehr als 50 % des gesamten Wachstums der Energieerzeugungskapazitäten ausmachen werden. Darüber hinaus ist Erdgas als kohlenstoffarme Ressource, aufgrund seiner niedrigen Preise und bedingt durch die neuen Exportmöglichkeiten, auf dem Weg, Kohle als die weltweit zweitgrößte Energieressource bis zum Jahr 2035 zu überholen. Eine Konvergenz der Bereiche Energie, Batterien, smarte Technologien und Transport fördert die Schaffung von innovativen, ganzheitlichen und vernetzten Ressourcenlösungen.

3.2.5 Grenzen der strategischen Analyse

Es wurde deutlich, dass die strategische Analyse grundlegende Bedeutung zur Vorbereitung strategischer Entscheidungen hat. Ohne ein fundiertes Wissen über das Unternehmen und seine Umwelt lassen sich schwerlich nachhaltige Wettbewerbsvorteile aufbauen. Allerdings stößt die strategische Analyse immer wieder an Grenzen. Neben den oben bereits angesprochenen Herausforderungen im Rahmen der strategischen Analyse und Frühaufklärung gibt es aus unserer Sicht eine Reihe weiterer grundlegender Probleme, die es im strategischen Management zu beachten gilt. Es lassen sich folgende vier Problembereiche unterscheiden, welche die Grenzen der strategischen Analyse bestimmen: Objektivistisches Rationalitätsverständnis, Methodenprobleme, Prognoseprobleme und Informationsflut.

Objektivistisches Rationalitätsverständnis
Ein grundsätzliches Problem, welches zahlreiche der in der Literatur diskutierten Instrumente und Methoden der strategischen Analyse teilen, ist ihr objektivistisches Rationalitätsverständnis. Es wird davon ausgegangen, dass Entscheidungsträger rational handeln, die Erhebung entscheidungsrelevanter Daten grundsätzlich möglich ist und deren Auswertung zu einem »objektiven« Bild der Realität führt. Eine objektivistische Sichtweise ist durchaus kritisch zu sehen. Jede noch so tief greifende und fundierte Analyse der gegenwärtigen Situation und Prognose der Zukunft kann letztlich immer nur beschränkt Aussagen über die strategische Relevanz bestimmter Daten machen. Die Interpretation der Ergebnisse der strategischen Analyse obliegt letztendlich den Führungskräften und Mitarbeitern in Unternehmen. Damit verbindet sich stets eine Selektion und subjektive Interpretation vorhandener Daten. Verbunden mit der Selektion vorhandener Daten ist immer auch ein Risiko im Hinblick auf das Verkennen, Übersehen und Ignorieren strategisch relevanter Informationen (Sepp

1996, S. 221). Es erscheint unrealistisch, dass Menschen streng rational und vollständig objektiv entscheiden. Sie unterliegen verschiedenen Formen von Voreingenommenheit (z. B. confirmation oder availability bias) und verfügen letztlich immer nur über eine begrenzte Rationalität (»bounded rationality«).

Der Begriff der »bounded rationality« wurde zuerst von Simon (1959; 1976; 2008) in die Diskussion eingeführt und dient heute in zahlreichen theoretischen Ansätzen (z. B. Neue Institutionenökonomik oder Prospect Theory) als grundlegende Annahme im Hinblick auf das Verhalten von Menschen (Kahneman 2003; Simon 2008). Für Simon, der 1978 den Nobelpreis für Wirtschaftswissenschaften erhielt, folgt aus der begrenzten Rationalität der Menschen eine Absage an das objektivistische Rationalitätsverständnis: »*The capacity of the human mind for formulating and solving complex problems is very small compared with the size of the problems whose solution is required for objectively rational behavior in the real world – or even for a reasonable approximation to such objective rationality*« (Simon 1966, S. 198). Begrenzte Rationalität bedeutet für Simon (1959; 1976; 2008) dabei nicht, dass Menschen bewusst und intendiert irrational handeln. Es bedeutet lediglich, dass sie ihre Entscheidungen anhand unvollständiger Informationen und in begrenzter Zeit treffen und sie konfligierende Präferenzen sowie eine nur limitierte Fähigkeit zur Informationsverarbeitung haben. Als Konsequenz beenden Menschen deshalb die Suche nach Lösungen für Entscheidungsprobleme oftmals, wenn sie eine zufriedenstellende Lösung gefunden haben. Diese sog. »satisficing solution« wird dann zur Grundlage von Handlungen, unabhängig davon, ob es noch bessere Lösungsoptionen geben könnte.

Auf die Gefahr der begrenzten Rationalität im Allgemeinen und die der begrenzten Informationsverarbeitung im Besonderen, die wesentlich für das strategische Management erscheint, weist auch Ansoff (1976) hin. Er unterscheidet deshalb zunächst zwischen »available information« und »utilized information«. Die erste Kategorie von Informationen enthält Daten, die im Unternehmen und der Umwelt durch mündliche Überlieferung, Publikationen, Datenbanken und Marktforschung verfügbar sind. Nicht alle dieser Informationen werden später auch zur Grundlage von Entscheidungen gemacht. Diese Art der Informationsselektion bezeichnen Ansoff/McDonnell (1990, S. 66) als »surveillance filter«. Informationen weisen entweder keinen Bezug zu den strategischen Plänen auf oder die verwendeten Analyse- und Prognosetechniken führen dazu, dass sie als nicht relevant eingestuft werden. Der zweite Filter ist der sog. »mentality filter«. Auf dieser Ebene filtern die Führungskräfte Informationen auf Basis ihrer persönlichen historischen Erfahrungen. Stimmen Daten mit diesen Erfahrungen überein, steigen die Chancen, dass sie zur Grundlage von Entscheidungen werden. Stehen sie im Gegensatz zu bisherigen Erkenntnissen, werden sie häufig als irrelevant abgelehnt. Zuletzt weisen Ansoff/McDonnell (1990, S. 65) noch auf den sog. »power filter« hin. Ob Informationen relevant für Entscheidungen werden oder nicht, hängt demnach auch von der unternehmenspolitischen Macht der jeweiligen Entscheidungsträger ab. Mit Macht ausgestattete Akteure können Entscheidungen blockieren, neue Erkenntnisse ignorieren oder aus ihrer Sicht besonders relevante Informationen propagieren. Manager, die Macht haben, müssen von der Sinnhaftigkeit und Erfolgsrelevanz von neuen Daten deshalb zunächst überzeugt werden. Abbildung 2.20 gibt einen Überblick über die verschiedenen Filterstufen im Rahmen der strategischen Analyse.

3 Segmentierung und strategische Analyse

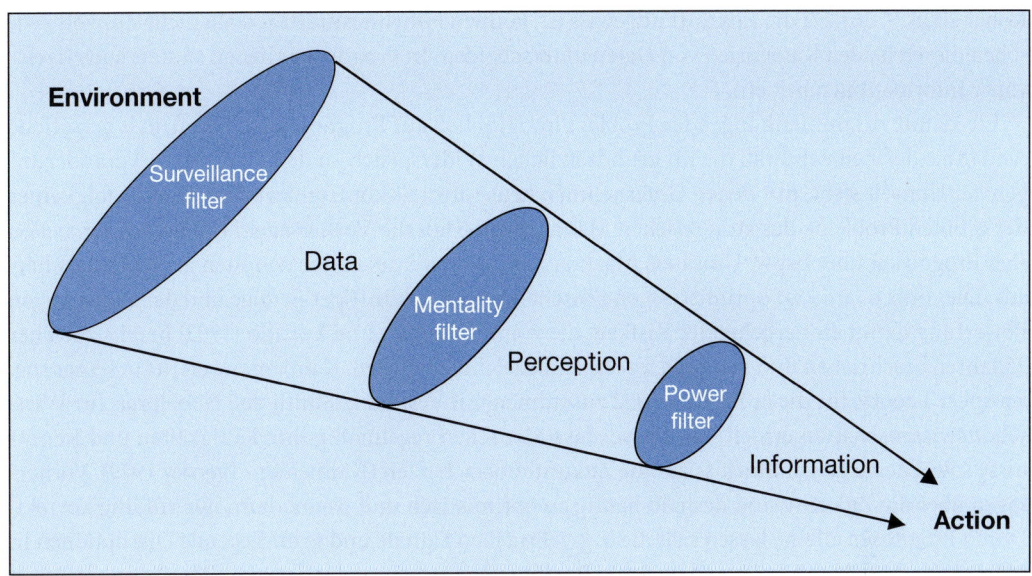

Abb. 2.20: Filterstufen im Rahmen der strategischen Analyse
(Quelle: Eigene Darstellung in Anlehnung an Ansoff/McDonnell (1990, S. 66))

Methodenprobleme

Ein weiteres Problem im Rahmen der strategischen Analyse ist, dass die Methoden, die in der Unternehmenspraxis eingesetzt werden, nicht immer den wissenschaftlichen Gütekriterien der Objektivität, Validität und Reliabilität entsprechen. Wenn nun aber ein Unternehmen bspw. die Kundenzufriedenheit mit einem Customer-Satisfaction-Index misst, der nicht valide ist, kann dies zu falschen Schlussfolgerungen in der Strategieentwicklung führen. Zudem müssen Unternehmen aus der Vielzahl der vorhandenen Instrumente und Entscheidungshilfen diejenigen auswählen, die für sie am besten geeignet erscheinen, um Informationen für die Strategieentwicklung bereitzustellen. Dies erscheint insbesondere dann problematisch, wenn Führungskräfte bestimmte Methoden als Patentlösungen für standardisierte Probleme missverstehen und diese nur schematisch anwenden. Nicht immer ist in diesen Fällen gewährleistet, dass es einen Fit zwischen den Methoden und den tatsächlichen strategischen Problemen gibt, welche analysiert werden sollen.

Prognoseprobleme

Wie bereits gezeigt (▶ Teil II, Kap. 3.2.4), werden in der Praxis oftmals Wahrscheinlichkeitsaussagen über zukünftige Ereignisse in Form von Prognosen erstellt. Prognosen beruhen auf Beobachtungen aus der Vergangenheit und entwerfen auf Basis bestimmter Theorien zur Erklärung dieser Beobachtungen begründete Annahmen über die Zukunft. Problematisch ist, dass Prognosen aufgrund des Vergangenheitsbezugs ihrer Inputdaten immer unsicher sind, denn die Inputdaten für Prognosen unterteilen sich stets in zwei Unterkategorien: Informationen, die geeignet erscheinen, zukünftige Entwicklungen vorherzusagen und solche, die dafür nicht geeignet sind (Gigerenzer/

Kober 2008, S. 36). Da die Zukunft ungewiss ist, können Führungskräfte jedoch nicht sinnvoll zwischen diesen beiden Kategorien von Daten unterscheiden. In Prognosen fließen so stets auch irrelevante Informationen mit ein.

Ein damit zusammenhängendes Problem im Hinblick auf Prognosen ist die oftmals getroffene Annahme der Zeitstabilität, die im grundsätzlichen Widerspruch zu den disruptiven Veränderungen der Umwelt steht, mit denen Unternehmen heute oftmals konfrontiert sind. Daraus folgt eines der größten Probleme des strategischen Managements: falsche Vorhersagen. Immer wieder stellen sich Prognosen über bspw. Umsätze, Marktanteile, Aktienkurse oder Renditen als fehlerhaft heraus. Dies liegt u. a. an zu optimistischen Einschätzungen zukünftiger Erfolge und der zu niedrigen Bewertung damit einhergehender Risiken, die von Kahneman und Lovallo (1993) bereits vor über 25 Jahren beschrieben und als »bold forecasts« bezeichnet wurden. Kahneman vertritt in seiner sog. Prospect Theory, für die er im Jahr 2002 zusammen mit Vernon L. Smith den Nobelpreis für Wirtschaftswissenschaften erhielt, die These, dass Menschen regelmäßig ihre Fähigkeiten und Kenntnisse sowie den eigenen Einfluss auf die Zukunft überschätzen (Kahneman/Tversky 1979). Vorhersagen über die Zukunft sind deshalb häufig zu optimistisch und wenn, dann nur zufällig korrekt. Durch Prognosen alleine lassen sich die o. g. schwachen Signale und grundlegende Disruptionen in Märkten deshalb kaum erkennen und ihre Ergebnisse müssen mit der nötigen Vorsicht interpretiert werden.

Informationsflut

Ein weiteres Problem der strategischen Analyse liegt darin, dass Unternehmen i. d. R. gleichzeitig eine Vielzahl verschiedener Methoden im Rahmen der strategischen Analyse nutzen, um eine Entscheidungsgrundlage für die Ableitung von Strategien zu generieren. Daraus resultiert nicht selten eine ganze Flut von Informationen. Zudem ist durch die weltweite Verbreitung des Internets seit den frühen 2000er Jahren eine neue Zeitrechnung im Hinblick auf den Zugang zu Informationen angebrochen. Als Beispiel sei nur auf die zahlreichen modernen Methoden des Onlinemarketings hingewiesen, die es einerseits erlauben, personalisierte Produkte und Dienstleistungen für Kunden anzubieten, andererseits aber auch zahlreiche personalisierte Daten über diese Kunden generieren (Thommen et al. 2017, S. 54–55).

Durch diese Analysen entstehen nicht selten sehr große Mengen von Daten. In der Praxis haben Unternehmen insofern regelmäßig nicht zu wenige, sondern eher zu viele Informationen als Entscheidungsgrundlage zur Verfügung. Oftmals sprechen Unternehmen sogar von Big Data. Dies bedeutet, dass die Datenmengen zu komplex, zu groß und zu wenig strukturiert sind, um mit herkömmlichen Methoden der Datenverarbeitung sinnvoll ausgewertet zu werden. Auch wenn viele Unternehmen Big Data im Rahmen ihrer Geschäftsmodelle erfolgreich nutzen (z. B. Google und Facebook), gibt die jüngere Forschung Hinweise darauf, dass die Nutzung großer Datenmengen nicht automatisch zu besseren Entscheidungen führt. So zeigen Gigerenzer und Kober (2008) eindrucksvoll, dass eine partielle Ignoranz gegenüber umfassenden Daten und ein bestimmtes Maß an Unwissenheit in vielen Entscheidungssituationen durchaus eine überlegene Strategie sein kann. Je mehr Daten Entscheider nutzen, desto größer sind die Chancen, dass diese konfliktär sind und Informationen enthalten, die keine Relevanz für die Lösung des jeweiligen strategischen Problems aufweisen. Wichtiger als die Quantität der Daten erscheinen deshalb deren Qualität sowie ihre Eignung zur Beantwortung der jeweiligen Fragestellungen im Rahmen des strategischen Managements.

Fazit

Abschließend lässt sich festhalten, dass die strategische Analyse im Rahmen des strategischen Managements einen besonders hohen Stellenwert aufweist. Nicht nur die Unternehmen selbst betreiben strategische Analyse, sondern auch viele Unternehmensberatungen und Marktforschungsunternehmen sind auf diesem Feld tätig. Es besteht insofern kein Mangel an Methoden und Entscheidungshilfen zur Gewinnung von Informationen. Für Unternehmen stellt sich deshalb die Herausforderung, die jeweils »richtigen« Instrumente und Entscheidungshilfen auszuwählen. Jedes Unternehmen ist einzigartig im Hinblick auf seine Kompetenzen, Produkte, Kunden und Konkurrenz. Dementsprechend sollte man im Rahmen der strategischen Analyse versuchen, nur diejenigen Methoden auszuwählen, die zu den jeweiligen strategischen Herausforderungen und der aktuellen Wettbewerbssituation des Unternehmens »passen«.

Vor allem sollten Unternehmen sich darüber im Klaren sein, dass die extensive Nutzung von Analysemethoden das eigene strategische Denken und die Intuition nicht ersetzen kann und darf, da diese ebenfalls notwendig sind, um nachhaltig erfolgreich im Markt zu bestehen. Eine rein schematische Anwendung strategischer Analysemethoden und die Imitation der Konkurrenz haben in der Praxis noch nie zu dauerhaften Wettbewerbsvorteilen geführt (Gathen 2014). Gemäß der von uns in diesem Buch vertretenen gemäßigt voluntaristischen Haltung stößt zudem jede rigide strategische Planung und Analyse irgendwann an ihre Grenzen. Es ist zu bezweifeln, dass die dramatischen Entwicklungen im Wettbewerbsumfeld von Unternehmen alleine durch den vermehrten Einsatz von Instrumenten des strategischen Managements vollständig beherrschbar sind. Dies gilt es im Blick zu behalten, wenn wir uns im Folgenden mit der Strategieentwicklung und -bewertung im Rahmen des strategischen Managements befassen.

4 Strategieentwicklung und -bewertung

4.1 Bedeutung und Aufgabenbereiche der Strategieentwicklung

Die Strategieentwicklung bezeichnet den wesentlichen Kernbereich des strategischen Managements (▶ Abb. 2.2). Vor dem Hintergrund der Vision und strategischen Zielplanung sowie auf Basis der Informationen, die im Rahmen der Segmentierung und strategischen Analyse gesammelt wurden, gilt es, Strategien auf der Ebene des Gesamtunternehmens, der einzelnen Geschäftseinheiten und Funktionsbereiche sowie der Tochtergesellschaften zu entwickeln. Ziel der Strategieentwicklung ist es, die grundsätzliche Art und Richtung festzulegen, in die sich das Unternehmen in Zukunft entwickeln soll. Das Management hat die Strategieentwicklung ganzheitlich zu gestalten. Dies bedeutet, dass Strategen nicht nur ökonomische, sondern auch ökologische, soziale und ethische Aspekte berücksichtigen sollten, wenn sie ihr Unternehmen langfristig erfolgreich ausrichten wollen. Es gilt, alternative Zukunftsentwürfe für das Unternehmen zu entwickeln und zu erkennen, dass traditionelle Methoden der Extrapolation vergangenheitsbezogener Daten zu kurz greifen. Um in zunehmend komplexer werdenden Wettbewerbsumfeldern überleben zu können, müssen Manager im Rahmen der Strategieentwicklung mit Diskontinuitäten umgehen und bestehende Geschäftsmodelle immer wieder in Frage stellen. Strategisches Denken und Handeln sollte deshalb stets innovativ und proaktiv ausgerichtet sein, um langfristige Erfolgspotenziale aufzubauen.

Im Hinblick auf die grundsätzliche Vorgehensweise und Entscheidungslogik zur Entwicklung von Strategien finden sich in der Literatur verschiedene Ansätze bzw. Perspektiven:

- Erstens kann man sich bei der Strategieentwicklung auf das Paradigma des Resource-based View oder des Market-based View beziehen.
- Zweitens gilt es, zwischen einer bewusst intendierten Entwicklung von Strategien und einer emergenten Entstehung von Strategien zu unterscheiden.
- Drittens lässt sich die Planung und Entwicklung von Strategien dahingehend differenzieren, ob sie einem eher inkrementalen oder synoptischen Ansatz folgt.
- Viertens kann in der Strategieentwicklung zwischen dem sog. strukturalistischen zum einen und dem rekonstruktivistischen Ansatz zum anderen unterschieden werden.

Bevor wir in den folgenden Kapiteln auf diese vier alternativen Perspektiven der Strategieentwicklung eingehen, stellen wir einige Grundprinzipien vor, die in dieser Phase des strategischen Managementprozesses eine Rolle spielen. Im Rahmen der Strategieformulierung kommt dem schöpferischen Denken und der Intuition zwar eine große Bedeutung zu, daneben erweist sich aber auch die Beachtung bestimmter Grundsätze als sinnvoll. Insbesondere folgende Anforderungen sollten im Rahmen der Strategieentwicklung Beachtung finden, um erfolgreich zu sein:

- Harmonisierung sämtlicher Unternehmensaktivitäten: Strategieentwicklung ist nicht nur Aufgabe des Top-Managements, sondern kann auf allen Ebenen eines Unternehmens stattfinden. Strategien auf der Ebene des Gesamtunternehmens müssen gleichwohl eine integrierende Wirkung innerhalb der Organisation entfalten und einen sinnvollen Rahmen zur Ableitung bereichsspezifischer Strategien vorgeben.
- Klarheit der Zielsetzung: Strategien und die mit ihnen verbundenen Zielsetzungen müssen in eindeutiger Weise festgelegt werden. Es ist erforderlich, dass die Ideen hinter einer Strategie und die damit verbundenen Auswirkungen auf die Prozesse und Systeme des Unternehmens den wesentlichen Entscheidungsträgern transparent sind. Klarheit bei der Strategieentwicklung ist außerdem notwendig, um eine sinnvolle Abstimmung von strategischen Zielen und vorhandenen Ressourcen zu erreichen.
- Konzentration: Im Prozess der Strategieentwicklung besteht stets die Gefahr, dass zu viele Ziele gleichzeitig verfolgt werden. Überdurchschnittliche Renditen lassen sich aber nur durch die Konzentration der Kräfte auf bestimmte strategisch relevante Aktivitäten erzielen. Auch dieser Grundsatz beinhaltet eine interne und eine externe Betrachtungsweise. Die interne Perspektive richtet ihr Augenmerk auf die eigenen Funktionen und deren Beiträge zur Wertschöpfung des Unternehmens und zur Erlangung von Wettbewerbsvorteilen. Angesichts knapper Ressourcen muss eine strategisch sinnvolle Zuteilung finanzieller, personeller und sachlicher Ressourcen erfolgen.

Nach außen gerichtet bedeutet dieser Grundsatz, dass nur solche Produkt-Markt-Kombinationen und Geschäftsmodelle bearbeitet werden sollen, die Erfolgspotenziale versprechen. Das Management muss deshalb nicht nur entscheiden, welche Strategien es in Zukunft verfolgen will, sondern vor allem auch, in welche strategischen Projekte es nicht investieren will. Dazu bedarf es in der Praxis der Strategieentwicklung einer kritischen Evaluation vorhandener Strategieoptionen. Diese sind vor dem Hintergrund ihrer Ressourcenbindung sowie der Auswirkungen auf die zukünftigen Erfolgschancen des Unternehmens quantitativ und qualitativ zu bewerten.

- Positionierung gegenüber dem Wettbewerb: Der Aufbau von Stärken bei gleichzeitiger Vermeidung von Schwächen und das Ausnutzen von Umwelt- und Marktchancen sind Voraussetzungen, um Schwerpunkte bei der Strategieentwicklung zu bilden. Neben der Langfristigkeit steht dabei auch die Orientierung an Chancen und Risiken im Vordergrund. Diese Philosophie ist Gegenstand jeder Strategie und bildet eine wesentliche Voraussetzung, um sich eindeutig gegenüber dem Wettbewerb zu positionieren. Stärken und Schwächen sind nie absolut, sondern immer nur im Verhältnis zu den Wettbewerbern und den Markterfordernissen zu beurteilen. Im Prozess der Strategieentwicklung spielen die anderen Marktteilnehmer deshalb eine besonders wichtige Rolle. Eigene strategische Erfolgspotenziale sind daher vor dem Hintergrund möglicher Wettbewerbsreaktionen kritisch zu durchleuchten.
- Aufbau und Nutzung von Synergiepotenzialen: Diese Vorgabe spielt insbesondere bei Wachstumsstrategien eine wichtige Rolle, d. h. im Rahmen von Akquisitionsvorhaben, Diversifikationsentscheidungen und Unternehmenszusammenschlüssen. Synergien können aber auch aus dem Zusammenwirken von Produkten und Produktionsfaktoren sowie Abteilungen, strategischen Geschäftseinheiten und Tochtergesellschaften entstehen. Die Unternehmensstrategie muss klar aufzeigen, wie sich Synergiepotenziale in einer Organisation sinnvoll nutzen lassen. Es gilt außerdem festzulegen, in welchen Bereichen Synergien angestrebt werden. Dies schließt auch die Offenheit zur Ausnutzung von Koalitionsmöglichkeiten mit externen Marktpartnern ein. Die Vernetzung eigener Aktivitäten mit denen externer Partner, bspw. in Form von strategischen Allianzen, bietet oftmals die Möglichkeit, den eigenen Aktionsradius sowie das strategische Erfolgspotenzial eines Unternehmens entscheidend zu erweitern.
- Dynamik: Strategien sollten vor dem Hintergrund der Dynamik der Umweltbedingungen eine grundsätzliche Offenheit für Anpassungen enthalten. Die kontinuierliche Überwachung der Annahmen und Prämissen, die strategischen Plänen zugrunde liegen, erlangt hier große Bedeutung. Um auf drastisch veränderte Wettbewerbssituationen vorbereitet zu sein, bietet es sich zudem an, alternative Zukunftsszenarien im Rahmen der Strategieentwicklung zu entwerfen.

Diese Grundprinzipien sollten bei der Formulierung von Strategien stets beachtet werden. Im Folgenden steht nun die Frage im Mittelpunkt, wie vor dem Hintergrund dieser Grundprinzipien die eigentliche Strategieentwicklung in Unternehmen abläuft.

4.2 Alternative Perspektiven der Strategieentwicklung

4.2.1 Market-based View versus Resource-based View

Wie bereits angedeutet, sind die letzten Jahre durch eine lebhafte Diskussion in Theorie und Praxis dahingehend gekennzeichnet, welches Paradigma im strategischen Management besser dazu geeignet ist, erfolgreiche Strategien zu entwickeln: der Market-based View oder der Resource-based View. Im Folgenden werden wir beide Perspektiven zur Strategieentwicklung skizzieren und zeigen, dass es aus unserer Sicht nicht sinnvoll ist, Market- und Resource-based View als dichotome Ansätze zu betrachten. Vielmehr erscheint es für Unternehmen geboten, im Rahmen des strategischen Managements Erkenntnisse aus beiden Perspektiven zu beachten.

Market-based View
Einen bedeutenden Ansatz in der Strategie- und Organisationsforschung stellt der sog. »Market-based View« dar. Die zentrale Hypothese dieses Ansatzes lautet, dass die Rendite, die ein Unternehmen erzielen kann, im Wesentlichen von zwei Faktoren abhängt. Dies sind zum einen die Attraktivität der Branche und zum anderen die relative Marktposition eines Unternehmens. In diesem Kontext wird auch von einer »Outside-in-Perspektive« gesprochen (Steinle 2005, S. 246), da die Marktstruktur (= Outside) im Rahmen dieses Denkmodells das Verhalten des Unternehmens und letztendlich auch den Unternehmenserfolg determiniert. An dieser Argumentationslogik zeigt sich deutlich die mikroökonomische Fundierung des Market-based View, die auf der Industrieökonomik basiert. In diesem Kontext spielt das in Abbildung 2.21 gezeigte sog. »Structure-Conduct-Performance« Paradigma, das auf die Arbeiten von Mason (1939) und Bain (1959) zurückgeht, eine herausragende Rolle. Die Industrieökonomik postuliert, dass die Charakteristika eines Marktes (Structure), wie bspw. Markteintrittsbarrieren oder Anzahl der Marktteilnehmer, das Verhalten von Unternehmen (Conduct) determinieren. Das Verhalten aller Unternehmen einer Branche bestimmt wiederum deren Erfolg (Performance). In diesem volkswirtschaftlichen Gedankenmodell bleibt somit kein Spielraum für eine aktive Positionierung von Unternehmen in Form von Wettbewerbsstrategien. Das unternehmerische Verhalten leitet sich unmittelbar aus der Branchenstruktur ab. Erfolgsunterschiede zwischen Unternehmen derselben Branche sind mit diesem Modell deshalb nicht erklärbar.

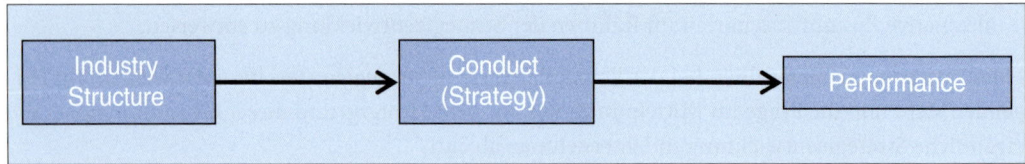

Abb. 2.21: Structure-Conduct-Performance Paradigma
(Quelle: Porter (1981, S. 611))

Das »Structure-Conduct-Performance« Paradigma wurde zu Beginn der 1980er Jahre von Porter aufgegriffen und für betriebswirtschaftliche Argumentationen adaptiert (Porter 1981, S. 611).

Porter weicht von der Annahme der Industrieökonomik ab, dass Unternehmen innerhalb einer Branche im Wesentlichen homogen sind. Er führt in der Praxis beobachtbare Unterschiede zwischen Unternehmen derselben Branche auf unterschiedliche Wettbewerbsstrategien dieser Firmen zurück. Dadurch rückt Porter letztlich die Unternehmen als Analyseeinheit in den Fokus und nicht die Branche. Aus diesem Grund gilt Porter auch als der wesentliche Begründer des Market-based View. Einige sehen in ihm sogar den einflussreichsten Autor in der Forschung zum strategischen Management (Ramos-Rodríguez/Ruíz-Navarro 2004, S. 1001).

Ein Unternehmen ist nach Porter dann dauerhaft erfolgreich, wenn es im Zuge der Strategieentwicklung gelingt, zum einen attraktive Branchen auszuwählen und zum anderen das Unternehmen mittels geeigneter Wettbewerbsstrategien im jeweiligen Branchenumfeld attraktiv zu positionieren. Renditeunterschiede zwischen Unternehmen verschiedener Branchen können somit, analog zur Argumentation der Industrieökonomik, auch als Resultate einer unterschiedlichen Branchenattraktivität gedeutet werden. Renditeunterschiede zwischen Unternehmen derselben Branche dagegen deuten auf eine unterschiedlich günstige strategische Ausrichtung der Unternehmen und somit auf einen unterschiedlich starken Schutz vor Wettbewerbskräften hin.

Es existiert eine Vielzahl strategischer Konzepte, die dem Market-based View entstammen und die Unternehmen helfen sollen, eine adäquate Strategie zu entwickeln. Die im Folgenden kurz vorgestellten Konzepte gehen sämtlich auf die Arbeiten von Porter zurück. Sie werden von uns an späterer Stelle vertieft diskutiert:

- Die Branchenstrukturanalyse stellt ein Konzept zur systematischen Analyse aller relevanten Charakteristika einer Branche dar (▶ Teil III, Kap. 3.3). Sie soll ein Unternehmen befähigen, die Attraktivität der Branche möglichst umfassend und objektiv zu beurteilen.
- Das Konzept der strategischen Gruppen stellt in Ergänzung zur Branchenstrukturanalyse eine Methode der Marktsegmentierung dar, bei der Unternehmen, die innerhalb einer Branche ähnliche Strategien verfolgen, zu einer gemeinsamen Gruppe zusammengefasst werden.
- Bei der Wertkettenanalyse steht nicht die gesamte Branche, sondern ein einzelnes Unternehmen im Mittelpunkt (▶ Teil III, Kap. 2.2). Zur Analyse wird das Unternehmen in logisch voneinander zu trennende Prozessschritte, sog. primäre und sekundäre Aktivitäten eingeteilt, die hinsichtlich ihres Beitrags zur Wertschaffung beurteilt werden.
- Ein weiteres Konzept stellen die generischen Wettbewerbsstrategien dar (▶ Teil II, Kap. 4.4.3). Basierend auf einer Analyse der Branchenstruktur sollte ein Unternehmen alle Teile der Wertkette an einem übergeordneten strategischen Ziel ausrichten. Dabei stehen Unternehmen drei grundsätzliche Strategievarianten zur Verfügung. Dies sind die Strategie der Kostenführerschaft, die Strategie der Differenzierung und die Strategie der Konzentration. Der Versuch, verschiedene Strategien zur gleichen Zeit zu erreichen, führt gemäß Porter immer zu einer dauerhaft unterdurchschnittlichen Rentabilität des Unternehmens.

Speziell in den 1980er Jahren bildete der Market-based View die dominante Denkrichtung im strategischen Management. Diese herausragende Stellung hat sich jedoch im Laufe der Jahre deutlich abgeschwächt, da diese Sichtweise der Strategieentwicklung immer kritischer gesehen wurde. Den zentralen Kritikpunkt stellt dabei eine zu enge Fokussierung der Konzepte auf äußere Parameter wie Branche und Wettbewerb dar (Mintzberg/Ahlstrand/Lampel 2009, S. 116). Wären Renditeunterschiede zwischen Unternehmen ausschließlich durch externe Parameter erklärbar, müssten z. B. Unternehmen, die einer strategischen Gruppe angehören, ähnlich rentabel sein. Da dies häufig jedoch nicht der Fall ist, deutet vieles darauf hin, dass weitere Faktoren existieren, die den Erfolg eines Unternehmens determinieren und damit in die Strategieentwicklung integriert werden müssen. Aus diesem Grund sind die internen Charakteristika von Unternehmen in den letzten Jahren stärker in das Interesse der Forschung gerückt. Der im nächsten Abschnitt vorgestellte Resource-based View nimmt eine solche Perspektive der Strategieentwicklung ein.

Bevor wir im Folgenden die Grundzüge des Resource-based View aufzeigen, sei hervorgehoben, dass trotz der steigenden Bedeutung dieser theoretischen Perspektive die Erklärungsansätze des Market-based View nicht aus dem strategischen Management verdrängt wurden. Dies liegt zum einen daran, dass die beiden Erklärungsansätze nur bedingt als konkurrierend gesehen werden können und über weite Strecken komplementäre Ansätze zur Erklärung desselben Phänomens darstellen. Mitunter werden Market-based und Ressource-based View deshalb auch als »zwei Seiten einer Medaille« (Corsten 1998, S. 20) bezeichnet. Zum anderen wurden die Konzepte des Market-based View – teilweise durch Porter selbst – kontinuierlich weiterentwickelt und um dynamische oder soziale Aspekte ergänzt (Porter 1991, 1996, 2008; Porter/Kramer 2006; Porter/Siggelkow 2008).

Resource-based View
Die Beschäftigung mit dem Resource-based View nahm insbesondere seit Anfang der 1990er Jahre immer stärker zu. Im Gegensatz zum Market-based View konzentriert sich der Resource-based View auf die interne Beschaffenheit von Unternehmen zur Erklärung von beobachtbaren Erfolgsunterschieden. Man spricht im Zusammenhang mit dem Resource-based View deshalb von einer »Inside-out-Perspektive«. Die Rendite eines Unternehmens hängt gemäß dieser Sichtweise von der Fähigkeit eines Unternehmens ab, sich Zugang zu Ressourcen zu beschaffen, oder diese intern aufzubauen und effizient einzusetzen. Von besonderer Bedeutung ist dabei die Annahme, dass jedes Unternehmen und dessen jeweilige Ressourcenkombinationen einzigartig sind. Pearce/Robinson (2009, S. 150) fassen diese Kernaussage des Resource-based View folgendermaßen zusammen: »*Firms differ in fundamental ways because each firm possesses a unique 'bundle' of resources – tangible and intangible assets and organizational capabilities to make use of those assets.*«

Die Idee, dass die individuelle, interne Beschaffenheit eines Unternehmens einen wesentlichen Beitrag zur Erklärung des Unternehmenserfolgs liefert, geht bereits auf Penrose (1959) zurück. Sie formulierte diesen Gedanken als eine der Ersten. Auch die erfolgskritische Bedeutung unternehmensspezifischer Ressourcen wird bereits von Penrose hervorgehoben. Grundsätzlich stellen Ressourcen alle materiellen und immateriellen Vermögenswerte eines Unternehmens dar.

Während der Market-based View auf Gedanken der Industrieökonomik zurückgreift, verwendet der Resource-based View hinsichtlich der Ressourcen bestimmte Grundannahmen, die sich an der Neuen Institutionenökonomik orientieren:

- Zunächst wird eine Heterogenität der Ressourcenausstattung verschiedener Unternehmen angenommen. Hätten alle Unternehmen Zugang zu einer identischen Ressourcenbasis, würde diese keinen relevanten Erfolgsfaktor mehr darstellen.

- Ferner werden unvollkommene Faktormärkte postuliert. Diese Unvollkommenheit kann durch Informationsasymmetrien oder die Ungewissheit bezüglich des Wertes einer Ressource entstehen.
- Des Weiteren werden Ressourcen als immobil betrachtet. Dies impliziert, dass Ressourcen nicht ohne weiteres von einem Unternehmen zu einem anderen transferiert werden können. Somit kann eine heterogene Ressourcenausstattung nicht problemlos durch Transaktionen auf Faktormärkten ausgeglichen werden.

Wie bereits gezeigt wurde, repräsentieren insbesondere Ressourcenkombinationen, die (a) strategisch wertvoll für den Kunden, (b) selten und (c) nicht imitierbar sowie nicht substituierbar sind und die (d) erfolgreich in Organisation und Markt umgesetzt wurden, die Grundlage nachhaltiger Wettbewerbsvorteile eines Unternehmens (▶ Teil II, Kap. 3.2.2). Eine Erweiterung der Ressourcenbetrachtung um Fähigkeiten (»capabilities«) und Kompetenzen (»competences«) führt schließlich zum Kernkompetenzenansatz. Auf Basis einer Analyse von Kernkompetenzen gilt es schließlich, Märkte zu identifizieren, auf denen diese ausgespielt werden können.

Abbildung 2.22 fasst die grundlegende Argumentationslogik des Resource-based View zusammen und stellt sie dem Market-based View gegenüber. Es wird deutlich, dass beide Konzepte das gleiche Ziel verfolgen. Es geht jeweils darum, zu erklären, wie sich überdurchschnittliche Erträge erzielen lassen. Die Ansätze unterscheiden sich lediglich in ihrer Begründung, *wie* eine sinnvolle Strategieentwicklung ablaufen soll, um dieses Ziel zu erreichen.

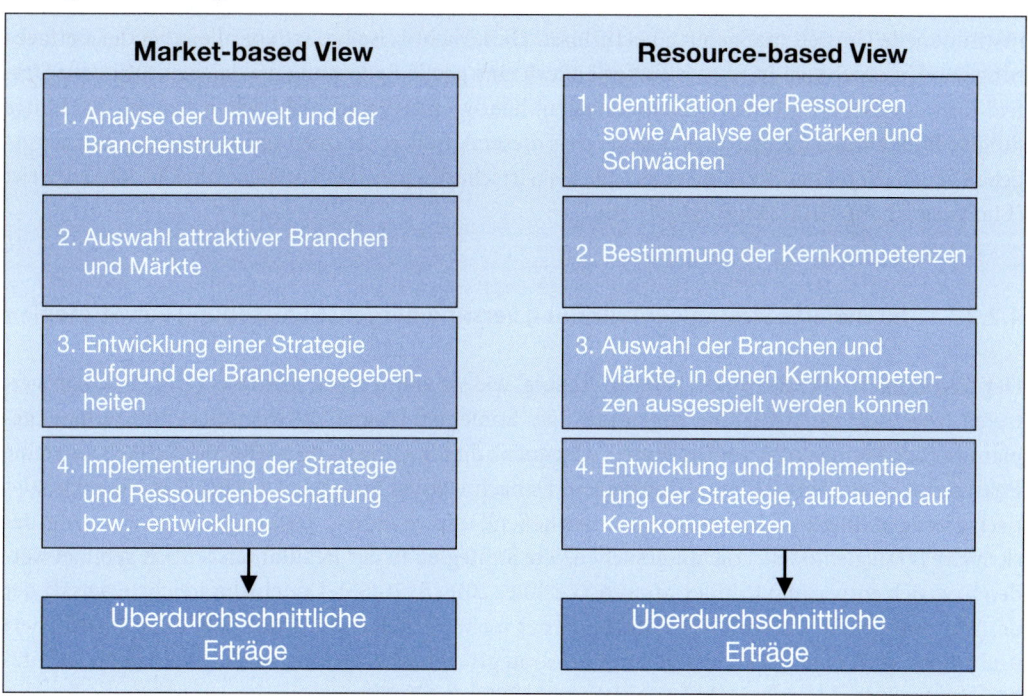

Abb. 2.22: Argumentationslogik des Market- und Resource-based View
(Quelle: Eigene Darstellung in Anlehnung an Hitt/Ireland/Hoskisson (2016, S. 14–18))

Als Kritik am Resource-based View wird häufig eine uneinheitliche Verwendung von Definitionen der zentralen Begriffe wie Ressourcen und Kernkompetenzen angeführt. Ferner wird von einigen Autoren die Argumentationslogik des Resource-based View kritisiert und diesem Ansatz sogar vorgeworfen, er sei tautologisch, d. h. stets wahr aufgrund der verwendeten begrifflichen Definitionen (Priem/Butler 2001; Priem/Butler/Li 2013). Barney (1991), so der Vorwurf, definiere einen Wettbewerbsvorteil durch die Verwendung der Begriffe »Wert« und »Seltenheit« und postuliere anschließend, dass zur Erreichung von Wettbewerbsvorteilen »wertvolle« und »seltene« Ressourcen eingesetzt werden müssen. Diese Aussage sei stets wahr und würde somit keinen Erkenntnisgewinn liefern.

Der Resource-based View hat in den letzten Jahren zahlreiche Erweiterungen und Weiterentwicklungen erfahren. Bei der Anwendung von sog. Fähigkeits-Lebenszyklen (»capability lifecycles«) werden, analog zur Verwendung von Produktlebenszyklen, verschiedene Phasen beim Aufbau und Einsatz von Fähigkeiten von Unternehmen unterschieden und somit der Resource-based View um ein dynamisches Element (»dynamic capabilities«) erweitert (Helfat/Peteraf 2003, 2015; Tallman 2006).

In jüngerer Zeit gibt es zudem Intentionen, neben dem Market- und dem Resource-based View eine dritte Perspektive, den sog. Institution-based View, zu etablieren (Peng et al. 2009). Die Grundidee des Institution-based View besagt, dass neben der Marktumwelt eines Unternehmens noch eine zweite Umweltebene, die institutionelle Umwelt, existiert. Diese umfasst formale Institutionen wie Gesetze und Vorschriften sowie informale Institutionen wie Kultur und Normen. Die Strategieentwicklung eines Unternehmens wird laut des Institution-based View nicht nur durch die Marktumwelt und die interne Ressourcenausstattung eines Unternehmens bestimmt, sondern auch durch die institutionelle Umwelt maßgeblich beeinflusst. Diese Sichtweise besitzt vor allem bei der Betrachtung von Unternehmen in Entwicklungsländern eine große Bedeutung, da das institutionelle Umfeld dort, verglichen mit den Industriestaaten, häufig anders und nicht selten instabil ist. Einige jüngere Publikationen legen jedoch nahe, dass dieser Ansatz auch einen substanziellen Erklärungsgehalt für das Verhalten von Unternehmen aus wirtschaftlich stärker entwickelten Ländern aufweist (Liu/Yang/Zhang 2012; Peng/Parente 2012).

4.2.2 Intendierte Strategieentwicklung versus emergente Entstehung von Strategien

Der traditionellen präskriptiven Strategieschule, wie sie von Ansoff, Andrews oder Chandler vertreten wird, liegt die Annahme zugrunde, dass Strategien langfristig, intendiert und rational geplant werden können bzw. sollten. Eine Konsequenz dieser Auffassung ist die Möglichkeit, einzelne Phasen des Strategieprozesses abzugrenzen. Danach werden Strategien zunächst in einem analytisch geprägten Prozess formuliert und anschließend implementiert. Demgegenüber stehen sog. deskriptive Strategiemodelle, die untersuchen, wie Strategien in der Realität tatsächlich gebildet werden bzw. sich entwickeln (Müller-Stewens/Lechner 2016, S. 51–56). Der einflussreichste Ansatz der deskriptiven Schule stammt von Mintzberg, der mehrere Arten der Strategiebildung identifiziert und betont, dass es einen »one best way« im strategischen Management nicht geben kann (Mintzberg 1991b, S. 46; Mintzberg/Ahlstrand/Lampel 2009, S. 12–13).

Mintzberg unterscheidet in seinem Modell zwischen intendierten, deliberaten und sog. emergenten Strategien (▶ Abb. 2.23). Die intendierten oder auch »intended strategies« genannten Strategien

4 Strategieentwicklung und -bewertung

werden bewusst (»deliberate«) formuliert. Der Teil der intendierten Strategien, der tatsächlich realisiert wird, nennt sich »deliberate strategies«. Es gibt nach Mintzberg aber immer auch Strategien, die zwar beabsichtigt und formuliert waren, jedoch nicht realisiert wurden und somit als »unrealized strategies« aus dem Prozess ausscheiden. Von besonderer Bedeutung für das Konzept von Mintzberg ist jedoch die Annahme, dass neben geplanten Strategien stets auch ungeplante Strategien in einem Unternehmen entstehen, sog. »emergent strategies«. Diese Strategien fließen ebenfalls in den Strategieprozess mit ein und werden zu »realized strategies« (Mintzberg 1978, S. 945, 1987b, S. 13). Dabei versteht Mintzberg unter emergenten Strategien solche, die sich erst im Laufe der Zeit herausbilden. Mehrere strategische Entscheidungen verdichten sich und ergeben am Ende ein konsistentes Handlungsmuster, das sog. Pattern (Mintzberg 1978, S. 945; Mintzberg/Ahlstrand/Lampel 2009, S. 10–13).

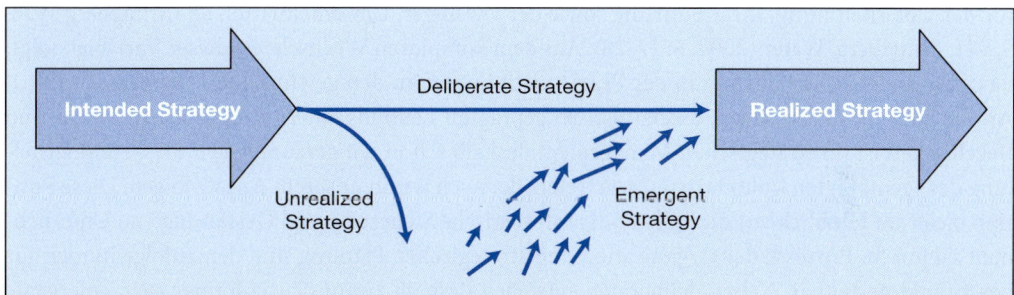

Abb. 2.23: Types of Strategies
(Quelle: Eigene Darstellung in Anlehnung an Mintzberg/Waters (2004, S. 18) und Mintzberg/Ahlstrand/Lampel (2009, S. 12))

Um den Terminus der emergenten Strategien greifbarer zu machen, verwendet Mintzberg oftmals die Analogie der »crafting strategy«. Die zentrale Vorstellung ist dabei, dass Strategien wie Material (Ton) in einem handwerklichen Prozess geformt werden können bzw. müssen (Mintzberg 1987a, S. 66). Aus dieser Vorstellung heraus leitet Mintzberg die Erkenntnis ab, dass der Strategieprozess nicht streng in Strategieformulierung und implementierung unterteilt werden kann, sondern ein zusammenhängender Vorgang sein muss.

Diese Kritik am klassischen Strategieprozess, wie er von der präskriptiven Schule vertreten wird, führte zu einer lebhaften Diskussion von Mintzberg (1990; 1991a) und Ansoff (1991) im *Strategic Management Journal*. Aus Ansoffs Perspektive ist es für Unternehmen notwendig, Ziele und Strategien intendiert zu formulieren und zu implementieren. Insbesondere bei unsicheren Umweltsituationen könne man sich nicht darauf verlassen, dass sich eine Strategie emergent entwickeln würde (Ansoff 1991, S. 452–458). Im Gegensatz dazu betont Mintzberg, dass durch die Zerlegung des Strategieprozesses in einzelne Phasen wichtige Feedbackbeziehungen verloren gehen. Nur wenn Strategieformulierung und implementierung als ein fließender Prozess betrachtet werden, könnten sich Strategien entwickeln und Lerneffekte realisiert werden (Mintzberg 1987a, S. 66).

Weiterhin ist in der präskriptiven Strategieschule laut Mintzberg vorwiegend das Top-Management für die Formulierung der Strategien verantwortlich. Folgt man der emergenten Sichtweise, greift dies jedoch zu kurz, denn für Mintzberg (1990) ist letztlich jeder Mitarbeiter in einem Unternehmen dazu befähigt, bei der Strategieentwicklung mitzuwirken. Laut Mintzberg setzt sich deshalb in der Praxis häufig eine Strategie durch, die sowohl geplante als auch emergente Elemente enthält. Beide Faktoren können in einer Mischstrategie verschieden ausgeprägt sein. Eine mögliche Form ist die sog. »umbrella strategy«. Hier werden grobe Richtlinien bewusst auf übergeordneter Ebene vorgegeben (Plan), für die Details und die Ausführung der Strategie auf den operativen Ebenen wird allerdings Raum gelassen (Pattern) (Mintzberg 1994, S. 25–27).

Mintzbergs Sichtweise hat entscheidende Implikationen für die Organisation des Strategieprozesses. Die verschiedenen Möglichkeiten der Strategieentwicklung entlang des Strangs »deliberate« und »emergent strategies« stellen letztlich ein Kontinuum dar und repräsentieren unterschiedliche Rationalitätszustände (vollkommen/beschränkt) (Mintzberg 1991a, S. 465; Scherer 1995, S. 43–50). Die Art der Strategiebildung bzw. Rationalität hängt dabei maßgeblich von der Organisationsstruktur der Unternehmung, ihrer Führung sowie der jeweiligen Umweltsituation ab (Mintzberg 1978, S. 941; Mintzberg/Waters 2004, S. 17–28). Aus dem komplexen Wechselspiel dieser Variablen folgt, dass die strategische Führung in der Praxis nicht immer zu den gewünschten Ergebnissen führt. An die Stelle des klassischen, mechanistisch geprägten Leitbilds einer (grenzenlosen) Mach- und Regelbarkeit ist im strategischen Management deshalb schon seit geraumer Zeit die Grundeinstellung des »gemäßigten Voluntarismus« getreten, der auch wir in unserem Ansatz folgen. Diese Position bleibt im Hinblick auf die vollständige strategische Steuerung und Gestaltung von Unternehmen skeptisch. Prozesse der Organisation und strategischen Planung sind demzufolge immer nur beschränkt gestaltbar. Neben deliberaten entstehen deshalb zwangsläufig immer auch emergente Strategien in Organisationen.

4.2.3 Inkrementaler versus synoptischer Ansatz

Jedem Strategieentwicklungsprozess liegt eine bestimmte Sichtweise hinsichtlich der Gestaltung der Abstimmungsvorgänge sowie der unterschiedlichen Planungsprozesse zugrunde. Im Folgenden wollen wir die beiden wichtigsten Konzepte und Abstimmungsmöglichkeiten im Rahmen des Strategieprozesses näher untersuchen. Dabei handelt es sich um die Alternative inkrementaler versus synoptischer Ansatz.

Inkrementaler Ansatz

Beim inkrementalen Ansatz wird gefragt, ob die bereits verfolgte Strategie im Lichte der durchgeführten Analysen modifiziert werden sollte. Ziele spielen hierbei zunächst keine dominante Rolle. Im Vordergrund steht vielmehr die Durchführbarkeit. Erst im zweiten Schritt wird geprüft, ob die Strategien auch als annehmbar gelten können (Picot/Lange 1978, S. 5–8). Außerdem erfolgt beim inkrementalen Ansatz keine ganzheitliche Erfassung des Planungsproblems. Vielmehr wird das Gesamtproblem in mehrere Teilprobleme aufgespalten; diese werden schrittweise und nicht unbedingt in sachlogischer Reihenfolge bewältigt.

Der inkrementale Ansatz geht in erster Linie auf die empirischen Beobachtungen von Lindblom (1959, 1965) zurück. Lindblom hat festgestellt, dass Zielvereinbarungen im Wege einer wechselseitigen Anpassung der Verhandlungsgegner während eines Verhandlungsprozesses getroffen werden. Ein solches Verhalten wird von Lindblom auch als »muddling through« (Politik der kleinen Schritte) sowie als »partisan mutual adjustment« bezeichnet. Der inkrementale Ansatz zur Strategieentwicklung liegt bei näherer Betrachtung auch dem oben beschriebenen Strategieprozessverständnis von Mintzberg (1987a) zugrunde. Demnach findet sich in der Unternehmenspraxis keine eindeutige und phasendeterminierte Abfolge von Aktivitäten bei der Strategieentwicklung. Vielmehr entstehen Strategien oftmals unregelmäßig und dezentral.

Synoptischer Ansatz
Der synoptische Ansatz legt eine ganzheitliche, für wünschenswert gehaltene Zielformulierung zugrunde, aus der Strategien »sachlogisch« abgeleitet werden. Das Phasenschema von Vancil/Lorange (1979, S. 61–68) kann als Beispiel für einen synoptischen Ansatz betrachtet werden. Im Zusammenhang mit der strategischen Planung in diversifizierten Unternehmen unterscheiden die Autoren drei Phasen des Planungsprozesses:

- Die Phase der Zielsetzung umfasst die Festlegung der strategischen Ziele und der Strategie für das Gesamtunternehmen sowie die vorläufige Festlegung der operativen Unternehmens- und Geschäftsbereichsziele.
- In der Phase der strategischen Programmierung erfolgen die endgültige Festlegung der operativen Unternehmens- und Geschäftsbereichsziele sowie die vorläufige Verteilung der Ressourcen auf die einzelnen Geschäftsbereiche.
- Im Rahmen der Budgetierungsphase wird die endgültige Allokation der Ressourcen vorgenommen.

Lorange (1980, S. 31) erweitert diesen dreistufigen Planungsprozess um die beiden Stufen der Überwachung und der Verknüpfung mit der Vergabe von Anreizen für die Planungsträger. Zur Zielsetzung zählen dabei auch das Setzen von Prämissen und die Vorgabe von Beschränkungen. Es wird deutlich, dass das synoptische Modell von einer idealtypischen Struktur des Strategieprozesses ausgeht, die unter logischen Entscheidungsgesichtspunkten ableitbar ist und insofern einen stark präskriptiven Charakter hat. Der von uns in diesem Buch vorgestellte Prozess des strategischen Managements kann insofern ebenfalls als ein synoptisches Modell verstanden werden, weil er beschreibt, wie die Entscheidungsstruktur zur Strategiefindung in Unternehmen idealtypisch gestaltet werden sollte.

Vergleich des synoptischen und des inkrementalen Ansatzes
Die dargestellten alternativen Vorgehensweisen bei der Formulierung von Zielen und Strategien sind von Picot/Lange (1979, S. 575–591) zum Gegenstand einer empirischen Überprüfung anhand von Laborexperimenten gemacht worden. Das Ergebnis dieser Untersuchungen lässt sich wie folgt zusammenfassen: Ein inkrementaler Planungsprozess führt zu einer größeren Übereinstimmung unter den Planern, zu einem höheren Maß an Selbstverpflichtung, zur besseren Durchführung der gewählten Strategie sowie zu größerer Zufriedenheit bei den Planungsträgern. Ein synoptischer Ansatz bewirkt dagegen eine größere Kreativität und eine höhere Innovationskraft von Strategien. Diese Eigenschaften sind insbesondere in Zeiten gefordert, die sich durch eine hohe Turbulenz der Umweltbedingungen auszeichnen. Unter normativen Gesichtspunkten wird man also nicht ohne

einen synoptischen Gesamtrahmen auskommen, um der mit einem inkrementalen Planungsprozess verknüpften geringeren Erfolgswirksamkeit entgegenzuwirken.

Ein früher Versuch, diese beiden Ansätze zu integrieren, stammt von Quinn (1980). Er untersuchte, wie zehn US-Großunternehmen Prozesse des strategischen Wandels bewältigten und kam zu folgenden Feststellungen:

- Strategien sind meist nicht nur das Ergebnis eines formalen Top-down-Planungsprozesses; sie entwickeln sich oftmals auch ungeplant und dezentral aus Aktivitäten in sog. strategischen Subsystemen (Divisionen, Funktionsbereichen etc.), die auf Umweltherausforderungen reagieren.
- Hauptaufgabe des Top-Managements ist nicht die Entwicklung und Durchsetzung optimaler Strategien, sondern die Steuerung dieses evolutorischen Prozesses (»coalition management«) auf der Basis einer flexibel gehaltenen »vision of success« (Quinn 1982, S. 613). Das Top-Management greift immer wieder in diesen Prozess ein und versucht, ihn zu ordnen. Wichtige Funktionen sind hierbei z. B. die Sensibilisierung der Organisation für zukünftige Chancen und Herausforderungen, die ständige Förderung der Konsensbildung über die zukünftige strategische Kursrichtung, die Sicherstellung offener Kommunikationskanäle und der Aufbau von Ressourcenpuffern zur Erhöhung der Flexibilität (Quinn 1980, S. 97–152). Die erhebliche Unsicherheit, die mit strategischen Entscheidungen verknüpft ist, legt einen schrittweisen, inkrementalen Prozessverlauf nahe. Die Unternehmung kann so flexibel auf neue Herausforderungen und Chancen reagieren.
- Dieser Prozess, der dem synoptischen Ablauf zu widersprechen scheint, besitzt nach Quinn (1980, S. 58) aber doch eine innere Logik, wenn er bewusst und proaktiv gesteuert wird. Quinn hat seinen Ansatz deswegen als »logical incrementalism« bezeichnet.

Problematisch an der Untersuchung von Quinn ist neben einigen methodischen Mängeln der Versuch, den empirischen Verlauf traditioneller strategischer Planungsansätze in ein präskriptives Modell umzuformulieren (Schreyögg 1984, S. 243). Weder der synoptische noch der inkrementale Ansatz scheinen, für sich genommen, eine befriedigende Basis für eine Theorie des strategischen Managements zu bilden. In der Praxis sollten Strategieentwicklungsprozesse deshalb stets sowohl synoptische als auch inkrementale Merkmale aufweisen.

4.2.4 Strukturalistischer versus rekonstruktivistischer Ansatz

Die bisher diskutierten Ansätze zur Strategieentwicklung greifen aus Sicht von Kim/Mauborgne (2009) zu kurz. Auf der Basis empirischer Studien in über 300 Firmen entwickelten sie deshalb eine alternative Sichtweise zur Strategieentwicklung, die in den letzten Jahren zunehmend in der Theorie, vor allem aber der Beratungspraxis aufgegriffen wurde. Die Grundannahme der Autoren lautet dabei, dass die Wahl der richtigen Strategie für ein Unternehmen insbesondere von den folgenden Ausgangsbedingungen abhängt:

- den strukturellen Bedingungen, in denen ein Unternehmen operiert,
- seinen vorhandenen Ressourcen und Kernkompetenzen sowie
- seiner strategischen Grundeinstellung.

Kim/Mauborgne (2009) kritisieren, dass die meisten Unternehmen zu stark dem sog. strukturalistischen Ansatz im Rahmen der Strategieentwicklung folgen. Dieser Ansatz basiert letztlich auf den bereits diskutierten Grundannahmen des Market-based View und erscheint den Autoren nur unter bestimmten strukturellen Bedingungen sinnvoll und erfolgreich zu sein. Weichen Wettbewerbsbedingungen jedoch von den Grundannahmen des strukturalistischen Ansatzes ab, dann empfehlen Kim/Mauborgne (2009) eine andere Vorgehensweise bei der Strategieentwicklung, den sog. rekonstruktivistischen Ansatz.

Bei beiden Strategieansätzen hängt der Erfolg eines Unternehmens vor allem davon ab, wie die Verantwortlichen die relevanten Erfolgsfaktoren entwickeln und koordinieren. Vor dem Hintergrund der o. g. drei Ausgangsbedingungen gibt es gemäß Kim/Mauborgne (2009) insbesondere drei zentrale Erfolgsfaktoren: die Wertorientierung, die Gewinnorientierung sowie die Stakeholderorientierung. Die Wertorientierung hat als oberstes Ziel, Kunden zu binden und dauerhaft zufriedenzustellen. Die Gewinnorientierung stellt darauf ab, dass Unternehmen mit ihren Produkten und Geschäftsmodellen stets eine ökonomische Rendite erzielen sollten. Die Stakeholderorientierung schließlich zielt darauf ab, alle internen und externen Anspruchsgruppen zu motivieren, die jeweilige Strategie des Unternehmens nachhaltig zu unterstützen. Die Wert- und Gewinnorientierung determinieren demnach vor allem den Inhalt (Content) der Strategie. Sie bestimmen, *was* für Produkte und Geschäftsmodelle ein Unternehmen seinen Kunden anbietet und *wie* es von diesem Angebot profitiert. Die Qualität und der Erfolg der Umsetzung der Strategie hängen dagegen maßgeblich von der Stakeholderorientierung ab (Kim/Mauborgne 2009, S. 74–75). Der strukturalistische und rekonstruktivistische Ansatz unterscheiden sich vor allem hinsichtlich der Ausrichtung dieser drei Strategieelemente. Welcher Ansatz in welcher Situation der geeignete ist, werden wir im Folgenden diskutieren, bevor wir die wichtigsten Merkmale beider Konzepte in Tabelle 2.5 einander gegenüberstellen.

Der strukturalistische Ansatz

Den Ursprung hat der strukturalistische Ansatz im bereits vorgestellten »Structure-Conduct-Performance« Paradigma, das insbesondere auf die Arbeiten von Bain (1959) und Mason (1939) sowie Scherer (1970) zurückgeht (▶ Teil II, Kap. 4.2.1). Dieses besagt, dass der Erfolg eines Unternehmens von dessen Verhalten abhängt und das Verhalten wiederum von grundlegenden strukturellen Faktoren, etwa der Anzahl der Zulieferer und Käufer, die bereits in einem Markt aktiv sind, oder den Einstiegsbarrieren für neue Anbieter. Diese theoretische Position entspricht letztlich dem Market-based View und basiert auf einem deterministischen Weltbild. Folgt man dem strukturalistischen Ansatz, geht man letztlich von der Annahme aus, dass die externen Wettbewerbsbedingungen in einer Branche mehr oder weniger vorgegeben sind. Unternehmen können demnach nur versuchen, diese Bedingungen zu ihrem Vorteil zu nutzen. Sie müssen geeignete wettbewerbsorientierte Strategien finden, um sich in den ihnen bekannten Märkten gegen die Konkurrenz durchzusetzen. Solche bereits existierenden Märkte und Industrien, deren Strukturen und Wettbewerbsspielregeln den Akteuren bereits vertraut sind und in denen es keine signifikanten Innovationen und Unterschiede zwischen den Wettbewerbern gibt, bezeichnen Kim/Mauborgne (2015a) als sog. »Red Oceans«. Sie kritisieren, dass die meisten Unternehmen sich bei der Strategieentwicklung zu stark auf die ihnen vertrauten Red Oceans konzentrieren (Kim/Mauborgne 2015b). Dieser Ansatz hat ihrer Meinung nach die Praxis der Strategieentwicklung in den vergangenen 30 Jahren dominiert. Er führt dazu, dass strategische Möglichkeiten eines Unternehmens durch dessen Umfeld begrenzt sind, oder anders ausgedrückt: Die Struktur determiniert die Strategie (Kim/Mauborgne 2009).

Anwendung findet der strukturalistische Ansatz vor allem in Unternehmen, deren Umfeld bzw. Branche attraktiv ist und die sich mittels vorhandener Ressourcen und Kernkompetenzen leicht eine gute Marktposition erarbeiten können. Alternativ kommt dieser Ansatz aber auch bei Unternehmen zum Einsatz, deren strukturelles Umfeld nicht ideal ist, die aber dank überlegener Ressourcen und Kernkompetenzen in der Lage sind, die Konkurrenz zu übertreffen. Die strategische Grundeinstellung bei diesen Firmen ist gleichwohl defensiv; es herrscht meist eine Unternehmenskultur, in der Manager und Mitarbeiter eher strategische Positionen in einer bestimmten Branche verteidigen, als sich mit Innovationen auf unbekanntes Terrain zu begeben (Kim/Mauborgne 2009). Sämtliche Aktivitäten eines Unternehmens – und damit auch die strategischen Erfolgsfaktoren – sollten gemäß dem strukturalistischen Ansatz entweder auf Differenzierung oder auf niedrige Kosten ausgelegt sein. Ganz im Sinne von Porter (1989) müssen Unternehmen sich für eine strategische Position entscheiden.

Zusammenfassend lässt sich festhalten, dass der strukturalistische Ansatz starke Ähnlichkeiten mit dem Market-based View aufweist. Unter bestimmten Umweltbedingungen hat dieses Vorgehen im Rahmen der Strategieentwicklung durchaus seine Berechtigung. Rückt man allerdings von der Annahme ab, dass die Umweltbedingungen das Verhalten und auch das Ergebnis von Unternehmen weitgehend determinieren, dann greift der strukturalistische Ansatz zu kurz. In diesem Fall erscheint der von Kim/Mauborgne (2009) propagierte rekonstruktivistische Ansatz besser geeignet, die Strategieentwicklung in Unternehmen anzuleiten.

Der rekonstruktivistische Ansatz

Der rekonstruktivistische Ansatz wurde von Kim/Mauborgne ursprünglich als sog. »Value Innovation« und später als »Blue Ocean Strategie« bezeichnet (Kim/Mauborgne 2015a). Er fußt auf der endogenen Wachstumstheorie, die u. a. von Romer (1994) vertreten wird. Basis dieses Wachstumsmodells ist die Annahme, dass Ideen und Aktivitäten eines einzelnen Marktteilnehmers das Wirtschafts- und Branchenumfeld verändern können. Folglich kann die Strategie eines Unternehmens auch die Struktur einer ganzen Branche bestimmen oder zumindest beeinflussen. Dieser Strategieansatz berücksichtigt, dass der Erfolg eines Unternehmens nicht nur vom Wettbewerbsumfeld abhängen muss. Die Blue Ocean Strategie geht vielmehr von der Annahme aus, dass Unternehmen Branchen selbst gestalten oder sogar neu entwickeln können und dazu in der Lage sind, das Abhängigkeitsverhältnis zwischen Struktur und Strategie zu ihren Gunsten umzukehren (Kim/Mauborgne 2009, S. 74). Blue Oceans lassen sich zum einen in bereits existierenden Branchen finden, indem Unternehmen mittels innovativer Produkte und Geschäftsmodelle Wettbewerbsvorteile generieren (z. B. Netflix erfolgreiches Geschäftsmodell zum Vertrieb von Filmen und Serien im Abonnement). Zum anderen bezeichnen Blue Oceans aber vor allem Märkte und Geschäftsfelder, die bislang noch nicht existieren und die Gegenstand völlig neuer Innovationen sind (z. B. die Markteinführung des Kindle von Amazon und der damit verbundene Zugriff auf eine große Zahl elektronischer Buchtitel im Jahr 2007). In diesem Fall liegt der Fokus der Strategie nicht darauf, die Konkurrenz in einem bereits bestehenden Markt (Red Ocean) zu schlagen, sondern der Konkurrenz auszuweichen und

4 Strategieentwicklung und -bewertung

Fallbeispiel Marvel Entertainment

Wie sich ein Unternehmen mit einer **Blue Ocean Strategie** einen neuen Markt geschaffen hat, zeigt das Beispiel **Marvel**. Das Comic-Unternehmen Marvel wurde bereits 1939 als Timely Comics gegründet. Über die längste Zeit der Unternehmensgeschichte war Marvel vor allem ein Verlag, der Abenteuer von Superhelden wie Captain America, The Amazing Spider Man oder The Hulk verlegte. Aus dem Unternehmen Marvel ging 1998 das Unternehmen **Marvel Entertainment** hervor, welches 2009 für 4 Milliarden US $ von der **Walt Disney Company** erworben wurde. Marvel Entertainment verlegt nach wie vor Comics, produziert aber auch Videospiele und Filme. Seit dem Jahr 2008 produziert Marvel die Verfilmungen seiner Comic-Bücher dabei selbst (z.B. Iron Man, X-Men, Thor oder The Avengers) und hat damit erheblich zur Popularität des Genres »Superheldenfilm« beigetragen. Durch eine langfristige Planung, die Bündelung von geistigem Eigentum sowie eine eigene Produktion der Filme konnte Marvel das Genre besser bedienen als kleinere Comic-Firmen und der Hauptwettbewerber in diesem Markt, DC Comics. Durch den Aufbau eines eigenen Filmstudios konnte sich Marvel auf das Kerngeschäft des Geschichtenerzählens fokussieren und gleichzeitig Kosten in der Filmproduktion einsparen. Marvel besitzt die Eigentumsrechte an den Geschichten seiner Superhelden und muss deshalb keine Lizenzgebühren zahlen. Zudem kann Marvel eine eigene Kostenstrategie bei der Auswahl von Schauspielern und Regisseuren verfolgen. Während die Konkurrenz noch Filme nach dem alten Muster produzierte, konnte Marvel bereits die Vorteile nutzen, die der neugeschaffene blaue Ozean für das Unternehmen bot, und mit relativ kostengünstigen Budgets Filme im Blockbuster-Format produzieren. Marvel hat zudem mit mehrteiligen Filmen und durch Verflechtungen der Handlungsstränge der Reihen untereinander ein eigenes Filmuniversum erschaffen, das sog. **Marvel Cinematic Universe**. Diese Idee war neu im Markt und die Filme aus dem Marvel Cinematic Universe heben sich von der Masse ab, weil sie sich gegenseitig ergänzen und eine große Gesamtgeschichte erzählen. Ein weiterer Vorteil ist, dass Marvel den zukunftsträchtigen Markt des Streaming-on-demand im Internet bedienen kann, indem die Firma kleinere Einzelproduktionen und Serien extra dafür produziert. Auch diese komplementieren das Marvel Cinematic Universe. Marvel kooperiert hierzu mit der Streaming-Plattform Netflix, die mittlerweile über 100 Millionen Nutzer weltweit hat (Stand 2017).

Zusammenfassend gelingt es Marvel Entertainment, alle drei Erfolgsfaktoren der **Blue Ocean Strategie** erfolgreich zu adressieren: Das Unternehmen generiert erstens **Wert**, indem es durch seine Geschichten und Filme eine hohe Zufriedenheit bei den Zuschauern schafft und diese langfristig an sich bindet. Marvel erzielt zweitens hohe **Gewinne**, da es das klassische Dilemma zwischen Qualität und hohen Kosten mittels einer hybriden Strategie durchbricht. Dabei hat das Unternehmen den Markt für Geschichten mit Superhelden im Kino und Fernsehen durch die kontinuierliche Weiterenwicklung des Marvel Cinematic Universe neu geformt. Allein in den Jahren 2002 bis 2016 erzielten die zehn erfolgreichsten Verfilmungen von Marvel-Comics an den Kinokassen ein weltweites Einspielergebnis von 10,1 Mrd. US $ bei geschätzten Produktionskosten von nur 2 Mrd. US $. Drittens motiviert Marvel sehr erfolgreich die relevanten **Stakeholdergruppen** (z. B. Kunden, Kinobetreiber, Muttergesellschaft Walt Disney Studios und Streamingdienste), das Unternehmen und sein Geschäftsmodell nachhaltig zu unterstützen (Olenick 2016).

einen neuen Markt (Blue Ocean) für das Unternehmen zu kreieren (Kim/Mauborgne 2015b). Das Generieren von Blue Oceans darf dabei nicht mit technologischen Innovationen gleichgesetzt werden (Kim/Mauborgne 2015b). Eine neue Technologie kreiert nicht zwangsweise auch einen neuen Markt. Dies zeigt sich bspw. am Unternehmen Segway, welches zwar eine neue Technologie zur Mobilität entwickelt hat, aber bislang keine große Kundenbasis generieren konnte. Bei Blue Oceans geht es deshalb nicht nur um innovative Technologien, sondern vor allem darum, in neuen Märkten für Kunden Wert mittels neuer Produkte, Dienstleistungen oder Geschäftsmodelle zu generieren.

Der rekonstruktivistische Ansatz kann gemäß Kim/Mauborgne (2009) insbesondere in einem strukturell attraktiven Umfeld eingesetzt werden, in dem die Wettbewerber zwar gut etabliert sind, es dem Unternehmen allerdings (noch) an den nötigen Ressourcen und Kernkompetenzen fehlt, um sich gegen die Konkurrenz durchzusetzen. In einem strukturell schwierigen Umfeld, welches dem Erfolg entgegenwirkt, ganz gleich, welche Ressourcen und Fähigkeiten ein Unternehmen mitbringt, findet dieser Ansatz ebenfalls Anwendung. Unabhängig davon, welche der genannten Umfeldsituationen vorliegt, müssen Unternehmen, die diesem Ansatz folgen, innovationsorientiert und bereit sein, neue Chancen zu suchen und zu nutzen. Ihre strategische Grundeinstellung ist offensiv und innovativ. Das Generieren von Blue Oceans funktioniert gemäß Kim/Mauborgne (2009, S. 74) allerdings nur, wenn alle drei Erfolgsfaktoren im Rahmen der Strategieentwicklung, d. h. Wert-, Gewinn- und Stakeholderorientierung sowohl auf Differenzierung als auch auf niedrige Kosten ausgelegt sind. Mittels dieser hybriden Strategie kann ein Unternehmen neue Märkte erschließen, indem es den traditionellen Kompromiss zwischen Qualität und Kosten durchbricht. Dabei formt die Strategie das strukturelle Umfeld (Kim/Mauborgne 2009, S. 75).

Abschließend sei hervorgehoben, dass der strukturalistische und der rekonstruktivistische Ansatz zur Strategieentwicklung nicht als unvereinbare Gegensätze betrachtet werden dürfen. Empirische Ergebnisse deuten darauf hin, dass Unternehmen beide Konzepte miteinander verbinden sollten (Burke/Stel/Thurik 2010). Zum Beispiel können Manager durch das Formulieren einer überlegenen Wettbewerbsstrategie in bereits etablierten Märkten versuchen, Renditen abzuschöpfen (Red Ocean Strategie). Die durch diese Red Ocean Strategie erzielten Erträge könnten dann dazu genutzt werden, um in den Aufbau neuer Branchen zu investieren und so noch unberührte Märkte mit neuen Kunden zu entdecken (Blue Ocean Strategie). Tabelle 2.5 fasst die wesentlichen Merkmale beider Ansätze zusammen.

Tab. 2.5: Strukturalistischer vs. rekonstruktivistischer Ansatz
(Quelle: Eigene Darstellung)

	Strukturalistischer Ansatz	**Rekonstruktivistischer Ansatz**
Ursprung	Struktur-Verhalten-Ergebnis-Paradigma	Endogene Wachstumstheorie
Annahme	Struktur determiniert die Strategie	Strategie kann die Struktur bestimmen
Anwendung	• Unternehmen, die sich mit ihren Ressourcen und Fähigkeiten eine gute Marktposition erarbeiten können • defensive Unternehmenskultur	• Unternehmen, die sich mit ihren Ressourcen und Fähigkeiten keine gute Marktposition erarbeiten können • innovationsorientierte Unternehmenskultur
Ausrichtung	Differenzierung **oder** Kostenführerschaft	Differenzierung **und** niedrige Kosten
Strategietypus	Red Ocean Strategie	Blue Ocean Strategie
Vertreter	Michael E. Porter	W. Chan Kim und Renée Mauborgne
Beispiele	Unternehmen in gesättigten Märkten • Aldi • Coca Cola • Ferrero	Unternehmen in wachsenden Märkten • Amazon • Marvel • Apple

4.3 Organisatorische Ebenen der Strategieentwicklung

Die Entwicklung von Strategien findet in Unternehmen auf verschiedenen organisatorischen Ebenen statt (▶ Abb. 2.24). Die klassische Unterscheidung bezieht sich auf die Ebenen der Unternehmensstrategien (Corporate Level Strategy) und Geschäftsbereichsstrategien (Business Level Strategy), die bereits von Hofer/Schendel (1978, S. 15) eingeführt wurde. Bei ersterer geht es um die Frage, in welchen Geschäftsbereichen und -feldern ein Unternehmen überhaupt tätig sein sollte und wie dieses Gesamtportfolio gesteuert werden kann. Die zweite Ebene greift auf die Segmentierung im Rahmen des strategischen Managements zurück und beantwortet die Frage, wie Unternehmen in den einzelnen Geschäftsbereichen Wettbewerbsvorteile zu erzielen versuchen. Die Differenzierung in Unternehmensstrategien und Geschäftsbereichsstrategien findet heute in fast allen Unternehmen und den meisten Ansätzen zum strategischen Management Verwendung. Sie wird typischerweise ergänzt um die Ebene der Funktionalstrategien, die Aussagen dazu machen, wie einzelne Funktionsbereiche (z. B. Produktion, Beschaffung und Logistik) innerhalb eines Unternehmens strategisch auszurichten sind. In jüngerer Zeit rückt die Bedeutung unternehmensübergreifender Kooperationsstrategien in den Vordergrund. Deren Notwendigkeit ergibt sich aus einer zunehmenden Vernetzung einzelner Wertschöpfungsaktivitäten über Unternehmensgrenzen hinaus. Wir gehen im Folgenden näher auf die verschiedenen Strategieebenen ein.

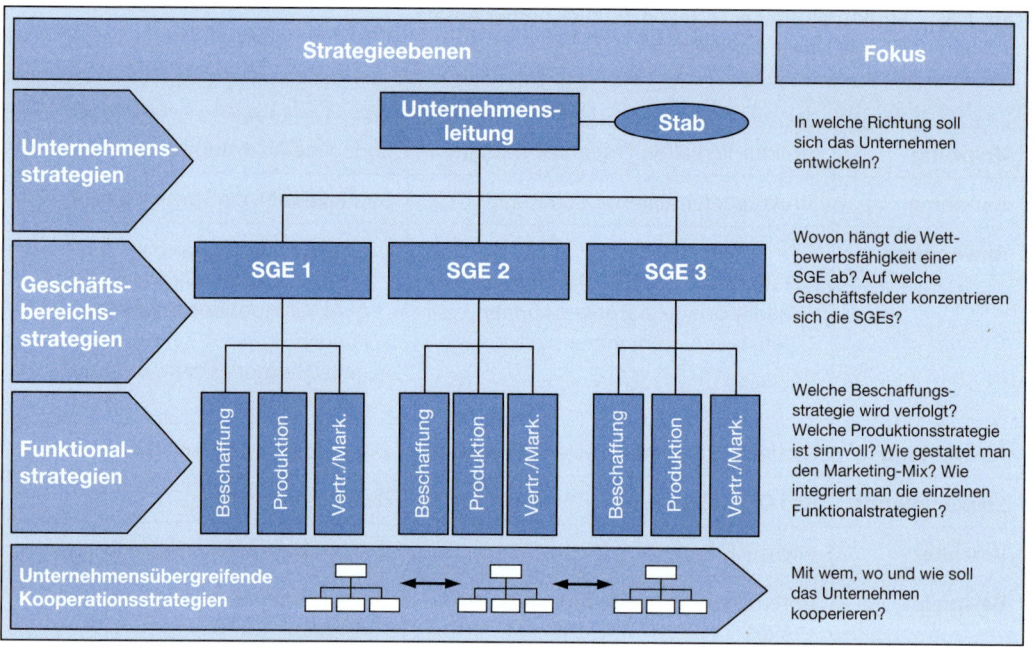

Abb. 2.24: Organisatorische Ebenen der Strategieentwicklung
(Quelle: Eigene Darstellung)

4.3.1 Unternehmensstrategien

Betrachtet man die Entwicklungsgeschichte des strategischen Managements, lässt sich spätestens seit den 1950er Jahren ein Trend zu divisionalen Organisationsstrukturen erkennen. Die sog. »multidivisional structure« wurde zuerst in US-amerikanischen Firmen eingeführt und war spätestens Anfang der 1970er Jahre die dominierende Organisationsform großer Unternehmen weltweit. Diese Entwicklung wurde u. a. durch die zunehmende Komplexität der Umweltentwicklungen bedingt und führte dazu, dass die strategische Führung in Unternehmen neue Aufgaben übernehmen musste. Insbesondere die folgende Frage muss dabei auf der Ebene des Unternehmens beantwortet werden: »What set of business should we compete in?« (Hofer/Schendel 1978, S. 15). Die Gesamtstrategie des Unternehmens definiert insofern das Portfolio des Unternehmens und bildet gleichzeitig den Bezugsrahmen für die Ableitung von Teilstrategien der einzelnen Geschäftsbereiche, die typischerweise in Form von strategischen Geschäftseinheiten organisiert sind. Zentrale Bedeutung für die Steuerung auf Ebene der Unternehmensstrategie hat in diesem Zusammenhang das Instrument der Portfolio-Analyse (▶ Teil III, Kap. 4.3).

Die Beschäftigung mit der strategischen Führung von multidivisionalen Unternehmen, die z. B. als Profit-Center, Geschäftsbereichsorganisationen oder Konzern- und Holdinggesellschaften organisiert sind, hat in den letzten Jahren beständig zugenommen (siehe z. B. Campbell et al. 2014; Frost/Morner 2010; Müller-Stewens/Brauer 2008, 2011; Piccolo/Tarantino/Ursino 2015; Ringlstetter/

Klein 2010; de Wit 2017). Dies ist vor allem dem Umstand geschuldet, dass alleine 90 % der deutschen Aktiengesellschaften, 50 % der Gesellschaften mit beschränkter Haftung und etwa 50 % der deutschen Personengesellschaften konzerniert sind oder sich wenigstens in konzernähnlichen Verbindungen befinden (Frost/Morner 2010, S. 20; Kreikebaum/Gilbert/Reinhardt 2002, S. 124; Ringlstetter 1995, S. 1).

Die Führung von komplexen Konzernen stellt eine große Herausforderung für die Unternehmensleitung dar. Unternehmen müssen auf dieser Ebene der Strategieentwicklung erklären, warum es sinnvoll ist, mehr oder weniger unabhängige Geschäfte unter dem Dach eines Unternehmens zu vereinigen. Die einzelnen Geschäftseinheiten bzw. Tochtergesellschaften könnten ja auch als wirtschaftlich eigenständige Unternehmungen am Markt operieren und so versuchen, Wettbewerbsvorteile zu generieren. Porter (1985) beschäftigt sich schon seit langer Zeit eingehend mit der Strategieentwicklung auf der Unternehmensebene. Er betont die Notwendigkeit, eine sog. »Horizontalstrategie« zu entwickeln. In diversifizierten Unternehmen legt die Horizontalstrategie zum einen fest, in welchen Geschäften, Industrien und Märkten ein Unternehmen in den Wettbewerb eintreten will. Zum anderen beschreibt die Horizontalstrategie, wie die Strategien der einzelnen Geschäftseinheiten aufeinander abgestimmt werden sollen, so dass Renditen erzielbar sind, die von den strategischen Geschäftseinheiten alleine nicht realisiert werden könnten (Porter 1985).

Strategieentwicklung auf der Unternehmensebene hat vor diesem Hintergrund die Aufgabe, sämtliche Aktivitäten in den einzelnen Geschäftseinheiten auf ihren Wertbeitrag hin zu überprüfen. Porter (1985, S. 365) kritisiert, dass viele Unternehmen zwar explizite Strategien auf der Ebene der Geschäftseinheiten entwickeln, auf der Unternehmensebene aber oftmals nur mehr oder weniger implizite Vorstellungen davon haben, wie diese Einzelstrategien in ihrer Summe zu einer Steigerung des Unternehmenswertes beitragen sollen. Er fasst seine Bedenken folgendermaßen zusammen: »*Horizontal strategy cannot be left implicit or allowed to emerge on a bottom-up basis from business units. Firms without an explicit horizontal strategy will have difficulty resisting the strong pressures that always exist to undermine corporate performance by optimizing that of individual business units, particularly those firms with a tradition of decentralized decision-making*« (Porter 1985, S. 365). Ohne die koordinierte Abstimmung der einzelnen strategischen Programme auf der Unternehmensebene besteht stets die Gefahr, dass Geschäftseinheiten sich so verhalten, dass der Gesamtwert des Unternehmens geringer wird (Goold/Campbell 2002, S. 240; Mishra/Akbar 2007). Dies kann bspw. passieren, wenn Geschäftseinheiten gleiche Kundengruppen auf der Basis völlig unterschiedlicher Strategien ansprechen. In der Konsequenz können das Angebot, die Art der Kundenansprache und die Werbung so stark differieren, dass Kunden abwandern und sich andere Lieferanten suchen.

Die Forderung nach der Formulierung einer expliziten Horizontalstrategie macht es nicht überflüssig, auch auf der Ebene der Geschäftseinheiten erfolgreiche Strategien zu entwickeln (de Wit 2017). Die Horizontalstrategie sollte aber über die Geschäftsbereichsstrategien hinaus aufzeigen, wie Unternehmen durch die Kombination und Koordination von Einzelaktivitäten einen Mehrwert generieren wollen. Goold/Campbell/Alexander (1994, 1998) führen in diesem Zusammenhang den Begriff des sog. »Parenting Advantage« in die Literatur zum strategischen Management ein. Ausgangspunkt der theoretischen Begründung des Parenting Advantage ist die Annahme, dass sog. »Multibusiness Firms« unter einer gemeinsamen Dachorganisation zahlreiche Unternehmen vereinen, die grundsätzlich eigenständig lebensfähig wären (Campbell et al. 2014). Diese Tochtergesellschaften des Parent generieren durch ihre Geschäftstätigkeit Umsätze und Erträge, indem sie Produkte und Dienstleistungen am Markt anbieten. Der Parent selbst hingegen verfügt über keine eigenen externen Kunden und erwirtschaftet keine autonomen Umsätze. Er verwaltet stattdessen vorrangig sein Beteiligungsportfolio und erbringt Dienstleistungen für seine Geschäftsbereiche. Dabei entstehen Kosten, die aus Sicht der Kapitalgeber nur dann gerechtfertigt sind, wenn der Parent für seine Geschäftsbereiche bzw. Tochtergesellschaften einen positiven Wertbeitrag erbringt (Campbell et al. 2014, S. 62–64). »*The parent can [...] only justify itself if its influence leads to better performance by the businesses than they would otherwise achieve as independent, stand-alone entities*« (Goold/Campbell/Alexander 1998, S. 308).

Goold/Campbell/Alexander (1994, S. 77–78) sehen insbesondere vier Möglichkeiten für einen Parent, durch strategische Entscheidungen auf Unternehmensebene einen positiven Wertbeitrag für seine Geschäftsbereiche zu generieren (▶ Tab. 2.6).

Tab. 2.6: Wertbeitrag durch Parenting
(Quelle: Eigene Darstellung in Anlehnung an Goold/Campbell/Alexander (1994, S. 79))

Quellen des Wertbeitrags	Systematik der Werterzielung	Beispiele für Wertbeiträge
Einflussnahme: Wertbeitrag des Parent durch direkte Einflussnahme auf die einzelnen Geschäftseinheiten		Überwachung und Kontrolle von Finanzkennzahlen, Genehmigung größerer Investitionen, Auswahl von Führungskräften, Festlegung von Produkt-Markt-Kombinationen, Preisentscheidungen, Personalentwicklung
Synergien: Wertbeitrag des Parent durch verbesserte Verbindungen zwischen den Geschäftseinheiten		Erleichterte Synergieerschließung durch unternehmensweite Entscheidungsprozesse und Strukturen, Unternehmensgrundsätze, Richtlinien, Verrechnungspreise und persönlichen Druck
Zentrale Leistungen: Wertbeitrag des Parent durch die Übernahme von zentralen Funktionen und Dienstleistungen		Kosteneffiziente Übernahme von zentralen Aufgaben in den Bereichen Personal, Rechnungswesen, Logistik und Beschaffung, Bereitstellung finanzieller Mittel für die Geschäftsbereiche durch den Parent
Unternehmensentwicklung: Wertbeitrag des Parent durch aktives Management des Geschäftsfeldportfolios		Veränderung der Portfoliozusammensetzung durch Kauf oder Verkauf von Geschäftseinheiten, Aufbau aussichtsreicher neuer Geschäftseinheiten, Zusammenfassen oder Trennen von Geschäftseinheiten zur besseren Marktbearbeitung

Einflussnahme (»stand alone influence«)

Durch die sog. »stand-alone influence«, d. h. die gezielte Einflussnahme auf einzelne Geschäftsbereiche, kann ein Parent deren Wert steigern. So lassen sich Finanzkennzahlen zentral überwachen oder größere Investitionen aufeinander abstimmen. Die Auswahl und Besetzung wichtiger Führungspositionen sowie eine gezielte Personalentwicklung können ebenfalls einen Wertbeitrag erbringen. Darüber hinaus gehören Entscheidungen über die Strategien, die grundlegende Definition des Geschäfts, die zur Anwendung kommenden Geschäftsmodelle, Produkt-Markt-Kombinationen sowie die Preisgestaltung in den Geschäftsbereichen zu den Aufgaben des Parents (Campbell et al. 2014; Goold/Campbell 2002). Fehlende Horizontalstrategien und eine schlechte Führung durch den Parent können aber auch zu einer Wertvernichtung bei den Geschäftseinheiten führen. Unklare Strategien und Ziele auf Unternehmensebene oder eine Fehlallokation von Investitionsmitteln können negative Auswirkungen auf das Gesamtportfolio haben. Diese Gefahr besteht, wenn sich das Management des Parent nicht auf einzelne Entscheidungsfelder fokussiert, weil sein Aufgabenbereich zu viele Geschäftsbereiche umfasst. Es stellt sich bspw. die Frage, inwieweit ein Manager, der nur 10 % seiner Arbeitszeit für einen bestimmten Geschäftsbereich einsetzt, qualifiziertere Entscheidungen zu treffen vermag, als sein entsprechendes Pendant in der Subeinheit, der sich zu 100 % dieser Aufgabe widmen kann.

Synergien (»linkage influence«)

Gelingt es dem Parent, zwischen seinen Geschäftseinheiten Verbindungen herzustellen, die ohne seine Initiative nicht zu Stande gekommen wären, dann kann dies als positiver Wertbeitrag gelten. Durch diese sog. »linkage influence« lassen sich Möglichkeiten für eine intensive Zusammenarbeit zwischen den Tochterunternehmen ausloten und neue Synergien realisieren (Goold/Campbell/Alexander 1994, S. 79–80). Synergien auf horizontaler Ebene können nach Porter (1985, S. 323–324) aus tangiblen oder intangiblen Wechselbeziehungen resultieren. Tangible Beziehungen zwischen den Geschäftseinheiten ergeben sich aus Wertschöpfungsaktivitäten, die gemeinsame Berührungspunkte aufweisen, wie z. B. die Nutzung eines einheitlichen Vertriebskanals, die Produktion auf gemeinsamen Anlagen oder die Entwicklung von kollektiv nutzbaren Basistechnologien in einem Konzern. Aus tangiblen Beziehungen ergeben sich positive Synergien, wenn die gemeinsame Nutzung von Ressourcen zu Kostenvorteilen oder einem Differenzierungsvorteil gegenüber der Konkurrenz am Markt führt. Ein positiver Wertbeitrag innerhalb des Netzwerks von Geschäftseinheiten kann für Porter (1985, S. 324) auch aus intangiblen Beziehungen resultieren. Darunter versteht er insbesondere den Transfer von Know-how durch den Parent auf die einzelnen Geschäftsbereiche. Bei diesem Know-how kann es sich um Management Know-how, technologisches Know-how oder auch Marktwissen handeln, welches in verschiedenen Geschäftsbereichen gleichzeitig gewinnbringend eingesetzt werden kann. Synergien lassen sich auch durch den Transfer von Kernkompetenzen erzielen, die von verschiedenen Geschäftsbereichen gleichzeitig genutzt werden, um Wettbewerbsvorteile zu erreichen. Die Versuche von Parents, auf der Unternehmensebene Synergien zu realisieren, sind nicht immer erfolgreich. Synergiepotenziale werden oftmals überschätzt oder es gelingt nicht, diese im operativen Geschäft tatsächlich zu heben. Schließlich steht es den Managern der Geschäftsbereiche prinzipiell frei, unabhängig von einer Beeinflussung durch den Parent, Kontakt miteinander aufzunehmen und eine Zusammenarbeit zu vereinbaren. Ist dies bisher unterblieben, erzwingt der Parent nicht selten ein ökonomisch wenig sinnvolles, gemeinsames Vorgehen der Geschäftsbereiche (Goold/Campbell/Alexander 1994, S. 80).

Zentrale Dienstleistungen (»central functions and services«)
Einen positiven Wertbeitrag kann ein Parent auch dann liefern, wenn er seinen Geschäftseinheiten zentrale Leistungen zu besseren Konditionen anbietet, als sie diese selbst erbringen oder am Markt beziehen könnten (Goold/Campbell/Alexander 1994, S. 80–81). Beispiele für sog. »central functions and services« sind Personalmanagement, IT, Beschaffung oder auch Finanzierung. Die Bereitstellung zentraler Dienstleistungen durch den Parent verlangt nicht selten eine große Zahl an Mitarbeitern in dessen Stab. Diese erzeugen in vielen Fällen jedoch ein erhebliches Maß an Bürokratie und mehr Overhead-Kosten, als sie tatsächlich an Mehrwert liefern (Goold/Campbell/Alexander 1994, S. 81). Wieso sollten derartige zentral angebotene Leistungen also kostengünstiger sein, als wenn ein externer Partner diese anbietet? Aufgrund dieser Schwierigkeiten sind viele Parents dazu übergegangen, zahlreiche Services (z. B. IT und Beschaffung) an externe Dienstleister auszulagern.

Unternehmensentwicklung (»corporate development«)
Die Unternehmensentwicklung bildet die Kernaufgabe des Parent. Durch gezielte Käufe und Verkäufe von Unternehmen oder durch eine Neuausrichtung einzelner Geschäftsbereiche versuchen Parents ihr Beteiligungsportfolio zu optimieren. Zur Strategie einiger Parents zählt es auch, Unternehmen kostengünstig zu akquirieren, deren Wert durch Einflussnahme zu steigern und diese anschließend gewinnbringend zu veräußern (Campbell 2006; Campbell et al. 2014). Problematisch ist allerdings, dass zahlreiche Parents zu viel für Unternehmenszukäufe bezahlen, verlustträchtige Geschäftsbereiche zu lange unterstützen oder Unternehmen strategisch falsch ausrichten. In vielen Studien zeigt sich, dass es Parents nicht gelingt, durch Unternehmensübernahmen tatsächlich Mehrwert zu generieren (Campbell et al. 2014; Goold/Campbell 2002).

Zusammenfassend lässt sich sagen, dass zahlreiche Möglichkeiten zur Steigerung der Wettbewerbsfähigkeit auf der Unternehmensebene bestehen. Durch die Formulierung erfolgversprechender Horizontalstrategien kann der Unternehmenswert auf Dauer gesteigert werden. Gleichzeitig besteht aber auch immer die Gefahr, aufgrund der o. g. Probleme, Wert zu vernichten. Um dieses Risiko so klein wie möglich zu halten, erscheint es daher sinnvoll, den Einfluss des Parent insbesondere auf jene Bereiche zu begrenzen, in denen er tatsächlich Kompetenzen aufweist. Das Management des Parent sollte dabei ein Gespür dafür entwickeln, wann die Geschäftsbereiche bzw. Tochtergesellschaften ohne Eingriff erfolgreich operieren und wann eine Intervention sinnvoll ist. Originäre Führungsentscheidungen eines Parent, wie z. B. die Genehmigung größerer Investitionen oder die Überprüfung der Zielerreichung, sollten jedoch auf keinen Fall an die Geschäftsbereiche und Tochtergesellschaften delegiert werden.

4.3.2 Geschäftsbereichsstrategien

Während auf der Unternehmensebene konkrete Entscheidungen über die Steuerung und Koordination der verschiedenen Unternehmensbereiche getroffen werden müssen, gilt es auf der Ebene der

Geschäftsbereichsstrategien folgende Frage zu beantworten: »How should we compete in the XYZ business?« (Hofer/Schendel 1978, S. 15). Die Ebene der Geschäftsbereichsstrategien legt bspw. die Vorgehensweise der im Unternehmen verfolgten Produkt-Markt-Kombinationen fest. Da Unternehmen typischerweise in mehreren Marktsegmenten oder sogar Branchen tätig sind, müssen sie für diese auch jeweils unterschiedliche Strategien formulieren. Die Strategien sollten alternative Wege aufzeigen, wie in den betreffenden Geschäftsbereichen Wettbewerbsvorteile erzielt werden können. Geschäftsbereichsstrategien beziehen sich typischerweise auf die organisatorische Ebene der strategischen Geschäftseinheiten oder aber einzelne Tochtergesellschaften (de Wit 2017). Je nachdem, wie ein Unternehmen organisiert ist, kann es sich dabei auch um Divisionen, Sparten oder sog. Strategic Business Units (SBU) handeln. Letztere repräsentieren zumeist organisatorische Subeinheiten vorhandener Divisionen.

Da die einzelnen Geschäftsbereichsstrategien immer mit den Horizontalstrategien auf Unternehmensebene abgestimmt werden müssen, ist der Entscheidungsspielraum auf dieser Ebene typischerweise begrenzt. In der Realität werden solche Strategien deshalb gemeinsam von Unternehmens- und Geschäftsbereichsleitern bestimmt. Auf Vorschlag der Geschäftsbereichsleitung berät und analysiert der Vorstand die strategischen Projekte und stimmt sie mit dem Aufsichtsrat des Unternehmens ab. Strategieentwicklung auf dieser Ebene muss stets die Balance halten zwischen einer notwendigen Delegation von Verantwortung an die einzelnen Geschäftsbereiche zum einen sowie der notwendigen Zentralisierung zum anderen. Die dezentrale Entwicklung von Strategien ist unerlässlich, um Flexibilität, Reaktionsgeschwindigkeit und Motivation der Geschäftsbereiche aufrechtzuerhalten. Die zentrale Evaluation und Steuerung der Einzelstrategien durch den Parent ist notwendig, um Horizontalstrategien verwirklichen zu können und der übergeordneten Verantwortung gegenüber allen Stakeholdern eines Unternehmens gerecht zu werden. Das erfolgreiche Management des schwierigen Zielkonflikts zwischen Horizontalstrategien auf der Unternehmensebene und selbstständigen Initiativen auf der Ebene der Geschäftsbereiche ist ein entscheidender Erfolgsfaktor im strategischen Management. Erfolgreiche Firmen wie GE, Siemens oder Bosch haben in den letzten Jahren vor allem in dieser Hinsicht große Kompetenzen bewiesen.

Geschäftsbereichsstrategien können sich auf eine Vielzahl von Feldern konzentrieren. Nach Porter (1980) sind Geschäftsbereichsstrategien vorrangig Wettbewerbsstrategien. Er unterteilt sie in die Strategie der Kostenführerschaft, der Differenzierung und der Konzentration auf Schwerpunkte. Die relevante Wettbewerbsstrategie ist in Abhängigkeit von dem betrachteten Unternehmensbereich auszuwählen. Jede Strategie beinhaltet ihre eigenen Chancen und Risiken. Bei der Verfolgung der Strategie der Kostenführerschaft läuft der strategische Geschäftsbereich Gefahr, die eigentlichen Marktbedürfnisse aus dem Blickfeld zu verlieren und zugleich änderungsfeindlich zu werden. Die Strategie der Differenzierung dagegen kann zu einem Kostennachteil führen, bei dem sich die Differenzierung für den Kunden nicht mehr lohnt. Außerdem können die Vorteile dieser Wettbewerbsstrategie durch Nachahmer rasch abgebaut werden. Als Risiko der Nischenpolitik ist die Gefahr der Nachahmung durch Marktführer zu nennen, die das Nischenprodukt auf dem Gesamtmarkt anbieten.

Abschließend sei darauf hingewiesen, dass insbesondere Vertreter des Kernkompetenzenansatzes das strategische Denken in abgetrennten Geschäftsbereichen kritisieren. Wie bereits angesprochen, haben Prahalad und Hamel (1990) schon vor fast 30 Jahren auf die Gefahr hingewiesen, dass ein zu starker Fokus auf die Strategie einzelner Geschäftsbereiche den Unternehmenserfolg gefährdet (▶ Teil II, Kap. 3.2.2). Prahalad und Hamel (1990) sprechen sogar von der sog. »tyranny of the SBU«, die sich darin ausdrückt, dass Geschäftsbereiche unabhängig voneinander versuchen, ihre individuellen Leistungsziele zu optimieren, ohne übergeordnete Gesamtzusammenhänge zu beachten. Sie schlagen deshalb vor, Unternehmen nicht als ein Konglomerat unabhängiger Geschäftsbereiche, sondern als ein Portfolio von Kernkompetenzen zu betrachten. Das Management soll demzufolge in Unternehmen eine strategische Architektur kreieren, die den geschäftsbereichsübergreifenden Aufbau von Kernkompetenzen ermöglicht und den Spartenegoismen Grenzen setzt. »*A strategic architecture is a road map of the future that identifies which core competencies to build and their constituent technologies. [...] The strategic architecture should make resource allocation priorities transparent to the entire organization*« (Prahalad/Hamel 1990, S. 89). Gelingt es nicht, die Grenzen zwischen den Geschäftsbereichen aufzubrechen, erscheint es kaum möglich, das Innovationspotenzial des gesamten Unternehmens auszuschöpfen. Kernkompetenzen sind dieser Lesart nach oftmals nicht aus einzelnen Geschäftsbereichen heraus entwickelbar, sondern sie entstehen nur durch eine von der Muttergesellschaft verantwortete Koordination von Ressourcen über SGE-Grenzen hinweg. Auf der Basis gemeinsamer Kernkompetenzen können Unternehmen dann Produkte, Dienstleistungen und Geschäftsmodelle entwickeln, um am Markt erfolgreich zu sein.

4.3.3 Funktionalstrategien

Strategien auf dieser Ebene geben die Ausrichtung der klassischen Funktionsbereiche vor. Besondere Bedeutung hat in der Praxis die Bestimmung von Beschaffungs-, Produktions-, Logistik-, Absatz-, Finanz-, IT-, Personal- sowie Forschungs- und Entwicklungsstrategien. Bei der Planung der einzelnen Strategien ist zu beachten, dass zwischen den Funktionsbereichen ein Interdependenzverhältnis besteht. Die funktionsbezogenen Strategien sind folglich in Abhängigkeit voneinander zu planen. Sie können in einem komplementären, aber auch konfliktären Verhältnis zueinander stehen. Dies ist bspw. der Fall, wenn im Beschaffungsbereich die Zahl der Lieferanten verringert werden soll, um Kosten zu reduzieren, in der Produktion aber gleichzeitig die Intention besteht, mit mehreren Lieferanten zusammenzuarbeiten, um das Ausfallrisiko von Lieferungen zu reduzieren.

Insbesondere in divisional organisierten Unternehmen leiten sich die funktionalen Strategien oftmals unmittelbar aus den Geschäftsbereichsstrategien ab und tragen so zu deren praktischer Umsetzung bei. In den letzten Jahren erfährt dieses traditionelle Vorgehen im Rahmen der Strategieentwicklung aber häufig eine Erweiterung. Insbesondere aus Sicht des Resource-based View tritt die Bedeutung einzelner Funktionsbereiche wieder stärker in den Vordergrund. Nicht selten sind Kernkompetenzen von Unternehmen innerhalb einzelner Funktionsbereiche angesiedelt, deren strategische Weiterentwicklung für Unternehmen in hohem Maße erfolgsrelevant ist. Dies führt dazu, dass Funktionalstrategien nicht länger nur abgeleitet werden, sondern oftmals der primäre Ausgangspunkt zur späteren Entwicklung von Wettbewerbsstrategien sein können.

Auf der Ebene der funktionalen Strategien wird zudem oft die Frage diskutiert, ob bestimmte Wertschöpfungsaktivitäten aus einem Geschäftsbereich ausgelagert werden sollen oder nicht. Es muss entschieden werden, ob das Unternehmen Aktivitäten selbst durchführt (»make«) oder von unabhängigen Dritten bezieht (»buy«). Kommt es innerhalb der Funktionalstrategie zu einer Auslagerung bzw. Externalisierung bestimmter Aktivitäten, spricht man typischerweise von Outsourcing. Die Rückverlagerung bzw. Internalisierung von Wertschöpfungsaktivitäten in das eigene Unternehmen bezeichnet man dagegen als Insourcing. Auch wenn in den letzten Jahrzehnten in vielen Industrien ein Trend zum Outsourcing zahlreicher Aktivitäten zu beobachten war, internalisieren in jüngerer Zeit viele Firmen wieder zunehmend ausgewählte Wertschöpfungsaktivitäten (ein Überblick dazu findet sich bei Macharzina/Wolf 2015, S. 304–306). Die Entscheidung darüber, welche Strategie in einem Funktionsbereich vorteilhaft ist, muss immer in Abstimmung mit der Geschäftsbereichsstrategie zum einen sowie der Horizontalstrategie zum anderen erfolgen.

4.3.4   Unternehmensübergreifende Kooperationsstrategien

In den letzten Jahren lassen sich grundlegende Veränderungen in der Praxis des strategischen Managements beobachten. Da Unternehmen in ihrer Ressourcenversorgung und bei der Gestaltung von Absatzaktivitäten zunehmend in die Abhängigkeit anderer Unternehmen geraten, sind sie zu einer strategischen Neuorientierung sowie einer Änderung des organisatorischen Verhaltens gezwungen. Sie erweitern ihren strategischen Radius und gehen zunehmend unternehmensübergreifende Kooperationen ein (Gilbert 2003b). Dadurch entstehen sog. strategische Unternehmensnetzwerke, in denen mehrere, bislang autonom agierende Unternehmen im Rahmen einer dauerhaften Zusammenarbeit ihre individuellen Ziele – zumindest teilweise – gemeinsamen strategischen Zielen unterordnen (Siebert 1991, S. 293). Dieser Einschränkung stehen auf kollektiver Ebene ein Autonomiezuwachs und die Chance auf einen größeren ökonomischen Erfolg durch die Zusammenarbeit gegenüber (z. B. durch die Teilung von wettbewerbsrelevantem Wissen).

Unternehmensübergreifende Kooperationsstrategien sind vielfach langfristig angelegt. Wirtschaftliche Vorteile sollen kontinuierlich aus der Zusammenarbeit der Geschäftspartner realisiert werden. Ein Unternehmen kann mit ganzen Geschäftsbereichen, einzelnen Funktionen bzw. Abteilungen oder nur mit bestimmten Beziehungsmustern zu Systemlieferanten oder Schlüsselkunden (sog. »Key Customers«) in (verschiedene) Kooperationen eingebunden sein. Meistens beschränkt sich die Zusammenarbeit zwischen den Partnern auf Teile der Wertschöpfungskette. In diesem Fall existiert eine nur begrenzte gegenseitige Abhängigkeit (Sydow 1992, S. 79–80).

Bei der Zusammenarbeit in unternehmensübergreifenden Kooperationen ergibt sich oftmals die Situation, dass Unternehmen zwar einerseits miteinander kooperieren, sie aber andererseits dennoch Konkurrenten bleiben. Auch wenn innerhalb einer Kooperation bestimmte Strategien, Pläne und Regeln zwischen den Partnern abgestimmt werden, verschwindet die Konkurrenzsituation nicht. Durch die Kooperation wird diese lediglich in bestimmten Bereichen und für eine bestimmte Zeit modifiziert. Die Koexistenz von Kooperation und Wettbewerb drückt sich in Unternehmen dadurch aus, dass es zumeist nur einzelne (Funktions-)Bereiche sind, in denen sie kooperieren, und andere wiederum, in denen sie konkurrieren (Sydow 1992, S. 79, 94). Für die Kooperationsbeziehung liegt in der Kultivierung einer Konkurrenzatmosphäre die Chance zur Generierung und Aufrechterhaltung einer erhöhten Wettbewerbsfähigkeit. Aus der Kooperation folgt die Erzielung von Economies of Scale und Scope. Konkurrenz im Netzwerk soll aber auch den Innovations-, Qualitäts-, Kosten- und Preiswettbewerb zwischen den Kooperationspartnern fördern. Man bezeichnet diesen auf den ersten Blick paradoxen Zustand, dass zwei Unternehmen gleichzeitig sowohl als Wettbewerber als auch als Kooperationspartner agieren, als »Coopetition« (▶ Abb. 2.25). Der Begriff der Coopetition wurde insbesondere durch Arbeiten in der Spieltheorie bekannt (Brandenburger/Nalebuff 2012). Dort wird u. a. diskutiert, welche »Spieler« man am Spiel beteiligen sollte, wie die Regeln des Spiels zu gestalten sind und mit welchen Strategien sich überlegene Renditen erzielen lassen.

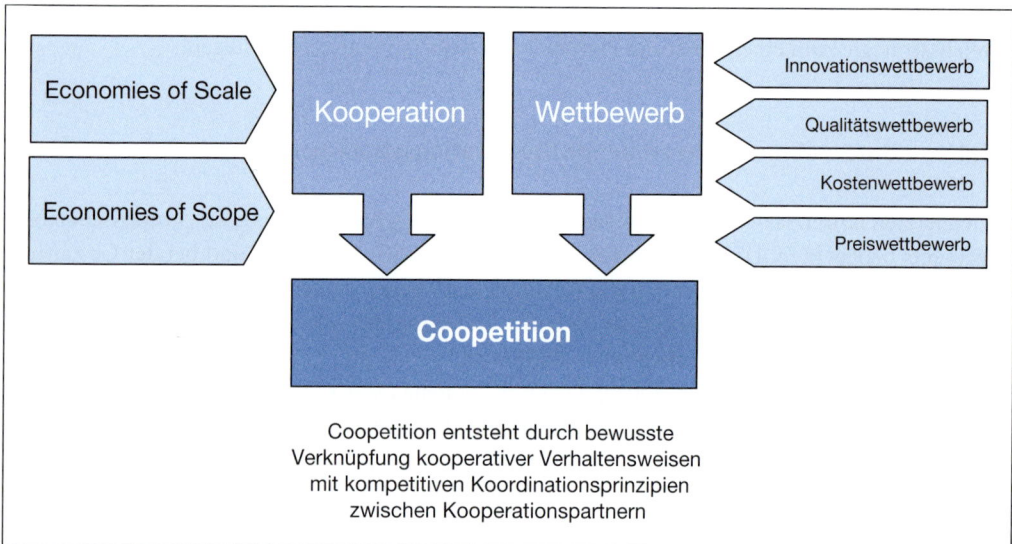

Abb. 2.25: Coopetition
(Quelle: Gilbert (2003b, S. 55))

Fallbeispiel Coopetition
Ein aktuelles Beispiel für Coopetition ist die Kooperation der drei Wettbewerber Audi, BMW und Daimler beim Aufbau des Kartendienstes Here. Nachdem die drei Automobilhersteller das Unternehmen, welches hochauflösende Karten herstellt, zunächst für 3 Mrd. € gemeinsam erworben haben, weiten sie die bestehende Kooperation momentan weiter aus. Im Dezember 2016 wurden Anteile an dem Gemeinschaftsunternehmen an Intel und ein Konsortium aus Singapur und China abgegeben. Durch Coopetition wollen die Unternehmen verhindern, dass Schlüsseltechnologien für Assistenzsysteme, autonomes Fahren und Navigation in die Hände von Google, Apple oder anderen amerikanischen Internetfirmen fallen. Durch diese Zusammenarbeit generieren die Unternehmen Economies of Scope, da sie nur einen Kartendienst aufbauen müssen und so die Entwicklungskosten teilen können. Durch die Zusammenführung von Wissen und Expertise gelingt es, eine bessere Qualität der notwendigen Daten zu erreichen und mehr Innovationen zu entwickeln.

Die Strategieentwicklung auf unternehmensübergreifender Ebene ist in den letzten Jahren immer stärker in den Vordergrund von Theorie und Praxis des strategischen Managements gerückt (vgl. u. a. Dyer/Kale/Singh 2004; Gilbert 2003b; Gulati/Wohlgezogen/Zhelyazkov 2012; de Wit 2017). Die wichtigsten Aktivitäten sind dabei die Selektion von Unternehmen und Wertschöpfungsaktivitäten, mit denen eine Zusammenarbeit stattfinden soll, die Allokation von materiellen und immateriellen Ressourcen zwischen den Partnern, die Gestaltung von Kooperationsverträgen sowie die dauerhafte Koordination strategischer und operativer Tätigkeiten. Die Abstimmung von unternehmensübergreifenden Strategien ist gleichwohl wesentlich schwieriger als innerhalb von Unternehmen, da die Einflussnahme des Top-Managements über die Unternehmensgrenzen hinaus nur beschränkt möglich ist. Kooperationspartner können sich opportunistisch verhalten und lassen sich nicht so gut kontrollieren wie unternehmensinterne Organisationseinheiten (Kreikebaum/Gilbert/Reinhardt 2002, S. 169–177).

Abschließend gilt es hervorzuheben, dass Unternehmens-, Geschäftsbereichs-, Funktionsbereichs- und unternehmensübergreifende Kooperationsstrategien sich nicht unabhängig voneinander formulieren lassen. Um den Erfolg auf der Ebene des Gesamtunternehmens sicherzustellen, müssen die einzelnen Strategien miteinander verknüpft und ihre Ziele aufeinander abgestimmt werden.

4.4 Ergebnisse der Strategieentwicklung

4.4.1 Überblick

Strategien lassen erkennen, wie ein Unternehmen seine bestehenden und potenziellen Stärken dazu benutzt, Umweltbedingungen und deren Veränderungen gemäß der unternehmerischen Vision sowie den strategischen Zielen zu begegnen. Informationen aus der strategischen Analyse bilden dabei den »Rohstoff« für strategische Entscheidungen. Als Resultat ergeben sich in dieser Prozessphase des strategischen Managements konkrete Strategien, die inhaltlich unterschiedliche Ausprägungen haben können. Diese Strategien repräsentieren den o.g. »Strategy Content« und sind wesentlich für den Erfolg oder Misserfolg von Unternehmen verantwortlich (▶ Teil I, Kap. 3.2). Zunächst sollen verschiedene Arten von Strategien unterschieden werden, um einen Eindruck von der Vielfalt der Formulierungsmöglichkeiten zu geben. Es handelt sich dabei um eine klassifizierende Darstellung. Aufbauend auf den in Teil II, Kapitel 4.2 beschriebenen Perspektiven der Strategieentwicklung wird dann erläutert, wie diese unterschiedlichen Arten von Strategien formuliert, bewertet und ausgewählt werden.

Tabelle 2.7 lässt verschiedene Einteilungsmöglichkeiten von Strategien in Abhängigkeit vom jeweiligen Unterscheidungskriterium erkennen. Die Übersicht zeigt die von uns bereits erläuterten Differenzierungen nach organisatorischem Geltungsbereich sowie der betrieblichen Funktion auf. Sie nennt darüber hinaus aber auch weitere wichtige Kriterien zur Unterscheidung von Strategien.

Tab. 2.7: Überblick über Arten von Strategien
(Quelle: Eigene Darstellung)

Unterscheidungskriterium/Gegenstand	Bezeichnung
Organisatorischer Geltungsbereich	• Unternehmensgesamtstrategien (corporate strategies) • Geschäftsbereichsstrategien (business strategies) • Funktionsbereichsstrategien (functional area strategies) • Kooperationsstrategien (network strategies)
Funktion	• Absatzstrategien • Produktionsstrategien • Forschungs- und Entwicklungsstrategien • Investitionsstrategien • Finanzierungsstrategien • Personalstrategien
Entwicklungsrichtung/Mitteleinsatz	• Wachstumsstrategien (Investieren) • Stabilisierungsstrategien (Halten) • Schrumpfungsstrategien (Desinvestieren)
Marktverhalten	• Angriffsstrategien (z. B. Promotionstrategien) • Verteidigungsstrategien (z. B. Imitationsstrategien)
Produkte/Märkte	• Marktdurchdringungsstrategie • Marktentwicklungsstrategie • Produktentwicklungsstrategie • Diversifikationsstrategie
Generische Wettbewerbsstrategien	• Strategie des Defender, Prospector, Analyzer und Reactor (Miles and Snow) • Strategie der Kostenführerschaft und Differenzierung bzw. Konzentration (Porter)

Ein wichtiges Kriterium zur Unterscheidung von Strategien orientiert sich an den verschiedenen Richtungen, in die das Leistungsprogramm eines Unternehmens entwickelt werden kann. Das Leistungsprogramm kann grundsätzlich ausgeweitet, gehalten oder verkleinert werden. Es lassen sich entsprechend Wachstums-, Stabilisierungs- und Schrumpfungsstrategien unterscheiden:

- Wachstumsstrategien: Wenn ein Unternehmen eine Wachstumsstrategie verfolgt, strebt es die Ausweitung seines Leistungsprogramms an. Unterschiedliche Formen werden von uns im Hinblick auf die sog. Produkt-Markt-Strategien ausführlich dargestellt (▶ Teil II, Kap. 4.4.2).
- Stabilisierungsstrategien: Plant das Unternehmen keine Veränderung seines Leistungsprogramms, wird von Stabilisierungsstrategien gesprochen.
- Schrumpfungsstrategien: Im Gegensatz zu den oben genannten Strategien ist bei der Schrumpfungsstrategie explizit ein Abbau des Leistungsprogramms geplant. So kann z. B. der gesellschaftliche Wertewandel oder der begrenzte Zugang zu wichtigen Ressourcen einen schrumpfenden

Markt verursachen. Veränderungen der staatlichen Rahmenbedingungen oder in der demografischen Zusammensetzung der Bevölkerung können weitere Gründe für Schrumpfungsstrategien sein.

Strategien lassen sich zudem hinsichtlich des ihnen zugrunde liegenden Verhaltens in Angriffsstrategien zum einen und Verteidigungsstrategien zum anderen unterscheiden:

- Angriffsstrategien setzen ein aggressives Verhalten im Rahmen der Strategieentwicklung voraus, um Wettbewerbsvorteile zu erkämpfen. Dies kann bspw. durch das Setzen von Promotionpreisen oder die Innovation von Produkten geschehen. Angriffsstrategien sind oftmals risikoreich.
- Verteidigungsstrategien gehen von einem reaktiven Verhalten bei der Strategieentwicklung im strategischen Management aus. Sie zielen auf die Absicherung bestehender Wettbewerbspositionen. Durch Imitationsstrategien kann sich bspw. das Risiko der unternehmerischen Tätigkeit reduzieren lassen.

Von besonderer Bedeutung im strategischen Management sind die beiden letztgenannten Arten von Strategien in Tabelle 2.7. Die klassische Differenzierung von Strategien hinsichtlich der Produkte und Märkte wurde bereits von Ansoff (1965) in die Diskussion eingeführt. Sie hat auch heute noch große Bedeutung. Gleiches gilt für die unterschiedlichen Arten von generischen Wettbewerbsstrategien. Auf ihre Bedeutung wurde besonders von Miles/Snow (2003) sowie Porter (1980) immer wieder verwiesen. Aufgrund der starken Relevanz für die Unternehmenspraxis stellen wir diese Arten von Strategien im Folgenden ausführlich vor.

4.4.2 Produkt-Markt-Strategien

Ein Beispiel für die Verknüpfung einzelner Kriterien bietet die klassische Produkt-Markt-Matrix von Ansoff (1965), in der grundsätzliche Strategien des Wachstums typologisiert werden, die sich aus bestehenden und neuen Produkt-Markt-Kombinationen ergeben (▶ Abb. 2.26). Diese Typologie nach Ansoff findet bis heute breite Anwendung und wird zumeist unverändert übernommen.

Produkte / Märkte	gegenwärtige (P_0)	neue ($P_1 ... P_n$)
gegenwärtige (M_0)	Marktdurchdringung (market penetration)	Produktentwicklung (product development)
neue ($M_1 ... M_n$)	Marktentwicklung (market development)	Diversifikation (diversification)

Abb. 2.26: Produkt-Markt-Matrix nach Ansoff
(Quelle: Eigene Darstellung in Anlehnung an Ansoff (1965, S. 109))

Ansoff gliedert die Strategieoptionen durch die Kriterien gegenwärtige Produkte (P_0) und Märkte (M_0) sowie neue Produkte ($P_1 \ldots P_n$) und Märkte ($M_1 \ldots M_n$). Versucht ein Unternehmen, den Absatz von vorhandenen Produkten auf bestehenden Märkten auszuweiten, wird dies als Strategie der Marktdurchdringung (»market penetration«) bezeichnet. Werden dagegen bereits entwickelte Produkte auf neuen Märkten (z. B. Exportmärkten) abgesetzt, so spricht man von einer Marktentwicklungsstrategie (»market development«). Sind umgekehrt bereits Märkte vorhanden, die nun mit neuen Produkten beliefert werden, so liegt eine Strategie der Produktentwicklung (»product development«) vor. Den Absatz neuer Produkte auf bisher noch nicht belieferten Märkten bezeichnet Ansoff schließlich als Diversifikation (»diversification«).

Ansoff fasst den Diversifikationsbegriff somit relativ eng. Vor ihm lieferten bereits Andrews (1951) und Gort (1962) Definitionen der Diversifikation, die weitere Fälle einschlossen. Andrews sieht ein Unternehmen als diversifiziert an, wenn es neue Produkte herstellt bzw. absetzt (Produktperspektive). Gort (1962) betrachtet dagegen die Präsenz eines Unternehmens auf heterogenen Märkten (Marktperspektive) als entscheidendes Kriterium. Die enge Definition des Diversifikationsbegriffs nach Ansoff wurde später durch verschiedene Autoren erweitert. So zählt Bühner (1993, S. 23) Ansoffs Kategorien der Produktentwicklung und Marktentwicklung ebenfalls zu den Diversifikationsstrategien.

Auch Ansoff (1965) selbst hat seine Definition schließlich erweitert, indem er verschiedene Formen bzw. Richtungen der Diversifikation beschreibt (▶ Abb. 2.27). Zur Unterscheidung der Diversifikationsstrategien betrachtet er die technische Verwandtschaft der Produkte sowie die Ähnlichkeit der Kundengruppen eines Unternehmens. Durch Kombination unterschiedlicher Ausprägungen dieser beiden Kriterien erhält Ansoff vier diskrete Typen von Diversifikationsstrategien: horizontale Diversifikation, vertikale Integration, konzentrische Diversifikation und konglomerate Diversifikation.

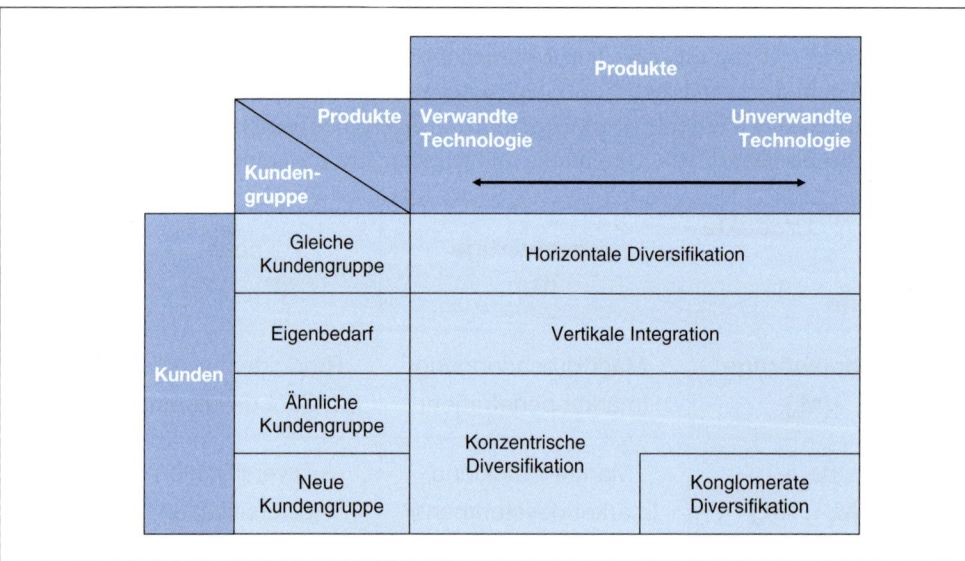

Abb. 2.27: Diversifikationstypen nach Ansoff
(Quelle: Eigene Darstellung in Anlehnung an Ansoff (1965, S. 132))

Bei einer Strategie der horizontalen Diversifikation werden die neuen Produkte an bestehende Kunden abgesetzt. Dabei kann die eingesetzte Produktionstechnik völlig neu sein oder der bisherigen ähneln. Beispiel: Ein Kosmetikhersteller nimmt zusätzlich zu Hautpflegeprodukten auch Haarpflegeprodukte ins Programm, vertreibt diese aber unter derselben Marke und spricht damit vor allem bestehende Kunden an.

Eine Strategie der vertikalen Diversifikation umfasst die Herstellung und den Vertrieb von Produkten, die zu einer vorgelagerten und/oder nachgelagerten Produktionsstufe gehören. Beispiel: Ein Automobilhersteller kauft einen Zulieferbetrieb und integriert diesen in das eigene Unternehmen.

Mit einer Strategie der konzentrischen Diversifikation spricht ein Unternehmen mit neuen Produkten – unabhängig von der verwendeten Technologie – entweder ähnliche Kundengruppen an, oder es wendet sich – unter der Verwendung ähnlicher Technologien – an neue Kundengruppen. Beispiel: Ein Unternehmen, das Erfahrung in der Entwicklung und Produktion von Kameras besitzt, überträgt die Kompetenz in optischen Technologien auf die Herstellung von Beamern und Druckern und erschließt dadurch neue Kundengruppen.

Bei einer Strategie der konglomeraten (lateralen) Diversifikation besteht demgegenüber keine Beziehung mehr zu bisherigen Technologien und Kundengruppen, Beispiel: Ein Unternehmen stellt Speichermedien und Pharmazeutika her.

In aktuellen Arbeiten wird die besondere Bedeutung von Diversifikationsentscheidungen für Unternehmen betont, denn diese haben häufig eine große strategische Tragweite und bedürfen nicht selten hoher Investitionen (Homburg 2017, S. 617). Die strategische Bedeutung ergibt sich u. a. daraus, dass Diversifikationen sich nicht nur auf der Basis eigenständiger Entwicklungen neuer Produkte realisieren lassen, sondern sich auch strategische Allianzen mit Partnern oder Akquisitionen als Instrumente zur Diversifikation anbieten. Exemplarisch sei auf die geplante Übernahme des US-amerikanischen Unternehmens Monsanto durch Bayer für ca. 55 Mrd. € oder den Erwerb des beruflichen Online-Netzwerks LinkedIn durch Microsoft für 22 Mrd. € hingewiesen. Beide Transaktionen sind Beispiele für Diversifikationsentscheidungen, die für die betroffenen Unternehmen eine hohe strategische Relevanz aufweisen.

Exkurs: Vor- und Nachteile von Diversifikationsstrategien
Der Begriff **Diversifikation** setzt sich aus den lateinischen Wörtern »diversus« und »facere« zusammen und bedeutet wörtlich übersetzt »Verschiedenartiges tun«. Oftmals werden die Begriffe »Diversifikation« (engl. »diversity«) und »Diversifizierung« (engl. »diversification«) unterschieden, wobei Diversifikation eher ein statisches und Diversifizierung eher ein dynamisches Element betont. Das begriffliche Gegenteil zu Diversifikation ist **Fokussierung**. Ein fokussiertes Unternehmen konzentriert sich auf die Bearbeitung eines homogenen und eng abgegrenzten Markts. Prinzipiell stehen den Unternehmen zur Realisierung von **Diversifikationsstrategien** die Optionen des **internen und externen Wachstums** zur Verfügung. Während ein Unternehmen beim **internen Wachstum** den neuen Geschäftsbereich selbst aufbaut und durch ein schrittweises Wachstum allmählich Erfahrungen sammelt, wählen Unternehmen, gerade bei zeitkritischen Entscheidungen, häufig die Option des externen Wachstums, indem sie ein Unternehmen oder eine Geschäftseinheit mit den gewünschten Eigenschaften kaufen und in das eigene Unternehmen integrieren.

Große Relevanz für die Praxis hat zudem die Unterscheidung zwischen der verbundenen Diversifikation (»related diversification«) und unverbundenen Diversifikation (»unrelated diversification«). Verbundene Diversifikation bedeutet, dass das Unternehmen in neue Märkte oder Produkte investiert, die in einer bestimmten Art und Weise Gemeinsamkeiten mit dem bereits bestehenden Geschäft aufweisen und deren Wertschöpfungsketten sich miteinander verknüpfen lassen. Oftmals greifen Unternehmen bei der verbundenen Diversifikation auf bestimmte Kompetenzen zurück, die sie in mehreren Geschäftsfeldern im Wettbewerb erfolgreich nutzen. Eine unverbundene Diversifikation bedeutet, dass Unternehmen in verschiedenen Märkten aktiv sind, die keine wesentlichen Gemeinsamkeiten erkennen lassen. Dieses strategische Verhaltensmuster entspricht der o. g. konglomeraten Diversifikation.

Vorteile von Diversifikationsstrategien

Das wesentliche Ziel von Diversifikationsstrategien ist das Wachstum des Unternehmens außerhalb des Kerngeschäfts. Die Gründe, weshalb Unternehmen versuchen, außerhalb des Kerngeschäfts zu wachsen, können sowohl ökonomischer als auch rechtlicher Natur sein. Während rechtliche Vorgaben ein Wachstum im Kerngeschäft erschweren oder unmöglich machen können, basiert die Realisierung ökonomischer Vorteile im Wesentlichen auf der Ausnutzung von Synergien. Man kann vier Haupttypen von Synergien unterscheiden (Müller-Stewens/Brauer 2009, S. 354–355):

- **Operative Synergien:** Diese Form von Synergien kann ein Unternehmen immer dann ausnutzen, wenn Aufgaben des Tagesgeschäfts der einzelnen Geschäftseinheiten voneinander profitieren können. So ist es z. B. möglich, dass verschiedene Geschäftseinheiten auf dieselben Produktionsanlagen zugreifen, um Kapazitäten besser auszulasten, oder eine Kostenreduktion durch die Zentralisierung des Einkaufs erzielt wird.
- **Managementsynergien:** Es ist nicht immer eine Verbundenheit im Tagesgeschäft nötig, um Synergien zu erzielen. Ein Unternehmen kann auch bestimmte Managementfähigkeiten in einer zentralen Einheit auf Konzernebene (sog. Corporate Center) bündeln und von dort auf die Geschäftseinheiten übertragen.
- **Finanzielle Synergien:** Zum Ausnutzen finanzieller Synergien ist ebenfalls keine Verwandtschaft der Geschäftseinheiten im operativen Bereich nötig. Freie Cash Flows der einen Geschäftseinheit können z. B. zur Finanzierung von Investitionen einer anderen Geschäftseinheit herangezogen werden, ohne externe – und u. U. weniger effiziente – Kapitalmärkte in Anspruch zu nehmen.
- **Marktmachtsynergien:** Schließlich ist es für ein diversifiziertes Unternehmen von Vorteil, eine größere Marktmacht aufzubauen, die sich durch Absprachen zwischen den Geschäftseinheiten ergibt. So wäre es bspw. für ein diversifiziertes Unternehmen möglich, in einem Preiskampf in einem Geschäftsbereich durch vorübergehende Quersubventionierung durch einen anderen Geschäftsbereich länger durchzuhalten, als für ein fokussiertes Konkurrenzunternehmen.

Nachteile von Diversifikationsstrategien

Eine Diversifikation kann vor allem dann nachteilig für das Unternehmen werden, wenn die Gründe zur Diversifikation nicht ökonomischer oder rechtlicher Natur sind. Es ist durchaus möglich, dass das Management zur Vergrößerung der eigenen Macht und des eigenen Einkommens ein Unternehmen über das optimale Maß hinaus diversifiziert. Teilweise werden auch Synergiepotenziale im Vorfeld einer Diversifikation zu positiv bewertet und können später nicht in vollem Umfang realisiert werden. Oftmals gelingt es auch nicht, eine Diversifikation auf Dauer erfolgreich zu managen. Weitere erfolgsmindernde Effekte der Diversifikation können durch Kosten einer gestiegenen Komplexität und Zunahme von Fehlentscheidungen entstehen (Szeless 2001, S. 47–51). Im schlimmsten Fall können aus einer Diversifikation sogar negative Synergien entstehen, wenn sich Geschäfte gegenseitig behindern (Müller-Stewens/Brauer 2011).

Diversifikation und Unternehmenserfolg

Die zentrale Frage, ob diversifizierte Unternehmen letztlich erfolgreicher sind als fokussierte Unternehmen – ob also die Vor- oder die Nachteile einer Diversifikationsstrategie überwiegen – ist Gegenstand zahlreicher empirischer Untersuchungen. Insbesondere seit den 1970er Jahren lässt sich eine starke Zunahme an Forschungstätigkeiten in diesem Bereich identifizieren. In einer für dieses Forschungsfeld wegweisenden Studie kommt Rumelt zu dem Ergebnis, dass Diversifikationsstrategien, die Verwandschaftsbeziehungen zwischen Geschäftsfeldern ausnutzen, signifikant erfolgreicher abschneiden als vertikale oder laterale Diversifikationsformen (Rumelt 1974). Später untersucht Porter in einer Längsschnittstudie 33 US-amerikanische Unternehmen und ihre Diversifikationsbemühungen von 1950–1986. Von den insgesamt 2.644 Diversifikationsprojekten wurden über die Hälfte kurze Zeit später wieder verkauft. Eine besonders hohe Misserfolgsquote besaßen laterale Diversifikationsstrategien mit 74 % (Porter 1987). Robins/Wiersema stellten fest, dass diversifizierte Unternehmen, deren Geschäftsfelder verwandte Technologien einsetzen, einen höheren Unternehmenserfolg aufweisen als solche Firmen mit heterogener Technologiebasis (Robins/Wiersema 1995). Insgesamt ist es bisher allerdings nicht gelungen, einen eindeutig positiven Zusammenhang zwischen Diversifikation und Unternehmenserfolg überzeugend nachzuweisen (Datta/Rajagopalan/Rasheed 1991; Palich/Cardinal/Miller 2000; Ramanujam/Varadarajan 1989). In der Literatur finden sich vielmehr »mixed results« wie die Metastudie von Nippa/Pidun/Rubner (2011) eindeutig zeigt. Die Autoren kommen in ihrer Metauntersuchung zu dem Ergebnis, dass sich vorhandene empirische Befunde zur Diversifikation in dreierlei Weise deuten lassen:

- Es gibt erstens Studien wie z. B. die von Schoar (2002) oder Mathur/Singh/Gleason (2004), die auf einen positiv linearen Zusammenhang von Diversifikation und Unternehmenserfolg hindeuten. Synergien erhöhen demnach den Unternehmenserfolg, da bspw. Economies of Scale und Economies of Scope erzielt werden können.
- Es finden sich zweitens zahlreiche Studien, wie die von Berger/Ofek (1995), Rajan/Servaes/Zingales (2000) oder Maksimovic/Phillips (2002), die auf einen negativen Effekt der Diversifikation auf den Unternehmenserfolg hindeuten. Als Erklärungen für diesen negativen Zusammenhang werden Probleme bei der Überwachung und Steuerung des Unternehmensportfolios sowie ein ineffizienter interner Kapitalmarkt genannt.

- Drittens gibt es zahlreiche empirische Ergebnisse, die belegen, dass der Zusammenhang zwischen Diversifikation und Unternehmenserfolg nicht linear ist, sondern vielmehr einen inversen u-förmigen Verlauf beschreibt (Grant/Jammine/Thomas 1988; Palich/Cardinal/Miller 2000; Schommer/Karna/Richter 2015). Dies bedeutet, dass der Unternehmenserfolg bis zu einem bestimmten, optimalen Diversifikationsniveau stetig ansteigt. Wird dieses optimale Diversifikationsniveau überschritten, muss das Unternehmen Erfolgseinbußen hinnehmen. Begründet werden diese Ergebnisse damit, dass Synergien und Parenting Advantage nur bis zu einem gewissen Diversifikationsgrad erzielbar sind. Wettbewerbsvorteile lassen sich demnach vor allem bei verbundenen Diversifikationsaktivitäten (»related diversification«) erzielen. Je weniger die Aktivitäten innerhalb eines diversifizierten Portfolios miteinander gemeinsam haben, desto schwerer werden die erfolgreiche Führung des Unternehmens und desto mehr Kosten (z. B. Überwachungskosten) entstehen.

Bewertung von Diversifikationsstrategien am Kapitalmarkt
Unternehmen, die hinsichtlich der von ihnen angebotenen Produkte als diversifiziert einzustufen sind, werden an der Börse häufig mit einem Abschlag (»conglomerate discount«) im Vergleich zu fokussierten Konkurrenten gehandelt (Berger/Ofek 1995; Lang/Stulz 1994; Müller-Stewens/Brauer 2011). Weitere Forschungsergebnisse deuten allerdings daraufhin, dass dieser Conglomerate Discount nur bei einem diversifizierten Absatzprogramm auftritt. Eine regionale Diversifikation in Form einer globalen Präsenz des Unternehmens führt häufig sogar zu einer höheren Bewertung eines Unternehmens an den Kapitalmärkten (Gande/Schenzler/Senbet 2009; Mathur/Singh/Gleason 2004).

4.4.3 Generische Wettbewerbsstrategien

Eine andere Kategorie von Strategien stellen die sog. Wettbewerbsstrategien dar. Man geht davon aus, dass die meisten Unternehmen, selbst wenn diese keinen expliziten Prozess zur Strategieentwicklung und -implementierung einsetzen, bewusst oder unbewusst eine bestimmte Wettbewerbsstrategie verfolgen (Porter 1980, S. 13). Dabei können Wettbewerbsstrategien definiert werden als »*the search for a favorable competitive position in an industry, the fundamental arena in which competition occurs. Competitive strategy aims to establish a profitable and sustainable position against the forces that determine industry competition*« (Porter 1980, S. 1). Diese Strategien beziehen sich also immer auf das Verhalten eines Unternehmens innerhalb einer bestimmten Branche mit dem Ziel, dauerhaft profitabel existieren zu können.

Verschiedene Strategietypen einer kohärenten Konzeption bezeichnet man auch als *generische* Wettbewerbsstrategien. Solche Konzeptionen wurden von zahlreichen Autoren erarbeitet (Abell 1980; Buzzell/Gale/Sultan 1975; Miles/Snow 1978; Porter 1980; Utterback/Abernathy 1975). Die einflussreichsten Typologien im strategischen Management sind die von Miles/Snow (1978) sowie von Porter (1980). Eine eindeutige Definition des Attributs »generisch« ist bei diesen Autoren selbst allerdings nicht zu finden. Betrachtet man die Literatur zum strategischen Management, lassen sich im Wesentlichen zwei unterschiedliche Interpretationsrichtungen erkennen:

- Eine Gruppe von Autoren verweist darauf, dass generische Wettbewerbsstrategien in allen Branchen und Unternehmen angewendet werden können (Herbert/Deresky 1987, S. 135–136; Miller/Dess 1993, S. 558). Der Fokus dieser Definition liegt somit auf der Generalisierbarkeit bzw. Übertragbarkeit von generischen Strategien.
- In Lehrbüchern findet man häufiger die Auffassung, dass generische Strategien Idealtypen darstellen, die anhand bestimmter Merkmale hinreichend beschrieben werden können (Aaker 2001, S. 6; Dess/Lumpkin/Taylor 2005, S. 156; Hungenberg 2014, S. 198). Der Fokus bei dieser Definition liegt somit eher auf dem komplexitätsreduzierenden Modellcharakter generischer Wettbewerbsstrategien.

Beide Sichtweisen decken einen wichtigen Aspekt der generischen Wettbewerbsstrategien ab, wobei die Übertragbarkeit von generischen Strategien nicht als Allgemeingültigkeit missverstanden werden sollte. Fleck (1995, S. 41) weist in diesem Zusammenhang auf die Bedeutung spezifischer Umweltfaktoren für die tatsächliche Erfolgswirkung dieser Strategien hin. Im Folgenden geben wir einen Überblick über die Typologien generischer Wettbewerbsstrategien von Miles/Snow sowie von Porter.

Generische Wettbewerbsstrategien nach Miles/Snow

Die generischen Wettbewerbsstrategien nach Miles/Snow (1978) sind eine der am häufigsten untersuchten Systematiken zur Unterscheidung verschiedener Strategien in der Literatur zum strategischen Management (Ingram et al. 2016). Die Strategictypologie ist dabei Teil eines umfassenden Konzepts, das aus einem Anpassungskreislauf sowie den daraus resultierenden Strategietypen besteht. Der Anpassungskreislauf beschreibt den Prozess der effektiven Anpassung der Unternehmen an die Umwelt. Die drei interdependenten Phasen dieses Kreislaufs sind das unternehmerische Problem, das technische Problem und das administrative Problem (▶ Abb. 2.28).

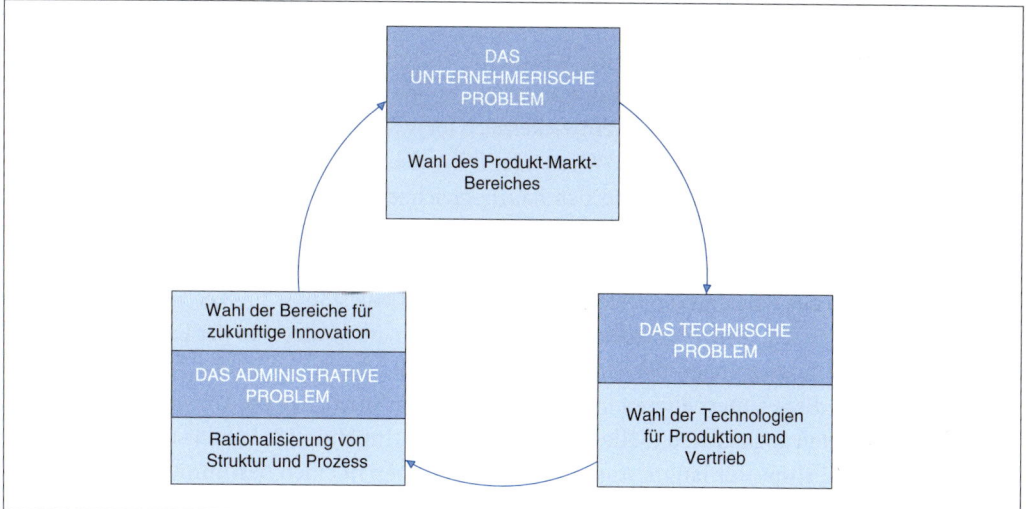

Abb. 2.28: Anpassungskreislauf nach Miles/Snow
(Quelle: Eigene Darstellung in Anlehnung an Miles/Snow (1986, S. 33))

Basierend auf empirischen Untersuchungen kommen Miles/Snow (2003, S. 29) zu dem Schluss, dass Unternehmen, je nachdem, wie sie diese einzelnen Problemfelder des Anpassungskreislaufs bearbeiten, einem von vier diskreten bzw. generischen Strategietypen zugeordnet werden können. Diese vier strategischen Grundorientierungen bezeichnet man als Defender, Prospector, Analyzer und Reactor.

Im Hinblick auf das unternehmerische Problem konzentrieren Defender ihre Tätigkeit darauf, ein abgegrenztes und stabiles Angebotsprogramm zu schaffen, welches auf ein festes und klar definiertes Marktsegment gerichtet ist (Werkmann 1989, S. 93). Ein Defender versucht daher, sich eine zufriedene und somit stabile Kundengruppe zu schaffen, um den beständigen Absatz seiner Produkte oder Dienstleistungen sicherzustellen. Dies kann bspw. durch eine wettbewerbsorientierte Preisgestaltung und einen ausgezeichneten Kundenservice erreicht werden (Miles/Snow 1978, S. 48). Produktentwicklung wird von einem Defender nur in geringem Umfang betrieben (Miles/Snow 2003, S. 38). Aufgrund der Konzentration auf eng begrenzte Bereiche neigt das Management dieser Unternehmen u. U. dazu, Entwicklungen außerhalb dieser Bereiche unbeachtet zu lassen. Somit verwenden Defender nur wenig Zeit und Personal auf die Beobachtung anderer Unternehmen, Ereignisse und Trends (Miles/Snow 2003, S. 38). Hinsichtlich der Lösung des technischen Problems stützt sich der Defender auf Technologien, welche eine höchstmögliche Effizienz bei der Produktion und Distribution von Waren oder Dienstleistungen gewährleisten. Um möglichst effizient arbeiten zu können, wendet der Defender meist eine einzige Kerntechnologie an, die regelmäßig aktualisiert wird, um diese Effizienz auf Dauer zu erhalten. Zudem setzen Defender auf vertikale Integrationen, um die technische Effizienz zu steigern (Miles/Snow 2003, S. 40–41). Da Defender einen stabilen Markt bearbeiten und auf hohe Effizienz Wert legen, setzen sie im administrativen Bereich auf Experten des Finanz- und Produktionsbereiches als mächtigste Mitglieder der dominanten Koalition.[8] In Bezug auf die Organisationsstruktur weisen Defender meistens eine funktionale Gliederung mit extensiver Arbeitsteilung und einem hohen Formalisierungsgrad auf (Miles/Snow 2003, S. 48).

Im Gegensatz zum Defender besteht die Wettbewerbsstrategie des Prospectors darin, neue Produkt- und Marktchancen zu suchen und zu nutzen (Miles/Snow 1978, S. 55). Das Tätigkeitsfeld eines Prospectors ist somit breit angelegt und entwickelt sich fortwährend weiter. Dies bedeutet, dass derartige Unternehmen systematisch neue Waren oder Dienstleistungen in ihr Programm aufnehmen und neue Märkte erschließen, wobei sie sich häufig gleichzeitig aus anderen Marktbereichen zurückziehen. Aufgrund der Tatsache, dass fortwährende Produkt- und Marktentwicklungen auch Misserfolge mit sich bringen können, ist es für einen Prospector häufig schwieriger, dauerhaft das Rentabilitätsniveau des effizienteren Defenders zu erreichen (Miles/Snow 1978, S. 56). Damit es dem Prospector möglich wird, neue Marktchancen zu lokalisieren, muss dieser in der Lage sein, die Vorgänge, Trends und Bedingungen der Unternehmensumwelt intensiv zu beobachten. Aus diesem Grund investieren diese Unternehmen in hohem Maße in Personal, um die Umwelt nach sich bietenden Möglichkeiten abzusuchen (Miles/Snow 1978, S. 56). Im Hinblick auf das technische Problem vermeidet der Prospector langfristige Kapitalinvestitionen in einen bestimmten Produktions-

---

8 Unter der dominanten Koalition wird die Personengruppe verstanden »whose influence on the organization is greatest« (Miles/Snow 2003, S. 42).

prozess, um seine Flexibilität aufrechtzuerhalten. Daher werden Ressourcen erst dann festgelegt, wenn sich die Lebensfähigkeit eines neuen Produkts auf dem Markt bewiesen hat. In der Produktion setzt der Prospector häufig mehrere verschiedene Technologien ein, um unterschiedliche Produkte herstellen zu können (Miles/Snow 2003, S. 58). Das administrative Problem versucht der Prospector zu lösen, indem er die dominante Koalition aus Experten der Bereiche Marketing sowie Forschung und Entwicklung besetzt, um die Nutzung neuer Produkt- und Marktmöglichkeiten zu befördern (Miles/Snow 1978, S. 60). Häufig ist der Prospector nach Produkten organisiert (divisionale Organisation), um durch große Marktnähe schnell auf Veränderungen der Unternehmensumwelt reagieren zu können. Alle Ressourcen für Forschung und Entwicklung sowie Produktion und Vertrieb bestimmter Produkte oder verwandter Produktgruppen werden in einer einzigen unabhängigen Unternehmenseinheit zusammengeführt. Der Prospector ist somit durch eine starke Dezentralisierung seiner unternehmerischen und technischen Aktivitäten gekennzeichnet. Er weist zudem eine weniger starke Arbeitsteilung sowie einen niedrigeren Formalisierungsgrad als der Defender auf (Miles/Snow 2003, S. 62).

Beim Analyzer handelt es sich um eine funktionsfähige, spezifische Kombination der Eigenschaften von Prospector und Defender. Der Produkt-Markt-Bereich eines Analyzers setzt sich zum einen aus einem abgesicherten Teilbereich beständiger Produkte und Märkte zusammen. Zum anderen versucht ein Analyzer auch, erfolgsversprechende Produkte zu imitieren und neue Märkte zu bedienen. Um diese Möglichkeiten wahrnehmen zu können, müssen die Entwicklungen auf dem Markt und die wichtigsten Konkurrenten durch den Analyzer laufend beobachtet werden. Forschung und Entwicklung hingegen werden nur in geringem Umfang selbst betrieben, da die Nachahmung bereits entwickelter Innovationen größeren Raum einnimmt (Miles/Snow 2003, S. 72). In der dominanten Koalition eines Analyzers spielen die Funktionsbereiche des Marketing, der angewandten Forschung sowie der Produktion eine große Rolle (Miles/Snow 2003, S. 74). Die Matrixstruktur kann für einen Analyzer besonders vorteilhaft sein, da es dadurch möglich wird, eine Gliederung nach Funktionen und Produktgruppen zu kombinieren und so den hybriden Charakter des Tätigkeitsbereiches und der Technologie zu berücksichtigen.

Während die drei soeben dargestellten Unternehmenstypen ein jeweils konsistentes strategisches Vorgehen aufweisen, um auf Veränderungen der Unternehmensumwelt zu reagieren, fehlen dem Reactor solche abgestimmten Reaktionsmechanismen (Miles/Snow 1986, S. 88). Diese Inkonsistenz kann zum einen daraus resultieren, dass das Management eines Unternehmens nicht in der Lage ist, eine funktionsfähige Strategie zu formulieren. Des Weiteren kann die Ursache darin liegen, dass zwar eine Strategie formuliert wurde, aber die Technologien, Strukturen und Prozesse nicht in einer geeigneten Art und Weise an diese angepasst sind. Oder das Management hält an einer bestimmten Strategie-Struktur-Beziehung fest, obwohl diese für die herrschenden Umweltbedingungen nicht mehr angemessen ist (Miles/Snow 1978, S. 82). Letztendlich sind Defender, Prospector und Analyzer dem Reactor überlegen.

In der Strategietypologie von Miles/Snow werden die Eigenschaften und das Verhalten von Unternehmen sehr umfassend beschrieben. Diese detaillierte Beschreibung erlaubt eine präzise empirische Operationalisierung der strategischen Ausrichtung von Unternehmen. Sie hat dazu geführt, dass die Typologie von Miles/Snow die am häufigsten verwendete in der empirischen Strategieforschung darstellt. »*Of all the typologies proposed in the literature, the most frequently used in empiri-*

cal research is that proposed by Miles and Snow. This typology has been cited more than 650 times in recent years and has been extensively used in much of the research into a wide variety of organisations and industries« (Garrigós-Simón/Marqués/Narangajavana 2005, S. 23).

Generische Wettbewerbsstrategien nach Porter
Die Strategietypologie von Porter ist Teil einer umfassenderen Konzeption, die in den beiden Hauptwerken Porters »Competitive Strategy« (1980) und »Competitive Advantage« (1985) dargestellt wird. Basierend auf der Industrieökonomik zeigt Porter die Bedeutung der Branchenkräfte für die Attraktivität einer Branche auf. Darüber hinaus besitzen Unternehmen die Möglichkeit, durch die Wahl einer geeigneten Positionierung innerhalb der Branche mittels einer Wettbewerbsstrategie die Exposition gegenüber den Branchenkräften zu minimieren und so eine dauerhaft überdurchschnittliche Rentabilität zu erreichen.

Porter geht, ähnlich wie andere Arbeiten in der Industrieökonomik, davon aus, dass die Branche in erheblichem Maße für unterschiedliche Rentabilitäten von Unternehmen verantwortlich ist (McGahan/Porter 1997, S. 29). Dies genügt allerdings nicht, um auch Rentabilitätsunterschiede zwischen Unternehmen einer einzelnen Branche vollständig zu erklären. Unternehmen einer Branche sind demnach nicht homogen, sondern unterscheiden sich hinsichtlich ihres Verhaltens und ihrer Wettbewerbsstrategien. Diese Unterschiede sind letztendlich dafür verantwortlich, dass Unternehmen aus derselben Branche unterschiedliche Rentabilitäten aufweisen. Es ist deshalb das Ziel des strategischen Managements, durch die Formulierung einer Wettbewerbsstrategie eine möglichst effektive Verteidigung gegen die jeweiligen Branchenkräfte zu erreichen. »Strategy can be viewed as building defences against the competitive forces or finding a position where forces are weakest« (Porter 2008, S. 89).

Eine erfolgreiche Verteidigung gegen die Branchenkräfte gelingt einem Unternehmen nach Porter dauerhaft nur durch eine überlegene Kostenposition (Strategie der Kostenführerschaft) oder durch eine vom Kunden wahrgenommene Einzigartigkeit (Strategie der Differenzierung). Neben diesen auf den Gesamtmarkt gerichteten Strategien, kann ein Unternehmen auch erfolgreich Position in einer Nische des Marktes beziehen (Strategie der Konzentration auf Schwerpunkte bzw. Fokussierungsstrategie). Wesentlich aus Sicht von Porter ist, dass Unternehmen sich eindeutig für eine der strategischen Optionen entscheiden sollten. Einen Überblick über die drei generischen Strategien gibt Abbildung 2.29.

Ziel der Strategie der Kostenführerschaft ist es, der Anbieter mit den geringsten Gesamtkosten in einer Branche zu werden. Dies impliziert, dass zu einem Zeitpunkt nur ein Unternehmen in einer Branche die Position des Kostenführers innehaben kann. Dennoch ist es nicht ausgeschlossen, dass mehrere Unternehmen diese Strategie verfolgen, was mit hoher Wahrscheinlichkeit zu einem Wettbewerb auf Preisbasis und folglich zu einer hohen Wettbewerbsintensität führt (Porter 2004a, S. 13). Die Quellen von Kostenvorteilen sind vielfältig und letztlich von der jeweiligen Branche abhängig. Sie ergeben sich z. B. durch die Erzielung von Economies of Scale und Scope, einen günstigen Zugang zu Rohstoffen oder die geringe Komplexität des Geschäftsmodells. Die Strategie der Kostenführerschaft ist nach Porter eine Erfolg versprechende Wettbewerbsstrategie, da die Gewinnspanne des Kostenführers stets höher ist als die seiner Konkurrenten. Voraussetzung dafür ist allerdings, dass der Kostenführer am Markt denselben Preis durchsetzen kann wie seine direkten Konkurrenten. Dies funktioniert nur, wenn der Kostenführer hinsichtlich der relevanten Differenzierungsmerkmale Parität mit seinen direkten Wettbewerbern erreicht, die Abnehmer also die Produkte als weitgehend gleichwertig ansehen (Porter 2004a, S. 13). In diesem Fall besitzt der Kostenführer die größte Gewinnspanne oder hat im Falle eines Preiskampfes den größten Preissenkungsspielraum aller Anbieter (Porter 2004b, S. 36). Obwohl der Preis, den der Kostenführer durchsetzen kann, bei der Strategie der Kostenführerschaft eine zentrale Rolle einnimmt, hängt es nach Porter (2004a) von den Gegebenheiten der jeweiligen Branche ab, ob sich eine Kostenführerschaft tatsächlich in niedrigeren Preisen (Preisführerschaft) äußert.

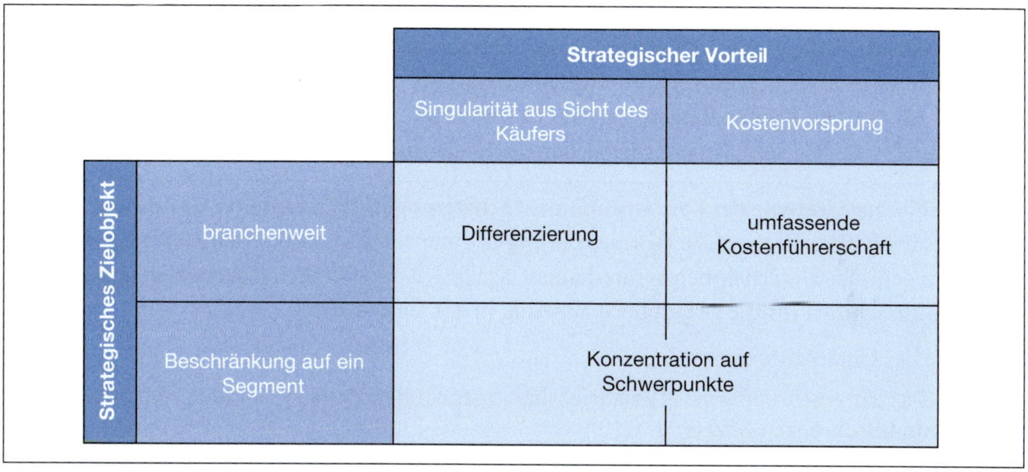

		Strategischer Vorteil	
		Singularität aus Sicht des Käufers	Kostenvorsprung
Strategisches Zielobjekt	branchenweit	Differenzierung	umfassende Kostenführerschaft
	Beschränkung auf ein Segment	Konzentration auf Schwerpunkte	

Abb. 2.29: Generische Wettbewerbsstrategien nach Porter
(Quelle: Eigene Darstellung in Anlehnung an Porter (2004b, S. 39))

Ein Unternehmen, das eine Strategie der Differenzierung verfolgt, erzeugt bei den Abnehmern eine Wahrnehmung von branchenweiter Einzigartigkeit. Diese Einzigartigkeit kann auf vielen unterschiedlichen Ursachen beruhen. In einer Branche können aus diesem Grund mehrere Unternehmen mit Erfolg eine Differenzierungsstrategie verfolgen, indem sie unterschiedliche Ansatzpunkte für die Differenzierung wählen. Nicht nur direkt wahrnehmbare Produkteigenschaften wie Design, Qualität, Technologie oder Funktion können Differenzierungsquellen sein, sondern auch intangible Faktoren wie Markenimage, Vertriebsnetz oder Kundenservice (Porter 2004b, S. 37). Entscheidend ist, dass die wahrgenommene Einzigartigkeit für die Kunden einen Mehrwert schafft und von diesen als wichtig erachtet wird (Porter 2004a, S. 14). Nur dann sind die Abnehmer bereit, einen höheren Preis als für Konkurrenzprodukte zu bezahlen. Eine wahrgenommene Einzigartigkeit führt häufig auch zu höherer Kundenloyalität, die sich wiederum in einer geringeren Preiselastizität der Nachfrage niederschlägt. Selbst in wettbewerbsintensiven Branchen können erfolgreich differenzierte Anbieter einen Preisaufschlag durchsetzen und Gewinne erwirtschaften (Porter 2004b, S. 38). Voraussetzung für den wirtschaftlichen Erfolg einer Differenzierungsstrategie ist, dass der am Markt durchsetzbare Aufpreis über den Kosten liegt, die durch die Differenzierung entstanden sind. Da eine schlechte Gesamtkostensituation Gewinne der Differenzierungsstrategie zunichte macht, müssen differenzierte Anbieter bestrebt sein, bezüglich der Kostenposition zumindest annähernde Parität im Verhältnis zu ihren direkten Konkurrenten zu erreichen und die Kosten in den Bereichen zu senken, die nicht zur Differenzierung beitragen (Porter 2004a, S. 14).

Die Strategie der Konzentration auf Schwerpunkte bzw. Fokussierungsstrategie basiert darauf, dass ein Unternehmen, das sich auf eines oder wenige Marktsegmente spezialisiert, diese Segmente besser bedienen kann als branchenweit tätige Wettbewerber. Ob ein Unternehmen mit einer Fokussierungsstrategie als Segmentierungskriterium Kundengruppen, Produktlinien oder geografische Regionen heranzieht, ist zweitrangig. Wichtig ist, dass sich das Zielsegment deutlich von den übrigen Marktsegmenten unterscheidet und eine ausreichende Größe besitzt. Indem sich ein fokussiertes Unternehmen auf ein Segment konzentriert und seine Strategie genau darauf abstimmt, kann es die Bedürfnisse der Kunden zu geringeren Kosten oder qualitativ besser befriedigen als seine Konkurrenten. Damit wird es in diesem Segment eine Kostenführerschaft oder Differenzierung erreichen (Porter 2004b, S. 38–40). Die Begründungen, weshalb Kostenfokus und Differenzierungsfokus erfolgreiche Wettbewerbsstrategien sind, entsprechen denen der Kostenführerschaft und Differenzierung.

Fallbeispiel zur Strategie der Konzentration auf Schwerpunkte: Winterhalter Gastronom
Ein Beispiel für die erfolgreiche Differenzierung in einer Marktnische (Fokussierungsstrategie) stellt das deutsche Unternehmen Winterhalter Gastronom dar. Die Firma produziert ausschließlich Spülmaschinen für die gewerbliche Nutzung in der Gastronomie.

Historie des Unternehmens:

1947: Das Unternehmen wird in Friedrichshafen gegründet. Zunächst werden Heizöfen, Töpfe und Backröhren gefertigt.

1957: Das Unternehmen schwenkt um und präsentiert auf der Kölner Frühjahrsmesse die Spülmaschine GS 60. Der Grundstein für die Fokussierungsstrategie ist gelegt.

1967: Das Unternehmen gründet in den Niederlanden die erste Auslandsniederlassung. In den folgenden Jahren kommen weitere 68 Länder hinzu.

2004: Das Unternehmen übernimmt »Classic«, ein Konkurrenzunternehmen aus Großbritannien.

2008: Das Unternehmen eröffnet Niederlassungen in Russland und Indien und zieht sich vom US-Markt zurück.

2009: Das Unternehmen eröffnet Niederlassungen in Australien, Indonesien und Singapur.

2010: Die Niederlassung in Brasilien wird eröffnet.

2012: Das Unternehmen gründet Niederlassungen in Schweden und Thailand.

2015: Das Unternehmen gründet Niederlassungen in Vietnam und Mexiko.

Die breite Produktpalette der Nachkriegsjahre wurde seit der Einführung der gewerblichen Spülmaschine GS 60 kontinuierlich verkleinert. Das Unternehmen erkannte bereits sehr früh die Vorteile der Fokussierung auf eine kleine Nische im Markt: Wenn alle verfügbaren Mittel in die Entwicklung und Herstellung von gewerblichen Spülmaschinen gesteckt werden, ist man der Konkurrenz technisch überlegen. Winterhalter Spülmaschinen sind heute schneller und zuverlässiger als vorhandene Konkurrenzprodukte. Je schneller Teller und Gläser gespült werden können, desto weniger Geschirr brauchen die Gastronomen; ein eindeutiger Vorteil für diese Kunden (Baulig 2009, S. 12–15). Das Unternehmen änderte sogar seinen Namen von ›Winterhalter‹

4 Strategieentwicklung und -bewertung

in ‚Winterhalter Gastronom'. So besitzt Winterhalter Gastronom heute eine heterogene Kundenstruktur von Gasthäusern und Hotels und hält hier einen stetig steigenden Marktanteil von 15–20 % (Simon 2012, S. 169–170).

Gerade für die großen Ketten im Gastronomiegewerbe sind die Anschaffungskosten von bis zu 15.000 € pro Maschine weniger relevant als die Kosten pro gespültem Teller. Um in der Nische wachsen zu können, setzt das Unternehmen einerseits auf ergänzende Angebote (Maschinenwartung, Wasseraufbereitung und Spülchemie) und andererseits auf internationale Expansion (75 % Umsatzanteil im Ausland) (Baulig 2009, S. 12–15). Durch die Fokussierung auf einen kleinen Markt ist der Umsatz im Ausland für Winterhalter Gastronom essentiell (Baulig 2009, S. 12–15; Simon 2012, S. 188). Eine strategische Entscheidung für eine Nische ist immer auch eine Entscheidung gegen Investments in alternative Märkte. So werden bewusst keine Spülmaschinen für Privathaushalte angeboten, da auf diesem Markt Service und Verkauf ganz anders funktionieren. Auch eine in den 1990er Jahren angebotene Gemüsewaschmaschine war zu weit vom Kerngeschäft des Unternehmens entfernt und wurde wieder vom Markt genommen.

In der Praxis kommt es häufig vor, dass Unternehmen sich nicht klar positionieren und sich weder eindeutig auf die Strategie der Differenzierung noch auf die der Kostenführerschaft konzentrieren. In dieser strategisch ungünstigen Position, die man als »Stuck in the Middle« bezeichnet, kann ein Unternehmen weder den Wettbewerbsvorteil der niedrigsten Gesamtkosten noch der wahrgenommenen Einzigartigkeit realisieren und besitzt gegenüber den Branchenkräften keinen Schutz (▶ Abb. 2.30).

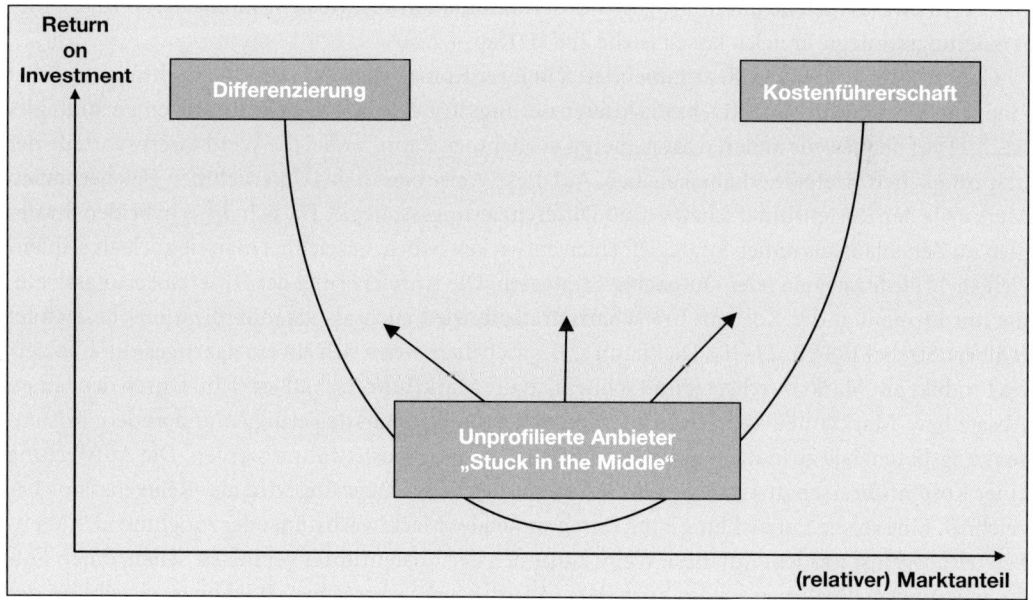

Abb. 2.30: Zusammenhang zwischen Rentabilität und Marktanteil: »Stuck in the Middle« (Quelle: Eigene Darstellung in Anlehnung an Porter (1980, S. 43))

Porter betont immer wieder, dass ein Unternehmen in dieser Situation nicht dauerhaft erfolgreich existieren kann. Wegen der Zielkonflikte, die zwischen den Maßnahmen bestehen, die bestimmte Wettbewerbsstrategien erforderlich machen, muss ein Unternehmen in seiner Strategie auch wählen, was es nicht tut. Die Entscheidung für eine Art von Wettbewerbsvorteil ist gleichzeitig eine Entscheidung gegen die andere Art. Der Mangel an Bereitschaft bei Unternehmen, diese Entscheidung zu treffen, bringt sie in eine Stuck in the Middle-Position (Porter 2004a, S. 17). Weil ein Stuck in the Middle-Unternehmen Maßnahmen einsetzt, die sich gegenseitig widersprechen, kann es sich gegen Unternehmen mit einem klaren Wettbewerbsvorteil nicht durchsetzen: Um gegen Wettbewerber mit einer Kostenführerschafts- oder Kostenfokussierungsstrategie zu bestehen, hat es wegen seiner Maßnahmen zur Differenzierung zu hohe Gesamtkosten. Gegenüber Unternehmen mit einer Differenzierungs- oder Differenzierungsfokussierungsstrategie ist es wegen seiner Maßnahmen zur Kosteneinsparung zu wenig differenziert, um bei den Abnehmern als einzigartig wahrgenommen zu werden.

Hybride Wettbewerbsstrategien als Erweiterung des Ansatzes von Porter
Die oben dargestellte Ansicht der Unvereinbarkeit von Kostenführerschafts- und Differenzierungsstrategien wurde von zahlreichen Autoren kritisiert. Es wird sowohl in originären Forschungsarbeiten (Fleck 1995; Gilbert/Strebel 1987; Heracleous/Wirtz 2014) als auch in Lehrbüchern (Hungenberg 2014; Johnson et al. 2014) die Meinung vertreten, dass eine Kombination von Kostenführerschaft und Differenzierung sehr wohl erfolgreich möglich ist. Diese kombinierten Strategien werden auch als hybride Wettbewerbsstrategien bezeichnet. Der von uns bereits beschriebene »rekonstruktivistische Ansatz« zur Entwicklung von Strategien fußt ebenfalls auf der Annahme, dass sich nachhaltige Wettbewerbsvorteile durch die geschickte Kombination von Kostenführerschafts- und Differenzierungsstrategie erzielen lassen (siehe Teil II, Kap. 4.2.4).

Gilbert/Strebel (1987, S. 28) argumentieren in ihrer Konzeption, dass ein Unternehmen zunächst eine reine Kostenführerschafts- bzw. Differenzierungsstrategie verfolgen und dann einen Strategiewechsel auf den jeweils anderen Strategietyp vornehmen kann, wobei die Wettbewerbsvorteile der ursprünglichen Strategie erhalten bleiben. Auf diese Weise besitzt das Unternehmen gleichermaßen Merkmale der Kostenführerschafts- und Differenzierungsstrategie. Da sich diese hybriden Strategien im Zeitablauf aus reinen Strategieformen entwickelt haben, bezeichnet man sie auch als sequenzielle hybride Strategien oder Outpacing-Strategien. Die Anreicherung der Differenzierungsstrategie mit Elementen der Kostenführerschaftsstrategie wird auch als »Standardization« bezeichnet (Gilbert/Strebel 1987, S. 29–30). Dies kann z. B. geschehen, wenn sich ein einzigartiges/differenziertes Produkt am Markt durchsetzt und schließlich die Marktführerschaft erreicht. Durch den hohen Absatz bzw. Marktanteil kann das Unternehmen Produktivitätssteigerungen und andere Kostensenkungspotenziale ausnutzen und schließlich gleichzeitig Kostenführer werden. Die Aufwertung einer Kostenführerschaftsstrategie durch Aspekte der Differenzierung wird als »Rejuvenation« bezeichnet. Eine solche Entwicklung kann durch sinkendes Marktwachstum oder zunehmenden Wettbewerb ausgelöst werden. Auf diese Weise kann sich der Kostenführer veranlasst sehen, durch Differenzierungsmaßnahmen wieder Vorteile im Wettbewerb zu erreichen. Wichtig ist sowohl bei der Standardization- als auch bei der Rejuvenation-Strategie, dass die Wettbewerbsvorteile des ursprünglichen Strategietyps nicht verloren gehen.

Darüber hinaus hat Fleck (1995, S. 84–145) gezeigt, dass auch sog. simultane hybride Strategien existieren können, wenn Maßnahmen zur Kostensenkung und zur Erhöhung des Kundennutzens (Differenzierung) komplementär wirken. In diesem Fall besteht kein konzeptioneller Gegensatz hinsichtlich der zu erreichenden Ziele, so dass gleichzeitig eine Kostenführerschaft und Differenzierung erreicht werden kann. Dieser Fall tritt bspw. ein, wenn eine technologische Innovation es erlaubt, radikal die Kosten für ein Produkt und bestimmte Wertschöpfungsaktivitäten zu senken, gleichzeitig aber neue Differenzierungsvorteile durch die Innovation entstehen. Als Beispiel sei auf die Digitalisierung und den elektronischen Vertrieb von Büchern verwiesen: Einerseits reduzieren sich die Kosten für die Herstellung, die Werbung und den Vertrieb von Büchern durch deren Digitalisierung. Andererseits entsteht durch die Digitalisierung und diese neue Form des Vertriebs die Möglichkeit, Kunden neue Services zu bieten, wie z. B. eine größere Produktvielfalt, Online-Buchbesprechungen oder vielfältige Such- und Nachschlagefunktionen bei digitalen Büchern.

In der Literatur wird die Fähigkeit von Unternehmen, mit den angesprochenen Zielkonflikten im Hinblick auf die gleichzeitige Verfolgung verschiedenartiger Strategieoptionen, wie z. B. Kostenoptimierung vs. Differenzierung oder lokale Anpassung von Produkten vs. Standardisierung, umzugehen, als organisationale Ambidexterität (»organizational ambidexterity«) bezeichnet. Birkinshaw/Gupta (2013, S. 291) definieren organisatorische Ambidexterität als »[...] *an organization's capacity to address two organizationally incompatible objectives equally well*«. Empirisch bestätigt sich, dass die Fähigkeit des Managements zum Umgang mit organisatorischer Ambidexterität positive Auswirkungen auf den Unternehmenserfolg hat (Junni et al. 2013). Im Hinblick auf die erfolgreiche Vermeidung von Stuck in the Middle-Problemen empfiehlt die Literatur zur organisationalen Ambidexterität insbesondere die organisatorische Maßnahme der sog. »spatial separation«. Darunter versteht man die Bildung von separat agierenden Geschäftseinheiten, die jede für sich unterschiedliche generische Strategien auf der Basis unterschiedlicher Kostenstrukturen verfolgen. Dadurch sollen die Gefahren des Stuck in the Middle vermieden werden (Johnson et al. 2014, S. 219). Diese Ansicht vertritt bereits Porter (1996, S. 77): »*Companies seeking growth through broadening within their industry can best contain the risks to strategy by creating stand-alone units, each with its own brand name and tailored activities*«. Eine Herausforderung bei diesem Vorgehen liegt darin, negative Spillover-Effekte von einer Geschäftseinheit auf die andere zu vermeiden, gleichzeitig aber mögliche Synergien zu realisieren (Markides 2013).

Fallbeispiel zu hybriden Wettbewerbsstrategien: Singapore Airlines
Singapore Airlines (SIA) ist eine der angesehensten und erfolgreichsten Fluggesellschaften der Welt. Seit der Gründung des Unternehmens in seiner heutigen Form im Jahr 1972 hat die Airline bis zum Ende des Jahres 2016 niemals ein negatives Jahresergebnis ausgewiesen. Dies ist bemerkenswert in einer Industrie, die laut Angaben der IATA (International Air Transport Association) allein in den Jahren 2001-2010 weltweit kumulierte Verluste von über 30 Mrd US $ angehäuft hat. Auf globaler Ebene gab es kaum eine andere Industrie, in der in den letzten Jahren so viel Shareholder Value vernichtet wurde wie in der Airline Industrie. Die weltweit schwierigen Rahmenbedingungen in der Branche (z. B. steigende Kerosinpreise, neue Wettbewerber, sinkende Preise) sind aber auch an SIA nicht spurlos vorbeigegangen. Im Jahr 2016 verzeichnete das Unternehmen einen Gewinnrückgang um 55 % auf nur noch 231 Mio. € und im 1. Quartal 2017 schrieb die staatliche Fluggesellschaft sogar einen kleineren Verlust. SIA beschäftigt über 25.000 Mitarbeiter, davon ca. 14.000 direkt bei der Fluggesellschaft.

Trotz der momentanen Schwierigkeiten kann SIA als ein Beispiel für ein Unternehmen mit einer **hybriden Wettbewerbsstrategie** dienen. Das Unternehmen versteht sich als Full-Service-Anbieter und beweist seit vielen Jahren, dass eine vom Kunden wahrnehmbare **Differenzierung** bei gleichzeitigem **Kostenfokus** in der Praxis durchaus realisierbar ist. Einerseits differenziert sich SIA von Wettbewerbern durch eine starke Marke, eine moderne Flotte sowie hervorragende Servicequalität, was sich bspw. in zahlreichen Auszeichnungen der Airline äußert. Das Reisemagazin »Condé Nast Traveller« hat 2017 den Preis für die beste Fluggesellschaft der Welt zum 28. Mal vergeben; 24-mal hieß der Preisträger SIA. Andererseits gelingt es SIA, trotz der hervorragenden Servicequalität, eine führende Position in der Branche hinsichtlich der Kosten einzunehmen – auch wenn das Unternehmen hier zuletzt starke Konkurrenz bekommen hat. In Bezug auf die Kosten pro verfügbarem Sitzplatzkilometer lag SIA für den Zeitraum 2001–2009 bei durchschnittlich 4,57 US-Cent. Nach Zahlen des Branchenverbandes IATA liegen konkurrierende Full-Service-Anbieter in der Airline Industrie bei 5 bis 16 US-Cent. Selbst europäische und amerikanische Billigfluggesellschaften sind mit durchschnittlich 4 bis 8 US-Cent nicht kostengünstiger als SIA. SIA behauptet seine Spitzenposition bei Service und Kosten durch **selektive Investitionen**. Es wird gezielt nur in solche Bereiche investiert, welche die wahrgenommene Servicequalität und/oder die Kostenposition nachhaltig verbessern. So gilt die Airline im Bereich Kundenservice-Innovationen als führend mit einem hohen Grad an personalisierten Dienstleistungen. Zum Beispiel war die Fluggesellschaft die erste Airline weltweit, die den Airbus A380 einsetzte, der u. a. mit privaten Luxuskabinen für die Kunden ausgestattet war. Im Backoffice und in für Kunden unsichtbaren Bereichen gilt die Airline hingegen eher als weniger innovativ und strebt einen hohen Grad an Standardisierung an, um Kosten einzusparen. SIA beweist durch die gleichzeitige Verfolgung verschiedenartiger Strategiemuster (Differenzierung und Kostenoptimierung) die Fähigkeit zur **organisationalen Ambidexterität** (»**organizational ambidexterity**«). Dem Unternehmen gelingt der erfolgreiche Umgang mit dem Paradox, gleichzeitig exzellenten Service anzubieten und Kostenführerschaft zu erreichen (▶ Tab. 2.8).

Auf den gestiegenen **Wettbewerbsdruck** in den letzten Jahren, vor allem durch Airlines aus dem arabischen Raum (z. B. Etihad Airways, Qatar Airways und Emirates) sowie den Trend hin zu Billigfluglinien (sog. »Low Cost Carriers«), reagierte das Unternehmen zudem mit einer **Multi-brand Strategie**. SIA gründete unter anderem die Billig-Airlines Tigerair und Scoot, um dem Umstand Rechnung zu tragen, dass heute bereits ca. 56 % der Sitzplatzkapazitäten in Asien im Billigflug-Segment angeboten werden. Die Kernmarke Singapore Airlines bleibt der hybriden Wettbewerbsstrategie im Sinne von Porter jedoch treu. Die Gründung von **eigenständigen Geschäftseinheiten** (»**spatial separation**«), um dort voneinander abweichende Strategiemuster umzusetzen, dient der Vermeidung negativer Spillover-Effekte. Alle selbstständigen Geschäftseinheiten haben ein eigenes Management und agieren unabhängig am Markt. Gleichzeitig versucht das Unternehmen aber, mögliche Synergien und einen Parenting Advantage zwischen den Low Cost Carriern Tigerair und Scoot sowie der Kernmarke Singapore Airlines zu realisieren. Dies soll bspw. durch die gemeinsame Planung der Flugzeugflotten und eine Abstimmung der angeflogenen Destinationen gelingen (Deshpande/Lau (2016), Heracleous/Wirtz (2010, 2012, 2014)).

Tab. 2.8: Selektive Investitionen bei Singapore Airlines
(Quelle: Eigene Darstellung in Anlehnung an Deshpande/Lau (2016) und Heracleaous und Wirtz (2012, 2014))

Singapore Airlines gibt mehr aus für…	Singapore Airlines gibt weniger aus für…
Erneuerung der Flotte SIA kauft weitaus häufiger neue Flugzeuge als die Konkurrenz	**Einzelne Flugzeuge** SIA ist gewöhnlich Vorzeigekunde der Flugzeugbauer, erteilt große Aufträge und zahlt oft aus eigenen Mitteln
Abschreibungen von Flugzeugen SIA schreibt Flugzeuge über 15 statt üblicherweise 25 Jahre ab	**Kerosin, Wartung und Reparaturen** Die Betriebskosten von SIA sind geringer, weil die Flotte jung ist und die Maschinen weniger Energie verbrauchen
Aus- und Weiterbildung SIA investiert große Summen in die Unterweisung und Schulung von Mitarbeitern	**Gehälter** SIA zahlt niedrige Grundgehälter und bietet gewinnabhängige Boni; zudem zieht SIAs guter Ruf junge Talente an
Personal auf Flügen SIA setzt bei jedem Flug mehr Bordpersonal ein als andere Fluggesellschaften	**Vertrieb und Verwaltung** Treue Kunden, ein schlanker Hauptsitz und stete Kostensenkung halten die Vertriebs- und Verwaltungskosten niedrig
Innovation SIA investiert sowohl in radikale als auch stufenweise Innovationen und bindet Mitarbeiter zentral ein	**Technologien** Keine Investitionen in Technologien, die sich nicht unmittelbar auf das Kundenerlebnis auswirken

4.5 Integrative Betrachtung der Dimensionen von Strategie: Der »Strategy Diamond«

Die bisherige Diskussion hat gezeigt, dass Strategieentwicklung in Unternehmen zum einen stets auf mehreren Ebenen stattfindet (z. B. auf Unternehmens- und Geschäftsbereichsebene oder in den einzelnen Funktionen). Zum anderen wurde deutlich, dass es letztlich unbegrenzt viele Optionen gibt, in welche Richtung sich ein Unternehmen entwickeln kann, um Wettbewerbsvorteile zu erzielen. Sowohl die oben erläuterten Produkt-Markt-Strategien von Ansoff als auch die generischen Wettbewerbsstrategien von Porter stellen nur einzelne Beispiele für einen möglichen Strategy Content dar. Was in den meisten Ansätzen zum strategischen Management vor diesem Hintergrund fehlt, ist eine stärker integrative Betrachtung und Analyse der unterschiedlichen Dimensionen von Strategie. Die Strategie eines Unternehmens eindimensional mit z. B. Marktentwicklung oder Diversifikation bzw. Kostenführerschaft oder Differenzierung zu beschreiben, greift aus unserer Sicht zu kurz. Vielmehr ist die Strategie eines Unternehmens in der betrieblichen Praxis typischerweise erheblich komplexer und lässt sich nur umfassend beschreiben, wenn man mehrere Dimensionen betrachtet.

Nach Hambrick/Fredrickson (2005) weist die Strategie eines Unternehmens mindestens fünf Hauptdimensionen auf. Führungskräfte müssen im Rahmen der Strategieentwicklung Antwort auf folgende Fragen geben:

- Bereiche: In welchen Bereichen wollen wir tätig sein?
- Vehikel: Was bringt uns dorthin?
- Unterscheidungsmerkmale: Wie wollen wir im Wettbewerb bestehen?
- Vorgehensweise: Welches Timing und welche Handlungssequenzen brauchen wir dazu?
- Ökonomische Logik: Wie wollen wir Gewinne erzielen?

Die fünf genannten Dimensionen lassen sich grafisch als die Facetten eines Diamanten interpretieren und werden als der sog. »Strategy Diamond« bezeichnet. Die Idee hinter dem Strategy Diamond ist, dass Strategieentwicklung in Unternehmen sich stets auf alle fünf Dimensionen gleichzeitig konzentrieren muss, um ein Unternehmen erfolgreich am Markt zu positionieren und nachhaltig Wettbewerbsvorteile zu erzielen. Eine Strategie ist nach Hambrick/Fredrickson (2005, S. 57) deshalb mehr als eine einfache Auswahl der fünf Möglichkeiten, sondern »*it is an integrated, mutually reinforcing set of choices – choices that form a coherent whole*«. Abbildung 2.31 stellt die fünf Dimensionen des Strategy Diamonds grafisch dar.

Bereiche

Die Ausgangsfrage, die sich für alle Strategen gleichermaßen stellt, ist, in welchen Bereichen ein Unternehmen tätig sein möchte. Die Beantwortung dieser Frage ist von fundamentaler Bedeutung für den Erfolg eines Unternehmens. Sie kann nicht allgemeingültig formuliert werden, sondern sollte vielmehr so konkret wie möglich erfolgen. Mögliche Konkretisierungshilfen hierfür bietet u. a. die Betrachtung der Produktkategorien, der Marktsegmente, der geografischen Gebiete, der Kerntechnologien sowie der Wertschöpfungsstufen (z. B. Produktdesign, Fertigung, Verkauf, Service, Ver-

4 Strategieentwicklung und -bewertung

trieb), in denen man tätig sein möchte. Im Zuge der Strategieentwicklung ist es wichtig, dass nicht nur festgelegt wird, wo die Tätigkeitsbereiche des Unternehmens liegen, sondern vor allem auch, wie die einzelnen Bereiche gewichtet werden. Manche Marktsegmente können bspw. als äußerst wichtig für den Geschäftserfolg identifiziert werden, wohingegen andere als eher zweitrangig gelten (Hambrick/Fredrickson 2005, S. 53–54).

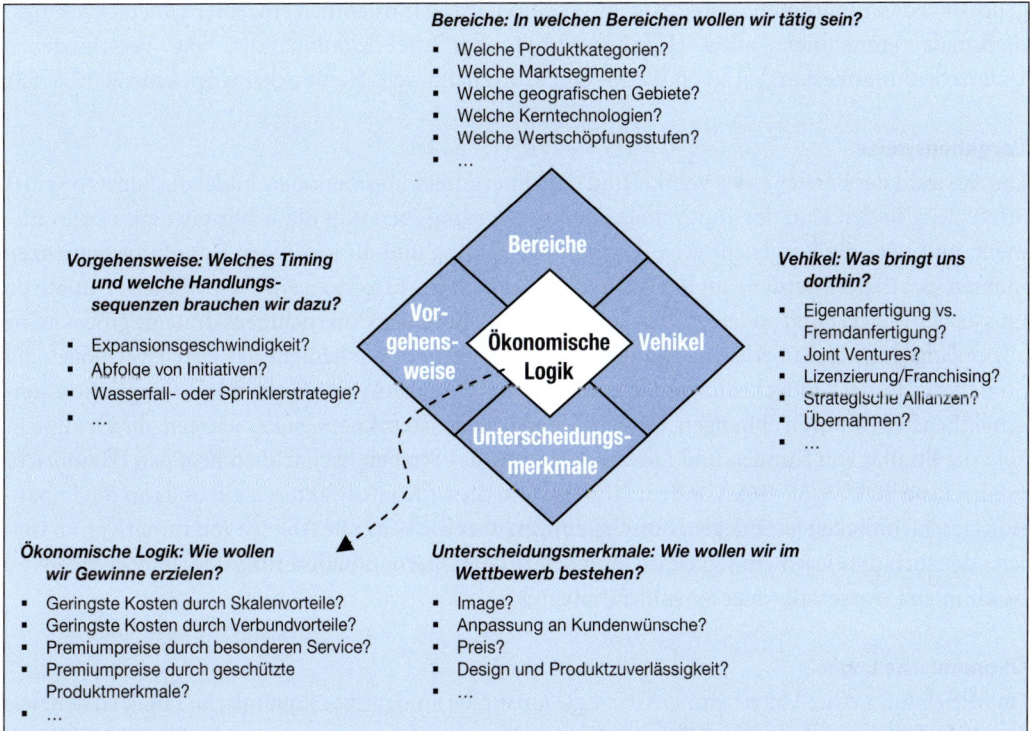

Abb. 2.31: Strategy Diamond – Die fünf Hauptdimensionen einer Strategie
(Quelle: Eigene Darstellung in Anlehnung an Hambrick/Fredrickson (2005, S. 54))

Vehikel

Nach der bewussten strategischen Entscheidung für oder gegen bestimmte Bereiche stellt sich die Frage, wie und mit welchen »Vehikeln« man dorthin gelangt. Wenn z. B. die Entscheidung für eine Erweiterung der Produktpalette fällt, muss festgelegt werden, ob dies durch eine firmeninterne Produktentwicklung, durch ein Joint Venture mit einer anderen Gesellschaft oder mithilfe der Übernahme eines Konkurrenzunternehmens erreicht werden soll. In welchen Feldern strategische Allianzen geschlossen werden, ist ebenfalls von außerordentlicher Bedeutung (Hambrick/Fredrickson 2005, S. 54).

Unterscheidungsmerkmale

Eine Strategie sollte nicht nur festlegen, wo ein Unternehmen tätig sein will und wie es dorthin kommt, sondern vor allem auch, wie es im Wettbewerb bestehen und auf welche Unterscheidungsmerkmale es sich konzentrieren will. In wettbewerbsintensiven Branchen ist das Einnehmen einer Spitzenposition letztlich immer das Resultat von Unterscheidungsmerkmalen (wie Image, Kundenbezogenheit, Preis, Produktdesign und Kundendienst). Dafür müssen Entscheidungen getroffen werden, z. B. welche Mittel zum Einsatz kommen, um im Kampf um Kunden, Einkommen und Profite erfolgreich zu sein. Die Erzielung eines nachhaltigen Wettbewerbsvorteils bedeutet nicht zwingend, dass das Unternehmen eine extreme Positionierung hinsichtlich einzelner Unterscheidungsmerkmale einnehmen muss. Häufig bringt erst die Kombination von verschiedenen Unterscheidungsmerkmalen einen Wettbewerbsvorteil mit sich (Hambrick/Fredrickson 2005, S. 55).

Vorgehensweise
Die Auswahl der Bereiche, der Vehikel und der Unterscheidungsmerkmale bildet die Substanz einer Strategie, also den Plan des Top-Managements. Allerdings benötigt diese Substanz ein viertes Element, und zwar die Vorgehensweise. Das richtige Timing und die jeweiligen Handlungssequenzen müssen spezifiziert werden, um die Wahrscheinlichkeit des Erfolgs zu erhöhen. Manche Initiativen müssen vorgelagert und andere nachgelagert erfolgen. Bei einer Unternehmensstrategie gibt es keine allgemeingültige und überlegene Abfolge von Aktivitäten, es ist vielmehr das Urteilsvermögen der Strategen gefordert. Entscheidungen über die Art der Vorgehensweise können von einer Fülle unterschiedlichster Faktoren abhängen. Dazu gehören u. a. die stets knappen Ressourcen, die Dringlichkeit, die Bonität von Kunden und Lieferanten sowie das Streben nach frühen Erfolgen (Hambrick/Fredrickson 2005, S. 55–56). Vor dem Hintergrund dieser Kontextfaktoren gilt es dann die Expansionsgeschwindigkeit festzulegen, Entscheidungen über die konkrete Abfolge von Initiativen zu treffen oder auch die Geschwindigkeit im Hinblick auf die Internationalisierung des Unternehmens zu bestimmen (Wasserfall- oder Sprinklerstrategie).

Ökonomische Logik
Im Mittelpunkt einer Unternehmensstrategie muss eine eindeutige ökonomische Logik stehen, wie Renditen erzielt werden sollen. Dabei geht es darum, Erträge zu generieren, die über den Kapitalkosten des Unternehmens liegen. Erfolgreiche Strategien beruhen stets auf der Berücksichtigung des ökonomischen Prinzips, das als Grundannahme zur Gewinngenerierung dient. In manchen Fällen kann der Schlüssel zum Erfolg in Kostenvorteilen durch Skalen- und/oder Verbundvorteile liegen. Andererseits lassen sich aufgrund einer gelungenen Differenzierung am Markt Premiumpreise erzielen (Hambrick/Fredrickson 2005, S. 56).

> **Fallbeispiel IKEA**
> Das Unternehmen IKEA wurde 1943 von Ingvar Kamprad gegründet und verkauft bereits seit 1951 Möbel. Heute ist IKEA ein weltweit tätiges Einrichtungsunternehmen und Marktführer in der Möbelindustrie. Mit 380 Filialen weltweit und über 160.000 Mitarbeitern erzielt das Unternehmen einen jährlichen Umsatz von über 34 Mrd. €. Deutschland ist mit einem Umsatz von 4,75 Mrd. € der wichtigste Einzelmarkt für IKEA. Der nächstgrößere Wettbewerber in Deutschland ist die XXXL-Lutz Gruppe, die einen Umsatz von 2,2 Mrd. € erwirtschaftet (Stand 2016). Die Strategie von IKEA hat sich in den letzten Jahren sehr kohärent entwickelt und berücksichtigt alle fünf Dimensionen des Strategy Diamond (▶ Abb. 2.32).

4 Strategieentwicklung und -bewertung

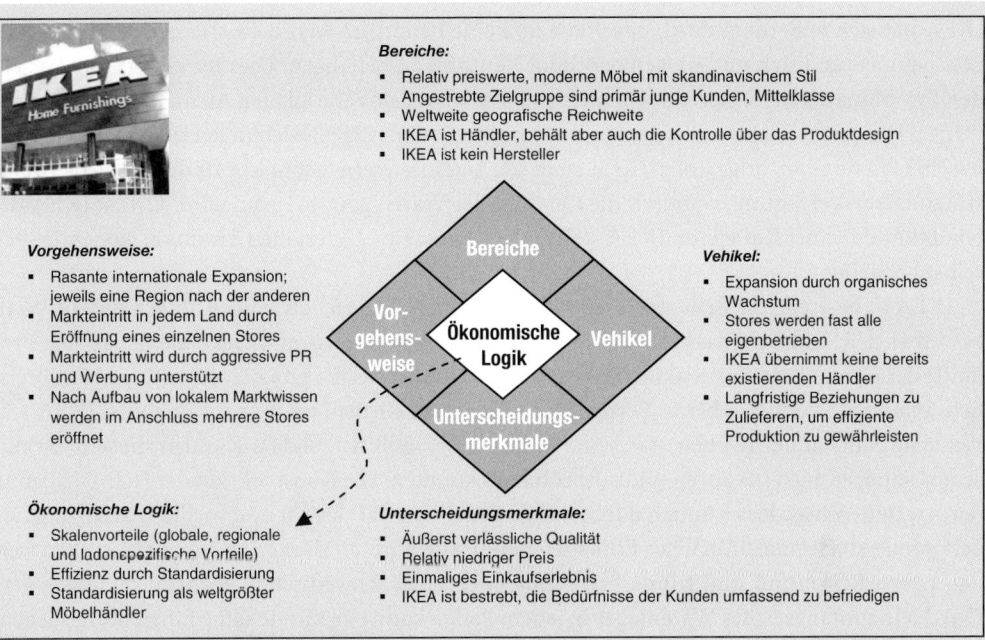

Abb. 2.32: Die fünf Hauptdimensionen der Strategie von IKEA
(Quelle: Eigene Darstellung in Anlehnung an Hambrick/Fredrickson (2005, S. 58)).

IKEA hat die Bereiche, in denen das Unternehmen tätig ist, genau abgesteckt. Das Unternehmen verkauft relativ preiswerte, moderne Möbel in skandinavischem Stil, wobei die anvisierte Zielgruppe primär junge Kunden aus der Mittelschicht sind. Außerdem operiert IKEA weltweit bzw. zumindest in den Ländern, deren sozioökonomische Bedingungen und Infrastruktur dies zulassen. IKEA ist nicht nur Händler, sondern behält immer auch die Kontrolle über das Produktdesign. So kann IKEA seinem einzigartigen Image gerecht werden und einen Erfahrungsvorsprung im Vergleich zur Konkurrenz erzielen, damit eine effiziente Herstellung sichergestellt ist. IKEA produziert in seiner Tochtergesellschaft IKEA Industry zwar auch selbst, vertraut aber vor allem auf eine Vielzahl von langfristigen Zuliefererbeziehungen, die eine effiziente und geografisch verteilte Produktion ermöglichen. Trotz vieler über die Jahre stattgefundener strategischer Veränderungen ist IKEA immer seinem schwedischen Ursprung treu geblieben, was sich beispielsweise an den Farben der Läden sowie der Berufskleidung oder den Namen der Möbel zeigt. Gleichzeitig ist die Vision IKEAs »einen besseren Alltag für die vielen Menschen schaffen« immer gleichgeblieben, genauso wie die Geschäftsidee, ein breites Sortiment formschöner und funktionsgerechter Einrichtungsgegenstände zu Preisen anzubieten, die so günstig sind, dass möglichst viele Menschen sie sich leisten können.

Als wesentliche Vehikel können die geografische Expansion durch ein organisches Wachstum und der fast komplette Eigenbetrieb der Läden angesehen werden. Zwar funktioniert der Konzern nach einem Franchisesystem, allerdings sind die Franchisenehmer zumeist die eigenen Landesgesellschaften. Nur wenige IKEA-Läden werden von externen Franchisenehmern betrieben.

IKEA hat sich außerdem dazu entschlossen, keine bereits im Markt existierenden Händler zu übernehmen und sich nur an wenigen Joint Ventures zu beteiligen. Dies reflektiert die Ansicht des Top-Managements, dass das Unternehmen ausnahmslos alle lokalen Abläufe des hoch innovativen Händlerkonzepts selbst kontrollieren sollte. Langfristige Beziehungen zu Zulieferern spielen ebenfalls eine wichtige Rolle. IKEA stellt seinen Zulieferern technische und finanzielle Unterstützung zur Verfügung, wodurch die Qualität der Waren gewährleistet wird. Oft ist IKEA der Hauptkunde seiner Zulieferer. IKEA stellt sicher, dass seine Lieferanten Produkte ausschließlich selbst herstellen.

IKEA ist bestrebt, die Bedürfnisse der Kunden umfassend zu befriedigen. Es schlägt die Wettbewerber u. a. dadurch, dass es zahlreiche wichtige Unterscheidungsmerkmale bietet. Die Produkte der Firma sind von verlässlicher Qualität und zudem relativ günstig (etwa 20 bis 30 % preislich unter den Wettbewerbern). Ferner bietet IKEA ein einmaliges Einkaufserlebnis. IKEA war das erste Möbelunternehmen, das seine Möbel ausgestellt hat, sodass Kunden diese nicht nur sehen, sondern auch berühren und ausprobieren konnten. Die Konstruktion der IKEA-Läden in der Art und Weise, dass Kunden durch das gesamte Geschäft laufen und so alle Waren zu sehen bekommen, bietet ein einmaliges Einkaufserlebnis sowie gutes Marketing-Konzept. Zudem werden neben Restaurant und Kinderbetreuung auch noch schwedische Lebensmittel angeboten. Durch ein umfangreiches Warenlager in jedem Laden kann der Kunde seine Einrichtungsgegenstände selbst abholen und sofort mit nach Hause nehmen oder sie sich noch am selben Tag ausliefern lassen. Im Gegensatz dazu zeigen herkömmliche Möbelhändler oftmals nur Ausstellungsstücke und veranschlagen daher nicht selten eine Lieferzeit von sechs bis zehn Wochen. Self-Service-Kassen ermöglichen Kunden selbst zu zahlen und verringern die Wartezeiten. Ein Wandel der Unternehmenskultur hin zu Respekt, Gleichheit, Ehrlichkeit, Bescheidenheit, Kundenservice und Qualität sowie flache Hierarchien und Teamgeist prägen bis heute den Umgang zwischen Management, Angestellten und Kunden, was wiederum starke Reputationseffekte nach außen hat.

Bei der Vorgehensweise unterscheidet sich das Unternehmen wesentlich von den Wettbewerbern. IKEA strebt eine rasante internationale Expansion an, wobei jeweils nur eine Region nach der anderen bearbeitet wird (Wasserfallstrategie). Im Allgemeinen eröffnet IKEA zunächst einen einzelnen Laden in einem Gastland und baut dadurch Marktwissen auf. Jeder Markteintritt wird i. d. R. von einer aggressiven Öffentlichkeitsarbeit und Werbung begleitet. Zu einem späteren Zeitpunkt dehnt IKEA in dem betreffenden Land das Geschäft aus und eröffnet weitere Läden. Beim Eröffnen eines Ladens in einem neuen Land profitiert IKEA von seinem guten Ruf auf globaler Ebene.

Die ökonomische Logik hinter der Strategie von IKEA beruht vorrangig auf Skalen- und Kostenvorteilen, die durch Standardisierung erzielt werden. Obwohl das Unternehmen nicht in jedem geografischen Markt absolut identische Produkte verkauft, hat IKEA einen hohen Standardisierungsgrad. Die Kosten sind, bedingt durch langjährige Beziehungen zu den Zulieferern, außerordentlich niedrig und werden durch das firmeneigene und produktionsfreundliche Produktdesign noch geringer. In jeder Region ist IKEA genügend groß, um eine Effizienz bei Verkaufsförderungsmaßnahmen zu erreichen. Durch die Größe der einzelnen Läden, die effiziente

> Verpackung der Waren sowie das Self-Service-Konzept können darüber hinaus Einsparungen bei den Lagerbeständen, der Werbung und dem Personal erzielt werden. Dank der stufenweisen internationalen Expansion von IKEA können Führungskräfte davon profitieren, was sie über Standortauswahl, Ladendesign und Ladeneröffnung gelernt haben.
>
> Analysiert man zusammenfassend die Strategie von IKEA, stellt man fest, dass alle Aktivitäten sinnvoll aufeinander abgestimmt sind und einen Fit aufweisen. So passt z. B. die Betonung auf niedrige Preise, Spaß beim Einkaufen, modernes Design und sofortige Auslieferung gut zu der anvisierten Zielgruppe, den primär jungen Kunden aus der Mittelschicht. Ein anderes Beispiel für den guten Fit zwischen den einzelnen strategischen Maßnahmen ist die Entscheidung, im Zuge der internationalen Expansion keine bereits existierenden Händler aufzukaufen. Mit dem Zukauf eines alten Möbelhauses wäre es nicht möglich, dem Kunden das typische IKEA-Shoppingerlebnis zu bieten. Bestehende Immobilien wären kaum auf das IKEA-Konzept umzurüsten. Die Flächenproduktivität in anderen Möbelhäusern ist zudem meistens deutlich niedriger als bei IKEA (z. B. wegen der zu großen Anzahl an Stockwerken oder der schlechten Verkehrsanbindung). Dies würde der ökonomischen Logik des Geschäftsmodells von IKEA zusätzlich schaden, da sich dann die Effizienzvorteile aus den standardisierten Möbelhäusern nicht in vollem Umfang einstellen würden. (In Anlehnung an Hambrick/Fredrickson 2005, S. 57–59; Jungbluth 2008, Nguyen Huy/Jarrett/Duke 2011a, 2011b und IKEA.com 2017)

4.6 Bewertung und Auswahl von Strategiealternativen

Nach der Entwicklung alternativer Strategien ist nun eine geeignete Strategie für das Unternehmen, den Geschäftsbereich bzw. die betrachtete betriebliche Funktion auszuwählen. Bewertet wird das Ergebnis des vorangegangenen Such- und Entwicklungsprozesses. Geeignete Bewertungskriterien sind die speziellen strategischen Ziele sowie die langfristigen Absichten, die mithilfe der Strategien angestrebt werden sollen. Wegen der inhärenten Unsicherheiten des Entscheidungsprozesses sowie der Unschärfe der Informationen sind hier die Standardverfahren der Entscheidungstheorie im Allgemeinen nicht einfach anwendbar. Man greift deshalb oftmals auf Proxy-Kriterien zurück. Als Bewertungsmaßstab dienen bspw. die Zielerreichungsgrade, die jede Strategiealternative mithilfe der sie begleitenden Maßnahmen zu erfüllen verspricht.

Eigenschaften von Strategien
Als grundlegende Voraussetzung für eine sinnvolle Bewertung müssen die Strategiealternativen eine Reihe von Eigenschaften erfüllen:

- Strategien sind problembezogen und nicht produktbezogen in einfacher und kurzer Form verbal zu beschreiben.
- Die einzelnen Elemente jeder Strategie müssen vollständig beschrieben sein. Folglich sind die der Strategie zugrunde liegenden Maßnahmenprogramme hinsichtlich Meilensteinen, angesprochenen Organisationseinheiten im Unternehmen und Ressourcenbedarf detailliert zu dokumentieren.

- Es muss deutlich werden, in welcher Weise die Strategiealternativen zur Erreichung der zuvor formulierten Vision sowie der strategischen Ziele beitragen. Hierzu ist es sinnvoll und notwendig, zunächst strategische Lücken zu identifizieren, die mit den Strategiealternativen geschlossen werden sollen.
- Die Strategiealternativen sollten so genau wie möglich formuliert sein. Dies ist notwendig, um formale Kriterien wie Realisierbarkeit, Vollständigkeit und Zielbezogenheit der Strategie zu überprüfen.
- Um Auswirkungen der Strategiealternativen auf den Unternehmenswert angeben zu können, müssen auch erste Vorstellungen über die mit der Strategie verbundenen Kosten, Umsätze und Investitionen formuliert werden.

»Tough Questions« zur Analyse von Strategiealternativen
Day (1986a, 1986b) hat auf der Basis umfangreicher praktischer Erfahrungen einen Kriterienkatalog entworfen, mit dessen Hilfe Strategievorschläge kritisch überprüft werden können. Dieser Katalog verarbeitet vor allem die Erfahrungen einer ex-post-Analyse strategischer Fehlschläge. Hauptursachen dieser Fehlschläge waren

- unrealistische Planannahmen,
- Fehler in der Allokation der Ressourcen und
- mangelndes »Commitment« der Führungskräfte (Wille und Fähigkeit, die Strategie in die Tat umzusetzen).

Die von Day formulierten sog. »Tough Questions« sollen dazu dienen, den strategischen Dialog zwischen dem Top-Management, den für das operative Geschäft zuständigen Linien-Führungskräften und den strategischen Planern zu verbessern. Sie lauten:

- Ermöglicht die Strategie den Aufbau eines nachhaltigen Wettbewerbsvorteils?
- Wie realistisch sind die zentralen Planannahmen?
- Ist die Umsetzbarkeit der Strategie sichergestellt in Bezug auf die notwendigen Fähigkeiten, Ressourcen und Kernkompetenzen sowie das erforderliche »Commitment« des Managements?
- Ist die Strategie in sich konsistent (»interner Fit«)?
- Wie robust ist die Strategie gegenüber bestimmten Entwicklungen und sind die damit verbundenen Risiken für das Unternehmen tragbar?
- Wie flexibel (anpassungsfähig) ist die Strategie?
- Führt die Strategie zu einer Erhöhung des ökonomischen Wertes des Unternehmens bzw. der Geschäftseinheit?

Insbesondere die Beantwortung der letzten Frage scheint im Hinblick auf die Phase der Bewertung und Auswahl von Strategien eine überragende Rolle in der Unternehmenspraxis zu spielen. Welge/Al-Laham/Eulerich (2017, S. 787) weisen im Rahmen einer empirischen Erhebung eindeutig nach, dass monetäre Ziele als Kriterium der Strategiebewertung von über 95 % aller Befragten eingesetzt werden. Solche monetären Ziele können der ROI, der Jahresüberschuss oder die Steigerung des Unternehmenswertes sein. Vor allem in Aktiengesellschaften haben die am Unternehmen beteiligten Shareholder ein starkes Interesse daran, Informationen über die Entwicklung des sog. Shareholder-

Value zu erhalten. Mithilfe von Verfahren der Investitionsrechnung (z. B. Discounted-Cash-Flow-Methode) können auf SGE- oder Unternehmensebene solche Wertangaben ermittelt werden.

Siegert (1995, S. 592) spricht vom Strategiebeitrag als demjenigen Kapitalwert, der über die geschäfts(feld)risikoadäquaten Kapitalkosten generiert wird. Strategieentscheidungen, wie z. B. eine Wachstumsstrategie mittels Diversifikation, lassen sich so in Wertsteigerungen ausdrücken. Es sind nicht mehr die klassischen Größen der Buchhaltung alleine, nach denen der Erfolg von Strategien und Maßnahmen bewertet wird, es geht nunmehr um eine aktionärsvermögensorientierte strategische Steuerung von Unternehmen. Der Shareholder-Value-Ansatz unterliegt allerdings insofern einer eingeschränkten Gültigkeit, als er auf restriktiven Annahmen beruht und sich an Größen orientiert, die oftmals nur näherungsweise zu bestimmen sind.

Die Unternehmenspraxis hat zudem gezeigt, dass Strategiealternativen immer stärker auch vor dem Hintergrund ihres Beitrags zur Erreichung qualitativer Ziele wie der Verbesserung der Kundenorientierung, des Images oder der Schonung natürlicher Ressourcen beurteilt werden. Insbesondere die Kundenorientierung scheint eine große Rolle im Hinblick auf die nachhaltige Wertsteigerung von Unternehmen zu spielen. In einer Untersuchung weist Martin (2010) eindrücklich nach, dass Unternehmen, die die Kundenorientierung und nicht die Shareholder-Value-Orientierung in den Mittelpunkt ihrer Strategien stellen, langfristig erfolgreicher sind und letztlich einen höheren Unternehmenswert generieren.

An dieser Stelle wird erneut deutlich, dass Unternehmen zum Aufbau nachhaltiger Wettbewerbsvorteile heutzutage mehr leisten müssen, als nur bestimmte quantitative bzw. ökonomische Ziele zu erreichen (▶ Teil II, Kap. 2.3). Die unterschiedlichen Stakeholder tragen verschiedenste Ansprüche an Unternehmen heran und diese müssen dauerhaft dafür Sorge tragen, dass sie ihre in der Gesellschaft vorhandene Legitimationsgrundlage nicht verlieren. Die Legitimität bezeichnet dabei die grundlegende Wahrnehmung und Annahme, dass die Aktivitäten und Strategien eines Unternehmens wünschenswert und angemessen sind, innerhalb eines bestimmten Normen- und Wertekanons seiner Stakeholder (Suchman 1995). Die Strategiealternativen müssen deshalb auch vor dem Hintergrund bewertet werden, inwiefern sie einen Beitrag zur langfristigen (Über-)Lebensfähigkeit eines Unternehmens leisten. Verliert ein Unternehmen seine Legitimationsgrundlage, dann werden die einzelnen Stakeholder diesem ihre Unterstützung entziehen, indem z. B. Kunden Produkte nicht mehr kaufen, Mitarbeiter kündigen oder der Staat mit stärkerer Regulierung droht.

»Six Principles of Strategic Positioning«
Die Bewertung und Auswahl von Strategien anhand sowohl qualitativer als auch quantitativer Kriterien spielt in den Arbeiten von Porter (1997; 2001) eine zentrale Rolle. Er schlägt insgesamt sechs Prinzipien vor, deren kritische Überprüfung Aussagen über den Erfolgsgehalt verschiedener Strategieoptionen erlauben soll. Die sog. »Six Principles of Strategic Positioning« können auf zur Auswahl stehende Strategieoptionen angewendet werden und ermöglichen eine fundierte Entscheidung über deren potenziellen Beitrag dazu, nachhaltige Wettbewerbsvorteile aufzubauen. Im Einzelnen sollten Unternehmen sechs fundamentalen Prinzipien folgen (Porter 2001, S. 71):

- Richtige Zielsetzung: Strategien sollen dazu beitragen, langfristig angelegte Unternehmensziele wie einen bestimmten ROI zu erreichen und die Überlebensfähigkeit von Unternehmen nach-

haltig abzusichern. Die Kundenzufriedenheit und die damit verbundene Bereitschaft eines Abnehmers, Preise zu bezahlen, die über den Kosten des Unternehmens liegen, sind dafür eine wesentliche Voraussetzung.
- Nutzenvorteil: Die Strategie eines Unternehmens muss einen Beitrag zur Schaffung eines konkreten Nutzenvorteils beim Kunden leisten, der sich klar vom Wettbewerb abhebt (sog. »value proposition«). Dabei beschreibt die Strategie, welche konkreten Aktivitäten wie miteinander kombiniert werden müssen, um diesen für den Kunden einzigartigen Wert zu generieren.
- Einzigartige Wertschöpfungsstruktur: Die Strategie muss sich in einer konkreten Wertschöpfungsarchitektur niederschlagen, die möglichst einzigartig ist. Um einen nachhaltigen Wettbewerbsvorteil zu erzielen, muss ein Unternehmen entweder andere Aktivitäten als die Wettbewerber durchführen oder gleiche Aktivitäten in anderer Art und Weise.
- Trade-off: Jede erfolgreiche Strategie beinhaltet typischerweise sog. »Trade-offs«, d. h. es müssen Entscheidungen für und auch gegen bestimmte Aktivitäten getroffen werden. Erfolgreiche Strategieentwicklung besteht insofern nicht nur darin, sich z. B. für bestimmte Angebote am Markt, eine spezielle Ausgestaltung des Marketing-Mix oder die Ausweitung des Sortiments zu entscheiden. Viel wichtiger ist es oftmals festzulegen, auf welche Aktivitäten ein Unternehmen im Wettbewerb verzichtet, d. h., welche Produkte nicht mehr angeboten werden, auf welche Marketing-Maßnahmen man verzichtet und welche Produkte aus dem Sortiment gestrichen werden. Unternehmen, die zu vielen Kundengruppen zu viele Leistungen anbieten, sind typischerweise nicht erfolgreich.
- Fit: Die Analyse des sog. Fit der einzelnen Elemente einer Strategie ist für Porter von zentraler Bedeutung. Im Rahmen der Strategieentwicklung muss eine Vielzahl strategischer Maßnahmen aufeinander abgestimmt werden. Erfolg haben Strategien aber nur dann, wenn die zahlreichen Einzelaktivitäten auch zueinander *passen*, d. h. einen Fit haben. In den Worten von Porter (1991, S. 96): »*Strategy is seen as a way of integrating the activities of the diverse functional departments within a firm, including marketing, production, research and development, procurement, finance, and the like. An explicit and mutually reinforcing set of goals and functional policies is needed to counter the centrifugal forces that lead functional departments in separate directions.*« Die Abstimmung der zahlreichen Maßnahmen ist vor allem wichtig, da sich die Einzelaktivitäten zumeist gegenseitig beeinflussen. Es gibt für Porter (1996) drei Arten von Fit bzw. Abstimmung, die sich gegenseitig nicht ausschließen:
  - Beim sog. »First-order-fit« gilt es die einzelnen Aktivitäten daraufhin zu untersuchen, ob sie untereinander und im Hinblick auf die Gesamtstrategie konsistent sind. Die Konsistenz sorgt dafür, dass die Wettbewerbsvorteile der Einzelaktivitäten sich kumulieren und nicht gegenseitig zersetzen. So widerspricht es bspw. dem First-order-fit, wenn ein Unternehmen beim Verfolgen der Strategie der Kostenführerschaft in einigen Funktionsbereichen wie Marketing oder Einkauf auf niedrige Kosten achtet, auf der anderen Seite aber sehr hohe Gehälter zahlt.
  - Von »Second-order-fit« spricht Porter, wenn die Einzelaktivitäten nicht nur konsistent sind, sondern sich darüber hinaus auch gegenseitig verstärken und Synergien in Form von Economies of Scale und Economies of Scope entstehen. Als Beispiel lässt sich das Unternehmen Apple und seine Marketingstrategie nennen. Der Vertrieb von Musik und sog. Apps über die Onlineplattform iTunes wird durch die gleichzeitige Vermarktung von iPhones und iPads

verstärkt. Kunden, die ein iPhone oder ein iPad besitzen, werden mit größerer Wahrscheinlichkeit online Musik bzw. Apps bei Apple kaufen als bei einem anderen Anbieter. Die miteinander kompatiblen Produkte verstärken insofern gegenseitig den Verkauf und die Aktivitäten im Vertriebsbereich und weisen einen Second-order-Fit auf.

- Der sog. »Third-order-fit« geht über die wechselseitige Abstimmung von Aktivitäten hinaus und bezieht sich auf die Optimierung der betrieblichen Leistungen. Für Porter geht es hierbei vor allem darum, einen unnötigen Anstieg des Aufwands innerhalb der einzelnen Wertschöpfungsaktivitäten zu vermeiden, um Wettbewerbspositionen nachhaltig zu festigen. Als Beispiel nennt er die Auslagerung bestimmter Servicemaßnahmen an den Kunden (z. B. Selbstmontage von Möbeln).

Der Fit zwischen den einzelnen Aktivitäten ist für Porter nicht nur eine wesentliche Voraussetzung zur Erlangung von Wettbewerbsvorteilen, sondern eine grundlegende Bedingung dafür, dass die Wettbewerbsfähigkeit eines Unternehmens nachhaltig gestärkt wird. Für Wettbewerber ist es schwerer, ein ganzes System von miteinander verwobenen strategischen Maßnahmen zu kopieren, als bestimmte Einzelaktivitäten. Eine Strategie, der ein ganzes Geflecht von Aktivitäten zugrunde liegt, die den o. g. Fit-Kriterien entspricht, ist deshalb einer Strategie von Einzelmaßnahmen vorzuziehen.

- Kontinuität: Zum Abschluss gilt es Strategien daraufhin zu überprüfen, inwiefern sie Kontinuität im Unternehmen fördern. Unternehmen sind i. d. R. darauf ausgelegt, langfristig am Markt zu überleben und dauerhaft Erfolg zu haben. Um dies zu erreichen, müssen Unternehmen Entscheidungen über ihre jeweils angestrebte Wettbewerbsposition treffen. Die kontinuierliche Fokussierung auf bestimmte strategische Ziele bedeutet im Einzelfall vielleicht, dass bestimmte Chancen am Markt nicht genutzt werden können. Ohne eine Kontinuität in der Strategie ist es gleichwohl schwierig, bestimmte Fähigkeiten und Kernkompetenzen aufzubauen. Die kontinuierliche Verbesserung und Weiterentwicklung eines Unternehmens ist zwar unbedingt nötig. Für Porter ist eine zu häufige Neuerfindung des Unternehmens aber i. d. R. eher das Zeichen einer fehlenden übergeordneten Strategie.

Zusammenfassend lässt sich festhalten, dass die Bewertung und Auswahl von Strategiealternativen eine der wesentlichen Aufgaben im Rahmen des strategischen Managements darstellt. Normalerweise findet sich in Unternehmen kein Mangel an Ideen und Vorschlägen, in welche Richtung man sich entwickeln könnte. Eine der wichtigsten Aufgaben für Führungskräfte stellt deshalb nicht nur die Auswahl geeigneter Strategiealternativen dar, sondern vor allem auch das gezielte Ablehnen bestimmter Strategieoptionen, die nicht zielführend und nachhaltig erscheinen. Schon die nur begrenzt verfügbaren Ressourcen bedingen ein solches Vorgehen. Um einen wirklich nachhaltigen Wettbewerbsvorteil aufzubauen, gilt es nicht nur, den Fit zwischen den einzelnen strategischen Maßnahmen sicherzustellen, sondern sich auch für die erfolgversprechendsten Strategieoptionen zu entscheiden.

5 Strategieimplementierung

5.1 Bedeutung und Aufgabenbereiche der Strategieimplementierung

Die Strategieimplementierung befasst sich mit der Frage, wie die strategischen Pläne des Gesamtunternehmens und seiner Geschäftsbereiche, Tochtergesellschaften und Funktionsbereiche in konkretes und strategiegeleitetes Handeln umgesetzt werden können. Geht man bei der Strategieentwicklung vorwiegend der Frage nach »Are we doing the right things?«, so stellt sich bei der Strategieimplementierung eher das Problem »Are we doing the things right?«.

Viele Unternehmen investieren sehr viel Energie in die Entwicklung von Strategien, versäumen es dann aber, diese effizient und effektiv zu implementieren. Wird der Phase der Implementierung zu wenig Aufmerksamkeit gewidmet, bleibt das strategische Management und die Entwicklung von Strategien aber letztlich wirkungslos (▶ Abb. 2.2). Empirische Studien belegen immer wieder die enormen Defizite, die es in dieser Hinsicht in der Unternehmenspraxis gibt (Al-Laham 2000; Kaplan/Norton 2008; Kolks 1990; Raps 2008). Der Erfolg von Unternehmen wird daher maßgeblich von einer wirkungsvollen Strategieimplementierung beeinflusst. Sie sollte eine zentrale Stellung im strategischen Management einnehmen. Gleichzeitig wird die Strategieimplementierung aber auch als die schwierigste Phase des strategischen Managements angesehen (Lombriser/Abplanalp 2015, S. 375–376). Diese Problematik liegt in einigen Besonderheiten begründet, die die Phase der Strategieimplementierung kennzeichnen (Lombriser/Abplanalp 2015, S. 375):

- Zum einen kann die Entwicklung einer Strategie in wenigen Wochen abgeschlossen sein, wohingegen die Implementierung derselben Strategie mehrere Jahre dauern kann. Dies liegt daran, dass die Strategieentwicklung in vielen Unternehmen ähnlich und somit in Teilen standardisiert ablaufen kann. Die Implementierung auf der anderen Seite ist immer ein individueller Prozess und muss spezifisch für das jeweilige Unternehmen und die einzelnen Geschäftsbereiche ausgestaltet werden. Einige Vorgaben aus der Strategieentwicklung lassen sich auch nicht sofort umsetzen. Eine verstärkte Innovationsfähigkeit z. B. kann i. d. R. nicht einfach zugekauft werden, sondern muss durch länger andauernde personelle, kulturelle und strukturelle Veränderungen im Unternehmen schrittweise aufgebaut werden.
- Zum anderen bildet die Strategieimplementierung im Unternehmen die Schnittstelle zwischen theoretisch-analytischem Vorgehen und praktischer Umsetzung. Dadurch tangiert die Strategieumsetzung Mitarbeiter aus allen hierarchischen Ebenen des Unternehmens, während die übrigen Phasen häufig von Führungskräften oder Stabsabteilungen dominiert werden. Als besonders schwierig ist die Strategieimplementierung zu bewerten, wenn die Akzeptanz der Strategie nicht auf allen hierarchischen Ebenen hoch ausgeprägt ist. Besonders problematisch erscheint dabei die Tatsache, dass eine erfolgreiche Strategieimplementierung nicht selten auch von machtpolitischen Kalkülen der beteiligten Akteure behindert wird. Strategierelevante Informationen werden in der Hierarchie nicht nach unten kommuniziert, Projekte anderer Abteilungen zu wenig unterstützt und Ressourcen nicht rechtzeitig zur Verfügung gestellt.

Vor diesem Hintergrund kommt man zu der bemerkenswerten Erkenntnis, dass die empirische Beschäftigung mit den Problemfeldern der Strategieimplementierung noch am Anfang steht. Es existieren insgesamt relativ wenige empirische Untersuchungen, die sich mit den Gründen des Scheiterns der Implementierung beschäftigen (Alexander 1985; Al-Ghamdi 1998; Kaplan/Norton 1997; Steinle/Thiem/Lange 2001). In einer jüngeren Arbeit gehen Kaplan/Norton (2008) davon aus, dass die Barrieren einer erfolgreichen Strategieimplementierung vielschichtig sind und letztlich nur ca. 10 % aller geplanten Strategien erfolgreich in der Praxis umgesetzt werden. Die Abbildung 2.33 gibt einen Überblick über die sechs am häufigsten auftretenden Probleme bei der Strategieimplementierung.

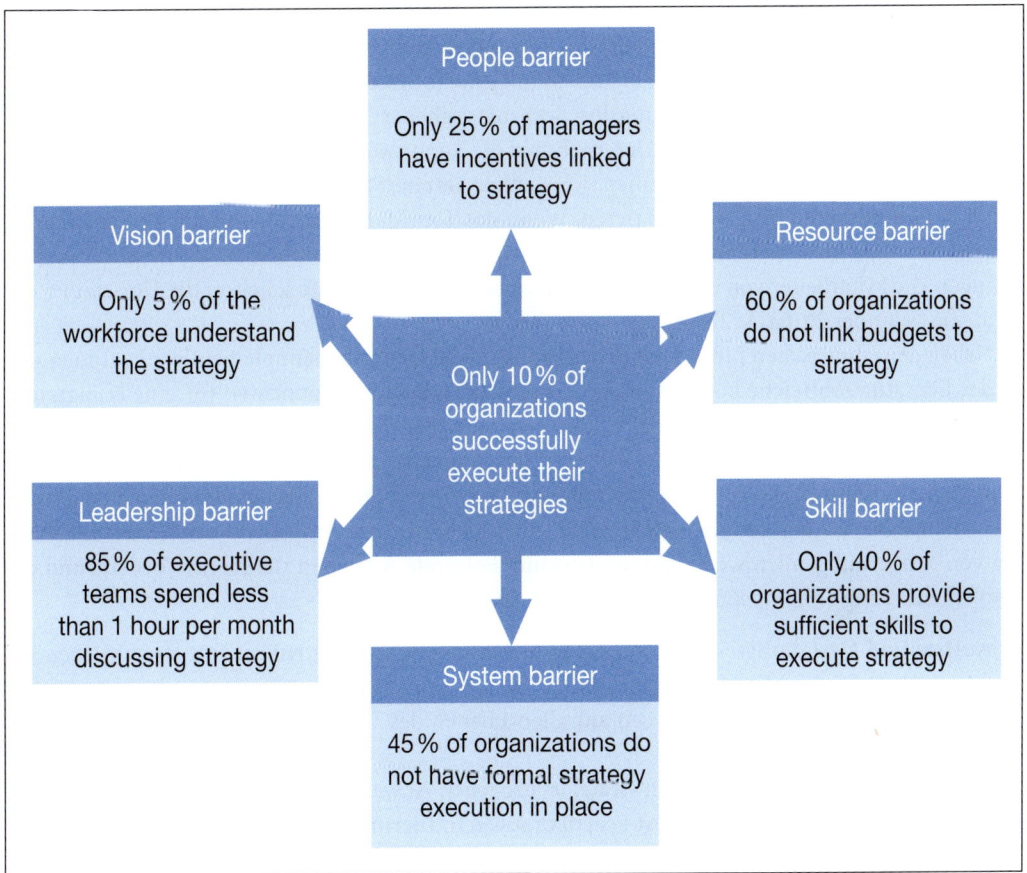

Abb. 2.33: Six barriers to strategy execution
(Quelle: Eigene Darstellung in Anlehnung an Wunder (2016a, S. 273))

Erstens scheitert die Strategieimplementierung daran, dass Mitarbeiter die Strategie nicht verstehen (»vision barrier«). Dies kann mit einer zu vagen und generischen Formulierung von Vision und Strategie sowie mit unzureichender Kommunikation innerhalb einer Organisation zusammenhängen. Zweitens besteht das Problem, dass die Anreizsysteme der Führungskräfte oftmals nicht an vorhandene Strategien gekoppelt sind und eine zu kurzfristige Gewinnoptimierung befördern (»people barrier«). Drittens gelingt es Unternehmen nicht immer, Strategien und die dafür erforderlichen Budgets aufeinander abzustimmen (»resource barrier«). Wenn die Strategieumsetzung bspw. bestimmte organisatorische und personelle Maßnahmen erforderlich macht, dann müssen dafür Budgets bereitgestellt werden. Oftmals sind die Budgets in der Phase der Strategieimplementierung aber zu klein oder gar nicht vorhanden. Viertens besteht das Problem, dass Mitarbeiter nicht über die notwendigen Fähigkeiten zur Strategieimplementierung verfügen (»skill barrier«). Sie haben nicht das nötige Wissen und die notwendigen Führungsqualitäten, die zur erfolgreichen Umsetzung von Strategien erforderlich sind. Eine fünfte Barriere der Strategieumsetzung ist häufig systematischer Natur (»system barrier«). In diesem Fall fehlt es in Unternehmen bspw. an formalen Prozessen der Strategieentwicklung, an etablierten Kommunikationsstrukturen, Strategiearbeitskreisen, Budgetierungsprozessen oder Performance-Management-Systemen. Im Ergebnis bleibt die Strategiearbeit dann ineffizient und wirkungslos. Sechstens scheitert Strategieumsetzung nicht selten an den Führungskräften selber, die im Unternehmen die Verantwortung tragen (»leadership barrier«). 85 % der Führungskräfte-Teams nehmen sich weniger als eine Stunde im Monat Zeit, um Strategien kritisch zu diskutieren und zu reflektieren. Wenn das Top-Management zu wenig Zeit aufwendet, um die Strategie im Unternehmen zu kommunizieren und selbst vorzuleben, dann wird es kaum gelingen, die Mitarbeiter von der Strategie zu überzeugen. In der Folge scheitert die Umsetzung der Strategie (Wunder 2016a, S. 273–275).

Neben den empirischen Einsichten in das Problemfeld der Strategieimplementierung finden sich in der Literatur zahlreiche konzeptionelle Vorschläge, welche Komponenten für eine erfolgreiche Umsetzung von Strategien notwendig erscheinen. So schlagen Thompson et al. (2015, S. 288–289) bspw. eine idealtypische Systematisierung der implementierungsbezogenen Aufgaben vor (▶ Abb. 2.34). Obwohl jeder Ansatz zur Implementierung von Strategien dem jeweiligen Unternehmen anzupassen ist, ergeben sich aus Sicht der Autoren bestimmte Aufgabenbereiche, die unabhängig von den jeweiligen Umweltbedingungen sind. Folgende Aufgaben stehen im Vordergrund der Implementierung (Thompson et al. 2015, S. 288–366):

- Aufbau und Gestaltung einer strategieadäquaten Organisationsstruktur mit strategischen Erfolgspotenzialen und Kernkompetenzen.
- Allokation notwendiger Ressourcen auf allen Ebenen des Unternehmens sowie strategieangepasste Budgetierung.
- Entwicklung und Umsetzung von strategiebezogenen Anweisungen und Richtlinien.
- Sichtung und Umsetzung von Best Practices sowie Initiierung kontinuierlichen Wandels.
- Aufbau notwendiger Informations- und Kommunikationssysteme.
- Entwicklung und Installation von strategieorientierten Anreizsystemen.
- Gestaltung einer strategieförderlichen Arbeitsumgebung und Unternehmenskultur.
- Aufbau von Führungskompetenz und Leadership zur Förderung der Strategieumsetzung.

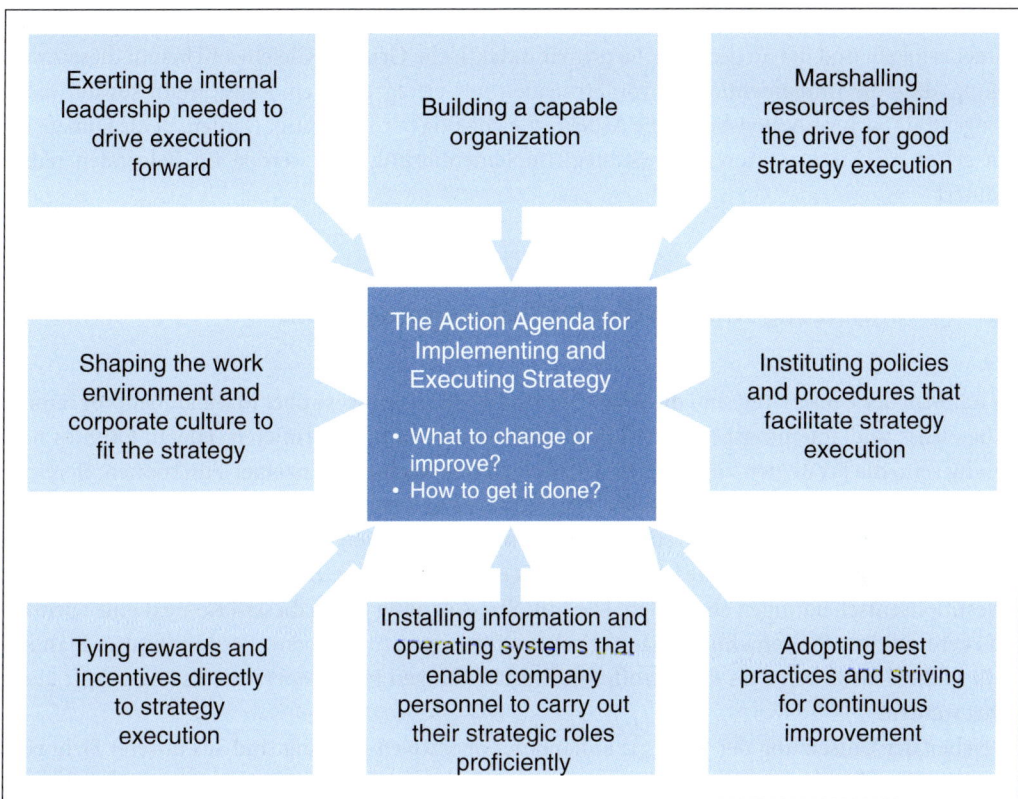

Abb. 2.34: The Eight Components of the Strategy Execution Process
(Quelle: Thompson et al. (2015, S. 290))

Die auf Basis der Typologie von Thompson et al. (2015, S. 288–290) diskutierten Aufgabenbereiche lassen sich bei näherer Betrachtung auf zwei übergeordnete Schwerpunkte verdichten, die im Rahmen der Strategieimplementierung eine wesentliche Rolle spielen:

- Zum einen besitzt die Strategieimplementierung eine sachbezogene Komponente, d. h. es ist Aufgabe der Strategieimplementierung, die Struktur, Kultur sowie Systeme so zu gestalten, dass ein Erreichen der strategischen Ziele möglich wird. Zudem gilt es Ressourcen zu verteilen und die strategischen Maßnahmenprogramme zu budgetieren. Alle Anstrengungen, die in den Bereich der sachbezogenen Komponente fallen, bezeichnet man auch als den Aufgabenbereich der Umsetzung von Strategie (Kolks 1990, S. 79).
- Zum anderen besitzt die Strategieimplementierung eine verhaltensbezogene Komponente, d. h. im Rahmen der Operationalisierung von Strategien müssen stets auch Verhaltensweisen der Mitarbeiter verändert werden, um die strategischen Zielsetzungen zu erreichen. Die Bewältigung von Verhaltenswiderständen und die Vermittlung strategiebezogener Akzeptanz bei den Mitarbeitern bezeichnet man als den Aufgabenbereich der Durchsetzung der Strategie (Kolks 1990, S. 79).

Die scharfe Trennung von Umsetzung und Durchsetzung kann in der Unternehmenspraxis nicht immer erfolgen und hat an dieser Stelle primär didaktische Gründe. Gleichwohl betont diese Zweiteilung, dass die Implementierung von Strategien nur erfolgreich sein kann, wenn sowohl sachbezogene als auch verhaltensbezogene Aspekte gleichzeitig berücksichtigt werden. Beide Dimensionen gelten als Erfolgsfaktoren der Strategieimplementierung und werden im Folgenden näher erläutert.

5.2 Umsetzung strategischer Maßnahmenprogramme

Im Rahmen der Umsetzung sind die einzelnen Strategien stufenweise über Maßnahmenprogramme in bereichs- und abteilungsbezogene Einzelmaßnahmen zu transformieren. Hierzu kann es notwendig sein, die Strategien zunächst in Teilstrategien hinsichtlich einzelner Funktionen, Bereiche oder Themen zu zerlegen. Im Zuge der Konkretisierung und Präzisierung von Teilstrategien ist i. d. R. auch die Verknüpfung der strategischen mit der operativen Planung zu leisten. In der Praxis bedeutet dies, aus den Teilstrategien mittelfristige Maßnahmen z. B. in Form von Projekten oder Investitionsentscheidungen abzuleiten. Die Mittelfristplanung hat in diesem Kontext eine wichtige Brückenfunktion. Sie verzahnt die strategische mit der operativen Ebene. Die kurzfristige Planung stellt schließlich sicher, dass die getroffenen Entscheidungen in das operative Tagesgeschäft überführt werden.

Neben der Umsetzung der Strategie anhand der operativen Planung sind aus unserer Sicht eine Reihe weiterer Erfolgsfaktoren der Strategieimplementierung hervorzuheben. Dies sind insbesondere die Organisationsstruktur, die Unternehmenskultur sowie spezifische Systeme, die bei der Umsetzung strategischer Maßnahmenprogramme eine Rolle spielen. Zudem muss eine Budgetierung sämtlicher strategischer Maßnahmenprogramme erfolgen. Im Folgenden gehen wir auf diese Bereiche näher ein.

5.2.1 Ausgestaltung der Organisationsstruktur

Die enge Verbindung zwischen der Strategie und der Organisationsstruktur wird bereits seit langer Zeit im strategischen Management diskutiert. Es besteht weitgehend Einigkeit darüber, dass Strategie und Struktur einen Fit aufweisen sollten. Nicht selten muss die Organisationsstruktur der Strategie angepasst werden, um deren Umsetzung zu gewährleisten. Diese Überlegungen gehen bereits zurück auf die von Alfred D. Chandler (1962) veröffentlichte Studie »Strategy and Structure«. Die für unsere Überlegungen relevanten Untersuchungsergebnisse Chandlers lassen sich wie folgt zusammenfassen: Im Laufe der Entwicklung hat sich die Organisationsstruktur der amerikanischen Unternehmen von einer stark zentralisierten zu einer dezentralisierten, multidivisionalen Form (sog. M-Form) gewandelt. Chandler weist dies anhand ausführlicher Fallstudien der Firmen E.I. du Pont de Nemours & Co. (DuPont), General Motors Corporation, Standard Oil Company of New Jersey und Sears, Roebuck and Company nach. Die organisatorischen Veränderungen waren eine direkte

5 Strategieimplementierung

Folge veränderter langfristiger Ziele und Strategien. Primär erfolgen nach Chandler Veränderungen innerhalb der Unternehmensstrategie, diese lösen nachfolgende Änderungen in der Organisationsstruktur des Gesamtunternehmens aus. Jede Art von Strategie bringt spezifische administrative Erfordernisse mit sich, denen ein Unternehmen durch Anpassung der Organisationsstruktur Rechnung tragen muss. Mit anderen Worten: Die Struktur folgt der Strategie (»Structure follows Strategy«).

Der mehr an entwicklungsgeschichtlichen Prozessen interessierte Chandler hat bei seinen Untersuchungen keine formalisierten Erhebungsinstrumente verwendet und auch weitgehend auf eine Operationalisierung der Begriffe »Struktur« und »Strategie« verzichtet. Seine Nachfolger, zu denen neben Wrigley insbesondere Scott und Rumelt gehören, haben diesen Mangel zu beheben versucht. Die wichtigste Arbeit stellt in diesem Zusammenhang die Dissertation von Richard Rumelt dar, in der am Beispiel von amerikanischen Unternehmen mit Geschäftsbereichsorganisation Chandlers These im Prinzip bestätigt, zum Teil aber auch ergänzt wurde (vgl. dazu Rumelt 1974; eine Darstellung in deutscher Sprache findet sich bei Hoffmann 1980, S. 255–258). Rumelt hat die Diversifikationsstrategien und deren Einfluss auf die Organisationsstruktur in 262 amerikanischen Unternehmungen im Zeitraum von 1949–1974 untersucht. Er kam dabei zu dem Ergebnis, dass die Chandlersche These in einer Reihe von Fällen nicht zutraf, sondern dass hier die Unternehmensstrategie vorangegangenen organisatorischen Strukturveränderungen folgte. Ursächlich für die Veränderung der Organisationsstruktur waren in diesem Falle modische Trends im Hinblick auf die Ausgestaltung von Organisationen, d. h. ein gewisses Nachahmungsverhalten der Unternehmen.

Dyas/Thanheiser (1976) haben am Beispiel des Wachstums und der organisatorischen Veränderungen der 100 größten deutschen Unternehmen von 1950–1970 allerdings nachgewiesen, dass auch hier die These »Structure follows Strategy« zutrifft, ähnlich wie in den von ihnen gleichfalls untersuchten französischen Unternehmen. Hauptziel dieser Untersuchung war die Darstellung des Wandels zur Diversifizierung und zur Divisionalisierung in den größten deutschen und französischen Unternehmen.

Der reine »Instrumentalcharakter« der Organisation wird heute zunehmend in Frage gestellt. Es gibt gute Gründe dafür anzunehmen, dass die Organisationsstruktur den Prozess der Strategiebestimmung ebenfalls stark beeinflusst und gewählte Strategien letztlich auch abhängig sind von der Organisationsstruktur (»Strategy follows Structure«).[9] So beeinflussen z. B. die organisatorischen Informations- und Kommunikationssysteme die Umweltwahrnehmung des Managements. Die oben dargestellten Modifizierungen der Ausgangsthese Chandlers legen deshalb nahe, dass es nicht so sehr auf die zeitliche Reihenfolge der Veränderungen von Strategie und Struktur ankommt, sondern vielmehr auf die konsistente Verbindung zwischen der Organisationsstruktur und der Strategie eines Unternehmens (vgl. dazu u. a. Kreikebaum/Gilbert/Reinhardt 2002; Raps 2008; Wolf 2000).

Es besteht vor diesem Hintergrund Einigkeit darüber, dass die Gestaltung einer Organisation keinen einmaligen Vorgang darstellt (Kreikebaum/Gilbert/Reinhardt 2002, S. 122–123). Die Umweltbedingungen und die strategischen Anforderungen an Unternehmen und ihre einzelnen Geschäftsbereiche unterliegen einem ständigen Wandel. Entsprechend sind neben den Strategien auch

---

9 Eine ausführliche Diskussion der beiden konträren Thesen »Structure follows Strategy« versus »Strategy follows Structure« findet sich bei Wolf 2000.

die internen Strukturen und Prozesse von Organisationen permanent zu überprüfen. An die Stelle einer eindimensional-mechanistischen Vorstellung muss im Rahmen des strategischen Managements deshalb ein dynamisches und mehrdimensionales Organisationsverständnis treten. Unternehmen sollten bestrebt sein, ein hohes Maß an organisatorischer Flexibilität zu entwickeln. Die Unternehmensorganisation darf nicht als ein statisches Konstrukt verstanden werden. Vielmehr sind die bestehenden Strukturen und Prozesse ständig zu überprüfen, um laufend notwendige Veränderungen durchzuführen.

Bei der Suche nach einer passenden Organisation legen viele Unternehmen den Fokus jedoch immer noch auf nur eine Gestaltungsvariable, die formale Struktur. Sie beschäftigen sich bspw. mit der Frage, ob eine funktionale oder divisionale Struktur geeigneter wäre, um die gesetzten strategischen Ziele zu erreichen. Im Rahmen eines proaktiven strategischen Managements ist es aber erforderlich, neben der Struktur weitere Variablen zu berücksichtigen, die Einfluss auf die Gestaltung der Unternehmensorganisation haben können. Insbesondere die verfolgte Strategie, die jeweiligen Umweltbedingungen, in denen sich eine Organisation bewegt, und die personellen Voraussetzungen im Unternehmen spielen eine wesentliche Rolle. Voraussetzung für die Förderung der organisatorischen Flexibilität ist deshalb die gleichzeitige Berücksichtigung der Dimensionen Strategie, Struktur, Kultur, Personal sowie Umwelt und der zwischen diesen Variablen bestehenden Wechselbeziehungen. Sie ermöglicht die Erzeugung einer adäquaten Komplexität zwischen den internen und externen Einflussfaktoren der Organisation. Ein Unternehmen kann unter einer zu einfachen Organisationsstruktur in einem hochkomplexen Umfeld ebenso leiden, wie es Effizienzverluste hinnehmen muss, wenn die Organisationsstruktur überkomplex ist (Kreikebaum/Gilbert/Reinhardt 2002, S. 123).

In der Praxis des strategischen Managements hat sich die o. g. Beobachtung von Chandler in den letzten Jahren erneut bestätigt. Insbesondere große Mehrproduktunternehmen haben divisionale Organisationen (M-Form) implementiert, um auf die vielfältigen strategischen Herausforderungen adäquat zu reagieren (Kreikebaum/Gilbert/Reinhardt 2002). Die M-Form ist sogar zur am meisten verbreiteten Organisationsstruktur weltweit für internationale Unternehmen avanciert (Bartlett/Ghoshal 1993; Gooderham/Ulset 2002). Oftmals gehen Unternehmen heute noch einen Schritt weiter und überführen ihre Divisionen bzw. strategischen Geschäftseinheiten in rechtlich selbstständige Einheiten. Sie gründen sog. Holdingorganisationen, um ihre strategischen Ziele besser erreichen zu können.

Eine Holding ist das rechtlich selbstständige Leitungsgremium eines Konzerns. Dieser wiederum stellt einen adäquaten gesellschaftsrechtlichen Rahmen zur Gestaltung und Führung weitgehend selbstständiger Einzelgesellschaften dar. Mit der Holding rückt ein Konzept verstärkt in den Vordergrund, welches bereits in den 1980er Jahren verbreitet war. Diese Entwicklung hat sich in den letzten Jahren, bedingt durch die Globalisierung des Wettbewerbs, die zunehmende Wichtigkeit der Wettbewerbsfaktoren Technologie und Zeit sowie die wachsende Bedeutung von strategischen Allianzen und Netzwerken zur Sicherung der Wettbewerbsfähigkeit, noch verstärkt. Die Einführung von Holdingstrukturen reiht sich damit ebenfalls ein in den bereits beschriebenen Strategie-Struktur-Zusammenhang von Chandler (1962), wonach Unternehmen auf Strategieänderungen mit der Restrukturierung ihrer Organisation reagieren. Allein in den letzten Jahren haben mehr als 30 börsennotierte Großunternehmen in Deutschland Holdingstrukturen etabliert. Es handelt sich dabei um Unternehmen wie RWE, Porsche oder die Deutsche Lufthansa sowie eine Reihe von Versicherungsgesellschaften (Thommen et al. 2017). Auch international liegt die Holding im Trend. Seit 2015 gehört Google bspw. zu der Holding Alphabet, die im Silicon Valley in Mountain View ansässig ist. Weitere Tochtergesellschaften von Alphabet sind Calico, Nest, Fiber, Verily oder Google Ventures.

Zusammenfassend gilt es festzuhalten, dass die Organisation eines Unternehmens mit dessen Strategie abzustimmen ist und beide Gestaltungsvariablen des strategischen Managements einen Fit aufweisen sollten. Diese Notwendigkeit resultiert daraus, dass die Organisation einerseits das Umfeld darstellt, in welchem die jeweilige Strategie umzusetzen ist. Andererseits werden im Laufe der Implementierung von Strategien organisatorische Veränderungen notwendig.

5.2.2 Ausgestaltung der Unternehmenskultur

In der Literatur zum strategischen Management ist mittlerweile unumstritten, dass der Erfolg von Implementierungsvorhaben zu großen Teilen auch von der Unternehmenskultur und somit von sog. »soft facts« abhängt. Spätestens seit der Veröffentlichung der Studie zu den Erfolgsfaktoren von Unternehmen von Peters/Waterman (1983) wurde deutlich, dass weiche Faktoren wie die Unternehmenskultur genauso viel, wenn nicht noch mehr Einfluss auf die Wettbewerbsfähigkeit von Unternehmen haben, wie die klassischen »hard facts« (z. B. Organisationsstruktur und Systeme). Die mangelhafte oder gescheiterte Umsetzung von Strategien ist oftmals Folge einer nicht adäquaten Unternehmenskultur. Diese Beobachtung spiegelt sich auch in neueren Publikationen wider, die eindeutige positive Zusammenhänge zwischen Unternehmenskultur und Performance von Unternehmen identifizieren (Bailom/Matzler/Tschemernjak 2013; Krafft/Roth 2006; Valmohammadi/Roshanzamir 2015). Eine Entrepreneurship-Kultur, die ausgeprägte Identifikation der Mitarbeiter mit ihrem Unternehmen sowie die Fähigkeit einer Organisation, strategische Ziele erfolgreich zu kommunizieren, sind wesentliche Erfolgsfaktoren. Weist ein Unternehmen diese Merkmale nicht auf, verliert es an Wettbewerbsfähigkeit und ist nicht in der Lage, nachhaltig erfolgreich zu wirtschaften.

Bleicher (2016) zufolge beeinflusst die Unternehmenskultur sogar nicht nur die Umsetzung von Strategien, sondern auch deren Entwicklung und Auswahl. Unternehmenskultur und Strategie sind insofern rekursiv miteinander verschränkt. Vor diesem Hintergrund gilt es im strategischen Management stets zu beachten, dass zwischen der Vision, den formulierten und zu implementierenden Strategien sowie der Unternehmenskultur keine Widersprüche bestehen sollten. Auch die Unternehmenskultur und die Strategie eines Unternehmens müssen einen Fit aufweisen, nur so lassen sich strategische Initiativen auch in einer Organisation umsetzen.

Um die Implementierung von Strategien durch die Ausgestaltung der Unternehmenskultur zu ermöglichen, ist zunächst Klarheit darüber zu gewinnen, was Unternehmenskultur eigentlich ist. In der Literatur finden sich zahlreiche Begriffsabgrenzungen, die ohne wesentliche Bedeutungsunterschiede das gleiche Phänomen beschreiben. Zumeist versteht man unter Unternehmenskultur die Gesamtheit geteilter Wert- und Normvorstellungen sowie Denk- und Verhaltensmuster, welche die Entscheidungen und Aktivitäten der Mitglieder einer Organisation sowie deren Erscheinungsbild prägen. Die grundlegenden Wert- und Normvorstellungen finden ihren Niederschlag schließlich in Symbolen, Artefakten und konkret beobachtbaren Verhaltensweisen (Schein 2010). Aus dieser Definition wird deutlich, dass die Unternehmenskultur Sinnstiftung und Orientierung für die Mitarbeiter, aber auch für andere Stakeholder bietet. Erst durch die Unternehmenskultur wird es deshalb möglich, eine Basis für das Verstehen der Strategie zu schaffen und gemeinsames Handeln zu ermöglichen.

Betrachtet man die Kernmerkmale, die typischerweise mit dem Konzept der Unternehmenskultur verbunden werden, so werden deren handlungsleitender Charakter und große Bedeutung für die Umsetzung einer Strategie deutlich (Schreyögg/Geiger 2016, S. 319–320):

- Implizit: Unternehmenskulturen sind zu großen Teilen implizit und basieren auf gemeinsam geteilten Überzeugungen der Organisationsmitglieder. Sie definieren das Selbstverständnis des Unternehmens und liegen als selbstverständliche Annahmen den tatsächlichen Handlungen der Akteure zugrunde. Im Prozess der Umsetzung von Strategien werden Mitarbeiter sich deshalb zumeist implizit auf die Unternehmenskultur beziehen und die dort abgespeicherten Normen und Werte reproduzieren, ohne diese Praktiken nochmals kritisch zu reflektieren. Eine Selbstreflexion über die Unternehmenskultur ist in der Praxis die Ausnahme und keinesfalls die Regel.
- Kollektiv: Eine Unternehmenskultur beschreibt gemeinsam geteilte Normen, Werte und Handlungsmuster. Es handelt sich deshalb um ein kollektives Phänomen, welches die Handlungen aller Mitglieder eines Unternehmens prägt. Im Einklang mit der Unternehmenskultur zu handeln bedeutet das zu tun, was andere ebenfalls tun. Für die Strategieumsetzung folgt daraus, dass diese nur erfolgreich sein kann, wenn die Wichtigkeit dieses Themas innerhalb der Unternehmenskultur verankert ist. Wird die Strategieumsetzung auf kollektiver Ebene nicht als bedeutsam für den Unternehmenserfolg erachtet, so wird der Einzelne keine großen Anstrengungen unternehmen, die Implementierung voranzutreiben.
- Konzeptionell: Die Unternehmenskultur vermittelt Sinn und Orientierung in einer zunehmend komplexeren Welt. Sie repräsentiert die konzeptionelle Natur des Systems Unternehmen und bietet dadurch Muster für die Selektion von Entscheidungen sowie die Interpretation von Ereignissen. Im Prozess der Strategieumsetzung ergibt sich auf Basis der Unternehmenskultur ein gemeinsames Grundverständnis, welches als Ausgangspunkt für konkrete Entscheidungen dienen kann.
- Emotional: Neben Kognitionen prägt die Unternehmenskultur auch Emotionen von Mitarbeitern. Die Unternehmenskultur normiert z. B. was erwünscht oder unerwünscht ist und was als angenehm bzw. als unangenehm empfunden wird. Spielt die Umsetzung von Strategien im Wertesystem eines Unternehmens eine große Rolle und sprechen Vision und Strategie die Emotionen von Mitarbeitern an, dann werden diese sich leichter dazu motivieren lassen, die Umsetzung von Strategien zu unterstützen, als wenn das Thema Strategie nur sporadisch thematisiert wird.
- Historisch: Jede Unternehmenskultur ist pfadabhängig und das Ergebnis eines historischen Lernprozesses. Bestimmte Wert- und Normvorstellungen sowie Denk- und Verhaltensmuster werden im Laufe der Zeit akzeptiert, andere dagegen nicht. Jedes Unternehmen geht so lange durch einen individuellen Lernprozess, um für sich herauszufinden, was als »gut« oder »schlecht« gelten soll, bis diese Orientierungsmuster zu implizit geteilten Annahmen und Grundvoraussetzungen des Verhaltens werden. Dieser Lernprozess ist nie vollständig abgeschlossen. Eine Unternehmens-

kultur ist stets in Bewegung. Die Strategieumsetzung kann als Teil dieses Lernprozesses verstanden werden. Die Fähigkeit zur erfolgreichen Umsetzung von Strategien entwickelt sich nicht kurzfristig, sondern typischerweise erst über einen längeren Zeitraum. Dies sollte im Rahmen des strategischen Managements stets berücksichtigt werden.

- Interaktiv: Jede Unternehmenskultur entsteht erst aus den Interaktionen der Mitglieder einer Organisation und wird diesen in einem Sozialisationsprozess vermittelt. Neue Mitarbeiter erlernen die Unternehmenskultur im Laufe der Zeit. Dies wird ihnen durch eine Reihe von Praktiken (z. B. Einführungsseminare, Umgangsformen) oder auch Symbole (z. B. Kleidervorschriften, Statussymbole) vermittelt. Strategieumsetzung kann insofern befördert werden, wenn sie sich in ritualisierten Praktiken und Symbolen in Unternehmen niederschlägt.

Analysiert man die Kernmerkmale der Unternehmenskultur in ihrer Gesamtheit, dann wird schnell deutlich, dass Strategieumsetzung immer dann auf Schwierigkeiten stoßen wird, wenn sie nicht im Gleichklang mit den gelebten Wert- und Normvorstellungen einer Organisation steht. Es gibt in diesem Fall zwei grundlegende Reaktionsmöglichkeiten: Zum einen kann man z. B. versuchen, die Innovationsrate von Visionen und Strategien der Unternehmenskultur anzupassen, zum anderen besteht die Chance, die Unternehmenskultur in eine Richtung zu entwickeln, die eine zukunftsweisende Strategieumsetzung ermöglicht. Beide Vorgehensweisen erfordern eine kritische Selbstreflexion bestehender Kulturmuster sowie die Offenheit und den Willen für Veränderungen. Insbesondere in älteren und großen Traditionsunternehmen erscheint dies oftmals schwierig, da sich dort bestimmte Kulturmuster über lange Jahre hinweg etabliert haben. Diese sind tief in den Organisationen verankert. Reaktionen auf neue Herausforderungen am Markt sind deshalb nicht immer leicht zu bewältigen.

Voraussetzung für einen intendierten Kulturwandel ist die Erfassung der bestehenden Unternehmenskultur (siehe dazu u. a. Schreyögg/Geiger 2016, S. 329–337). Auf Basis einer Kulturanalyse kann die Darstellung der wichtigsten Elemente der Ist-Kultur erfolgen. Um die Umsetzung von Strategien zu verbessern, sind danach mögliche Strategie-Kultur-Konstellationen zu entwickeln, welche die Implementierungsbemühungen unterstützen. Es gilt, eine Soll-Kultur zu entwickeln und geeignete Maßnahmen vorzuschlagen, um einen Kulturwandel einzuleiten. Die Fähigkeit zum gezielten Wandel wird in der Praxis vor allem davon abhängen, welchen Stellenwert dieses Thema in einem Unternehmen hat und wie stark bzw. schwach die bestehende Unternehmenskultur ist. Eine starke Kultur ist prägnant, weit verbreitet und tief verankert in einer Organisation. Schwache Kulturen dagegen sind im Hinblick auf ihre Werte, Normen, Standards und Symbolsysteme eher uneindeutig. Die Unternehmensmitglieder teilen kaum Wert- und Normvorstellungen, die Unternehmenskultur hat wenig verhaltensstabilisierende Wirkung. Starke Kulturen können die Umsetzung von Strategien deshalb sehr befördern, sind aber i. d. R. schwerer zu verändern. Schwache Kulturen dagegen geben den Mitarbeitern im Rahmen der Strategieumsetzung weniger Handlungsorientierung, lassen sich aber leichter neu ausrichten.

Führungskräfte spielen als Träger von Managementaufgaben eine entscheidende Rolle im Hinblick auf die Umsetzung von Strategien durch die Ausgestaltung der Unternehmenskultur. Insbesondere starke und charismatische Führungskräfte sollten sich ihrer kulturprägenden Rolle bewusst sein und diesen Einfluss proaktiv zur Verbesserung der Strategieumsetzung nutzen.

5.2.3 Ausgestaltung von Systemen

Die Unternehmensleitung benötigt in der sich ständig schneller wandelnden Umwelt eine Vielzahl von Informationen, die nur durch spezifische Managementsysteme in ausreichender Menge und Qualität aktualisiert bereitgestellt werden können. Der Begriff der Managementsysteme bezieht sich dabei insbesondere auf die in einem Unternehmen vorhandenen Informations-, Kontroll- und Kommunikationssysteme. Im Rahmen der Strategieimplementierung sind außerdem Anreizsysteme als Bestandteile der Führungssysteme auf die Strategien des Unternehmens auszurichten. Anreize üben eine zentrale Steuerungs- und Motivationswirkung für das Verhalten der Mitarbeiter aus; strategiekonformes Verhalten kann durch ein entsprechend gestaltetes Anreizsystem erheblich gefördert, aber auch behindert werden.

> **Umsetzung von Strategien durch Ausgestaltung von Anreizsystemen**
>
> Ein **Anreizsystem** soll das Verhalten eines Mitarbeiters in eine Richtung lenken, die sich positiv auf die Umsetzung der angestrebten strategischen Ausrichtung eines Unternehmens auswirkt. Dabei wird dem Mitarbeiter die Befriedigung verschiedener materieller und immaterieller Bedürfnisse in Aussicht gestellt, wenn er bestimmte, ex ante festgelegte **Bezugsgrößen** erreicht. Materielle Bedürfnisse werden durch finanzielle Anreize, wie bspw. eine Prämie oder einen Dienstwagen, angesprochen. Immaterielle Bedürfnisse stellen u. a. der Inhalt der Arbeit selbst oder die Übertragung von Verantwortung dar. Auch die Erfüllung dieser Bedürfnisse kann Mitarbeitern als Anreiz in Aussicht gestellt werden. Bezugsgrößen lassen sich in nicht-erfolgsorientierte Größen, wie die Qualifikation eines Mitarbeiters, und erfolgsorientierte Größen, wie den Gewinn eines Unternehmens, das Erreichen von Zielvereinbarungen oder bestimmte Verhaltensweisen, unterteilen. Da ein Anreizsystem nur wirkungsvoll sein kann, wenn ein Mitarbeiter Einfluss auf das Erreichen der entsprechenden Bezugsgrößen hat, wenden sich Anreizsysteme als Instrument zur Implementierung von Strategien primär an Führungskräfte. Aus vertragstheoretischer Sicht zielen Anreizsysteme darauf ab, eine Übereinstimmung zwischen Unternehmenszielen und den Zielen von Führungskräften herzustellen (Hungenberg 2014, S. 345–348).
>
> Dementsprechend bietet es sich an, mit einem Bündel unterschiedlicher Anreize, aus denen der einzelne Mitarbeiter selbst wählen kann, zu arbeiten (**Cafeteria-System**). Damit können Anreizsysteme den individuellen Bedürfnisstrukturen gerecht werden. Auch müssen Anreize so gestaltet sein, dass sie als **extrinsische Motivation** keinen negativen Einfluss auf die **intrinsische Motivation** von Mitarbeitern haben. Anreize sollten im Idealfall auch langfristig wirken. Wie aus dem Modell von Herzberg hervorgeht, entfalten monetäre Anreize aber keine solchen Wirkungen. Nicht die absolute Höhe des monetären Anreizes, sondern dessen Steigerung über mehrere Perioden hinweg führt zu erhöhter Motivation. Es besteht auch die Gefahr, dass die Zuteilung von Anreizen als Selbstverständlichkeit betrachtet wird. Eine Nichtzuteilung würde dementsprechend als Strafe betrachtet.
>
> Eine weitere Herausforderung liegt in der adäquaten Ausgestaltung der **Bezugsgrößen** für die Zuteilung von Anreizen. Soll ein Anreizsystem zur Implementierung einer Strategie genutzt werden, müssen sich die Bezugsgrößen auf den gewünschten Beitrag der einzelnen Führungskraft zur Umsetzung der Strategie beziehen. Der **Unternehmenserfolg** als Bezugsgröße greift dabei

strenggenommen zu kurz, da maximaler Erfolg prinzipiell mit unterschiedlichen Strategien erreichbar ist und über die »richtige« Strategie innerhalb eines Unternehmens häufig unterschiedliche Auffassungen existieren. Weiterhin sollten Bezugsgrößen so gestaltet werden, dass deren Erreichung in einer transparenten Kausalbeziehung zum Verhalten der einzelnen Führungskraft steht. Gleichzeitig sollte aber verhindert werden, dass die Bezugsgrößen unkooperatives Verhalten innerhalb des Unternehmens fördern. Die Bezugsgrößen sollten auch mit der angestrebten Risikoexposition des Unternehmens komplementär sein.

Die **Ausgestaltung** eines wirkungsvollen Anreizsystems stellt deshalb eine komplexe und ressourcenintensive Aufgabe dar. Dementsprechend müssen die mit einem Anreizsystem verbundenen Chancen und Risiken kritisch hinterfragt werden. Zum einen müssen die Kosten für den Aufbau eines Anreizsystems geringer sein als der erzielte Nutzen. Zum anderen muss die Frage gestellt werden, welche negativen Konsequenzen mit einem unausgereiften Anreizsystem einhergehen. Im Hinblick auf die oberste Führungsebene wird diese Problematik gegenwärtig intensiv im Themenbereich »Corporate Governance« diskutiert. Häufig genannte Kritikpunkte stellen dabei die Förderung kurzfristigen Denkens und Handelns, eine unangemessene Risikoneigung und unangemessen hohe monetäre Anreize dar. Erfolgsorientierte Anreizsysteme können dazu führen, dass Führungskräfte durch kurzfristige Gewinnmaximierung auf Kosten langfristiger Erfolgspotenziale die Zuweisung monetärer Anreize maximieren. Ebenso besteht die Möglichkeit, dass Führungskräfte zu hohe Risiken eingehen. Sie können dabei ebenfalls die erhaltenen Anreize maximieren, da sie an hohen Gewinnen aus risikoreichen Geschäften beteiligt werden, an daraus entstehenden Verlusten aber nicht. Auch wird die absolute Höhe der Anreize kritisiert, da sie nicht in einem angemessenen Verhältnis zur allgemeinen Lohnhöhe und zur individuellen Leistung einer Führungskraft steht.

Um die negativen Auswirkungen dieser Kritikpunkte abzumildern, erhalten Anreizsysteme zunehmend eine **längerfristige Komponente**. Die Höhe einer Erfolgsprämie eines Basisjahres wird bspw. über mehrere Jahre auf Basis des langfristigen Erfolges eines Unternehmens berechnet. Anreize für das Top-Management können neben der Entwicklung des Unternehmenswertes auch auf andere Bezugsgrößen ausgerichtet werden. Eine weitere Möglichkeit besteht darin, Bezugsgrößen zu wählen, die durch kurzfristige Maßnahmen des Managements weniger leicht beeinflusst werden können. Bilanzkennzahlen als Bezugsgröße können dabei bspw. durch wertorientierte Kennzahlen, wie den Economic Value Added (EVA), ersetzt werden.

Von politischer Seite wurde u. a. als Reaktion auf die Finanzkrise, die auch als Folge unangemessener Anreize gesehen wird, auf die Ausgestaltung von Anreizsystemen Einfluss genommen. Im **Gesetz zur Angemessenheit der Vorstandsvergütung (VorstAG)** vom 31. Juli 2009 wurden bspw. Maßnahmen angeführt, wie die Vergütung des Vorstandes sich an der nachhaltigen Unternehmensentwicklung orientieren kann. Neben langfristigen Anreizstrukturen spielen dabei auch verbesserte **Sanktionsmöglichkeiten** im Falle einer negativen Entwicklung eine wichtige Rolle. Auch im **Deutschen Corporate Governance Kodex** finden sich zahlreiche Bestimmungen zur Regelung der Vergütung von Vorstand und Aufsichtsrat. Beispielsweise wird die Verhältnisbestimmung zwischen fixen und variablen Gehaltsbestandteilen geregelt oder Höchstzahlungen an Vorstände, die ihre Tätigkeit vorzeitig beenden (Abfindungs-Cap).

Die Managementsysteme im Unternehmen sind so auszugestalten, dass sie den betrieblichen Ablauf unterstützen und zum Aufbau von Wettbewerbsvorteilen beitragen. Bei der Entwicklung von Informationsstrategien sind bereits vorhandene Managementsysteme ebenso zu berücksichtigen wie die potenzielle Integration neuer Technologien und Systeme (z. B. Enterprise Resource Planning, Supply Chain Management oder Customer Relationship Management). Unabhängig von der Technologie verfolgen alle diese Ansätze insbesondere das Ziel der Generierung, Erhaltung und Nutzung von Informationen als Erfolgspotenziale (Spang 2005). In jüngster Zeit rücken zudem immer mehr Aufgaben der Kontrolle und des Risikomanagements in den Vordergrund. So müssen Managementsysteme u. a. dazu in der Lage sein, Zielabweichungen zu überwachen und das Einhalten von Compliance-Richtlinien zu gewährleisten.

Betrachtet man die Aktivitäten im Rahmen des strategischen Managements genauer, so lassen sich die einzelnen Phasen unterschiedlich gut durch Managementsysteme unterstützen. Bei der Entwicklung der Vision sind die Möglichkeiten bspw. eher als gering einzuschätzen. In dieser Phase sind weniger Informationen zu verarbeiten, als vielmehr menschliche Werte und Einstellungen im Kontext der Umweltbedingungen in greifbare Visionen und strategische Ziele zu fassen. Für die strategische Analyse sind hingegen bereits eine Reihe von Programmen entwickelt worden. Hier lassen sich die computergestützte Szenariotechnik, Big Data-Analysis und Social Forecasting ebenso nennen wie Expertensysteme für die Branchenstrukturanalyse. In der Phase der Strategiebestimmung kann die Expertensystemtechnik ebenso eingesetzt werden wie die computergestützte Portfolio-Analyse oder Simulationen. In der Phase der Strategieimplementierung sind moderne Executive Information Systems, die o. g. Ansätze zum Enterprise Resource Planning oder Customer Relationship Management zu nennen. Sie können mithilfe von Methodensets selbstständig Datenbestände analysieren und konkrete Maßnahmen zur Umsetzung von Strategien empfehlen (Laartz 2005; Moormann 1996; Toni/Fornasier/Nonino 2015; Zencke/Ebner 2005). Vor allem die quantitativen Vorgaben, die aus Strategien abgeleitet werden, finden ihren Niederschlag in solchen Managementsystemen. Auf diese Weise z. B. lassen sich relativ leicht Abweichungen bezüglich der Planzahlen ermitteln und Simulationen durchführen. Die getroffenen Maßnahmen lassen sich so laufend auf ihre Erfüllung kontrollieren.

Zusammenfassend lässt sich sagen, dass die Informationstechnologie und durch sie gestützte Managementsysteme in den letzten Jahren ohne Frage eine herausragende Bedeutung erlangt haben. Die große Relevanz dieses Themas für das strategische Management wird durch den Megatrend der Digitalisierung noch verstärkt. Im Rahmen der Entwicklung und Umsetzung von Strategien spielen diese Systeme auf allen Ebenen des Unternehmens eine zentrale Rolle. Der Aufbau und professionelle Einsatz integrierter IT-Systeme erfordert aber auf Seiten der Mitarbeiter auch neue Kompetenzen, die oftmals weit über das traditionelle betriebswirtschaftliche Grundwissen hinausgehen. Moderne Managementsysteme verbessern zudem nicht nur die Chancen auf eine bessere Umsetzung von Strategien in einer Organisation, vielmehr kann das strategische Management von IT mittels moderner Managementsysteme selbst zur Kernkompetenz eines Unternehmens werden. Zwischen den Managementsystemen und der Wettbewerbsstrategie bestehen insofern wichtige Wechselbeziehungen. Durch spezifische Managementsysteme kann ein Unternehmen sich neue Erfolgspotenziale schaffen, z. B. durch den Aufbau von Wettbewerbsvorteilen gegenüber Konkurrenten oder die Abdeckung völlig neuer Märkte. Der Einsatz von Managementsystemen kann deshalb sogar eine erhebliche Veränderung auf die Struktur innerhalb einer Branche und damit auf herrschende Wettbewerbsregeln bewirken.

5.3 Durchsetzung strategischer Maßnahmenprogramme

Neben den sachbezogenen spielen vor allem auch die verhaltensbezogenen Aspekte eine große Rolle, wenn es um die erfolgreiche Implementierung von Strategien geht. Die meisten Autoren fassen diese Aktivitäten im strategischen Management unter dem Begriff der Durchsetzung von Strategien zusammen (Kolks 1990, S. 79).

Bei einer kritischen Betrachtung der Maßnahmen zur Durchsetzung strategischer Initiativen wird schnell deutlich, dass in diesem Bereich oftmals die Gründe für das Scheitern der Implementierung von Strategien liegen. Dies liegt zum einen daran, dass die Entscheidungsträger der einzelnen Ebenen und Bereiche in nicht-kompatiblen Zusammenhängen denken und konfliktäre Ziele verfolgen. Häufig liegt es aber auch einfach an einer fehlenden Akzeptanz der Betroffenen hinsichtlich der gewählten strategischen Maßnahmen. Verhaltenswiderstände beruhen zudem auf dem Wandlungscharakter, der einer neuen Strategie innewohnt. Alexander (1985) weist zudem noch auf Implementierungsprobleme wie inadäquates Training und mangelhafte Einweisung von Mitarbeitern sowie unzureichende Führung und Anleitung durch Führungskräfte hin. Wunder (2016a, S. 273–274) identifiziert fehlendes Verständnis der Mitarbeiter und mangelnde Fähigkeiten als zwei der Hauptgründe für das Scheitern von Strategien. Die Hauptaufgaben im Zuge der Durchsetzung strategischer Maßnahmenprogramme liegen entsprechend in folgenden Bereichen:

- Vermittlung der Strategie,
- Einweisung und Schulung,
- Erzeugung eines strategiebezogenen Konsenses.

Die Vermittlung der Strategie betrifft sowohl die Information der Führungskräfte als auch der übrigen Mitarbeiter. Die Form der Vermittlung konzentriert sich auf interaktive Kommunikationsprozesse, weil nur in der Diskussion Fehlinterpretationen und Unklarheiten ausgeräumt und Motivationswirkungen erzielt werden können. Die Darstellung der Strategieinhalte unterstützt so den Aufbau einer strategieorientierten Akzeptanz und trägt zudem zur Identifikation von Durchsetzungsbarrieren bei. Problematisch bei der Strategievermittlung sind Aspekte der Geheimhaltung und das begrenzte Aufnahmevermögen der Beteiligten. Oft genutzte Instrumente zur Vermittlung von Strategie sind u. a. das Intranet, Strategieworkshops, Mitarbeiterversammlungen sowie Zielvereinbarungsgespräche.

Der Innovationsgehalt der Strategieimplementierung kann zu einem zusätzlichen Schulungsbedarf der betroffenen Mitarbeiter führen. Die Themenbereiche Schulung und Weiterbildung werden zunehmend unter dem Begriff der Personalentwicklung diskutiert. Lernprozesse verringern bestehende Unsicherheiten im Umgang mit der zu implementierenden Strategie. Darüber hinaus werden Fähigkeiten aufgebaut, die die Umsetzung der Strategie ermöglichen. Mit zunehmender Qualifikation steigt auch die Motivation, an der Strategiedurchsetzung mitzuwirken.

Die Schaffung eines strategiebezogenen Konsenses ist erforderlich, da während des gesamten Strategieumsetzungsprozesses Konflikte entstehen können. Solche Differenzen können bereichsintern, aber auch zwischen verschiedenen Ebenen oder Bereichen auftreten. Entsprechend sind Ziel-, Verteilungs-, Kultur- und Durchsetzungskonflikte zu unterscheiden. Diesem Widerstandspotenzial ist durch gezielte Maßnahmen zu begegnen mit dem Ziel, eine strategiegerechte Übereinstimmung zu erzielen. Instrumente, die einen positiven Beitrag zur Erzeugung eines strategiebezogenen Konsenses leisten können, sind bspw. die Balanced Scorecard oder die bereits genannten Strategieworkshops, Zielvereinbarungen und Mitarbeitergespräche.

6 Strategische Kontrolle

6.1 Bedeutung und Aufgabenbereiche der strategischen Kontrolle

Die strategische Kontrolle ist ein wesentlicher Bestandteil des strategischen Managementprozesses und begleitet die anderen Phasen (▶ Abb. 2.2). Strategische Kontrolle bezieht sich insofern nicht nur auf die klassische Kontrolle der Ziele und Ergebnisse des Strategieprozesses, sondern erstreckt sich auch auf andere Bereiche, die es im Folgenden zu diskutieren gilt.

Strategien beziehen sich qua Definition auf einen zukünftigen Zeitraum. Je nach der Branche, in der ein Unternehmen tätig ist, und je nachdem, welche konkrete Strategie es verfolgt, können die handlungsleitenden Maßgaben einer Strategie mehrere Jahre in die Zukunft reichen. Beispiele hierfür sind längerfristige rechtliche Bindungen durch Verträge (z. B. Lieferverträge, Arbeitsverträge, Kooperationsverträge), oder eine längerfristige Kapitalbindung durch umfassende Investitionsprogramme. Insbesondere in dynamischen Umwelten sollte ein Unternehmen aber nicht strikt einer einmal festgelegten Strategie folgen, da stets die Möglichkeit besteht, dass sich die Umwelt im Laufe der Strategieumsetzung verändert, so dass eine Anpassung der Strategie und der Maßnahmen nötig wird. Es ist daher nicht ausreichend, eine strategische Kontrolle im Sinne einer Zielerreichungskontrolle erst am Ende des Planungszeitraums durchzuführen. Die strategische Kontrolle muss vielmehr parallel zum strategischen Planungsprozess einsetzen und mit der operativen Kontrolle verbunden werden.

Es ist Aufgabe der strategischen Kontrolle, die dem Strategieprozess inhärente Unsicherheit explizit zu machen und zu verhindern, dass wahrgenommene Unsicherheiten und Unschärfen durch das Setzen von Annahmen einfach »vernichtet« werden (Steinmann/Koch/Schreyögg 2013, S. 249–252). Sie beinhaltet eine fortlaufende Überprüfung der strategischen Pläne im Hinblick auf ihre Tragfähigkeit und Realisierbarkeit. Das Ziel ist hierbei, Bedrohungen im weiteren Sinne (z. B. durch Gesetzesänderungen und Aktivitäten der Wettbewerber) frühzeitig zu erkennen, um so rechtzeitig Gegenmaßnahmen ergreifen zu können. Im Mittelpunkt der strategischen Kontrolle stehen also nicht alleine die klassische ex-post-Kontrolle oder die Sicherung der Umsetzung der strategischen Pläne in operative Maßnahmen.

6 Strategische Kontrolle

Die strategische Kontrolle bildet damit ein Gegengewicht zur häufig auftretenden Selektivität der strategischen Planungsaktivitäten. Sie hat eine Kompensationsfunktion zu erfüllen, die von globaler und z. T. ungerichteter Natur ist. Innerhalb dieser Funktion lassen sich jedoch Spezialisierungsvorteile erzielen, wenn verschiedene Typen der Kontrolle unterschieden werden. Dementsprechend lassen sich drei Kontrollaktivitäten unterscheiden (siehe dazu insbesondere Schreyögg/Steinmann 1987, S. 94–99 und Steinmann/Koch/Schreyögg 2013, S. 253–255):

- die strategische Überwachung als globale Kernfunktion,
- die strategische Prämissenkontrolle und
- die strategische Durchführungskontrolle als Spezialfunktion.

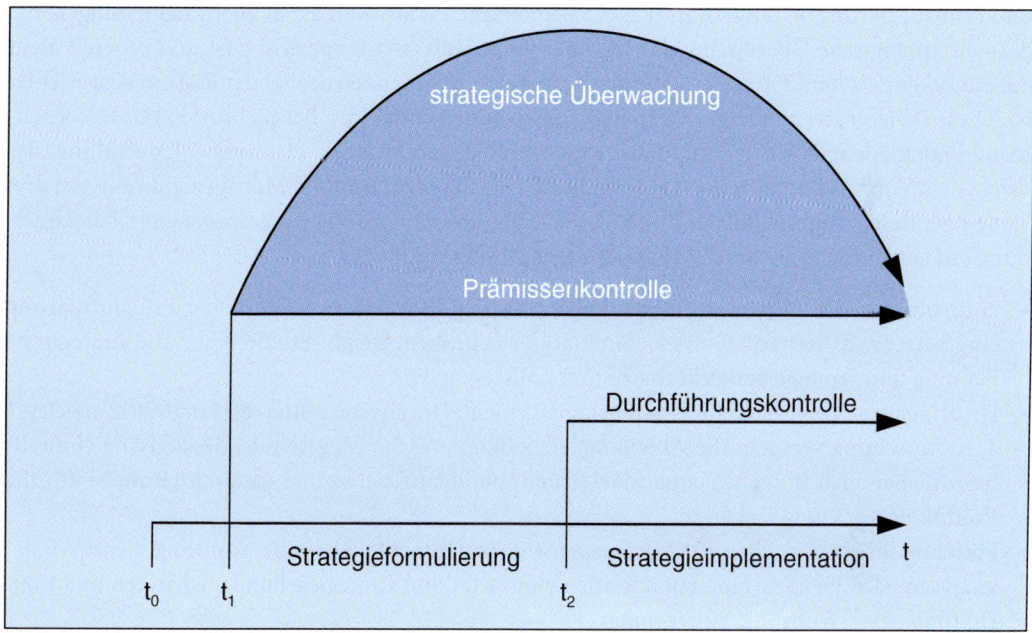

Abb. 2.35: Der strategische Kontrollprozess
(Quelle: Steinmann/Koch/Schreyögg (2013, S. 253))

Abbildung 2.35 fasst die drei verschiedenen Kontrolltypen bzw. Aufgabenbereiche der strategischen Kontrolle zusammen. Die Kernfunktion der strategischen Kontrolle stellt die sog. strategische Überwachung dar. Sie zielt darauf ab, frühzeitig kritische Ereignisse zu erkennen, die u. U. den Bestand der Unternehmung gefährden können und bisher übersehen oder falsch eingeschätzt wurden. Die strategische Überwachung ist damit keine klassische Feedback-Kontrolle im Sinne eines Soll-Ist-Vergleichs, sondern versucht vielmehr, negative Entwicklungen in der Unternehmensumwelt oder auch innerhalb des Unternehmens möglichst frühzeitig zu erkennen. Der Grundgedanke liegt darin, dass das Unternehmen sich durch ein frühzeitiges Erkennen möglicher negativer Entwicklungen besser auf die Auswirkungen einstellen oder diese durch proaktives Verhalten gänzlich vermeiden kann.

Um die komplexitätsreduzierende Wirkung strategischer Pläne zu kompensieren, ist das Umfeld so zweckfrei wie möglich zu explorieren. Oft sind es gerade unerwartete Ereignisse, die den Erfolg eines strategischen Plans gefährden können. Allerdings verlässt sich die Unternehmenspraxis bislang überwiegend auf die Intuition und strategische Sensibilität des Managements (Schreyögg/Steinmann 1986, S. 46–47). Besonders gefährlich können sich solche Phänomene auswirken, die von Taleb (2007) als »schwarze Schwäne« bezeichnet werden. Derartige Ereignisse sind äußerst selten, haben aber schwerwiegende Konsequenzen und verändern die herrschende Meinung nachhaltig. Im Sinne einer Existenzsicherung ist es für Unternehmen im Zuge der strategischen Überwachung vor allem wichtig, solche »schwarzen Schwäne« zu identifizieren und rechtzeitig Vorkehrungen zu treffen.

Die strategische Überwachung ist damit ähnlich ausgerichtet, wie die o. g. strategische Prognose und Frühaufklärung (▶ Teil II, Kap. 3.2.4). Sie unterscheidet sich von dieser allerdings dahingehend, dass die strategische Überwachung kontinuierlich abläuft, wenig spezifisch ist und generell nicht auf ein Erkennen von Chancen, sondern lediglich auf ein Erkennen drohender Risiken ausgerichtet ist. Diese Differenzierung zeigt sich in der Unternehmenspraxis am Beispiel BASF. Das Unternehmen bündelt alle relevanten Aktivitäten im Zentralbereich Strategic Planning & Controlling, der direkt dem Vorstandsvorsitzenden unterstellt ist. Das sog. »BASF Future Management« umfasst drei Säulen der Beschäftigung mit der Zukunft (Futuring), welche die oben angesprochene Überschneidung gut verdeutlichen (Müller/Müller-Stewens 2009, S. 108):

- Futuring in der strategischen Planung: Hier werden klassische Verfahren der Frühaufklärung eingesetzt (z. B. Szenarioanalysen, Simulationstechniken, Delphi-Studien), um die strategische Planung und Strategieentwicklung zu unterstützen.
- Futuring im strategischen Innovationsmanagement: Durch eine mittel- bis langfristig angelegte Trendforschung versucht die Abteilung, sozioökonomische Megatrends, ökologische Umwelttrends, aber auch Branchen- und Markttrends zu identifizieren und dadurch Hinweise für die Produktentwicklung zu liefern.
- Futuring im strategischen Risikomanagement: Instrumente wie Issue-Scanning, Sensitivitätsanalysen oder Trendextrapolation werden eingesetzt, um strategiegebundene Risiken und Konfliktpotenziale frühzeitig zu erkennen.

An diesem Beispiel wird deutlich, wie eng die verschiedenen Aktivitäten der Beschäftigung mit der Zukunft in der Unternehmenspraxis zusammenhängen. Ein Beispiel für die strategische Überwachung im hier diskutierten Sinne bilden bei der BASF die Aktivitäten im Rahmen des strategischen Risikomanagements. Um den Unterschied zwischen den verschiedenen Futuring-Aktivitäten im deutschen Sprachgebrauch abbilden zu können, bietet es sich an, die unterstützenden und entscheidungsvorbereitenden Tätigkeiten der strategischen Analyse als Frühaufklärung und die Tätigkeiten der strategischen Überwachung zur Risikominimierung als Frühwarnung zu bezeichnen.

Den zweiten wesentlichen Aufgabenbereich der strategischen Kontrolle bildet die sog. strategische Prämissenkontrolle. Sie beschäftigt sich mit der Frage, inwieweit explizit getroffene Annahmen (z. B. in der Phase der strategischen Analyse oder Strategieentwicklung) weiterhin gültig sind. Es sind im Zuge der Prämissenkontrolle Indikatoren zu entwickeln, mit deren Hilfe die Prämissen konkretisiert und messbar gemacht werden können.

Der dritte Aufgabenbereich der strategischen Kontrolle ist die sog. strategische Durchführungskontrolle. Sie gibt Antworten auf die Frage, ob Probleme bei der Umsetzung und das Nichterreichen strategischer Ziele auf eine grundsätzliche Gefährdung des geplanten Kurses hindeuten. Ausgehend von einem Vergleich geplanter und erzielter Zwischenergebnisse (Meilensteine) sollen Aussagen über den weiteren Verlauf der Durchführung gewonnen werden. Gerade bei der Durchführungskontrolle ist es schwierig, konzeptionell sauber zwischen operativer und strategischer Kontrolle zu differenzieren, da in der Phase der Strategieimplementierung operative Maßnahmen eine entscheidende Rolle spielen. Steinmann/Koch/Schreyögg (2013, S. 254) weisen darauf hin, dass die strategische Durchführungskontrolle über einen bloßen Soll-Ist-Abgleich hinausgeht und der strategische Aspekt dadurch deutlich wird, dass die prinzipielle Gültigkeit der strategischen Soll-Werte in Frage gestellt werden kann.

Insgesamt ist die strategische Kontrolle bisher in Theorie und Praxis vernachlässigt worden. Bei der inhaltlichen Konzeptionalisierung und organisatorischen Gestaltung eines strategischen Kontrollsystems gilt es deshalb, zwischen der erforderlichen flexiblen Anpassung an die Komplexität und Unsicherheit der Umwelt einerseits und der notwendigen Formalisierung von Indikatoren und Kontrollprozeduren andererseits einen Ausgleich zu schaffen.

Im Rahmen des strategischen Managements fallen sowohl systembezogene wie auch personenbezogene Kontrollaufgaben an, wobei zwischen beiden Funktionen Interdependenzen bestehen. Das Problem der Erfolgskontrolle resultiert aus der Notwendigkeit, strategische Planungsaufgaben an untergeordnete Entscheidungsträger zu delegieren und deren Erfüllungstätigkeit entsprechend zu überwachen. Besondere Schwierigkeiten ergeben sich in diesem Zusammenhang auch dadurch, dass bei mehrperiodigen Planungsentscheidungen neben den sachbezogenen auch intertemporale Interdependenzen auftreten, die eine Komplexitätsreduktion erzwingen. Aus diesem Grunde sind auch bei einer flexiblen Strategieplanung laufend Planrevisionen erforderlich.

6.2 Organisation der strategischen Kontrolle

Je nachdem, welche Strategie verfolgt wird, in welcher Branche ein Unternehmen arbeitet und welche Größe es hat, ergeben sich in der Praxis unterschiedliche Anforderungen an die Organisation der strategischen Kontrolle. Da die verschiedenen Typen der strategischen Kontrolle unterschiedliche Kontrollobjekte verfolgen, sind sie auch unterschiedlich vorzustrukturieren (▶ Abb. 2.36).

Die strategische Überwachung lässt sich erst nach der Identifizierung strategischer Bedrohungen sinnvoll strukturieren. Es erscheint im Hinblick auf diesen Kontrolltyp deshalb nicht sinnvoll, zu viele Aufgaben und Tätigkeiten vorzustrukturieren. Es geht ja gerade darum, eine bestimmte Offenheit für viele mögliche erfolgskritische Ereignisse aufzubauen. Eine zu starke Vorstrukturierung der strategischen Überwachung wäre insofern sogar kontraproduktiv (Steinmann/Koch/Schreyögg 2013, S. 256).

Kontroll- charakteristika \ Typen strategischer Kontrolle	Strategische Überwachung	Prämissen-kontrolle	Durchführungs-kontrolle
Ausmaß der Gerichtetheit	gering	mittel	hoch
Kontrollobjekt	Umwelt/ Ressourcen	Planungs-prämissen	Zwischenziele

Abb. 2.36: Das System der strategischen Kontrolle
(Quelle: Steinmann/Koch/Schreyögg (2013, S. 256))

Für die strategische Prämissen- bzw. Durchführungskontrolle lassen sich dagegen strukturierende Maßnahmen sinnvollerweise bereits im Vorfeld festlegen. Informationsaufnahme und -verarbeitung lassen sich für beide Kontrollarten sogar ansatzweise formalisieren. Dieser Umstand ergibt sich aus den relativ eindeutig feststehenden Kontrollobjekten sowohl für die Prämissen- als auch für die Durchführungskontrolle. Für sie trifft diese Aussage in besonderem Maße zu, stehen hier doch i. d. R. zu erreichende Meilensteine fest, so dass in diesem Fall die zu messenden Größen ex ante bekannt sind.

Die organisatorische Strukturierung der strategischen Kontrolle kann lediglich einen groben Handlungsspielraum vorgeben. Im Einzelfall hängt die Qualität der Kontrolle immer auch von dem verantwortlichen Aufgabenträger ab. Einen großen Einfluss auf die Ausgestaltung und den Fokus der strategischen Kontrolle haben zudem die einzelnen organisatorischen Ebenen des Unternehmens. Die Kontrollaktivitäten für die Strategien auf der Unternehmensebene unterscheiden sich gegenüber denen auf der Ebene der Geschäfts- bzw. Funktionsbereiche. Auf Unternehmensebene geht es eher um die Beobachtung von Branchenentwicklungen sowie die kritische Analyse und Überwachung der allgemeinen Umweltveränderungen. Zudem gilt es Diversifikationsstrategien hinsichtlich ihrer Erfolge kritisch zu bewerten. Auf der Geschäftsbereichsebene sowie der Ebene der Funktionsbereiche geht es dagegen eher um die kritische Evaluation des Erfolgs von konkreten Wettbewerbsstrategien zum einen sowie der Kontrolle des Aufbaus und Erhalts von Kernkompetenzen zum anderen (Steinmann/Schreyögg 2005, S. 257).

7 Strategisches Management und ethische Reflexion

7.1 Bedeutung und Aufgabenbereiche der ethischen Reflexion

Die erhebliche Bedeutung ethischer Fragestellungen im strategischen Management wird bereits seit längerer Zeit thematisiert (Andrews 1971; Barnard 1956). Die Vertreter der Harvard-Schule weisen immer wieder mit Nachdruck darauf hin, dass Unternehmen nicht nur eine ökonomische, sondern stets auch eine ethische Verantwortung bei der Formulierung und Umsetzung von Strategien gegenüber ihren Anspruchsgruppen haben: »*The emerging view in the liberal-professional leadership of our most prominent corporations is that determining future strategy must take into account – as part of its social environment – steadily rising moral and ethical standards. Reconciling the conflict in responsibility which occurs when maximum profit and social contribution appear on the same agenda adds to the complexity of strategy formulation and its already clear demands for creativity. Coming to terms with the morality of choice may be the most strenuous undertaking in strategic decisions*« (Christensen et al. 1987, S. 460). Dieser Zusammenhang wird auch in der für das strategische Management bedeutsamen Konzeption von Freeman (1984) deutlich, in der er den sog. »Stakeholder Approach« entwickelt. Aus seiner Sicht muss das strategische Management die Richtung vorgeben, in die sich ein Unternehmen entwickeln soll. Dazu gehört ebenfalls, Aussagen darüber zu machen, welche Rolle die Werte und Normen der Stakeholder bei der Unternehmensführung spielen. Strategie und Ethik repräsentieren dieser Lesart nach keinen unvereinbaren Dualismus; sie sind vielmehr untrennbar miteinander verbunden und aufeinander angewiesen.

Wir folgen dieser Sichtweise und sind davon überzeugt, dass der ethischen Reflexion unternehmerischer Handlungen nicht nur am Rande eine Bedeutung zukommt, sondern diese vielmehr in das Zentrum des strategischen Managements zu rücken ist (▶ Abb. 2.2). Unter ethischer Reflexion verstehen wir dabei die kritische Hinterfragung der bestehenden Wert- und Normvorstellungen sowie der jeweiligen Entscheidungen in einem Unternehmen hinsichtlich ihrer Folgen und Nebenfolgen. Die ethische Reflexion versucht Kriterien für gutes und schlechtes Handeln und die Bewertung von Motiven sowie Folgen und Nebenfolgen aufzustellen. Ausgehend davon sucht ethische Reflexion Antworten auf die Frage, *wie* in bestimmten Entscheidungssituationen gehandelt werden soll. Dementsprechend gilt es, die Voraussetzungen, Inhalte und Ergebnisse des Strategieprozesses einer permanenten ethischen Reflexion zu unterziehen, damit Unternehmen ihrer ethischen Verantwortung gegenüber der Gesellschaft gerecht werden können.

Die Diskussion um das strategische Management im deutschsprachigen Raum führt zu dem Schluss, dass sich in den meisten Ansätzen keine wesentlichen Hinweise auf die ethischen Dimensionen unternehmerischen Handelns finden. Die Autoren konzentrieren sich bei ihren Ausführungen nahezu ausschließlich auf die Beschreibung der ökonomischen Aspekte strategischer Handlungen. Sie verweisen allenfalls am Rande darauf, dass in manchen Konfliktsituationen eine Notwendigkeit für ethische Reflexion besteht (siehe dazu z. B. die Konzepte zum strategischen Management von Hungenberg 2014 und Welge/Al-Laham/Eulerich 2017). Es finden sich nur wenige

Ansätze, die sich intensiv mit der normativen – also werteorientierten – Dimension des strategischen Managements beschäftigen (siehe dazu z. B. Behnam 1998 und Bleicher 2016).

Während man in der deutschsprachigen Literatur also nach wie vor eine starke Zurückhaltung beobachtet, sich mit der Verbindung von Strategieentwicklung und ethischer Reflexion zu beschäftigen, findet sich in der anglo-amerikanischen Literatur dagegen eine stetig wachsende Zahl von Autoren, welche dieses Thema sowohl konzeptionell als auch empirisch untersuchen (siehe u. a. Behnam/Rasche 2009; Bonini/Mendonca/Oppenheim 2006; Dowling 2004; Elms et al. 2010; Robertson/Blevins/Duffy 2013; Robertson/Crittenden 2003; Singer 2010). Aktuell gewinnt die Forschung in diesem Feld durch die weltweit stark zunehmende Diskussion um die Corporate Social Responsibility von Unternehmen zusätzlich an Bedeutung. Neuere Konzepte wie z. B. das Shared Value Konzept von Porter und Kramer argumentieren für die Verbindung von Strategie und Ethik im Kerngeschäft und fordern Unternehmen dazu auf, sowohl die ökonomischen als auch die sozialen Aspekte ihrer Geschäftstätigkeit zu reflektieren (Kramer/Pfitzer 2016; Pfitzer/Bockstette/Stamp 2013; Porter/Kramer 2011). Insgesamt gilt es dennoch festzuhalten, dass die Forschung in diesem Feld noch unterrepräsentiert ist. Eine Analyse sämtlicher Artikel des Strategic Management Journal aus den Jahren 2006-2010 belegt jedoch, dass die Zahl der dort veröffentlichten Artikel, die einen Bezug zwischen Ethik und Strategie thematisieren, leicht zugenommen hat (Robertson/Blevins/Duffy 2013).

Analysiert man die Publikationen und Forschungsbemühungen zu diesem Thema anhand der in diesem Lehrbuch vertretenen Unterscheidung zwischen Context, Content und Process im strategischen Management, ergibt sich allerdings ein etwas differenzierteres Bild. Bei näherer Betrachtung konzentrieren sich die meisten Autoren stärker auf den ethikbezogenen Content oder den jeweiligen Context strategischer Entscheidungen (Behnam/Rasche 2009). Die Untersuchung des eigentlichen Strategieprozesses und dessen Verbindungen zur ethischen Reflexion werden dagegen nur am Rande betrachtet. Diese Beobachtung verwundert bei näherer Betrachtung. Wie sollen z. B. Entscheidungen über einen ethisch angemessenen Content von Strategien getroffen werden, wenn der diesen Entscheidungen zugrunde liegende Process einer ethischen Reflexion gegenüber verschlossen bleibt (Gilbert/Behnam 2009a)?

Wir wollen im Folgenden zeigen, dass der hier vorgestellte Prozess des strategischen Managements einen geeigneten Ort ethischer Reflexion in Unternehmen darstellt. Der Begriff »geeigneter Ort« unterstreicht dabei, dass es sich bei dem von uns beschriebenen Prozess des strategischen Managements keineswegs um den einzig möglichen oder auch nur einzig sinnvollen Ort ethischer Reflexion im Unternehmen handelt. Würde man das strategische Management oder gar eine Abteilung »Strategische Planung« als einzig sinnvollen Ort ethischer Reflexion im Unternehmen sehen, so wäre dies u. E. zutiefst unethisch. Es hieße die ethische Reflexion in eine Spezialistenabteilung zu verlagern und alle anderen Unternehmensmitglieder davon zu »befreien«, letztlich also auszuschließen. Folgerichtig könnte man argumentieren, dass es immer auch andere Prozesse in Unternehmen geben muss, bei denen eine ethische Reflexion stattfinden sollte, wie z. B. im Innovationsmanagement, der Personalführung oder im Einkauf.

Unser grundlegendes Argument in diesem Zusammenhang lautet: der strategische Managementprozess ist durch seine ihm inhärente Struktur bereits darauf ausgelegt, eine ethische Reflexion zu ermöglichen. Strategisches Management und ethische Reflexion sind bereits insofern verbunden, als eine kritische Reflexion von Entscheidungen ja stets einen unhintergehbaren Bestandteil der Strategieplanung ausmacht. Im Rahmen des strategischen Managements fällen Planungsträger ständig Entscheidungen. Wann immer es um Entscheidungen geht, geraten eo ipso Werturteile in das Blickfeld. Strategische Entscheidungen werden grundsätzlich – implizit oder explizit – aufgrund von Werturteilen gefällt, wegen der Vorzugswürdigkeit bestimmter unterschiedlicher Handlungsalternativen. Die Erfahrung der Reflexion bei Entscheidungen stellt für den Planungsträger insofern eine konkrete Erfahrung aus seiner Lebenspraxis dar und ist für ihn unhintergehbar. Es kann keinen ethikfreien Raum im Hinblick auf unternehmerische Entscheidungen geben, denn in *jede* Entscheidung fließen individuell geprägte Wert- und Normvorstellungen als »ethische Vorprägungen« der Entscheidungsträger ein. Sie bieten stets Ansatzpunkte für eine gezielte ethische Reflexion. Beim Entscheidungsprozess nehmen sie Einfluss auf die Informationssuche, -verarbeitung und -bewertung, die der konkreten Entscheidung vorausgehen.

In der Konsequenz ergibt sich ein strategisches Management, in dem sich jedes Erfolgs- und Gewinnstreben kategorisch den normativen Bedingungen der Legitimität unternehmerischer Entscheidungen unterzuordnen hat. Unternehmen sollten kontinuierlich ethische Verantwortung übernehmen und ökonomischen Erfolg ausschließlich mit gesellschaftlich legitimen Strategien erreichen. Strategische Kalküle müssen diesem Verständnis nach stets in eine unternehmensethische Wertorientierung eingebettet und von dieser her sinnvoll begründet sein. Die ethische Verantwortung bezieht sich dabei nicht nur auf die unternehmerischen Wertschöpfungsaufgaben im engeren Sinne, sondern auch auf die kritische Hinterfragung der gegebenen Wettbewerbsbedingungen (siehe dazu u. a. Kreikebaum/Behnam/Gilbert 2001; Ulrich 2010, 2016).

Die Forderung, strategisches Management und ethische Reflexion miteinander zu verbinden, beruht zudem auf der Erkenntnis, dass der Strategieprozess und der ethische Reflexionsprozess grundlegende Gemeinsamkeiten aufweisen. Beide Prozesse lenken die Aufmerksamkeit der Entscheidungsträger auf die Vorbereitung und Begründung zukünftiger Handlungen und stellen die Frage nach den Zielen, die ein Unternehmen erreichen will. Genauer gesagt, werden im strategischen Management die wichtigsten unternehmerischen Entscheidungen vorbereitet und gefällt, die das Gesamtunternehmen betreffen, Langfristcharakter haben und sich mit der proaktiven Gestaltung der Zukunft befassen. Der Sinn der ethischen Reflexion liegt ebenfalls in der Beschäftigung mit der Zukunft, wie wir als Gesellschaft die zukünftigen Lebensbedingungen für ein vernünftiges und friedliches Zusammenleben gemeinsam gestalten wollen. Aus diesem Grund geht es in einem ethisch erweiterten strategischen Managementprozess um die unternehmerische Beschäftigung mit der Zukunft unter *gleichzeitig* ökonomischen und ethischen Aspekten. Ein wesentlicher Aspekt ist darin zu sehen, dass in Unternehmen eine systematische und methodische Zusammenführung einer Gegenwartsaufnahme mit Visionen über die Zukunft erfolgt. Genau deshalb erscheint das strategische Management auch als geeigneter Ort ethischer Reflexion auf Unternehmensebene.

Dieser Gedanke ließe sich aus unserer Sicht auch deutlicher formulieren, indem man das strategische Management nicht nur als geeigneten Ort ethischer Reflexion ansieht, sondern als dessen *notwendigen* Ort. Dies ist ebenfalls nicht im Sinne der Exklusivität gemeint, sondern ethische Reflexion im Rahmen des strategischen Managements ist im Sinngehalt des Wortes als notwendig anzusehen, da ansonsten die Sinnhaftigkeit strategischer Unternehmensführung gefährdet wäre. Hinterhuber (1996, S. 52) betont diesen Zusammenhang pointiert: »*Ohne ethische Reflexion greift das*

Führungsverständnis zu kurz. Strategische Unternehmungsführung [...] verlangt, daß alle Komponenten der Führung einer diskursiven ethischen Reflexion unterzogen werden. [...] Fehlt der ethische Legitimationsnachweis, so kann dies zu einer Destabilisierung des gesamten Unternehmungssystems führen.«

Als Beispiele für solche Fehlentwicklungen seien hier nur die zahlreichen Unternehmensskandale um Firmen wie Enron, Shell, Siemens oder die Deutsche Bank erwähnt. Auch der Umweltskandal der Firma BP kann hier als Beispiel dienen. Als Folge der dramatischen Ereignisse auf der Ölplattform Deepwater Horizon kam es am 20. April 2010 zu einer Umweltkatastrophe großen Ausmaßes im Golf von Mexiko. Im Zuge des Umgangs mit den direkten Folgen und Nebenfolgen des Umweltdesasters stellen externe Stakeholder zunehmend die Frage, ob BP aus ethischer Perspektive richtig gehandelt hat und welche Konsequenzen dies für das Unternehmen haben sollte. Derartigen kritischen Fragen von Stakeholdern sieht sich auch Volkswagen ausgesetzt, das seit dem Bekanntwerden der systematischen Manipulation von Abgaswerten im September 2015 sowohl von Seiten der Kunden als auch der Behörden unter Druck steht. Strafzahlungen in Milliardenhöhe, sowie umfangreiche Rückrufaktionen und ein Imageschaden in der Öffentlichkeit sind die unmittelbaren Folgen eines derartigen ethischen Fehlverhaltens.

Aufbauend auf diesen Gedanken wollen wir im Folgenden erläutern, inwiefern sich zwischen strategischem Management und ethischer Reflexion konzeptionelle Zusammenhänge aufzeigen lassen. Die Aufgabe ethischer Reflexion gilt generell der Beschäftigung mit dem Problem, welche Normen und Werte innerhalb einer Gesellschaft zur Geltung kommen sollen und wie das zukünftige Zusammenleben gestaltet sein soll. Aus diesem Grund geht es bei einem ethisch erweiterten strategischen Management um die unternehmerische Beschäftigung mit der Zukunft, unter gleichzeitig ökonomischen und ethischen Aspekten (Kreikebaum 1996). Dabei ist zunächst nicht die Vermittlung konkreter Handlungsanweisungen oder Implementierungsmöglichkeiten das Ziel. Vielmehr sollen Denkanstöße gegeben werden, in welchem Bereich der strategischen Unternehmensführung ethische Reflexion als systematischer Bestandteil zum Tragen kommen kann und welche Voraussetzungen hierfür notwendig sind. Die Untersuchung möglicher Gemeinsamkeiten von strategischem Management und ethischer Reflexion erfolgt aus insgesamt drei Perspektiven (siehe dazu insbesondere Behnam 1998; Behnam/Rasche 2009):

- Strategisches Management und ethische Reflexion erfolgen beide unter bestimmten Bedingungen, die sich auf deren konkrete Ausgestaltung auswirken und die wir unter formalen Gesichtspunkten analysieren.
- Im Anschluss daran werden die konkreten funktionalen Zusammenhänge verglichen, die sich zwischen ethischer Reflexion und strategischem Management in der Praxis ergeben.
- Zum Schluss analysieren wir die prozeduralen Zusammenhänge. Wir gehen der Frage nach, inwiefern der Gegenstand der einzelnen Phasen des strategischen Managements ethische Reflexion ermöglicht, benötigt oder bereits implizit enthält.

Die prozeduralen Zusammenhänge sind aus unserer Sicht von besonders großer Bedeutung. Sie verweisen darauf, dass sowohl die Strategieentwicklung als auch die ethische Reflexion bestimmte Gemeinsamkeiten hinsichtlich ihrer theoretischen Hintergründe und Vorgehensweisen aufweisen. Es wird sich zeigen, dass insbesondere aufgrund der prozeduralen Gemeinsamkeiten die Möglichkeit für eine dauerhafte Erweiterung des strategischen Managements um eine ethische Reflexion gegeben ist. Nach einer schrittweisen Überprüfung der Zusammenhänge auf den unterschiedlichen Ebenen gehen wir zum Abschluss dieses Kapitels auf konkrete Implikationen für die Praxis des strategischen Managements ein.

7.2 Konzeptionelle Zusammenhänge zwischen strategischem Management und ethischer Reflexion

7.2.1 Formale Zusammenhänge

Betrachtet man zunächst die formalen Zusammenhänge zwischen strategischem Management und ethischer Reflexion, dann zeigt sich, dass beide Prozesse jeweils von bestimmten konzeptionellen Rahmenbedingungen beeinflusst werden.

Erstens werden sowohl das strategische Management als auch die ethische Reflexion nach unserem Verständnis als praxis- bzw. handlungsorientiert betrachtet. Während strategisches Management auf die langfristige Sicherung des Fortbestands des Unternehmens zielt, geht es bei der ethischen Reflexion vor allem um die Suche nach Kriterien für gutes und schlechtes Handeln sowie die Sicherung des gesellschaftlichen Zusammenlebens. Der normative Charakter beider Prozesse reflektiert deren konkrete Handlungsorientierung. Die Strategieentwicklung ist normativ, weil sie die Frage stellt, in welchem Geschäft und vor allem *wie* ein Unternehmen tätig sein will. In ähnlicher Weise ist die ethische Reflexion normativ, da sie stets nach der Begründung von Normen und Werten fragt, die konkretes Handeln von Individuen anleiten sollen. Als Ergebnis beider Prozesse ergibt sich ein konkretes, handlungsorientiertes strategisches bzw. ethisch korrektes Verhalten der Akteure.

Zweitens werden sowohl das strategische Management als auch die ethische Reflexion von individuellen und von Umweltfaktoren beeinflusst. Diese Faktoren repräsentieren die Bedingungen, unter denen ethische Reflexion und Strategieentwicklung stattfinden. Auf der einen Seite geht es bei der Strategieentwicklung um die Berücksichtigung der vielfältigen Umweltbedingungen. Um erfolgreiche Wettbewerbsstrategien zu entwickeln, müssen Unternehmen nationale und internationale Kontextfaktoren als Chancen und Risiken begreifen. Auf der anderen Seite rückt der individuelle Einfluss von Entscheidungsträgern auf den Strategieprozess in den Vordergrund, der stark von deren Erfahrungen und Fähigkeiten sowie der jeweiligen kulturellen Herkunft abhängt. Die Umwelt beeinflusst aber nicht nur den Strategieprozess, sondern auch die ethische Reflexion. Bestehende Moralsysteme begrenzen, ermöglichen aber auch erst bestimmte Handlungen von Individuen und Organisationen. Kontextabhängig führt die ethische Reflexion deshalb zu durchaus unterschiedlichen Ergebnissen, je nach Umweltzustand und Art des ethischen Konflikts. Wie im Strategieprozess, so spielen auch im Rahmen der ethischen Reflexion die Individuen und ihr jeweiliges Ethos eine zentrale Rolle. Je nachdem wie weit die Fähigkeit zur kritischen ethischen Reflexion bei den Individuen ausgeprägt ist, werden sie ethische Konflikte im strategischen Management nachhaltig zu regeln verstehen.

Die dritte gemeinsame Rahmenbedingung verweist darauf, dass strategisches Management und ethische Reflexion auch systematisch-methodische Gemeinsamkeiten aufweisen. Strategien sind die gedankliche Antizipation von Unternehmensaktivitäten, einschließlich ihrer erwarteten Ergebnisse, die in strategischen Plänen festgehalten werden. Ebenso lässt sich ethische Reflexion als gedankliche Vorwegnahme möglicher Handlungsfolgen sowie potenzieller zukünftiger Handlungssituationen verstehen (Rüegg 1989, S. 419). Strategisches Management und ethische Reflexion erweisen sich somit beide als informationsverarbeitende, ergebnisorientierte Prozesse. In diesem Sinne sind beide Konstrukte handlungsvorbereitend oder beurteilend und stecken den Rahmen für instrumentelle Maßnahmen ab. Sowohl das strategische Management als auch die ethische Reflexion sind zyklisch angelegt, weil die bestehenden Vorgaben auf jeder Stufe hinterfragt werden müssen. Die einzelnen Teilschritte der Prozesse können mehrfach und auch simultan durchlaufen werden. Normalerweise verändern sich nicht alle Gegebenheiten innerhalb einer Gesellschaft oder im internen und externen Unternehmenskontext gleichzeitig. Die Mehrfachdurchläufe implizieren deshalb, dass die problemrelevanten Tatbestände aufgrund wiederholter Wahrnehmungen immer genauer beurteilt werden können. Durch diese Ausweitung der Wissensbasis verbessert sich zunehmend die Entscheidungsqualität. Strategisches Management und ethische Reflexion sind somit gleichermaßen auch als Lernprozesse aufzufassen.

7.2.2 Funktionale Zusammenhänge

Im Hinblick auf die funktionalen Zusammenhänge zwischen strategischem Management und ethischer Reflexion sind zwei Aspekte von besonderer Bedeutung. Zum einen haben sowohl das strategische Management als auch die ethische Reflexion einen Integrationscharakter, zum anderen übernehmen beide Prozesse eine Sicherheitsfunktion im Unternehmen.

Der Integrationscharakter von strategischem Management und ethischer Reflexion resultiert aus dem Umstand, dass Unternehmensaktivitäten von einer Vielzahl einzelner Entscheidungen und Maßnahmen geprägt sind und i. d. R. in einer wechselseitigen Abhängigkeit zueinander stehen. Wenn diese Wirkungszusammenhänge nicht beachtet werden, kann es zu erheblichen Effizienzverlusten und zu einem widersprüchlichen Auftreten des Unternehmens nach innen und außen kommen (Behnam/Rasche 2009). Das strategische Management versucht, dieses Problem zu verhindern, indem es einen Bezugsrahmen setzt und die einzelnen Entscheidungen und Maßnahmen zu einem Gesamtkonzept des Unternehmens integriert. In gleicher Weise beeinflussen sich Handlungen einzelner Personen innerhalb einer Gesellschaft wechselseitig, entweder im Rahmen direkter, bewusster Austauschbeziehungen (z. B. Verträge) oder durch indirekte und unbeabsichtigte Auswirkungen (externe Effekte). Diese auf individuellen Werturteilen basierenden Einzelentscheidungen sind mithilfe ethischer Reflexion hinsichtlich ihrer gesellschaftlichen Akzeptanz kritisch zu überprüfen. Entsprechen sich die Werte der Mitglieder einer Gesellschaft, erfolgt deren Integration zu einem kollektiven Wertesystem und somit zu einer gesellschaftlichen Moral.

Die Sicherheitsfunktion von strategischem Management und ethischer Reflexion lässt sich als eine mögliche Reaktion auf die zunehmende Komplexität der Umwelt interpretieren. Wenn komplexe Einzelentscheidungen in einem Strategieprozess oder im Rahmen einer ethischen Reflexion zu gemeinschaftlichen Handlungsmustern zusammengefasst werden können, lässt sich die Komplexität reduzieren. Dies bedeutet zusammen mit der damit verbundenen Risikoverminderung eine Sicherheit, sowohl für jeden einzelnen als auch für das Überleben des Unternehmens. Aus Sicht eines Unternehmens erfolgt die Komplexitätsreduktion in zweifacher Hinsicht. Die innere Komplexität wird durch die interne Integration der strategischen Einzelpläne zum Gesamtunternehmenskonzept reduziert. Gleichzeitig ist ein Unternehmen als organisatorische Einheit ein Teil der Gesamtgesellschaft. Insofern leistet es durch Berücksichtigung ethischer Normen einen Beitrag zur Existenz gesellschaftlicher Moral und damit zur Reduktion der Außenkomplexität. Da die Unternehmensaktivitäten über die strategischen Pläne festgelegt werden, beinhaltet das strategische Management letztlich immer auch eine ethische Reflexion der Planungsträger. Sowohl das Unternehmen als auch die Gesellschaft und ihre einzelnen Mitglieder können durch dieses Wechselspiel zu verlässlichen Partnern werden. Diese Erwartungssicherheit bezieht sich auf aktuelle Ereignisse genauso wie auf zukunftsbezogene Entscheidungen.

7.2.3 Prozedurale Zusammenhänge

Voraussetzung für die erfolgreiche Verbindung von strategischem Management und ethischer Reflexion ist die Erkenntnis, dass beide Betrachtungsbereiche bestimmte Strukturmerkmale aufweisen, die sie kompatibel machen. So handelt es sich sowohl beim strategischen Management als auch bei der ethischen Reflexion jeweils um einen konkreten Prozess, der aus verschiedenen Phasen besteht. Im Rahmen des strategischen Managements wird die systematische und methodische Zusammenführung einer Gegenwartsaufnahme mit Visionen über die Zukunft angestrebt. Im Einzelnen erfolgt die Strategieplanung durch die oben beschriebenen Phasen:

- Festlegung einer unternehmerischen Vision und strategische Zielplanung,
- Segmentierung und strategische Analyse,
- Strategieentwicklung und bewertung,
- Strategieimplementierung sowie
- strategische Kontrolle.

Ähnlich wie der Strategieprozess umfasst ein ethischer Reflexionsprozess voneinander unterscheidbare Kernaktivitäten. Die verschiedenen Phasen ethischer Reflexion wurden im betriebswirtschaftlichen Kontext insbesondere von Behnam und Rasche (Behnam 1998; Behnam/Rasche 2009) untersucht. Sie erstrecken sich auf folgende Bereiche:

- Begründung von Normen: Auf der Grundlage existierender Moralprinzipien erfolgt die kritische Überprüfung bestimmter Normen hinsichtlich ihrer Anerkennungswürdigkeit. Bei ethischen Konflikten werden abstrakte Moralprinzipien auf konkrete Situationen angewendet, um entweder neue Normen zu entwickeln oder bestehende Normen zu überprüfen.
- Ethische Situationsanalyse: Um begründete Normen überhaupt testen und schließlich weiter konkretisieren zu können, bedarf es einer ethisch orientierten Situationsanalyse. Diese ist nötig, um sich über individuelle (z. B. Normen und Werte von Entscheidungsträgern) und organisatorische

Rahmenbedingungen (z. B. Unternehmenskultur und Anreizsysteme) Klarheit zu verschaffen und diese in die Normenreflexion miteinzubeziehen.
- Entwicklung ethischer Handlungsregeln: Im Anschluss an die konkrete Situationsanalyse lassen sich konkrete und kontextspezifische Handlungsregeln ableiten, die aus ethischer Perspektive angemessen erscheinen. Diese Handlungsregeln bringen die konkreten ethischen Intentionen der Entscheidungsträger zum Ausdruck und zeigen, wie diese im jeweiligen Kontext zukünftig handeln wollen.
- Situationsbezogene Handlungsentscheidungen: Aus den Intentionen leiten sich schließlich die faktischen Entscheidungen der Akteure ab, die sie im jeweiligen Kontext umsetzen.
- Kritische Normenhinterfragung: Ein ethischer Reflexionsprozess sollte stets offen sein für die Hinterfragung bestehender Normen und Werte, denn sowohl der Kontext als auch die Entscheidungsträger sind einem dauerhaften Veränderungsprozess unterworfen, der eine eventuelle Anpassung bestimmter Entscheidungsprinzipien notwendig macht.

Die prozeduralen Zusammenhänge zwischen dem Strategieprozess und einer umfassenden ethischen Reflexion beziehen sich darauf, inwiefern bestimmte Aktivitäten einen *gemeinsamen* Charakter aufweisen. Zusammenhänge von strategischem Management und ethischer Reflexion lassen sich in sämtlichen Phasen der beiden Einzelprozesse identifizieren. Im Folgenden diskutieren wir die jeweiligen prozeduralen Zusammenhänge anhand der einzelnen Prozessphasen des strategischen Managements:

Festlegung einer unternehmerischen Vision und strategische Zielplanung
Bereits die häufig erfolgende terminologische Gleichsetzung der Begriffe Vision, Mission oder langfristige strategische Ziele mit dem Begriff Unternehmensphilosophie deutet auf mögliche Querverbindungen zur Ethik als praktischer Philosophie hin. Die Vision und Mission begründen die Stellung des Unternehmens in der Gesellschaft und sollen dessen Tätigkeit legitimieren. Verglichen mit dem Prozess der ethischen Reflexion lassen sich Parallelen zwischen der Normenbegründung und der Formulierung der Vision und Mission, aber auch der strategischen Zielplanung ziehen. Normen vermitteln eine allgemeine Rechtfertigung menschlichen Handelns, während Visionen und Missionen diese Aufgabe für die Aktivitäten des Unternehmens übernehmen sollen. Visionen und Missionen sollen das normative Fundament letztlich der gesamten Unternehmenstätigkeit konstituieren und dazu beitragen, Wert- und Interessenkonflikte zu vermeiden oder konstruktiv auszutragen. In ihnen wird eine aus Sicht des Unternehmens erstrebenswerte Zukunft formuliert, die von allen Stakeholdern getragen werden kann. In gleichem Maße repräsentieren und garantieren ethische Normen die Grundlage eines friedlichen gesellschaftlichen Zusammenlebens.

Segmentierung und strategische Analyse
Um eine rationale Entscheidungsfindung vornehmen zu können, bedürfen sowohl das strategische Management als auch die ethische Reflexion einer Untersuchung der situativen Bedingungen von Entscheidungen. Die ökonomische und die ethische Situationsanalyse sind dabei nach innen – auf das Unternehmen und die reflektierende Person oder Institution – und nach außen – auf die Umwelt – gerichtet. Sie beziehen sich beide auf die jeweilige Ist-Situation und mögliche Soll-Zustände.

Da im Mittelpunkt der ethischen Situationsanalyse die Beurteilung der Moralität von Handlungen steht und diese sich wiederum auf die Anerkennung durch das gesellschaftliche Umfeld bezieht, steht die Umweltanalyse im Vordergrund der Betrachtung. In diesem Bereich besteht ein besonders starker Zusammenhang zwischen strategischem Management und ethischer Reflexion. Zu untersuchen sind hier bspw. die Beziehungen zu den verschiedenen Anspruchsgruppen oder sich verändernde Normen- und Wertestrukturen in Gesellschaften. Diese soziokulturelle Analyse bildet den Rahmen für die Betrachtung weiterer Umweltbereiche.

Strategieentwicklung und -bewertung
Die Strategieentwicklung und -bewertung kann mit der Entwicklung und anschließenden Festlegung von ethischen Handlungsregeln für bestimmte Kontexttypen verglichen werden. Es besteht insofern ein Zusammenhang, als Strategien für bestimmte Situationstypen festgelegt werden, wie z. B. Produkt-Markt-Strategien, Wettbewerbsstrategien oder Funktionsbereichsstrategien. Sowohl strategisches als auch ethisches Denken bedeutet, sich in die Situation der vom eigenen Handeln Betroffenen hineinzuversetzen und umgekehrt auch zu überlegen, wie diese in der gleichen Situation entscheiden würden. Vor diesem Hintergrund geht es im Rahmen der Strategieentwicklung und bei der Entwicklung ethischer Handlungsregeln um die Festlegung, wie in Zukunft Wettbewerbsvorteile auf der Basis ethisch geprüfter Strategien erzielt werden können.

Strategieimplementierung
Auch die Strategieimplementierung und die Ebene der Handlungsentscheidung im Rahmen ethischer Reflexion weisen Parallelen auf: Beide beziehen sich auf praktische Handlungssituationen. Die strategischen Maßnahmen liegen gewissermaßen an der Schnittstelle zwischen der Erstellung und der praktischen Umsetzung der strategischen Pläne. Sie sind im Hinblick auf die Übereinstimmung mit dem vorgegebenen Bezugsrahmen zu reflektieren und auch bezüglich ihrer Konsistenz untereinander. Widersprüchliche Maßnahmen und Handlungen führen zu einem inkonsistenten Auftreten gegenüber den internen und externen Anspruchsgruppen. Sie gefährden die allgemeine Akzeptanz und Legitimation der Unternehmensaktivitäten und können dadurch Konflikte auslösen.

Strategische Kontrolle
Der strategischen Kontrolle kommt im Hinblick auf die ethische Reflexion unternehmerischer Handlungen eine besonders große Bedeutung und Verantwortung zu, da sich diese auf eine umfassende Überprüfung von Strategien und Maßnahmen hinsichtlich deren gesellschaftlicher Akzeptanz bezieht. In Verbindung mit der strategischen Analyse kommt der strategischen Kontrolle die Aufgabe zu, den gesamten Prozess ethischer Reflexion, der sich bislang vor allem bei den jeweiligen Planungsträgern vollzog, für das Unternehmen als Ganzes kontinuierlich nachzuvollziehen. Die dauerhafte Überwachung der allgemeinen Anerkennungswürdigkeit von Visionen, Strategien und Maßnahmen auf der Ebene der strategischen Kontrolle bietet den Vorteil, dass diese gewissermaßen eine »Adlerperspektive« einnimmt, die eine ethische Reflexion erfordert. Sie überblickt den gesamten Prozess zusammenhängend, der aus pragmatischen Gründen in einzelne Phasen untergliedert ist und unterschiedlichen Planungsträgern und Planausführenden zugeordnet wird. Aus diesem Grund stellt die strategische Kontrolle eine umfassende ethische Reflexion auf der Unternehmensebene

dar. Um die ethischen Implikationen des strategischen Managements in ihrer ganzen Breite und Tiefe erkennen, beurteilen und bewerten zu können, werden besonders von den Planungsträgern eine hohe moralische Sensitivität, ein breites fundiertes Wissen im Bereich der Ethik und die Bereitschaft zur Selbstverantwortung gefordert.

Fazit: Komplementarität von ethischer Reflexion und strategischem Management
Die Ausführungen sollen vermitteln, dass ethische Reflexion und strategisches Management durch ihre Komplementarität gekennzeichnet sind. Die Komplementarität darf dabei nicht als paralleler Verlauf zweier voneinander unabhängiger Tatbestände verstanden werden. Es sollte deutlich werden, dass die Komplementarität der ethischen Reflexion zum strategischen Management im Sinne einer Überlagerung sämtlicher Fragestellungen im Planungsprozess zu sehen ist. Die Überlagerung des Planungsprozesses bedeutet, dass ethische Reflexion über den inhaltlichen Rahmen des strategischen Managements hinausgeht. Der Grund hierfür ist darin zu sehen, dass sich die beiden Prozesse auf unterschiedlichen Abstraktionsstufen der Reflexion befinden. Ethische Reflexion befasst sich mit sämtlichen Kategorien menschlichen Handelns und legt hierfür allgemeine Normen des gesellschaftlichen Zusammenlebens fest. Diese werden in Handlungsregeln für das unternehmerische Handeln und die Strategieplanung konkretisiert. Anstatt der häufig postulierten gegensätzlichen Ausrichtung von strategischem Management und ethischer Reflexion lässt sich als Folge der Komplementarität der Prozesse eine Gleichgerichtetheit feststellen. Daraus folgt: Die ethische und die strategische Dimension der Unternehmensführung müssen im Konzept des strategischen Managements zusammengefasst und nicht als getrennte Ebenen betrachtet werden.

Wir sind davon überzeugt, dass ethische Reflexion und strategisches Management nicht in einem Gegensatzverhältnis zueinander stehen. Mit anderen Worten: Die ökonomische Rationalität darf nicht abgespalten werden von der gesamtgesellschaftlichen Rationalität. Sie ist vielmehr aus dieser abzuleiten und in diese einzubetten. Daraus folgt: Wenn über die ökonomische Rationalität von unternehmerischen Handlungsalternativen nachgedacht wird, dann muss zeitgleich eine Reflexion darüber erfolgen, inwiefern die potenziell gewählte Handlungsalternative auch aus gesamtgesellschaftlicher Sicht als rational zu bezeichnen ist. Dieses Rationalitätsverständnis führt dazu, dass eine Handlungsalternative nicht als (rein) ökonomisch vernünftig gelten kann bzw. gelten darf, wenn sie aus gesamtgesellschaftlicher Sicht als unvernünftig gilt. Die Strategieplanung kann nicht permanent aus einer falsch verstandenen ökonomischen Rationalität heraus gegen gesamtgesellschaftliche Vernunftkriterien argumentieren und umgekehrt. Das Gegenteil ist vielmehr der Fall: Gesamtgesellschaftliche Vernunftkriterien können und müssen durch das strategische Management zur Geltung gebracht und durchgesetzt werden.

7.3 Implikationen für die Praxis des strategischen Managements

Neben der Beantwortung der grundsätzlichen Frage, wie sich ethische Reflexion konzeptionell in das strategische Management integrieren lässt, ist es für Unternehmen von ebenso großer Bedeutung, Klarheit darüber zu gewinnen, wie Ethik in der täglichen Praxis des Geschäftslebens tatsächlich zur Geltung gebracht werden kann. Denn Ethik, verstanden als permanenter Prozess kritischer Reflexion begründbarer normativer Prinzipien, entzieht sich eigentlich einer direkten Umsetzung durch operative »Ethikmaßnahmen«. Unternehmensethik liefert nicht unmittelbar anwendbares Verfügungswissen (Know-how), vielmehr bringt sie argumentativ begründetes Orientierungswissen im Sinne von Grundsätzen und Leitideen hervor (Know-what). Konkrete Maßnahmen zur Implementierung von Ethik schaffen also lediglich strukturelle und kulturelle Bedingungen, unter denen sich ethische Reflexion entfalten kann (Gilbert 2003a).

Als vorrangige Aufgabe ist das Gesamtunternehmen grundsätzlich für ethische Problemstellungen zu sensibilisieren und die Organisation so auszugestalten, dass sich für unternehmensethische Reflexion notwendige Dialoge prinzipiell entfalten können. Besondere Bedeutung hat das Commitment des Top-Managements bei der Umsetzung einer ethischen Reflexion bzw. der Implementierung eines Ethikprogrammes. Ohne die vorbehaltlose Unterstützung des Top-Managements ist jedes Ethikprogramm zum Scheitern verurteilt. Führungskräfte müssen stets mit gutem Beispiel vorangehen und Integrität auch tatsächlich selbst leben, wenn sie ethische Reflexion im strategischen Management zur Geltung bringen wollen. Neben dem Commitment des Top-Managements gilt es, weitere grundlegende Voraussetzungen für die Entfaltung einer ethischen Reflexion zu schaffen. In der Unternehmenspraxis erstrecken sich diese Bemühungen insbesondere auf drei Bereiche, die organisatorischen, unternehmenskulturellen und personellen Voraussetzungen. Diese drei Aspekte sind aufgrund ihrer Verwobenheit zwar nur schwer getrennt zu betrachten, sollen im Folgenden aber dennoch kurz dargestellt werden.

Organisatorische Voraussetzungen
Die Bedeutung der formalen Organisationsstruktur für die Implementierung von Strategien im Rahmen des strategischen Managements wurde bereits erläutert. Einen ebenso hohen Stellenwert nimmt die Organisationsstruktur im Hinblick auf die Umsetzung ethischer Reflexion ein, denn sie definiert und begrenzt notwendigerweise die individuellen Handlungsspielräume der Unternehmensangehörigen. Im Hinblick auf eine Implementierung ethischer Reflexion in das strategische Management sind organisationsstrukturelle Aspekte vor allem deshalb so relevant, da sie die Rahmenbedingungen für ethisches Verhalten der Organisation und ihrer Mitglieder repräsentieren. In diesem Zusammenhang lassen sich drei organisatorische Merkmale identifizieren, die ethisches Verhalten innerhalb von Unternehmen erschweren (siehe dazu insbesondere Behnam 1998, S. 195–209):

- Durch die in Unternehmen üblicherweise herrschende Befehlshierarchie werden Filter eingebaut, welche die Weitergabe »unbeliebter« Informationen verhindern, in der Folgewirkung das Verantwortungsgefühl senken sowie zur Tolerierung unethischen Verhaltens führen.
- Einen weiteren Filter stellen die durch horizontale Arbeitsteilung entstehenden Prozesse dar. Wenn der Gesamtzusammenhang für den einzelnen Mitarbeiter nicht mehr ersichtlich ist oder gar verloren geht, dann führt dies zur Konzentration auf die eigene Arbeit, ohne deren Konsequenzen zu bedenken. Durch Ressortegoismus sowie eine zunehmende Spezialisierung werden Entscheidungen und deren ökonomische sowie ethische Konsequenzen systematisch ausgeblendet, weil sie außerhalb des direkten Zuständigkeitsbereichs des einzelnen Mitarbeiters liegen.

- Auch die vertikale Arbeitsteilung kann zu einer Erschwerung ethischen Verhaltens führen, wenn durch die Unternehmensleitung getroffene Entscheidungen von den nachgelagerten Ebenen inhaltlich nicht mehr hinterfragt werden können (oder dürfen). Durch die Verwendung rein ergebnisorientierter Management- und Anreizsysteme liegt der Schwerpunkt auf effizienter Mittelwahl statt auf der Setzung richtiger (effektiver) Ziele, wodurch die beschriebenen Filtereffekte noch verstärkt werden.

Die Organisationsstruktur ist vor diesem Hintergrund in doppelter Weise selektiv: Sie definiert den Aufgabenbereich und grenzt den Verantwortungsbereich ab. Eine vorschriftsmäßige Befolgung der Handlungsaufforderungen für einen Bereich sieht keine ethische Reflexion von Problemen vor, die außerhalb des Kompetenzbereichs liegen. Ethische Ansprüche kommen nicht zur Sprache, weil sie den unmittelbaren Aufgabenbereich nicht betreffen oder die Überwindung seiner Grenzen problematisch erscheint. Wie rigide die Aufgabenbereiche gestaltet sind, hängt in der Praxis vor allem von der Art der Organisationsstruktur ab. In einer eher mechanistischen Organisation sind Aufgaben und Verantwortungsbereiche stark ausdifferenziert, während eine organische Struktur durch weitere und flexiblere Kompetenzbereiche auch die Verantwortungsbereiche ausweitet.

Obwohl die formale Organisationsstruktur nicht alle Bereiche individuellen oder institutionellen Handelns bestimmen kann, ist sie von wesentlicher Bedeutung für die Entfaltung ethischen Handelns in und von Unternehmen. Die besondere Bedeutung der formalen Organisationsstruktur für die systematische und wirksame Entfaltung der ethischen Steuerungsfunktion macht auf die Bedeutung aufmerksam, die ethischem Handeln unter institutionellen Rahmenbedingungen zukommt. Hubig (1982, S. 74) formuliert für die Entwicklung der Organisationsstruktur daher die Aufforderung, dass »[...] *die institutionellen Handlungen daraufhin überprüft werden müssen, ob sie (positiv) moralisches individuelles Handeln ermöglichen und (negativ) ein Handeln, das an die ‚Existenzbedingungen' von Menschheit rührt, ausschließen*«.

Die Forderung nach einer Einbettung ethischer Reflexion in die Struktur eines Unternehmens bedeutet gleichwohl nicht, einer ganz bestimmten Organisationsform das Wort zu reden – als der idealen Organisationsform unter allen Bedingungen –, sondern konstitutive Bedingungen der Organisation aufzuzeigen. Die Frage, was letztlich die »richtige« Organisationsstruktur in diesem Zusammenhang ist, lässt sich nicht abschließend beantworten. Ziel sollte es gleichwohl sein, das Gesamtunternehmen für ethische Problemstellungen zu sensibilisieren und die Organisation so auszugestalten, dass sich für unternehmensethische Reflexion notwendige Dialoge *prinzipiell* entfalten können. Der Ruf nach Herstellung möglichst idealtypischer Dialogbedingungen darf allerdings nicht der Illusion verfallen, dass ein kompletter Neuanfang in Unternehmen möglich ist. Jede dialogisch ausgestaltete ethische Reflexion muss an die bestehenden Verhältnisse in der betrieblichen Praxis anknüpfen. Es gibt gleichwohl für Unternehmen eine Vielzahl von Möglichkeiten, dialogische Prozesse in Organisationen zu fördern (vgl. Gilbert 1998, 2009). Tabelle 2.9 fasst die grundlegenden Anforderungskriterien an dialogfördernde Organisationsstrukturen zusammen.

Tab. 2.9: Anforderungen an dialogfördernde Organisationsstrukturen
(Quelle: In Anlehnung an Gilbert (1998, S. 238; 2009, S. 318))

Anforderungskriterien
• Dialogorientierte Unternehmensverfassung
• Zurverfügungstellung von genügend Zeit und Ressourcen zur diskursiven Austragung von Konflikten
• Institutionalisierung regelmäßiger Dialoge mit betroffenen externen und internen Anspruchsgruppen
• Öffnung der Organisationsstruktur durch Förderung und Pflege informeller Kommunikationsbeziehungen und den Abbau von Kommunikationsbarrieren
• Schaffung von symmetrischen Kommunikationsbeziehungen, die eine Delegation von Verantwortung, Aufgaben und Kompetenzen sowie eine Abflachung von Hierarchieebenen implizieren
• Schaffung von organisatorischen Freiräumen für argumentative Verständigung durch Dezentralisierung
• Kontinuierliche Organisationsentwicklung durch dialogische Veränderung der Organisationsstruktur
• Aufbau einer Vertrauensorganisation anstelle permanenter Kontrolle
• Gewährleistung der Gruppen-Selbstorganisation und der Übernahme von Gruppenverantwortung durch die Etablierung teilautonomer Arbeitsgruppen
• Verwirklichung partizipativer Führung durch Beteiligung betroffener Mitarbeiter an argumentativen Willensbildungsprozessen
• Installierung eines Feedback-Systems zur Ermöglichung eines Abgleichs der individuellen Selbsteinschätzung und der Fremdeinschätzung im Dialogverhalten

Die Schaffung argumentationsfreundlicher Rahmenbedingungen repräsentiert den Ausgangspunkt für eine ethische Sensibilisierung von Mitarbeitern in Unternehmen. Neben der grundsätzlichen Ausrichtung des Unternehmens an der Leitidee ethischer Verantwortungsübernahme bieten sich in der Praxis spezielle Ethikmaßnahmen an, die eine ethische Reflexion ermöglichen bzw. fördern. Diese Maßnahmen zur Institutionalisierung von Ethik haben den Vorteil, dass sie die Gesamtorganisation von zeitraubenden Diskursen entlasten. Es kommt zu einer funktionalen Ausdifferenzierung von Unternehmenseinheiten in eigene Projektgruppen, Abteilungen oder Kommissionen, die sich primär mit der Regelung ethischer Konflikte beschäftigen. Die Organisationsmitglieder werden dadurch befähigt und ermutigt, immer dann, wenn ethische Gesichtspunkte missachtet werden, Einspruch zu erheben und aktiv ethische Verantwortung zu übernehmen (Ulrich 2010, S. 142–143). Tabelle 2.10 gibt einen Überblick über in der Praxis zur Anwendung kommende Instrumente einer ethisch sensibilisierten Infrastruktur.

Tab. 2.10: Ausgewählte Ethikmaßnahmen in der Praxis
(Quelle: In Anlehnung an Gilbert (2009), Kreikebaum/Behnam/Gilbert (2001) sowie Kaptein (2015))

Ethikmaßnahme	Funktion
Ethik-Leitlinien	Ethik-Leitlinien (im englischen Sprachraum *Codes of Ethics* bzw. *Codes of Conduct*) geben die Wert- und Zielvorstellungen der Unternehmensmitglieder wieder. Sie stellen eine schriftliche Niederlegung grenzziehender und orientierungsgebender Richtlinien eines Unternehmens dar, die gewünschte Verhaltensweisen beschreiben. Ethik-Leitlinien haben gleichzeitig eine Orientierungs-, Motivations- und vor allem Legitimationsfunktion. Sie werden idealerweise in kooperativer Zusammenarbeit im Unternehmen entworfen und zielen darauf ab, ein bestimmtes Verhalten gegenüber ethischen Angelegenheiten und bei ethischen Konflikten in der Unternehmenskultur zu verankern. Sie sollen sämtliche Unternehmensmitglieder in die Lage versetzen, regelmäßig wiederkehrende konfliktäre Situationen nach gleichen Grundsätzen zu bewältigen.
Ethik-Training	Eine wesentliche Voraussetzung, um unternehmensethische Reflexion in der Praxis durchzuführen, sind individuelle Kompetenzen der Mitarbeiter. Als Dialogpartner kommen eigentlich nur Personen in Frage, die ernsthaft argumentieren können und die Fähigkeit zu ethischer Reflexion besitzen. Die Befähigung zur ethischen Reflexion kann aber nicht von vornherein für alle Mitarbeiter als gegeben vorausgesetzt werden. Um die Moralentwicklung der Mitarbeiter zu fördern, bieten sich Ethik-Trainings an. In solchen Trainings gilt es, die kognitiven Fähigkeiten der Mitarbeiter zu stärken, indem z. B. moralische Dilemmasituationen anhand von Fallstudien diskutiert werden.
Ethik-Kommission	Die Errichtung von Ethik-Kommissionen dient der Auseinandersetzung mit den unterschiedlichen Anspruchsgruppen und der Handhabung ethischer Konflikte. Eine Ethik-Kommission schafft ein praktisches Forum für die dialogische Verständigung mit allen (potentiell) Betroffenen. Ethik-Kommissionen übernehmen oftmals auch eine advokatorische Verantwortung für die Stakeholder, die nicht anwesend sein können. Neben turnusmäßigen Zusammenkünften können jederzeit auch problembezogene Sitzungen stattfinden. Ethik-Kommissionen sind in diesem Sinne als *Hüter des Dialogs* zu bezeichnen und dienen dazu, partikulare Standpunkte zu überwinden.
Ethik-Hotline	Eine Ethik-Hotline ist ein Telefonanschluss, über den Mitarbeiter Beobachtungen, Anregungen und Wünsche hinsichtlich ethisch relevanter Sachverhalte jederzeit und unbürokratisch an den Ethik-Beauftragten weitergeben können. Es geht dabei insbesondere um Fragen wie Umweltverschmutzung, Arbeitszeit, Firmen- und Kundeneigentum, Geschenke und Zuwendungen, Preispolitik, Qualitätskontrolle und Produktsicherheit. Im Rahmen einer Ethik-Hotline kann darüber hinaus das sog. »Whistleblowing« ermöglicht werden, über das Mitarbeiter in anonymer Form ethisches Verhalten innerhalb des Unternehmens melden können.

Ethikmaßnahme	Funktion
Ethik-Beauftragter	Der Ethik-Beauftragte (oftmals auch *CSR-Manager* bzw. in den USA *Ethics Officer* genannt) ist u. a. zuständig für die Umsetzung der ethischen Leitlinien auf allen Hierarchieebenen, die Ethik-Trainings der Mitarbeiter, die Ethik-Hotline, das Überwachen von ethisch sensiblen Bereichen, den Aufbau eines ethischen Frühwarnsystems und die entsprechende Unterrichtung der Öffentlichkeit.
Ethik-Audit	Eine neuere Entwicklung im Bereich der Ethikmaßnahmen stellen sogenannte Ethik-Audits dar, die insbesondere aus der Kritik an den o. g. Ethik-Maßnahmen entstanden sind. Vorhandene Ethikmaßnahmen scheinen in der Praxis oftmals nicht zu der gewünschten Steigerung unternehmensethischer Sensibilität zu führen, da sie letztlich auf freiwilliger Basis erfolgen und oftmals keiner kritischen Evaluation unterliegen. Unternehmensinterne Audits der verschiedenen Ethik-Maßnahmen, bis hin zu einer externen Zertifizierung durch unabhängige Zertifizierungsgesellschaften, sollen hier zu einer Verbesserung führen. Die erfolgreiche Umsetzung von Ethikmaßnahmen wie z.B. die Einhaltung bestimmter ethischer Leitlinien wird in diesem Fall nach anerkannten, allgemein bekannten und nachvollziehbaren Regeln auditiert, d. h. überwacht, bestätigt und an interessierte Stakeholder kommuniziert.
Reporting und Stakeholder-kommunikation	Mit einem sog. CSR- bzw. Nachhaltigkeitsbericht legen Unternehmen Rechenschaft gegenüber ihren Stakeholdern über soziale, ökonomische und ökologische Aspekte ihrer Geschäftstätigkeit ab. Ein CSR- oder Nachhaltigkeitsbericht wird üblicherweise nach internationalen Berichtsstandards (wie z. B. der Global Reporting Initiative) verfasst und dient insbesondere der Selbstdarstellung eines Unternehmens nach Innen und Außen. Den Stakeholdern soll transparent gemacht werden, welches Selbstverständnis ein Unternehmen hat und wie es mit Herausforderungen in ökologischen, sozialen und ökonomischen Bereichen umgeht. Derartige Berichte dienen insofern auch als Instrument zur Verbesserung der Stakeholder-Dialoge. In diesem Zusammenhang gewinnt die Kommunikation über Weblogs und soziale Medien, wie z. B. Facebook, Twitter und YouTube, ebenfalls immer mehr an Bedeutung. In diesen Medien können Stakeholder unmittelbar Anregungen und Kritik äußern und Unternehmen können über aktuelle Ethikmaßnahmen informieren.
Compliance-Programm	Unter einem Compliance-Programm versteht man die Gesamtheit der Maßnahmen, die ein Unternehmen trifft, um das regelkonforme Verhalten seiner Mitarbeiter zu gewährleisten. Dabei geht es in der Praxis zumeist vorrangig um die Sicherstellung des Einhaltens aller gesetzlichen Ge- und Verbote (Legalität). Mittels des Compliance-Programms wird aber z.T. auch überwacht, ob Mitarbeiter sich ethisch einwandfrei verhalten (Legitimität). In den letzten Jahren führen Unternehmen Compliance-Programme zudem als Ergänzung zu bestehenden Risikomanagement-Systemen ein. Compliance-Programme umfassen einige der o. g. Ethikmaßnahmen wie Ethik-Trainings oder Ethik-Leitlinien und sind oftmals computergestützt.

Der Versuch einer Institutionalisierung ethischer Reflexion durch Ethikmaßnahmen hat eine höhere Aussicht auf Erfolg, wenn diese komplementär zum Einsatz kommen. Durch einen kombinierten Einsatz von Ethikmaßnahmen können sich im Unternehmen praktische Foren für eine dialogische Verständigung betroffener Anspruchsgruppen bilden. Zudem gelingt es, die diskursive Handhabung von Konflikten und die Überwachung der Einhaltung von Ethik-Leitlinien sicherzustellen. Darüber hinaus wird die Übernahme advokatorischer Verantwortung für Anspruchsgruppen erreicht, die selbst nicht an der Austragung eines ethischen Konflikts teilnehmen können. Die Implementierung von Ethikmaßnahmen schafft Klarheit für die Mitarbeiter über (un-)ethisches Verhalten und fördert deren Commitment zu ethischem Verhalten (Kaptein 2009). Die Effektivität von Ethikmaßnahmen in der Praxis hängt einer aktuellen Studie zufolge vor allem von der Implementierungsreihenfolge einzelner Maßnahmen ab. Demnach sollten Unternehmen zunächst Ethik-Leitlinien beschließen und anschließend insbesondere in Ethik-Trainings der Mitarbeiter sowie Ethik-Audits und Compliance-Programme investieren (Kaptein 2015).

Um jedoch langfristig eine ethische Reflexion über das Unternehmen hinaus zu entfalten, sind die vorgestellten Ethikmaßnahmen durch ein umfassendes System von Anreizen und Sanktionsmechanismen auf der Ebene von Branchen (z. B. Branchenstandards) und der Rahmenordnung (z. B. OECD-Leitlinien) zu ergänzen. Dieses Erfordernis resultiert insbesondere daraus, dass die Implementierung von Ethikmaßnahmen zu gravierenden Wettbewerbsnachteilen für einzelne Unternehmen führen kann (Gilbert 2003a; Wieland 2007). Diese ergeben sich vor allem aus den Kosten bei der Implementierung von Ethikmaßnahmen, die nicht problemlos an die Nachfrager weitergegeben werden können. Es entsteht ein Dilemma aus der Einführung ethisch erwünschter Innovationen einerseits und der Ausnutzung dieser Situation durch Konkurrenten mit niedrigeren Standards (und Kosten) andererseits. Einheitliche Branchenstandards gelten als mögliches Konzept, um die unternehmensethischen Vorleistungen einzelner Wettbewerber zu schützen. Durch die diskursive Einigung auf einen Branchenstandard avancieren Geschäftspraktiken, die diese Standards unterlaufen, zu unmoralischem Free-rider-Verhalten, welches sanktionierbar ist. Aus einheitlichen Branchenstandards folgt so zwar nicht die Eliminierung des brancheninternen Wettbewerbs, aber dessen *Qualität* erhöht sich. Da unmoralische Trittbrettfahrer von Seiten eines Branchenverbandes aber lediglich durch Ausschluss aus dem Verband sanktioniert werden können, ist die Reichweite von Branchenstandards letztlich begrenzt. Dieses Defizit lenkt die Aufmerksamkeit auf die nächsthöhere, ordnungspolitische Ebene. Dort können sich Führungskräfte, die ihre Mitverantwortung für die ethische Qualität der Rahmenordnung ernst nehmen, aktiv für Änderungen der Spielregeln des Wettbewerbs einsetzen.

Unternehmenskulturelle Voraussetzungen

In der unternehmerischen Praxis zeigt sich regelmäßig, dass die Implementierung von Ethik mit organisatorischen Maßnahmen allein zu kurz greift. Waters/Bird (1987) weisen bspw. darauf hin, dass konventionelle Maßnahmen der Implementierung aufgrund ihrer mangelnden Reichweite, Flexibilität und Sensitivität alleine nicht dazu in der Lage sind, mit den »soft questions of morality« umzugehen. Stattdessen plädieren sie für eine Unternehmenskultur, als die Gesamtheit von Werten und Normen, die sich in den Handlungsweisen und Symbolen einer Organisation konkretisiert (Waters/Bird 1989). Dadurch soll auf eine subtil durchdringende Weise Einfluss auf die Verhaltenskoordination ausgeübt und diese kontrolliert werden.

Wir sind davon überzeugt, dass die Unternehmenskultur einen wesentlichen Beitrag nicht nur zur Implementierung von Strategien, sondern auch der ethischen Reflexion im strategischen Management leisten kann. Die Unternehmenskultur bildet den Rahmen, innerhalb dessen sich die Entwicklung moralischer Urteilsfähigkeit vollzieht, also sowohl gefördert als auch behindert werden kann. Dahinter steht die Auffassung, dass nicht nur in der Kindheit, sondern auch im Erwachsenenalter eine moralische Entwicklung möglich ist und das Berufsleben persönlichkeitsbildend wirkt. Ist eine Unternehmenskultur allerdings sehr stark ausgeprägt, kann dies auch negative Folgen haben, die sich vor allem in Tendenzen zur Abschottung gegenüber externen Einflüssen und Widerstand gegen Veränderungen niederschlagen. Starker Gruppenzusammenhang kann die Kommunikation und Kooperation mit anderen Gruppen erschweren und damit auch die Durchsetzung von ethisch akzeptablen Entscheidungen. Vor allem bei grundlegenden Veränderungen innerhalb des Unternehmens entwickeln starke Kulturen oftmals Widerstandskräfte, die u. U. ihre gesamte Wertebasis in Frage stellen. Problematisch ist auch der Einfluss starker Unternehmenskulturen auf die Wahrnehmung der relevanten Umwelt. Die »Scheinwerferfunktion« starker Kulturen engt die Auswahl von Alternativen auf bereits bekannte Lösungen ein, wodurch sich bietende Chancen ausgeblendet werden und das Unternehmen u. U. seine Reflexions- und Reaktionsflexibilität verliert (Behnam 1998, S. 198).

Bei der Implementierung einer ethischen Reflexion wird die Bedeutung starker Unternehmenskulturen in zweierlei Hinsicht deutlich: Erstens können die faktischen Werte und Normen der herrschenden Unternehmenskultur mit den zu implementierenden ethischen Normen konkurrieren, zweitens behindern unternehmenskulturell geprägte Denkhaltungen eventuell die Implementierung mittelbar (sofern z. B. eine kommunikationsunfreundliche oder stark hierarchisch geprägte Unternehmenskultur vorherrscht). Wenn sich also Organisationsmitglieder unreflektiert von der Unternehmenskultur bei ihren Handlungen leiten lassen, kann es dazu kommen, dass dieses Handlungsfeld kollektiver Moral die individuelle ethische Reflexion verdrängt.

Um Veränderungen der Unternehmenskultur anzustoßen, bedarf es aus unserer Sicht eines kulturbewussten Managements (Gilbert 1998; Ulrich 2016), welches eine gesteuerte Entwicklung unternehmensbezogener Normen beinhaltet. Der zentrale Fokus kulturbewussten Managements ist die Idee gelebter Wertesysteme, d. h. die bewusste und kritische Hinterfragung der täglich gelebten unternehmenskulturellen Werte. Diese Aufgabe kommt im kulturbewussten Management der ethischen Reflexion zu, die sich selbstkritisch und gezielt mit den bestehenden Normen und Werten befasst und versucht, diese moralisch zu begründen und weiterzuentwickeln. Eine diskursive Auseinandersetzung mit der Unternehmenskultur kann schließlich Ansatzpunkte für neue Sichtweisen oder sogar eine Kurskorrektur aufzeigen. Es geht darum, ein konsensfähiges Wertesystem zu etablieren, um Konflikte konstruktiv zu regeln. Ein kulturbewusstes Management fordert die Entscheidungsträger stets dazu auf, sich ihre unternehmenskulturelle Bedeutung von Führungs- und Managementaktivitäten bewusst zu machen und konsensstiftende Normen und Werte sichtbar zu leben und zu kommunizieren. Um ethische Reflexion in das strategische Management implementieren zu können, muss dem Unternehmen eine »ethikfreundliche« Kultur gegeben werden. Dies kann jedoch nur gelingen, wenn Strategie, Organisationsstruktur und -kultur aufgrund ihrer Interdependenz synchronisiert werden.

Personelle Voraussetzungen
Zur Entfaltung ethischer Reflexionsprozesse in Unternehmen bedarf es einer ganzheitlichen Sichtweise. Neben den unternehmenskulturellen und organisatorischen Voraussetzungen müssen entsprechend auch die individuellen Voraussetzungen bei den Mitarbeitern geschaffen werden, um eine ethische Reflexion zu fördern. Vollständig wird die Betrachtung der Implikationen für die Praxis des strategischen Managements deshalb erst durch die Berücksichtigung der personellen Voraussetzungen, die an die Organisationsmitglieder zu stellen sind. Obwohl Unternehmen im Prinzip als moralische Akteure angesehen werden können, handeln sie letztlich nie vollständig autonom. Jeder einzelne Mitarbeiter muss folglich auf der Mikroebene selbst diskursive Ideen in die Tat umsetzen.

Für die erfolgreiche Implementierung ethischer Reflexion in das strategische Management ist deshalb ein besonderer Mitarbeitertyp mit ganz bestimmten Grundeinstellungen von Bedeutung. Wichtig erscheint vor allem, dass sich Mitarbeiter aus Überzeugung einbringen, Informationen freiwillig und frühzeitig weitergeben und eine rege Kommunikation über alle Hierarchieebenen hinweg betreiben. Toleranz, Offenheit auch gegenüber abweichenden Meinungen und die Fähigkeit, Konflikte offen und konstruktiv auszutragen, sind wichtige Anforderungen an die Mitarbeiter. Da die Veränderungen des Unternehmens und der Umwelt oftmals eine schnelle sowie mehrmalige Anpassung von Strategien und Maßnahmen erfordern und den Mitarbeitern der Kurs der Unternehmensführung manchmal »chaotisch« erscheinen kann, ist es notwendig, dass diese flexibel im Denken und Handeln sind. Sie müssen über eine ausgeprägte Wandlungsbereitschaft sowie Lernfähigkeit verfügen, um die eventuell auftretenden Widersprüche auszuhalten (Behnam 1998).

Aus der Aufteilung ethischer und strategischer Prozesse in Wahrnehmungs- und Denkphasen ergeben sich insbesondere zwei grundlegende Anforderungen an die Planungsträger: Dabei steht das Denken im Vordergrund (Behnam 1998, S. 204). Die Wahrnehmungsfähigkeit sichert die Offenheit für sämtliche relevanten Geschehnisse in Unternehmen und Umwelt, besonders gegenüber neuen, für die bisherige Unternehmenspolitik u. U. unbekannten oder irrelevanten Angelegenheiten. Sie gibt dadurch einen wichtigen Anstoß zum Denken. Der Denkvorgang lässt sich aus zwei Blickrichtungen betrachten: Beim sog. »Gewohnheitsdenken« handelt es sich um bereits erfolgreich angewandte Ideen, die in ähnlichen Situationen ohne weiteres Nachprüfen wieder eingesetzt werden (Rüegg 1989, S. 417). Bewusstes oder reflexives Denken hingegen beinhaltet die kritische und umfassende Untersuchung der Handlungsgegebenheiten, um ein situationsadäquates Handeln zu gewährleisten. Darin eingeschlossen ist die Fähigkeit zur Selbstkritik und zur Situationsbetrachtung aus den Perspektiven unterschiedlicher Betroffener. Während sich ethische Reflexion auf sämtliche Ausprägungen menschlicher Handlungen bezieht, umfassen Überlegungen im Rahmen des strategischen Managements noch weitere spezifische Reflexionsdimensionen (Rüegg 1989, S. 216–217). Zu nennen wären etwa das »finanzielle Denken« (z. B. in Kosten- und Leistungsgrößen oder Kennzahlen) oder das »strategische Denken« (z. B. in Wettbewerbsvorteilen, Erfolgspotenzialen, Kundenbedürfnissen). Wesentlich ist nun, dass es nicht nur bei diesen Gedanken bleibt, sondern dass sie ihren Niederschlag in einer konkreten Realisation durch Aktionen finden.

Weitere wichtige Kategorien des Denkens sind Langfristigkeit, Ganzheitlichkeit und aktive Eigenständigkeit. Langfristiges Denken ist erforderlich, um eine ausreichende Zukunftsorientierung der Tätigkeiten zu sichern. Hierfür ist ein gewisses Maß an Abstraktionsvermögen und Kreativität zu fordern, um mögliche – auf den ersten Blick auch weniger plausibel erscheinende – Zukunftsentwicklungen durchspielen zu können. Ganzheitliches, vernetztes Denken steht im Zusammenhang hierzu und meint die Berücksichtigung und das Zusammenfügen zahlreicher Einflussvariablen sowie deren vielfältige Verknüpfungen. Die aktive Eigenständigkeit bezieht sich darauf, dass auf Veränderungen des Unternehmens und der Umwelt nicht mehr nur Reaktionen folgen dürfen, sondern dass an der Gestaltung der Zukunft aktiv mitgewirkt werden muss. Aus diesen Denkkategorien lassen sich weitere Anforderungen ableiten, wie z. B. Kommunikationsfähigkeit, Bereitschaft zur Verantwortungsübernahme und Lernfähigkeit. Hervorzuheben ist vor allem noch die Selbstverpflichtung zur ethischen Reflexion und zur Umsetzung der Vorgaben des strategischen Managements, da die Folgen der Nichtbeachtung oft erst einige Zeit später sichtbar werden.

Da der beschriebene Wahrnehmungs- und Denkprozess große Anforderungen an die Mitarbeiter stellt, entsteht die Notwendigkeit einer entsprechenden Schulung der mit Planungsaufgaben betrauten Manager. Die Entwicklung ethischer Sensibilität und Kommunikationsfähigkeit wird daher zu einer entscheidenden Voraussetzung für die Konzeption eines um ethische Reflexion erweiterten strategischen Managements. Die Schulung dieser Kompetenz muss in geeigneter Weise organisatorisch verankert werden. Seminare und Trainings können die Fähigkeit zur kritischen (Selbst-)Reflexion und den Aufbau moralischer Kompetenz unterstützen (Kohlberg 1974, 1981). Gleichzeitig werden Anreize benötigt, die zu solchem Verhalten motivieren, wobei in vielen Fällen zeitaufwendige Überzeugungsarbeit zu leisten ist. Einzubeziehen sind stets das Wissen, das Verhalten und die Fähigkeiten der Organisationsmitglieder.

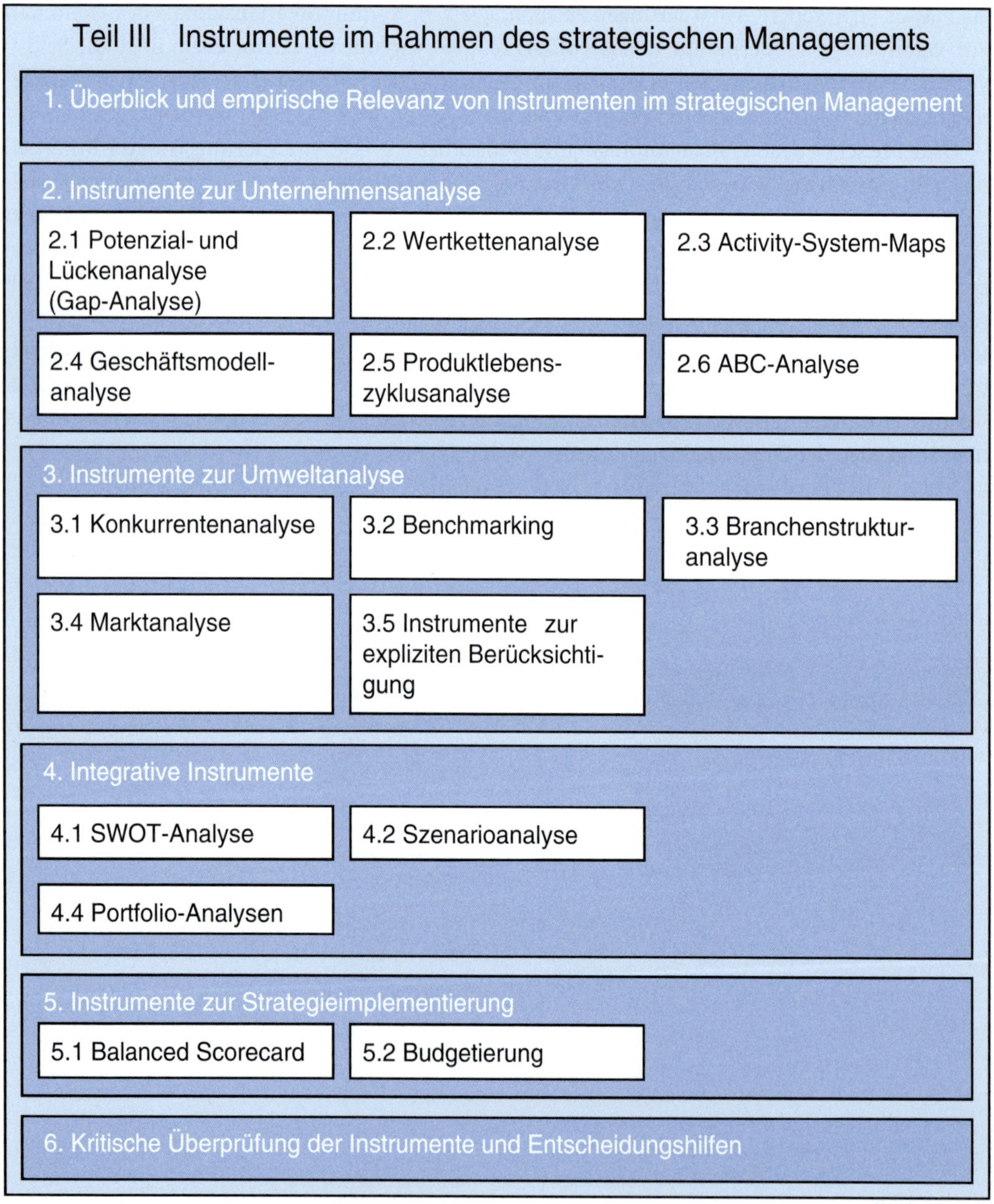

Teil III Instrumente im Rahmen des strategischen Managements

1. Überblick und empirische Relevanz von Instrumenten im strategischen Management

2. Instrumente zur Unternehmensanalyse

2.1 Potenzial- und Lückenanalyse (Gap-Analyse)	2.2 Wertkettenanalyse	2.3 Activity-System-Maps
2.4 Geschäftsmodellanalyse	2.5 Produktlebenszyklusanalyse	2.6 ABC-Analyse

3. Instrumente zur Umweltanalyse

3.1 Konkurrentenanalyse	3.2 Benchmarking	3.3 Branchenstrukturanalyse
3.4 Marktanalyse	3.5 Instrumente zur expliziten Berücksichtigung	

4. Integrative Instrumente

4.1 SWOT-Analyse	4.2 Szenarioanalyse
4.4 Portfolio-Analysen	

5. Instrumente zur Strategieimplementierung

5.1 Balanced Scorecard	5.2 Budgetierung

6. Kritische Überprüfung der Instrumente und Entscheidungshilfen

Abb. 3.1: Der Aufbau von Teil III im Überblick

Teil III   Instrumente im Rahmen des strategischen Managements

1   Überblick und empirische Relevanz von Instrumenten im strategischen Management

Im Folgenden behandeln wir diejenigen Instrumente und Entscheidungshilfen, die für die Praxis des strategischen Managements als besonders wichtig angesehen werden. Abbildung 3.1 vermittelt einen Überblick über den Aufbau dieses Kapitels. Die Instrumente können lediglich Hilfsmittel für eine sorgfältige strategische Analyse und Prognose darstellen. Es kann sich dabei im Wesentlichen nur um Heuristiken handeln, auf die die generelle Aussage von Rumelt (1984, S. 568) zutrifft: »There cannot be a simple algorithm for creating wealth!« Entgegen dieser Einsicht zeigte sich bei unseren empirischen Untersuchungen, dass Unternehmen nicht selten die strategische Unternehmensführung mit der Anwendung bestimmter Planungsinstrumente (z. B. Portfolio-Methode, Erfahrungskurvenanalyse) gleichsetzen. Dabei wird übersehen, dass strategisches Management mehr ist als ein Instrumentenkasten und eine Sammlung methodischer Hilfsmittel. Andererseits kommt ein strategisches Management zweifellos nicht ohne geeignete Methoden und Entscheidungshilfen aus. Nur die aufeinander abgestimmte Anwendung mehrerer Beurteilungsinstrumente stellt eine fundierte Informationsbasis für Strategieentscheidungen sicher.

Strategieinstrumente dürfen nicht als standardisierte Patentlösungen für komplexe Probleme missverstanden werden. Ein schematisches Anwenden von Instrumenten und/oder die Imitation von Wettbewerbern führen i. d. R. nicht zu nachhaltigen Wettbewerbsvorteilen. In der Praxis verfügen schließlich alle Unternehmen über die gleichen »Werkzeuge«. Es kommt letztlich darauf an, *wie* diese Instrumente zum Einsatz kommen. Das Beherrschen der Strategieinstrumente ist letztlich nur eine notwendige, aber keine hinreichende Bedingung für Überlegenheit im Wettbewerb (Gathen 2014, S. 10–11). Die Anwendung von Instrumenten zur Analyse und Ableitung strategischer Entscheidungen stößt insofern immer wieder an Grenzen, die wir an anderer Stelle in diesem Buch ausführlich beschreiben (▶ Teil II, Kap. 3.2.5 sowie Teil III, Kap. 6).

Die Strategielehre unterscheidet zwischen den Aufgabenbereichen der Unternehmensanalyse sowie der Umweltanalyse. Beide Analysebereiche schaffen die Informationsbasis für die Formulierung von strategischen Zielen und die Entwicklung von Strategien zur Erreichung dieser Ziele. Die Unternehmensanalyse untersucht, welche Ressourcen, Kompetenzen und Potenziale das Unternehmen aufweist. Ihr Gegenstand sind die wesentlichen Stärken und Schwächen des Unternehmens. Die Unternehmensanalyse kann z. B. anhand einer Analyse der Wertschöpfungsaktivitäten (Wertkette), sog. Geschäftsmodellanalysen oder der Analyse der Produktlebenszyklen erfolgen. Mithilfe der Umweltanalyse werden die Erfolgsfaktoren des Unternehmens identifiziert, aus denen Wettbewerbsvorteile am Markt zu generieren sind. Es gilt, das globale sowie das wettbewerbsbezogene Umfeld auf Veränderungen hin zu untersuchen. Unternehmen nutzen für diese Analyse z. B. Konkurrentenanalysen, Marktanalysen oder das Instrument der Branchenstrukturanalyse. Das Ergebnis kann in Chancen und Risiken des Umfeldes zusammengefasst werden.

Neben Instrumenten, die sich primär zur Analyse der internen Situation in Unternehmen oder der externen Umweltbedingungen eignen, finden sich in der Praxis des strategischen Managements auch Entscheidungshilfen, die einen eher integrativen Charakter aufweisen. Instrumente dieser Kategorie ermöglichen die Auswertung von Informationen, die sich sowohl auf die interne Situation als auch auf externe Umweltbedingungen beziehen. Als Beispiel lässt sich die sog. SWOT-Analyse (SWOT = Strengths, Weaknesses, Opportunities, Threats) nennen, in die Informationen über interne Stärken und Schwächen (»Strengths« und »Weaknesses«) sowie Daten aus der Umweltanalyse einfließen, die Chancen und Bedrohungen (»Opportunities« and »Threats«) abbilden. Zusammengenommen bieten die Informationen, die sich aus der Anwendung der zahlreichen Instrumente des strategischen Managements ergeben, eine Entscheidungsgrundlage, um die gesteckten Unternehmensziele besser erreichen zu können.

Die Implementierung von Strategien stellt eine der größten Herausforderungen im Prozess des strategischen Managements für Unternehmen dar. In der Praxis haben sich mittlerweile konkrete Instrumente zur Strategieimplementierung herausgebildet, von denen die Balanced Scorecard sowie die Budgetierung die bedeutendsten sind.

Ausgehend von diesen Überlegungen unterscheiden wir im folgenden Kapitel die in der Unternehmenspraxis verfügbaren Instrumente des strategischen Managements nach vier Anwendungsbereichen:

- Instrumente zur Unternehmensanalyse,
- Instrumente zur Umweltanalyse,
- integrative Instrumente,
- Instrumente zur Strategieimplementierung.

Die Zuordnung der einzelnen Instrumente zu den vier genannten Kategorien ist nicht immer trennscharf. Manche Instrumente können im Einzelfall zu verschiedenen Zwecken eingesetzt werden. So ist z. B. eine Balanced Scorecard zwar primär ein Instrument zur Umsetzung von Strategien. Bei ihrer Entwicklung und Umsetzung können aber ebenfalls entscheidungsrelevante Informationen über die interne Unternehmenssituation gewonnen werden.

In anderen Lehrbüchern zum strategischen Management erfolgt die Einteilung der Instrumente auch danach, ob diese auf der Ebene des Gesamtunternehmens oder einzelner strategischer Geschäftseinheiten zur Anwendung kommen (siehe z. B. Hungenberg 2014). Wir halten diese eindeutige Zuweisung bestimmter Instrumente des strategischen Managements für problematisch, da strategische Geschäftseinheiten ja oft wie eigenständige Unternehmen geführt werden und ein hohes Maß an Selbstständigkeit aufweisen. Zudem lassen sich Instrumente wie z. B. die Potenzial- und Lückenanalyse, Benchmarking oder die SWOT-Analyse auf beiden Ebenen problemlos einsetzen. Anwender in der Unternehmenspraxis können und müssen von Fall zu Fall entscheiden, ob ein bestimmtes Instrument auf der Ebene des Unternehmens und/oder der Geschäftseinheiten eingesetzt werden sollte.

Aufgrund der Vielzahl in der Praxis verfügbarer Instrumente haben wir im Folgenden eine Auswahl getroffen, die sich an der empirischen Bedeutung der jeweiligen Instrumente in Theorie und

1 Überblick und empirische Relevanz von Instrumenten im strategischen Management

Praxis orientiert. Ein weiteres Kriterium war, ob ein bestimmtes Instrument eine dauerhafte Relevanz für das strategische Management aufweist und die Praxis nachhaltig beeinflusst hat, oder ob es sich lediglich um eine Management-Mode handelte. Manche Leser werden dennoch das eine oder andere Instrument vermissen. Sie seien auf die umfangreiche Literatur zu diesem Thema verwiesen (siehe dazu bspw. die Handbücher der Strategieinstrumente von Gathen (2014) und Kerth/Asum/Stich 2015). In der Literatur finden sich nur wenige empirische Hinweise darauf, welche Instrumente Unternehmen tatsächlich nutzen (siehe dazu u. a. Behnam/Gilbert/Kleinfeld 2004; Gilbert/Behnam 2009b; Rigby 2001, 2003; Rigby/Bilodeau 2015). In einer von uns durchgeführten empirischen Erhebung von 122 Großunternehmen in Deutschland fragten wir nach dem Bekanntheitsgrad und der tatsächlichen Nutzung von ausgewählten Instrumenten im strategischen Management (Behnam/Gilbert/Kleinfeld 2004; Gilbert/Behnam 2009b). Abbildung 3.2 zeigt die Ergebnisse der Befragung im Überblick.

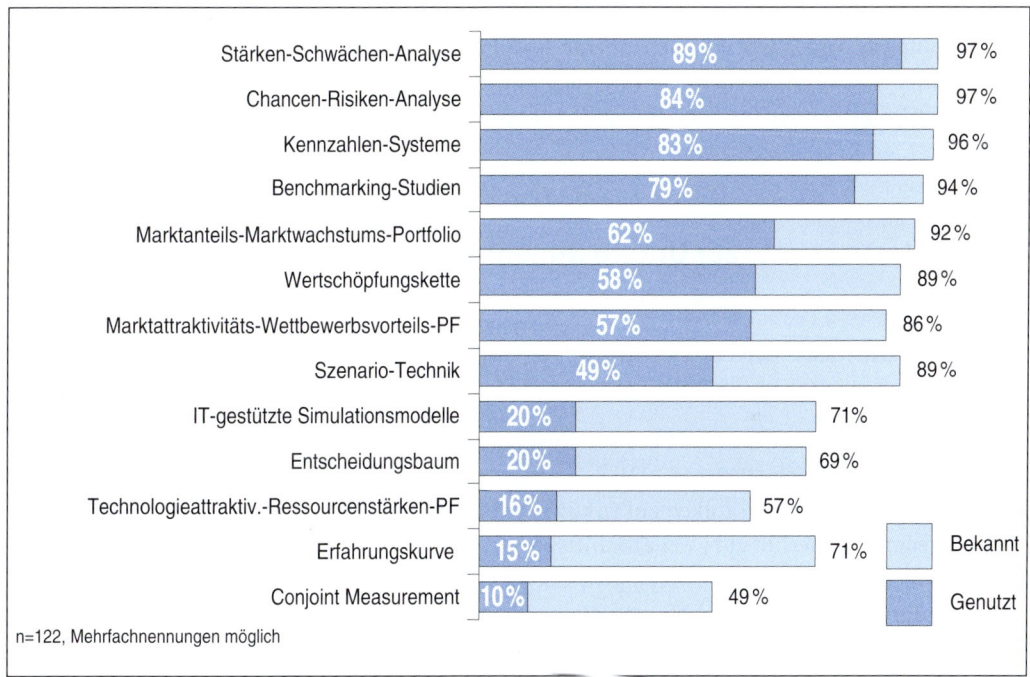

Abb. 3.2: Nutzung von Instrumenten im strategischen Management
(Quelle: Eigene Darstellung)

Es zeigt sich, dass klassische Instrumente zur Analyse und Bestimmung von Strategien wie z. B. Stärken/Schwächenanalyse, Benchmarking oder Portfoliomethoden nach wie vor sehr beliebt sind. Eher abstrakte Konzepte (z. B. IT-Simulationen, Conjoint Measurement) werden im Vergleich zu ihrem Bekanntheitsgrad deutlich weniger genutzt. Diese Ergebnisse bestätigen sich auch an anderer Stelle. Über 82 % der Unternehmen setzen verschiedene Analysekonzepte kombiniert ein und sind mit diesem Vorgehen zufriedener als solche, die einzelne Konzepte isoliert anwenden. Dieses Befragungsresultat ist wenig überraschend, da für eine systematische Darstellung der strategischen

Ausgangssituation die Ergebnisse aus der internen und externen Situationsanalyse zusammengeführt werden müssen. Aus Sicht der Unternehmen hat jedes Instrument Stärken und Schwächen und kann immer nur einen Teilausschnitt der strategisch relevanten Probleme beleuchten. Deshalb gilt es in der Praxis den passenden Mix an Instrumenten zu finden, um mit den jeweiligen Herausforderungen bei der strategischen Führung des Unternehmens umzugehen. Zudem müssen die Instrumente auf die jeweiligen Bedürfnisse des Unternehmens angepasst werden und nicht umgekehrt. Es gilt, der Gefahr zu begegnen, dass Instrumente wichtiger als Inhalte werden. Deshalb empfiehlt sich eine gewisse kritische Distanz zu den Instrumenten im Allgemeinen und zu Moden und Trends im strategischen Management im Besonderen.

Die folgenden Abschnitte sind nach einer einheitlichen Struktur aufgebaut. Zunächst werden die Begriffe und Inhalte der Instrumente und Entscheidungshilfen erklärt. Es schließen sich Ausführungen zu ihrem Einsatz im strategischen Management an. Jeder Abschnitt wird mit einer kritischen Stellungnahme abgeschlossen. Wir beginnen mit der Beschreibung der Instrumente zur Unternehmensanalyse, bevor wir die Instrumente und Entscheidungshilfen zur Analyse der externen Umwelt erläutern. Im Anschluss daran werden schließlich die integrativen Instrumente sowie Methoden zur Implementierung von Strategien vorgestellt.

2 Instrumente zur Unternehmensanalyse

2.1 Potenzial- und Lückenanalyse (Gap-Analyse)

Die Potenzial- und Lückenanalyse wird von Roventa als das klassische Instrument der strategischen Planung bezeichnet (siehe Roventa 1981, S. 77). Sie dient dazu, strategische Probleme rechtzeitig zu erkennen und die Aufmerksamkeit auf zukünftige Probleme zu lenken. Das Prinzip der Potenzial- und Lückenanalyse beruht auf zwei Zukunftsprojektionen. Zum einen werden die Unternehmensziele in ihrer gewünschten anzustrebenden Entwicklung abgeschätzt (Soll-Größen). Zum anderen werden aufgrund einer Extrapolation der Vergangenheitswerte jene Zielerreichungsgrade prognostiziert, die sich ergäben, wenn keine zusätzlichen Unternehmensaktivitäten initiiert würden (Ist-Größen). Als Differenz dieser beiden Entwicklungen ergibt sich dann die strategische Lücke (Gap). Diesen grundlegenden Zusammenhang zeigt Abbildung 3.3.

Als »Basisgeschäft« wird der Umsatz mit den bestehenden Produkten auf den vorhandenen Märkten bezeichnet unter der Voraussetzung, dass keine größeren Veränderungen im Unternehmen vorgenommen werden. Durch den Einsatz unterstützender Maßnahmen wie z. B. Rationalisierung oder Motivation der Mitarbeiter kann das Basisgeschäft um das »potenzielle Basisgeschäft« erweitert werden. Zu analysieren sind also sowohl das vorhandene Potenzial als auch die Lücken zwischen dem Basisgeschäft und der Entwicklungsgrenze.

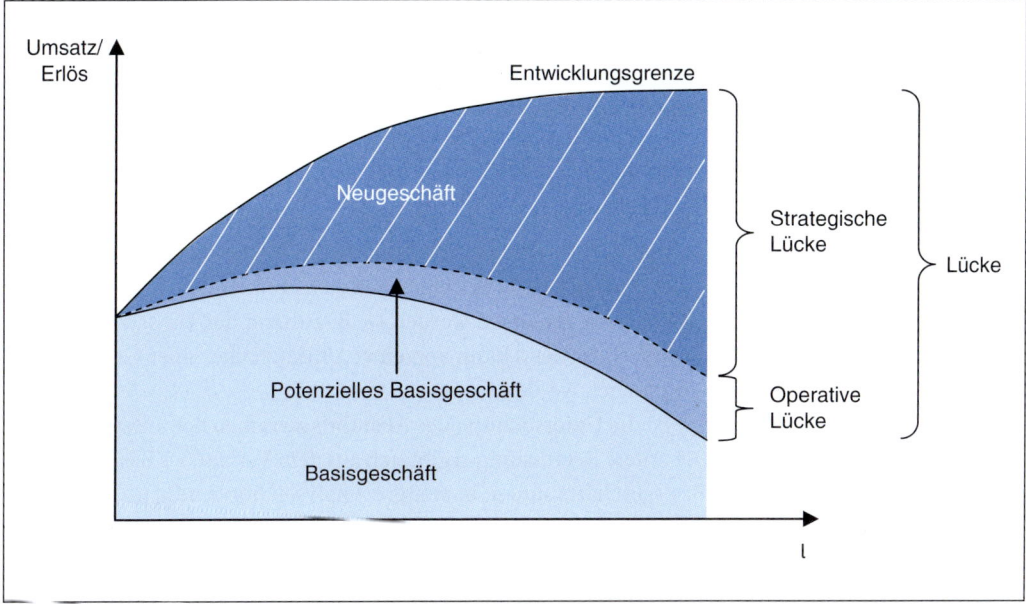

Abb. 3.3: Potenzial- und Lückenanalyse (Gap-Analyse)
(Quelle: Eigene Darstellung)

Die Potenzialanalyse

Unter der Potenzialanalyse verstehen wir die Analyse der Ressourcen eines Unternehmens unter dem Gesichtspunkt ihrer Verfügbarkeit für strategische Entscheidungen. Der Begriff Potenzial bezieht sich auf die raum- und zeitabhängigen Möglichkeiten einer Unternehmung, die realisierbar erscheinen. Die Potenzialanalyse ist erforderlich, um Möglichkeiten des Ausbaus des Basisgeschäfts unter Einsatz der untersuchten Potenziale bis hin zur Entwicklungsgrenze zu erkennen. Neben den bereits vorhandenen Potenzialen müssen auch alle alternativ und zusätzlich verfügbaren sowie die in naher Zukunft verfügbaren (im eigenen Unternehmen noch nicht eingesetzten) Potenziale in die Analyse einbezogen werden. Die Berücksichtigung dieser möglichen Potenziale führt zur Bestimmung der »Entwicklungsgrenze«. Wie der Begriff vermuten lässt, kann diese Grenze unter der Annahme dynamischer Marktprozesse kaum jemals erreicht werden. Mithilfe eines kreativen und innovativen »Neugeschäfts« wird versucht, so nahe wie möglich an diese Entwicklungsgrenze heranzukommen. Es handelt sich bei der Potenzialanalyse also im Wesentlichen um eine Bestandsaufnahme der elementaren und dispositiven Faktoren eines Unternehmens (Gutenberg 1983, S. 2–8).

Der Gegenstand der Potenzialanalyse wird üblicherweise funktionsbezogen definiert. Er umfasst die wichtigsten Kompetenzbereiche des Unternehmens. Im Produktionsbereich sind z. B. die Anlagenstruktur, der Grad der Modernisierung und die Qualität der Fertigungsplanung und -steuerung zu erfassen. In die Potenzialanalyse können noch weitere Funktionsbereiche, z. B. die Bereiche Organisation und Personal, einbezogen werden. Darüber hinaus ist auch das strategische Potenzial der Informations- und Kommunikationstechnik zu untersuchen.

Über die funktionale Differenzierung hinaus sind auch andere Kriterien denkbar, nach denen die Analyse des Potenzials vorgenommen werden kann (z. B. tangible und intangible Ressourcen). Einen Schwerpunkt der Potenzialanalyse bildet die Analyse des finanziellen Potenzials, mit deren Hilfe der Rahmen für den möglichen Einsatz der Produktionsfaktoren abgesteckt wird.

Die Lückenanalyse

Allgemein bezeichnet eine »Lücke« die Differenz zwischen einem angestrebten und einem bereits erreichten Zustand. Unter der Lückenanalyse wird hier die Analyse des Abstands zwischen der Entwicklungsgrenze und der Kurve des Basisgeschäfts des Unternehmens verstanden. Dieser Abstand kann mithilfe verschiedener Maßkriterien gemessen werden (z. B. anhand des Umsatzes, des Gewinns oder der Produktivität). Dementsprechend kann von einer Umsatzlücke, einer Gewinnlücke oder einer Produktivitätslücke gesprochen werden.

Gegenstand der Lückenanalyse ist die Untersuchung des Abstands zwischen der unteren und der oberen Begrenzung der Lücke. Die untere Begrenzung ergibt sich aus dem Verlauf des Basisgeschäfts. Zur genaueren Ermittlung des Basisgeschäfts sind u. U. weitere Analysen notwendig (z. B. die Analyse des Produktlebenszyklus wie in Teil III, Kap. 2.5 erläutert). Die obere Begrenzung der Lücke wird als Entwicklungsgrenze bezeichnet. Die Lücke ist umso kleiner, je intensiver das bisherige Potenzial bereits ausgenutzt wurde. Mithilfe der Lückenanalyse kann aber auch geprüft werden, welche Möglichkeiten sich anbieten, um die festgestellte Lücke zu schließen (Produktideen, innovative Geschäftsmodelle oder Internationalisierung). Hierbei ist zwischen der operativen und der strategischen Lücke zu unterscheiden. Während die operative Lücke unter Beibehaltung alter Produkte und alter Märkte durch die oben genannten Maßnahmen geschlossen werden kann, sind zum Ausfüllen der strategischen Lücke neue Produkte und/oder neue Märkte notwendig. Die dabei möglichen Strategien ergeben sich aus der Gegenüberstellung von neuen und alten Produkten bzw. Märkten als Produktentwicklungs-, Marktentwicklungs- und Diversifikationsstrategie.

Kritische Stellungnahme

Auf Grundlage der Potenzialanalyse verfolgt die Lückenanalyse den Zweck, die Lücke zwischen Basisgeschäft und Entwicklungsgrenze (operative und strategische Lücke) zu untersuchen und Möglichkeiten der Schließung aufzuzeigen. Insgesamt lässt sich feststellen, dass die Potenzialanalyse zunächst nur einen allgemeinen Rahmen schafft und die Grundlage für nachfolgende weitere Analysen bildet. Dabei bleibt das gesamte Bewertungsproblem praktisch ausgeklammert. Es fehlen somit Angaben zu Indikatoren, mit deren Hilfe der Beitrag der einzelnen Potenzialfaktoren zur Formulierung unternehmerischer Strategien gemessen werden kann (z. B. Waren- und Gütezeichen als Indikator für die Produktqualität oder das Verhältnis von Einzweck- zu Mehrzweckanlagen als Maßstab für die Elastizität der Produktion). Die Lückenanalyse ist ein relativ grobes Instrument und muss durch weitere Analysen und Prognosen ergänzt werden. Hier bieten sich bspw. die Wertkettenanalyse, die Stärken/Schwächenanalyse sowie die Konsistenzmatrix der Wettbewerbsvorteile an.

2.2 Wertkettenanalyse

Ein Unternehmen kann nur dann langfristig am Markt überleben, wenn der hervorgebrachte Wert die Kosten der Erzeugung dieses Wertes übersteigt (Porter 2004a, S. 38). Der Wert, den ein Unternehmen durch seine Produkte oder Dienstleistungen für seine Kunden schafft, wird durch den Preis gemessen, den die Kunden für eine bestimmte Problemlösung (Produkt und/oder Dienstleistung) zu zahlen bereit sind. Die Differenz zwischen den Kosten der Wertschöpfungsaktivitäten und dem am Marktpreis gemessenen Kundennutzen bildet die vom Unternehmen erzielte Gewinnspanne (Lombriser/Abplanalp 2015, S. 170). Ausgehend davon ist es das Ziel der Wertkettenanalyse, einen systematischen Überblick über die Kosten und Wertbeiträge aller Aktivitäten eines Unternehmens zu geben (Porter 2004a, S. 33).

Zur systematischen Analyse eines Unternehmens bzw. einer strategischen Geschäftseinheit hat das Beratungsunternehmen McKinsey bereits 1980 das Diagnoseinstrument der Wertkettenanalyse bzw. Wertschöpfungskettenanalyse (»value chain analysis«) vorgestellt (siehe dazu Gluck 1980). Dieses wurde später insbesondere von Porter (2004a) weiterentwickelt.

Konzept der Wertkette

Bei der Wertkettenanalyse wird ein Unternehmen zunächst in strategisch relevante Aktivitäten unterteilt (»Wertschöpfungsaktivitäten«). Dabei deckt sich die Aufgliederung der Wertkette eines Unternehmens nicht notwendigerweise mit der Einteilung des Unternehmens in Funktionsbereiche, wie sie in der Aufbauorganisation zu finden ist. Ausgehend vom Gesamtwert (Marktpreis) stellt die Wertkette das Unternehmen als eine Verknüpfung von wertsteigernden Aktivitäten dar. Zur Veranschaulichung der Wertkette dient Abbildung 3.4.

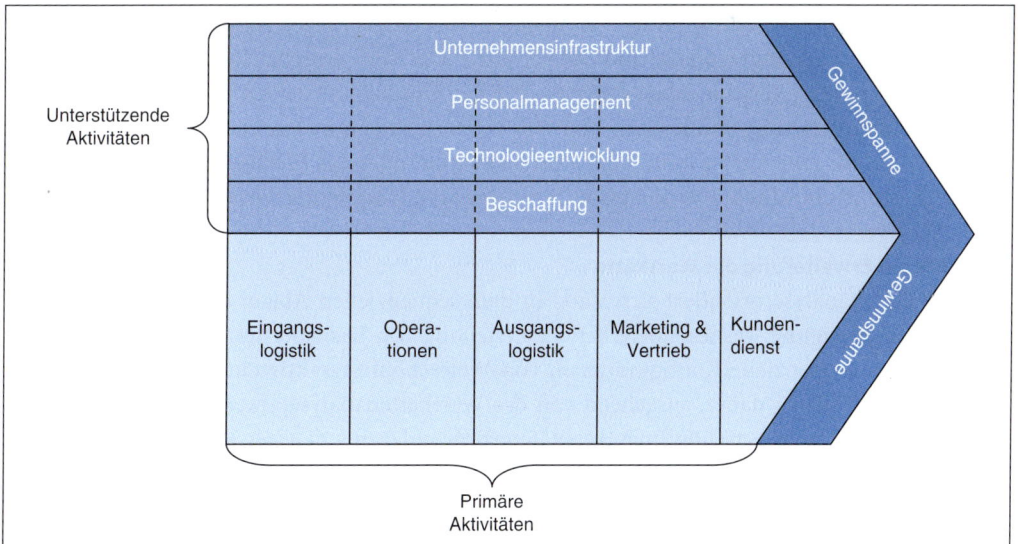

Abb. 3.4: Modell einer Wertkette
(Quelle: Porter (2004a, S. 37))

Die Wertschöpfungsaktivitäten lassen sich grundsätzlich in primäre und unterstützende Aktivitäten unterteilen, wobei die primären direkt mit der Herstellung und dem Vertrieb des Produktes zusammenhängen (Porter 2004a, S. 38–43). Zu den primären Aktivitäten zählen:

- die Eingangs- oder Beschaffungslogistik,
- die Produktion bzw. Operationen,
- das Marketing und der Vertrieb,
- die Ausgangs- oder Absatzlogistik und
- der Kundendienst.

Die unterstützenden Aktivitäten teilen sich auf in:
- die Unternehmensinfrastruktur,
- das Personalmanagement,
- die Technologieentwicklung und
- die Beschaffung.

Die unterstützenden Aktivitäten können sich auf einzelne oder zentral auf alle primären Aktivitäten beziehen (Macharzina/Wolf 2015, S. 315). Alle diese Aktivitäten bestehen wiederum aus unternehmensspezifischen Teilaktivitäten. Marketing und Vertrieb können sich z. B. aus den Teilaktivitäten Public Relations, Verkaufsförderung und Außendienst zusammensetzen. Die einzelnen Wertschöpfungsaktivitäten bezeichnet man auch als die »Bausteine von Wettbewerbsvorteilen« (Porter 2004a, S. 38). Wettbewerbsvorteile kann ein Unternehmen prinzipiell dadurch erzielen, dass es die Aktivitäten billiger oder besser als die Konkurrenz ausführt (Porter 2004a, S. 34).

Als nächster Schritt müssen den identifizierten Aktivitäten Kosten und Wertbeiträge zugeordnet werden. Dies ist in der Praxis nicht immer einfach, da die standardmäßig vorhandenen Daten aus der Kosten- und Leistungsrechnung hierfür i. d. R. nicht ausreichen, vielmehr sind hier Daten aus der Prozesskostenrechnung nötig. Um Aussagen über das Vorliegen von Wettbewerbsvorteilen treffen zu können, benötigt man zudem Vergleichsdaten von Konkurrenten, Branchendurchschnittswerte oder zumindest Vergangenheitsdaten des eigenen Unternehmens. Als letzter Schritt der Analyse ist die Identifizierung von Kosten- und Werttreibern zu empfehlen. Diese Treiber können als Ansatzpunkte für eine Verbesserung der Kostensituation oder des Wertbeitrags gesehen werden und bieten somit eine direkte Verknüpfung zur operativen Umsetzung von geplanten Strategien.

Konzepte zur Erweiterung der Wertkette

Die Wertkettenanalyse orientiert sich stark an dem sequenziellen Ablauf einer standardisierten industriellen Fertigung. Insbesondere bei der Erstellung von Dienstleistungen spielen allerdings oft andere als sequenzielle Konfigurationen von Wertschöpfungsaktivitäten eine Rolle. Stabell/Fjeldstad (1998) haben daher, ausgehend von der Wertkettenanalyse, zwei weitere idealtypische Konfigurationen von Wertschöpfungsaktivitäten vorgeschlagen – den sog. Wertshop und das sog. Wertnetzwerk.

Beim Wertshop steht die Lösung eines Kundenproblems im Mittelpunkt der Wertschöpfungsaktivitäten. Hinsichtlich der Problemlösungskompetenz besteht in diesem Modell eine starke Informationsasymmetrie zwischen dem Unternehmen und dem Kunden. Der Kunde wendet sich genau aus dem Grund an das Unternehmen, da er selbst keine Problemlösungskompetenz besitzt.

Zudem besitzen die Kundenprobleme meist einen ausgeprägt individuellen Charakter. Ein weiteres Kennzeichen ist die enge Einbindung des Kunden in den Problemlösungsprozess. Eine solche Ausgangslage liegt z. B. bei Unternehmensberatungen oder Dienstleistungen von Rechtsanwälten, Ärzten und Architekten vor. Wie in Abbildung 3.5 am Beispiel einer Arztpraxis dargestellt, handelt es sich bei den Wertschöpfungsaktivitäten um einen zyklischen Ablauf der primären Aktivitäten Problemfindung, Lösungsalternativen, Entscheidung, Ausführung und Kontrolle (Stabell/Fjeldstad 1998, S. 420–424).

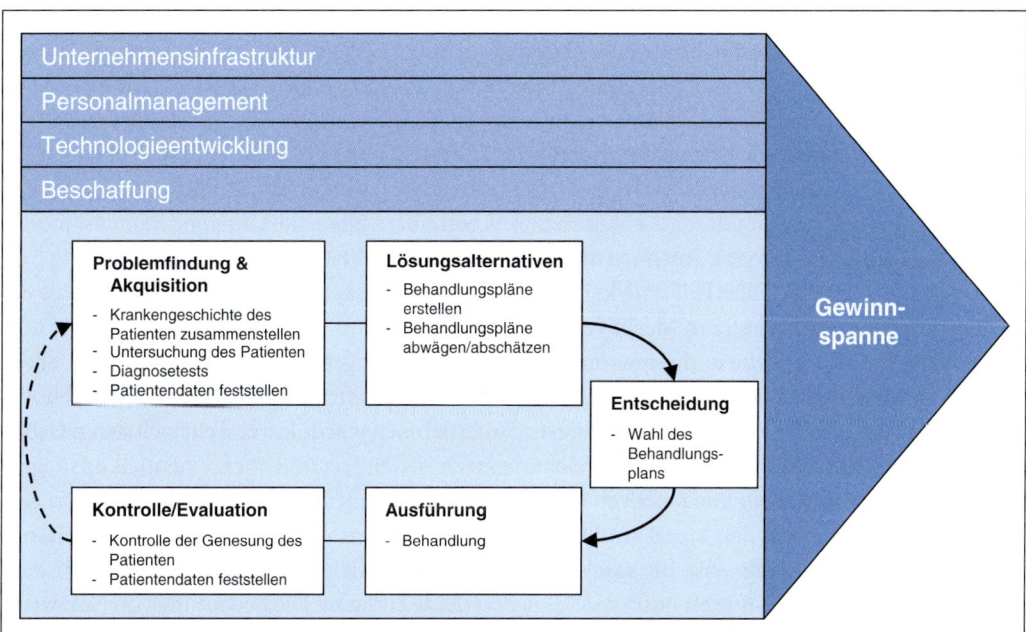

Abb. 3.5: Modell eines Wertshops – die Arztpraxis
(Quelle: Fließ (2009, S. 71))

Hinsichtlich der Ableitung strategischer Implikationen aus der Wertshopanalyse kann man festhalten, dass hier, im Vergleich zur Wertkettenanalyse, bei der Kosten- und Werttreiber gleichermaßen von Bedeutung sind, stärker auf die Werttreiber geachtet werden sollte. Durch die Charakteristika der Ausgangssituation (starke Informationsasymmetrien) sind die Kunden stärker auf eine Risikoreduktion bedacht. In diesem Zusammenhang kann z. B. die Reputation des Lösungsanbieters eine große Rolle im Hinblick auf die Risikoreduktion spielen. Kunden präferieren tendenziell sichere Lösungen vor günstigen Lösungen (Stabell/Fjeldstad 1998, S. 426–427).

Bei sog. Wertnetzwerken liegt eine Situation zu Grunde, in der verschiedene Kunden miteinander verbunden werden müssen, um eine Leistung anbieten zu können. Die Aufgabe des Anbieters besteht darin, die Voraussetzungen für die Interaktion der Kunden zu schaffen. Beispiele für solche Netzwerkdienstleistungen sind Privatkundenbanken, Versicherungen, Telekommunikationsunternehmen, Postdienstleister, aber auch moderne, internetbasierte Dienstleistungen wie Auktionsplattformen oder soziale Netzwerke. Die primären Aktivitäten bestehen aus drei Ebenen, die sich überlappen und simultan ablaufen. Auf der Ebene der Netzwerkpromotion und des Vertragsmanagements geht es darum, Kunden für das Netzwerk zu gewinnen und diese zu binden. Auf der Ebene der Netzwerkservices muss das Unternehmen sicherstellen, dass die gewünschten Verbindungen zusammenkommen und die in Anspruch genommenen Leistungen in Rechnung gestellt werden. Die Aufgabe der Infrastrukturebene schließlich ist es, die technischen, physischen und monetären Ressourcen zur Verfügung zu stellen, um die Netzwerkdienstleistung erbringen zu können (Stabell/Fjeldstad 1998, S. 427–429).

Bei der Analyse der Kosten- und Werttreiber in Wertnetzwerken zeigt sich typischerweise, dass die Anzahl der Netzwerkteilnehmer sowohl den wichtigsten Kosten- als auch Werttreiber für das Unternehmen darstellt. Einerseits steigt die Komplexität des Netzwerkmanagements für das Unternehmen, je mehr Teilnehmer das Netzwerk umfasst. Andererseits erhöht sich mit jedem neuen Teilnehmer auch der potenzielle Nutzen der anderen Netzwerkteilnehmer (Stabell/Fjeldstad 1998, S. 431). Man bezeichnet diesen Nutzenzuwachs auch als positiven Netzwerkeffekt. Es zeigt sich daher häufig in der Unternehmenspraxis, dass es bei Netzwerkbetreibern einen dominierenden, quasi monopolistischen Marktführer gibt. Auch wenn sich eine solche Marktstruktur nicht zwangsläufig herausbilden muss, ist auf jeden Fall eine kritische Masse an Netzwerkteilnehmern nötig, damit ein Netzwerkbetreiber dauerhaft am Markt verbleiben kann.

Beispiele für Unternehmen, die monopolartige Marktstellungen erreichen konnten und deren Kunden innerhalb von Wertnetzwerken von positiven Netzwerkeffekten profitieren, sind Facebook, Twitter, Amazon, PayPal oder ebay. Bei all diesen Unternehmen wurde kurze Zeit nach deren Gründung eine kritische Masse an Kunden erreicht, wonach die Nutzerzahlen exponentiell anstiegen. Auch wenn die Generierung von positiven Netzwerkeffekten momentan sehr intensiv diskutiert und in vielen Branchen durch den Trend zur Digitalisierung befördert wird, ist dies kein neues Phänomen. So lässt sich beispielsweise die rasche Verbreitung des Telefons, nach dessen Erfindung im 19. Jahrhundert, ebenfalls mittels positiver Netzwerkeffekte erklären. Die Bedeutung von Netzwerkeffekten nimmt aber dennoch in vielen Branchen immer stärker zu. Dies gilt insbesondere, wenn es Unternehmen gelingt, sog. Plattformen zu etablieren, über die bestimmte Transaktionen abgewickelt werden (siehe dazu Parker/van Alstyne/Choudary 2016). Gegenstandsbereich solcher Transaktionen auf Plattformen können bspw. Services (z. B. Uber oder Airbnb), Produkte (z. B. Amazon oder Delivery Hero), Zahlungen (z. B. PayPal oder Square) oder soziale Interaktionen (z. B. Facebook oder LinkedIn) sein. Einige dieser Plattformen haben ganze Branchen verändert, indem sie moderne Technologien nutzen, um Menschen, Organisationen und Ressourcen in kooperativen Geschäftsmodellen auf der ganzen Welt zu vernetzen. Jede dieser Plattformen profitiert dabei dramatisch von den o. g. Netzwerkeffekten. Aus diesem Grund ist es keine Überraschung, dass fünf der sechs wertvollsten Unternehmen der Welt ihren Erfolg Plattformen verdanken, die im Mittelpunkt ihrer Geschäftsmodelle stehen (Stand März 2017) (Greenberg/Hirt/Smit 2017). Auf Rang eins lag das Unternehmen Apple mit einer Börsenkapitalisierung von 732 Mrd. US-$, welches in seinem Geschäftsmodell Plattformen nutzt und positive Netzwerkeffekte produziert (z. B. AppStore, iTunes und iOS). Auf Rang zwei lag Alphabet mit 581 Mrd. US-$, welches vor allem die Plattformen Google and YouTube betreibt. Das Unternehmen Microsoft, welches durch den Verkauf seiner Software ebenfalls von positiven Netzwerkeffekten profitiert, lag mit einem Wert von 498 Mrd. US-$ auf Rang drei. Amazon mit seiner Handelsplattform lag mit 404 Mrd. US-$ auf Rang fünf und Facebook als führende Plattform im Social Media-Bereich lag mit einer Börsenkapitalisierung von 397 Mrd. US-$ auf Rang sechs. Einzig das Unternehmen Berkshire Hathaway von Warren Buffett schaffte es in dieser Rangliste auf den vierten Platz, mit einer Bewertung von 431 Mrd. US-$. Tabelle 3.1 zeigt die wesentlichen Unterschiede der drei Typen von Wertschöpfungskonfigurationen zusammenfassend im Überblick.

Tab. 3.1: Merkmale der Wertschöpfungskonfigurationen Wertkette, Wertshop und Wertnetzwerk (Quelle: Eigene Darstellung in Anlehnung an Fließ (2009, S. 75))

	Wertkette	Wertshop	Wertnetzwerk
Werterzeugung	Transformation von Inputs in Dienstleistungen/Produkte	Lösung von Kundenproblemen	Verbindung von Kunden
Primäre Aktivitäten	Marketing, Eingangslogistik, Operationen, Dienstleistungen	Problemfindung und -akquisition, Problemlösung, Auswahl, Ausführung, Kontrolle und Bewertung	Netzwerkpromotion und Vertragsmanagement, Netzwerkservices, Infrastrukturoperationen
Aktivitätenlogik	Sequenziell	Zyklisch, spiralförmig	Simultan, parallel
Kostentreiber	Skaleneffekte, Kapazitätsauslastung		Skaleneffekte, Kapazitätsauslastung
Werttreiber		Reputation, Kompetenz	Skaleneffekte, Kapazitätsauslastung
Wertstruktur der Branche	Verbundene Ketten	Durch Empfehlungen verbundene Shops	Überlappende und verknüpfte Netzwerke

Kritische Stellungnahme

Die Wertkette und die daraus abgeleiteten Konzepte des Wertshops und Wertnetzwerks stellen ein detailliertes, allerdings zeitlich und methodisch aufwendiges Analyse- und Diagnoseinstrumentarium dar. Alle drei Instrumente erlauben, ein Unternehmen unter strategischen Gesichtspunkten (als Quelle von Wettbewerbsvorteilen) zu durchleuchten und Wettbewerbsstrategien abzuleiten. Damit bieten diese Analysen eine gute Ergänzung zu marktorientierten Analysen, da sie interne Prozesse in den Vordergrund rücken.

Allerdings fehlt bis heute eine empirische Überprüfung der Konzeption der Wertkette. Dazu müssten die überwiegend qualitativen Aussagen von Porter zunächst präzisiert und dann einem empirischen Test unterzogen werden (Macharzina/Wolf 2015, S. 318). Daneben ergeben sich insbesondere bei der Quantifizierung der Wertkette Probleme: Die Zuordnung von Kosten zu den einzelnen Wertschöpfungsaktivitäten erweist sich in der Praxis als schwierig, insbesondere wenn keine Prozesskostenrechnung vorhanden ist, die eine verlässliche Datengrundlage liefern könnte.

Dennoch gibt die Analyse der Wertkette wertvolle Anregungen zur Entwicklung und Umsetzung von Strategien. Eine strategische Konsequenz aus der Analyse, die in der Unternehmenspraxis beobachtet werden kann, ist z. B., dass Bereiche mit überdurchschnittlich hohen Kosten und einem geringen Wertschöpfungsbeitrag oft an Fremdfirmen vergeben werden (Outsourcing). Andererseits zeigt die Analyse Verflechtungen zwischen den Geschäftsfeldern und trägt dazu bei, mögliche Synergiepotenziale offenzulegen (Macharzina/Wolf 2015, S. 318).

2.3 Activity-System-Maps

Eine Weiterentwicklung der Wertkettenanalyse stellen sog. Activity-System-Maps bzw. Aktivitätensysteme dar. Diese bilden ebenfalls wichtige Aktivitäten innerhalb von Unternehmen ab, sie überwinden im Gegensatz zur Wertkette jedoch deren lineare Abfolge. Die Darstellung der einzelnen strategischen Entscheidungen und die daraus resultierenden Aktivitäten in einem Unternehmen werden grafisch als ein Netzwerk dargestellt. Die zentralen Aktivitäten werden dabei durch Knotenpunkte symbolisiert. Die Verbindungslinien zwischen den einzelnen Knoten verdeutlichen die Interdependenzen zwischen den verschiedenen strategisch relevanten Maßnahmen. Typischerweise erfolgt die Darstellung von Activity-System-Maps auf zweidimensionaler Ebene. Die grafische Visualisierung kann je nach Anzahl der betrachteten Aktivitäten auch als dreidimensionale Oberflächenstruktur erfolgen. In diesem Fall lassen sich neben den Aktivitäten auch Auswirkungen auf die Performance des Unternehmens abtragen (Porter/Siggelkow 2008).

Insbesondere Porter (1996, S. 71) propagiert Activity-System-Maps und weist auf deren Vorteilhaftigkeit im Rahmen der strategischen Analyse hin: »*Activity system maps [...] show how a company's strategic position is contained in a set of tailored activities designed to deliver it. In companies with a clear strategic position, a number of high-order strategic themes [...] can be identified and implemented through clusters of tightly linked activities [...].*« Eine Activity-System-Map illustriert, wie die strategisch relevanten Maßnahmen miteinander verbunden sind, um Wettbewerbsvorteile aus Sicht des Kunden zu generieren (Collis/Rukstad 2008). Das grundlegende Ziel dieses Instruments ist es, Unternehmen zu ermöglichen, sich in langfristig konsistenter Form strategisch zu positionieren. Für eine erfolgreiche Strategieentwicklung ist es letztlich nicht nur entscheidend, welche Aktivitäten ein Unternehmen verfolgt, sondern auch, ob und wie diese Aktivitäten aufeinander abgestimmt sind (Porter 1996, S. 70). Durch die Visualisierung dieser Zusammenhänge mithilfe einer Activity-System-Map werden sie einer systematischen Analyse zugänglich gemacht. Am Beispiel IKEA wird dies deutlich (▶ Abb. 3.6).

Um die Activity-System-Map erfolgreich einsetzen zu können, müssen zwei Voraussetzungen erfüllt sein. Erstens muss eine Unternehmensstrategie mit der langfristig angestrebten Marktpositionierung festgelegt werden. Eine Strategie beschreibt dabei, welche Aktivitäten ein Unternehmen verfolgt und insbesondere auch, welche Aktivitäten *nicht* verfolgt werden sollen (Porter 1996, S. 70). Sie enthält damit immer einen Trade-off, da eine Entscheidung für eine bestimmte Aktivität die erfolgreiche Durchführung anderer Aktivitäten ausschließen kann, z. B. ist eine bestimmte Markenpolitik häufig nicht mit der drastischen Kürzung von Ausgaben im Marketing kompatibel (Porter

2 Instrumente zur Unternehmensanalyse _____ 225

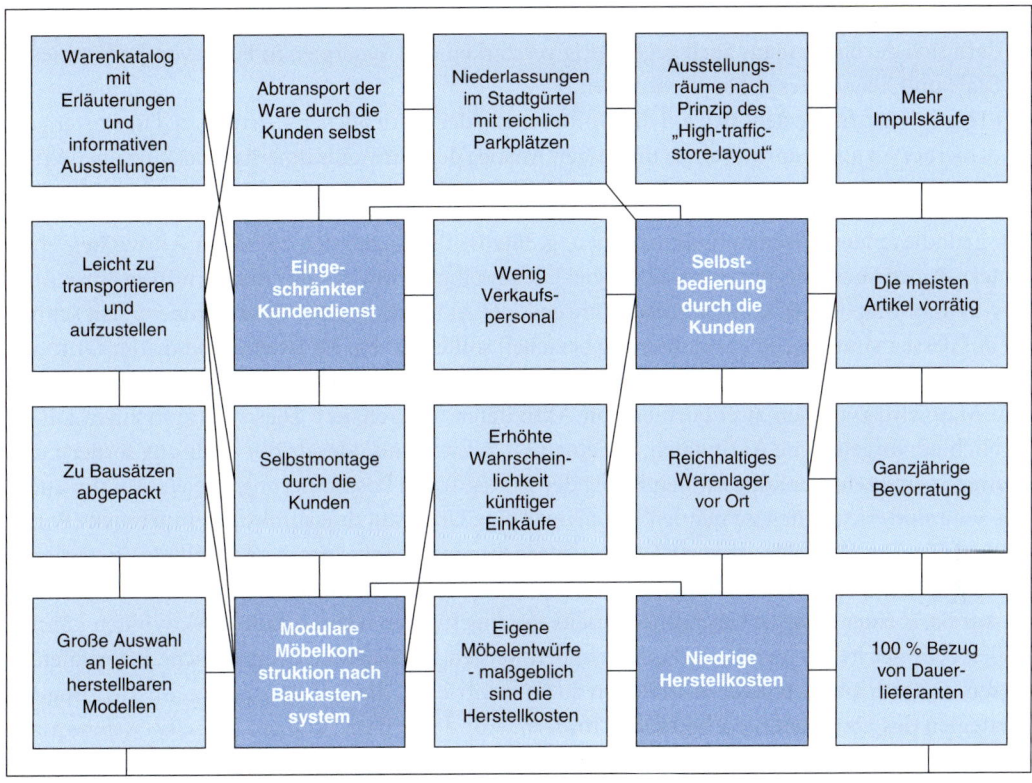

Abb. 3.6: Activity-Sytem-Map von IKEA
(Quelle: Eigene Darstellung in Anlehnung an Porter (1996, S. 71))

1996, S. 68–69). Die Entscheidung für einen bestimmten Trade-off bildet die zweite Voraussetzung für den Einsatz einer Activity-System-Map. Sind die beiden Voraussetzungen erfüllt, hat sich ein Unternehmen im Prinzip darauf festgelegt, welche Aktivitäten durchgeführt werden sollen. Dies stellt jedoch nur den ersten Schritt hin zu einer erfolgreichen strategischen Positionierung dar. In einem zweiten Schritt müssen die einzelnen Aktivitäten innerhalb des Unternehmens schlüssig auf die gewählte Strategie ausgerichtet werden und sollten im Idealfall auch synergetisch zusammenwirken. Es muss ein Fit zwischen den einzelnen Aktivitäten angestrebt werden. Ein solcher Fit ist nach Porter von außen für Konkurrenten nur schwer zu erkennen, dementsprechend schwer zu kopieren und damit eine Quelle nachhaltiger Wettbewerbsvorteile (Porter 1996, S. 73).

Zunächst muss geklärt werden, über welche Eigenschaften ein Fit verfügt. Gemäß Porter (1996) lassen sich drei Typen von Fit unterscheiden, die sich gegenseitig nicht ausschließen (▶ Teil II, Kap. 4.6):

- Beim sog. »First-order-fit« gilt es die einzelnen Aktivitäten daraufhin zu untersuchen, ob sie untereinander und im Hinblick auf die Gesamtstrategie konsistent sind. Die Konsistenz sorgt dafür, dass die Wettbewerbsvorteile der Einzelaktivitäten sich kumulieren und nicht gegenseitig zersetzen.

- Von »Second-order-fit« spricht Porter, wenn die Einzelaktivitäten nicht nur konsistent sind, sondern sich darüber hinaus auch gegenseitig verstärken und Synergien in Form von Economies of Scale und Economies of Scope entstehen.
- »Third-order-fit« bezieht sich auf die Optimierung der betrieblichen Leistungen. Für Porter geht es hierbei vor allem darum, einen unnötigen Anstieg des Aufwands innerhalb der einzelnen Wertschöpfungsaktivitäten zu minimieren, um Wettbewerbspositionen nachhaltig zu festigen.

Ein grundlegendes Charakteristikum der o. g. Fits ist die Konsistenz zwischen Aktivitäten eines Unternehmens und der gewählten Strategie. Die jeweilige Form des Fits kann mithilfe einer Activity-System-Map identifiziert werden. Während alle Aktivitäten eines Unternehmens sich schlüssig auf dessen strategische Positionierung beziehen sollten, ist ein Fit zweiter und dritter Ordnung prinzipiell nicht bei allen Aktivitäten zu erreichen. In der grafischen Darstellung einer Activity-System-Map wird zwischen zwei Formen von Aktivitäten differenziert. Dies sind zum einen i. d. R. farblich hervorgehobene Aktivitäten, die einen Fit zweiter und/oder dritter Ordnung fördern und deswegen eine zentrale Rolle für den Erfolg der strategischen Positionierung spielen. Auf der anderen Seite sind Aktivitäten zu nennen, die primär eine Unterstützungsfunktion einnehmen (Porter 1996, S. 71). Der Wettbewerbsvorteil eines Unternehmens ist dabei umso nachhaltiger, je stärker er auf Aktivitäten mit einem Fit höherer Ordnung beruht (Porter 1996, S. 74).

Auf Basis einer Analyse der eigenen bereits durchgeführten oder geplanten Aktivitäten können gezielt Schwachstellen identifiziert und behoben werden. Ebenso wird es ermöglicht, Prioritäten zu setzen und sich auf diejenigen Aktivitäten zu konzentrieren, die eine konsistente Ausrichtung der Strategien des Unternehmens besonders fördern. Auf diese Weise können Activity-System-Maps auch dazu beitragen, Kernkompetenzen in einem Unternehmen gezielt zu identifizieren. Als Kernkompetenzen werden Ressourcenkombinationen bezeichnet, die einem Unternehmen einen langfristigen und nachhaltigen Wettbewerbsvorteil bringen. Bei dieser Begriffsbestimmung fällt bereits die enge Verbindung zwischen Aktivitäten, die einen Fit höherer Ordnung begünstigen, und Kernkompetenzen auf. Somit stellen Activity-System-Maps nicht nur ein Instrument für die strategische Positionierung dar, welches primär dem Paradigma des Market-Based View zuzuordnen ist, sondern eignen sich auch für die Kernkompetenzanalyse, die auf dem Resource-Based View beruht.

Kritische Stellungnahme
Activity-System-Maps tragen dazu bei, die organisatorische Komplexität in Unternehmen grafisch zu erfassen und damit für das Management leichter beherrschbar zu machen. Dies ist eine Stärke des Instruments, da Produkte und Dienstleistungen sowie angebotene Geschäftsmodelle in den letzten Jahren kontinuierlich komplexer geworden sind. Es erscheint deshalb sinnvoll, im Rahmen der strategischen Analyse die starre Abfolge von Aktivitäten, wie sie bspw. in der Wertkettenanalyse angelegt ist, zu überwinden.

Die zentralen Schwächen von Activity-System-Maps liegen weniger in ihrer konzeptionellen Ausgestaltung, als in den hohen Anforderungen an das Management. Der erfolgreiche Einsatz von Activity-System-Maps erfordert eine sehr genaue Kenntnis des eigenen Unternehmens und dabei insbesondere auch der impliziten Wirkungszusammenhänge zwischen den einzelnen Aktivitäten. Es geht insofern darum, implizites Wissen in eine kompakte explizite Form zu bringen. Gleichzeitig muss es gelingen, die Komplexität einerseits so zu reduzieren, dass ein effektiver Einsatz als Instrument für das strategische Management möglich ist, und andererseits Strukturen so realitätsnah wiederzugeben, dass bei der Nutzung dieses Systems keine systematischen Fehlentscheidungen getroffen werden.

Der zeitliche Horizont für den Einsatz von Activity-System-Maps bildet eine zweite große Herausforderung bei deren praktischer Umsetzung. Nach Porter (1996, S. 74) sollte das Instrument für die strategische Planung mit einem Zeithorizont von mindestens zehn Jahren eingesetzt werden, was in der unternehmerischen Praxis häufig weder möglich noch sinnvoll ist. Dies ist auf interne und externe Effekte zurückzuführen. Innerhalb des Unternehmens ist es i. d. R. nicht der Fall, dass die oberste Führungsspitze zehn Jahre oder länger kontinuierlich von denselben Personen eingenommen wird. Ebenso ändern sich häufig die Besitzverhältnisse. Beide Faktoren führen dazu, dass sich in einem Unternehmen neue Personen mit der Strategieentwicklung befassen und dabei unterschiedliche Ziele und Visionen einbringen, was wiederum Änderungen in der strategischen Positionierung nach sich zieht. Aus externer Perspektive sprechen schnell ändernde Marktbedingungen gegen einen sehr langen Planungshorizont. In vielen dynamischen Branchen ist es vermutlich nicht ratsam, eine einmal eingeschlagene Positionierungsstrategie über einen solchen Zeitraum kontinuierlich und systematisch umzusetzen.

2.4 Geschäftsmodellanalyse

Eine weitere Möglichkeit, die Fähigkeiten eines Unternehmens zu bewerten, ergibt sich aus einer kritischen Analyse des vorhandenen Geschäftsmodells. Zumeist konzentrieren sich Unternehmen im Rahmen der internen Analyse darauf, ihre Stärken und Schwächen im Hinblick auf bestimmte Produkte oder Prozesse im Vergleich zum Wettbewerb zu bestimmen. Auch wenn Produkte und Prozesse unzweifelhaft einen wesentlichen Einfluss auf den Erfolg und die Wettbewerbsfähigkeit von Unternehmen haben: Häufig sind es nicht Produkt- oder Prozessinnovationen alleine, sondern vor allem innovative Geschäftsmodelle, die ganze Branchen verändern und die Überlebensfähigkeit von Unternehmen nachhaltig absichern (Spieth/Schneckenberg/Matzler 2016; Wunder 2016b). Laut einer »Global CEO Study« von IBM sehen Topmanager in innovativen Geschäftsmodellen einen der wesentlichen Treiber für Umsatzwachstum und die Steigerung des Unternehmenswertes. Finanziell erfolgreiche Unternehmen legen demnach etwa doppelt so viel Wert auf das konsequente und nachhaltige Management ihrer Geschäftsmodelle wie finanziell weniger erfolgreiche Unternehmen (IBM Global Business Services 2006).

Die große Bedeutung von Geschäftsmodellen wird auch deutlich, wenn man die Veränderungen in der Struktur der 500 größten Unternehmen weltweit betrachtet. Mehr als die Hälfte der 26 nach 1984 gegründeten Unternehmen, die Aufnahme in die Fortune 500 fanden, schafften diesen Sprung durch ihre innovativen Geschäftsmodelle (Johnson 2010). So hatte das Unternehmen Dell jahrelang großen Erfolg mit seinem Geschäftsmodell des direkten Vertriebs von Computern über das Internet, und Amazon hat seinerzeit den Vertrieb von Büchern, DVDs und zahlreichen anderen Produkten über das Internet revolutioniert. Aktuell sind es Unternehmen wie Netflix, Airbnb, Tesla oder Uber, die traditionelle Unternehmen herausfordern und disruptive Geschäftsmodelle etablieren.

Konzept der Geschäftsmodellanalyse

Um nachhaltige Wettbewerbsvorteile am Markt generieren zu können, ist die genaue Kenntnis über den Aufbau und die Funktionsweise von Geschäftsmodellen für Führungskräfte hilfreich und notwendig (Gilbert 2011). Führungskräfte haben oftmals lediglich ein *implizites Wissen* über ihr Geschäftsmodell. Wir sind allerdings der Ansicht, dass Unternehmen den Aufbau und die Funktionsweise ihrer Geschäftsmodelle genau kennen sollten. Die Analyse dient dazu, ein gemeinsames Verständnis dessen zu entwickeln, wie sich ein Unternehmen im Markt positionieren will. Nur wenn alle Führungskräfte von derselben Grundlage ausgehen, kann es gelingen, Geschäftsmodelle vollständig zu verstehen und auf dieser Basis innovative Geschäftsmodelle zu entwickeln. Johnson/Christensen/Kagermann (2008) betonen, dass Unternehmen ohne ein tiefes Verständnis des eigenen Geschäftsmodells kaum beurteilen können, ob dieses in der Lage sein wird, auch in sich verändernden Umweltbedingungen erfolgreich zu funktionieren.

Aus der Analyse von Geschäftsmodellen ergeben sich so konkrete Ansatzpunkte zur Verbesserung und Neugestaltung des Angebots am Markt sowie zur Weiterentwicklung bestehender Strategien. Um dies leisten zu können, muss allerdings klar sein, was genau ein Geschäftsmodell ist und welche Voraussetzungen an *erfolgreiche Geschäftsmodelle* geknüpft sind. Im Folgenden werden wir zunächst den Begriff des Geschäftsmodells abgrenzen und anschließend aufzeigen, auf welche Bereiche sich die strukturierte Analyse von Geschäftsmodellen erstreckt.

Zunächst sei angemerkt, dass Geschäftsmodelle kein neues Phänomen sind, wie vielfach suggeriert wird. Der Begriff Geschäftsmodell wurde zwar in diesem Kontext noch nicht benutzt, aber die Einführung von Leasingmodellen für Fotokopierer und das Pro-Kopie-Bezahlsystem durch das Unternehmen Xerox im Jahr 1959 können bereits als frühe Beispiele für eine Geschäftsmodellinnovation dienen. Ähnliches gilt für die Einführung der Kreditkarte durch Diners Club im Jahr 1950 (Osterwalder/Pigneur 2011) oder die Ausgabe von American Express Travellers Checks, die bereits ab 1891 den internationalen Zahlungsverkehr revolutionierten (Magretta 2002). Die Vielfalt neuer Geschäftsmodelle, welche aktuell die Unternehmenslandschaft verändern, ist bemerkenswert und verdeutlicht die Notwendigkeit für Unternehmen, Geschäftsmodelle systematisch zu analysieren, zu gestalten und im Markt umzusetzen. Bislang besteht jedoch noch keine Einigkeit darüber, was man genau unter einem Geschäftsmodell versteht (DaSilva/Trkman 2014). Auch wenn der Begriff des »Business Modeling« in der Wirtschaftsinformatik bereits in den 1970er Jahren Verwendung fand, so ist die Beschäftigung mit diesem Thema im strategischen Management noch relativ neu. Gleichwohl steigt die Anzahl an Beiträgen zu dieser Thematik in der jüngsten Vergangenheit rasch an. Zum einen sind in den letzten Jahren zahlreiche fachspezifische Lehrbücher über Geschäftsmodelle erschienen (Afuah 2014; Osterwalder et al. 2010; Schallmo 2013, 2014; Wirtz 2013). Zum anderen nimmt die Zahl der Veröffentlichungen zu diesem Thema in internationalen Fachzeitschriften immer weiter zu (Chesbrough 2010; DaSilva/Trkman 2014; Foss/Saebi 2017; Kavadias/Ladas/Loch 2016; Massa/Tucci/Afuah 2016; Spieth/Schneckenberg/Matzler 2016; Wunder 2016b). Darüber hinaus gewinnt in jüngster Zeit die Beschäftigung mit sog. »nachhaltigen Geschäftsmodellen« immer mehr an Bedeutung. Dieser Forschungsstrang reflektiert neben den ökonomischen vor allem auch die sozialen und ökologischen Aspekte von Geschäftsmodellen (Boons/Lüdeke-Freund 2013; Joyce/Paquin 2016; Schaltegger/Hansen/Lüdeke-Freund 2015).

Bei einem Geschäftsmodell handelt es sich um die Beschreibung dessen, *was* ein Unternehmen leistet und vor allem, *wie* ein Unternehmen den Prozess der Wertgenerierung mit und für seine Anspruchsgruppen durchführt und profitabel steuert (Rentmeister/Klein 2003). Ein Geschäftsmodell muss ebenfalls eine Antwort auf die alte Frage von Peter Drucker haben, *wer* die Kunden sind und *was* diese wertschätzen. Von einem innovativen Geschäftsmodell spricht man immer dann, wenn sich die Art und Weise der Wertgenerierung gegenüber bereits im Markt befindlichen Konzepten merklich unterscheidet und neue Prozesse, Verfahren und Vorgehensweisen umfasst. Diese Sichtweise geht auf die Begriffsabgrenzung von Timmers (1998, S. 4) zurück, der Geschäftsmodelle folgendermaßen definiert: A business model is »*an architecture for the product, service and information flows, including a description of the various business actors and their roles; and a description of the potential benefits for the various business actors; and a description of the sources of revenues.*«

Basierend auf dieser Definition besteht ein Geschäftsmodell nach Johnson (2010, S. 21–46) aus mindestens vier Elementen, die Gegenstand der Analyse sein sollten (siehe Abbildung 3.7):

- Kundennutzen: Erstens beschreibt ein Geschäftsmodell klar und deutlich das Konzept der Nutzenstiftung, den Mehrwert für die Kunden und alle anderen Anspruchsgruppen (sog. »Customer Value Proposition«). Das Geschäftsmodell verdeutlicht, welche Bedürfnisse von Kunden befriedigt und wie deren Probleme gelöst werden. Entscheidend für den Erfolg eines Geschäftsmodells ist dabei der vom Kunden wahrgenommene Nutzen. Dieser kann sich bei verschiedenen Zielgruppen stark unterscheiden. Die Befriedigung von Kundenbedürfnissen definiert sich dabei nicht nur darüber, *was* verkauft wird, sondern vor allem auch *wie* bestimmte Produkte und Dienstleistungen am Markt vertrieben werden. Es existieren vielfältige Ansatzpunkte zur Schaffung einer Customer Value Proposition. Je nach Branche, Ressourcenausstattung und vorhandenen Kernkompetenzen hat jedes Unternehmen die Chance, einen eigenen Weg zu finden, Kundennutzen und nachhaltige Wettbewerbsvorteile aufzubauen. So versuchen manche Unternehmen sich zu differenzieren, indem sie eine starke Marke, gute Qualität, überlegenes Design und Innovationen oder einen besonderen Service bieten. Andere werden mittels der Kostenführerschaftsstrategie in die Lage versetzt, ihren Kunden einen Preisvorteil zu bieten.
- Ressourcen: Zweitens gilt es in jedem Geschäftsmodell ein konkretes Verständnis über die Ressourcen zu entwickeln, die notwendig sind, um Kundennutzen zu generieren. Wie oben bereits erläutert wurde (▶ Teil II, Kap. 3.2.2), liegen die Quellen von Wettbewerbsvorteilen eines Unternehmens in der Fähigkeit des Managements, tangible und intangible Ressourcen sowie Humanressourcen zu Kompetenzen zu bündeln. Nur aus der genauen Kenntnis der Ressourcen, die einem Unternehmen zur Verfügung stehen, können Kernkompetenzen abgeleitet und erfolgreiche Geschäftsmodelle entwickelt werden. Oftmals repräsentieren Ressourcen für sich alleine noch keinen strategischen Wert. Sie werden zwar zu großen Teilen bilanziell erfasst. Dabei ist aber noch unklar, inwiefern sie tatsächlich dazu beitragen, die strategischen Ziele eines Unternehmens zu erreichen. Es kommt also letztlich vor allem darauf an, *wie* die vorhandenen Schlüsselressourcen miteinander kombiniert werden und ob es dem Unternehmen dadurch gelingt, Kundennutzen zu schaffen. Die Prozesse der Wertschöpfung rücken insofern in den Mittelpunkt der Betrachtung.

- Prozesse: Drittens geht aus der Beschreibung des Geschäftsmodells hervor, wie die einzelnen Wertschöpfungsaktivitäten sowie die vorhandenen Ressourcen in den Prozessen eines Unternehmens miteinander kombiniert werden, um Kundennutzen zu generieren. Dies bedeutet zum einen, die operativen Prozesse, die zur Wertschöpfung notwendig sind, präzise zu definieren. Zum anderen gilt es festzulegen, welche Rollen die beteiligten Akteure im Rahmen der Architektur der Wertschöpfung spielen und welchen Beitrag sie bezogen auf die Geschäftstätigkeit leisten sollen. Eine Unterscheidung im Wettbewerb und der Aufbau eines einzigartigen Nutzens für den Kunden gelingen demnach nur durch die bewusste bzw. intendierte Auswahl und Kombination einer Vielzahl von Aktivitäten und Ressourcen. Um ein innovatives Geschäftsmodell zu kreieren, müssen Unternehmen darauf achten, dass ihre zahlreichen Aktivitäten einen Fit aufweisen. Einzelne unternehmerische Aktivitäten sind stets interdependent und können nicht separat betrachtet werden. Sie müssen vielmehr auf ihre Wechselwirkungen hin untersucht werden. Als Ausgangspunkt zur Analyse des Geschäftsmodells kann auf die bereits vorgestellten Instrumente der Wertkettenanalyse sowie die Activity-System-Maps zurückgegriffen werden.
- Ertragsmodell: Viertens definiert sich ein Geschäftsmodell durch ein konkretes Ertragsmodell, d. h. die Art und Weise, wie Einnahmen und Erträge realisiert werden. Das Geschäftsmodell zeigt vor dem Hintergrund des Umsatzmodells, der Kostenstrukturen und des Ressourceneinsatzes, wie sich Gewinne erzielen lassen.

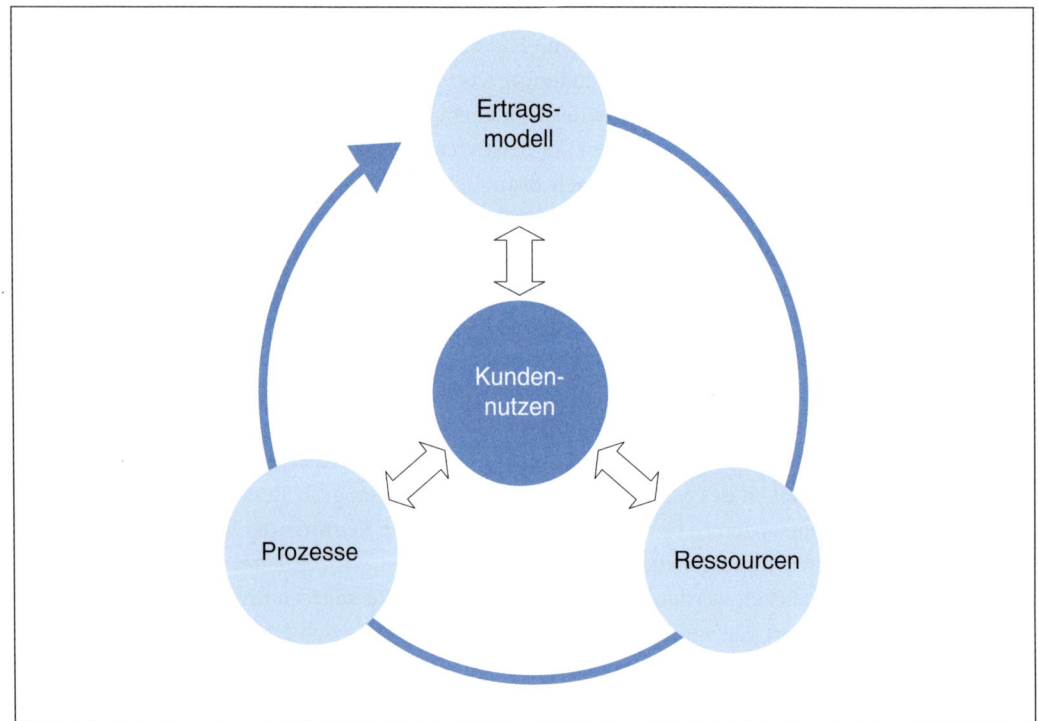

Abb. 3.7: Die vier Elemente eines Geschäftsmodells
(Quelle: Eigene Darstellung)

Im Rahmen der strategischen Analyse empfiehlt es sich insbesondere aus drei Gründen, das jeweilige Geschäftsmodell anhand der in Abbildung 3.7 genannten Elemente zu visualisieren. Erstens erleichtert eine grafische Darstellung die Kommunikation des Geschäftsmodells an die Stakeholder, die an dessen Umsetzung beteiligt sind. Zweitens lässt sich durch die Visualisierung des Geschäftsmodells das komplette System der Wertschöpfung besser verstehen. Und drittens kann die grafische Darstellung als Ausgangspunkt für die kreative Weiterentwicklung des Geschäftsmodells dienen.

Ein Unternehmen kann in verschiedenen Geschäftsfeldern aktiv sein und durchaus verschiedene Geschäftsmodelle verfolgen. Zudem ist der Geschäftsmodellbegriff nicht auf ein Unternehmen allein beschränkt. In zahlreichen Industrien ergeben sich funktionierende Geschäftsmodelle häufig erst durch die Zusammenarbeit zwischen verschiedenen Unternehmen. Als Beispiel lässt sich die Kooperation mehrerer Fluglinien in der sog. Star Alliance nennen, die vor allem deshalb zu einem Erfolg für die Beteiligten geworden ist, weil diese durch die gezielte Öffnung von Wertschöpfungsprozessen zusätzliche Werte für Kunden schaffen, die ein Unternehmen allein nicht erzielen könnte. Die Kooperation ist in diesem Fall ein Bestandteil der Strategie. Sie erfordert es, bestimmte Ressourcen zu teilen (z. B. Lounges auf Flughäfen), Wertschöpfungsaktivitäten der Firmen miteinander zu kombinieren (z. B. Check-in-Vorgänge) und ein gemeinsames Ertragsmodell zu entwickeln (z. B. Code-Sharing), um Renten abzuschöpfen.

Die besondere Bedeutung der Analyse und Weiterentwicklung von Geschäftsmodellen im Rahmen des strategischen Managements ergibt sich unserer Ansicht nach daraus, dass es heute oft nicht mehr ausreicht, lediglich ein erfolgreiches Produkt im Markt zu positionieren oder seine internen Geschäftsprozesse zu optimieren. Unternehmen fokussieren oftmals auf die Innovation ganzer Geschäftsmodelle, um die Spielregeln im Wettbewerb zu verändern und sich nachhaltig von ihren Wettbewerbern zu differenzieren (Wunder 2016b). Produkte, Dienstleistungen und neue Technologien verkaufen sich oftmals besser, wenn sie eingebunden sind in die komplexe Architektur eines Geschäftsmodells. Diese fundamentale Erkenntnis bringen Johnson/Christensen/Kagermann (2008) pointiert am Beispiel von Apple und dessen Geschäftsmodell zum Ausdruck: »*Apple did something far smarter than take a good technology and wrap it in a snazzy design. It took a good technology and wrapped it in a great business model.*« Wie genau diese Einbindung der Produkte und Technologien im Geschäftsmodell von Apple funktioniert, werden wir im Folgenden exemplarisch anhand des sog. Business Model Canvas von Osterwalder und Pigneur erläutern.

Der Business Model Canvas von Osterwalder und Pigneur

Wie bereits angedeutet, ist die Zahl der Veröffentlichungen und Modellierungen zum Thema Geschäftsmodelle in den letzten Jahren sprunghaft angestiegen. An dieser Stelle ist es nicht möglich, die Vielfalt der unterschiedlichen Ansätze umfassend abzubilden. Neben dem o. g. Ansatz von Johnson (2010) wollen wir lediglich einen weiteren prominenten Ansatz zur Analyse und (Weiter-) Entwicklung von Geschäftsmodellen vorstellen, der besonders häufig von Unternehmen genutzt wird, den sog. Business Model Canvas von Osterwalder und Pigneur (Osterwalder/Pigneur 2011; Osterwalder et al. 2014). Der Business Model Canvas sticht aus der Vielzahl der verschiedenen Konzepte zum Thema Geschäftsmodelle v. a. durch seine starke Verbreitung in der Praxis heraus (Massa/Tucci/Afuah 2016). Viele Workshops in Unternehmen zu den Themen Geschäftsmodellentwicklung und -innovation basieren auf dieser Konzeption. Mithilfe des Business Model Canvas lassen sich Geschäftsmodelle sowohl statisch erklären und analysieren als auch unter einer dynamischen Perspektive betrachten, indem zukünftige Entwicklungsmöglichkeiten eruiert werden. Die graphische Visualisierung dient dabei der Unterstützung von kreativen Prozessen sowohl in Bezug auf das Design als auch die Implementierung von Geschäftsmodellen. Osterwalder/Pigneur (2011, S. 18) verstehen unter einem Geschäftsmodell das grundlegende Prinzip, nach dem ein Unternehmen Werte schafft, vermittelt und erfasst. Sie schlagen vor, Geschäftsmodelle anhand von neun grundlegenden Bausteinen zu beschreiben, die zeigen, welche Logik das Unternehmen nutzt, um nachhaltig Erträge zu erzielen. Die Analyse von Geschäftsmodellen nach Osterwalder und Pigneur weicht im Detail zwar von der oben bereits beschriebenen Systematik zur Analyse von Geschäftsmodellen nach Johnson (2010) ab (▶ Abb 3.7), umfasst aber im Wesentlichen die gleichen Kernbestandteile. Im Einzelnen gilt es nach Osterwalder/Pigneur (2011) folgende neun Bausteine zu analysieren, die in ihrer Gesamtheit den Business Model Canvas bilden: (1) Kundensegmente, (2) Nutzenversprechen, (3) Vertriebskanäle, (4) Kundenbeziehungen, (5) Ertragsmodell, (6) Schlüsselressourcen, (7) Schlüsselaktivitäten, (8) Schlüsselpartner und (9) Kostenstruktur. Abbildung 3.8 zeigt beispielhaft das Geschäftsmodell von Apple auf, wie es sich mittels des Business Model Canvas analysieren lässt.

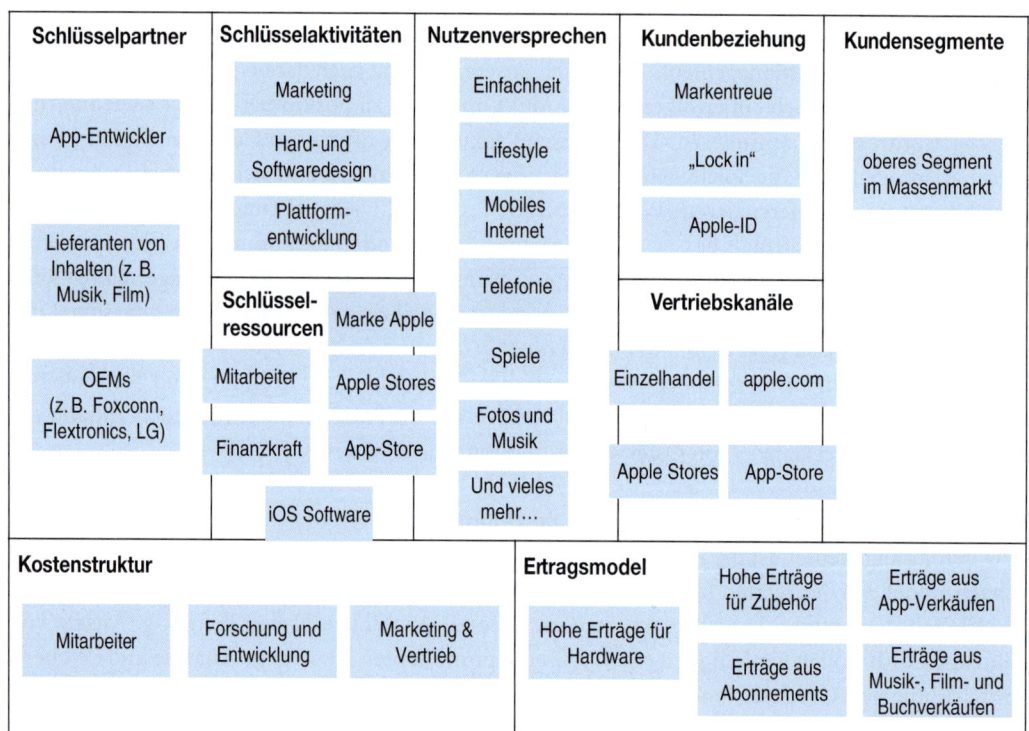

Abb. 3.8: Das Geschäftsmodell von Apple am Beispiel des iPhone
(Quelle: Eigene Darstellung in Anlehnung an Osterwalder et al. 2010)

Fallbeispiel Apple

Als Beispiel für die Analyse eines Geschäftsmodells anhand des **Business Model Canvas** kann das Unternehmen **Apple** dienen. Apple wurde 1976 in Cupertino, USA, gegründet und ist mit einer Börsenkapitalisierung von ca. 720 Mrd. € zurzeit das wertvollste Unternehmen der Welt (Stand Juni 2017). Der Umsatz von Apple betrug im Jahr 2016 ca. 193 Mrd. € und allein im ersten Quartal 2017 erzielte das Unternehmen bei einem Umsatz von ca. 70 Mrd. € einen Gewinn in Höhe von ca. 11 Mrd. €. Das erfolgreichste Produkt von Apple ist das iPhone, welches im Jahr 2016 über 210 Millionen Mal verkauft wurde. Das iPhone trug dabei ca. 65 % zum Gesamtumsatz von Apple bei. Betrachtet man den großen Erfolg des iPhone, dann ist dieser nicht allein durch die hohe Funktionalität des Produktes zu erklären. Die Produktstrategie von Apple ist vielmehr eingebunden in ein umfassendes **Geschäftsmodell**, in dessen Zentrum das iPhone steht.

Folgt man bei der Analyse des Geschäftsmodells von Apple der Struktur des **Business Model Canvas** ergibt sich folgendes Ergebnis im Hinblick auf die **neun Bausteine**: Im Hinblick auf die **Kundensegmente** spricht Apple durch seine hohen Preise insbesondere das obere Segment im Massenmarkt an. Um diesen Kunden ein dauerhaftes **Nutzenversprechen** zu bieten und sie an die Marke zu binden, geht die Leistung von Apple aber weit über das Anbieten eines Produktes hinaus. Die große Nachfrage nach dem iPhone begründet sich vor allem durch die geschickte Kopplung von Hard- und Software-Produkten sowie die Einfachheit bei deren Bedienung. Nutzer des iPhone können mit ihren Geräten nicht nur telefonieren, im Internet surfen, Messaging-Dienste nutzen, Musik und Hörbücher hören, Fotos betrachten, Videos ansehen oder bestimmte Applikationen (sog. Apps) nutzen. Sie können gleichzeitig auch in den Apple Online-Shoppingportalen iTunes und App-Store einkaufen. Zudem stehen die Marke Apple und der Besitz eines iPhone für einen modernen Lifestyle, mit dem sich viele Kunden identifizieren können. Die **Kundenbeziehung** ist durch mehrere Merkmale bestimmt. Zunächst haben die Kunden eine persönliche Apple-ID, mit der sie einen direkten Zugang zu sämtlichen Services und Applikationen von Apple haben. Durch die Speicherung der Daten bei Apple, den Aufbau eines persönlichen Profils sowie Lerneffekte bei der Benutzung von Apple Produkten, entsteht zudem ein Lock-in-Effekt, der hohe Wechselbarrieren und -kosten für die Kunden generiert. Vor allem aber sind viele Kunden der Marke Apple treu und kaufen häufig nicht nur ein Produkt von Apple, sondern mehrere. Ein wichtiger Baustein des Geschäftsmodells von Apple sind die **Vertriebskanäle**, die sicherstellen, dass das Unternehmen seine Kunden erfolgreich ansprechen und erreichen kann. Apple nutzt dabei nicht nur Vetriebspartner aus dem Einzelhandel und das Internet als Vertriebskanäle, sondern besitzt auch über 460 eigene Apple Stores, die einen wesentlichen Beitrag zu den Erlösen und der Markenbildung leisten. In der Architektur der Wertschöpfung spielen **Schlüsselressourcen** wie die starke Marke, hochqualifizierte Mitarbeiter, die eigene Software iOS, der App-Store sowie das Vertriebssystem über eigene Apple Stores eine wichtige Rolle, um Produkte und Dienstleistungen anzubieten. Die große Finanzkraft von Apple eröffnet dem Unternehmen zudem einen großen Spielraum für die Weiterentwicklung des Geschäftsmodells (z. B. Forschung und Entwicklung oder Akquisitionen). Momentan verfügt das Unternehmen über mehr als 250 Mrd. € an Bargeld, auf die es zurückgreifen kann. Mittels bestimmter **Schlüsselaktivitäten** werden die genannten Ressourcen so miteinander kombiniert, dass das Geschäftsmodell funktioniert und bei den Kunden Wert generiert. Insbesondere in den Bereichen Hard- und Softwaredesign, Marketing und bei der Bereitstellung einer Plattform durch den App Store ist das Unternehmen Wettbewerbern überlegen. Aus dieser komplexen Architektur der Wertschöpfung und gestützt durch den Lock-in-Effekt ergibt sich für Apple ein **Ertragsmodell**, welches sich aus verschiedenen Quellen speist. So generiert Apple nicht nur Erträge beim Verkauf der iPhones, sondern auch beim Online-Vertrieb von Apps, Musik, Hörbüchern und Filmen. Die hohen Erträge von Apple im Markt für Smartphones (im ersten Quartal nach dem Erscheinen des iPhone 6 erzielte Apple mit ca. 18 Mrd. US-$ den weltweit höchsten Quartalsgewinn eines Unternehmens überhaupt) lassen sich insofern vor allem durch ein überlegenes Geschäftsmodell begründen. Wettbewerber bieten zwar ebenfalls Smartphones an, erreichen aber in der momentanen Marktsituation nicht die Profitabilität von Apple. Gleichzeitig wird im Geschäftsmodell von Apple die große Bedeutung der kooperativen Zusammenarbeit mit **Schlüsselpartnern** deutlich. Apple arbeitet eng mit großen Zulieferern wie Foxconn oder LG zusammen, welche die Apple-Hardware produzieren. Apple öffnet sein System aber auch für unternehmensexterne Programmierer, die die meisten Apps für das iPhone entwickeln und anschließend über den App-Store vermarkten dürfen. Apple unterstützt die Entwicklung und den Vertrieb der Apps sogar aktiv mit finanziellen und technischen Ressourcen, da das Geschäftsmodell attraktiver wird, wenn mehr Apps vorhanden sind, die Kunden nutzen wollen. Da die Installation sowie der Vertrieb der Apps ausschließlich über das Portal von Apple abgewickelt werden, erschließt man sich weitere Erlösquellen. Die Auflistung der Apps lässt sich Apple z. B. mit einer Gebühr vergüten. Zudem fordert das Unternehmen bis zu 30 % der Verkaufserlöse als Provision. Wichtige Schlüsselpartner sind schließlich auch die Lieferanten von Inhalten wie Filmstudios, Autoren oder die Musikindustrie. Durch die vielfältigen Investitionen in Mitarbeiter, Forschung und Entwicklung oder das Marketing und den Vertrieb ergibt sich zwar eine hohe **Kostenstruktur**, die aber durch die hohen Erträge mehr als gedeckt wird.

Kritische Stellungnahme

Betrachtet man das Beispiel Apple zeigt sich zunächst, dass überlegene Geschäftsmodelle vor allem deshalb eine so große Bedeutung für Unternehmen haben, weil sie besser gegen Imitation schützen und so zu dauerhaften Wettbewerbsvorteilen führen. Einzelne Produktmerkmale oder auch ganze Produkte lassen sich vom Wettbewerb leichter imitieren als ein ganzes Geschäftsmodell. Zudem verändern neue Geschäftsmodelle nicht selten die kompletten Spielregeln in ganzen Branchen und eröffnen so die Chance auf Innovationsrenten. So hat das Unternehmen Dell jahrelang großen Erfolg mit seinem Geschäftsmodell des direkten Vertriebs von Computern über das Internet gehabt. Dieses Beispiel verdeutlicht allerdings, dass Geschäftsmodelle ebenfalls von dem bereits genannten »shadow of obsolescence« bedroht sind (Levitt 1960). Obwohl Wettbewerbsvorteile oftmals nachhaltig erscheinen, sind sie dennoch auch bei überlegenen Geschäftsmodellen immer nur von temporärer Natur. Wettbewerber werden im Laufe der Zeit Mittel und Wege finden, bestehende Marktpositionen anzugreifen und Teilelemente von Geschäftsmodellen zu kopieren. Dies musste bspw. Dell erkennen. Die meisten Wettbewerber im Markt für Computer bieten heute den Direktvertrieb von Computern an und haben ihre Kostenposition relativ zu Dell in den letzten Jahren deutlich verbessert. Ein starker Rückgang des Marktanteils von Dell war die Folge.

Die Analyse eines Geschäftsmodells ist in der Praxis des strategischen Managements ein aufwendiger Vorgang. Sie setzt ein tief greifendes Verständnis der vorhandenen Ressourcen und Wertschöpfungsprozesse zum einen sowie der damit verbundenen Kosten- und Erlösstrukturen zum anderen voraus. Vor diesem Hintergrund ist besonders darauf zu achten, dass zwischen den einzelnen Aktivitäten die oben bereits beschriebenen Formen von Fit bestehen und es nicht zu einem überproportionalen Anstieg der Kosten kommt (vgl. dazu Teil II, Kap. 4.6). Es gilt, die einzelnen Aktivitäten daraufhin zu untersuchen, ob sie untereinander und im Hinblick auf die Gesamtstrategie konsistent sind und ob sie sich darüber hinaus gegenseitig unterstützen und verstärken.

Wenn zahlreiche interne und externe Akteure bei der Wertschöpfung zusammenarbeiten, ist zudem die Kontrolle der jeweiligen Leistungsbeiträge erfolgskritisch. Durch die Öffnung eines Geschäftsmodells für Kooperationspartner besteht stets die Gefahr, dass diese Zugriff auf die Kernkompetenzen eines Unternehmens erhalten. In Übereinstimmung mit der Strategie hat man festzulegen, an welcher Stelle eine Öffnung und wo eine Schließung des Geschäftsmodells nach außen stattfinden soll. Wesentliche Voraussetzungen für die Entwicklung eines erfolgreichen Geschäftsmodells liegen deshalb in der Analyse der eigenen Kernkompetenzen, aber auch der Identifikation von Kompetenzschwächen, die sich bspw. durch externe Partner oder die Akquisition eines anderen Unternehmens schließen lassen.

An dieser Stelle wird deutlich, dass die Analyse vorhandener Geschäftsmodelle in Zukunft eine zentrale Rolle im Rahmen des strategischen Managements einnehmen sollte. Durch die rasanten Entwicklungen der Informations- und Kommunikationstechnologien sowie des Internets ergeben sich völlig neue Möglichkeiten zur Gestaltung unternehmensübergreifender Geschäftsmodelle, in denen die einzelnen Kooperationspartner sich auf ihre Kernkompetenzen konzentrieren können. Da die Wertschöpfung zunehmend in Unternehmensnetzwerken stattfindet, sind Analyseinstrumente zu entwickeln, welche diese Form der Kooperation in geeigneter Art und Weise abbilden können. Die Wertkettenanalyse und Activity-System-Maps sind i. d. R. besser auf ein einzelnes Unternehmen anwendbar. Mit der Analyse von Geschäftsmodellen steht dagegen ein Instrument zur Verfügung, welches neben klassischen Wertschöpfungsaktivitäten auch andere, bisher unterrepräsentierte Beziehungen zu relevanten Anspruchsgruppen modellieren kann (Rentmeister/Klein 2003, S. 24–25).

Häufig wird der Begriff des Geschäftsmodells mit der Strategie eines Unternehmens gleichgesetzt. Dies ist jedoch nicht korrekt und aus unserer Sicht sogar bedenklich, denn es kann zu einer verkürzten Sichtweise im Hinblick auf die strategische Ausrichtung eines Unternehmens führen. So wurden bspw. während des Internet-Hypes bis Anfang 2000 die Erfolgschancen von jungen Start-Up-Unternehmen häufig allein anhand von Geschäftsmodellen bewertet. Ein Geschäftsmodell ist allerdings keine Strategie und kann diese auch nicht ersetzen. Das Geschäftsmodell ist aus unserer Sicht vielmehr das operative Ergebnis einer umfassenden Umsetzung von Strategien in den Wertschöpfungsprozessen und Ertragsmodellen eines Unternehmens. Eine Strategie kann die Grundlage zur Entwicklung von Geschäftsmodellen darstellen oder auf deren Veränderung abzielen. Das Geschäftsmodell dient dann als Instrument der Planung und Visualisierung der aktuellen Lage und möglicher Gestaltungsoptionen, um Wettbewerbsvorteile aufzubauen.

Gleichzeitig bildet das Geschäftsmodell eine Analyseeinheit, die notwendig ist, um eine Strategie zu entwickeln (Casadesus-Masanell/Ricart 2010; Spieth/Schneckenberg/Matzler 2016). Die Analyse des Geschäftsmodells kann als Ansatzpunkt für notwendige Veränderungen dienen und bestehende Wechselwirkungen zwischen beteiligten Akteuren wie Mitarbeitern, Kunden und Kooperationspartnern verdeutlichen. Die Erfolgschancen bei der Vermarktung innovativer Produkte und Dienstleistungen lassen sich so überprüfen und bewerten. Gleichzeitig wird jedoch deutlich, dass Wettbewerbsvorteile sich nicht nur als Folge der Neuentwicklung von Produkten und Dienstleistungen ergeben. Ein Geschäftsmodell kann selbst eine Innovation darstellen und in der Folge die Ursache für einen nachhaltigen Wettbewerbsvorteil sein.

2.5 Produktlebenszyklusanalyse

Das Konzept des Produktlebenszyklus hat zum Ziel, den Verlauf bzw. die Lebensphase eines Produktes möglichst genau zu beschreiben, um daraus Informationen für die Formulierung von Strategien zu gewinnen (Gathen 2014, S. 262; Porter 2004b, S. 157). Des Weiteren stellt die Analyse eine Voraussetzung für die Durchführung der Potenzial- und Lückenanalyse dar. Dabei gilt es zunächst zwischen einem weiten und einem engen Begriff des Produktlebenszyklus zu unterscheiden. Der enge Begriff des Produktlebenszyklus wird mit dem Marktzyklus gleichgesetzt. Dagegen soll hier unter Produktlebenszyklus der Zeitraum von der Entstehung der Produktidee bis zum Ausscheiden des Produktes aus dem Markt verstanden werden. In diesem Sinne besteht der Produktlebenszyklus aus dem Entstehungszyklus und dem Marktzyklus.

Als Entstehungszyklus wird derjenige Zeitraum bezeichnet, der die einzelnen Phasen des betrieblichen Forschungs- und Entwicklungsprozesses sowie die Produktions- und Absatzvorbereitungen umfasst, die einen reibungslosen Markteintritt und eine rasche Verbreitung des Produktes gewährleisten sollen.

Als Marktzyklus gilt derjenige Zeitraum, in welchem das Produkt angeboten und nachgefragt wird.

Mit dem erstmaligen Anbieten eines Produktes am Markt beginnt die Angebotsperiode (Angebotszyklus). Nach einer gewissen Reaktionsperiode des Nachfragers steht diesem Angebot die zunächst noch geringe Nachfrage nach dem Produkt gegenüber (es beginnt die Nachfrageperiode bzw. der Nachfragezyklus). Der Zeitraum, in dem das Produkt gleichzeitig Gegenstand von Angebot und Nachfrage ist, wird als Marktperiode bezeichnet.

In der Literatur existiert eine Vielzahl von Einteilungsmöglichkeiten des Produktlebenszyklus. Dies gilt insbesondere für den Marktzyklus, auf den sich die weiteren Ausführungen beschränken. Im Allgemeinen wird zwischen vier oder fünf Phasen unterschieden. Im Fünf-Phasen-Modell wird der Produktlebenszyklus um die Phase der Sättigung, die nach der Reife und vor der Degeneration liegt, ergänzt (Gathen 2014, S. 263; Müller-Stewens/Lechner 2016, S. 249).

Im idealtypischen Produktlebenszyklus wird davon ausgegangen, dass ein Produkt eine endliche Lebensdauer hat. Diese Lebensdauer wird mithilfe eines s-förmigen Kurvenverlaufs in fünf Phasen von der Einführung bis zur Liquidierung dargestellt (▶ Abb. 3.9). Als abhängige Variable wird meist der Umsatz oder Gewinn auf der Ordinate aufgetragen, als unabhängige Variable die Zeit auf der Abszisse. Folgende Phasen werden im Einzelnen unterschieden:

- Einführung,
- Wachstum,
- Reife,
- Sättigung,
- Degeneration.

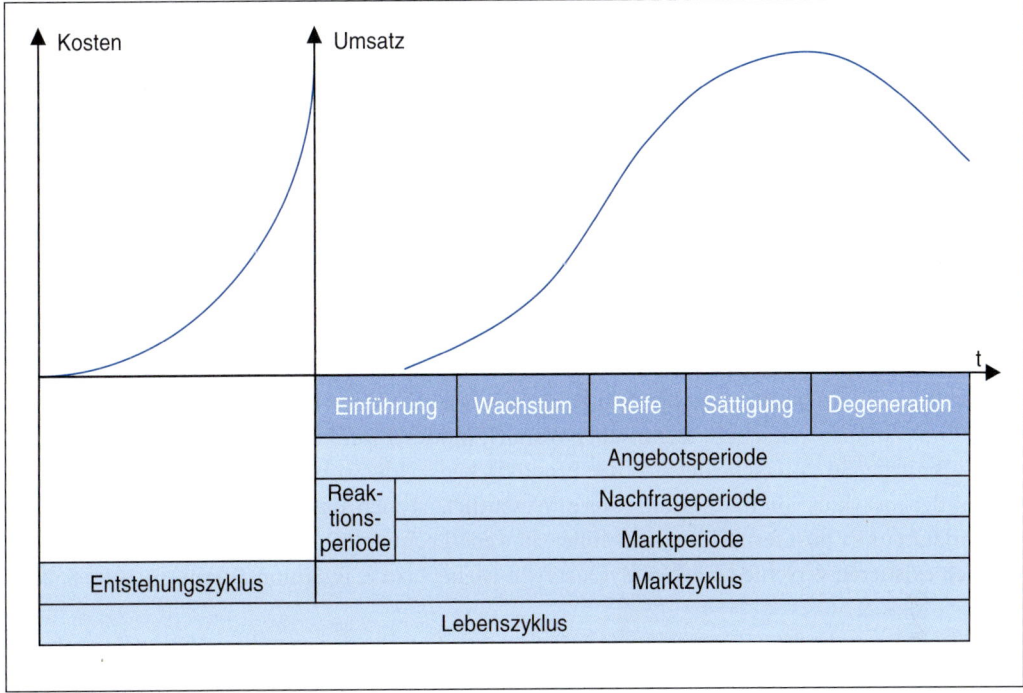

Abb. 3.9: Der Produktlebenszyklus
(Quelle: Eigene Darstellung in Anlehnung an Kowalski (1980, S. 63))

Dabei gilt es zu beachten, dass in der Unternehmenspraxis oftmals versucht wird, die Phase der Degeneration durch einen sog. »Relaunch« hinauszuzögern bzw. zu verhindern. Dies bedeutet, dass durch Produktveränderungen (z. B. bei Design oder Verpackung) das Produkt noch einmal wiederbelebt werden soll.

Nach der in der Literatur vertretenen Auffassung ist die Produktlebenszyklusanalyse als ein wichtiges Instrument im Rahmen des strategischen Managements anzusehen. Die Anwendungsbereiche liegen vor allem

- in der Prognose der künftigen Absatzentwicklung eines Produktes,
- in der Informationsgewinnung für die Formulierung von Strategien,
- im Einsatz des absatzpolitischen Instrumentariums,

- in der Beurteilung der Erfolgsträchtigkeit eines Produktes,
- in der langfristigen Produktplanung (Einführung neuer Produkte/Vornahme von Produktergänzungen),
- in der Ableitung von F&E-Aktivitäten sowie
- in der Produktionsprogrammplanung (Vornahme von Programmbereinigungen, Durchführung von Markterweiterungen, Diversifikationsstrategien).

Neben der Analyse des Lebenszyklus von Produkten finden sich in der Literatur weitere Modelle, die sich bspw. auf die Analyse des Lebenszyklus von Marken, Unternehmen, Kunden, Branchen oder Technologien beziehen (Gathen 2014, S. 262–263; Lombriser/Abplanalp 2015, S. 211–213; van Deusen/Williamson/Babson 2007, S. 75–80).

Kritische Stellungnahme
Zunächst ist darauf hinzuweisen, dass die Produktlebenszyklusanalyse keine normative Aussagekraft besitzt, sondern lediglich ein beschreibendes Instrument darstellt. Insbesondere ist der Verlauf des Produktlebenszyklus nicht unveränderlich vorgegeben, sondern kann durch Marketingaktivitäten oder Produktveränderungen beeinflusst werden (Müller-Stewens/Lechner 2016, S. 252–253; Porter 2004b, S. 162).

Die Hypothese des idealtypisch s-förmigen Verlaufs kann als empirisch falsifiziert gelten. Es besteht keine allgemeingültige, gleichsam »naturgesetzliche« Verlaufsform. Ein spezieller Produktlebenszyklus für ein bestimmtes Produkt hängt von verschiedenen Faktoren ab (wie bspw. individuelle Innovationsbereitschaft, technischer Wandel, Modeschwankungen) und variiert von Branche zu Branche. So unterscheidet sich der Produktlebenszyklus von Konsumgütern deutlich vom Produktlebenszyklus von Investitionsgütern. Wesentlich ist auch, dass der Produktlebenszyklus im Zeitverlauf nur ex post feststellbar ist (Müller-Stewens/Lechner 2016, S. 250; Porter 2004b, S. 162). Folglich existieren verschiedenartige Zyklustypen (siehe dazu z. B. Simon/Fassnacht 2016, S. 287–294).

Generell kann das Konzept Anregungen liefern, um Entscheidungen, die während des Lebenszyklus eines Produktes zu treffen sind, zu unterstützen und zu verbessern. Hierbei ergibt sich aber eine doppelte Problematik, und zwar hinsichtlich der Betrachtungsobjekte und der Messgrößen.

Die Problematik der Betrachtungsobjekte entsteht aus der begrifflichen Abgrenzung des Produktes bzw. des »neuen« Produktes. Die Konzeption des Produktlebenszyklus sagt nicht deutlich genug aus, was unter einem Produkt verstanden werden soll. Nicht selten werden selbst graduelle Produktvariationen als ein neues Produkt bezeichnet. Außerdem ist nicht immer klar, auf was sich die Betrachtung bezieht: auf ein Produkt oder eine Produktgruppe (Müller-Stewens/Lechner 2016, S. 250). Im Extremfall kann sich die Betrachtung auf ganze Wirtschafts- und Industriezweige beziehen, z. B. auf den Produktlebenszyklus von Fernsehgeräten in der Elektroindustrie. Damit der Begriff für einzelwirtschaftliche Zwecke geeignet ist, empfiehlt es sich, den Produktlebenszyklus für ein bestimmtes Produkt eines bestimmten Herstellers zu ermitteln. Erforderlich ist also eine differenzierte Betrachtungsweise. In diesem Sinne können als Betrachtungsobjekte entweder die Produktklasse, die Produktform oder die Marke gewählt werden. Bei dieser differenzierten Betrachtungsweise ist dann zu fragen, ob ein geändertes Produkt (z. B. Produktdifferenzierung durch farbliche Änderung) den bisherigen Produktlebenszyklus beendet und einen neuen begründet, oder aber den alten lediglich fortsetzt. Bei Produkten mit einem sehr kurzen Lebenszyklus ist der kontinuierliche Nachschub an neuen Produkten häufig ein Problem. Hier empfiehlt es sich, das Konzept des Produktlebenszyklus durch andere Instrumente (z. B. Portfoliomethoden, Geschäftsmodellanalyse) zu ergänzen (Gathen 2014, S. 269).

Im Hinblick auf die Messgrößen ist kritisch zu fragen, welche Kriterien als Indikator zu wählen sind und welche Nachteile diese aufweisen. Legt man Umsätze zugrunde, so sind die eintretenden Preisveränderungen zu berücksichtigen, zumindest in langfristiger Hinsicht. Wählt man als Messgröße die Kosten, so ergibt sich das Problem der Zurechnung und Verteilung. Die Probleme verstärken sich, wenn der Gewinn als Differenz zwischen Umsatz und Kosten zur Messgröße gemacht wird. Es wird deshalb auch vorgeschlagen, den Deckungsbeitrag als Messgröße zu verwenden. Weitere Möglichkeiten bestehen darin, den Grenzumsatz oder den Grenzgewinn sowie Quotienten aus den genannten Messgrößen zu wählen.

Unabhängig von der Wahl der Messgröße muss der Produktlebenszyklus durch eine Analyse anderer Elemente wie Kaufhäufigkeit, Konsumentenbedürfnisse und Rate des technischen Fortschritts konkretisiert werden.

Bei Produkten mit einem sehr langen Produktlebenszyklus kann das Unternehmen u. U. durch plötzliche Veränderungen überrascht werden. Hierbei entsteht jedoch das Problem, dass ein Unternehmen nur schwer feststellen kann, in welcher Phase des Lebenszyklus es sich genau befindet und wie lange der Lebenszyklus bereits dauert. Somit wird es schwierig, langfristige Abwärtstendenzen von konjunkturellen Schwankungen zu unterscheiden. Deshalb erscheint es notwendig, die Umweltrisiken und die Markttendenzen systematisch zu analysieren und geeignete Frühwarnindikatoren zu identifizieren. Einen methodischen Ansatz zur Verknüpfung der Phasen des Produktlebenszyklus mit der Marktattraktivität stellt das sog. Markt-Produktlebenszyklus-Portfolio dar (siehe dazu Albach 1978).

2.6 ABC-Analyse

Bei der ABC-Analyse handelt es sich um ein Instrument, das in vielen Bereichen von Unternehmen zur Vorbereitung und Ableitung von Entscheidungen eingesetzt wird. Sie findet u. a. im Marketing und in der Materialwirtschaft, aber auch im strategischen Management Anwendung. Die Idee zur ABC-Analyse geht auf H. Ford Dickie zurück, der Manager bei General Electric war und das Konzept 1951 zum ersten Mal in einem Artikel beschrieben hat. Der Titel des Beitrags »Shoot for Dollars, not for Cents« gibt dabei bereits einen Hinweis auf die Intention der ABC-Analyse. Ziel der ABC-Analyse ist, dass Führungskräfte das Wichtige vom weniger Wichtigen trennen und ihr Augenmerk verstärkt auf jene Unternehmensbereiche richten, die die höchste wirtschaftliche Relevanz haben (Kerth/Asum/Stich 2015, S. 2). Mittels einer ABC-Analyse sollen sich Planungsprozesse verbessern, Kosten reduzieren und Gewinne erhöhen lassen.

Konzept der ABC-Analyse

Als Grundlage für die ABC-Analyse dienen Erkenntnisse wie das Paretoprinzip (»80/20-Regel«) sowie die nach Max Otto Lorenz benannte Lorenzkurve. Das Paretoprinzip besagt, dass häufig ungefähr 20 % des Ressourceneinsatzes zu ca. 80 % des gewünschten Ergebnisses führen, und die Lorenzkurve dient in der Statistik zur grafischen Darstellung ungleicher Verteilungen (z. B. Einkommensverteilung in einer Volkswirtschaft).

Im Grundkonzept der ABC-Analyse wird eine Unterteilung von bestimmten Objekten (z. B. Produkten oder Beschaffungsgütern) in drei Klassen (A, B und C) entsprechend dem Verhältnis von Zielerreichung (Wert) und Mitteleinsatz (Menge) vorgenommen. Die Werte-Mengenpaare werden nach Größe sortiert und kumuliert in Klassen eingeordnet. Anschließend sind die Ergebnisse in Tabellenform oder als Paretodiagramm darstellbar und es lassen sich Aussagen darüber treffen, wie die unterschiedlichen Bereiche (A, B und C) zu priorisieren und welche weiterzuentwickeln sind.

Abbildung 3.10 zeigt ein idealtypisches Beispiel für die Darstellung einer ABC-Verteilung anhand eines Portfolios von Produkten über die Lorenzkurve. Auf der Abszisse ist der Mengenanteil der Produkte (in %) und auf der Ordinate deren Umsatzanteil (in %) abgetragen. In dem fiktiven Beispiel erwirtschaftet das Unternehmen mit 20 % seiner Produkte 70 % des Umsatzes (A-Produkte). Der Anteil der B-Produkte an allen Produkten beträgt 25 %, welche einen zusätzlichen Umsatz von 20 % generieren. Die restlichen 55 % der Produkte werden als C-Produkte bezeichnet und sind lediglich für 10 % des Gesamtumsatzes verantwortlich.

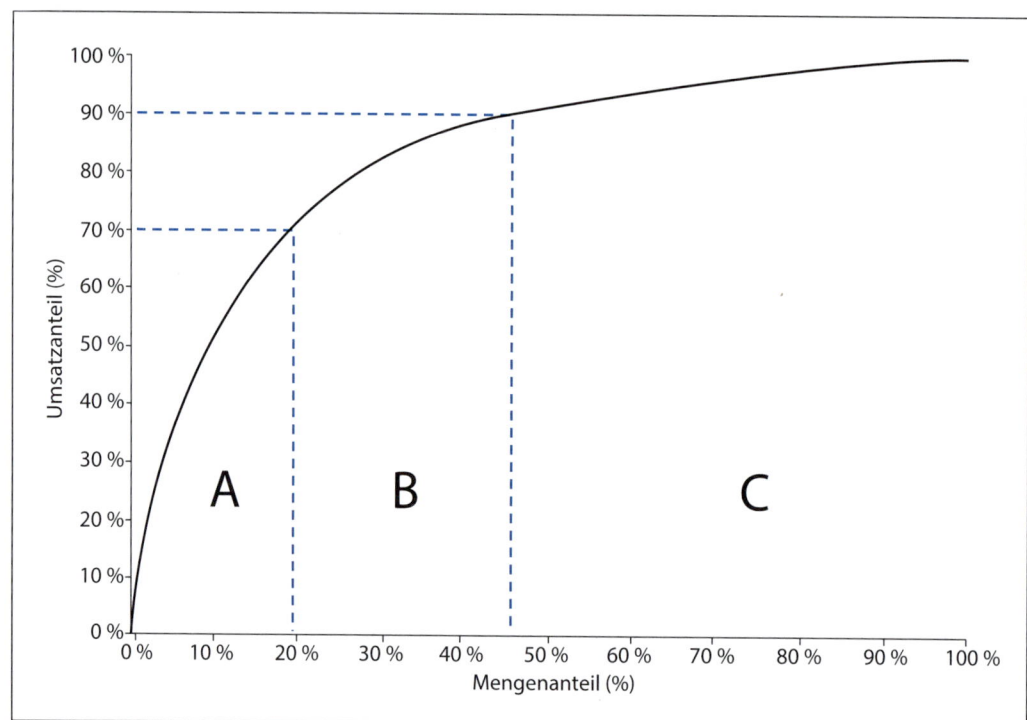

Abb. 3.10: Grafische Darstellung der ABC-Analyse
(Quelle: Eigene Darstellung)

Durch die ABC-Analyse können sich Entscheidungsträger einen Überblick über die Zusammensetzung des Produktportfolios und die Relevanz der einzelnen Produkte verschaffen. Die Analyse bietet eine Entscheidungshilfe bei der Strategieformulierung, z. B. im Hinblick auf die Allokation von Ressourcen im Marketing oder die Bereinigung des Produktportfolios. Den A-Produkten wird das Unternehmen vermutlich eine stärkere Aufmerksamkeit in zukünftigen Planungen schenken als den C-Produkten.

Kritische Stellungnahme
Die ABC-Analyse ist in der Anwendung ein relativ einfaches und übersichtliches Instrument, um sich ein grobes Bild der Ist-Situation in einem Entscheidungsbereich zu verschaffen. Die Ermittlung und Berechnung der entsprechenden Daten ist i. d. R. unproblematisch, da diese aus vorhandenen ERP-Systemen wie SAP extrahiert werden können. Die grafische Darstellung anhand von Lorenzkurven oder in Form von Tabellen ist den meisten Entscheidungsträgern zudem leicht zugänglich. Durch das Instrument lässt sich die Komplexität der Planung und Steuerung (z. B. eines Produktportfolios oder von Beschaffungsgütern) reduzieren, da eine große Anzahl von Daten in ein einfaches Ordnungsmuster überführt wird. Dadurch ermöglicht der Einsatz der ABC-Analyse einen effizienteren und bewussteren Einsatz von Ressourcen (Kerth/Asum/Stich 2015). Schließlich ist die ABC-Analyse themenübergreifend einsetzbar. Sie läßt sich auf Produkte nach ihren Umsatzzahlen (ABC-Produkte), Kunden nach ihrem anteiligen Umsatz (ABC-Kunden), Lieferanten im Hinblick auf ihre jeweiligen Liefermengen (ABC-Lieferanten) oder Beschaffungsgüter und deren Anteil am Gesamtverbrauchswert (ABC-Güter) anwenden.

Trotz der vielen Vorzüge der ABC-Analyse, weist auch dieses Instrument Schwächen auf. In der Unternehmenspraxis kann es bei Entscheidungen auf Basis einer ABC-Analyse nicht selten zu Fehlentscheidungen kommen. So kann bspw. der Fall auftreten, dass bei einer ABC-Analyse nach Kunden ein A-Kunde, trotz seiner großen Umsätze, letztlich keinen positiven Ergebnisbeitrag leistet. Die alleinige Analyse des Kundenportfolios anhand der getätigten Umsätze reicht in diesem Fall nicht aus, um eine fundierte Entscheidung hinsichtlich des zukünftigen Ressourceneinsatzes zu treffen. Die ABC-Analyse könnte um eine Deckungsbeitragsrechnung für den jeweiligen Kunden oder eine Analyse des mit diesem Kunden erzielten Cash-Flows ergänzt werden, um eine Grundlage für strategische Entscheidungen zur Verfügung zu stellen. Bei einer ABC-Analyse nach Produkten ist ferner zu berücksichtigen, dass es zwischen A, B und C-Produkten Spillover-Effekte geben kann, die im Rahmen strategischer Entscheidungen zu berücksichtigen sind. Bei der ABC-Analyse handelt es sich überdies um eine Vergangenheitsanalyse, die keinen Aufschluss darüber gibt, ob und wie sich die ermittelten Einteilungen in ABC-Kategorien zukünftig ändern. In der Praxis erfolgt die Einteilung der Klassen A, B und C außerdem sehr grob und willkürlich in nur drei Kategorien und es kann sinnvoll sein, eine detailliertere Einteilung (z. B. in vier Kategorien A, B, C und D) vorzunehmen. Vor allem besteht nicht selten das Problem, dass der Fokus auf Kategorie A nicht notwendigerweise zu mehr Effizienz im Ressourceneinsatz führt, insbesondere, wenn das Optimierungspotenzial in dieser Kategorie bereits weitgehend ausgeschöpft ist.

3 Instrumente zur Umweltanalyse

3.1 Konkurrentenanalyse

Die Konkurrentenanalyse kann als eine der Voraussetzungen der Stärken/Schwächenanalyse angesehen werden, da bei letzterer die eigenen Potenziale u. a. an den Daten der Wettbewerber gemessen werden. Die Konkurrentenanalyse stellt ein Verfahren zur Untersuchung der externen Umweltbedingungen dar. Sie spezifiziert die Umweltanalyse im Hinblick auf die wichtigsten Konkurrenten des Unternehmens. Trotz der engen Verknüpfung mit der Stärken-/Schwächenanalyse verdient die Konkurrentenanalyse wegen ihrer Bedeutung für das strategische Management insgesamt eine gesonderte Behandlung.

Als Konkurrentenanalyse wird die Analyse aller Daten der Konkurrenzunternehmen bezeichnet, die für eigene Entscheidungen im Rahmen des strategischen Managements von Bedeutung sind. Voraussetzung für die Durchführbarkeit der Konkurrentenanalyse ist die Beschaffung der gewünschten Informationen. Während in früheren Zeiten jedes Unternehmen bestrebt war, möglichst wenige Angaben über die eigene Position und die angestrebten Aktivitäten zu machen, hat sich hier inzwischen ein Wandel vollzogen. Bedingt durch rechtliche Verpflichtungen, aber auch hervorgerufen durch höhere Anforderungen an die Kommunikation mit (potenziellen) Investoren (Investor Relations) sowie anderen Stakeholdern, tendieren die meisten Firmen heute zu einer umfangreichen Publizität. Generell kann man annehmen, dass der Großteil aller wünschenswerten Informationen über die Konkurrenz über das Internet, Printmedien oder Dossiers kostenpflichtiger Anbieter zur Verfügung steht. In bestimmten Fällen bedarf es jedoch besonderer Anstrengungen und es kann sich als schwierig erweisen, Informationen einzuholen. Dies gilt insbesondere dann, wenn die zu analysierenden Konkurrenten keinerlei Publizitätspflichten unterliegen.

Die Möglichkeit zur Information wurde zudem durch Veränderungen auf gesetzlicher Ebene (z. B. Transparenz- und Publizitätsgesetz, Bilanzrichtliniengesetz) in den letzten Jahren zunehmend verbessert. Hierdurch wurden die Publizitätspflichten der Unternehmen wesentlich erweitert (z. B. Offenlegung der Vermögens- und Ertragslage auch für Gesellschaften mit beschränkter Haftung, Informationen mit mutmaßlicher Auswirkung auf den Aktienkurs müssen der Börse frühzeitig mitgeteilt werden). Durch das Speichern und Verfügbarmachen dieser Informationen wird die Transparenz zahlreicher Märkte stark erhöht. Einige Unternehmensberatungsgesellschaften haben sich darauf spezialisiert, sog. »Datawarehouses« aufzubauen und weltweite Wettbewerberanalysen als Serviceleistung für Unternehmen anzubieten. In jüngster Zeit rückt zudem die Bedeutung von Big Data Analytics in den Vordergrund, die u. a. von IBM angeboten werden und sich auch auf die Erfassung, Verwaltung und Analyse von Konkurrenzdaten beziehen.

Ein am Wettbewerb orientiertes Wirtschaftssystem lebt davon, dass komparative Leistungsvorteile ermöglicht und genutzt werden. Die Konkurrentenanalyse ist notwendig, um das Leistungsangebot und die geschäftlichen Aktivitäten der Wettbewerber kennen zu lernen. Nur so kann eine Fehlallokation der eigenen Ressourcen wirksam verhindert werden. Die Analyse sollte jedoch nicht dazu dienen, angesichts der vermeintlichen Übermacht der Konkurrenz resignierend und voreilig auf eigene Aktivitäten in dem betreffenden Produktmarkt zu verzichten.

3 Instrumente zur Umweltanalyse

In der Konkurrentenanalyse werden prinzipiell diejenigen Daten über die Wettbewerber erhoben, die auch Gegenstand der Potenzialanalyse oder der Stärken/Schwächenanalyse innerhalb des eigenen Unternehmens sind (▶ Teil III, Kap. 2.1 und 4.1). Dabei ist jedoch zu bedenken, dass die Kenntnis dieser Daten nur in der Verknüpfung mit den jeweiligen strategischen Zielen zum einen und den verfolgten Strategien zum anderen sinnvoll ist. Es erscheint somit zweckmäßig und erforderlich, über die Bestandsaufnahme der vorhandenen Ressourcen der Konkurrenten hinaus auch Angaben zu erhalten über die von ihnen verfolgten Absichten, die bisherigen und zukünftigen Unternehmensstrategien sowie die angestrebten Unternehmensziele. Abbildung 3.11 gibt einen systematischen Überblick über eine Konkurrentenanalyse.

Welcher Konkurrent?	Heutige Hauptkonkurrenten	Potenzielle zukünftige Konkurrenten aus der eigenen Branche	Potenzielle Konkurrenten aus anderen Branchen
Namen der betrachteten Konkurrenten	1. 2. 3.	1. 2. 3.	1. 2. 3.
Stärken der Konkurrenten/ eigene Schwächen			
Unsere Stärken/ Schwächen der Konkurrenten			
Was können wir von unseren Konkurrenten lernen?			
Wo ist die Achillesferse unserer Konkurrenz und wo liegt unsere?	Konkurrenz Wir	Konkurrenz Wir	Konkurrenz Wir

Abb. 3.11: Konkurrentenanalyse
(Quelle: Nagel (2014, S. 59))

Eine wichtige Aufgabe im Rahmen der Konkurrentenanalyse besteht in der Auswahl der zu analysierenden Wettbewerber. Man kann hier zwischen sog. strategischen Wettbewerbern und operativen Wettbewerbern unterscheiden. Strategische Wettbewerber sind im gleichen Markt tätige Konkurrenten, mit denen man sich auf der Ebene des Gesamtunternehmens oder der einzelnen strategischen Geschäftseinheit kritisch vergleicht. Sie dienen als Leitorientierung für die Entwicklung von Wettbewerbsstrategien. Operative Wettbewerber dagegen sind Konkurrenten, die z. B. auf der Ebene eines einzelnen Produktes im gleichen Markt tätig sind. In diesem Fall erfolgt ein Vergleich der eigenen Leistungsfähigkeit mit denen des Wettbewerbers auf der Produktebene. Als Beispiel lässt sich das Unternehmen Volkswagen anführen. Auf der Ebene des Gesamtunternehmens hat Volkswagen als strategischen Wettbewerber Mercedes gewählt. Auf der operativen Ebene lässt sich gleichwohl der Golf z. B. mit dem Opel Astra vergleichen, um Ansatzpunkte für zukünftige strategische Maßnahmen zu finden.

Kritische Stellungnahme

Die Konkurrentenanalyse ermöglicht es, sich einen grundlegenden Überblick über die wichtigsten Wettbewerber zu verschaffen, um deren Stärken und Schwächen einschätzen zu können. Auf dieser Basis kann die Konkurrentenanalyse dazu dienen, Gefahren und neue Entwicklungen im Wettbewerb zu erkennen, um strategische Gegenmaßnahmen einzuleiten.

Die Konkurrentenanalyse ist aber auch eine relativ aufwendige Methode, und es müssen i. d. R. viele Daten ausgewertet werden, um einen detaillierten Einblick in die aktuelle Wettbewerbssituation zu erhalten. Die Korrektheit und Verlässlichkeit der Daten ist außerdem nicht immer gegeben und es gibt stets einen großen Spielraum bei ihrer Interpretation (Kerth/Asum/Stich 2015, S. 135). In der Praxis werden häufig nur die jeweils größten Wettbewerber in die Konkurrentenanalyse einbezogen. Dabei wird jedoch die Tatsache außer Acht gelassen, dass kleinere Unternehmen häufig eine größere Wachstumsdynamik aufweisen als die etablierten Unternehmen und insbesondere in Marktnischen als »Hidden Champions« Weltmarktführer sein können (Simon 2012). Gerade bei der Verfolgung einer Politik der Marktnischenausnutzung erscheint es deshalb sinnvoll, bei der Auswahl der in die Konkurrentenanalyse einzubeziehenden Unternehmen selektiv vorzugehen und erfolgreiche Klein- oder Kleinstunternehmen nicht zu vernachlässigen. Bei der Auswahl der zu berücksichtigenden Konkurrenzunternehmen bietet es sich deshalb an, Unternehmen vor allem anhand ihres relativen und nicht nur aufgrund ihres absoluten Marktanteils zu bewerten.

Wettbewerbsinformationen sind vor allem in dynamischen und wettbewerbsintensiven Märkten von besonderer Bedeutung. Obwohl i. d. R. zahlreiche Möglichkeiten vorhanden sind, Informationen über die Konkurrenz zu erhalten, bestehen im Einzelfall oft bedenkliche Wissenslücken. Insgesamt wurde bisher in Wissenschaft und Praxis die Kundenforschung (»klassische« Marktforschung) wesentlich stärker betrieben als die Erforschung der Wettbewerber, so dass hier ein teilweise erheblicher Nachholbedarf besteht.

Zudem hat sich in den letzten Jahren immer wieder gezeigt, dass sich die Analyse von Konkurrenten nicht nur auf die gegenwärtigen Wettbewerber richten darf. Unternehmen sollten stets versuchen, auch potenzielle neue Anbieter zu identifizieren. Die Identifikation potenzieller Konkurrenten ist aber zumeist schwierig und oftmals kaum möglich. Dennoch können Unternehmen die Markteintrittsbarrieren untersuchen, die potenziellen Wettbewerbern den Marktzugang erschweren und sich die Frage stellen, welche Unternehmen die Bedürfnisse der eigenen Kunden in Zukunft ebenfalls befriedigen können. So befriedigt das Unternehmen Uber bspw. das Bedürfnis der Kunden nach Mobilität und wurde so zu einem neuen Konkurrenten für Taxiunternehmen. An dieser Stelle wird deutlich, dass im Rahmen des strategischen Managements weitere Analysen notwendig sind (z. B. Branchenstrukturanalyse), um die Konkurrenz und deren Bedrohungspotenzial verlässlich einzuschätzen.

3.2 Benchmarking

Benchmarking ist ein weit verbreitetes Instrument im strategischen Management und erfreut sich bei Praktikern großer Beliebtheit. So nimmt in einer internationalen Studie der Unternehmensberatung Bain & Company das Benchmarking Platz zwei auf der Liste der am weitesten verbreiteten Managementtools ein (Rigby/Bilodeau 2015). Allein in Europa und Nordamerika nutzen demnach gut 50 % der befragten Unternehmen Benchmarking. Die Ergebnisse der Studie belegen weiter, dass insbesondere große Unternehmen Benchmarking im Rahmen der strategischen Analyse anwenden und dabei i. d. R. auch zufrieden mit dieser Methode sind. In der Praxis erfolgt die Anwendung von Benchmarking zumeist in Kombination mit anderen Analysemethoden des strategischen Managements. Laut Rigby/Bilodeau (2015, S. 16) nutzen große Unternehmen im Durchschnitt mindestens acht verschiedene Instrumente und kombinieren deren Ergebnisse, um sich über das Unternehmen und die Umwelt zu informieren.

Beim Benchmarking vergleicht ein Unternehmen kontinuierlich seine Leistung im Hinblick auf Produkte oder Prozesse mit dem Unternehmen, das diese Leistung am Markt am besten erbringt. Es sollen sog. »Best Practices« identifiziert werden, die dann im eigenen Unternehmen übernommen werden. Die eigene Leistung soll systematisch verbessert und schrittweise dem Niveau des Benchmarking-Partners angenähert werden. Benchmarking geht damit über das Instrument der Konkurrentenanalyse hinaus. Es soll nicht nur die Lücke zwischen der eigenen und der prinzipiell erreichbaren Leistung aufzeigen, sondern auch zu verstehen helfen, *wie* eine bestimmte Leistung in einem Unternehmen erbracht wird (Gathen 2014, S. 234).

Die Durchführung von Benchmarking wird als ein Prozess verstanden, der sich in vier wesentliche Phasen (▸ Abb. 3.12) untergliedern lässt (Kerth/Asum/Stich 2015, S. 156–158):

- In der Planungsphase werden zunächst Benchmarking-Objekte festgelegt. Diese bilden den Untersuchungsgegenstand, der im Rahmen eines Benchmarking-Projekts verbessert werden soll. Benchmarking-Objekte können Produkte, Dienstleistungen, Geschäftsmodelle, Prozesse oder auch Verfahren sein. In der Planungsphase werden auch konkrete Ziele im Hinblick auf die Benchmarking-Objekte festgelegt. Mögliche Ziele sind, die Kosten zu senken, die Qualität zu verbessern oder die Kundenzufriedenheit zu erhöhen. Zudem wird ein adäquater Benchmarking-Partner ausgewählt.
- Die Datengewinnung stellt den zweiten Schritt des Benchmarking-Prozesses dar. Hier analysiert ein Unternehmen die Ausprägungen der gewählten Benchmarking-Objekte im eigenen Unternehmen und beim Benchmarking-Partner.
- Den dritten Schritt bildet die Datenanalyse. Die erhobenen Daten werden nun verglichen und ausgewertet. Dabei ist das zentrale Ziel, die Gründe für die Überlegenheit des Benchmarking-Partners herauszuarbeiten und daraus Verbesserungsansätze abzuleiten, die auf das eigene Unternehmen übertragen werden können.
- Der Benchmarkingprozess schließt mit der Umsetzungsphase ab. Ein Unternehmen ergreift dabei entsprechende Maßnahmen, um die eigene Leistung an die des Benchmarking-Partners anzunähern. Da Benchmarking als iterativer Prozess angesehen wird, bildet die Umsetzungsphase auch die Ausgangslage für weitere Benchmarking-Projekte. In einer kritischen Analyse soll weiterer Verbesserungsbedarf identifiziert werden, der in einem darauf aufbauenden Benchmarking-Prozess adressiert wird.

Abb. 3.12: Prozess des Benchmarking
(Quelle: Eigene Darstellung in Anlehnung an Kerth/Asum/Stich (2015, S. 156))

Ausprägungen des Benchmarking

Im Hinblick auf die konkreten Ausprägungen von Benchmarking lassen sich zwei Dimensionen unterscheiden. Diese beziehen sich auf die Wahl des Benchmarking-Partners und auf die Art der Zusammenarbeit mit dem Benchmarking-Partner.

Bei der Wahl des Benchmarking-Partners lassen sich vier Kategorien identifizieren – internes Benchmarking, wettbewerbsorientiertes Benchmarking, funktionales Benchmarking und generisches Benchmarking (Camp 1995):

- Beim internen Benchmarking stammt der Vergleichspartner aus dem eigenen Unternehmen. Unterschiedliche Sparten, Abteilungen, Filialen oder Produktionsstandorte werden hier miteinander verglichen.
- Wählt man einen Benchmarking-Partner aus der gleichen Branche, entspricht dies dem wettbewerbsorientierten Benchmarking.
- Funktionales Benchmarking liegt vor, wenn branchenübergreifend grundlegende unternehmerische Funktionen, wie bspw. Logistik oder Rechnungswesen, untersucht werden.
- Generisches Benchmarking, das häufig als Benchmarking im eigentlichen Sinne verstanden wird, vergleicht Unternehmen, die in unterschiedlichen Branchen aktiv sind, aber mit ähnlichen Prozessen, Aufgaben und Problemen konfrontiert werden. Ein Beispiel dafür stellt der Vergleich der Bodenabfertigung eines Flugzeugs mit einem Boxenstopp bei der Formel 1 dar (Kerth/Asum/Stich 2015, S. 154).

Die zweite Dimension, die die Ausprägung eines Benchmarking-Projekts bestimmt, liegt in der Art der Zusammenarbeit mit dem Benchmarking-Partner. Es wird zwischen kooperativem und nicht-kooperativem Benchmarking unterschieden (Elnathan/Lin/Young 1996):

- Beim kooperativen Benchmarking findet das Projekt gemeinsam mit dem Benchmarking-Partner statt, der direkten Zugang zu den relevanten Informationen gewährt. Dies kann durch Schulungen, Betriebsbesichtigungen und das Bereitstellen interner Informationen erfolgen.
- Beim nicht-kooperativen Benchmarking stellt der Benchmarking-Partner keine direkten Informationen zur Verfügung. Ein Unternehmen muss sich bei dieser Variante mit öffentlich verfügbaren Informationen begnügen. Dies können Geschäftsberichte, Artikel in Fachzeitschriften, Informationen von Kunden und Lieferanten des Unternehmens oder Informationen aus Datenbanken sein.

Die aufgezeigten Dimensionen führen zu unterschiedlichen Formen des Benchmarking, die jeweils mit unterschiedlichen Vor- und Nachteilen verbunden sind. In einer kritischen Analyse sollen im Folgenden wesentliche Stärken und Schwächen von Benchmarking und dessen Ausprägungen diskutiert werden.

Kritische Stellungnahme

Die zentrale Stärke von Benchmarking liegt darin, das Innovationspotenzial eines Unternehmens zu erhöhen. Dies gilt insbesondere für funktionales und generisches Benchmarking, da hier ein Unternehmen auf branchenfremde Lösungen aufmerksam gemacht wird. Benchmarking verbessert zudem die Umsetzbarkeit neuer Lösungen in Unternehmen. Widerstände bei Veränderungsprozessen könnten geringer sein, da am Beispiel des Benchmarking-Partners gezeigt werden kann, dass eine bestimmte Leistung grundsätzlich erreichbar ist (Gerlach 1983, S. 153). Weiterhin werden die Gründe für die Überlegenheit des Benchmarking-Partners herausgearbeitet. Dies erlaubt es, gezieltere Maßnahmen zur Verbesserung der eigenen Leistung zu ergreifen. Auch der Vergleich mit anderen Unternehmen bietet Vorteile. Durch kontinuierliches Benchmarking lernt ein Unternehmen seine eigenen Stärken und Schwächen besser einzuschätzen.

Allerdings verfügt das Konzept des Benchmarking auch über Schwächen. Die ausschließliche Orientierung am »besten« Unternehmen kann bspw. dazu führen, dass man selbst mittels Benchmarking im günstigsten Fall nur das zweitbeste Unternehmen innerhalb einer Branche werden kann. Diesem Kritikpunkt kann entgegnet werden, dass es nicht immer notwendig ist, eine Leistung am besten zu erbringen. Für ein Unternehmen stellt es keinen Selbstzweck dar, ein bestimmtes Leistungsniveau zu erreichen, sondern ein Mittel, um bestimmte Ziele, wie bspw. einen möglichst hohen Gewinn, zu realisieren. Ein Unternehmen, das die Wettbewerbsstrategie der Differenzierung verfolgt, muss im Hinblick auf die Kostenstruktur nicht das Niveau des Kostenführers anstreben, um erfolgreich zu sein. Durch Benchmarking mit dem Kostenführer können jedoch Einsparpotenziale offengelegt und der Abstand zum Benchmarking-Partner verringert werden. Letztlich sollte es aber das Ziel des Benchmarking sein, nicht nur zum führenden Unternehmen aufzuschließen, sondern dieses auch zu überholen. Das eigene Unternehmen bleibt sonst stets in der Rolle eines Nachzüglers.

Kritisch ist auch die Forderung zu sehen, sich nur auf das Unternehmen zu konzentrieren, das eine Leistung am besten erbringt. Für die Auswahl eines geeigneten Benchmarking-Partners sollten mehrere Kriterien genutzt werden. Ein potenzieller Benchmarking-Partner sollte eine Leistung deutlich besser erbringen als das eigene Unternehmen. Weiterhin sollte aber auch der Kontext, in dem die Leistung erbracht wird, vergleichbar sein, so dass eine Übertragung auf das eigene Unternehmen erleichtert wird. Auch sollte der Zugang zu benötigten Informationen gewährleistet sein, um nachvollziehen zu können, wie ein Benchmarking-Partner eine Leistung genau erbringt. Die verschiedenen Ausprägungen von Benchmarking zeigen deutlich, dass die Forderung, sich am Besten zu orientieren, prinzipiell nur einen Idealzustand beschreibt (Francis/Holloway 2007, S. 183).

Wellstein/Kieser (2011) unterscheiden in diesem Zusammenhang zwischen den Schwierigkeiten, einerseits »Best Practices« zu identifizieren, und andererseits den Schwierigkeiten, diese zu transferieren. Beides ist mit sehr großen Herausforderungen verbunden. Benchmarking-Studien versuchen zumeist die Praktiken zu erkennen, die die Besten von den weniger Guten unterscheiden. Dabei ist problematisch, dass die Samplegrößen zumeist klein und empirische Vergleiche somit kaum möglich sind. Außerdem sind die meisten Praktiken sehr kontextabhängig, das heißt, ihr Einfluss auf bestimmte Erfolgsgrößen wird von weiteren Faktoren beeinflusst, die im Benchmarking aber eventuell gar nicht betrachtet werden. Wellstein/Kieser (2011) kommen deshalb zu dem Schluss, dass es sich bei Benchmarking-Ansätzen eher um Marketingkonzepte großer Strategieberatungen handelt, als um eine wissenschaftlich-seriöse Methode. Sie plädieren dafür, sich statt mit »Best Practices« lieber mit grundlegenden Regeln und Routinen in Unternehmen auseinanderzusetzen und weisen darauf hin, dass die Veränderung und Entwicklung sinnvoller Regeln und Routinen ein langwieriger Prozess ist, der durch einen schnellen »Best Practice-Transfer« nicht zu ersetzen ist.

Bei der Durchführung eines Benchmarking-Projekts müssen die Kosten und der erwartete Nutzen zudem kritisch abgewogen werden, da erfolgreiches Benchmarking i. d. R. sehr ressourcenintensiv ist. Zunächst müssen die Zielsetzung und das Benchmarking-Objekt präzise definiert werden, da erst durch die exakte Kenntnis des Problems ein adäquater Partner gesucht werden kann. Ferner ist die Suche nach einem Unternehmen nicht leicht, das genau die Leistung, die im Benchmarking-Objekt verbessert werden soll, am besten oder zumindest deutlich besser erbringt. Das Unternehmen muss verstehen, wie ein Benchmarking-Partner die Leistung erbringt und wie die Lösung an die spezifische Situation des eigenen Unternehmens angepasst werden kann. Dies ist in der Praxis oft nur mit großem Aufwand zu erreichen, da eine identifizierte »Best Practice« oft die Kernkompetenz eines Unternehmens widerspiegelt, die definitionsgemäß nur schwer imitierbar ist. Oftmals wird deswegen das Ziel – die überlegene Lösung des Benchmarking-Partners zu verstehen – nicht erreicht. Benchmarking wird in diesem Fall darauf reduziert, aufzuzeigen, was potenziell erreicht werden kann. Dies gilt insbesondere für Benchmarking-Projekte, die in nicht-kooperativer Weise durchgeführt werden (Walgenbach/Hegele 2001, S. 136).

3.3 Branchenstrukturanalyse

Aufbauend auf Erkenntnissen der Industrieökonomik hat Porter mit der sog. Branchenstrukturanalyse ein Konzept zur Identifikation und Interpretation der strukturellen Merkmale von ganzen Branchen entwickelt. Ziel dieses Modells ist es, ausgehend von den strukturellen Merkmalen einer

Branche, die Wettbewerbssituation und darauf aufbauend das Gewinnpotenzial der jeweiligen Branche einzuschätzen. Porter definiert eine Branche als »*Gruppe von Unternehmen [...], die Produkte herstellen, die sich gegenseitig nahezu ersetzen können*« (Porter 2013, S. 39). Durch eine Branchenstrukturanalyse gewinnt man Klarheit darüber, welchen Status quo eine Branche aufweist und wie sie sich entwickelt. Verschiedene Branchen weisen unterschiedlich hohe Renditen auf und bieten jeweils andere Möglichkeiten, sich im Wettbewerb durchzusetzen. Abbildung 3.13 zeigt exemplarisch den Return on Equity verschiedener Branchen in den USA über einen Zeitraum von 20 Jahren auf.

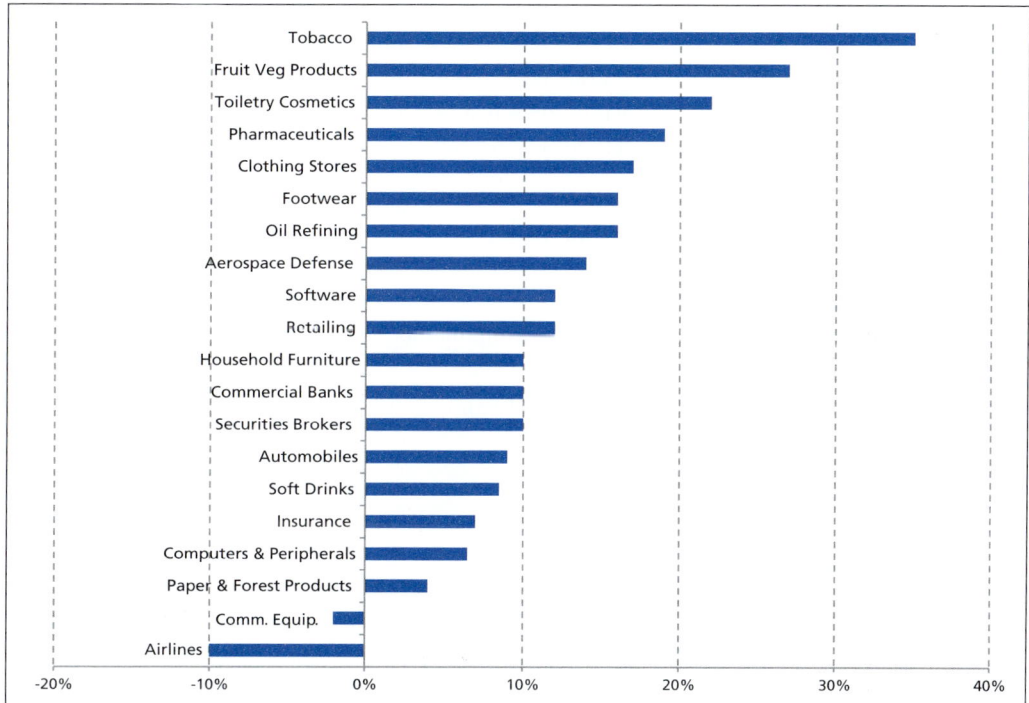

Abb. 3.13: Profitabilität verschiedener Branchen
(Quelle: Eigene Darstellung in Anlehnung an Montgomery (2012, S. 26))

Die Wettbewerbssituation jeder Branche lässt sich nach Porter (2008) auf das Zusammenwirken von fünf Bestimmungsfaktoren (Wettbewerbskräften) zurückführen,[10] die wiederum bestimmt werden von der zugrunde liegenden Branchenstruktur (technologische und ökonomische Merkmale einer Branche). Jede Branche setzt sich aus mehreren strategischen Gruppen zusammen, d. h. Unternehmen, die Ähnlichkeiten in Bezug auf zentrale unternehmenspolitische Variablen wie z. B. Kostenposition, Preis- und Qualitätspolitik aufweisen (Porter 2013). Im Gegensatz zur Industrieökonomik, die das Verhalten der Unternehmen überwiegend als Reflex der Branchenstruktur betrachtet, betont Porter (2008) stets die Gestaltungsmöglichkeiten der Unternehmen auf der Basis einer effektiven Wettbewerbsstrategie.

---

10 Die Branchenstrukturanalyse wird im angelsächsischen Raum oftmals auch als »5 Forces Analysis« bezeichnet.

In jeder Branche wirken die folgenden fünf Wettbewerbskräfte zusammen und determinieren deren Gewinnpotenzial (Porter 2008, S. 80):

- Rivalität unter den bestehenden Wettbewerbern,
- Bedrohung durch Ersatzprodukte oder -dienste,
- Bedrohung durch neue Konkurrenten,
- Verhandlungsstärke der Lieferanten und
- Verhandlungsstärke der Abnehmer.

Abbildung 3.14 gibt einen umfassenden Überblick über die fünf wesentlichen Elemente, welche die Branchenstruktur determinieren. Die Stärke jeder dieser fünf Kräfte ist wiederum eine Funktion der Branchenstruktur. So ist z. B. die Rivalität zwischen bestehenden Konkurrenten sehr groß, wenn die folgenden Bedingungen gelten (Porter 2013, S. 54–57):

- zahlreiche und gleich große Wettbewerber,
- reife Märkte (geringes Branchenwachstum),
- hohe Fix- und Lagerkosten,
- Produkte sind nicht differenziert,
- Kapazitätserweiterungen sind nur in großem Umfang möglich,
- heterogene Wettbewerber,
- hohe Austrittsbarrieren (z. B. spezialisierte Aktiva).

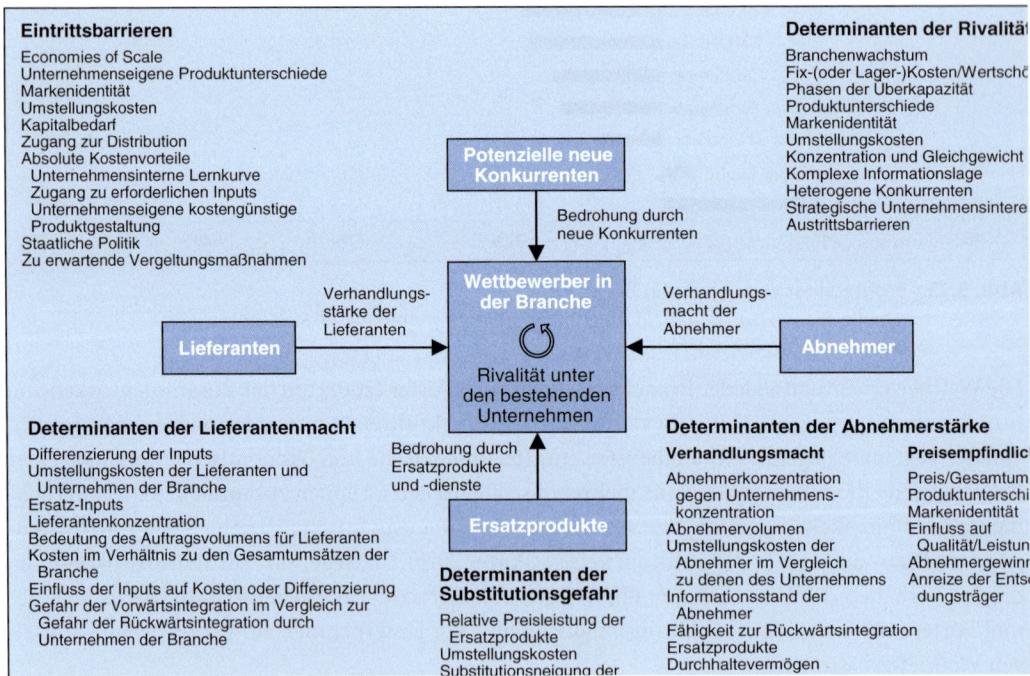

Abb. 3.14: Elemente der Branchenstrukturanalyse
(Quelle: Porter (1985, S. 6))

Die Analyse der Branchenstruktur bildet eine wesentliche Voraussetzung für die Bestimmung einer Wettbewerbsstrategie. Unternehmen sind allerdings »in der Regel keine Gefangenen ihrer Branchenstruktur« (Porter 2014, S. 28). Sie können zumindest teilweise die Branchenstruktur und die fünf Wettbewerbskräfte beeinflussen und vor allem durch die Wahl einer effektiven Strategie ihre Position innerhalb einer Branche verbessern. Für die strukturierte Analyse einer Branche empfiehlt Porter (2008) das in Abbildung 3.15 dargestellte Vorgehen.

---

1. **Define the relevant industry:**
   - What products are in it? Which ones are part of another distinct industry?
   - What is the geographic scope of competition?

2. **Identify the participants and segment them into groups, if appropriate:**
   Who are
   - the buyers and buyer groups?
   - the suppliers and supplier groups?
   - the competitors?
   - the substitutes?
   - the potential entrants?

3. **Assess the underlying drivers of each competitive force to determine which forces are strong and which are weak and why.**

4. **Determine overall industry structure, and test the analysis for constituency:**
   - *Why* is the level of profitability what it is?
   - Which are the *controlling* forces for profitability?
   - Is the industry analysis consistent with actual long-run profitability?
   - Are more-profitable players better positioned in relation to the five forces?

5. **Analyse recent and likely future changes in each force, both positive and negative.**

6. **Identify aspects of industry structure that might be influenced by competitors, by new entrants, or by your company.**

Abb. 3.15: Vorgehen im Rahmen der Branchenstrukturanalyse
(Quelle: Porter (2008, S. 92))

Kritische Stellungnahme

Das Konzept von Porter hat Theorie und Praxis des strategischen Managements stark beeinflusst. Der aus den fünf Wettbewerbskräften entwickelte und flexibel ausgestaltete Bezugsrahmen ermöglicht eine strukturelle Analyse und Erklärung der Wettbewerbssituation und damit des Gewinnpotenzials einer Branche. Gleichzeitig erlaubt die Analyse eine begründete Prognose der zu erwartenden Branchenentwicklung und es werden Ansatzpunkte für eine Verbesserung der Wettbewerbssituation deutlich. Anhand der Erkenntnisse aus der Branchenstrukturanalyse lassen sich Impulse für die Auswahl erfolgversprechender Strategieoptionen gewinnen. Dank der weiten

Definition des Begriffs »Wettbewerb« (nicht nur bestehende, sondern auch potenzielle Konkurrenten sowie Abnehmer und Lieferanten) werden zudem unproduktive semantische Auseinandersetzungen um die »richtige« Branchenabgrenzung vermieden.

Die inhaltlich orientierte Strategieforschung hat durch das Analysemodell von Porter wertvolle Impulse erhalten. Auch wenn vielerorts kritisch angemerkt wird, dass das Portersche Modell zur Analyse einer Branche bereits im Jahr 1979 zum ersten Mal vorgestellt wurde und damit an Aktualität verloren hätte, wies Porter eindrucksvoll nach, dass dies nicht der Fall ist. Auch unter veränderten Branchenbedingungen ist sein Modell als ein wesentlicher Baustein im Rahmen der strategischen Analyse immer noch geeignet. So lassen sich laut Porter Wettbewerbsbedingungen in der New Economy genauso mittels der Branchenstrukturanalyse untersuchen wie in der eher traditionell geprägten Stahl- oder Automobilindustrie (Porter 2001, 2008).

Kritisch anzumerken ist, dass zahlreiche inhaltliche Aussagen höchstens den Charakter von Hypothesen haben, die nicht durch empirische Untersuchungen gestützt werden. Sowohl für wissenschaftliche Untersuchungen als auch zur Analyse praktischer Entscheidungssituationen müssen die überwiegend qualitativen Aussagen von Porter präzisiert werden, um zu brauchbaren Erklärungen und Prognosen zu kommen. Zudem ist es in der Praxis oft nicht einfach, die Grenzen einer Branche exakt zu definieren. Eine zu enge oder auch zu weite Branchenabgrenzung kann jedoch zu strategischen Fehlentscheidungen führen. Problematisch erscheint zudem, dass der statische Charakter des Analyserahmens zu einer Vernachlässigung von Branchentrends im Zeitablauf führt.

3.4 Marktanalyse

Unter Marktanalyse wird die Untersuchung der Eigenschaften abgegrenzter Märkte, Teilmärkte oder Marktsegmente verstanden. Dabei kann es sich bei den Analyseobjekten um verschiedenste Märkte, z. B. Beschaffungsmärkte, Finanzmärkte, Personalmärkte oder Absatzmärkte handeln. Je nach Branchenzugehörigkeit besitzen die Analysen der einzelnen Märkte eine unterschiedliche Bedeutung. So kann z. B. eine Beschaffungsmarktanalyse für Industrie- und Handelsunternehmen besonders wichtig sein. Andererseits legen Dienstleistungsunternehmen wie bspw. Unternehmensberatungen u. U. besonderen Wert auf eine ausführliche Analyse der Personalmärkte, da die Fähigkeiten und das Wissen des Personals einen wesentlichen Teil der Wertschöpfung darstellen. Unternehmen, die ihre Produkte in unterschiedlichen Währungsregionen fertigen und verkaufen, könnten hingegen ein besonderes Augenmerk auf die Analyse der Finanzmärkte, insbesondere die Veränderungen der Wechselkurse, legen. Über diese branchenspezifischen Besonderheiten hinaus, ist die Analyse des Absatzmarktes für alle Unternehmen von größter Bedeutung. Daher liegt der Fokus der folgenden Darstellung auf der Analyse des Absatzmarktes.

Die Marktanalyse verbindet die Nachfrageseite mit dem eigenen Leistungsangebot und dem der Wettbewerber. Sie zählt gemeinsam mit der laufenden Marktbeobachtung zu den Methoden der Marktforschung. Mit ihrer Hilfe sollen Informationen über Struktur und Veränderungen der Teilmärkte und Marktsegmente gewonnen werden. Der Begriff des Marktsegments bezeichnet eine homogene Gruppe von Kunden bzw. Käufern, die sich möglichst deutlich von anderen Käufergruppen unterscheidet. Die Marktsegmentierung kann nach soziodemografischen, geografischen, psychografischen, verhaltensorientierten oder nutzenorientierten Kriterien erfolgen (Homburg 2017, S. 485–489). Die genannten Kriterien können auch miteinander kombiniert werden (▶ Teil II, Kap. 3.1.2).

Die Marktanalyse zielt insbesondere auf die Erfassung folgender Elemente ab:

- Marktvolumen,
- Marktwachstum (durchschnittliche Entwicklung während der vergangenen drei oder fünf Jahre und im Planungszeitraum erwartetes Marktwachstum),
- Marktanteile (des eigenen Unternehmens und der wichtigsten Wettbewerber, aktuell sowie im Planungszeitraum erwartete Veränderungen),
- bisherige und erwartete Preisentwicklung,
- die Ausgestaltung der weiteren Marketinginstrumente.
- Abbildung 3.16 zeigt eine mögliche Zusammenstellung von Kriterien zur Durchführung der Marktanalyse.

Zu vergleichendes Produkt/Produktgruppe _____

Teilmarkt/Marktsegment _____

Untersuchungsobjekte	Eigenes Unternehmen	Wettbewerber		
		Unternehmen A	Unternehmen B	Unternehmen C
Marktvolumen				
Marktwachstum				
Marktanteil				
Erwartete Veränderung des Marktanteils (in den nächsten 3 Jahren)				
Preis				
Erwartete Preisentwicklung (in den nächsten 3 Jahren)				
Weitere Marketinginstrumente: -Produktqualität -Verpackung -Werbung -Service -Lieferzeit -Vertriebswege -Lieferbedingungen				

Abb. 3.16: Kriterien zur Durchführung der Marktanalyse
(Quelle: Eigene Darstellung)

Insbesondere Gälweiler (2005) hat immer wieder auf den allgemeinen Zusammenhang zwischen Marktvolumen, Marktanteil, Marktwachstum und Geschäftswachstum hingewiesen.

Unter dem Marktvolumen wird das effektiv realisierte oder geschätzte Absatzvolumen auf einem bestimmten Markt verstanden, während der Marktanteil den Anteil eines Unternehmens am gesamten Marktvolumen (in %) angibt. Beide Größen können in Mengen- oder Wertgrößen ausgedrückt werden und sind jeweils auf eine bestimmte Periode bezogen. Unterschieden werden absolute und relative Marktanteile. Der relative Marktanteil bildet den Marktanteil des betrachteten Unternehmens in Relation zum Marktanteil des größten Wettbewerbers bzw. der Summe der Marktanteile der drei größten Konkurrenten ab.

Gälweiler (2005, S. 168) hat den folgenden arithmetischen Zusammenhang zwischen Marktwachstum, Marktanteilsveränderungen und dem Unternehmenswachstum (in Mengen) als »Grundformel der Unternehmensstrategie« bezeichnet:

$$MV\Delta F \times MA\Delta F = UWF_m$$

mit:
$MV\Delta F$ = Marktvolumenveränderungsfaktor = Marktwachstum (in Mengen)
$MA\Delta F$ = Marktanteilsveränderungsfaktor (Ausgangsmarktanteil: 1,0; in Mengen)
UWF_m = Unternehmenswachstumsfaktor (in Mengen)

Im Folgenden soll die Veränderung einer bestimmten Größe durch einen Veränderungsfaktor (ΔF), der kleiner, größer oder gleich 1,0 sein kann, zum Ausdruck gebracht werden. Der Wert 1,0 stellt die Ausgangsmenge dar. So entspricht z. B. ein Marktwachstum von 10 % einem Marktvolumensveränderungsfaktor von 1,1.

Beispiel:
Das Marktwachstum beträgt 10 %. Der Marktanteil soll von 5 % auf 6 % gesteigert werden. Das dafür notwendige Unternehmenswachstum wird wie folgt ermittelt:

$MV\Delta F \times MA\Delta F = UWF_m$
$1,1 \times 1,2 = 1,32$

Das bei diesem Marktwachstum und Marktanteilsziel erforderliche Unternehmenswachstum (jeweils in Mengengrößen) beträgt 32 %.

Die Grundformel der Unternehmensstrategie macht Art und Umfang der für die Realisierung der strategischen Ziele notwendigen Unternehmenspotenziale (Kapazitäten, Investitionen etc.) deutlich. Die Formel zeigt darüber hinaus, dass Marktanteilsveränderungen auf dem Unterschied zwischen Marktwachstum und Unternehmenswachstum basieren. In der Formel ausgedrückt heißt das:

$$\Delta F(MA) = \frac{\Delta F(U_r)}{\Delta F(MV)}$$

Daraus folgt:

$$\Delta F(MA) = \begin{cases} < 1, \text{ wenn } \Delta F(U_r) < \Delta F(MV) \\ = 1, \text{ wenn } \Delta F(U_r) = \Delta F(MV) \\ > 1, \text{ wenn } \Delta F(U_r) > \Delta F(MV) \end{cases}$$

Dies bedeutet, dass der Marktanteil eines Unternehmens r sinkt, wenn das Unternehmen r schwächer wächst als das Marktvolumen. Der Marktanteil bleibt hingegen unverändert, wenn das Unternehmen genauso stark wächst wie das Marktvolumen. Gelingt es dem Unternehmen, stärker als der Markt zu wachsen, kann das Unternehmen seinen Marktanteil ausbauen. Diese Analysen sind je nach Bedarf weiter zu verfeinern; so können z. B. die Marktanteile getrennt nach alten und nach neuen Produkten analysiert werden. Ferner ist es möglich, die verschiedenen Käufergruppen weiter nach bestimmten soziografischen oder soziokulturellen Gesichtspunkten zu differenzieren.

Ergänzend kann auch eine Marktanalyse des Gesamtmarktes vorgenommen werden, um die künftige Entwicklung des gesamten Bedarfsvolumens sowie die Struktur des Gesamtmarktes besser einschätzen zu können. Dabei wird unter dem Gesamtmarkt der Markt für eine gesamte Produktgattung (z. B. »Kraftfahrzeuge«) verstanden, während ein Teilmarkt nur bestimmte Produktgruppen (z. B. »Cabriolets«) umfasst.

Bei der Gewinnung der für die Marktanalyse notwendigen Daten kann man sich primärer oder sekundärer Datenquellen bedienen (Thommen et al. 2017, S. 71–72):

- Zu den Quellen von Primärdaten zählen Befragungen und Beobachtungen sowie die Sonderformen des Experiments und des Panels (Homburg 2017, S. 263–264). Die so erhobenen Daten können dann durch qualitative oder quantitative Analyseverfahren ausgewertet werden.
- Werden Informationen aus bereits vorhandenem Datenmaterial gewonnen, spricht man von Sekundärdatenanalyse. Ein Unternehmen kann dabei prinzipiell auf unternehmensintern oder extern vorliegende Daten zurückgreifen. Als unternehmensinterne Datenquellen bieten sich z. B. Unterlagen der Kostenrechnung und Buchhaltung, Umsatz- und Kundenstatistiken sowie in der Vergangenheit erhobene Primärdaten an. Unternehmensextern können Sekundärdaten von amtlichen Institutionen (z. B. Statistisches Bundesamt), Verbänden, wissenschaftlichen Institutionen, Beratungsunternehmen oder Konkurrenten bezogen werden (Homburg 2017, S. 296–297).

Gerade durch das Internet können Sekundärdaten häufig sehr kostengünstig und schnell erhoben werden. Da diese Daten allerdings meist nicht unternehmensspezifisch sind, können sie eine Primärdatenerhebung nur sehr eingeschränkt ersetzen. Als Ergänzung zur Auswertung von Primärdaten ist eine Sekundärdatenrecherche allerdings sehr gut geeignet. Sie kann insbesondere für folgende Zwecke eingesetzt werden (Homburg 2017, S. 297–298):

- Vorbereitung eigener Primärerhebungen,
- Einarbeitung in ein neues Themengebiet,
- Konkurrenz- und Branchenanalysen,
- schneller Überblick über unbekannte Märkte.

Die Marktanalyse dient normalerweise nicht nur dazu, einen Status quo zu erfassen, sondern es sollen auch zukünftige Marktentwicklungen prognostiziert werden. Zum Zwecke einer vorausschauenden Marktanalyse kann man unterschiedliche Prognoseverfahren einsetzen. Diese lassen sich in Prognoseverfahren ohne explizite Angabe der unabhängigen Variablen und mit expliziter Information über die unabhängigen Variablen unterteilen. Zu ersteren zählen aus Repräsentativbefragungen und aus Expertenbefragungen (z. B. der Delphi-Methode) gewonnene Prognosen. Bei den Prognoseverfahren mit expliziter Information über die unabhängigen Variablen lassen sich nicht-ökonometrische Ansätze und ökonometrische Ansätze unterscheiden. Bei den nicht-ökonometrischen Methoden (Methode der gleitenden Durchschnitte oder exponentielles Glätten) werden die Prognosewerte ausschließlich aus Vergangenheitswerten der zu prognostizierenden Größe errechnet, während bei den ökonometrischen Ansätzen weitere Einflussfaktoren, die in einer Kausalbeziehung zur Prognosevariablen stehen, einbezogen werden (Homburg 2017, S. 477–478).

Die Frage nach der Abgrenzung eines bestimmten unternehmensrelevanten Marktes wurde bisher als unproblematisch vorausgesetzt. In Theorie und Praxis führt diese Aufgabe jedoch zu Schwierigkeiten. Ein mögliches Vorgehen zur Abgrenzung der relevanten (Teil-)Märkte stellt der dreidimensionale Ansatz von Abell (1980) dar, der bereits weiter oben im Rahmen der externen Segmentierung des Marktes vorgestellt wurde (▶ Teil II, Kap. 3.1.2).

Die Marktanalyse verfolgt insbesondere den Zweck, Unterlagen für die Gestaltung und Formulierung von Strategien im Absatzbereich zu gewinnen. Die Aufteilung des Gesamtmarktes in bestimmte Marktsegmente kann u. a. dazu beitragen, durch geeignete Strategien gezielt auf die Wünsche bestimmter Kundengruppen eingehen zu können. Dazu gehören Strategien und Maßnahmen der Werbung, der Preispolitik, der Produktgestaltung sowie des gesamten Marketing-Mix, kurz, alle Aktivitäten, die dem Prinzip der differenzierten Marktbearbeitung entsprechen.

Kritische Stellungnahme
Eine Marktanalyse kann nur durchgeführt werden, wenn zuvor die relevanten Märkte definiert wurden, d. h. eine sinnvolle Marktsegmentierung erfolgt ist. Bei der Abgrenzung der Marktsegmente können allerdings verschiedene Probleme auftreten:

- Wird diese nach einem relativ groben Raster vorgenommen, fehlen u. U. Angaben für eine differenzierte Strategieformulierung. Zur Erfassung spezifischer Eigenschaften von Käufergruppen wäre eine weitgehende Differenzierung wünschenswert. Bei dieser ergibt sich jedoch das Problem einer möglichen Überschneidung der angewandten Segmentierungskriterien.
- Wird die Marktsegmentierung nach geografischen oder soziodemografischen Kriterien vorgenommen, können die Segmente gut durch Aktivitäten im Rahmen des Marketing-Mix angesprochen werden; allerdings ist zu bezweifeln, ob das Kaufverhalten innerhalb dieser Segmente homogen ausfällt. Löst man das Problem der Kaufverhaltensrelevanz durch den Einsatz von verhaltens- oder nutzenorientierten Segmentierungskriterien, sind diese Segmente wiederum nur schwer durch Marketingaktivitäten anzusprechen. Die Gegenläufigkeit der Ziele der Ansprechbarkeit und der Kaufverhaltensrelevanz bezeichnet man auch als Dilemma der Marktsegmentierung. Ein Lösungsansatz für dieses Dilemma besteht in der Anwendung mehrdimensionaler Segmentierungskriterien (Homburg 2017, S. 489–490).

Eine Marktanalyse ist eine wesentliche Voraussetzung für die Formulierung erfolgreicher Wettbewerbsstrategien und neuer Geschäftsmodelle. Da Marktanalysen i. d. R. zeitpunktbezogen sind, handelt es sich jedoch um ein statisches Analyseinstrument im Rahmen des strategischen Managements, welches durch andere Methoden ergänzt werden sollte.

3.5 Instrumente zur expliziten Berücksichtigung der Unsicherheit

In diesem Abschnitt werden die Sensitivitätsanalyse, die Risikoanalyse und die Entscheidungsbaumanalyse behandelt. Diese Verfahren erfassen keine Inhalte der Wettbewerbsumwelt, sondern versuchen, die mit den Informationen verbundene Ungewissheit explizit abzuschätzen und »berechenbar« zu machen. Es handelt sich um solche Instrumente des strategischen Managements, deren Einsatz sinnvollerweise nur unter Zuhilfenahme von IT-Systemen bewerkstelligt werden kann. Alle Verfahren sind bisher überwiegend für die Stützung von Investitionsentscheidungen eingesetzt worden. Da es sich aber um allgemeine Verfahren zur Berücksichtigung der Unsicherheit bei Entscheidungen handelt, können sie auch im Rahmen der strategischen Analyse und Strategieentwicklung verwendet werden.

Auf die vielfältigen Probleme, die insbesondere Verfahren zur Berücksichtigung von Unsicherheit aufweisen, haben wir bereits hingewiesen (▶ Teil II, Kap. 3.25). Der Vollständigkeit halber und aufgrund der Relevanz dieser Methoden für die Praxis geben wir im Folgenden dennoch einen kurzen Überblick.

Sensitivitätsanalysen
Sensitivitätsanalysen beziehen die jeder Entscheidungssituation inhärente Unsicherheit dadurch ein, dass sie vorher als sicher unterstellte Einflussgrößen variieren und die Auswirkungen dieser Änderungen auf die Ergebnisgrößen prüfen. Damit ersetzt man die übliche einwertige durch eine situationsgebundene mehrwertige Rechnung. Dies kann erstens in der Weise geschehen, dass für einzelne Parameter kritische Werte bestimmt werden, bei denen das Entscheidungskriterium eine vorgegebene Ergebnisgröße gerade erreicht. Zweitens kann untersucht werden, wie das Entscheidungskriterium (die Ergebnisgröße) auf eine Änderung der Parameter um einen bestimmten Prozentsatz reagiert. Die Bandbreite der Schwankung des Entscheidungskriteriums wird dann durch eine optimistische und durch eine pessimistische Beurteilung der Parameter gefunden. Mithilfe von Sensitivitätsanalysen lassen sich auf diese Weise die Auswirkungen z. B. einer Preissenkung um 8 % auf den Marktanteil ermitteln.

Die Bedeutung der Sensitivitätsanalysen liegt insbesondere in der Ermittlung derjenigen strategischen Variablen (Parameter), deren Auswirkungen auf die Entscheidung als besonders gravierend anzusehen sind (»crucial variables«). Wenn die Zielgröße stark auf die Veränderung einer Eingangsvariablen reagiert, ist es sinnvoll, über diese Eingangsgröße weitere Informationen einzuholen. Wenn mehr als zwei Größen einbezogen werden, so wird das Verfahren unübersichtlich. Es können dann nur noch in Extremfällen Aussagen über die Anfälligkeit der untersuchten Variablen gemacht werden. Diesen Nachteil versucht die Risikoanalyse zu überwinden.

Risikoanalysen

Als Risikoanalysen werden alle Methoden bezeichnet, bei denen die Wahrscheinlichkeitsverteilung über alle Merkmalsausprägungen des Entscheidungskriteriums auf der Grundlage der Wahrscheinlichkeitsverteilungen der Eingangsgrößen ermittelt wird. Zur Durchführung der Risikoanalyse sind folgende Schritte notwendig:

- Es ist ein Modell zu konstruieren, das den Zusammenhang zwischen den Eingangsgrößen und dem Entscheidungskriterium wiedergibt,
- es sind Wahrscheinlichkeitsverteilungen der Input-Größen zu ermitteln,
- es sind Wahrscheinlichkeitsverteilungen des Entscheidungskriteriums aus den Verteilungen der Eingangsgrößen zu berechnen,
- anschließend sind diese Ergebnisse zu interpretieren.

Im Bereich des strategischen Managements können Anwendungsmöglichkeiten insbesondere bei Umsatzprognosen, bei Innovationsentscheidungen und bei preispolitischen Entscheidungen gesehen werden. Kritisch lässt sich darauf hinweisen, dass das Verfahren der Risikoanalyse üblicherweise nur Wahrscheinlichkeitsverteilungen über die Eingangsgrößen enthält und nicht deren Bestimmungsfaktoren untersucht. Risikoanalysen sind auch nicht in der Lage, den Gesichtspunkt der Mehrstufigkeit zu erfassen, der sich z. B. zwischen Strategien und Maßnahmen über mehrere Perioden hinweg ergibt. Wenn alternative Entscheidungen der Konkurrenten oder der Käufer zu berücksichtigen sind, so schlagen sich diese in der Risikoanalyse nur in Wahrscheinlichkeitsverteilungen nieder. Bei den Entscheidungsbaumverfahren werden sie dagegen explizit berücksichtigt.

Entscheidungsbaumanalysen

Mittelpunkt der Entscheidungsbaumanalyse ist der aus Knoten und Kanten bestehende Entscheidungsbaum. Knoten beschreiben einerseits die Situationen, in denen z. B. Konkurrenten und Käufer (Umwelt) Entscheidungen treffen (Ereignisknoten), und andererseits diejenigen Situationen, in denen das Unternehmen Entscheidungen fällt (Entscheidungsknoten). Die Knoten sind durch Kanten verbunden. Dabei werden die Verbindungen zwischen Ereignisknoten und nachfolgenden Entscheidungsknoten mit den Eintrittswahrscheinlichkeiten dieser Umweltzustände versehen.

Entscheidungsbaumanalysen dienen dazu, optimale Strategien im Sinne der flexiblen Planung zu ermitteln. Zu diesem Zweck wird das gesamte Entscheidungsproblem in Teilprobleme aufgefächert, die sukzessiv gelöst werden. Es sind verschiedene Verfahren denkbar, mit denen man zu einem Ergebnis kommen kann (z. B. das Roll-Back-Verfahren). Nach dem Entscheidungsbaumverfahren wird diejenige Alternative gewählt, die den höchsten Erwartungswert des Zielkriteriums aufweist (siehe dazu die ausführlichen Darstellungen bei Hax 1985, S. 165–187; Laux 1971, S. 39–44, 1995; Laux/Gillenkirch/Schenk-Mathes 2014, S. 276–278). In der Praxis hat es sich empfohlen, mit einfach strukturierten Entscheidungsbäumen zu arbeiten, da sonst der Rechenaufwand schnell sehr hoch wird. Der Einsatz von einfach strukturierten Entscheidungsbäumen erscheint in komplexen Situationen sinnvoller als ein vollständiger Verzicht auf den Einsatz dieses Instruments.

Kritische Stellungnahme

Die dargestellten Verfahren zählen im weiteren Sinne zu den Entscheidungsmodellen unter Ungewissheit. Diese Modelle unterstellen eine »*vollständige Gewissheit über die Ungewissheit*« (Schneider 1994, S. 229). Sie gehen davon aus, dass eine im Augenblick noch nicht bekannte Anzahl aus der geplanten Menge an Zukunftslagen eintreten wird. Fraglich ist, ob die so erreichte Quantifizierung der Risiken nicht eher eine Scheinsicherheit vortäuscht, während in Wirklichkeit »uncertainty of uncertainty« dominiert (▶ Teil II, Kap. 3.25). Im Rahmen einer sinnvollen Methodenkombination lassen sich die beschriebenen Elemente jedoch unter Beachtung der genannten Einschränkungen sinnvoll zur Diskussion strategischer Probleme einsetzen.

Die vielfältigen Probleme, die mit diesen Methoden einhergehen, erklären auch, warum Top-Manager den Einsatz quantitativ-analytischer Entscheidungshilfen häufig mit erheblicher Skepsis betrachten. In einer von uns durchgeführten empirischen Studie bei 122 deutschen Großunternehmen gaben lediglich 20 % der Firmen an, im strategischen Management mit quantitativen Verfahren wie Entscheidungsbaumanalysen zu arbeiten (Behnam/Gilbert/Kleinfeld 2004; The Galileo Consulting Group/Behnam/Gilbert 2002). Diese Ergebnisse bestätigen sich in einer aktuellen Studie von Rigby/Bilodeau (2015), die ebenfalls zu dem Ergebnis kommen, dass Instrumente zur Berücksichtigung der Unsicherheit nur wenig in der Praxis genutzt werden.

4 Integrative Instrumente

4.1 SWOT-Analyse

Die SWOT-Analyse ist das wohl am weitesten verbreitete Instrument im strategischen Management. Unsere empirischen Studien zeigen, dass fast 97 % der großen Unternehmen dieses Instrument bekannt ist und es rund 89 % auch tatsächlich im Rahmen des strategischen Managements nutzen (Behnam/Gilbert/Kleinfeld 2004; The Galileo Consulting Group/Behnam/Gilbert 2002). Die SWOT-Analyse wurde von Andrews (1971) und Kollegen an der Harvard Business School in den frühen 1960er Jahren entwickelt (Learned et al. 1969). Bei der SWOT-Analyse handelt es sich um ein integratives Instrument: Sie ermöglicht die Auswertung von Informationen, die sich sowohl auf die interne Unternehmenssituation als auch auf externe Umweltbedingungen beziehen.

Das Akronym SWOT steht dabei für die Begriffe Strengths, Weaknesses, Opportunities und Threats. Die Stärken und Schwächen (»Strengths« und »Weaknesses«) repräsentieren die interne Perspektive und stellen auf die momentane Lage des Unternehmens ab. Durch die Berücksichtigung der Chancen und Risiken (»Opportunities« und »Threats«) fließen zudem Daten aus der externen Umweltanalyse in das Instrument ein. Aus der Kombination der Stärken/Schwächenanalyse zum einen und der Chancen/Risikenanalyse zum anderen lassen sich mittels SWOT-Analyse ganzheitliche Strategien für die zukünftige Ausrichtung des Unternehmens ableiten (Gathen 2014, S. 244–252).

Im Rahmen der SWOT-Analyse geht man in vier Schritten vor:

- Identifikation der unternehmensinternen Stärken und Schwächen,
- Analyse der unternehmensexternen Chancen und Risiken,
- Aggregation der gesammelten Informationen zur SWOT-Analyse,
- Ableitung strategischer Handlungsempfehlungen aus der SWOT-Analyse.

Stärken/Schwächenanalyse

Die Stärken/Schwächenanalyse bildet den ersten Schritt der SWOT-Analyse. Unter einer Stärken-/Schwächenanalyse wird die Analyse und Bewertung der Ressourcen eines Unternehmens z. B. im Vergleich zu den wichtigsten Konkurrenten verstanden. Die Vorteile (Stärken) und Nachteile (Schwächen) werden für die gegenwärtige und insbesondere für die zukünftige Situation ermittelt. Die Analyse der Stärken und Schwächen erfordert eine langfristige Sichtweise. Streng genommen ist die Stärken/Schwächenanalyse nur eine auf die Gegenwart bezogene Betrachtung. In der Praxis des strategischen Managements hat es sich jedoch als zweckmäßig erwiesen, auch dann von einer Stärken-/Schwächenanalyse zu sprechen, wenn die Chancen und Risiken im Hinblick auf zukünftige Umweltentwicklungen einbezogen werden. Dies soll an folgendem Beispiel verdeutlicht werden: Die Konzentration auf eine sehr enge Produktpalette kann in der Gegenwart eine Stärke bedeuten, aus der sich bei entsprechender Umweltentwicklung eine Chance entwickelt. Infolge von Nachfrageverschiebungen kann diese gegenwärtige Stärke aber auch zu einer künftigen Bedrohung werden. Aus dem Zusammenspiel von gegenwärtigen Stärken und Schwächen und zukünftigen Umweltentwicklungen ergeben sich also zukünftige Chancen und Risiken.

Ebenso wie bei der Potenzialanalyse (▶ Teil III, Kap. 2.1) hat es sich bei der Analyse der Stärken und Schwächen in der Praxis als zweckmäßig erwiesen, funktionsbezogen vorzugehen. Die Untersuchung der Stärken und Schwächen nach unterschiedlichen Funktionsbereichen bietet den Vorteil, innerhalb eines Funktionsbereichs beliebig differenzieren zu können (innerhalb des Funktionsbereichs Vertrieb z. B. nach Produktlinien, nach geografischen Gesichtspunkten oder nach Kundengruppen). Die Merkmalsausprägungen der Potenzialelemente werden erst durch den Vergleich (z. B. mit den Konkurrentenmerkmalen) zu Stärken und Schwächen. So kann bspw. ein Marktanteil von 5 % in der einen Situation als Stärke und in einer anderen Situation als Schwäche interpretiert werden, je nach Marktanteil der stärksten Mitbewerber.

Die Ermittlung der Stärken und Schwächen kann prinzipiell dem subjektiven, mehr intuitiven Ermessen der Planungs- und Entscheidungsträger überlassen oder anhand nachprüfbarer Werte vorgenommen werden. Beide Formen haben Vor- und Nachteile. Um die Nachteile der beiden Bewertungsarten möglichst auszuschließen, empfiehlt sich ein kombiniertes, sukzessives Vorgehen. In einem ersten Schritt nehmen die verantwortlichen Stellen ihre persönliche Einschätzung der vorhandenen und der zukünftigen Potenziale vor. In einem zweiten Schritt sind diese subjektiven Urteile dann nach »objektiven« Gesichtspunkten zu bewerten. Dabei sind nach Möglichkeit die qualitativen Aussagen der Befragten um quantitative Angaben zu ergänzen. Eine solche »objektive« Bewertung kann folgendermaßen vorgenommen werden:

- als Vergleich mit der Branchenentwicklung bzw. mit der Entwicklung der wichtigsten Konkurrenten,

- als Vergleich der Unternehmensdaten mit betriebswirtschaftlichen Standards,
- als Überprüfung der festgestellten Stärken/Schwächen am Anspruchsniveau der Unternehmensziele.

Für die praktische Erstellung eines Stärken-/Schwächenprofils können Punktwert-Verfahren herangezogen werden. Die Ausprägungen der einzelnen Indikatoren werden in Punktwerte transformiert und durch Addition zu einem Gesamtwert zusammengefügt. Aus der Ausprägung der Gesamtwerte der Indikatoren ergibt sich ein strategisches Stärken-/Schwächenprofil (▸ Teil II, Kap. 3.2.2, Abbildung 2.16). Es liefert den Entscheidungsträgern Informationen über:

- Strategische Stärken: Diese Faktoren begründen einen Wettbewerbsvorteil des Unternehmens und stellen die Kernkompetenzen dar, an denen die Entwicklung von Strategien der Marktbearbeitung ansetzt.
- Strategische Schwächen: In diesen Bereichen fehlen dem Unternehmen die notwendigen Ressourcen und Fähigkeiten. Dies kann sich z. B. auch in mangelndem Know-how ausdrücken. Hier ist es die Aufgabe, Strategien zur Beseitigung der Schwächen zu formulieren.
- Basisanforderungen: Potenziale und Ressourcen, die sich weder durch hohe oder niedrige Ausprägungen auszeichnen noch in besonderer Weise vom Kunden nachgefragt werden, erfüllen die Basisanforderungen des Geschäfts. Hier muss die Entwicklungsrichtung genau untersucht werden, da diese Faktoren durch eine geeignete Strategie zu einer Quelle für Wettbewerbsvorteile entwickelt werden können.

Neben dem Rückgriff auf Punktwertverfahren bietet es sich in der Praxis an, die Stärken und Schwächen eines Unternehmens auch anhand anderer Instrumente wie z. B. Wertkette, Produktlebenszyklusanalyse, Kernkompetenzenanalyse, ABC-Analyse oder Geschäftsmodellanalyse zu evaluieren. Prinzipiell kommen sämtliche Methoden zur internen Analyse infrage, um relevante Informationen für eine Stärken-/Schwächenanalyse zu generieren. Die Ergebnisse dieser Analysen können dann als Grundlage für die Erarbeitung eines Stärken-/Schwächenprofils dienen.

Chancen/Risikenanalyse

Die Chancen/Risikenanalyse stellt den zweiten Schritt der SWOT-Analyse dar. Dabei gilt es, zunächst die für den Erfolg des Unternehmens relevanten Umweltfaktoren zu identifizieren. Im Anschluss werden diese Faktoren hinsichtlich ihrer möglichen Auswirkungen auf das Unternehmen und dessen strategische Ziele bewertet. Die Ausrichtung eines Unternehmens auf seine spezifischen Umweltbedingungen bildet ein konstitutives Merkmal des strategischen Managements. Informationen über die relevanten Umweltbedingungen und deren Veränderungen stellen den »Rohstoff« für strategische Entscheidungen bereit. Für die SWOT-Analyse ist entscheidend, dass sich ein Unternehmen mit seinen jeweils verschiedenen strategischen Geschäftseinheiten unterschiedlichen Subumwelten und nicht einer einheitlichen Umwelt gegenübersieht. Diese spezifischen Umweltsegmente beinhalten auch jeweils eigene Chancen und Risiken.

Auf welche Bereiche sich die Umweltanalyse beziehen kann, wurde von uns bereits ausführlich diskutiert (▸ Teil II, Kap. 3.2.3). Wie bei der Identifikation der Stärken und Schwächen eines Unternehmens, bietet es sich auch bei der Umweltanalyse an, auf andere Instrumente der strategischen

Analyse wie z. B. Konkurrentenanalyse, Benchmarking, Branchenstrukturanalyse oder Marktanalyse zurückzugreifen, um die notwendigen Informationen zu erhalten. Die Ergebnisse dieser Analysen dienen dann als Grundlage für die Identifikation der Erfolgsfaktoren des Unternehmens, um die von außen kommenden Chancen und Risiken zu erkennen.

SWOT-Analyse
Im dritten Schritt sind die Informationen aus der Stärken/Schwächenanalyse sowie der Chancen/Risikenanalyse in Form der eigentlichen SWOT-Analyse miteinander zu verbinden. Dies geschieht mithilfe einer einfachen zweidimensionalen Matrix (▶ Abb. 3.17). Die Matrix repräsentiert mit ihren beiden Achsen die Unternehmenssicht zum einen (Stärken und Schwächen) und die Umweltperspektive zum anderen (Chancen und Risiken).

Abb. 3.17: SWOT-Analyse
(Quelle: Eigene Darstellung)

Ableitung von strategischen Handlungsempfehlungen
Auf Basis der SWOT-Analyse lassen sich im vierten und letzten Schritt strategische Handlungsempfehlungen für das Unternehmen ableiten. Es wird versucht, den Nutzen der vorhandenen Stärken und Chancen zu maximieren und gezielt gegen Schwächen und Risiken vorzugehen. Die einfache SWOT-Analyse wird dazu um konkrete Strategieempfehlungen erweitert. Es ergibt sich die folgende sog. SWOT-Analyse-Matrix (▶ Abb. 3.18). In dieser werden vier Felder unterschieden, für die sich folgende strategische Handlungsempfehlungen ableiten lassen (Gathen 2014, S. 249–252):
- SO-Strategien (Strengths und Opportunities): In diesem Bereich geht es um die Wahrnehmung der Chancen, die unter dem Einsatz der Stärken erfolgen kann. Vorhandene Kompetenzen sollten zur Erzielung nachhaltiger Wettbewerbsvorteile eingesetzt werden.
- WO-Strategien (Weaknesses und Opportunities): Chancen sollen hier durch den gezielten Abbau von Schwächen nutzbar gemacht werden.

- ST-Strategien (Strengths und Threats): Unter Einsatz der eigenen Stärken gilt es, die Risiken abzufangen, die sich aus den Umweltveränderungen ergeben. Stärken können ferner dazu genutzt werden, die Umweltbedingungen aktiv zu verändern.
- WT-Strategien (Weaknesses und Threats): Die eigenen Schwächen gilt es abzubauen, um Risiken aus der Umwelt zu lindern. Häufig geht dieses Vorgehen mit Desinvestitionen einher, wenn sich bestimmte Schwächen anders nicht beheben lassen.

	Chancen (Opportunities)	**Risiken** (Threats)
Stärken (Strengths)	**SO-Strategien** • Wahrnehmung der Chancen unter Einsatz der Stärken • Expansionen/Investitionen • Nutzung von Trends durch vorhandene Ressourcen	**ST-Strategien** • Stärken ausnutzen, um Umweltrisiken auszugleichen bzw. zu lindern • Nutzung von Beziehungen, um Umweltbedingungen zu beeinflussen
Schwächen (Weaknesses)	**WO-Strategien** • Abbau von Unternehmensschwächen, um Chancen zu nutzen • Beispielsweise Abbau eigener Bürokratie (Schwäche), um reaktionsschneller zu sein und Chancen des Marktes nutzen zu können	**WT-Strategien** • Schwächen abbauen, um Risiko zu reduzieren • Desinvestitionsstrategien

Abb. 3.18: SWOT-Analyse-Matrix
(Quelle: Gathen (2014, S. 250))

Kritische Stellungnahme

Ein wesentlicher Vorteil der SWOT-Analyse ist ihre Einfachheit und Übersichtlichkeit. Mit einer klaren Systematik gelingt es, Informationen aus der internen und externen Analyse miteinander zu verbinden. Die Erstellung einer SWOT-Analyse zwingt Führungskräfte im Rahmen des Strategieprozesses zu einer kritischen Auseinandersetzung mit der unternehmerischen Situation. Das Instrument hilft, die enorme Komplexität im Rahmen der strategischen Analyse zu reduzieren. Neben der Erkenntnis über aktuelle Stärken, Schwächen, Chancen und Risiken lassen sich auch konkrete strategische Handlungsempfehlungen aus einer SWOT-Analyse ableiten. Voraussetzung für eine aussagekräftige SWOT-Analyse ist im Vorfeld die Festlegung der Untersuchungseinheit. Eine

SWOT-Analyse kann sich auf ein ganzes Unternehmen, eine strategische Geschäftseinheit, einzelne Funktionsbereiche oder auch bestimmte Geschäftsmodelle beziehen.

Problematisch erscheint, dass die SWOT-Analyse keine Priorisierung der strategischen Optionen vornimmt. Nicht alle Stärken und Schwächen bzw. Chancen und Risiken haben aber die gleiche Relevanz für ein Unternehmen. Nur durch die Zuweisung von Prioritäten lassen sich letztlich wichtige von weniger wichtigen strategischen Alternativen unterscheiden. Oftmals werden SWOT-Analysen auch durchgeführt, ohne vorher konkrete Ziele zu vereinbaren. Verfolgt man mit der SWOT-Analyse jedoch keine konkrete Absicht, dann werden die Ergebnisse i. d. R. zu abstrakt und allgemein sein, um handlungsleitenden Charakter für das strategische Management zu haben. Um klare strategische Schlussfolgerungen ziehen zu können, ist zudem immer sauber zwischen der externen und der internen Dimension zu trennen. Externe Chancen werden z. B. nicht selten mit internen Stärken eines Unternehmens verwechselt. Schließlich sei auf das Problem hingewiesen, dass bei der SWOT-Analyse der Gegenwartsbezug im Vordergrund steht und stets die Gefahr besteht, zukünftige Umweltveränderungen nicht ausreichend zu beachten. Um diesem Mangel zu begegnen, sollte man versuchen, auch die zukünftige Entwicklung vorhandener Stärken und Schwächen sowie Chancen und Risiken zu prognostizieren. Dies kann bspw. mithilfe einer Szenarioanalyse erfolgen.

4.2 Szenarioanalyse

Grundlegende Änderungen im Umfeld des Unternehmens, z. B. hervorgerufen durch einen abrupten technischen Wandel oder den Markteintritt neuer Wettbewerber, können kaum prognostiziert werden. Dies liegt daran, dass die meisten quantitativen Prognose- und Planungsverfahren auf der Prämisse der »Zeitstabilität« basieren (▶ Teil II, Kap. 3.2.5): Das bedeutet, dass die auf Basis der Vergangenheitsdaten festgestellten Zusammenhänge auch für die Zukunft gelten. Zunehmende Berücksichtigung fand deshalb besonders nach der Ölkrise 1973 ein grundsätzlich anderer Ansatz zur Prognose der Zukunft, die Szenarioanalyse. Zu dieser Zeit nutzte insbesondere Shell bereits erfolgreich Szenariotechniken, um plötzliche Verknappungen am Rohölmarkt durchzuspielen und sich darauf mit Alternativstrategien vorzubereiten. Externe Ereignisse haben auch heute noch einen Einfluss auf die Anwendung und Verbreitung von Instrumenten im strategischen Management. So lag die Zahl der von der Unternehmensberatung Bain & Company befragten Unternehmen, welche die Szenarioanalysen nutzen, vor den Anschlägen auf das World Trade Center bei 33 % (Rigby 2001). Nach den Ereignissen am 11. September 2001 und den geopolitischen und ökonomischen Folgen stieg die Verbreitung des Tools auf 70 % und blieb zunächst einige Jahre konstant (Rigby 2003; Rigby & Bilodeau 2007). In den letzten Jahren lässt sich jedoch wieder ein Rückgang der Nutzung der Szenarioanalyse konstatieren. Momentan wenden nur noch ca. 20 % der befragten Unternehmen die Methode an (Rigby/Bilodeau 2015). Dieser Rückgang lässt sich durch den Rückgriff auf empirische Erkenntnisse erklären. So hat die Szenarioanalyse scheinbar die an das Instrument gestellten Erwartungen bei einer großen Anzahl von Führungskräften nicht erfüllt. In einer aktuellen Untersuchung von Heiligtag/Maurenbrecher/Niemann (2017) äußern 40 % der befragten Führungskräfte

Unzufriedenheit mit der Szenarioanalyse. Zudem scheint die Tendenz zu bestehen, extreme Szenarien bereits zu Beginn der Strategieentwicklung als nicht »realistisch« auszusondern und sich in der Planung auf die wahrscheinlichsten Szenarien zu konzentrieren. Dies hat in der jüngsten Vergangenheit aber nicht selten zu dem Problem geführt, dass Unternehmen nicht vorbereitet waren, wenn tatsächlich extreme Szenarien eingetreten sind, wie z. B. die dramatischen Veränderungen durch die Energiewende in der deutschen Energiebranche.

Unter einem Szenario versteht man allgemein die Beschreibung der zukünftigen Entwicklung eines Prognosegegenstandes bei alternativen Rahmenbedingungen (Hansmann 1983, S. 18). In Abgrenzung zu vielen quantitativen Trendextrapolationsverfahren wird die Zukunft bei der Szenarioanalyse nicht mehr als eine einzige zu prognostizierende Zustandsgröße betrachtet. Vielmehr werden verschiedene mögliche, plausible und in sich stimmige (konsistente) Zukunftsbilder entworfen und Entwicklungspfade aufgezeigt, die zu diesen Zukunftsbildern hinführen. Es werden dabei auch ganz bewusst weniger wahrscheinlich anzunehmende Szenarien entworfen oder Störereignisse (plötzlich auftretende, vorher trendmäßig nicht erkennbare Ereignisse) in den Erstellungsprozess einbezogen (Angermeyer-Naumann 1985, S. 118; von Reibnitz 1986, S. 6). Der Entwurf von Extremszenarien und die kritische Analyse möglicher Spielarten dazwischen erleichtert es, sich auf die wichtigen und dringlichen Faktoren zu konzentrieren. Durch dieses Vorgehen kann es gelingen, aus der großen Zahl geschäftsrelevanter Informationen zum einen die wesentlichen Risikofaktoren, zum anderen aber auch die erfolgskritischen Daten zu extrahieren. Die Szenario-Analyse ermöglicht es so, ein besseres Gespür für die Signale zu entwickeln, die Trendbrüche und Strukturveränderungen ankündigen. Das Instrument hat in dieser Hinsicht große Ähnlichkeit mit dem von Ansoff (1980) propagierten »Strategic Issue Management«, in dem er auf die Relevanz »schwacher Signale« für die Strategieentwicklung eingeht und ein systematisches Konzept zur Einordnung dieser Signale vor dem Hintergrund ihrer Dringlichkeit und ihres Einflusses auf das Unternehmen vorstellt.

Obwohl qualitative Daten und Vorgehensweisen überwiegen, setzt man im Rahmen der Szenarioanalyse teilweise auch quantitative Prognosemodelle ein. Im strategischen Management kann die Szenario-Analyse z. B. bei einer Umweltanalyse benutzt werden oder um die Konsequenzen bestimmter Strategien zu ermitteln.

Die Entwicklung von Szenarien erfolgt in mehreren Schritten. Typischerweise werden acht Schritte unterschieden (siehe insbesondere von Reibnitz/Geschka/Seibert 1982):

- Problemanalyse: Strukturierung und Definition des Untersuchungsfeldes (Festlegung der Aufgabenstellung mithilfe von Experten).
- Umfeldanalyse: Identifizierung und Strukturierung der wichtigsten Einflussgrößen, die zukünftige Markt- und Umsatzentwicklungen treiben.
- Projektionen: Bestimmung von kritischen Deskriptoren für die Umfelder und Ermittlung von Entwicklungstendenzen (Trendprojektionen unter Berücksichtigung alternativer Entwicklungen).
- Annahmebündelung: Bildung und Auswahl alternativer, konsistenter Annahmebündel und Zusammenfassung zu Extrem- und Trendszenarien.
- Szenario-Interpretation: Interpretation der ausgewählten Umfeldszenarien in verbaler Form.

- Störfallanalyse: Einführung und Auswirkungsanalyse signifikanter Störereignisse.
- Auswirkungsanalyse: Ausarbeitung einiger weniger konsistenter Szenarien und Ableitung von Konsequenzen.
- Maßnahmenplanung: Konzipieren von Maßnahmenpaketen für die einzelnen Szenarien.

Abbildung 3.19 zeigt eine grafische Veranschaulichung des Vorgehens bei der Szenariotechnik. Es werden zunächst, ausgehend von der aktuellen Situation, zwei möglichst gegensätzliche Extremszenarien (z. B. Best- und Worst-Case-Szenario) gebildet. Diese beiden extremen Zukunftsausprägungen bilden einen sog. Szenariotrichter, der alle dazwischenliegenden, als realistisch erachteten Szenarien umfasst. Durch eine Extrapolation der aktuellen Situation gelangt man zu einem Trendszenario, welches sich ebenfalls innerhalb des Trichters befindet. Die Entwicklung dieses Trendszenarios kann allerdings durch Störereignisse verändert werden und zu einem neuen Zukunftszustand führen. Für solche Fälle sollte das Unternehmen Gegenmaßnahmen planen, um mögliche negative Veränderungen durch einen aktiven, steuernden Eingriff in eine positive Richtung zu lenken.

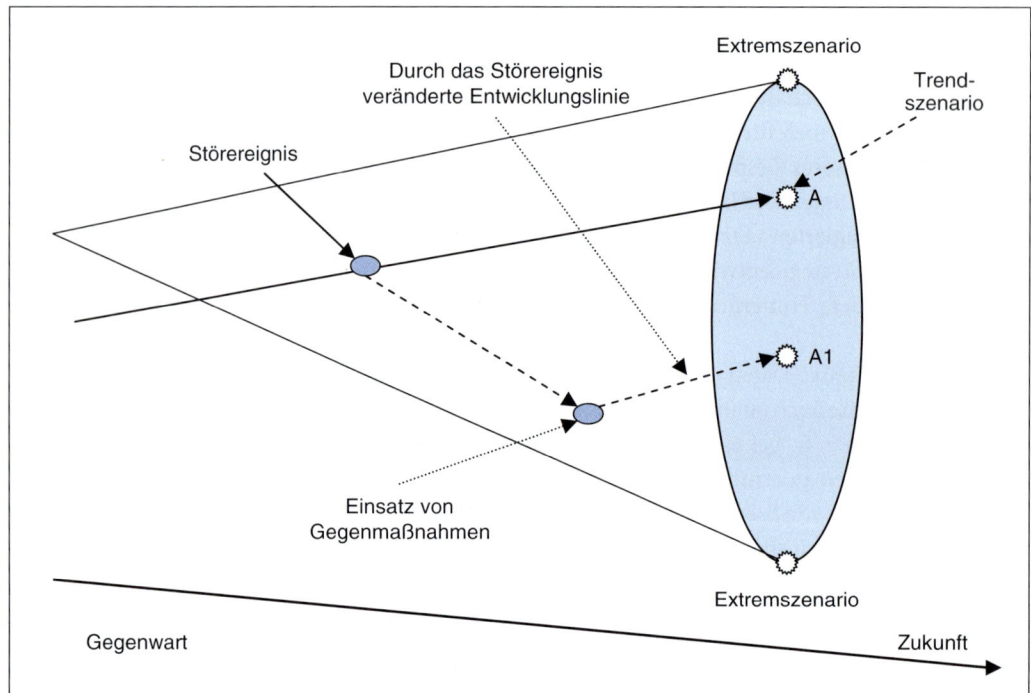

Abb. 3.19: Modell der Szenariotechnik
(Quelle: von Reibnitz (1987, S. 30))

Prinzipiell können außer diesen drei Szenarien (Best-Case, Worst-Case und Trendszenario) weitere Szenarien erstellt werden, was einerseits ein umfassenderes Bild der zukünftigen Entwicklungen liefert, andererseits aber auch die Übersichtlichkeit reduziert. Roxburgh (2009, S. 8) empfiehlt, auf Grundlage langjähriger praktischer Erfahrungen mit der Szenarioanalyse, mindestens vier Szenarien zu erstellen. Bei nur drei Szenarien kann die Gefahr bestehen, sich ausschließlich auf das »mittlere« Szenario zu konzentrieren und somit de facto mit nur einem Szenario zu arbeiten. Der Zeitrahmen, den die Szenariotechnik abbildet, kann je nach Einsatzzweck und Unternehmen zwischen fünf und 30 Jahren variieren.

Zusammenfassend lässt sich festhalten, dass die Szenarioanalyse den bewussten Versuch repräsentiert, Trends und Entwicklungen zu erkennen und sich im strategischen Management der prinzipiellen Unberechenbarkeit der Zukunft zu stellen. Darauf aufbauend lassen sich mögliche Chancen und Risiken des Unternehmens identifizieren und alternative Strategieoptionen durchspielen. Die Szenarioanalyse dient so vor allem zur Verbesserung der Handlungsfähigkeit sowie der Ableitung konkreter Anhaltspunkte für strategische Maßnahmen.

Kritische Stellungnahme
Ein Vorteil der Szenarioanalyse ist, dass das Denken in Szenarien den Horizont hinsichtlich vermeintlich unwahrscheinlicher Entwicklungen der Umwelt bei Entscheidungsträgern in Unternehmen erweitert. Unsicherheiten bezüglich der zukünftigen Entwicklungen werden durch die Szenario-Analyse nicht unterdrückt, sondern explizit noch einmal ins Bewusstsein der Entscheidungsträger gerufen, vor allem durch die Bestimmung alternativer möglicher Zukunftszustände. Die Aufgabe, relevante Einflüsse und deren Unsicherheiten zu erfassen und die Interdependenzen zu analysieren, wird umso schwieriger, je komplexer und dynamischer sich die Umweltsituation darstellt. Die Gefahren bestehen hier in der Nicht-Berücksichtigung von Einflussfaktoren, die bereits heute auf das Unternehmen einwirken, aber unerkannt bleiben, oder für die sich aus heutiger Sicht keine Trends abzeichnen. Durch die Bestimmung einer begrenzten Anzahl von Szenarien kann es dennoch gelingen, Komplexität zu reduzieren und sich auf alternative Entwicklungen der Umwelt einzustellen. Die Reaktionsgeschwindigkeit kann dadurch erhöht werden (Kerth/Asum/Stich 2015, S. 229).

Für das Erstellen von Szenarien gibt es nur sehr allgemeine Prinzipien, die den Beteiligten einen Rahmen vorgeben und somit die Voraussetzungen für den Entwicklungsprozess schaffen. Die inhaltliche Arbeit bleibt jedoch den Szenario-Erstellern selbst überlassen. Damit werden die Qualität und der Erfolg der Szenarioanalyse wesentlich von der Sorgfalt bei deren Durchführung beeinflusst. Somit sind die fachliche Kompetenz, die Informationsbasis und die Vorstellungskraft der Beteiligten für das Erkennen von Unsicherheiten und deren Wechselbeziehungen bedeutsam. Ausschlaggebend für die spätere Akzeptanz ist vor allem die Einbeziehung der Entscheidungsträger.

Durch die Analyse und Bewertung von Wirkungszusammenhängen verhilft die Szenariotechnik dem Planungsträger zu einem verbesserten Systemverständnis, das wiederum die Flexibilität der Planung erhöht. Daneben fördert der interdisziplinäre Charakter der Szenarioanalyse die interorganisationale Kommunikation. Sie trägt somit zu einer größeren Akzeptanz der Planung im Unternehmen bei (Meyer-Schönherr 1992).

Unsere Studien zeigen allerdings, dass die Einsatzmöglichkeiten der Szenarioanalyse in der Unternehmenspraxis oftmals noch unterschätzt werden (Behnam/Gilbert/Kleinfeld 2004). Wie bereits angedeutet, ist dieses Instrument zwar bei vielen Anwendern bekannt, aber nur wenige Unternehmen nutzen die Szenarioanalyse zur Bestimmung von Wettbewerbsstrategien (Rigby/Bilodeau 2015). Die ursprünglich für das Militär entwickelte Szenarioanalyse scheint – zumindest in Deutschland

– nicht immer den besten Ruf in der Praxis zu haben. Sie fällt in ihrer Bedeutung z. T. hinter andere Instrumente der strategischen Analyse, wie z. B. die SWOT-Analyse, zurück. Dies liegt aus unserer Sicht vor allem daran, dass deren Möglichkeiten unterschätzt und der zeitliche Aufwand für die Erstellung von Szenarien oftmals überschätzt werden. Kritiker bezweifeln, dass der Aufwand für die Entwicklung einer größeren Anzahl an Szenarien den Nutzen rechtfertigt, da bereits kleinste Änderungen in den Anfangsbedingungen massive Auswirkungen haben können. Somit kommt es vielmehr darauf an, sich schnell den neuen Gegebenheiten anzupassen bzw. in den spontan entstehenden Veränderungen Chancen zu erblicken. Nun werden aber in der Realität nicht alle schwachen Signale durch zufällige Marktbeobachtungen erfasst. Häufig können gerade komplexere und computerunterstützte Simulationen von verschiedenen Szenarien als sinnvolle Früherkennungssysteme fungieren.

4.3 Portfolio-Analysen

Die Grundidee des Portfolios stammt aus der Finanzwirtschaft und geht insbesondere auf die von Markowitz (1952; 1959) entwickelte Theorie zur »Portfolio Selection« zurück. Die Arbeiten von Markowitz galten als revolutionär und prägen die Portfolio Selection Theorie bis heute. 1990 erhielt Markowitz dafür den Nobelpreis für Wirtschaftswissenschaften.

Die Portfolio Selection Theorie verfolgt zwei zentrale Ziele (Markowitz 1952):

1. Analytische Beurteilung der Entscheidungen von Anlegern zur Diversifikation.
2. Bestimmung der Wertpapiere, die in ein Portfolio aufgenommen werden sollen.

Eine zentrale Erkenntnis der Portfolio Selection Theorie ist, dass die Risiken verschiedener Anlagen sich nicht immer addieren. Vielmehr kann das Risiko einer Anlage in einem Portfolio von Wertpapieren durch das Risiko einer anderen Anlage wieder aufgehoben werden. Um die wechselseitigen Abhängigkeiten bei der Auswahl der Anlagen für ein Portfolio optimal ausnutzen zu können, entwickelte Markowitz eine mathematische Modellierung, mit der sich effiziente Portfolios berechnen lassen (Markowitz 1952). Ein Portfolio beschreibt deshalb die optimale Mischung mehrerer Investitionsmöglichkeiten.

Die Bildung eines Wertpapierportfolios erfolgt typischerweise in drei Schritten:

1. Beurteilung jeder einzelnen Anlage im Hinblick auf die erwartete Rendite und Varianz der Rendite.
2. Bestimmung der wechselseitigen Abhängigkeiten (Kovarianzen) zwischen allen Einzelinvestitionen.
3. Auswahl der für das Portfolio optimalen Einzelanlagen (Investitionsprogramm) im Hinblick auf die beiden Kriterien Renditemaximierung und Risikominimierung.

Die Grundgedanken der Portfolio Selection Theorie wurden erstmals Ende der 1960er Jahre von der Unternehmensberatung The Boston Consulting Group (BCG) auf das strategische Management übertragen. Analog zu einem Wertpapierportfolio wird hierbei ein Unternehmen als Bündel von Investitionsentscheidungen betrachtet. Insbesondere Unternehmen, die zahlreiche strategische Geschäftseinheiten aufweisen und die in zahlreichen Geschäftsfeldern am Markt aktiv sind, lassen sich als diversifizierte Portfolios interpretieren.

Ziel der strategischen Portfolio-Analyse ist es, für jedes Geschäftsfeld sowohl die charakteristischen Merkmale des relevanten Marktes als auch die Position des Unternehmens in diesem Markt zu bewerten und das Ergebnis in anschaulicher Weise darzustellen. Ausgangspunkt der Portfolio-Analyse ist im Unterschied zu den finanztheoretischen Modellen die Abgrenzung der jeweiligen Portfolio-Elemente bzw. Planungseinheiten. Welche Elemente in einer Portfolio-Analyse untersucht werden, hängt vom Betrachtungsobjekt und den Zielen der jeweiligen Analyse ab. Als Portfolio-Elemente kommen in der Praxis vor allem strategische Geschäftseinheiten (SGE), strategische Geschäftsfelder (SGF), Produkte, Technologien, Ressourcen oder auch Kunden in Betracht. Dementsprechend können zahlreiche verschiedene Portfolio-Konzeptionen im strategischen Management unterschieden werden (ein Überblick findet sich bei Kerth/Asum/Stich 2015).

Die meisten Portfolio-Konzeptionen spannen einen zweidimensionalen Beurteilungsraum in Form einer Matrix auf, deren Achsen stets eine Umweltdimension und eine Unternehmensdimension beschreiben. Die einzelnen Portfolio-Elemente (z. B. SGE) werden dann in die jeweiligen Matrizen eingezeichnet und mit dem Ziel einer strategischen Bestandsaufnahme und der Ermittlung von sog. Normstrategien analysiert. Der Schwerpunkt der Portfolio-Analyse liegt auf der Ist-Analyse. Aufgrund möglicher Aussagen über die Entwicklungsrichtung der darin positionierten Geschäftseinheiten sowie der relativ einfachen Anwendung hat sich dieses Instrument jedoch zu einer wesentlichen Entscheidungshilfe für die Strategieentwicklung entwickelt.

Im Folgenden sollen drei Portfolio-Konzepte aus der Vielzahl möglicher Darstellungsformen herausgegriffen und näher erläutert werden:

- das Marktanteil-Marktwachstum-Portfolio,
- das Marktattraktivität-Wettbewerbsvorteil-Portfolio und
- das Technologie-Portfolio.

4.3.1 Marktanteil-Marktwachstum-Portfolio

Das Marktanteil-Marktwachstum-Portfolio (auch BCG-Matrix genannt) kann als der klassische Portfolio-Ansatz im strategischen Management bezeichnet werden. Die Methode wurde von der Boston Consulting Group mit dem Ziel entwickelt, die Beurteilungskriterien Marktwachstum und relativer Marktanteil miteinander in Beziehung zu setzen und diversifizierte Unternehmen bei der Steuerung ihres Leistungsangebotes zu unterstützen (Hedley 1977). Beide Faktoren werden jeweils in niedrig und hoch eingeteilt, so dass folgende Matrix entsteht (▶ Abb. 3.20).

Bei der BCG-Matrix handelt es sich um ein integratives Instrument des strategischen Managements, da sowohl die Unternehmens- als auch die Umweltperspektive berücksichtigt werden. Der relative Marktanteil repräsentiert die interne Stärke einer strategischen Geschäftseinheit und kann über entsprechende Maßnahmen von Seiten des Unternehmens beeinflusst werden. Beim Marktwachstum handelt es sich um eine Variable, welche die externe Umwelt des Unternehmens bzw. der jeweiligen Geschäftseinheit abbildet. Auf das Marktwachstum kann ein Unternehmen i. d. R. nur beschränkt Einfluss nehmen.

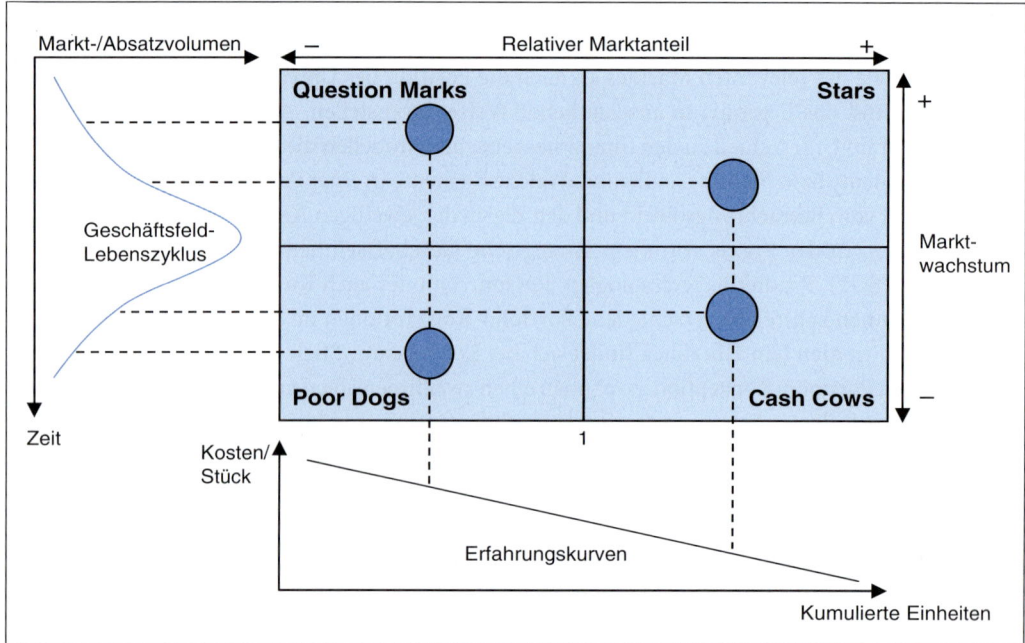

Abb. 3.20: Marktanteil-Marktwachstum-Portfolio (BCG-Matrix)
(Quelle: Kerth/Asum/Stich (2015, S. 86))

Zentrale Zielgröße bzw. abhängige Variable des Portfolios ist der Cash Flow. Untersucht wird die Wirkung der beiden Variablen relativer Marktanteil und Marktwachstum auf das Cash-Flow-Gleichgewicht der Unternehmung. Dabei basiert die BCG-Matrix auf drei grundlegenden Hypothesen und den damit verbundenen theoretischen Grundlagen:

- Ceteris paribus führt eine Marktanteilserhöhung aufgrund einer Erhöhung des Mengenabsatzes einer Unternehmung zu einer potenziellen Senkung der Stückkosten sowie zu einer potenziellen Erhöhung der Gewinnspanne und des Cash Flows. Die Höhe des Marktanteils bestimmt also das Cash-Flow-Generierungspotenzial einer SGE. Hinter dieser Überlegung steht letztlich der Erfahrungskurveneffekt.
- Die Partizipation eines Unternehmens am Marktwachstum erfordert Investitionen (Cash-Flow-Verbrauch). Das in der ersten Hypothese beschriebene Unternehmenswachstum ist am leichtesten und billigsten zu erreichen, wenn der gesamte Markt stark expandiert. Die erwartete Marktwachstumsrate gilt als ein Indikator für den Finanzmittelbedarf.
- Das jeweilige Wachstum und die zeitliche Entwicklung eines bestimmten Produkt-Markt-Segments folgen weitgehend dem Verlauf des dort geltenden Produktlebenszyklus und den entsprechenden Lebenszyklusphasen.

Aus der Unterscheidung von zwei Dimensionen und zwei Merkmalsausprägungen resultieren vier Portfolio-Felder. Die Bezeichnungen dieser Felder orientieren sich an dem jeweils zu erwartenden Cash Flow:

- »Stars« sind SGE mit einem hohen Marktanteil auf einem schnell wachsenden Markt. Zur Sicherung ihrer Position haben sie einen hohen Cash-Flow-Bedarf, den sie aber größtenteils selbst decken.
- Als »Cash Cows« gelten SGE mit einem hohen relativen Marktanteil in einem Markt mit einer niedrigen Wachstumsrate. Erwartet wird hierbei, dass die Marktführerschaft und darauf aufbauend die Niedrigkostenposition zu überdurchschnittlichen Stückgewinnen führen und wegen der relativ geringen Erhaltungsinvestitionen einen Cash-Flow-Überschuss bewirken.
- »Question Marks« sind SGE auf stark wachsenden Märkten, die nur über einen geringen relativen Marktanteil verfügen. Der hierbei generierte Cash Flow reicht nicht aus, um den Finanzmittelbedarf für Erweiterungsinvestitionen zu decken.
- »Poor Dogs« nennt man Geschäftseinheiten mit einem niedrigen Marktanteil und Marktwachstum. Wegen ihrer ungünstigen Kostenposition ist ihr Netto-Cash-Flow oft negativ, d. h. der Finanzmittelbedarf zum Erhalt der Marktposition ist größer als der freigesetzte Cash Flow.

Die Darstellung in einer BCG-Matrix lässt sich um eine dritte Dimension erweitern. Die Durchmesser der Kreise, die jeweils eine Geschäftseinheit darstellen, repräsentieren den Anteil dieser Einheit am Gesamtumsatz eines Unternehmens. Im Ergebnis führt die Positionierung der strategischen Geschäftseinheiten in der Matrix zu einer einfachen und übersichtlichen Grafik, aus der sich leicht der Status quo der aktuellen Diversifikation ablesen lässt. Die Einfachheit der Konzeption ist vermutlich ein wesentlicher Grund für die weite Verbreitung dieser Methode in der Praxis. Die BCG-Matrix stellt das am weitesten verbreitete und am meisten genutzte Konzept zur Portfolio-Analyse dar. In einer von uns durchgeführten empirischen Erhebung geben 92 % der Unternehmen an, dieses Instrument zu kennen, 62 % der Befragten nutzen es aktiv zur Strategieentwicklung (Behnam/Gilbert/Kleinfeld 2004; The Galileo Consulting Group/Behnam/Gilbert 2002).

Im Anschluss an die Positionierung der Geschäftseinheiten in der Matrix können sog. Normstrategien entwickelt werden. Ausschlaggebend dafür ist die Überlegung, dass die Geschäftseinheiten sich in einer jeweils unterschiedlichen strategischen Situation befinden und deswegen auch unterschiedlich gesteuert werden müssen. Außerdem soll das Gesamt-Portfolio daraufhin überprüft werden, ob ein finanzielles Gleichgewicht zwischen der Cash-Flow-Erzeugung und dem Cash-Flow-Bedarf besteht (Schreyögg 1984, S. 94–95). Nach Hedley (1977, S. 12) erweist sich im Hinblick auf das Ziel eines finanziell ausbalancierten Portfolios folgende Strategie als zweckmäßig: Die insbesondere durch die »Cash Cows« sowie durch die liquidierten »Questions Marks« und »Poor Dogs« gewonnenen Finanzmittel sind dazu einzusetzen, um die »Stars« und die ausgewählten »Question Marks« zu finanzieren.

Für die Geschäftseinheiten in den vier Feldern der Matrix bieten sich folgende Normstrategien an (► Abb. 3.21):

- für »Stars« Wachstums- und Investitionsstrategien,
- für »Question Marks« Investitions- oder Desinvestitionsstrategien,
- für »Cash Cows« Abschöpfungsstrategien und
- für »Poor Dogs« Desinvestitionsstrategien.

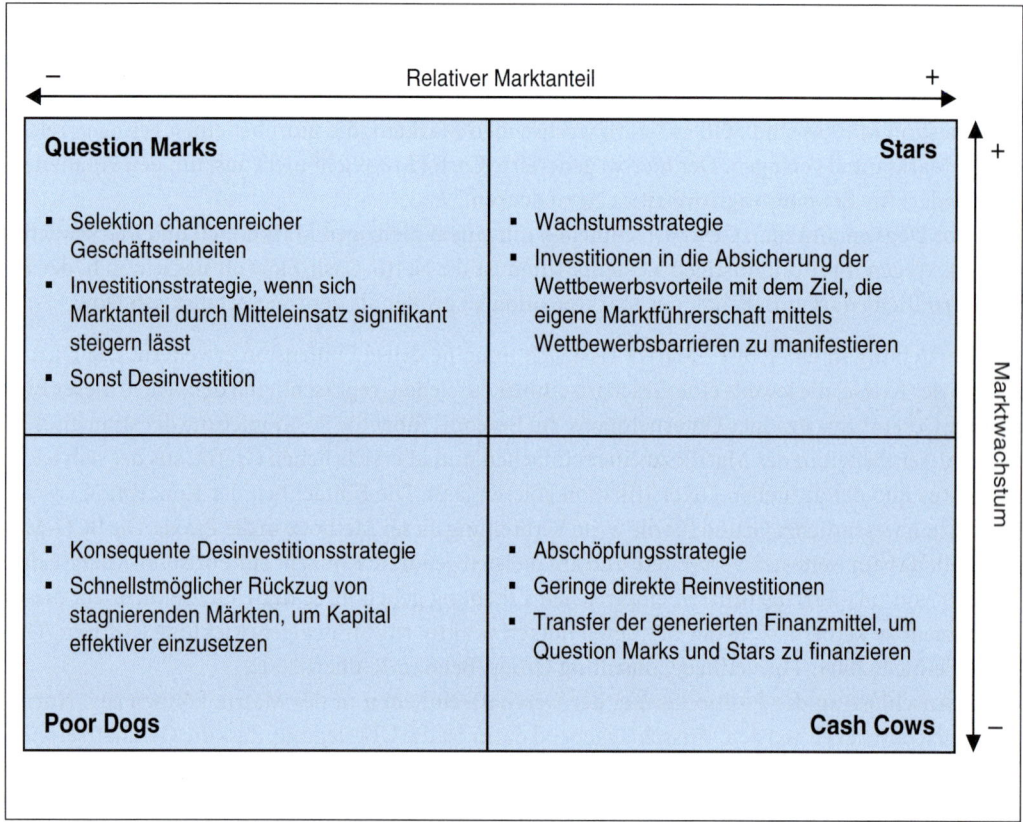

Abb. 3.21: Normstrategien des Marktanteil-Marktwachstum-Portfolios
(Quelle: Kerth/Asum/Stich (2015, S. 212))

Streng genommen handelt es sich bei der klassischen Portfolio-Analyse nur um eine statische Betrachtung der aktuellen Positionierung der Geschäftseinheiten. Da es im strategischen Management aber vor allem um die Bestimmung zukunftsweisender Strategien geht, kann die Portfolio-Analyse erweitert werden. Es bietet sich dazu an, auf Basis des aktuellen Portfolios ein Zielportfolio für die Zukunft zu entwickeln. Dieses zeigt erwünschte Entwicklungslinien der Geschäftseinheiten auf. In das Portfolio sind nicht nur die aktuellen, sondern auch die Zielpositionen der Geschäftseinheiten einzuzeichnen. Das Management muss dann strategische Maßnahmen entwickeln, wie diese Zielvorstellungen erreicht werden können. Abbildung 3.22 zeigt ein idealtypisches Beispiel für ein solches Zielportfolio.

Die strategische Implikation dieses Konzepts bezieht sich im Wesentlichen auf den Finanzmittelbedarf im Unternehmen. Damit beschränkt man sich aber auf einen, wenn auch wichtigen Teilaspekt. Das Marktanteil-Marktwachstum-Portfolio sollte deshalb lediglich als flankierendes Instrument zur Strategieentwicklung eingesetzt werden.

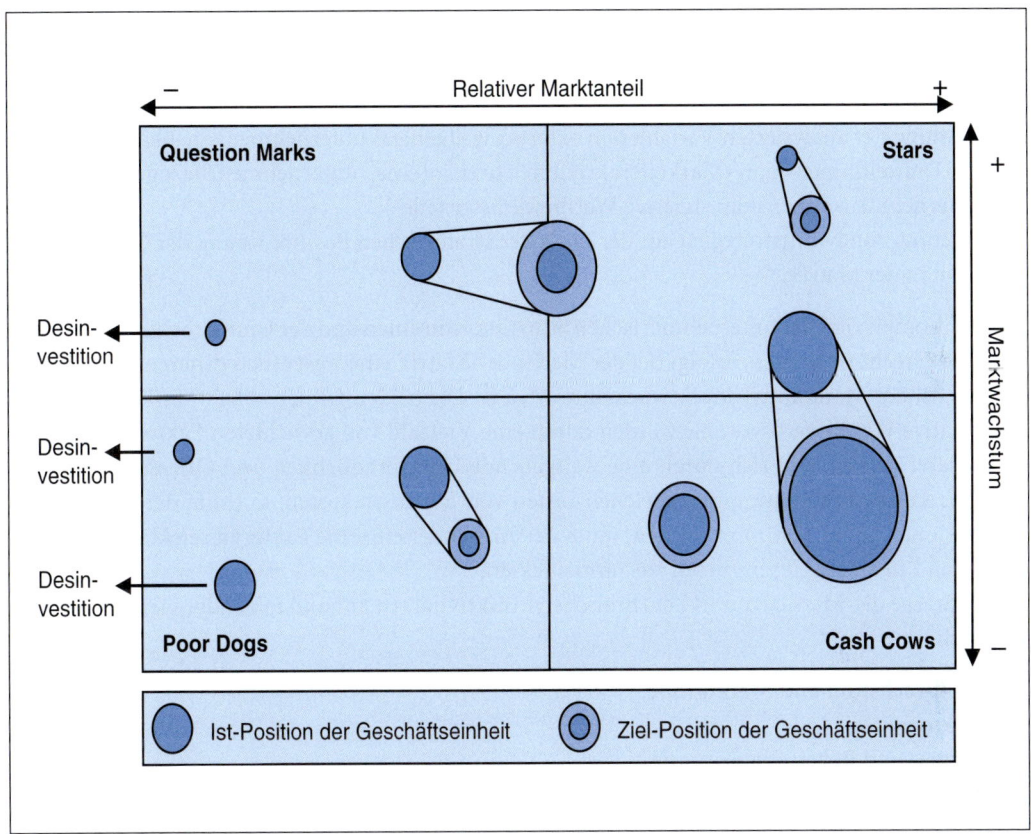

Abb. 3.22: Zielportfolio eines Unternehmens
(Quelle: Kerth/Asum/Stich (2015, S. 214))

4.3.2 Marktattraktivität-Wettbewerbsvorteil-Portfolio

Das Marktattraktivität-Wettbewerbsvorteil-Portfolio (Branchenattraktivität-Geschäftsfeldstärken-Portfolio) entwickelte sich aus der Kritik an der relativ einfachen, undifferenzierten Feldeinteilung und an den wenig aussagekräftigen Beurteilungskriterien der Marktanteil-Marktwachstum-Matrix. Es wurde von dem amerikanischen Beratungsunternehmen McKinsey entwickelt und bei General Electric zuerst praktisch erprobt. Im Gegensatz zum Marktanteil-Marktwachstum-Portfolio liegt diesem Konzept keine inhaltliche Hypothese über den Zusammenhang zwischen bestimmten Variablen zugrunde. Es existieren nur zwei grundlegende Gestaltungsregeln:

- Trennung der analysierten Variablen in externe, weitgehend unternehmensunabhängige Faktoren (Umweltdimension: »Marktattraktivität«) und interne, unternehmensbezogene Faktoren (Unternehmensdimension: »relative Wettbewerbsvorteile«);
- Ableitung von Normstrategien auf der Basis der strategischen Positionierung der Geschäftseinheiten in der Matrix.

Um der Komplexität der unternehmerischen Situation zum einen und der Umweltbedingungen zum anderen gerecht zu werden, erfolgt bei der McKinsey-Matrix eine wesentlich differenziertere Analyse als bei der Marktanteil-Marktwachstum-Matrix. Die beiden Dimensionen Marktattraktivität und relative Wettbewerbsvorteile werden durch eine Vielzahl von gewichteten Faktoren beschrieben. Dieser Ansatz lässt sich durch eine weitgehende Unverbindlichkeit und Offenheit charakterisieren. Aus den teilweise umfangreichen Listen von Einflussfaktoren, mithilfe derer die beiden Dimensionen näher bestimmt werden, muss der Anwender einzelne Faktoren selektieren und anschließend zu einem Gesamturteil zusammenfassen.

Die Stärke der Marktattraktivität (Branchenattraktivität) ist anhand folgender vier Kriterien zu ermitteln:

- Marktwachstum und Marktgröße,
- Marktqualität,
- Energie- und Rohstoffversorgung,
- Umweltsituation.

Die Position eines Unternehmens im Markt (relativer Wettbewerbsvorteil) hängt ab von

- der relativen Marktposition,
- dem relativen Produktionspotenzial,
- dem relativen Forschungs- und Entwicklungspotenzial,
- der relativen Qualifikation der Führungskräfte sowie
- den Kernkompetenzen eines Unternehmens.

Beide Dimensionen können weiter untergliedert und operationalisiert werden. Hinterhuber (2015, S. 176–178) liefert dazu eine detaillierte Übersicht. Aus der Verknüpfung der Marktattraktivität mit den relativen Wettbewerbsvorteilen ergibt sich wieder eine Matrix, wie sie in Abbildung 3.23 dargestellt ist.

4 Integrative Instrumente 275

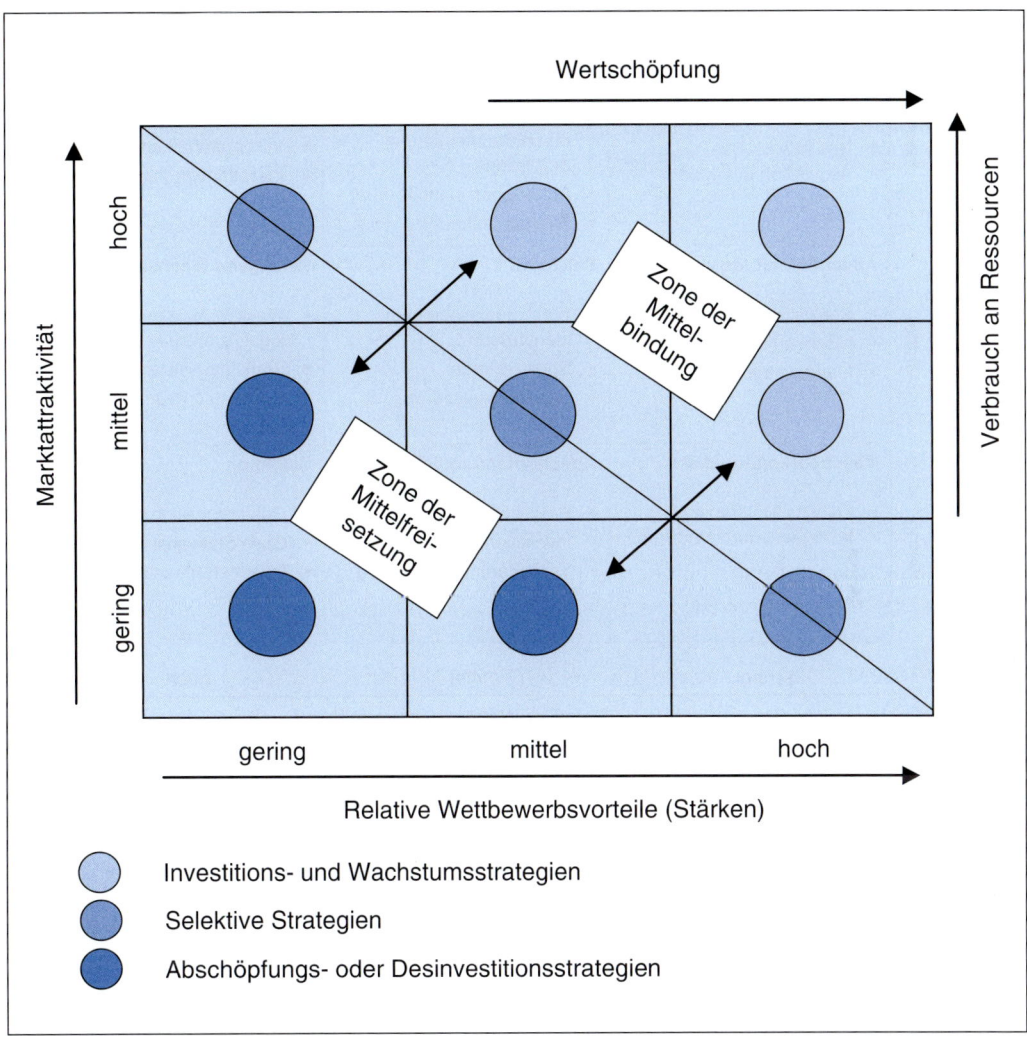

Abb. 3.23: Marktattraktivität-Wettbewerbsvorteil-Portfolio
(Quelle: Hinterhuber (2015, S. 173))

Im Anschluss an die Positionierung der strategischen Geschäftseinheiten in der Matrix werden auch hier, abhängig von der jeweiligen Marktposition, allgemeine strategische Stoßrichtungen empfohlen. Dazu gehören Investitions- und Wachstumsstrategien, Selektionsstrategien sowie Abschöpfungsstrategien. Abbildung 3.24 gibt einen Überblick über die strategischen Schlussfolgerungen. Nach der Ableitung der strategischen Stoßrichtungen auf SGE-Ebene können diese auf Unternehmensebene zu einem Ziel-Portfolio zusammengefasst werden, das die angestrebte zukünftige Portfolio-Konstellation verdeutlicht.

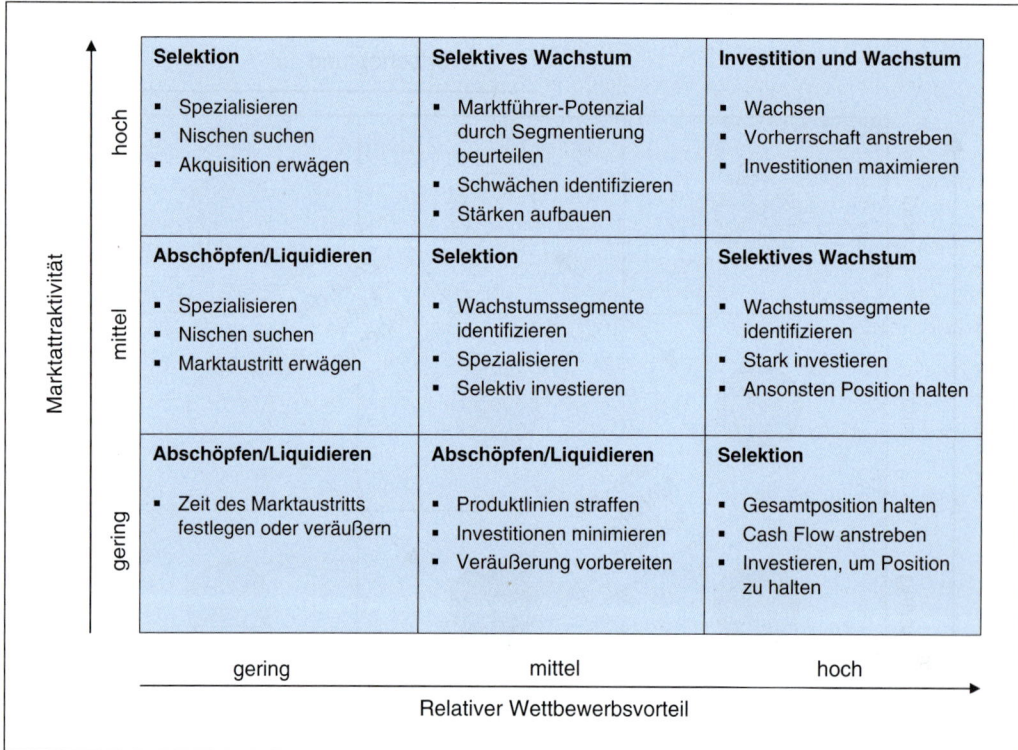

Abb. 3.24: Empfohlene strategische Schlussfolgerungen aus dem McKinsey-Portfolio
(Quelle: Hax/Majluf (1984, S. 199))

4.3.3 Technologie-Portfolio

Die beiden zuvor beschriebenen Portfolio-Ansätze verharren in einer statischen Betrachtung von Wertgrößen. Unternehmen müssen sich jedoch mit Dynamik und Wandel auseinandersetzen; dies betrifft in besonderem Maße die technologische Entwicklung. Das Technologie-Portfolio ist ein Konzept, das diesem Umstand Rechnung trägt (Pfeiffer/Dögl 1999). Wiederum liegt eine zweidimensionale Matrix vor, deren Achsen zum einen die Technologieattraktivität und zum anderen die Ressourcenstärke abbilden.

Eine Reihe von Indikatoren trägt dazu bei, diese beiden Bewertungsvariablen messbar zu machen. Die Technologieattraktivität wird bspw. durch das Weiterentwicklungspotenzial, die Anwendungsbreite der Technologie und deren Kompatibilität mit anderen Technologien operationalisiert. Die Ressourcenstärke wird beeinflusst durch den Beherrschungsgrad, die dem Unternehmen zur Verfügung stehenden Potenziale und die Geschwindigkeit, mit der eine Weiterentwicklung betrieben werden kann. Als grundsätzlich attraktiv werden solche Technologien eingestuft, die als dynamisch gelten und ständig neue Anwendungsgebiete erschließen. Reife Technologien, die nicht mehr weiterentwickelt werden können, sind dagegen unattraktiv.

Die Einschätzung der Matrixdimensionen wird i. d. R. durch Interviews mit Spezialisten vorgenommen. Falls erforderlich, sind die einzelnen Indikatoren anhand ihrer Bedeutung für das Unternehmen zu gewichten. Auf diese Weise lassen sich alle analysierten Technologien entweder direkt oder indirekt (über Produkte) im Portfolio positionieren.

Der Einsatz des Technologie-Portfolios beginnt mit einer Umweltanalyse. Er setzt sich fort mit der Identifizierung relevanter Produkt- und Verfahrenstechnologien, d. h., für die einzelnen SGE müssen ihnen zurechenbare Technologien identifiziert werden. Dem Ist-Zustand eingesetzter Technologien ist die in Zukunft zu erwartende Technologiesituation gegenüberzustellen.

Mögliche Substitutions- oder Komplementärtechnologien können die Einschätzung der eigenen Ressourcenstärke und der Technologieattraktivität maßgeblich verändern, wenn bspw. die Knowhow-Basis eines Unternehmens durch neue Technologien entwertet wird. Aus bestimmten Ausprägungskombinationen der Dimensionen lassen sich Normstrategien der Investition, Selektion und Desinvestition ableiten.

Neben diesen drei wichtigen Portfolio-Ansätzen ist in der Literatur eine große Anzahl weiterer Modelle entwickelt worden, die wir jedoch in diesem Lehrbuch nicht weiter beschreiben. Dazu gehören folgende Ansätze (Hahn 2006c):

- Produktlebenszyklus-Wettbewerbspositions-Portfolio,
- Ressourcen-Produkt-Portfolio,
- Ökologieportfolio,
- Länder- bzw. Regionen-Portfolio,
- Parenting-Fit-Portfolio.

4.3.4 Kritische Stellungnahme

Schon an dieser – nicht vollständigen – Vielfalt lässt sich ablesen, dass kaum ein Instrument des strategischen Managements so intensiv diskutiert worden ist wie die Portfolio-Analyse. Nicht selten wurde das strategische Management sogar mit der Verwendung der Portfolio-Analyse gleichgesetzt (Homburg 1991, S. 117). In der betriebswirtschaftlichen Literatur gibt es eine Fülle von kritischen Diskussionsbeiträgen zur Portfolio-Analyse (siehe dazu u. a. Drews 2008; Kreikebaum 1993; Nippa/Pidun/Rubner 2011). Teilweise geht die Kritik an den Portfoliomethoden dabei so weit, dass empfohlen wird, diese in Zukunft weder in Unternehmen zu nutzen noch in Kursen zum strategischen Management zu lehren (Drews 2008).

Bezogen auf die Methode werden kritische Fragen gestellt, die sich u.a. mit folgenden Aspekten befassen:

- der Abgrenzung des relevanten Marktes bzw. der SGE,
- der Auswahl und Gewichtung der Bewertungskriterien,
- der Lokalisierung der Trennlinie zwischen den Ausprägungen der Dimensionen sowie
- der Sensitivität der abgeleiteten Normstrategien gegenüber geringfügigen Änderungen des Dateninputs.

Ferner werden Kritikpunkte angeführt, die sich mit der Konstruktion der Portfolio-Analyse beschäftigen. Hierzu gehören insbesondere folgende Aspekte:

- Die Portfolio-Analyse hat statischen Charakter und ist in erster Linie vergangenheitsorientiert. Dies schränkt ihre Eignung bei einem durch Diskontinuitäten geprägten Umfeld stark ein.
- Die der Portfolio-Analyse zugrunde liegende Denkweise spiegelt die Wachstumseuphorie der 1960er und frühen 1970er Jahre wider.
- Die Portfolio-Analyse bezieht sich nur auf die derzeitigen Aktivitäten des Unternehmens und unterstützt nicht die wichtige Suche nach neuen unternehmerischen Betätigungsfeldern.

Schließlich wurden auch die impliziten Prämissen kritisiert, die die Basis für die Positionierung der strategischen Geschäftseinheiten und die Ableitung von Normstrategien prägen. Dies sei am Beispiel des Marktanteil-Marktwachstum-Portfolios näher erläutert. Die diesem Ansatz zugrunde liegenden fünf wichtigsten Annahmen lauten (siehe dazu Day 1986a, S. 182–190):

1. Der Marktanteil hat einen direkten Einfluss auf die Rentabilität.
2. Wachstumsmärkte sind am attraktivsten, da hier eine Marktanteilsausweitung am leichtesten und billigsten möglich ist.
3. Es besteht ein systematischer Zusammenhang zwischen dem Netto-Cash-Flow einer Geschäftseinheit und ihrer Position bzw. Entwicklungsrichtung in der Matrix.
4. Unternehmen lassen sich in voneinander unabhängige strategische Geschäftseinheiten zerlegen, die einzigen Interdependenzen sind finanzieller Natur.
5. Ziel des Portfoliomanagements ist ein Finanzmittelausgleich zwischen den Geschäftseinheiten.

Zu diesen Annahmen/Prämissen lassen sich folgende Aussagen treffen.

Ad 1.

Die Beziehung zwischen Marktanteil und Rentabilität wurde in zahlreichen empirischen Untersuchungen getestet (Schwalbach 1991; Szymanskki/Bharadwaj/Varadarajan 1993; Venohr 1987). Zwar ergab sich in den meisten Untersuchungen ein positiver Zusammenhang zwischen Marktanteil und Rentabilität (Szymanskki/Bharadwaj/Varadarajan 1993). Der Beitrag des Marktanteils zur Erklärung der Höhe der Rentabilität einer Geschäftseinheit ist allerdings so gering, dass von der empirischen Evidenz her nicht immer von einem »Haupterfolgsfaktor« gesprochen werden kann.

Ad 2.

Diese Hypothese wurde u. a. für Wachstumsmärkte damit begründet, dass Wettbewerber weniger aggressiv auf Marktanteilsverluste reagieren, solange ihr Umsatzwachstum (wegen der raschen Marktausweitung) zufriedenstellend verläuft. Dies muss jedoch nicht unbedingt zutreffen. Entscheidend sind hier die Erwartungen der Wettbewerber bezüglich der zukünftigen Umsätze, die ihre Investitionspolitik bestimmen. Wenn alle Wettbewerber auf der Basis dieser Hypothese handeln und in ein und denselben Wachstumsmarkt investieren, sind mittelfristig Überkapazitäten und Preiskämpfe zu erwarten.

Ad 3.
Marktwachstum und Marktanteil scheinen maßgeblich für Cash-Flow-Erzeugung und Verbrauch zu sein. Allerdings erklären diese beiden Variablen nur ca. 10 % der Cash-Flow-Varianz. Es existiert noch eine Reihe anderer Variablen, die insgesamt eine wesentlich größere Bedeutung besitzen.

Ad 4.
Produktions- und absatzmäßige Interdependenzen zwischen einzelnen Geschäftseinheiten werden zunehmend erkannt und diskutiert. Ohne derartige Abhängigkeiten ist die Zusammenfassung mehrerer Geschäftseinheiten zu einem Unternehmen auch nicht sinnvoll. Porter (2004a) bezeichnet deshalb die Entwicklung einer bereichsübergreifenden Horizontalstrategie zur Ausbeutung möglicher Synergien als Hauptaufgabe der Strategieentwicklung einer diversifizierten Unternehmung.

Ad 5.
Die Forderung nach einem ausgeglichenen Cash Flow des Gesamtportfolios ist ein weiterer Kritikpunkt. Damit wird eine weitgehende Abkopplung des Unternehmens von Geld- und Kapitalmärkten unterstellt, die es erforderlich machen würde, die zum Ausbau einer Geschäftseinheit benötigten finanziellen Ressourcen durch andere Geschäftseinheiten verdienen zu müssen. Diese Annahme erscheint unrealistisch.

Was erklärt vor dem Hintergrund einer so fundierten inhaltlichen Kritik die praktische Bedeutung der Portfolio-Methode? Die Portfolio-Methode verdankt ihre weite Verbreitung in der Praxis vor allem einer kommunikationsfreundlichen und unmittelbar ansprechenden Darstellung der strategischen Situation einer diversifizierten Unternehmung. Die Lage der Gesamtunternehmung sowie die relative Stellung der einzelnen Bereiche werden in einer verständlichen Weise deutlich gemacht.

Insgesamt gesehen lässt sich festhalten, dass die Portfolio-Analyse ein flankierendes Instrument der Strategieformulierung darstellt, das u. a. durch andere Instrumente wie Wertkettenanalyse, Geschäftsmodellanalyse, Früherkennungssysteme und Szenarioanalyse zu ergänzen ist. Die Normstrategien dürfen keinesfalls als zwingende Strategiealternativen interpretiert werden. Sie stellen vielmehr situativ zu modifizierende und im Einzelfall zu konkretisierende Denkanstöße dar. Eine unkritische Übernahme der Portfolio-Diversifikation in die Strategieentwicklung kann ruinöse Folgen haben (siehe dazu Jacob 1993).

5 Instrumente zur Strategieimplementierung

5.1 Balanced Scorecard

Die Balanced Scorecard (BSC) ist ein Instrument des strategischen Managements, das in erster Linie die Implementierung einer Unternehmensstrategie unterstützen soll. Als die BSC 1992 von Kaplan/Norton (1992, S. 71) erstmals vorgestellt wurde, sollte sie zunächst vor allem dazu beitragen, die Schwächen klassischer Kennzahlensysteme zu überwinden. Diese waren zumeist durch eine sehr einseitige Fokussierung auf Finanzkennzahlen charakterisiert. Die »Balance« im Hinblick auf die erfolgsrelevanten Faktoren bei der Steuerung eines Unternehmens war so nicht gegeben. Daraus resultieren möglicherweise falsche Signale für das Management und eine nur unzureichende Entscheidungsgrundlage. Eine ausgewogene bzw. ausbalancierte Sichtweise auf das Unternehmen aus unterschiedlichen Perspektiven erscheint daher sinnvoll und notwendig.

Um die Ganzheitlichkeit im Rahmen der strategischen Führung von Unternehmen zu erreichen, werden im Konzept der BSC insgesamt vier zentrale Perspektiven angeführt: Die Finanz-, die Kunden-, die Prozess- sowie die Innovations- und Lernperspektive (Kaplan/Norton 1992, S. 72). Der Versuch, die »Balance« zwischen den verschiedenen Perspektiven der Unternehmenssteuerung wiederherzustellen, gab der BSC (= ausbalanciertes Kennzahlensystem) schließlich ihren Namen.

Aufgrund der großen Bedeutung der BSC für die Implementierung von Strategien in der Praxis werden im Folgenden zunächst deren Aufbau sowie das konkrete Vorgehen im Rahmen der Strategieumsetzung mittels BSC vorgestellt. Anschließend erläutern wir die Erweiterung der BSC durch das Konzept der sog. Strategy Maps, bevor wir ein kritisches Fazit im Hinblick auf dieses Instrument des strategischen Managements ziehen.

Aufbau der Balanced Scorecard
Eine BSC besteht aus mehreren Elementen. An erster Stelle steht die Unternehmensstrategie, die implementiert werden soll. Diese wird auf verschiedene strategische Ziele heruntergebrochen, die dann in konkrete strategische Maßnahmen übersetzt werden. Die Zielerreichung wird mithilfe adäquater finanzieller und nicht-finanzieller Messgrößen bzw. Kennzahlen gemessen. Ein zentrales Charakteristikum der BSC liegt in der Festsetzung strategischer Ziele aus verschiedenen Perspektiven. Kaplan/Norton (1992) schlagen in ihrem Beitrag ursprünglich vier Perspektiven vor. Grundsätzlich existiert allerdings keine idealtypische BSC. Denn jedes Unternehmen kann und sollte für sich selbst entscheiden, welche Perspektiven als besonders relevant betrachtet werden. Die vier von Kaplan/Norton genannten Perspektiven haben jedoch in der Praxis die höchste Bedeutung. Sie sollen deswegen im Folgenden vorgestellt werden (Horváth & Partners 2016):

- Die Finanzperspektive wird i. d. R. als erste angeführt, da sie bei gewinnorientierten Unternehmen das zentrale Kriterium zur Erfolgskontrolle darstellt. Typische Ziele bilden hier eine angestrebte Rendite oder eine bestimmte Kostenstruktur.
- Die Ziele der Kundenperspektive adressieren insbesondere die Frage, wie Kunden so angesprochen werden können, dass die Ziele der Finanzperspektive erreicht werden. Konkret geht es darum

festzulegen, welche Kundengruppen überhaupt angesprochen werden sollen, wie sich das Unternehmen ihnen präsentiert und welche konkreten Leistungen es anbieten will. Typische strategische Ziele sind die Kundenzufriedenheit oder die Ausdehnung des Marktanteils.
- Die Prozessperspektive legt Ziele fest, wie die internen Prozesse und Abläufe verändert werden müssen, um die Ziele der Kunden- und damit der Finanzperspektive zu erreichen. Wichtig ist hierbei, dass nicht alle Prozesse eines Unternehmens miteinbezogen werden dürfen, sondern nur diejenigen, die eine hohe Bedeutung für die Umsetzung der Strategie haben. Konkrete strategische Ziele können sich z. B. auf die Qualität, Prozesseffizienz oder Produktivität beziehen.
- In der Innovations- und Lernperspektive werden Ziele festgelegt, die es einem Unternehmen erlauben sollen, die entsprechenden Ressourcen aufzubauen, um die Ziele der Kunden- und der Prozessperspektive jetzt und zukünftig zu erreichen. Konkret kann damit der Erwerb von Wissen oder Technologien, die Qualifikation von Mitarbeitern oder auch die Erhöhung der Innovationskraft des Unternehmens gemeint sein. Diese Perspektive wird in der Literatur häufig unterschiedlich bezeichnet. Beispiele sind »Mitarbeiterperspektive«, »Potenzialperspektive«, »Wissensperspektive«, »Innovationsperspektive« oder auch »Zukunftsperspektive«.

Abbildung 3.25 zeigt den idealtypischen Aufbau einer BSC mit den vier klassischen Perspektiven.

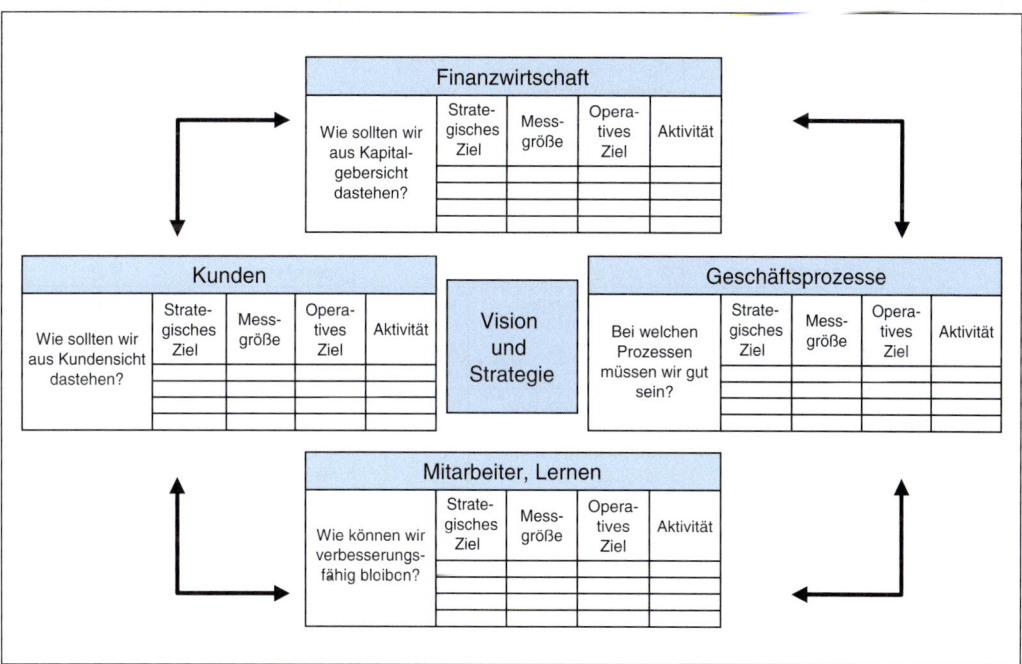

Abb. 3.25: Aufbau der Balanced Scorecard
(Quelle: Horváth & Partners (2016))

Wie bereits angedeutet, besteht die wesentliche Kernidee der BSC darin, für die einzelnen Perspektiven jeweils strategische Ziele festzulegen, die in ihrem Zusammenwirken zur erfolgreichen Umsetzung der übergeordneten Vision und Unternehmensstrategie führen.

Darauf aufbauend sollen anschließend konkrete Messgrößen bzw. Kennzahlen ausgewählt werden, die das jeweilige Ziel quantifizierbar machen und somit die jeweilige Erreichung eines bestimmten strategischen Ziels explizit messen. Diese Messgrößen werden in der Unternehmenspraxis oftmals auch als Key Performance Indicators (KPI) bezeichnet. Durch die gezielte Auswahl von Messgrößen soll die Gefahr einer Überinformation für das Management reduziert werden, da nur die Informationen betrachtet werden, die für die Umsetzung einer Strategie tatsächlich entscheidend sind.

Hat man sich auf bestimmte Messgrößen für die jeweiligen strategischen Ziele geeinigt, dann gilt es die operativen Ziele zu konkretisieren. Diese stellen letztlich konkrete »Scores« dar, die in die BSC einzutragen sind.

Am Ende müssen die einzelnen Ziele dann in konkrete Aktivitäten und ein Budget übersetzt werden. Es gilt festzulegen, wer, was, wann, womit und mit wem tun muss, um die operativen Ziele auch tatsächlich zu erreichen. Die systematische Implementierung von Strategien soll durch eine explizite Verknüpfung mit dem operativen Management gefördert werden. Abbildung 3.26 zeigt ein Beispiel für eine Balanced Scorecard.

	Balanced Scorecard				
	Strategische Ziele	Messgrößen (KPI)	Operative Ziele	Aktivitäten	Budget
Finanzen	• Profit erhöhen • Umsatzwachstum fortsetzen • Kostenstruktur halten	• Economic Value Added • Bruttoumsatz gesamt • Nettoumsatz gesamt • Strukturkostenanteil	• 54 Mio. • 550 Mio. • 140 Mio. • 19 %		
Kunden	• Produkte weltweit ausrollen • Marken stärken • Neue Kanäle aufbauen	• Umsatzanteil Ausland • Gestützte Markenbekanntheit • Anzahl neuer Kanäle	• 22 % • 36 % • 4	• Projektgruppe „Ausland" etablieren • Marketingplan reformieren • Zielkundenliste neu gestalten	• XX • XX • XX
Prozesse	• Marktforschung modernisieren • Kanalspezifische Produkte gestalten	• Marktforschungs-Assessment • Portfolio Score	• 8 Punkte • 90 %	• Panel im Lebensmitteleinzelhandel einführen • USA- und Asien-Produkte definieren	• XX • XX
Mitarbeiter und Lernen	• Vertriebskompetenz stärken • Marketing Know-how ausbauen	• Vertriebskompetenz-Index • Anzahl Mafo-Experten	• 55 Punkte • 5	• Qualifikationsprogramm Vertrieb • 2 externe Mitarbeiter rekrutieren	• XX • XX
				Budget gesamt	XX

Abb. 3.26: Vereinfachte Darstellung einer Balanced Scorecard
(Quelle: Eigene Darstellung in Anlehnung an Horváth & Partners (2008, S. 3))

Für die konkrete Nutzung einer BSC sind die gewählten strategischen Ziele von entscheidender Bedeutung, da sie die Grundlage für die gewählten Messgrößen bzw. Kennzahlen und Maßnahmen bilden. Im Hinblick auf die adäquate Festlegung von strategischen Zielen muss ein Unternehmen verschiedene Fragen beantworten. Zunächst ist festzulegen, wie viele strategische Ziele ausgewählt werden sollen. Dabei bedarf es einer Gratwanderung, da einerseits die Komplexität des Unternehmens und dessen Umwelt abgebildet werden muss und andererseits das Zielbündel nicht zu groß

5 Instrumente zur Strategieimplementierung

sein darf, um eine effektive Steuerung nicht zu gefährden. In der Regel werden ca. 20 Ziele als angemessen betrachtet (Horváth/Gaiser/Vogelsang 2006, S. 162–163).

Es ist stets darauf zu achten, dass nur wirklich *strategische* Ziele in die BSC aufgenommen werden. Damit sind Ziele gemeint, die zu einem nachhaltigen Wettbewerbsvorteil führen und besondere Anstrengungen von einem Unternehmen erfordern. Darüber hinaus muss ein angemessenes Anspruchsniveau für die gewählten Ziele festgelegt werden. Dies sollte prinzipiell mit den verfügbaren Ressourcen erreichbar sein, ohne die Mitarbeiter erheblich zu über- bzw. unterfordern. Im Hinblick auf die gewählten Ziele muss jede BSC an das einzelne Unternehmen und dessen spezifische Strategie angepasst werden. Dies impliziert insbesondere, dass sich eine BSC ändern muss, wenn die Strategie verändert wird. Es müssen neue strategische Ziele festgelegt werden, die wiederum zu veränderten Messgrößen und Maßnahmen führen. Einheitliche Messgrößen, die auf eine Vielzahl von Unternehmen angewendet werden können, existieren dementsprechend nicht. Eine Ausnahme bilden nur Unternehmen innerhalb einer Branche, die eine einheitliche Strategie verfolgen.

In der Praxis empfiehlt sich im Rahmen der Strategieumsetzung mittels BSC ein bestimmtes Vorgehen, welches in Abbildung 3.27 dargestellt ist. Die Abbildung verdeutlicht, dass die BSC nur dann einen Beitrag zur erfolgreichen Implementierung von Strategien leisten kann, wenn sie in ein integriertes Managementsystem eingebunden ist. Dieses Managementsystem umfasst neben der grundsätzlichen Klärung und Vermittlung von Vision und Strategie auch Aktivitäten zu deren Kommunikation und Verknüpfung mit anderen Systemen im Unternehmen (z. B. den Anreiz-Strukturen). Es schließen sich die Verknüpfung mit der Planung und ein strategischer Feedback- und Lernprozess an.

Abb. 3.27: Vorgehen im Rahmen der Strategieumsetzung mit der Balanced Scorecard
(Quelle: Kaplan/Norton (1997, S. 191))

Die BSC ist als ein kaskadiertes System konzipiert. Dies bedeutet, dass in einem Unternehmen i. d. R. nicht nur eine BSC existiert, sondern mehrere, die aufeinander aufbauen. Eine BSC für das Gesamtunternehmen gibt dabei die grundlegende strategische Richtung vor. Darauf aufbauend werden weitere BSCs für einzelne Teilbereiche des Unternehmens, wie z. B. Sparten, ausländische Tochterunternehmen oder auch einzelne Abteilungen entwickelt. Wichtig ist hierbei, ein ausgewogenes Verhältnis zwischen Top-down-Vorgaben und -Freiheitsgraden bei der Ausarbeitung tiefer liegender BSCs zu realisieren. Einerseits soll der Einsatz der BSC die unterschiedlichen strategischen Handlungen in einem Unternehmen koordinieren und zu einem in sich konsistenten Zusammenspiel strategischer Maßnahmen führen. Andererseits sollen aber auch die Mitarbeiter auf tiefer liegenden Ebenen die Möglichkeit haben, ihr Wissen in die BSC einfließen zu lassen und damit einen eigenen Beitrag zur Implementierung einer Strategie zu leisten (Horváth/Gaiser/Vogelsang 2006, S. 154–155).

Grafische Visualisierung der BSC durch Strategy Maps
Eine Weiterentwicklung der BSC stellen sog. Strategy Maps dar, die ebenfalls die Strategieimplementierung adressieren. Eine Strategy Map beschreibt den Wertsteigerungsprozess im Unternehmen mithilfe von konkreten Ursache-Wirkungsbeziehungen zwischen den vier verschiedenen Perspektiven der BSC. Die Unterteilung in die vier zuvor beschriebenen Perspektiven bleibt insofern erhalten. Das Ziel liegt darin, die Wirkungszusammenhänge zwischen den einzelnen Zielen explizit in die Analyse einzubeziehen. Während die BSC dem Anwender eher zeigt, *was* erreicht werden soll, bietet die Strategy Map einen umfassenden und logischen Rahmen für die Umsetzung der Strategie und visualisiert, *wie* dies geschehen soll.

Wichtig ist bei der Erstellung einer Strategy Map, nicht alle Zusammenhänge darzustellen, sondern nur diejenigen, die für die Erreichung der gewählten strategischen Ziele relevant sind. Auf diese Weise sollen bestehende Zielkonflikte aufgedeckt werden. Nach Offenlegung der Zielkonflikte gilt es, die sich widersprechenden Ziele aufeinander abzustimmen und in ein ausgewogenes Verhältnis zu bringen. Dadurch können Führungskräfte die wesentlichen Strategieelemente selbstständig planen, aber gleichzeitig funktions- und geschäftsbereichsübergreifende Synergien nutzen. Eine solche Strukturierung der unterschiedlichen strategischen Ziele im Rahmen einer Strategy Map ist neben der Implementierung auch für die Entwicklung von Strategien hilfreich (Kaplan/Norton/Hilgner 2009).

Für die Implementierung von Strategien spielen Strategy Maps eine bedeutende Rolle, da sie die Kommunikation der Strategie gegenüber den unterschiedlichen Stakeholdern und dabei insbesondere den Mitarbeitern erleichtern. Einerseits kann durch die grafische Darstellung das Verständnis der angestrebten Strategie verbessert werden. Andererseits können der Beitrag und die Bedeutung einzelner Abteilungen bzw. einzelner Mitarbeiter für die erfolgreiche Umsetzung der Strategie besser sichtbar gemacht werden (Kaplan/Norton 2000).

Abbildung 3.28 zeigt eine exemplarische Strategy Map für das Joint Venture zwischen dem Pharmaunternehmen Solvay und dem Biopharmadienstleister Quintiles. Durch die grafische Visualisierung lassen sich die komplexen Ursache-Wirkungsbeziehungen zwischen den verschiedenen strategischen Zielen besser verstehen. Das Wissen über diese Wirkungszusammenhänge ist notwendig, um die angestrebten Ziele tatsächlich erreichen zu können.

5 Instrumente zur Strategieimplementierung 285

Vorteile für Solvay:
Präparate bis zur Marktreife entwickeln; den Wert des Produktportfolios maximieren.

Vorteile für Quintiles:
Ertragsbasis steigern; Zahlungen bei Erreichung vorher definierter Meilensteine.

SHAREHOLDER-VALUE

Wertschöpfung für beide Partner
- Effizienz der klinischen Entwicklung deutlich steigern
- Für beide Unternehmen Wert schaffen, indem möglichst viele profitable Präparate auf den Markt gebracht werden
- Wertsteigerung von innovativen Ansätzen bis zur klinischen Entwicklung

↑ steigert

KUNDEN-NUTZEN

Krankenkassen: „Wir wollen Medikamente zu einem fairen Preis."
Regulierungsbehörden: „Erfüllt unsere Auflagen, damit wir sichere und wirksame Medikamente genehmigen können."
Patienten: „Wir möchten wirksame Medikamente."
Ärzte: „Wir wollen sichere und wirksamere Medikamente."
Forscher: „Beziehen uns in die Firmenpartnerschaft ein, damit die Patienten innovative Produkte erhalten."

↑ sorgen für

GESCHÄFTS-PROZESSE

Geschwindigkeit und Prozessinnovationen
- Protokollentwicklung verbessern
- Zeit zwischen Patiententests und Veröffentlichung der statistischen Berichte verkürzen
- Neue Testmethoden einführen
- Zeit zwischen Teststandortauswahl und Patientenanmeldung verkürzen

Wachstum
- Entwicklung neuer Präparate beschleunigen
- Investitionsmanagement verbessern
- Grundsatzentscheidungen zu Projekten gemeinsam treffen

Zusammenarbeit
- Transparenz bei den Kostentreibern herstellen
- Vorhandene Talente optimal einsetzen
- Vorhandene Ressourcen beider Unternehmen vernetzen
- Dritte Partner für ein optimales Ergebnis hinzuziehen

↑ realisieren

MITARBEITER UND UNTERNEHMEN

Die Allianz leben
- Vertrauen auf allen Ebenen schaffen
- Die Strategie mit visionärer Führung umsetzen
- Anreize schaffen, damit sich die Beschäftigten auf die Strategie der Allianz konzentrieren
- Umfassende IT-Strategie umsetzen, um Geschwindigkeit und Kooperation zu fördern

Gemeinsame Werte: Der Patient steht an erster Stelle. Fokus auf Forschung und Innovation, Kommunikation, Vertrauen, Respekt, Unterstützung, Verantwortung, etwas bewegen.

Abb. 3.28: Die Strategy Map für Solvay und Quintiles
(Quelle: Kaplan/Norton/Rugelsjoen (2010, S. 80))

Kritische Stellungnahme

Die BSC birgt ein erhebliches Potenzial, die Implementierung von Strategien zu unterstützen. Dies spiegelt sich auch in der weiten Verbreitung des Instruments in der unternehmerischen Praxis wider. In einer aktuellen Erhebung der amerikanischen Unternehmensberatung Bain & Company zeigt sich, dass die BSC am beliebtesten in Europa ist (Rigby/Bilodeau 2015). Dort nutzen 44 % der befragten Unternehmen die BSC, gefolgt von Nord- und Südamerika (39 %) und Asien (28 %). Die meisten Führungskräfte schätzen die Einfachheit und Übersichtlichkeit der BSC sowie die Möglichkeit, dadurch die Komplexität im Rahmen der Strategieumsetzung zu reduzieren. Die BSC liefert eine grafische Zusammenfassung der wesentlichen Dimensionen des unternehmerischen Geschehens für wichtige Stakeholder wie Eigentümer, Investoren, Kunden, Lieferanten und Mitarbeiter (Stöger 2010, S. 281).

Zudem deuten Ergebnisse der empirischen Forschung darauf hin, dass Unternehmen, die eine BSC nutzen, oft überdurchschnittlich erfolgreich sind (Geuser/Mooraj/Oyon 2009; Horváth/Gaiser/Vogelsang 2006, S. 155–156). Die BSC scheint einen positiven Einfluss auf die Kundenzufriedenheit, Kostensenkung, Qualität, Mitarbeiterzufriedenheit und vor allem auch die Rendite zu haben. Die BSC kann zudem dazu beitragen, in einer Organisation ein gemeinsam getragenes Verständnis der Strategie zu schaffen und die Verbindlichkeit von strategischen Zielen zu erhöhen. Vor allem aber kann die BSC die Kommunikation der Strategie verbessern. Allein die Tatsache, dass Führungskräfte sich im Prozess der Entwicklung einer BSC auf bestimmte strategische Ziele einigen müssen, fördert das funktionsübergreifende Denken und zeigt Widersprüche hinsichtlich der zu verfolgenden Zielvorstellungen auf.

Trotz der erhofften Verbesserung der Strategieimplementierung ist die BSC auch deutlicher Kritik ausgesetzt. Ein erstes Argument richtet sich gegen ihre eingeschränkte inhaltliche Präzision. Mit der BSC würden keine konkreten Verbesserungsvorschläge für die unternehmerische Praxis gemacht, sondern im Wesentlichen nur allgemeine Leitlinien entwickelt. Dies wird insbesondere darin deutlich, dass auf die Problematik der empirischen Erfassung nicht-finanzieller Kennzahlen nicht näher eingegangen wird. Dem Konzept der BSC liegt die implizite Annahme zugrunde, dass die notwendigen Informationen entweder bereits zur Verfügung stehen oder sicher und schnell beschafft werden können. Diese Sichtweise ist kritisch zu sehen, da die Entwicklung aussagekräftiger nicht-finanzieller Messgrößen und deren Erhebung i. d. R. äußerst kompliziert, zeitaufwendig und kostenintensiv ist. Für die erfolgreiche Nutzung einer BSC ist jedoch die Fähigkeit entscheidend, entsprechende Messgrößen sicher zu erheben und spezifisch zu beurteilen.

Problematisch erscheint auch, dass in vielen Unternehmen die BSC als Methode zur Entwicklung und Bewertung von Strategien verstanden wird. Dies ist jedoch grundlegend falsch. Eine BSC ist kein Instrument zur Entwicklung von Strategien, sondern eine Methode zu deren Darstellung und Umsetzung. Die BSC ist lediglich ein Instrument, welches einen Rahmen bietet, der mit Strategy Content gefüllt werden muss. Viele Unternehmen führen keine ausgewogene Betrachtung der einzelnen Perspektiven durch, obwohl eine BSC implementiert wurde. Dies liegt daran, dass Finanzkennzahlen i. d. R. die höchste Beachtung erfahren (Macharzina/Wolf 2015, S. 227).

Ein weiteres Problem liegt in der oftmals zu beobachtenden Zurückhaltung der Mitarbeiter in Unternehmen hinsichtlich der Implementierung einer BSC. Vielerorts wird die BSC lediglich als ein weiteres Instrument im strategischen Management neben anderen betrachtet und stößt auf mangelnde Akzeptanz bei den Mitarbeitern. Nicht selten wird das fehlende Commitment durch die Verabschiedung unrealistischer Ziele und ungeklärte Verantwortlichkeiten bei der Umsetzung dieser Ziele gefördert. Wenn Ziele in einer BSC nicht mit den Anreiz-Strukturen der Mitarbeiter verbunden sind, werden diese keine Motivation haben, bestimmte Ziele zu verfolgen. Die mit der BSC einhergehende Verpflichtung zur Zielbestimmung und deren Messung sowie die Budgetierung von Aktivitäten erhöhen zudem den Aufwand für die Mitarbeiter. Diese stellen sich die Frage, ob sich die zusätzliche Mühe für sie auch lohnt, insbesondere dann, wenn parallel zur BSC weitere Kontroll- und Berichtssysteme in einem Unternehmen implementiert sind. Es besteht die Gefahr, in einer Berichtsbürokratie zu versinken, und die Kosten, die mit der Einführung und dem Betrieb einer BSC einhergehen zu unterschätzen.

5.2 Budgetierung

Ein wesentlicher Schritt zur Realisierung von Visionen, Strategien und strategischen Maßnahmen stellt die Verknüpfung von Einzelmaßnahmen auf der Ebene der operativen Einheiten (meist Funktionsbereiche) mit den voraussichtlichen Kosten und Erlösen dar, die sog. Budgetierung. Dieser Schritt findet im (operativen) Ein-Jahres-Plan bzw. dem Budget statt. Der Begriff Budget geht auf die staatliche Einnahmen- und Ausgabenrechnung im Zuge der jährlichen Haushaltsplanung zurück und wurde in den betriebswirtschaftlichen Kontext übernommen (von Colbe 1989, S. 176). Das Budget enthält eine Aufstellung der Einzelmaßnahmen, die durch die operativen Einheiten auszuführen sind, einschließlich der dazu erforderlichen finanziellen Mittel. Formal ähnelt die Budgetierung daher einer zukunftsbezogenen Rechnungslegung, bei der den einzelnen operativen Einheiten bestimmte Kosten und Erlöse vorgegeben werden. Den Ausgangspunkt der Budgetierung bilden üblicherweise die operativen Pläne der einzelnen Funktionsbereiche.

Das Budget gibt den geplanten Mitteleinsatz für die im Produktionsbereich, im Vertrieb, und in Forschung und Entwicklung zu erledigenden Aufgaben während des ersten Planungsjahres an. Somit bildet das Budget die Grundlage für die Ressourcenallokation innerhalb und zwischen allen Funktionsbereichen sowie für diverse Leistungsanreizsysteme. In manchen Unternehmen ist die Budgetierung sogar das einzige Instrument für eine erfolgsorientierte Unternehmenssteuerung (Gleich/Kopp/Leyk 2003, S. 315). Das laufende Budget besitzt somit einen dualen Charakter: Einerseits stellt es eine Prognose zukünftiger Zustände dar, andererseits dient es den Betriebsangehörigen zur Motivation im Sinne einer zu erreichenden finanziellen Vorgabe (Grant/Nippa 2006, S. 277–278).

Der klassische Budgetierungsansatz ist geprägt durch einen hohen Formalisierungsgrad bei gleichzeitig relativ geringer IT-Unterstützung. Zudem werden meist viele Abstimmungsschleifen zwischen den ausführenden Controllern, den betroffenen Funktionsbereichsleitern und der Unternehmensführung durchlaufen, was den Prozess zusätzlich verlangsamt. Hinzu kommt die generelle Schwierigkeit, die einzelnen Teilbudgets zu koordinieren und abzustimmen (Rieg 2015). Die Budgetierung bildet somit eine konkrete Schnittstelle zwischen strategischer und operativer Planung und stellt nicht selten einen Ort der Konfliktaustragung dar.

Die Schwachpunkte des traditionellen Budgetierungsansatzes wurden von zwei Strömungen aufgegriffen, dem sog. »Better Budgeting« und dem sog. »Beyond Budgeting«. Der Ansatz des Better Budgeting versucht, Probleme durch eine Optimierung und Verschlankung des Budgetierungsprozesses zu lösen. Somit bleibt das Instrument in seiner Grundkonzeption erhalten. Es wird allerdings angestrebt, den Prozess durch eine Reduzierung der Anzahl an Durchläufen und eine Konzentration auf weniger Vorgabegrößen schneller und effizienter zu machen (Rieg 2015). Systemimmanente Probleme können mittels Better Budgeting nicht überwunden werden. Typische Schwachpunkte der Budgetierung bleiben bestehen, z. B. die Verhandlung einer möglichst »komfortablen« Budgetvorgabe (Budget Slack) und in der Folge das möglichst vollständige Ausschöpfen dieses Budgets (Budget Wasting) zur Verbesserung der Verhandlungssituation für das kommende Jahresbudget (Wöhe/Döring/Brösel 2016, S. 198).

Der Ansatz des Beyond Budgeting hingegen propagiert eine Unternehmenssteuerung gänzlich ohne Budgets (Hope/Fraser 2003). Es stellt somit einen radikalen Bruch mit dem bisher gängigen Vorgehen dar. Mit dem Wandel vom Industrie- zum Informationszeitalter werden neue Managementmodelle nötig. Das Beyond Budgeting erhebt den Anspruch, ein solches Modell zu sein. Die Auswirkungen dieses Ansatzes sind weitreichend und betreffen sowohl Veränderungen hinsichtlich der Struktur (z. B. Prozess- und Netzwerkstrukturen), der Systeme (z. B. Frühwarn- und Anreizsysteme) als auch der Kultur (z. B. Kundenorientierung und Selbstverantwortung der Mitarbeiter) eines Unternehmens. Das Konzept des Beyond Budgeting ist eng mit der Anwendung der vier Instrumente Balanced Scorecard, Activity Based Budgeting, Benchmarking und rollierende Planung verknüpft. Trotzdem soll vor allem eine veränderte Führungskultur mit stärkerer dezentraler Steuerung und Verantwortungsübertragung geschaffen werden und nicht nur der Einsatz dieser Instrumente im Mittelpunkt stehen. In der Unternehmenspraxis stellt die Einführung des Beyond Budgeting auf Grund der damit einhergehenden notwendigen Veränderungen der Struktur, Kultur und Systeme einen radikalen Einschnitt dar. Insbesondere die Veränderung der Organisationskultur bildet einen schwierigen und lang dauernden Prozess, der durch kurzfristige Maßnahmen nur schwer zu steuern ist. Auch wenn dem Ansatz des Beyond Budgeting zu Gute zu halten ist, dass dieser zu mehr Reflexion über die Nachteile des Budgeting beigetragen hat, zeigen empirische Ergebnisse, dass bisher nur wenige Unternehmen Beyond Budgeting konsequent umsetzen (Libby/Lindsay 2010). In Abbildung 3.29 ist ein zusammenfassender Vergleich der beiden Ansätze dargestellt.

Da sowohl der Ansatz des Better Budgeting als auch das Konzept des Beyond Budgeting nach wie vor zahlreiche Schwächen aufweisen, wird seit geraumer Zeit eine erneute Weiterentwicklung der Budgetierungsprozesse diskutiert. Das Ergebnis dieser Diskussion ist der Ansatz des sog. »Advanced Budgeting«. Dieser versucht, kurzfristig die Planungsqualität und den Budgetierungsaufwand im Sinne des Better Budgeting zu optimieren und mittelfristig die Bedeutung von Budgets zu reduzieren. Dabei zeichnet sich das Advanced Budgeting durch folgende Prinzipien aus (Gleich/Kopp/Leyk 2003, S. 319–320):

- statt detaillierter Budgets für viele Objekte besser Globalbudgets erstellen und nur wirklich relevante Detailbudgets zulassen,
- statt eines reinen Jahresbezugs besser auf eine rollierende Budgetplanung bauen,
- statt einer autonomen strategischen Planung eine integrierte strategische Planung vollziehen,

	Better Budgeting	Beyond Budgeting
Kernziele	• Effizienzsteigerung • Verschlankung der Planung • Vereinfachung	• Effizienz- und Effektivitätssteigerung • Berücksichtigung strategischer Ziele • Vereinfachung • Vollständiger Umbau des Managementsystems
Kern-Tools	• Klassisches Budgetsystem, insbesondere auf Basis Kostenrechnung, Gewinn- und Verlustrechnung, Bilanz	• Balanced Scorecard • Acitivity Based Budgeting • Benchmarking • Rollierende Finanz- und Investitionsplanung
Umsetzung	• Evolutionär • In kleinen Schritten • In Ergänzung zur traditionellen Planung/Budgetierung	• Revolutionär • Radikal • Als Ersatz der traditionellen Planung/Steuerung

Abb. 3.29: Vergleich der Ansätze »Better Budgeting« und »Beyond Budgeting« (Quelle: Gleich/Kopp/Leyk (2003, S. 317))

- statt rein finanzieller Performancegrößen besser alle relevanten Performancedimensionen einbeziehen,
- statt intern orientierter (Kosten-)Ziele besser benchmarkingorientierte Ziele vorgeben,
- statt fixer Budgetziele besser selbstadjustierende relative Zielgrößen ansetzen.

Eine zentrale Herausforderung des Advanced Budgeting stellt die Integration von strategischer und operativer Planung dar. Um diesen Schritt zu unterstützen, bietet sich auch im Rahmen dieses Ansatzes z. B. der Einsatz einer Balanced Scorecard an (▸ Teil III, Kap. 5.1).

6 Kritische Überprüfung der Instrumente und Entscheidungshilfen

Das strategische Management wird häufig mit dem Einsatz von Instrumenten der strategischen Analyse und Prognose gleichgesetzt. Anstatt dem Planenden einen Überblick über das Unternehmen und seine Umwelt zu vermitteln, führt diese sehr verengte Sichtweise allerdings zu einem, durch die jeweils angewandten Instrumente und Entscheidungshilfen geprägten, einseitig ausgerichteten Bild von meist zusammenhanglosen Ausschnitten des Planungsgegenstands. Aus diesem Grund erscheint es notwendig, die Bedingungen der Anwendung von methodischen Hilfsmitteln zu erkennen und eine kritische Distanz zu den oben dargestellten Instrumenten der strategischen Analyse zu gewinnen. Die undifferenzierte Anwendung von Methoden führt vielfach dazu, dass diese aus dem Beziehungszusammenhang mit anderen strategischen Größen gelöst werden und in eine Eigengesetzlichkeit umschlagen (▸ Teil II, Kap. 3.2.5).

In diesem Zusammenhang ist auf eine weitere Gefahr aufmerksam zu machen. Der Einsatz bestimmter Methoden zur strategischen Analyse ist i. d. R. mit gewissen Rechenoperationen und einer quantitativen Darstellung von Zusammenhängen verknüpft. In der Praxis ist immer wieder zu beobachten, dass die Entscheidungsträger dazu neigen, nicht mehr nach den Begründungszusammenhängen und Entstehungsursachen der aufbereiteten Informationen zu fragen, sondern allein mit den quantitativen Informationen zu operieren. Unter Umständen kann eine »Magie der Zahl« entstehen, die ihren Ausdruck in einer »Buchhaltung nach vorn« findet und sich von echtem strategischem Denken ablöst. Aus diesem Grund hat sich eine Reihe von Unternehmen inzwischen dazu entschlossen, den quantitativen Teil der Planung zugunsten einer Aufwertung der stärker verbalen Darstellung zu verringern. Eine kritische Distanz zu den verfügbaren Instrumenten und Entscheidungshilfen ist schließlich auch deshalb erforderlich, weil sonst leicht die Wertbezogenheit und die Interessenorientierung verloren gehen können, denen jede Auswahl von Methoden und Instrumenten unterliegt.

Die wissenschaftliche Auseinandersetzung mit den einzelnen Instrumenten sowie die Ergebnisse der praktischen Anwendung haben vor diesem Hintergrund in den letzten Jahren zu einer Relativierung ihrer Bedeutung geführt. Strategisches Denken, d. h. die Suche nach dauerhaften Wettbewerbsvorteilen, tritt in den Vordergrund. Die Rolle der Instrumente besteht lediglich darin, diesen Prozess, der sowohl kreative als auch analytische Komponenten enthält, zu unterstützen. Die Instrumente und Entscheidungshilfen des strategischen Managements können anhand dreier Kriterien kritisch analysiert werden:

1. Mangelnde Eignung der Methoden.
2. Mangelnde Verknüpfung der bereitgestellten Instrumente.
3. Möglichkeiten des Einsatzes von Instrumenten unter dem Gesichtspunkt des qualitativen Wachstums.

Ad 1.
Ein erstes Problem im Hinblick auf den Einsatz der Instrumente und Entscheidungshilfen im Rahmen des strategischen Managements liegt darin, dass Methoden oftmals nur bedingt geeignet sind, um bestimmte strategische Fragestellungen sinnvoll zu untersuchen. Wie von uns bereits erläutert (▶ Teil II, Kap. 3.2.5), entsprechen verwendete Methoden nicht immer den wissenschaftlichen Gütekriterien der Objektivität, Validität und Reliabilität. Zudem müssen Unternehmen aus der Vielzahl der vorhandenen Instrumente und Entscheidungshilfen diejenigen auswählen, die für das jeweilige strategische Problemfeld am besten geeignet erscheinen, um Informationen für die Strategieentwicklung bereitzustellen. Nicht immer ist gewährleistet, dass es einen Fit zwischen den Methoden und den tatsächlichen strategischen Problemfeldern gibt, welche es zu analysieren gilt.

Ad 2.
Eine mögliche Verabsolutierung von Instrumenten des strategischen Managements kann darauf zurückzuführen sein, dass jede einzelne Methode nur für sich alleine gesehen und dadurch u. U. in ihrer Bedeutung überbewertet wird. So verleitet bspw. die unreflektierte Anwendung der Wertkettenanalyse zu einer Überbetonung der Kosten, die mit einzelnen Wertschöpfungsaktivitäten ein-

hergehen, und vernachlässigt möglicherweise die strategische Bedeutung der einzelnen Aktivitäten für die Wertschöpfung des Unternehmens in seiner Gesamtheit. Der oberflächliche Einsatz des Marktwachstum-Marktanteil-Portfolios wiederum führt zur absurden Konsequenz, dass die Mehrzahl der Geschäftseinheiten im »Dog«-Bereich liegen und deshalb Desinvestitionen zu erfolgen haben. Dieser Gefahr kann begegnet werden, indem eine kombinierende Betrachtungsweise der Methoden angewendet wird. Nur so kann einer einseitigen Fehlsteuerung auf Basis der Informationen einzelner Instrumente entgegengewirkt werden.

Die Anwendung von Entscheidungshilfen erfolgt zudem häufig losgelöst von den Inhalten des strategischen Managements. Es erscheint deshalb notwendig, den Methodeneinsatz durch den konzeptionellen Zusammenhang des gesamten Strategieprozesses – im Sinne eines »methods follow strategy« – zu steuern. Dies sei anhand eines kurzen Beispiels erläutert. Ein Unternehmen verfolge die Absicht einer Risikostreuung und bevorzuge dazu eine Diversifikationsstrategie durch Akquisition neuer Produkte und neuer Unternehmen. Es muss zunächst anhand einer Marktanalyse prüfen, ob für die vorgesehene Produkt- und Marktentwicklung (Diversifikation) in einem für das Unternehmen neuen Markt Wachstumsmöglichkeiten gegeben sind. Als weiteres Instrument bietet sich hier die Analyse der Branchenstruktur an, mit dem Ziel, Ertragspotenzial und Risiko verschiedener Branchen zu beurteilen. Die Cash-Flow-Konsequenzen einer Diversifikation können dann mithilfe der Marktwachstum-Marktanteil-Matrix verdeutlicht werden.

Als Ergebnis bleibt festzuhalten, dass die Auswahl der Instrumente im Wesentlichen durch die Vision und strategischen Ziele des Unternehmens sowie das planerische Know-how der Mitarbeiter bestimmt wird.

Ad 3.

Die Literatur zum strategischen Management hat in Verbindung mit der Unternehmenspraxis ein beachtliches Instrumentarium entwickelt. Diese Instrumente sind jedoch nicht losgelöst von den bestehenden Voraussetzungen und Bedingungen geschaffen worden. Dazu zählen auch die Interessen der beteiligten Instanzen selbst. Eine stärker ethisch verantwortungsvolle Unternehmensleitung wird zusätzlich andere Entscheidungshilfen anwenden als ein ausschließlich gewinnorientiertes Management.

Die bestehenden Instrumente des strategischen Managements sind anfänglich nahezu ausschließlich vor dem Hintergrund eines rein quantitativen Wachstums entwickelt worden. So dient die Portfolioanalyse bspw. primär der Erfassung quantitativer Zusammenhänge zwischen Marktanteilen, Wachstumsraten und anderen Größen. Zwar weist auch jedes qualitative, an Zielen der ökologischen und sozialen Rationalität orientierte Wachstum eine quantitative Komponente auf. Die genannten Instrumente werden deshalb auch unter dem Gesichtspunkt eines vorwiegend qualitativ ausgerichteten Wachstums weiterhin eingesetzt werden können. Sie sind aber durch Methoden zu ergänzen, die bspw. die ökologischen und/oder gesellschaftspolitischen Auswirkungen von bestimmten Strategien und Maßnahmen explizit zu bewerten gestatten.

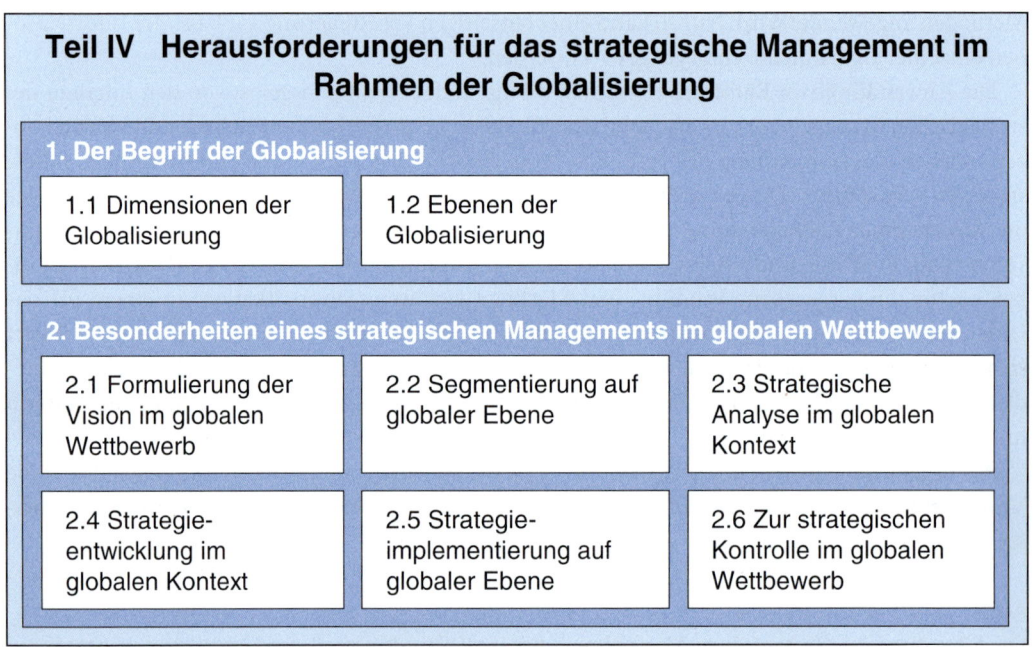

Abb. 4.1: Der Aufbau von Teil IV im Überblick

Teil IV Herausforderungen für das strategische Management im Rahmen der Globalisierung

1 Der Begriff der Globalisierung

In der Tagespresse, in Wochenzeitungen oder Nachrichtenmagazinen der letzten zwei Dekaden findet sich kaum eine Ausgabe, in der nicht ein Bericht zur Globalisierung erschienen ist (Engardio 2005). Fanden sich dabei bis vor einigen Jahren vor allem Berichte, die eine stetige Zunahme der Globalisierung konstatierten, so hat sich der Ton der Berichterstattung in den letzten Jahren merklich verändert. In jüngster Zeit wird von einigen Autoren nicht selten sogar das Ende der Globalisierung verkündet. So behauptet Stocker (2016) »Die Ära der Globalisierung steht vor dem Ende« oder Schloemann (2017) fragt, »Ist die Globalisierung am Ende?«, und Armbruster (2017) stellt fest, »Der Welthandel kommt ins Gerede«.

All diese Aussagen, die sich letztlich auf internationalen Handel, Wirtschaft und Weltpolitik beziehen, werden in Wissenschaft und Praxis kontrovers diskutiert. Dabei diagnostizieren einige Autoren eine Rückkehr des Staates im Rahmen einer »Geo-Ökonomie«, in der sich sowohl die globalisierte Wirtschaft als auch in ihr agierende Unternehmen zunehmend staatlichem Druck ausgesetzt sehen (Leonard 2015). Andere sprechen im Hinblick auf die Globalisierung von einem lebendigen Phänomen, welches lediglich dadurch gekennzeichnet sei, dass sich die bisherigen politischen und ökonomischen Machtverhältnisse zugunsten sogenannter »emerging markets« verschoben hätten (Schuman 2013).

Fest steht, dass weltweite politische und finanzielle Krisen, zunehmender Protektionismus und der technische Fortschritt jüngst dazu geführt haben, dass sich die Zunahme des Welthandels verlangsamt hat (Ghemawat 2017; Stocker 2016). Zudem steigt in vielen Gesellschaften die Skepsis gegenüber den Folgen der Globalisierung. Viele Anspruchsgruppen betrachten die Globalisierung nicht länger ausschließlich als ein Mehrsummenspiel, in dem durch vemehrte Kooperationen auf globaler Ebene stets Win-Win-Lösungen entstehen. Vielmehr setzt sich die Vorstellung bei vielen Stakeholdern fest, dass die Globalisierung eher ein Nullsummenspiel sei. Und dies bedeutet, dass der Gewinn des einen der Verlust des anderen ist. Durch die Globalisierung entstehen zwar Wohlstandsgewinne, deren gerechte Verteilung auf die einzelnen Anspruchsgruppen wird aber zu wenig problematisiert (Armbruster 2017). Exemplarisch lässt sich diese kritische Haltung gegenüber der Globalisierung am Brexit oder der aktuellen amerikanischen Wirtschaftspolitik festmachen, die mit einem Rückzug aus internationalen Freihandels- und Klimaabkommen einhergeht und die bereits intensiv in der Literatur diskutiert wird (Ghemawat 2017).

Wir weisen darauf hin, dass wir in diesem Lehrbuch keine ausführliche Diskussion über den aktuellen Status quo der Globalisierungsdebatte abbilden können. Uns geht es im Folgenden vielmehr um die konkreten Auswirkungen, die eine globalisierte Welt auf die Strategieprozesse von Unternehmen hat. Dabei gehen wir davon aus, dass die Globalisierung nicht zu einem Ende gekommen ist, wie es von einigen Autoren behauptet wird. Gemessen an den Strömen von Handel, Kapital,

Informationen und Menschen hat sich die Globalisierung in den letzten Jahren zwar abgeschwächt, sie ist aber nicht zum Erliegen gekommen. Zu diesem Ergebnis kommen zahlreiche Indizes wie der DHL Connectedness Index 2016, der die Globalisierung anhand verschiedener Messgrößen erfasst (z. B. Exporte, Direktinvestitionen und Aktieninvestments) und eindeutig zeigt, dass die globale Vernetzung der Weltwirtschaft weiter voranschreitet (Ghemawat/Altman 2016).

Obwohl – oder vielleicht gerade weil – es eine so breite und kontroverse öffentliche Diskussion über die Vor- und Nachteile der Globalisierung gibt, fehlt es vielfach an einer klaren Definition. So entsteht ein verzerrtes und unklares Bild, in welchem der gleiche Begriff in sehr unterschiedlicher Bedeutung gebraucht wird. Noch dazu werden die Begriffe Globalisierung, Internationalisierung, Multinationalität oder Transnationalität in der populärwissenschaftlichen Presse oftmals synonym verwendet, was zusätzlich zur Verwirrung der Diskussion beiträgt. Wir werden daher in diesem Kapitel des Buches zunächst den Begriff der Globalisierung abgrenzen, bevor wir uns detaillierter mit der Frage beschäftigen, welche Auswirkungen dieses Phänomen für ein strategisches Management hat (▶ Abb. 4.1).

Wir verstehen unter Globalisierung die weltweite Verflechtung von Menschen, Gütern, Information und Kapital mit gesellschaftlichen, wirtschaftlichen, kulturellen und ökologischen Folgewirkungen. Vor dem Hintergrund der aktuellen Entwicklungen (z. B. Abschwächung des Wachstums des Welthandels oder Zunahme des Protektionismus) gilt es zu betonen, dass Globalisierung nicht als abgeschlossener, sondern als fortdauernder Prozess zu sehen ist, der zunehmen, aber auch abnehmen kann. Zudem ist zu betonen, dass Globalisierung kein quasi naturgesetzliches Phänomen darstellt, dem man nicht entgehen kann, sondern einen politisch und wirtschaftlich aktiv herbeigeführten Vorgang bezeichnet. Während Internationalisierung im Sinne von grenzüberschreitenden Aktivitäten – ob politisch, wirtschaftlich oder kulturell – kein neues Phänomen ist, bezeichnet der seit den 1990er Jahren verwendete Begriff der Globalisierung die oben beschriebene Verflechtung, um auf das bisher ungekannte Ausmaß der Vernetzung hinzuweisen. Nach dieser ersten allgemeinen Definition von Globalisierung unterscheiden wir anschließend zum besseren Verständnis jeweils drei Dimensionen und drei Ebenen der Globalisierung.

1.1 Dimensionen der Globalisierung

In der Literatur zur Globalisierung lassen sich typischerweise mehrere Dimensionen der Globalisierung unterscheiden, wobei auf eine oder mehrere der folgenden Dimensionen Bezug genommen wird (de Wit 2017, S. 604):

- weltweiter Gültigkeitsbereich,
- weltweite Ähnlichkeit und
- weltweite Integration.

Weltweiter Gültigkeitsbereich

Der Ausdruck »global« lässt sich zunächst einmal schlicht als geografischer Begriff verwenden. Ein Unternehmen mit Aktivitäten auf der ganzen Welt lässt sich als global bezeichnen, um es von Unternehmen zu unterscheiden, die lediglich lokal oder regional agieren. In solch einem Fall wird der Begriff »global« vorrangig dazu genutzt, die räumliche Dimension zu beschreiben: Die weitestmögliche internationale Ausdehnung ist es, global zu sein. Stellt man auf diesen Aspekt ab, dann geht es bei Globalisierung um den Prozess der internationalen Expansion mit weltweitem Ausmaß (Patel/Pavitt 1991).

Weltweite Ähnlichkeit
»Global« kann sich auch auf die Homogenität oder Ähnlichkeit im weltweiten Rahmen beziehen. Wenn bspw. ein Unternehmen beschließt, dasselbe Produkt in all seinen internationalen Märkten zu verkaufen, dann wird dies oftmals im Unterschied zu lokal angepassten Produkten als globales Produkt bezeichnet. In diesem Fall soll der Begriff »global« vorrangig die (fehlende) Varianz beschreiben und bezeichnet somit die extremste Form der weltweiten Ähnlichkeit. Wenn diese Definition gebraucht wird, soll sie den Prozess der abnehmenden internationalen Vielfalt beschreiben (Levitt 1983).

Weltweite Integration
Schließlich kann sich »global« auch auf die Welt als ein engmaschig verknüpftes System beziehen (Beck 1997; Giddens 1995). So bezeichnet man bspw. einen Markt als global, bei dem ein Ereignis in einem Land sich signifikant auf andere geografische Märkte auswirkt und vice versa. Hingegen spricht man von lokalen Märkten, wenn Preisniveaus, Wettbewerb, Nachfrage oder Moden kaum von Entwicklungen in anderen geografischen Märkten beeinflusst werden. Der Begriff global wird hier hauptsächlich dazu genutzt, die Verknüpfungsdimension aufzuzeigen, wobei es die höchste Form der weltweiten Integration ist, global zu sein. Wird diese Definition benutzt, dann zielt man auf den Prozess der zunehmenden internationalen Vernetzung ab.

1.2 Ebenen der Globalisierung

Die öffentliche Diskussion um die Globalisierung erscheint auch deshalb verwirrend und unpräzise, weil der Begriff undifferenziert auf verschiedene Bezugsebenen angewendet wird. Die drei wesentlichen Bezugsebenen in unserem Zusammenhang sind die Globalisierung von

- Unternehmen,
- Märkten und Branchen sowie
- Volkswirtschaften (de Wit 2017, S. 605–606).

Globalisierung von Unternehmen
Einige Autoren fokussieren auf die Mikro-Ebene und diskutieren die Frage, ob Unternehmen als Ganzes global werden. Dabei geht es u. a. um die Aspekte, inwiefern die Unternehmen eine globale Strategie, Struktur, Kultur, Arbeitnehmerschaft oder Ressourcenbasis haben. Zusätzlich wird die Frage diskutiert, welche Kriterien sich heranziehen lassen, um die »Globalität« eines Unternehmens zu bestimmen. Dabei wird typischerweise auf die geografischen Anteile des Gesamtumsatzes Bezug genommen (Gilbert/Heinecke 2014; Rugman/Verbeke 2004, 2006). Die Globalisierung bestimmter

Produkte und wertschöpfender Aktivitäten (Stichwort: geografische Verteilung der Wertschöpfungskette) ist von besonderem Interesse, wobei hervorzuheben ist, dass die Globalisierung eines Produktes oder einer Aktivität (z. B. Marketing) nicht zwingend zur Globalisierung aller anderen Produkte oder Aktivitäten führen muss (Bartlett/Ghoshal 1987; Morrison/Ricks/Roth 1991; Prahalad/Doz 1987). Mit dem Ausdruck »Globalisierungsbetroffenheit« soll darauf hingewiesen werden, inwiefern die Globalisierung von Märkten und Branchen Einfluss auf die Entwicklung und den Erfolg von Unternehmen nimmt (de Wit 2017).

Globalisierung von Märkten und Branchen
Die Globalisierung von Märkten und Branchen lässt sich auch als Meso-Ebene bezeichnen, wobei es wichtig ist, zwischen beiden Konstrukten zu unterscheiden. Autoren, die sich mit der Globalisierung von Märkten beschäftigen, betonen die zunehmende Ähnlichkeit von Konsumentenbedürfnissen und die zunehmende Leichtigkeit, mit der Produkte weltweit produziert und distribuiert werden können (vgl. den wegweisenden Artikel von Levitt 1983). So werden bspw. Rohöl oder Devisenmärkte als durchgängig global bezeichnet, da die gleichen Güter zum gleichen Preis überall auf der Welt gehandelt werden. Hingegen ist bspw. der Markt für Bilanzprüfung ausgesprochen lokal – aufgrund stark differierender nationaler Rechtsprechung und Standards in verschiedenen Ländern. Zudem ist der Bedarf an dieser Dienstleistung international sehr unterschiedlich, es gibt fast keinen grenzüberschreitenden Handel und konsequenterweise sehr unterschiedliche Preise (de Wit 2017, S. 606).

Die Globalisierung von Branchen ist wiederum ein etwas anders gelagertes Thema, da es sich eher mit dem Aufkommen oder der Entstehung einer Anzahl von Produzenten beschäftigt, die auf einem weltweiten Niveau miteinander konkurrieren (Prahalad/Doz 1987). So sind bspw. die Automobilindustrie, die Unterhaltungselektronik oder die Passagierflugzeugindustrie relativ stark global geprägte Branchen, da die wesentlichen Anbieter in den meisten Ländern aus der gleichen Gruppe an Produzenten bestehen, die weltweit miteinander konkurrieren. Selbst die Bilanzprüfungsbranche ist relativ global – obwohl der Markt für Bilanzprüfung ein lokaler ist (die sog. »Big Four« Bilanzprüfungsunternehmen sind auf jedem größeren Markt dieser Welt aktiv und konkurrieren dort miteinander). So lässt sich in diesem Zusammenhang zwischen vollständig globalisierten, teilweise globalisierten und nicht-globalisierten Branchen unterscheiden (Kutschker/Schmid 2011, S. 165–166).

Globalisierung von Volkswirtschaften
Auf der Makro-Ebene geht es um die Frage, ob sich für Volkswirtschaften weltweit eine Konvergenz feststellen lässt. Einige Autoren sind dabei mehr an der makroökonomischen Dynamik der internationalen Integration interessiert und deren Einfluss auf Wachstum, Beschäftigung, Inflation, Produktivität, Handel und ausländische Direktinvestitionen (vgl. z. B. Kay 1988; Krugman 1994). Andere Autoren fokussieren eher auf die politischen Bedingungen, welche die Globalisierung behindern oder befördern (vgl. u. a. Duina 2004; McGrew/Lewis 1992). Thematisiert wird schließlich auch die einer zunehmenden Globalisierung von Volkswirtschaften zugrunde liegende Dynamik hinsichtlich technologischer, institutioneller und organisatorischer Konvergenz (vgl. u. a. Dunning 1986, 1993; Lall/Narula 2004).

Es wurde gezeigt, dass sich der schillernde Begriff der Globalisierung bei näherer Betrachtung auf jeweils drei wesentliche Dimensionen und Ebenen eingrenzen lässt. Aus der Sicht des strategischen Managements geht es vor allem um die Frage, ob diese Entwicklungen die Aktionen des Managements determinieren oder ob weiterhin Wahlmöglichkeiten bestehen. In anderen Worten: Sind die globale Konvergenz bzw. die weiterhin bestehende internationale Diversität eine unkontrollierbare evolutionäre Erscheinung, der sich Unternehmen und Regierungen machtlos gegenübersehen, oder können sie die Globalisierung bzw. Lokalisierung ihres Umfeldes aktiv (mit)gestalten? In diesem Fall eröffnen sich zahlreiche Möglichkeiten für die aktive Entwicklung und Umsetzung von Strategien, die im Mittelpunkt dieses Lehrbuches stehen.

2 Besonderheiten eines strategischen Managements im globalen Wettbewerb

Im weiteren Verlauf dieses Kapitels beschäftigen wir uns spezifisch mit den internationalen bzw. globalen Aspekten des strategischen Managements. Dabei gehen wir auf die einzelnen Phasen unseres Konzeptes vor dem Hintergrund einer zunehmenden Internationalisierung bzw. Globalisierung unternehmerischer Aktivitäten ein (▶ Abb. 2.2). Zunächst diskutieren wir die Konsequenzen der Globalisierung für die Formulierung der Vision sowie die Segmentierung und strategische Analyse, bevor wir uns der Frage zuwenden, wie Strategieentwicklung im globalen Kontext funktioniert. Wir schließen die Betrachtung mit Anmerkungen zur Implementierung von Strategien und zur strategischen Kontrolle im globalen Wettbewerb.

2.1 Formulierung der Vision im globalen Wettbewerb

Der wesentliche Unterschied der Formulierung einer Unternehmensvision im globalen Kontext gegenüber einem rein lokalen oder nationalen Kontext ist der erweiterte Geltungsbereich dieser Vision aufgrund der geografisch größeren Spannweite der unternehmerischen Aktivitäten (El-Namaki 1992). Die grundsätzliche Aufgabe einer Unternehmensvision wird dadurch nicht verändert. Sie ist als unternehmensspezifische Aussage über Unternehmenszweck und Einstellungen gegenüber Stakeholdern (z. B. Mitarbeiter, Kunden, Wettbewerber, Gewerkschaften, soziale Interessengruppen) und insbesondere den Shareholdern zu sehen (Behnam 1998, S. 214–222). Mit dem erweiterten Geltungsbereich der Vision geht gleichzeitig eine steigende Komplexität einher, da die Interdependenzen zwischen den einzelnen Stakeholdern und Shareholdern national wie international zunehmen.

Die oben angesprochene Vernetzung in einem zunehmend globalen Umfeld gilt in weiten Teilen auch für Shareholder und Stakeholder auf internationaler Ebene (zur Problematik von Stakeholder- vs. Shareholder-Orientierung vgl. Jensen 2002; Rasche/Esser 2006). So sind einige soziale Interessengruppen wie bspw. Greenpeace oder ATTAC mittlerweile zu global agierenden Organisationen herangewachsen. Ähnliches gilt auch für die verstärkte Zusammenarbeit von Gewerkschaften über Ländergrenzen hinweg oder für den länderübergreifenden Zusammenschluss von Verbraucherschutzorganisationen. Ebenso sind Investmentfonds (z. B. Mutual Funds, Hedge Funds oder Real Estate Investment Trusts) als international agierende Shareholder tätig, die nicht mehr nur in einzelnen Ländermärkten investieren. Gerade Hedge Funds haben sich darauf spezialisiert, eine Risikostreuung bzw. einen Risikoausgleich durch länderübergreifende Investments in verschiedene Firmen der gleichen Branche zu erzielen. In anderen Worten: Ein Unternehmen, das verstärkt im globalen Kontext agiert, muss auch mit einer entsprechenden Unternehmensvision auf das veränderte Umfeld reagieren.

Dabei stellt sich die entscheidende Frage, ob eine zunehmende internationale Betätigung zur Veränderung aller Elemente einer Vision führen muss oder soll. Für ein Unternehmen, das verstärkt auf internationalen Märkten tätig wird, entsteht vor allem das Problem, wie sich Werte und Grundüberzeugungen für das Gesamtunternehmen definieren lassen. Denn diese müssen die Vielfalt und Unterschiedlichkeit wirtschaftlicher, sozialer, kultureller und gesetzlicher Eigenheiten in den verschiedenen Ländern berücksichtigen und dabei dennoch einen integrativen, zusammenführenden Charakter aufweisen (für eine Vielzahl illustrativer Beispiele vgl. Ireland/Hitt 1999). Collins und Porras (1996b) haben auf die Bedeutung einer »Core Ideology« bei der Formulierung einer Vision hingewiesen, die dauerhaft erfolgreiche Unternehmen auszeichnet. Diese Leitphilosophie besteht aus Grundwerten und Kernabsichten. Zusammen mit der »Envisioned Future«, der erwünschten Zukunft, bildet die Core Ideology die wesentlichen Bausteine bei der Formulierung einer weltweit ausgerichteten Vision (▶ Abb. 4.2). Dabei definiert die Core Ideology den Unternehmenszweck und wofür das Unternehmen steht. Die Envisioned Future drückt aus, was das Unternehmen leisten, aufbauen und erreichen möchte. Während die Core Ideology den dauerhaften und unveränderten Bestandteil der Vision darstellt, ist die Envisioned Future situativ anzupassen (für eine Vielzahl eindrücklicher Beispiele aus der genannten Studie vgl. Collins/Porras 1991, 1995, 1996a).

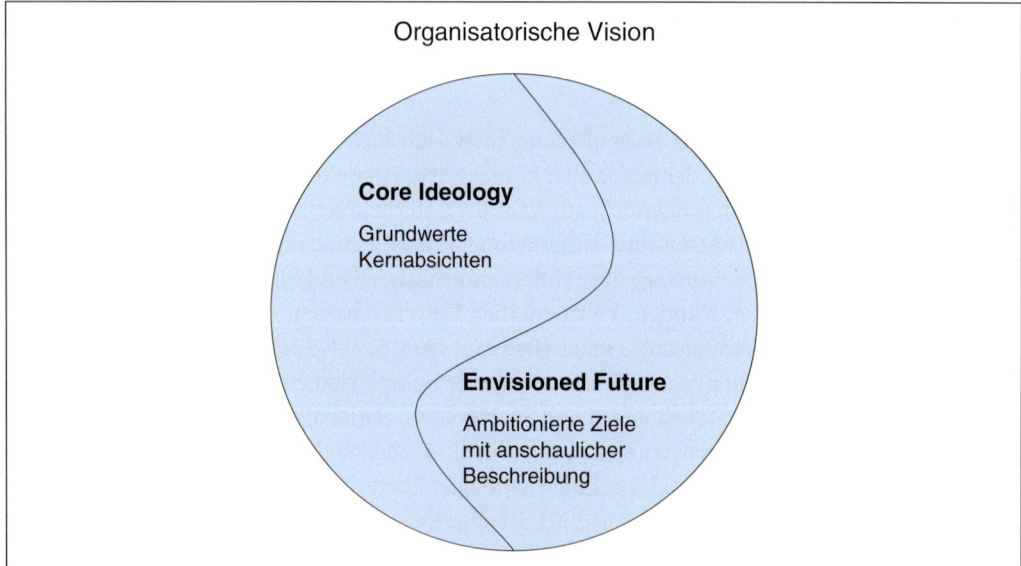

Abb. 4.2: Formulierung einer weltweit ausgerichteten Vision
(Quelle: Eigene Darstellung in Anlehnung an Collins/Porras (1996a, S. 67))

2 Besonderheiten eines strategischen Managements im globalen Wettbewerb

Nach Collins/Porras (1996a) lässt sich die Formulierung einer organisatorischen Vision wesentlich aus den Grundwerten und überzeugungen des Managements ableiten, die zu Absichten und strategischen Zielen führen. In einem zweiten Schritt wird der Umweltkontext herangezogen, um über eine anschauliche Beschreibung der gewünschten Zukunft ein für alle Stakeholder greifbares Bild der Unternehmensvision zu erzeugen (▶ Abb. 4.3).

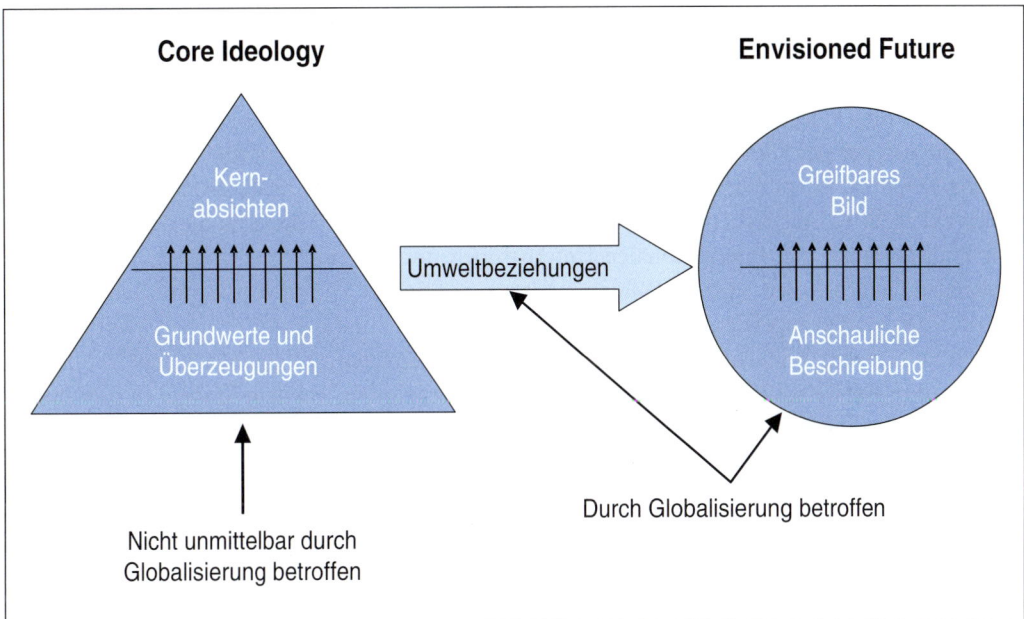

Abb. 4.3: Bild der Unternehmensvision
(Quelle: Eigene Darstellung in Anlehnung an Collins/Porras (1991, S. 34))

Wir fragten oben, welche Teile der Unternehmensvision eine Reformulierung im internationalen Kontext benötigen. Wir können nun sagen, dass dies vor allem die Umweltbeziehungen und die Envisioned Future sind. In dem Maße, in dem die Unternehmensaktivitäten international zunehmen, muss eine (vorsichtige) Reformulierung der Umweltbeziehungen und der Envisioned Future erfolgen, die diese Veränderungen der Unternehmenswirklichkeit widerspiegeln. Mit anderen Worten: Die Grundwerte und -überzeugungen sind durch die steigende Internationalisierung des Unternehmens nicht – zumindest nicht unmittelbar – betroffen, wohl aber die Aussagen bzgl. der Umweltbeziehungen und der Envisioned Future. In Anlehnung an Blythe/Zimmerman (2004) und Drucker (1973) muss sich das Unternehmen beispielsweise mit folgenden Fragen beschäftigen:

- Was ist unser internationales Geschäft?
    - Wer ist unser Kunde auf internationalen Märkten?
    - Was ist wertvoll für unsere internationalen Kunden?
- Wie wird sich unser Geschäft international entwickeln?
- Wie sollte unser Geschäft aus internationaler Perspektive aussehen und welche Auswirkungen hat es auf die verschiedenen Anspruchsgruppen?

Während die ersten beiden Fragen vorrangig ökonomische Aspekte betreffen, geht die dritte Frage darüber hinaus. Sie stellt Anspruchsgruppen in den Mittelpunkt, die nicht unmittelbar aus ökonomischer Perspektive betroffen sein müssen. Damit weist eine solche Visionsformulierung auch auf die von uns oben bereits angesprochene ethische Verantwortung gegenüber betroffenen Stakeholdern auf globaler Ebene hin (▶ Teil II, Kap. 7).

In der Literatur hat sich hierfür der Begriff der Corporate Social Responsibility (CSR) durchgesetzt. An dieser Stelle können wir die umfangreiche Diskussion zur CSR nicht nachvollziehen und verweisen auf die Literatur (Blowfield/Murray 2014; Crane/Matten 2016; Moon/Murphy/Gond 2017; Rasche/Morsing/Moon 2017). Im Hinblick auf die Herausforderungen an das strategische Management, die sich aus der Globalisierung ergeben, lässt sich exemplarisch auf die aktuelle Diskussion zur sog. »Political Corporate Social Responsibility« (PCSR) verweisen (Scherer/Palazzo 2007, 2011; Scherer et al. 2016). Aus Sicht der PCSR lassen sich die weltweiten Märkte und die dort stattfindenden Transaktionen von internationalen Unternehmen nur sehr unzureichend regulieren. Internationalen Unternehmen wird deshalb eine Art von politischer Verantwortung im Rahmen ihrer globalen Aktivitäten zugewiesen. Dies bedeutet, dass sie nicht nur die Aufgabe haben, Wettbewerbsvorteile zu erzielen, sondern sie müssen auch zunehmend eine politische und ethische Verantwortung für ihre weltweiten Wertschöpfungsaktivitäten übernehmen, um dem Mangel an funktionierender Regulierung auf globaler Ebene entgegenzuwirken.

Wenn man Anzahl, Größe und Einfluss globaler Unternehmen (wie Coca-Cola, McDonald's, Shell, Sony, Dow oder Novartis) betrachtet, wird es verständlich, dass diesen Unternehmen öffentliche Besorgnis bezüglich ihrer Regulierbarkeit entgegengebracht wird. Fügt man einer solchen traditionellen Liste noch die Vorzeigeunternehmen der »New Economy« hinzu (wie Apple, Microsoft, Intel, eBay, Google oder Facebook) und vergegenwärtigt sich ihre geradezu globale Präsenz, taucht ein Ambiguitätsproblem auf. Zwar werden diese Unternehmen für den ökonomischen Nutzen gelobt, den sie schaffen, gleichzeitig aber erzeugen sie Skepsis bezüglich der Risiken, die sie für die natürliche Umwelt, die Öffentlichkeit oder den Staat erzeugen könnten. »*Their deeds are scrutinized, reviewed, and put under a public microscope*« (Post 2002, S. 148).

In seiner Rede auf dem Weltwirtschaftsforum 1999 hat Kofi Annan, der damalige Generalsekretär der UNO, eindringlich auf diese Problematik hingewiesen und deshalb vorgeschlagen, einen globalen Pakt geteilter Werte und Prinzipien zu entwickeln (den sog. United Nations Global Compact), »*which will give a human face to the global market. Globalization is a fact of life, but I believe we have underestimated its fragility. […] The spread of markets outpaces the ability of societies and their political systems to adjust to them, let alone to guide the course they take. History teaches us that such an imbalance between the economic, social, and political realms can never be sustained for very long*« (Annan 1999, S. 260). Beim United Nations Global Compact handelt es sich um eine sog. Multistakeholder-Initiative, die international tätige Unternehmen dazu auffordert, sich im Rahmen ihrer geschäftlichen Tätigkeit an zehn grundlegende Prinzipien zu halten und auch ihre Stakeholder dazu zu bewegen, diesem Beispiel zu folgen (Gilbert/Behnam 2013).

Wir sind der Ansicht, dass Unternehmen in Zukunft noch stärker auf diese (neuen) politischen, sozialen, ökologischen und kulturellen Bedürfnisse eingehen müssen, die im Rahmen der Globalisierung auftreten, ansonsten gefährden sie letztlich ihr eigenes Überleben. Genau deshalb entsteht die Notwendigkeit, die unternehmerische Vision vor dem Hintergrund steigender internationaler Aktivitäten zu reformulieren und an diese Erfordernisse anzupassen.

In Anlehnung an Carroll (2004) lässt sich exemplarisch zeigen, welche Dimensionen bei einer solchen Stakeholder-orientierten Reformulierung der Umweltbeziehungen und der Envisioned Future zu berücksichtigen sind. Carroll unterscheidet hierzu vier Ebenen der globalen sozialen Unternehmensverantwortung (Global Corporate Social Responsibility): ökonomische, legale, ethische und philanthropische Verantwortung (▶ Abb. 4.4).

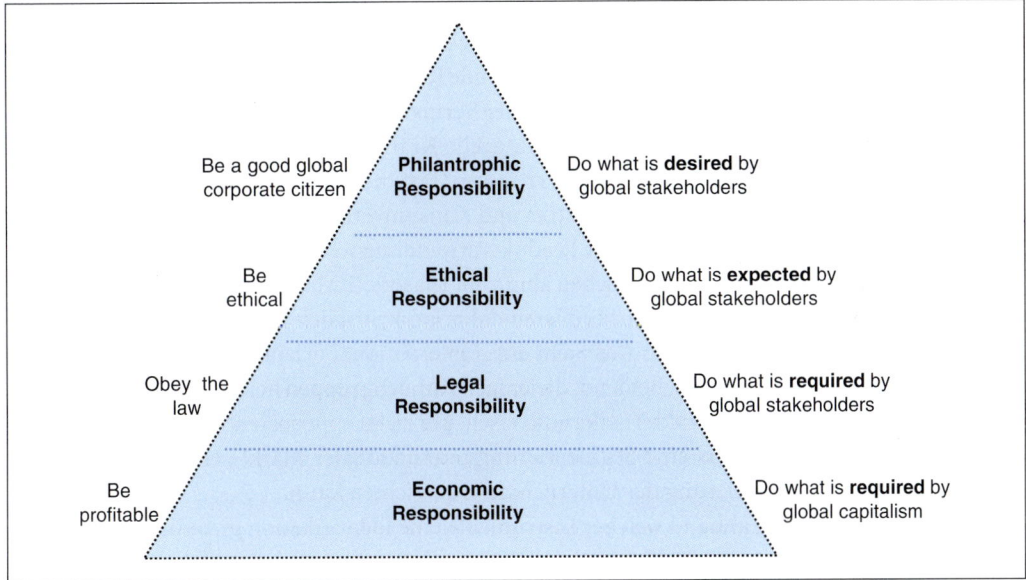

Abb. 4.4: Vier Ebenen der globalen sozialen Unternehmensverantwortung (Global Corporate Social Responsibility)
(Quelle: Carroll (2004, S. 116))

Auf der ersten Ebene geht es um die Profitabilität des Unternehmens, um seine ökonomische Verantwortung. Die kritische Aufgabe für das Unternehmen besteht darin, den ökonomischen Erfordernissen eines globalen Marktplatzes gerecht zu werden.

Auf der zweiten Ebene steht die Erfüllung gesetzlicher Regelungen auf den bearbeiteten Märkten im Vordergrund, die legale Verantwortung. Das Unternehmen muss die grundlegenden Ansprüche globaler Stakeholder garantieren und sämtliche Entscheidungen kritisch hinsichtlich ihrer Legalität überprüfen.

Auf der dritten Ebene wird die ethisch vertretbare Position des Unternehmens angesprochen. Um dieser ethischen Verantwortung gerecht zu werden, muss das Unternehmen bestehende Wert- und Normvorstellungen sowie die jeweiligen Entscheidungen hinsichtlich ihrer Folgen und Nebenfolgen für sämtliche Stakeholder kritisch reflektieren. Auf dieser Ebene gilt es, Kriterien für gutes und schlechtes Handeln und die Bewertung von Motiven aufzustellen und konkrete Antworten auf die Frage zu finden, wie in bestimmten Entscheidungssituationen gehandelt werden soll.

Auf der vierten Ebene schließlich geht es darum, als ein globaler Unternehmensbürger wahrgenommen zu werden, der seiner philanthropischen Verantwortung dadurch nachkommt, dass die Wünsche der globalen Stakeholder berücksichtigt werden.

2.2 Segmentierung auf globaler Ebene

In vielen Branchen lassen sich sog. »Globalisierungstreiber« identifizieren (wie bspw. Protektionismus, rapider technologischer Wandel oder zunehmende Konvergenz von Lebensstilen), die zu einer abnehmenden Bedeutung von Landesgrenzen bei der Vermarktung von Produkten führen (Terpstra 1987; Yip 1995). Zugleich gibt es aber auch strukturelle Kräfte, die eine rein globale Ausrichtung von Marktstrategien als nicht sinnvoll erscheinen lassen (Birkinshaw/Morrison 1995). So sind bspw. Unterschiede bzgl. Konsumentencharakteristika und Konsumverhalten, nationaler oder regionaler Regulierungen, kultureller Varianzen oder Produktverwendung weiterhin zu beachten, auch wenn deren Bedeutung u. U. in manchen Branchen abnimmt (Baalbaki/Malhotra 1993). Globale Marktchancen und globaler Wettbewerbsdruck müssen daher im kritischen Fokus bei der Entwicklung einer Unternehmensstrategie stehen. Aus Sicht eines international orientierten strategischen Managements ist es insbesondere entscheidend, diejenigen Kundengruppen herauszufiltern, die grenzüberschreitend die gleichen Charakteristika aufweisen, um zielgruppenorientierte Marktstrategien entwickeln zu können. Es muss eine Segmentierung internationaler Märkte erfolgen, an der sich eine anschließende Segmentierung des Unternehmens ausrichten kann.

Wir wollen nun prüfen, anhand welcher Instrumente eine Identifikation grundlegender Homogenitätsmuster von Konsumenten erfolgen kann, die sich als Plattform für eine globale Integrationsstrategie segmentierter internationaler Märkte nutzen lassen. Dazu erfolgen zunächst eine Ländersegmentierung und anschließend eine Kundensegmentierung.

Am Anfang steht typischerweise die strategische Entscheidung, in welchen Ländern man aktiv werden will. Für eine sinnvolle Ländersegmentierung sind zumindest vier Charakteristika notwendig: Zugänglichkeit, Wichtigkeit, Messbarkeit und Isolierbarkeit der zugrunde liegenden Kausalkräfte in den abgegrenzten Segmenten (Blackwell/Miniard/Engel 2005; Kotler/Keller/Opresnik 2015). Wenn Länder sowohl in sich relativ homogen sind und auch wichtige Charakteristika miteinander teilen, ist die Verwendung von Länderkriterien sinnvoll, um diese Länder zu Clustern zu bündeln. Dabei werden üblicherweise multiple Kriterien für den Klassifizierungsprozess gebraucht, die sich aus relativ leicht verfügbaren Sekundärdaten gewinnen lassen. Die am häufigsten verwendeten Kriterien sind ökonomisches Wachstum und Entwicklung eines Landes (vgl. bereits Rostow 1960). Darüber hinaus ist eine Vielzahl weiterer möglicher Variablen bzgl. deren Aussagekraft für die Homogenität von Ländern zu untersuchen (für einen Überblick vgl. Frear/Alguire 1995; Jain 1996). So wurden bspw. in einer breit angelegten Studie von Day/Fox/Huszagh (1988) 18 Variablen zu den drei Hauptfaktoren Konsumrate, Handel und Inflation verdichtet.

Obwohl die meisten Klassifizierungen mit Indizes bzgl. der ökonomischen Entwicklung arbeiten, werden immer öfter auch kulturelle Variablen zur Ländersegmentierung genutzt, die sich beispielsweise auf die Sprache, Religion oder Technikfreundlichkeit beziehen (Walters 1997). Obwohl diese Form der Länderclusterung relativ einfach vorzunehmen ist, sind doch wesentliche Probleme damit verbunden. Es besteht die Gefahr einer unzulässigen Vereinfachung, wenn die Nutzung des Nationalcharakterkonstruktes zu einer Stereotypisierung von Ländermärkten führt, da die Konsummuster innerhalb eines Landes aufgrund regionaler, subkultureller oder ethno-linguistischer Eigenheiten erhebliche Unterschiede aufweisen können (Gilbert/Heinecke 2014; Heinecke 2011; Nachum 1994). So zeigen sich zwar immer wieder signifikante Unterschiede hinsichtlich Lebensstil und Konsumverhalten zwischen verschiedenen Ländern, Konsumentengruppen in unterschiedlichen Ländern haben aber nicht selten mehr miteinander gemeinsam als mit anderen Konsumenten im eigenen Land (de Wit 2017; Hofstede/Steenkamp/Wedel 1999; Hui et al. 1993).

Die wesentliche Problematik bei der Clusterung von Ländern ist darin zu sehen, dass das primäre Untersuchungsobjekt – das einzelne Land – zu breit definiert ist, um eine eindeutige Operationalisierbarkeit zu gewährleisten. Selbst in den Fällen, in denen es zwischen den untersuchten Ländern signifikante Ähnlichkeiten hinsichtlich der ökonomischen Entwicklung oder des kulturellen Kontextes gibt, können andere Aspekte, die aus strategischer Sicht wesentlich sind (wie z. B. rechtliche Vorschriften), erheblich voneinander abweichen (Walters 1997).

Aufgrund dieser Probleme bei der Ländersegmentierung haben sich alternative Formen der Segmentierung entwickelt, die eher auf die einzelnen Kunden abstellen und auf grenzüberschreitenden Ähnlichkeiten zwischen Kundengruppen beruhen. Auch im Rahmen dieser Kundensegmentierung hat sich mittlerweile eine Vielzahl alternativ oder simultan zu verwendender Variablen entwickelt. Die am weitesten bekannte Segmentierung ist eine »Lifestyle-Segmentierung«, die sich auf die Aktivitäten, Interessen und Meinungen sowie demografischen Parameter von Kundengruppen bezieht. Auch wenn dieses Konzept intuitiv einleuchtend erscheinen mag, haben sich in einer Vielzahl von Studien bisher noch keine statistisch signifikanten Zusammenhänge zwischen Lifestyle und Konsumverhalten herstellen lassen (vgl. Walters 1997, S. 169 und die dort angegebene Literatur).

Wie zu sehen ist, haben beide Methoden – Ländersegmentierung und Kundensegmentierung – bei isolierter Betrachtung nur eingeschränkte Verwendungsfähigkeit. Daher haben sich sog. Hierarchie-Modelle bei der internationalen Marktsegmentierung durchgesetzt, die sequenziell beide Methoden verknüpfen. Die Grundidee besteht darin, die inländische Heterogenität mit der zwischenstaatlichen Homogenität zu verknüpfen, um den oben genannten Problemen bei der Segmentierung zu entgehen. Dadurch sollen die Vorteile von globaler Integration und lokaler Anpassung simultan genutzt werden (Baalbaki/Malhotra 1993). Die »Strategically Equivalent Segmentation« (SES) geht für jede betrachtete Produktkategorie in vier Schritten vor, um grenzüberschreitend strategisch äquivalente Segmente zu schaffen, in denen Kunden mit hoher Wahrscheinlichkeit ähnlich auf den Marketing-Mix reagieren (Kale/Sudharshan 1987):

- Kriterien-Entwicklung: Generelle Qualifizierungs- und Bestimmungs-Dimensionen zur Auswahl von Ländermärkten und Segmenten.
- Screening: Liste der Länder, in die das Unternehmen expandieren möchte.
- Mikrosegmentierung: Aggregation der grenzüberschreitenden Segmente.
- SES-Entwicklung: Faktorenanalytische Bestimmung von Mikrosegmenten und Clusterung oder Kosten-Nutzen-Analyse der SES.

Im ersten Schritt müssen Kriterien entwickelt werden, die dabei helfen, den globalen Marktplatz (im Extrem alle Länder der Welt) in Länder zu unterteilen, die über die notwendige Infrastruktur verfügen, um die betrachtete Produktkategorie zu unterstützen. Diese Qualifizierungs- und Bestimmungs-Dimensionen determinieren also, in welche Länder ein Unternehmen überhaupt expandieren möchte. Diese Kriterien werden im zweiten Schritt (Screening) angewendet, um eine engere Auswahlliste zu erzeugen. Im dritten Schritt geht es um die Bestimmung von Marktsegmenten (Mikrosegmentierung) in den qualifizierten Ländermärkten, um sie dann basierend auf ihrer Ähnlichkeit grenzüberschreitend weiter zu aggregieren. Typische Qualifizierungs-Dimensionen sind geografische Lage, ökonomische und legale Rahmenbedingungen oder auch das politische Klima. Häufig verwendete Bestimmungs-Dimensionen sind bspw. ein Zugang über gleiche Distributionskanäle und ähnliche (elektronische und/oder klassische) Medien, die Möglichkeit des Monitoring über gemeinsame Datenbasen oder der Zugang zu ausreichender Informationsversorgung. Erhobene Daten könnten z. B. demografische und sozioökonomische Parameter, Persönlichkeits- und Lifestyle-Variablen oder Gebrauchsintensität und Markenloyalität umfassen. Im letzten Schritt werden die strategisch äquivalenten Segmente über eine faktorenanalytische Untersuchung der strategisch relevanten Aktivitäten (z. B. Produkt-Design, Preis, Werbungsanreize) gebildet und abschließend mit einer Kosten-Nutzen-Analyse bewertet (SES-Entwicklung).

Der wesentliche Vorteil einer solchen Methodik ist darin zu sehen, dass das Management stimuliert wird, firmenspezifische Qualifizierungs- und Bestimmungs-Dimensionen zu entwickeln, die auf das jeweilige Produkt- oder Dienstleistungsangebot abgestimmt sind, statt sich auf generische Kriterien wie ökonomische Entwicklung oder Konsumgewohnheiten zu stützen. Letzten Endes geht es also darum, effektive Strategien zu entwickeln, die auf grenzüberschreitend gleiche Muster des Kundenverhaltens abzielen. Die Verwirklichung solcher »globaler Marktsegmente« stellt die letzte Phase eines fortlaufenden Prozesses dar, der sich von Levitts »single world segment« über Ländercluster hin zu globalen Inter-Markt-Segmenten entwickelt hat (Baalbaki/Malhotra 1993).

2.3 Strategische Analyse im globalen Kontext

Ebenso wie bei der strategischen Analyse im nationalen Kontext geht es hier um die beiden Teilbereiche der Umwelt- und Unternehmensanalyse. Die Umweltanalyse im internationalen Kontext dient dazu, das Management mit möglichst genauen Informationen und Abschätzungen zu versorgen hinsichtlich der momentanen Situation und externer Veränderungen in geografischen Gegenden, in denen das Unternehmen bereits Aktivitäten unterhält oder zukünftig plant, aktiv zu werden. Bei der Unternehmensanalyse werden die internen aktuellen sowie potenziellen Ressourcen, Fähigkeiten und Kernkompetenzen hinsichtlich ihrer Multiplikation auf internationalen Märkten analysiert. Es geht dabei um die manageriellen, technischen, materiellen und finanziellen Stärken und Schwächen des Unternehmens bezüglich seiner aktuellen oder geplanten internationalen Aktivitäten (Daniels/Radebaugh/Sullivan 2015, S. 554–557).

2.3.1 Analyse der Umwelt

Bei der Umweltanalyse im internationalen Kontext erfolgt eine Erweiterung des strategischen Suchraums. Zunächst sollten länderspezifische Marktanalysen erfolgen, sowohl für die Länder, in denen das Unternehmen momentan tätig ist, aber insbesondere für die Länder, in denen das Unternehmen künftige Aktivitäten plant. Abhängig von der Intensität der geplanten Aktivitäten müssen unterschiedliche Informationen über den Zielmarkt erhoben werden. So ist bei einem erstmaligen Markteintritt über Exporte der Informationsbedarf anders gelagert als bei der Gründung einer Produktionsstätte. Im ersteren Falle geht es um die Erhebung allgemeiner Marktdaten, Konsumquoten, Distributionskanäle und ähnliche Markteintritts- und bearbeitungskriterien. Im zweiten Falle ist eine intensive Studie über bspw. die politischen Verhältnisse, das Investitionsklima, die Beschäftigungspolitik oder die Zulieferersituation erforderlich.

In diesem Zusammenhang wird oftmals eine Analyse des Länderrisikos erfolgen, die mit einer Potenzialanalyse des betrachteten Landes einhergeht. In der Praxis bedeutet dies beispielsweise, dass die »Governance-Strukturen« in einem Land zum Gegenstand der Untersuchung werden, die sich beispielsweise in der politischen Stabilität, der Effizienz der Regierung, dem Level der Korruption oder der Qualität des Rechtssystems ausdrücken und sich über Indizes wie den »Worldwide Governance Indicator« messen lassen (Kaufmann/Kraay/Mastruzzi 2011). Solche Informationen sind erfolgskritisch im Rahmen der Analyse der Umwelt, denn empirische Studien belegen beispielsweise, dass 50 % der internationalen Unternehmen Direktinvestitionen vermeiden würden, wenn ihnen das politische Risiko in einem potenziellen Gastland zu hoch wäre (Giambona/Graham/Harvey 2017). Die Erweiterung des strategischen Suchraums bezieht sich auch auf die Wettbewerbsanalyse. Zu der Analyse der nationalen Wettbewerber gesellt sich nun die Analyse aller relevanten Wettbewerber auf den internationalen Zielmärkten des Unternehmens. Oftmals werden dies die gleichen Wettbewerber sein, denn große multinationale Unternehmen sind üblicherweise auf den gleichen Märkten tätig. Allerdings unterscheiden sie sich hinsichtlich ihrer Marktstärke, Reputation und Distributionskanäle auf den einzelnen Märkten (so hat bspw. das Unternehmen Volkswagen im europäischen Raum eine sehr viel stärkere Stellung als auf dem US-amerikanischen Markt). Hinzu kommt die notwendige Analyse lokaler Wettbewerber, die vielleicht auf dem internationalen Markt keine große Rolle spielen, in ihrem Heimatmarkt u. U. aber über eine starke Marktpräsenz verfügen.

Des Weiteren sind in die Analyse aufstrebende Märkte – die viel zitierten »emerging markets« – einzubeziehen. Vor allem Beratungsunternehmen haben mehrfach das große Potenzial dieser Märkte herausgestellt. Diese heutigen Entwicklungs- oder Schwellenländer sollen so bis 2025 zu über 70 % des globalen BIP beitragen (Atsmon et al. 2012). Bis 2050, so einige Prognosen, werden China und Indien hinsichtlich des BIP in Kaufkraftparität vor den USA liegen, während Nigeria Deutschland mit einem Sprung vom zwanzigsten (2014) auf den neunten Platz (2050) überholt haben wird (PWC 2015, S. 3). Auch kritische Stimmen mehren sich, da Unternehmen in diesen vielversprechenden Märkten vergleichsweise hohen Risiken ausgesetzt sind, die sich etwa aus Korruption, schwacher oder unzureichender Regulierung, oder politischen Konflikten ergeben können (Giambona/Graham/Harvey 2017; Puck/Rogers/Mohr 2013). Diesen Herausforderungen können Unternehmen mit sog. politischen Strategien beggnen. Darunter versteht man u. a. die gezielte Information von politischen Entscheidungsträgern über unternehmerische Entscheidungen oder die Einflußnahme auf verschiedene lokale Anspruchsgruppen, mit dem Ziel, Unterstützung für die jeweiligen Strategien zu erhalten (Chipman 2016; Puck/Rogers/Mohr 2013).

Wir werden im Folgenden zunächst auf die Länder- und Marktanalyse eingehen, bevor wir uns der Wettbewerbsanalyse im internationalen Kontext widmen.

Unternehmen aus (westlichen) Industrieländern stehen im Rahmen der internationalen Länder- und Marktanalyse drei möglichen, zunehmend problematischen Sets von Umweltphänomenen gegenüber, die unterschiedliche Anforderungen an die Informationsbeschaffung und -verarbeitung stellen. Erstens können sie auf Umwelten treffen, deren Grundstrukturen zwar die gleichen wie im Stammland sind, aber sich in ihren Ausprägungen unterscheiden. Zweitens können sie Umwelten begegnen, deren Grundstrukturen und Ausprägungen zwar so im entwickelten Industrieland nicht mehr anzutreffen sind, aber historisch bekannt sind. Drittens können sie auf Umwelten treffen, deren Grundstrukturen und Ausprägungen weder historisch noch aktuell bekannt sind und deren Verständnis und Analyse daher höchst problematisch ist.

Im ersten Fall handelt es sich typischerweise um Märkte in anderen Industrieländern, deren wettbewerbliche Grundstrukturen mit denen des Stammlandes relativ leicht vergleichbar sind. So sind bspw. sowohl in den USA als auch in Deutschland eine Vielzahl an Arbeitnehmern in der Automobilindustrie gewerkschaftlich organisiert (Grundstruktur), die Formen der Organisation und Arbeitgeberbeziehungen (Ausprägungen) sind aber unterschiedlich. Zum einen agieren Gewerkschaften und Arbeitgeberverbände in Deutschland typischerweise weniger antagonistisch als in den USA, zum anderen sind in Deutschland alle gewerkschaftlich organisierten Mitarbeiter eines Automobilunternehmens in einer einzigen Gewerkschaft organisiert (IG Metall). Dagegen sind in den USA die gewerkschaftlich organisierten Mitarbeiter eines einzelnen Unternehmens (und seiner Zulieferer) abhängig von ihrer Haupttätigkeit Mitglieder in verschiedenen, voneinander unabhängigen Gewerkschaften. Während also bei Tarifstreitigkeiten oder einem Streik in Deutschland nur mit einer Gewerkschaft verhandelt werden muss, ist es in den USA durchaus üblich, dass die verschiedenen Gewerkschaften nacheinander in Verhandlungen oder Streik treten, mit erheblich höherem Koordinations- und Verhandlungsaufwand seitens der Arbeitgeber. Für den Strategen in einem international tätigen Unternehmen geht es also darum, diese unterschiedlichen Ausprägungen korrekt zu analysieren, die Erfassung der Grundstrukturen selbst ist dagegen nicht problematisch. Gleiches gilt für die Infrastruktur, technologische Standards, das politische System oder das Bildungssystem.

Im zweiten Fall handelt es sich um Märkte in typischerweise weniger entwickelten Ländern. Bei deren Analyse tauchen Charakteristika auf, die im entwickelten Stammland historisch bekannt sind, auch wenn sie in dieser Form nicht mehr vorzufinden sind. So sind bspw. Analphabetismus, Bindung an die Großfamilie oder produktivitätsfeindliche Lebens- und Arbeitsrhythmen in den wenigsten Industrieländern als Grundstrukturen vorhanden, dennoch sind sie aufgrund ihres historisch bekannten Auftretens im Stammland grundsätzlich bekannt. Im nächsten Schritt muss dann eine Analyse der Ausprägungen erfolgen, um deren Bedeutung für das strategische Management zu erfassen. So ließe sich bspw. die Analphabetismusquote untersuchen, die Trends familiären Zusammenlebens oder die konkreten Lebens- und Arbeitsrhythmen und ihre Ursachen (bspw. religiöse Vorschriften).

Der dritte Fall stellt für den Analysten die größte Herausforderung dar, denn hier handelt es sich um Grundstrukturen und Ausprägungen eines Marktes, die weder aus dem aktuellen Erfahrungs-

2 Besonderheiten eines strategischen Managements im globalen Wettbewerb

bereich noch aus dem historischen Wissensbereich heraus erklärbar sind und die u. U. dem eigenen Gewohnheitsdenken zuwider laufen. Bestimmte religiöse oder soziale Tabus, gewohnheitsrechtliche Regelungen oder ein unterschiedliches Logikverständnis sind bspw. nicht mehr unmittelbar analysierbar. Sie bedürfen vielmehr des eigenen Erlebens, um der strategischen Analyse zugänglich zu werden. So lässt sich bspw. für Analysten, deren Denken implizit und ohne weiteres Hinterfragen auf dem Transitivitätsprinzip beruht, ein Logikverständnis, das wie beim Taoismus auf der Vereinigung des Widerspruchs beruht, nicht rational erfassen. In diesen Fällen ist nur das unmittelbare und praktische Erleben solcher Länder- oder Marktcharakteristika einer strategischen Analyse zugänglich zu machen. Hier ist die Bedeutung lokaler Experten (bspw. Expatriates) herauszustellen, die gleichzeitig über Wissen der Stammlandcharakteristika verfügen und deren lokale Expertise über geeignete Kommunikationskanäle der Zentrale im Stammland zugänglich zu machen ist. Letztlich geht es in solchen Fällen um die subjektive Verfeinerung der eigenen Wahrnehmung der relevanten Umweltfaktoren und ihrer Auswirkungen.

Ein international tätiges Unternehmen sieht sich diversen Umwelten in verschiedenen Ländern und Märkten gegenüber. Es ist daher entscheidend, aus der Vielzahl der möglichen Umweltfaktoren diejenigen herauszufiltern, die für das Unternehmen bzw. die geplante Strategie auch tatsächlich relevant sind. Tabelle 4.1 gibt einen Überblick über verschiedene Umweltfaktoren, die sich in Grundstrukturen und Ausprägungen unterteilen lassen. Dabei unterscheiden wir zwischen Makro- und Mikrogrößen.

Tab. 4.1: Umweltfaktoren für international tätige Unternehmen
(Quelle: Eigene Darstellung in Anlehnung an Kutschker/Schmid (2011, S. 832–833))

Makroumwelt	
Grundstruktur	Ausprägungsbeispiele
Natürliche bzw. ökologische Umwelt	Klima, Meereszugang, Verschmutzung
Politische Umwelt	Stabilität, Enteignungsgefahr, Korruption
Rechtliche Umwelt	Rechtssicherheit, Auflagen, Genehmigungspolitik
Industriepolitik	Investitionsanreize durch öffentliche Subventionen
Steuerliche Umwelt	Steuersätze, Steuergerechtigkeit
Technologische Umwelt	technologischer Entwicklungsstand, Patentanmeldungen
Demographie	Altersstruktur, Konsumentenverhalten
Ausbildung	Niveau der Schul- und Universitätsausbildung
Kulturelle Umwelt im engeren Sinne	Werte
Sprachliche Umwelt	Schwierigkeit der Sprache, Einheit der Sprache
Religiöse Umwelt	Form und Bedeutung der Religion
Sozio-psychologische Umwelt	Einstellung zu Arbeit und Konsum, Bedeutung von Familie und Verwandtschaft

Mikroumwelt bzw. Aufgabenumwelt	
Grundstruktur	Ausprägungsbeispiele
Absatzmärkte	Marktgröße, Marktwachstum, Handelshemmnisse
Beschaffungsmärkte	Verfügbarkeit von Rohstoffen, Aufnahmebereitschaft der Kapitalmärkte, Know-how-Erwerb
Branche und Konkurrenz	Zahl und Charakter der Wettbewerber, Existenz von Clustern wie Silicon Valley, intensive Rivalität mit hohem Innovationsdruck

Die allgemeine Wettbewerbsanalyse erfolgt im internationalen Rahmen anhand der gleichen Kriterien und Methoden wie im nationalen Kontext (z. B. Porters Branchenstrukturanalyse). Daher wollen wir uns hier auf die Analyse lokaler Wettbewerber und ihrer möglichen Reaktionen auf einen Markteintritt des Unternehmens beschränken. Dawar/Frost (1999) haben hierzu eine Methodik vorgestellt, um lokale Wettbewerber zu kategorisieren und ihre potenziellen Aktionen bzw. Reaktionen beurteilen zu können. Dazu erstellen sie ein Portfolio mit den Dimensionen »Globalisierungsdruck der Branche« und »Wettbewerbsgrundlage«, die in jeweils zwei Differenzierungen zu insgesamt vier Möglichkeiten führen (▶ Abb. 4.5).

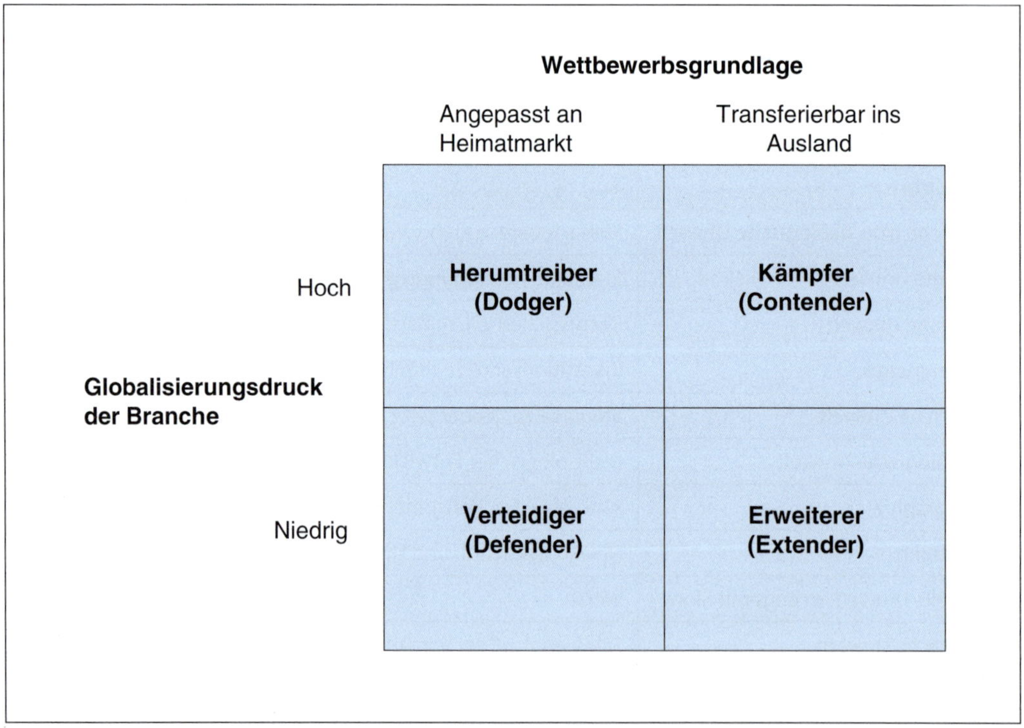

	Wettbewerbsgrundlage	
	Angepasst an Heimatmarkt	Transferierbar ins Ausland
Globalisierungsdruck der Branche — Hoch	Herumtreiber (Dodger)	Kämpfer (Contender)
Globalisierungsdruck der Branche — Niedrig	Verteidiger (Defender)	Erweiterer (Extender)

Abb. 4.5: Portfolio zur Wettbewerbsanalyse
(Quelle: Eigene Darstellung in Anlehnung an Dawar/Frost (1999, S. 122))

Lokale Firmen, die auf Märkten tätig sind, in denen der Globalisierungsdruck der Branche relativ niedrig ist und die ihre Stärken vor allem in einem umfassenden und tief greifenden Verständnis des lokalen Marktes haben, werden als Verteidiger (Defender) bezeichnet. Diese Unternehmen werden typischerweise Marktanteile an größere international tätige Unternehmen abgeben. Gleichzeitig werden sie versuchen, durch den Einsatz ihrer lokalen Marktkenntnis neue Machtpositionen in anderen Marktsegmenten aufzubauen, in denen das multinationale Unternehmen schwach ist.

Wenn der Globalisierungsdruck der Branche relativ niedrig ist und das lokale Unternehmen gleichzeitig als Wettbewerbsgrundlage über Fähigkeiten verfügt, die ins Ausland transferierbar sind, sprechen Dawar/Frost von Erweiterern (Extender). Diese Unternehmen werden ihre auf dem Heimatmarkt erworbenen Kompetenzen auf ausländischen Märkten einsetzen, die über ähnliche Charakteristika wie der Heimatmarkt verfügen.

Ist das lokale Unternehmen auf einem Markt tätig, der durch hohen Globalisierungsdruck gekennzeichnet ist, und reicht die Kenntnis des lokalen Marktes als eigenständige Wettbewerbsgrundlage nicht aus, dann bezeichnet man sie als Herumtreiber (Dodger). Diese Unternehmen befinden sich in der schwächsten Position gegenüber einem großen international tätigen Unternehmen. Sie sind gezwungen, sich entweder von dem Unternehmen übernehmen zu lassen bzw. mit dem Unternehmen zu kooperieren (z. B. in Form von Joint Ventures), oder als Lieferant und Dienstleister für das Unternehmen zu fungieren.

Ein lokales Unternehmen, das in einer Branche mit hohem Globalisierungsdruck tätig ist und gleichzeitig die Fähigkeit entwickelt hat, seine Kerntechnologie mit lokal angepasstem Design und Marketing zu kombinieren, wird als Kämpfer (Contender) bezeichnet. Diese Unternehmen stellen für international tätige Unternehmen die größte Wettbewerbsgefahr dar, da sie nicht nur auf dem lokalen Markt eine starke Marktpräsenz besitzen. Durch den Eintritt des international tätigen Unternehmens auf deren Heimatmarkt werden sie überhaupt erst zur Internationalisierung »gezwungen«. Typischerweise lernen diese Unternehmen schnell und verbessern ihre Kompetenzen, um zunächst mit dem international tätige Unternehmen auf dem lokalen Markt mithalten zu können und dann schließlich selbst international aktiv zu werden (vgl. Peng 2014, S. 267ff. für eine Vielzahl an praktischen Unternehmensbeispielen).

2.3.2 Analyse der Unternehmenssituation

Bei der Unternehmensanalyse aus internationaler Sicht geht es im Wesentlichen darum, ob ein auf dem Heimatmarkt erfolgreiches Unternehmen seine lokalen Wettbewerbsgrundlagen auch auf dem internationalen Markt nutzen kann. Im Kern stellt sich also die Frage, ob ein Unternehmen seine lokalen Ressourcen und Fähigkeiten auch grenzüberschreitend einsetzen oder gar weiterentwickeln kann. Auf der Grundlage einer internen Ressourcenanalyse für den nationalen Markt muss sich das Unternehmen die Frage stellen, ob es seine Ressourcen, Fähigkeiten und Kernkompetenzen auch auf ausgewählten internationalen Märkten replizieren, multiplizieren oder neu akquirieren kann.

Ein Replizieren der bisher vorhandenen Fähigkeiten und Kernkompetenzen bedeutet, diese auf die gleiche Art und Weise wie im Heimatland zu verwenden. Typischerweise wird sich das am ehesten auf ausländischen Märkten verwirklichen lassen, die über die gleichen oder ähnlichen Charakteristika verfügen wie der heimische Markt (ein Beispiel wäre Starbucks, das sein Geschäftsmodell auf ausländischen Märkten repliziert hat).

Unter Multiplizieren verstehen wir eine Erweiterung der bestehenden Ressourcen und Fähigkeiten durch neuartige Verknüpfungen, die zu neuen Kernkompetenzen führen. Dies lässt sich sowohl auf den Heimatmarkt ähnlichen als auch auf Märkten mit unterschiedlichen Charakteristika bewerkstelligen. In beiden Fällen ist dies häufig schon durch die Tatsache des Markteintritts gegeben, da das Unternehmen zur Überwindung seiner Fremdheit alle Fähigkeiten in neuartiger Weise anwenden muss. Auf Märkten, die über unterschiedliche Charakteristika verfügen als der Heimatmarkt, wird oftmals das Kennenlernen der dort gegebenen Marktnotwendigkeiten zu einer neuartigen Verknüpfung der Ressourcen und Fähigkeiten führen, die in neue Kernkompetenzen münden.

Akquirieren umfasst die Neuerwerbung von Ressourcen und Fähigkeiten, die das Unternehmen in dieser Form noch nicht besitzt, aber durch den Markteintritt erwerben könnte. Dies kann ebenfalls auf ähnlichen oder verschiedenartigen Märkten geschehen. Es erfolgt bspw. durch den Kauf oder die Kooperation mit einem bestehenden Unternehmen, das über diese Kernkompetenzen verfügt.

Schließlich geht es bei jeder Form der Unternehmensanalyse um den Abgleich der bestehenden Ressourcen mit den Erfordernissen des ausgewählten Ländermarktes. Dabei stellt sich das typische Huhn-Ei-Dilemma: Sollte man zunächst einen gewünschten Zielmarkt festlegen, der aufgrund seines Potenzials attraktiv erscheint, und dann über die geeigneten Ressourcenkombinationen nachdenken, oder sollte man eher die vorhandenen Ressourcen als Ausgangspunkt nehmen und sich dann auf Zielmärkte einigen, auf denen sich diese Ressourcen gewinnbringend anwenden lassen. Dies zeigt erneut die Verwobenheit der verschiedenen Schritte innerhalb des strategischen Managements auf. Die Formulierung einer geeigneten Strategie basiert sowohl auf der im Rahmen der Segmentierung getroffenen Ländermarktauswahl als auch auf der Analyse dieser Märkte und des eigenen Unternehmens.

2.4 Strategieentwicklung im globalen Kontext

Die Literatur zum internationalen strategischen Management beschäftigt sich vorrangig mit vier wesentlichen Fragen: Warum, wann, wo und wie internationalisiert ein Unternehmen seine Aktivitäten?

Die Internationalisierungstheorie versucht Erklärungen dafür zu finden, warum ein Unternehmen seine Aktivitäten internationalisiert. Da Unternehmen auch bei einer rein nationalen Betätigung sehr rentabel sein können (bspw. auf sehr großen Binnenmärkten wie den USA, Indien oder China), stellt sich also erstens die Frage: Ist es nötig für diese Unternehmen, im Ausland tätig zu werden? Und zweitens: Was sind die Gründe, ausländische Märkte zu bearbeiten? Im Anschluss daran geht es um den Zeitpunkt der Internationalisierung und um die Geschwindigkeit der Internationalisierung (also die Beantwortung des Wann). Bei der Frage nach dem Wo der Internationalisierung geht es um die Ländermarktauswahl (wie schon in der Segmentierung und Analyse betrachtet) und insbesondere um die Frage, welche Länder zuerst als Zielmärkte attraktiv erscheinen.

Für den Bereich der Strategieformulierung besonders interessant ist der letzte Fragenbereich, nämlich wie ein Unternehmen internationalisiert, welche Strategien sich für diese Internationalisierungsaktivitäten nutzen lassen, und wie Unternehmen in neuen Auslandsmärkten ihre bestehenden Wettbewerbsvorteile ausbauen können.

Die im Folgenden vorgestellten Ansätze zur Strategieformulierung gehen im internationalen Kontext in unterschiedlicher Intensität auf diese vier Grundfragen ein. Mit der Theorie des monopolistischen Vorteils stellen wir als erstes einen für das strategische Management grundlegenden Ansatz zur Erklärung des Internationalisierungsverhaltens von Unternehmen und deren strategischer Positionierung auf globalen Märkten vor. Dieser Ansatz geht auf Hymer (1968) und Kindleberger (1969) zurück und hat im späteren Verlauf viele weitere Konzepte im internationalen strategischen Management stark beeinflusst. In engem Zusammenhang mit diesem Ansatz steht der zweite Ansatz, die sog. Internalisierungstheorie nach Buckley (1975) und Casson (1975), die vor allem auf Transaktionskosten zur Erklärung internationaler Unternehmenstätigkeit zurückgreift. Im Anschluss stellen wir mit der sog. Stufenstrategie nach Johanson/Vahlne (1977) einen dritten, eher deskriptiven Ansatz vor, der allgemeine Aussagen zum empirisch beobachtbaren strategischen Internationalisierungsverhalten von Unternehmen macht. Das vierte Modell beruht auf Porters Forschungen bezüglich der Koordination und Konfiguration internationaler Aktivitäten (Koordinations- und Konfigurationsansatz nach Porter) und beschreibt anhand der Wertschöpfungskette vier Normstrategien der Internationalisierung. Der fünfte Ansatz schließlich gilt als eines der einflussreichsten Strategiekonzepte in der Internationalisierungsliteratur. Dieses Konzept setzt sich explizit mit dem Spannungsfeld von Lokalisierungs- und Globalisierungszwängen bei der internationalen Strategiefindung auseinander (transnationale Strategie nach Bartlett/Ghoshal). Die Auswahl dieser fünf Konzepte erfolgt anhand ihrer empirischen Evidenz sowie des Einflusses auf die Forschung im Bereich der Internationalisierung von Unternehmen.

2.4.1 Theorie des monopolistischen Vorteils nach Hymer/Kindleberger

Die Theorie des monopolistischen Vorteils konzentriert sich zwar primär auf die Erklärung von Direktinvestitionen, leistet damit aber gleichzeitig einen Beitrag zur Diskussion der Strategieentwicklung im globalen Kontext. Insbesondere die Frage, welche Markteintrittsstrategie vorteilhaft erscheint, wird durch die Theorie des monopolistischen Vorteils beleuchtet. Von den einzelnen Vertretern dieser Konzeption werden jedoch unterschiedliche Akzente gesetzt. Es wird sich zeigen, dass es sich insbesondere bei dem Ansatz von Hymer (1968) um einen frühen und wichtigen Beitrag auf dem Weg zu einer umfassenden Theorie strategischer Wettbewerbsvorteile handelt. Die Frage – »*Is Hymer the grandfather of strategic management as well as the theory of the MNE?« (Dunning/Rugman 1985, S. 230)* – ist für die internationale Ausrichtung des strategischen Managements grundsätzlich zu bejahen, da mit der Untersuchung monopolistischer Vorteile der erste Schritt in Richtung einer Identifizierung von Markteintritts- und -austrittsbarrieren im internationalen Kontext vollzogen wird. Zudem ist darauf hinzuweisen, dass Hymer seine Überlegungen auf den strategischen Ansatz der Markteintrittsbarrieren von Bain (1956, S. 15–16) gründet, auf dem ebenfalls die Entwicklung der Porterschen Wettbewerbsstrategien fußt.

Im Folgenden stellen wir die zwei grundlegenden Positionen der Theorie des monopolistischen Vorteils und ihre Konsequenzen für die Strategieentwicklung im globalen Kontext kurz dar. Im Anschluss erfolgt eine kritische Würdigung. Wir beginnen mit dem Ansatz von Hymer (1976), der durch eine eigenständige Theorie der Direktinvestition die Internationalisierung neoklassischer *Black-box*-Unternehmen konkretisiert und aus dem realitätsfernen Gebäude der klassischen Außenhandelstheorien löst (Teece 1985, S. 234). Den Ausgangspunkt bildet die Unterscheidung internationaler Kapitalbewegungen in Portfolioinvestitionen einerseits und Direktinvestitionen andererseits.

Unter Direktinvestitionen werden Kapitalbewegungen verstanden, die eine internationale Unternehmenstätigkeit vor allem in Form der Produktion betreffen. Nach der Theorie der Portfolioinvestitionen induzieren Zinssatzdifferenzen internationale Kapitalbewegungen (Hymer 1976, S. 6–10). Investoren verhalten sich als Gewinnmaximierer, indem sie Investitionsströme in die Länder mit den höchsten Zinssätzen umlenken. Das international tätige Unternehmen agiert demnach als Kapitalarbitrageur. In einer Welt ohne Risiken, Unsicherheiten und Kapitalstrombarrieren führt dieses Verhalten zu einem Ausgleich der Zinssätze auf internationaler Ebene. Zweiseitig gerichtete Kapitalströme bleiben unberücksichtigt. Hymer kritisiert die klassische Theorie der Portfolioinvestitionen als naiv. Sie basiere auf der Annahme einer phantastischen Welt vollkommener Märkte, die keinen Raum für eine Managementkontrolle über die Direktinvestitionen lasse (Rugman 1975, S. 568–569). Die Theorie der Portfolioinvestitionen sei deshalb ungeeignet, um das real beobachtbare Phänomen der Direktinvestition zu erklären.

Hymer rückt damit die Managementkontrolle in den Mittelpunkt seiner Erklärung von Direktinvestitionen (Hymer 1976, S. 23–27). Unternehmen streben danach die direkte Kontrolle über Auslandsinvestitionen an, um:

- das dort eingesetzte Kapital abzusichern,
- den bestehenden Wettbewerb auszuschalten und/oder
- die Renten aus monopolistischen Vorteilen vollständig abzuschöpfen.

Die Nutzung monopolistischer Vorteile durch Direktinvestitionen macht ein Unternehmen zum international tätigen »*rent seeker*«. Die Motivation zur Direktinvestition liefert somit nicht ein höherer Zinssatz, sondern ein Gewinnpotential, welches nur mit der Managementkontrolle über das Auslandsengagement gesichert werden kann. Im weiten Sinne geht es darum, den Unternehmenswert durch direkte Einflussnahme auf die Wertschöpfung sowie die Entwicklung von Strategien zu steigern. Das Unternehmen wird zum »*market value seeker*«.

Allgemein wird das international tätige Unternehmen mit sog. herkunftsbedingten Wettbewerbsnachteilen aus einem Auslandsengagement konfrontiert sein. Zum einen besitzt es gegenüber Lokalunternehmen im Ausland Informationsdefizite in Bezug auf das Wirtschaftssystem, die Sprache, die Gesetzgebung sowie den Umgang mit dem politischen System. Eine Überwindung dieser Nachteile verursacht signifikant hohe Kosten der Informationsbeschaffung. Zum anderen ist das Unternehmen vielfältigen Hindernissen ausgesetzt. Hierzu zählen Diskriminierungen durch die Gastlandregierung, lokale Konsumenten und Lieferanten, aber auch Beschränkungen durch die Gesetzgebung des Heimatlandes sowie Wechselkursrisiken.

2 Besonderheiten eines strategischen Managements im globalen Wettbewerb

Diesen herkunftsbedingten Wettbewerbsnachteilen stehen monopolistische Vorteile gegenüber, die aus bestimmten Unternehmensaktivitäten im Stammland entstanden sind (Hymer 1976, S. 41–64). Hierzu zählt Hymer die Möglichkeit zur Beschaffung von Produktionsfaktoren zu niedrigeren Kosten, den Zugriff auf eine Produktionstechnologie höherer Effizienz, ein besseres Distributionssystem oder das Potential zur Produktdifferenzierung. Dabei handelt es sich um komparative Vorteile im Vergleich mit potentiellen Wettbewerbern im Ausland. In der Terminologie moderner Managementkonzepte entstehen monopolistische Vorteile häufig dort, wo Unternehmen Kernkompetenzen besitzen.

Die Entscheidung für die Direktinvestition erfordert eine Abwägung zwischen den herkunftsbedingten Nachteilen der Internationalisierung und dem Gewinnpotential aus monopolistischen Vorteilen. Eine Direktinvestition ist unter der Prämisse der Gewinnmaximierung nur dann gerechtfertigt, wenn die Vorteile die Nachteile übersteigen. Hymer präzisiert die *First-Best*-Lösung einer Direktinvestition durch eine Gegenüberstellung mit den Markteintrittsstrategien Export und Lizenzierung (▶ Abb. 4.6).

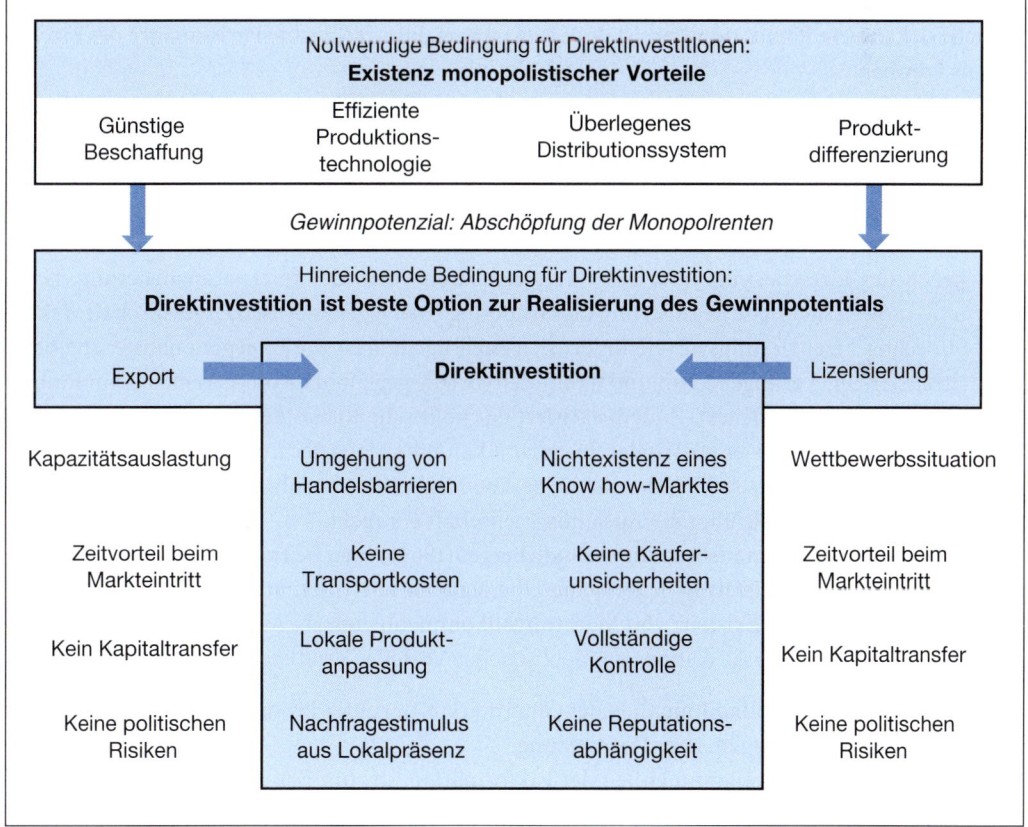

Abb. 4.6: Argumentationslogik der Theorie monopolistischer Vorteile
(Quelle: Eigene Darstellung)

Gegen den Export als vorteilhafte Form der Internationalisierung können Handelsbarrieren und restriktiv hohe Transportkosten sprechen. Die räumliche Distanz erschwert möglicherweise die Anpassung der Produkte an lokale Nachfragemuster. Auch die potentiell nachfragestimulierende Wirkung aus einer Lokalpräsenz der Produktion kann mit dem Export in der Regel nicht erreicht werden.

Die Direktinvestition als Markteintrittsstrategie ist der Lizenzierung überlegen, wenn Käuferunsicherheiten bestehen. Diese liegen vor, wenn der potentielle Lizenznehmer den Wert des ihm angebotenen Wissens nicht bewerten kann, weil er nicht vollständig informiert ist und aufgrund einer Geheimhaltung des Know-how-Anbieters auch nicht vollständig unterrichtet werden kann. Die Einigung in Form eines Lizenzvertrags gilt als unwahrscheinlich. Darüber hinaus ist denkbar, dass ein institutionalisierter Markt für das angebotene Wissen überhaupt nicht existiert und somit auch keine Lizenznachfrage besteht. Ferner kann eine Lizenzierung von Produkten und Produktionsverfahren die Gefahr der Begünstigung eines künftigen Konkurrenten auf dem Auslandsmarkt in sich bergen. Mit zunehmendem Wissen und gestiegener Erfahrung könnte der Lizenznehmer den Lizenzvertrag kündigen, ein eigenes Herstellungsverfahren implementieren und somit den monopolistischen Vorteil des ehemaligen Lizenzgebers selbst nutzen. Allgemein birgt eine unvollständige Kontrolle über den Lizenznehmer die Gefahr der vertragswidrigen Technologiediffusion in sich. Schließlich kann ein Reputationsverlust des Lizenzgebers durch schlechte Performance des Lizenznehmers drohen.

Aus Abbildung 4.6 geht hevor, dass Hymer durchaus die Lizenzierung als vorteilhafte Strategiealternative akzeptiert. Dies ist jedoch abhängig von der Struktur des jeweiligen Auslandsmarktes. Zum Beispiel kann die Existenz von mehreren Lokalanbietern mit eigenen Vorteilen auf dem Auslandsmarkt den Einstieg über eine Direktinvestition und damit den direkten Wettbewerb unattraktiv machen. In diesem Fall ist die Kooperation mittels Lizenzierung vorzuziehen. Des Weiteren besteht neben der Lizenzierung, oder einer vergleichbaren Form der Internationalisierung, keine Alternative, sofern staatliche Regulierung die Gründung einer eigenen Auslandsgesellschaft verhindert. Ein echter Lizenzierungsvorteil äußert sich auch darin, dass die Internationalisierung ohne Kapitaltransfer zügig erfolgen kann und damit Zeitvorteile gegenüber Konkurrenten beim Eintritt in einen Auslandsmarkt sichert. Zudem existiert das politische Risiko der staatlichen Enteignung nicht, da kein Kapitaltransfer stattfindet. Insgesamt kann die Lizenzierung am Anfang eines Internationalisierungsprozesses stehen, der sich über eine Minderheitsbeteiligung bis hin zum Erwerb der vollständigen Kontrolle über die Auslandsgesellschaft erstreckt.

Neben Hymer (1976) hat insbesondere Kindleberger (1969) einen Beitrag zur Theorie des monopolistischen Vorteils geleistet. Er leitet seine Überlegungen zur Internationalisierung der Unternehmenstätigkeit aus der Existenz von Marktunvollkommenheiten ab. Aufbauend auf Hymer entwickelt er die folgende Klassifikation monopolistischer Vorteile (Kindleberger 1969, S. 13–27):

- Vorteile aus einer Unvollkommenheit der Gütermärkte, darunter Produktdifferenzierung, Marketingwissen und administrierte Preissetzung.
- Vorteile aus einer Unvollkommenheit der Faktormärkte, so zum Beispiel der exklusive Zugriff auf patentiertes Wissen, der bessere Zugang zu Finanzkapital, spezifisches Know-how, aber auch das Qualifikationsniveau und die Fähigkeitsprofile der Mitarbeiter, insbesondere der Unternehmensleitung.

- Vorteile aus internen und externen Größendegressionseffekten.
- Vorteile aus staatlichen Eingriffen, insbesondere den Marktzutritt und -austritt regelnde Restriktionen, die den Charakter quasi-monopolistischer Vorteile tragen.

Analog zu Hymer knüpft Kindleberger die Entstehung von Direktinvestitionen an zwei Bedingungen: Erstens müssen monopolistische Vorteile existieren, und zweitens muss die Direktinvestition vor dem Hintergrund der Gewinnmaximierung die beste Alternative zur Abschöpfung der Renten aus diesen Vorteilen darstellen. Auch für Kindleberger besitzt der Kontrollbegriff zentrale Bedeutung (Kindleberger 1969, S. 3–6). Er definiert Kontrolle in Abhängigkeit vom Grad der Kapitalbeteiligung an einer ausländischen Tochtergesellschaft. In der Außenwirkung besitzt Kontrolle als Determinante des Unternehmensverhaltens auch eine politische Bedeutung. Hier unterstreicht Kindleberger mögliche Konfliktpotentiale. Demnach kann die Durchsetzung der staatlichen Gastlandsouveränität mit den Vorstellungen der Zentrale eines internationalen Unternehmens konfligieren.

Es ist letztlich diese politische Dimension international tätiger Unternehmen, die einen Unterschied zwischen den Arbeiten von Hymer und Kindleberger begründet. Die mit der Abschöpfung monopolistischer Vorteile einhergehende Ausübung von Marktmacht erlaubt im Zuge eines gewinnmaximierenden Unternehmensverhaltens das Festsetzen von Monopolpreisen. Im Vergleich zur vollständigen Konkurrenz als *First-best*-Lösung könnten die machtvollen international tätigen Unternehmen lediglich die *Second-best*-Lösung darstellen. Es sind diese Überlegungen von Hymer, die eine gesellschaftliche Feindseligkeitstradition gegenüber multinationalen Unternehmen begründen. Dagegen nimmt Kindleberger eine unternehmensfreundlichere Position ein: »*The multinational firm seeks to be a good citizen of each country where it has operation*« (Kindleberger 1969, S. 180). Im Gegensatz zu seinem Schüler Hymer werden multinationale Unternehmen als Mittel zur weltweiten Steigerung der ökonomischen Effizienz betrachtet (Kindleberger 1969, S. 187–192; Teece 1981, S. 10–14, 1985, S. 235–237). Die Aktivitäten dieser Unternehmen tragen dazu bei, die globale Wettbewerbsintensität zu erhöhen, national bestehende Monopole aufzubrechen und durch Einflussnahme auf Nationalstaaten den Freihandel zu fördern. Daraus resultieren wohlfahrtsökonomische Gewinne auf globaler Ebene.

Trotz ihres hohen Erklärungswertes lassen sich verschiedene Defizite in der Theorie des monopolistischen Vorteils von Hymer (1968) und Kindleberger (1969) identifizieren. Erstens enthält der Ansatz eine Überbetonung der Marktmachtvorteile international tätiger Unternehmen. Es existiert kein Bezug zur Theorie der Unternehmung im Sinne von Coase und keine explizite Betrachtung der effizienzmotivierten Substitution von Märkten durch die Hierarchie. Die Auswirkungen der Organisation international tätiger Unternehmen auf das Entstehen von Transaktionskosten bleiben deshalb unberücksichtigt. Zweitens existiert keine Erklärung dafür, wie und zu welchen Kosten die monopolistischen Vorteile unternehmensintern generiert werden (Brown 1976, S. 38; Buckley/Casson 1976, S. 68–69). Der Entstehungsprozess einer monopolähnlichen Stellung des Unternehmens im Stammland bleibt unbehandelt. Drittens wird die Bedeutung geographischer Aspekte für die internationale Verortung von Unternehmensaktivitäten nicht thematisiert. Länderspezifische Besonderheiten und Unterschiede bleiben unberücksichtigt. Viertens wird ausschließlich ein Internationalisierungsprozess zur Ausschöpfung firmenspezifischer Vorteile auf Auslandsmärkten beschrieben. Denkbar ist jedoch auch eine Auslandsproduktion zur Schaffung monopolistischer Vorteile, die auf dem Heimatmarkt in Form von Re-Importen genutzt werden können. Hierzu muss die ausländische Tochtergesellschaft allerdings die Rolle des strategischen Führers übernehmen können, wie sie später von Bartlett und Ghoshal beschrieben wird (▶ Teil IV, Kap. 2.4.5). Fünftens ist es vor allem großen internationalen Unternehmen im Vorfeld möglich, Lernprozesse über lokale Marktgegebenheiten zu simulieren, um die Kosten der Fremdheit zu reduzieren. Damit entfällt gegebenenfalls der Nachteil gegenüber Lokalkonkurrenten. Sechstens erscheint die Annahme einer friktionslosen Übertragbarkeit monopolistischer Vorteile ins Ausland fraglich. Zu den Transferproblemen zählen insbesondere eine unterentwickelte Infrastruktur im Gastland sowie die Inkompatibilität der übertragenen Technologien mit den lokalen Gegebenheiten. Siebtens wird nicht berücksichtigt, dass sich die ursprünglichen Bedingungen auf dem Auslandsmarkt ändern können und möglicherweise eine Desinvestition vorteilhaft erscheinen lassen. Es ist denkbar, dass lokale Imitatoren den monopolistischen Vorteil reproduzieren. Aus dynamischer Sicht stellt damit weniger eine einzelne Produktinnovation, sondern vielmehr die andauernde Innovationsfähigkeit des Unternehmens den eigentlichen monopolistischen Vorteil dar (Enderwick 1982, S. 33).

2.4.2 Die Internalisierungstheorie nach Buckley/Casson

Retrospektiv kann insbesondere Hymer (1968) durchaus als Vorläufer der sog. Internalisierungstheorie betrachtet werden, wenn er die Vor- und Nachteile der Internalisierung von Aktivitäten in die Hierarchie von Unternehmen unter Rückgriff auf die Transaktionskostentheorie von Coase (1937) diskutiert. Die Internalisierungstheorie hat große Relevanz für die Strategieentwicklung im globalen Kontext, denn die Kernfrage dieses Ansatzes gilt der Erklärung einer unternehmensinternen Koordination anstelle der Koordination von Zwischenproduktströmen über externe Märkte. McManus expliziert als einer der ersten den Gedanken des international tätigen Unternehmens als effizienzstrebende Institution (»*efficiency seeker*«) im Sinne eines Instruments zur Koordination interdependenter Aktivitäten in verschiedenen Ländern (McManus 1972, S. 72–84). Demnach wird die zentrale Kontrolle als bevorzugte Koordinationsform internationaler Unternehmenstätigkeit gewählt, wenn sie das kostengünstigste Mittel zur Erzielung eines gegebenen Effizienzniveaus darstellt, oder wenn mit ihr das höchste Effizienzniveau bei gegebenen Koordinationskosten realisiert werden kann.

In Europa wurden Transaktionskosten zur Erklärung internationaler Unternehmenstätigkeit zuerst durch Buckley und Casson eingeführt (Buckley 1975; Buckley/Casson 1976; Casson 1975, 1979). Dabei stützen sich die Wissenschaftler auf die Internalisierung externer Märkte, um das grenzüberschreitende Wachstum von Unternehmen erklären zu können (Buckley 1988, S. 182). Zu den weiteren Vertretern der Internalisierungstheorie zählen unter anderem Rugman, Hennart und Teece (Hennart 1982; Hennart 1986; Rugman 1981; Teece 1976, 1981, 1983, 1986). Teece (1981, S. 4–10) überträgt dabei als erster den *Markets and Hierarchies*-Ansatz von Williamson (1971) auf das international tätige Unternehmen. Alle Vertreter dieser Theorie betonen die fundamentale Bedeutung der Transaktionskosten für die Entstehung und Entwicklung international tätiger Unternehmen.

Die Logik der Internalisierungstheorie basiert auf dem Unternehmen als einem Geflecht von Aktivitäten, das über die eigentliche Fertigung von Gütern und Dienstleistungen hinaus auch

Marketing, F&E, Finanzierung sowie allgemeine Managementfunktionen umfasst. Die Interdependenz dieser Funktionsbereiche kommt in einem Strom von Zwischenprodukten zum Ausdruck (Buckley 1989, S. 4). Dabei werden materielle (z. B. Halbfertigfabrikate) und immaterielle (z. B. in Patenten und Humankapital inkorporiertes Know-how und Erfahrungswissen) Zwischenprodukte voneinander unterschieden. Externe Schnittstellen marktlicher Art entstehen durch die Inanspruchnahme von Faktor-, Zwischenprodukt- sowie Endproduktmärkten.

Der Internalisierungstheorie liegen mehrere Annahmen zugrunde (Buckley/Casson 1976, S. 33). Erstens handelt das Unternehmen als Gewinnmaximierer in einer Welt unvollkommener Zwischenproduktmärkte. Zweitens provoziert die Unvollkommenheit eine Umgehung der externen Märkte, indem interne Organisationslösungen geschaffen werden. Das international tätige Unternehmen entsteht drittens aus einer grenzüberschreitenden Internalisierung externer Zwischenproduktmärkte.

Ein international tätiges Unternehmen bringt grenzüberschreitende Aktivitäten unter einheitliches Eigentum und einheitliche Kontrolle und koordiniert Zwischenproduktströme unternehmensintern anstelle über externe Märkte. Dies setzt eine Gegenüberstellung von Chancen sowie Kosten und Risiken der Internalisierung voraus. Es ist jedoch darauf hinzuweisen, dass für bestimmte Transaktionen keine externen Zwischenproduktmärkte existieren. Hier existiert keine Alternative zur unternehmensinternen Koordination, höchstens die Gefahr von gegen unendlich strebenden Suchkosten bei dem Versuch, einen externen Transaktionspartner zu lokalisieren.

Internalisierungschancen konkretisieren sich in der Vermeidung von effizienzmindernden Problemen aus der Unvollkommenheit externer Märkte. Sie lassen sich wie folgt zusammenfassen:

- Begrenzte Rationalität und situative Komplexität führen zu unvollständigen *Arm's length*-Verträgen. Die damit verbundenen Transaktionskosten lassen sich durch Internalisierung vermeiden.
- Die Kontrollstrukturen zur Absicherung von Transaktionen gegen opportunistisches Verhalten der externen Marktpartner können mit der Internalisierung reduziert werden und somit zur Kostensenkung beitragen. Dies gilt auch vor dem Hintergrund einer besseren Fähigkeit zur Kontrolle und Planung der Produktion.
- Aus transaktionsspezifischen Investitionen resultieren Abhängigkeiten zwischen den Transaktionspartnern. Mit steigendem Grad der Faktorspezifität kann für den externen Transaktionspartner der Anreiz zur Ausnutzung dieser Abhängigkeit zunehmen. Im Extremfall kommt es zur Erpressung (*hostage situation*). Durch die Internalisierung können Abhängigkeitskosten vermindert werden.
- Ein weiterer Vorteil entsteht, wenn durch Internalisierung die Gefahr einer unerwünschten Informationsdiffusion ausgeschaltet wird. Die bei der Geheimhaltung von firmenspezifischem Know-how entstehenden Kontrollkosten können reduziert werden.
- Internalisierung kann das Ausgeliefertsein gegenüber der Marktmacht externer Lieferanten beseitigen, das sich beispielsweise in Form von Preisdiskriminierungen manifestiert.
- Schließlich können mit der Internalisierung staatliche Eingriffe in den internationalen Märkten umgangen werden. Zu derartigen Restriktionen zählen Handelshemmnisse, eine benachteiligende Steuergesetzgebung oder Eingriffe in Kapitalbewegungen.

Den genannten Internalisierungschancen stehen allerdings Internalisierungsnachteile in Form von Kosten gegenüber, die entstehen können. Es lassen sich folgende Kosten unterscheiden:

- Ressourcen-,
- Koordinations- und
- Kommunikationskosten.

So verlangt eine Internalisierung unter anderem vernetzte Kommunikationsstrukturen und damit die Anschaffung geeigneter Informationstechnologien (Ressourcenkosten), die Integration eines Systems zur permanenten Berichterstattung (Kommunikationskosten) sowie die Verstärkung der administrativen Unterstützung in der Zentrale und Auslandsgesellschaft (Koordinationskosten). Opportunistisches Verhalten externer Marktpartner kann mit der Internalisierung zwar ausgeschaltet werden, dafür entsteht aber das Kostenrisiko einer »*managerial dishonesty*« in der eigenen Tochtergesellschaft. Deshalb plädiert Casson (1995, S. 7–10) für den Aufbau einer Unternehmenskultur gegenseitigen Respekts und Vertrauens (*high-trust environment*). Internalisierung in Form einer Auslandsinvestition kann schließlich die Verwundbarkeit des international tätigen Unternehmens erhöhen. Diese liegt vor, wenn die Auslandsgesellschaft politischen Eingriffen ausgesetzt ist, zu denen beispielsweise die Androhung der Enteignung oder sonstige Diskriminierungen durch die Gastlandregierung zählen.

Abbildung 4.7 fasst die Argumentationslogik der Internalisierungstheorie zusammen. Als notwendige Bedingung für eine Internalisierung von Zwischenproduktmärkten gilt die Existenz von Internalisierungschancen. Die hinreichende Bedingung wird erfüllt, wenn die unternehmensinterne Koordination geringere Kosten verursacht als die Inanspruchnahme des unvollkommenen externen Marktes.

Der grenzüberschreitende Internalisierungsprozess wird solange fortgesetzt, bis die optimale Betriebsgröße des international tätigen Unternehmens erreicht ist, Grenzertrag und Grenzkosten der Internalisierungsaktivitäten sich also ausgleichen. Anders ausgedrückt hält die Substitution unvollkommener externer Zwischenproduktmärkte solange an, bis die Kosten einer weiteren Internalisierung die daraus realisierbaren Chancen übersteigt. Diese Erklärung des Wachstums von international tätigen Unternehmen basiert ausschließlich auf Effizienzbetrachtungen. Sie unterscheidet sich beispielsweise von der Vorstellung eines marktinduzierten Wachstums. Danach werden grenzüberschreitende Direktinvestitionen durch ausländische Märkte stimuliert (»*market seekers*«). Dies tritt vor allem ein, wenn die Möglichkeit des Unternehmenswachstums im Heimatland durch stagnierende Märkte begrenzt wird (Kindleberger 1969, S. 6–10).

Eine wesentliche Aufgabe für das strategische Management international tätiger Unternehmen stellt die Ermittlung des antizipierten Nettoeffektes einer spezifischen Internalisierung dar. Ausgehend von einer bestehenden Transaktionsbeziehung beinhaltet die Internalisierung eines ausländischen Marktpartners die Substitution von externen durch interne Transaktionskosten (Organisationskosten). Der Aussicht auf Reduzierung von internen Transaktionskosten (Internalisierungschancen) stehen die Kosten der Internalisierung gegenüber (Internalisierungsrisiken). Die Entscheidung für die Integration des ausländischen Transaktionspartners erfordert somit eine Abwägung von Internalisierungschancen und -risiken.

2 Besonderheiten eines strategischen Managements im globalen Wettbewerb

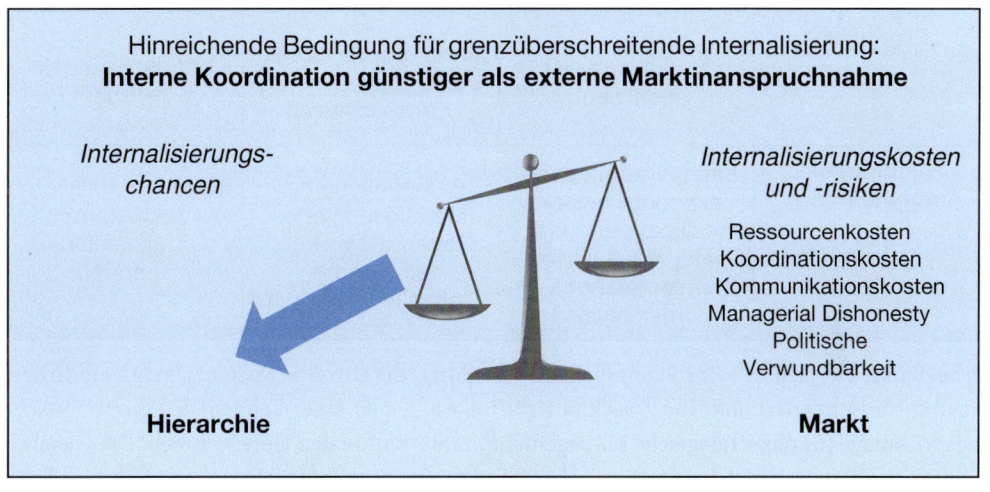

Abb. 4.7: Argumentationslogik der Internalisierungstheorie
(Quelle: Eigene Darstellung)

Vereinfachend wird angenommen, dass eine Quantifizierung von:

- tatsächlichen externen Transaktionskosten (TAK^{extern}) und
- erwarteten internen Transaktionskosten ($TAK^{intern,e}$)

problemlos möglich ist.

Aus diesen Annahmen resultiert der erwartete Nettoeffekt der Internalisierung (I^e):

$$I^e = TAK^{extern} - TAK^{intern,e}.$$

Tabelle 4.2 gibt einen Überblick über die möglichen Ergebnisse der Quantifizierung des Nettoeffekts der Internationalisierung.

Tab. 4.2: Erwartete Internalisierungseffekte als Entscheidungsgrundlage des strategischen Managements (*Quelle: Eigene Darstellung*)

	Internalisierungseffekte: Entscheidungsgrundlage des Organisationsmanagements		
	Positiver Internalisierungs-effekt	**Neutraler Internalisierungs-effekt**	**Negativer Internalisierungs-effekt**
Interpretation	Die externen Transaktionskosten übersteigen die erwarteten internen Transaktionskosten $I^e > 0$	Externe und erwartete interne Transaktionskosten sind gleich hoch $I^e = 0$	Die erwarteten internen Transaktionskosten übersteigen die externen Transaktionskosten $I^e < 0$
Ergebnis	Marktlösung ist ineffizient	Markt und Hierarchie besitzen identisches Effizienzniveau	Marktlösung ist effizient
Handlungs-empfehlungen	Internalisierung des externen Transaktionspartners und Integration in die Unternehmens-organisation	Beibehaltung der Marktlösung oder Internalisierung des externen Transaktionspartners	Keine Internalisierung des externen Transaktions-partners

Hierbei handelt es sich um eine vereinfachte Darstellung, die einzelne Kostenelemente undifferenziert und statisch betrachtet. Ihr Zweck besteht im Aufzeigen einer Tendenz als grobe Entscheidungsgrundlage für das strategische Management in internationalen Unternehmen. Die Gleichung fokussiert die klassische Dichotomie zwischen Markt (negativer Internalisierungseffekt) und Hierarchie (positiver Internalisierungseffekt). Die reale Welt der Hybride, zu der Kooperationsformen wie strategische und regionale Unternehmensnetzwerke zählen, lässt sich in der traditionellen Betrachtung der Internalisierungstheorie dagegen nicht zuordnen. Dies kann auch damit begründet werden, dass der Internalisierungsentscheidung implizit die Vorstellung einer zeitlich unbegrenzten Integration des ausländischen Transaktionspartners zugrunde liegt. Die Existenz von Hybridformen ist mitunter jedoch zeitlich begrenzt.

Betrachtet man nun die grenzüberschreitende Internalisierung genauer, so erfolgt diese in Form einer vertikalen und/oder horizontalen Integration (siehe hierzu z.B. Hennart 1991, S. 85–96). Beide Formen der Integration gilt es im Folgenden vorzustellen.

Vertikal internalisiert das international tätige Unternehmen rückwärts- und/oder vorwärtsgerichtet (Buckley 1989, S. 4–5; Teece 1981, S. 4–7). Ein Anreiz zur rückwärtsgerichteten Integration resultiert vor allem aus dem Bestreben nach Sicherung einer verlässlichen und kostengünstigen Rohstoffversorgung, die über Marktverträge mit rechtlich unabhängigen Lieferanten eventuell nicht gewährleistet werden kann. Vorwärtsgerichtet kann durch die Integration absatzseitiger Prozess-Stufen die Gefahr der Abhängigkeit von lang- sowie kurzfristigen Abnahmeverträgen vermieden werden (Helfat/Teece 1987). Eine vertikale Integration löst tendenziell zwei wesentliche Probleme von Markttransaktionen und eröffnet so Internalisierungschancen:

- Erstens stellt sich das Problem der allumfassenden Vertragsgestaltung. Ex ante können die Beziehungen zwischen rechtlich unabhängigen Transaktionspartnern aufgrund der bestehenden Unsicherheit über künftige Entwicklungen nicht vollständig in einem formellen Vertrag geregelt werden. Man könnte zwar versuchen, alle Eventualitäten im Vorfeld eines Vertragsabschlusses zu erfassen und zu spezifizieren. Die daraus resultierenden Informations- und Verhandlungskosten wären jedoch restriktiv hoch. Dies trifft insbesondere für internationale Vertragsbeziehungen zu. Ex post können darüber hinaus Verhandlungskosten für nachträgliche Anpassungen mit der Internalisierung vermieden werden.
- Zweitens gibt es das Problem opportunistischer Vertragspartner. Aus unvollständigen Verträgen kann ein Anreiz zur Abweichung von den fixierten Vereinbarungen entstehen. Bei Vorliegen einer einseitigen Abhängigkeitssituation kann der benachteiligte Marktpartner sogar im Vertrag gefangen sein. Dies gilt vor allem bei asymmetrischen Beziehungen und Investitionen in einen ausschließlich auf die Vertragsbeziehung ausgerichteten Produktionsapparat (hoher Grad der Faktorspezifizität). Die Kosten des Wechsels zu einem anderen Vertragspartner sind dann restriktiv hoch bzw. der Wechsel erscheint de facto ausgeschlossen.

Mit der vertikalen Integration sind auch spezifische Nachteile (Internalisierungskosten und -risiken) verbunden. So fallen neben den Kosten der Kapitalbeteiligung im Erwerbszeitpunkt hierarchieseitige Kontroll- und Koordinationskosten in den Folgeperioden an. Auch müssen in die Organisationsstruktur des internalisierenden Unternehmens gegebenenfalls zusätzliche Hierarchieebenen eingebettet werden, die einen Anstieg des administrativen Aufwands (Bürokratisierung) bewirken. Ein Interessenkonflikt zwischen der Zentrale und der integrierten Teileinheit kann ein weiteres Problem darstellen, das kostenwirksame Anstrengungen zur Harmonisierung von divergierenden Zielvorstellungen und zum Abbau von Informationsasymmetrien erfordert. Auch deshalb sind organisatorische Kontrollstrukturen vorzusehen.

Die horizontale Integration umfasst vor allem die Internalisierung immaterieller Assets wie Managementwissen und technologisches Produkt- sowie Prozesswissen, und zwar als Kombination ähnlicher Unternehmensaktivitäten auf gleicher Stufe der Wertschöpfungskette (Buckley 1989, S. 4–5; Rugman 1985, S. 46–50; Teece 1981, S. 7–10). In Form der horizontalen Direktinvestition errichtet das international tätige Unternehmen Standorte im Ausland, die den Betriebsprozess des Stammlandes duplizieren. Ein Anreiz für die horizontale Integration entsteht beispielsweise aus dem Versagen bestimmter Wissensmärkte. Der internationale Transfer von gesetzlich geschütztem Knowhow innerhalb eines Organisationssystems kann von Vorteil sein, wenn die Wissensübertragung zu komparativ niedrigeren Kosten erfolgt und der Schutz vor ungewollter Informationsdiffusion gewährleistet ist.

Abschließend lässt sich festhalten, dass die Internalisierungstheorie eine Vielzahl von Erklärungsmöglichkeiten für das strategische Verhalten international tätiger Unternehmen bietet. So lässt sich beispielsweise erklären, dass das Wachstum international tätiger Unternehmen vielfach aus einem Wechselspiel zwischen Internalisierung und Desinvestitionen resultiert, welches das Ergebnis strategischer Entscheidungen ist. Dies setzt eine geeignete Organisationsbasis voraus, wie sie beispielsweise durch die Metastruktur der Holding geschaffen werden kann. Aufgrund der rechtlichen Unabhängigkeit der Tochtergesellschaften erlaubt die Holding ein flexibles Wechselspiel aus Internalisierung und Externalisierung. Dabei genießt die Holding vor allem strategische Flexibilität. So können Teileinheiten, die nicht zum Kerngeschäft gehören, vergleichsweise einfach desinvestiert werden. Das damit generierte Kapital steht wiederum für eine Internalisierung von Unternehmen zur Verfügung, die die eigenen Kernkompetenzen komplementieren und bei denen die zugrundeliegende Transaktionsbeziehung bislang hohe externe Transaktionskosten verursacht hat.

Dennoch oder gerade weil die Internalisierungstheorie so vielfältige Anwendungsbezüge eröffnet, lassen sich mehrere kritische Punkte herausarbeiten. Erstens erscheint die Operationalisierbarkeit der Transaktionskosten problematisch. Es existieren kaum konkrete empirische Untersuchungen zu deren Quantifizierung, folglich können über die reale Bedeutung von Transaktionskosten nur Vermutungen angestellt werden. Zweitens setzt Internalisierung klare Unternehmensgrenzen voraus. Eine Internalisierung durch grenzüberschreitende Kooperation zwischen Unternehmen ohne gegenseitige Kapitalbeteiligung kann durch die Internalisierungstheorie nicht hinreichend erklärt werden. Dass Unternehmensnetzwerke als Hybridform nach Williamson (1975) eine Intermediärposition zwischen Markt und Hierarchie einnehmen, erscheint bislang allenfalls von heuristischem Interesse. Drittens sind die Institutionen in der Internalisierungstheorie passive Reaktoren auf endogene Marktunvollkommenheiten. Tatsächlich unterliegen Marktunvollkommenheiten und Internalisierungsentscheidungen aber Wechselwirkungen. International tätige Unternehmen können proaktiv durch Internalisierung Marktunvollkommenheiten schaffen, um dadurch Markteintrittsbarrieren aufzubauen und die Wettbewerbsposition zu verbessern. Hier ergibt sich eine enge Verbindung zur Theorie des monopolistischen Vorteils. Viertens beantwortet die Internalisierungstheorie nicht die Frage nach der optimalen Gestaltung der internen Organisationsstruktur, die im strategischen Management eine entscheidende Rolle spielt. Zwar besitzt die Internalisierungstheorie durch die Zielsetzung effizienter Organisationssysteme einen unmittelbaren strategischen Bezug zur Wettbewerbsposition des international tätigen Unternehmens. Jedoch stößt die Aussage, eine effiziente Unternehmenskonfiguration sei das Organisationssystem, »...*mit welchem die gewünschten Transaktionen zu minimalen Kosten durchgeführt werden*« (Benkenstein/Henke 1993, S. 79), schnell an die genannten Operationalisierungsgrenzen. Fünftens ist die traditionelle Internalisierungstheorie ein statischer Ansatz und vermag den Wechsel zwischen Internalisierung und Externalisierung nicht hinreichend zu erklären. Der Faktor Zeit bleibt unberücksichtigt. Dies impliziert eine Internalisierung mit unendlicher Nutzungsdauer. Gerade deshalb können jene Hybridformen nicht erklärt werden, deren Existenz zeitlich begrenzt ist. Beispiele hierfür bieten die Partizipation an einem regionalen Netzwerk, Projektnetzwerk oder virtuellen Unternehmensnetzwerk. Insbesondere die Kritik an der Statik der Internalisierungstheorie ist in der Literatur vielfach aufgegriffen worden. Dies wird im Folgenden sichtbar, wenn wir mit dem sog. Uppsala-Ansatz ein dynamisches Konzept zur Strategieentwicklung in international tätigen Unternehmen vorstellen.

2 Besonderheiten eines strategischen Managements im globalen Wettbewerb

2.4.3 Die Stufenstrategie nach Johanson/Vahlne

Das Konzept ist nach einer Gruppe von Forschern an der Universität von Uppsala in Schweden benannt (daher auch Uppsala-Ansatz genannt), die eine Reihe von Forschungsarbeiten über den internationalen Expansionsprozess von Unternehmen veröffentlicht haben. Es gilt als eines der einflussreichsten Internationalisierungskonzepte, was u. a. daran liegt, dass der erste Artikel bereits im Jahre 1977 veröffentlicht wurde und eine ganze Reihe nachgelagerter Forschungen weltweit angeregt hat (für die weiteren Ausführungen in diesem Teilkapitel vgl. Johanson/Vahlne 1977, 1978, 1990, 2009; Vahlne/Johanson 2013).

Johanson/Vahlne sind vor allem daran interessiert, welche Handlungsoptionen ein Unternehmen für seine spezifischen Internationalisierungsaktivitäten hat. Sie betonen die unternehmensspezifische Abfolge dieser Aktivitäten und stellen die internationale Expansion als einen dynamischen Prozess im Zeitablauf dar, in welchem das Unternehmen sein internationales Engagement stufenweise erhöht (das Konzept ist mehrfach empirisch überprüft worden, für eine großzahlige Studie vgl. Guillen 2003). Das Phasenmodell beinhaltet drei verschiedene Konzepte, die gemeinsam das Internationalisierungsverhalten von Unternehmen beschreiben: Die »Psychic Distance Chain«, »Establishment Chain« und das sog. »Internationalisierungsmodell«, welches in enger Verbindung zu den beiden »Chain Concepts« steht. Während die ersten beiden Konzepte auf empirischen Forschungsarbeiten beruhen, stellt das Internationalisierungsmodell das verbindende theoretische Rahmenwerk dar.

Die psychische Distanz (»Psychic Distance«) wird definiert als die wahrgenommenen Unterschiede in Sprache, Kultur und politischem System, die den Informationsfluss zwischen dem Unternehmen und dem Markt (oder dem Stammhaus und der lokalen Niederlassung) stören oder behindern können. Vor diesem Hintergrund tätigen Unternehmen ihre ersten Internationalisierungsaktivitäten in Märkten, in denen sie am leichtesten das Umfeld verstehen, Chancen entdecken

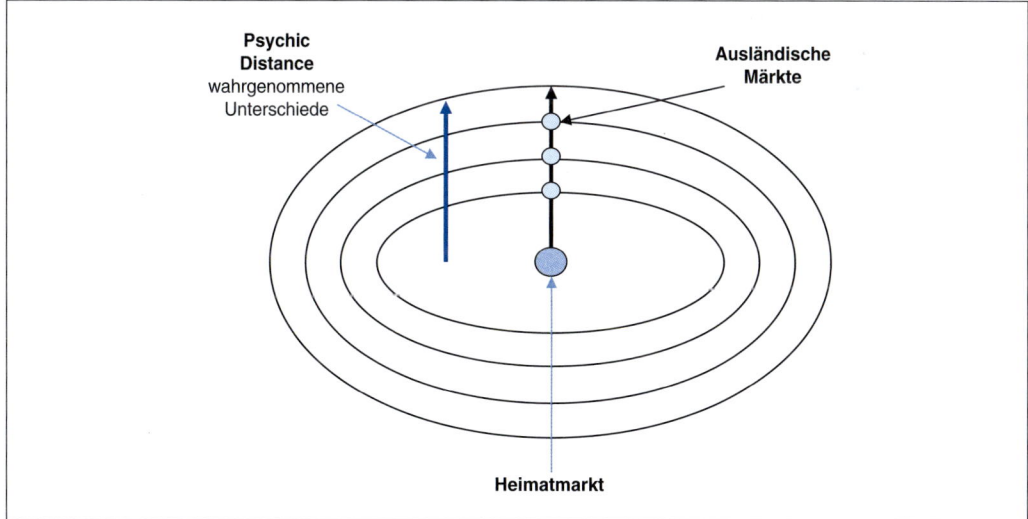

Abb. 4.8: Psychic Distance Chain
(Quelle: Eigene Darstellung)

und operative Risiken kontrollieren können. Die Idee hinter der Psychic Distance Chain ist, dass Unternehmen versuchen werden, zunächst einmal Selbstvertrauen durch Erfahrungen und inkrementale Lernprozesse im kulturell vertrauten Ausland zu gewinnen. Je mehr Wissen ein Unternehmen über einen bestimmten Markt hat, desto geringer ist das wahrgenommene Risiko, auf diesem Markt auch aktiv zu werden. Johanson/Vahlne unterscheiden dabei zwischen sog. objektivem Wissen (wie bspw. Patenten) und Erfahrungswissen (wie bspw. Vertrautheit mit der Landeskultur). Nachdem ein Unternehmen genug über einen Markt gelernt hat, wird es versuchen, seine Aktivitäten in Märkte zu verlagern, die über eine größere psychische Distanz verfügen (▶ Abb. 4.8). In neueren Forschungsarbeiten ergänzen Johanson/Vahlne (2009) die Psychic Distance Chain um das sog. »Outsidership«, um darauf zu verweisen, dass Fremdheit mit den Marktgegebenheiten vor allem durch einen Mangel an Beziehungen mit den relevanten Teilnehmern eines Marktes (Kunden, Zulieferer, Wettbewerber, Regierungsbehörden) entsteht. Sie bezeichnen das Outsidership als wesentliche Ursache bei der Wahrnehmung und Beurteilung von Unsicherheiten neuer Märkte.

Während die Psychic Distance Chain vor allem auf die Beantwortung der Fragen nach dem Wann (im Sinne von »wie schnell«) und Wo der Internationalisierung abzielt, geht es bei der Establishment Chain insbesondere um die Frage des Wie. Die Establishment Chain erklärt das Engagement eines Unternehmens in einem fremden Markt ebenfalls in Stufen (▶ Abb. 4.9). Die Grundidee ist hier, dass Unternehmen anfangs nicht international tätig sind, später dann erste Exportaktivitäten über

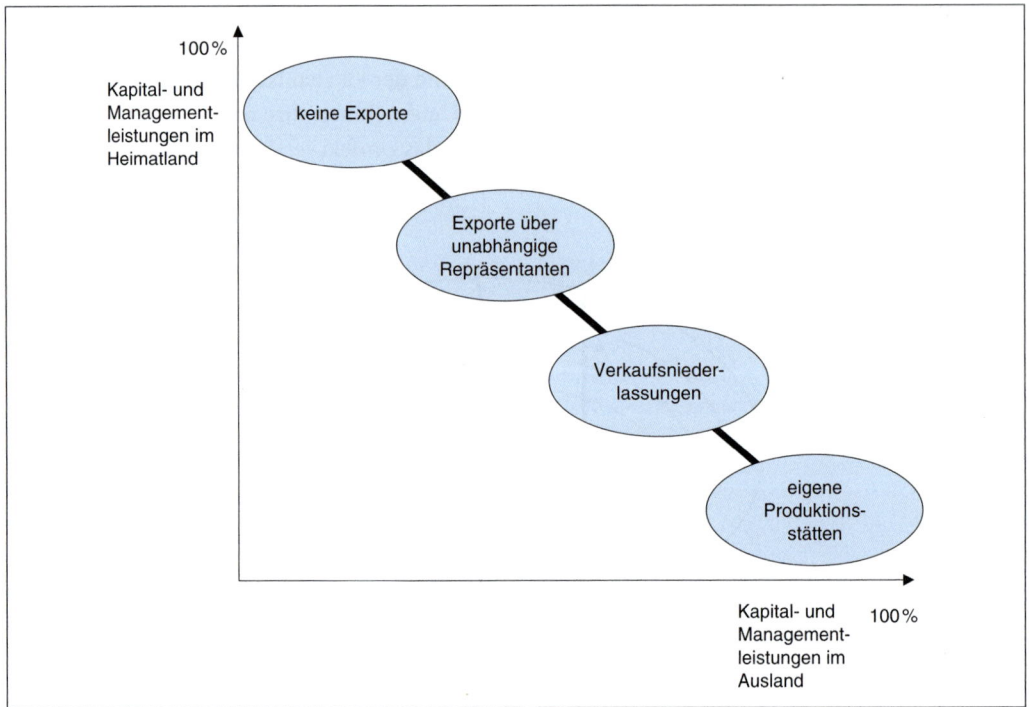

Abb. 4.9: Establishment Chain
(Quelle: Eigene Darstellung)

2 Besonderheiten eines strategischen Managements im globalen Wettbewerb

unabhängige Repräsentanten in ersten Auslandsmärkten durchgeführt werden, anschließend Verkaufsniederlassungen gegründet und am Ende u. U. Produktionsstätten errichtet werden. Die laufenden Geschäftsaktivitäten unterscheiden sich abhängig von der Markterfahrung und der Marktkenntnis, welche das Unternehmen im Laufe der Zeit gewonnen hat. Johanson/Vahlne sind der Ansicht, dass es ein wesentliches Ziel jedes Unternehmens ist, Marktbearbeitungsstrategien zu wählen, die ein möglichst geringes Risiko tragen. Mit anderen Worten: Internationalisierung in einem bestimmten Ländermarkt ist ein inkrementaler Lernprozess entlang der Establishment Chain.

Das Internationalisierungsmodell von Johanson/Vahlne sieht Internationalisierung als einen Prozess an, in welchem das Unternehmen seine internationale Einbindung stufenweise erhöht, wobei die Forscher zwischen statischen und veränderlichen Aspekten der Internationalisierung unterscheiden (▶ Abb. 4.10). Die statischen Aspekte betreffen die Marktkenntnis und die Verbindlichkeit des Marktengagements, die veränderlichen Aspekte werden als laufende Geschäftsaktivitäten und Verbindlichkeitsentscheidungen bezeichnet. Marktkenntnis und Verbindlichkeit des Marktengagements beeinflussen die laufenden Geschäftsaktivitäten und Verbindlichkeitsentscheidungen. Im Gegenzug werden Marktkenntnis und Verbindlichkeit wiederum durch die laufenden Geschäftstätigkeiten und Verbindlichkeitsentscheidungen beeinflusst. Die zentrale Annahme des Modells ist es, dass sich das Engagement von Unternehmen in einem spezifischen Markt als Wechselspiel zwischen der Entwicklung der Marktkenntnis und einem ansteigenden Einsatz von Ressourcen gestaltet. Das Modell sieht die Internationalisierung eines Unternehmens als einen inkrementalen, linearen und sich stetig ausweitenden Prozess von Auslandsaktivitäten an.

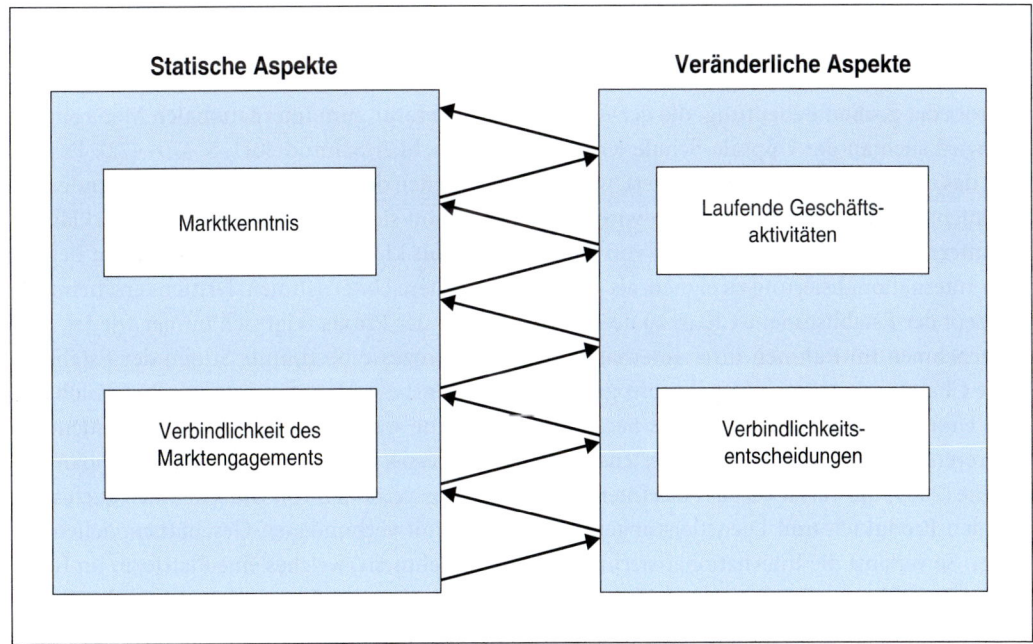

Abb. 4.10: Internationalisierungsmodell von Johanson/Vahlne
(Quelle: Eigene Darstellung in Anlehnung an Johanson/Vahlne (1977, S. 26))

Für die Strategieentwicklung im globalen Kontext ist der Uppsala-Ansatz von hoher Relevanz, denn er geht davon aus, dass sich Unternehmen durch ihre strategischen Entscheidungen und Aktivitäten ständig verändern. Jede strategische Entscheidung – und sei diese auch noch so marginal – erhöht das internationale Engagement des Unternehmens und fördert dessen Wissensstand über die jeweiligen Auslandsmärkte. Zudem gehen die Vertreter des Uppsala-Ansatzes davon aus, dass die zu beobachtenden Internationalisierungsmuster nicht immer das Ergebnis von streng rationalen Entscheidungen sind. Akteure in Unternehmen sind nach Vahlne/Johanson (2013) vielmehr nur begrenzt rational und strategische Entscheidungen entwickeln sich oftmals auch emergent. Diese Sichtweise steht im Einklang mit der von uns in diesem Buch vertretenen Sichtweise des gemäßigten Voluntarismus. Danach können Führungskräfte zwar grundsätzlich in den Prozess der Internationalisierung von Unternehmen eingreifen, Kernkompetenzen entwickeln und ihre Wettbewerbsposition verändern, die Umsetzung der jeweiligen Strategien erfolgt aber stets unter dem Einfluss bestimmter kontextueller Faktoren in den jeweiligen Gastländern, deren Auswirkungen niemals exakt antizipierbar sind.

Der Ansatz von Johanson/Vahlne (2009) wurde in letzter Zeit stetig weiterentwickelt und hebt zunehmend die Bedeutung der Einbettung der unternehmerischen Aktivitäten in interne und externe Netzwerke hervor (Forsgren/Holm/Johanson 2015). Die Einbindung in interne Netzwerke betont das Zusammenspiel der Interaktionen zwischen der Muttergesellschaft und ihren jeweiligen Tochtergesellschaften. Die externe Netzwerkeinbettung dagegen thematisiert die Zusammenarbeit von international tätigen Unternehmen und ihren zahlreichen externen Anspruchsgruppen (Vahlne/Johanson 2013). Dazu gehören u. a. Kunden, Wettbewerber, Staat, Lieferanten und Nichtregierungsorganisationen. Durch diese Erweiterungen erlangt der Ansatz eine hohe Praxisrelevanz und ist gleichzeitig anschlussfähig an den Ansatz zur Entwicklung transnationaler Strategien nach Bartlett/Ghoshal, den wir im Folgenden noch vorstellen (▶ Teil IV, Kap. 2.4.5).

Trotz der großen Bedeutung, die der Ansatz in der Literatur zum internationalen Management hat, wird auch an der Uppsala-Schule Kritik geübt (Kutschker/Schmid 2011, S. 470–472). Erstens wird das empirische Vorgehen kritisiert, welches den Arbeiten des Uppsala-Ansatzes zugrunde liegt und nicht immer genau beschrieben wird. Zweitens scheint sich der Ansatz besser zur Erklärung des Internationalisierungsverhaltens von Unternehmen aus kleinen Ursprungsländern am Beginn ihrer Internationalisierung zu eignen, als für große und ältere Unternehmen. Drittens erscheint das Konzept der Establishment-Chain zu deterministisch. In der Praxis zeigt sich immer wieder, dass Unternehmen im Rahmen ihrer Internationalisierungsprozesse bestimmte Stufen der Establishment-Chain überspringen (sog. Leapfrogging). Dies gilt insbesondere für die sog. »Born Globals«, d. h. Unternehmen, die bereits kurz nach ihrer Gründung wesentliche Auslandsengagements in mehreren Ländern unterhalten. Viertens und letztens vernachlässigt der Ansatz von Johanson/Vahlne (2009) die Tatsache, dass das Internationalisierungsverhalten von Unternehmen auch stark von den Produkten und Dienstleistungen sowie den damit verbundenen Geschäftsmodellen abhängt. So verläuft die Internationalisierung eines Unternehmens, welches eine Plattform im Internet als Basis für sein Geschäftsmodell unterhält, anders als die eines Unternehmens aus der Textilindustrie, welches auf Zulieferer und Vertriebspartner aus vielen Ländern angewiesen ist.

2.4.4 Der Koordinations- und Konfigurationsansatz nach Porter

Porters frühe Forschungen im Bereich der Industrieökonomie lassen ihn zunächst eine Unterscheidung in länderspezifische und globale Branchen vornehmen (zu den folgenden Ausführungen vgl. Hout/Porter/Rudden 1982; Porter 1986, 1990). In länderspezifischen Branchen ist der Wettbewerb innerhalb eines Landes oder einer überschaubaren Gruppe von Ländern relativ unabhängig vom Marktgeschehen in anderen Ländern. Bei globalen Branchen hingegen ist die Wettbewerbsposition eines Unternehmens in einem bestimmten Land beeinflusst von seiner Position in anderen Ländermärkten.

Die Bestimmung der geeigneten Internationalisierungsstrategie ist laut Porter entscheidend davon abhängig, welcher der beiden Branchenarten sich das Unternehmen zugehörig fühlt. Das wesentliche Unterscheidungsmerkmal zwischen länderspezifischer versus globaler Strategie sind die Konfiguration und Koordination der Unternehmensaktivitäten. Dabei bezieht sich Porter auf sein Konzept der Wertkette (▶ Teil III, Kap. 2.2) und auf die Frage, wie verschiedene Wertschöpfungsaktivitäten sinnvoll auf mehrere Länder verteilt werden können.

Die Konfiguration der Aktivitäten wird zwischen den Extremen der vollständigen Konzentration und vollständigen Streuung getroffen. Bei der vollständigen Konzentration erfolgt eine bestimmte Aktivität (bspw. Produktion) nur an einem einzigen Standort. Die vollständige Streuung hingegen führt dazu, dass die Aktivität an allen Unternehmensstandorten durchgeführt wird.

Auch die Koordination der Unternehmensaktivitäten erfolgt zwischen zwei Extremen: niedrige oder hohe Koordinationsleistung der Unternehmenszentrale. Bei der niedrigen Koordination besteht vollständige lokale Autonomie der Geschäftseinheit bis hin zur gänzlichen Aufgabe der Koordinationsleistung der Unternehmenszentrale. Die hohe Koordination hingegen führt zu einer engen Verflechtung von international verstreuten Geschäftseinheiten.

Die verschiedenen Kombinationsmöglichkeiten der Strategievariablen Koordination und Konfiguration führen zu vier Typen von Internationalisierungsstrategien (▶ Abb. 4.11). Hohe Koordination bei gleichzeitiger Streuung der Aktivitäten führt gemäß Porter zu hohen spezifischen Auslandsinvestitionen mit enger Verflechtung der lokalen Tätigkeiten. Niedrige Koordination bei gleichzeitiger Streuung der Aktivitäten mündet in eine länderspezifische Strategie, bei der eine relative Unabhängigkeit der lokalen Geschäftseinheiten vorherrscht. Niedrige Koordination bei gleichzeitiger Konzentration der Aktivitäten resultiert in einer exportorientierten Strategie mit dezentralem Marketing. Eine hohe Koordination bei gleichzeitiger Streuung der Aktivitäten führt schließlich zu einer globalen Strategie, bei der eine Spezialisierung der einzelnen Geschäftseinheiten auf weltweiter Ebene erfolgt. Grundsätzlich empfiehlt Porter, dass die kundenorientierten Funktionen wie Marketing oder Distribution in geografischer Nähe zum Kunden angesiedelt sein sollten, während dies bei kundenfernen Funktionen wie bspw. Einkauf oder Produktion nicht nötig sei.

Damit löst Porter auch eine wesentliche Grundfrage im Rahmen der internationalen Strategieentwicklung, die sog. Standortfrage. Die Economies of Scale-Effekte bestimmen die Anzahl der Standorte, während die komparativen Kosten- und Koordinationsvorteile über die geografische Lage der Standorte entscheiden. Sind also bei einer bestimmten Aktivität hohe Economies of Scale zu erwarten, erscheint die geografische Konzentration an einem Standort sinnvoll. Bei Aktivitäten ohne solche Effekte ist dies nicht zwingend nötig. Die komparativen Kosten- und Koordinationsvorteile führen zu der Auswahl der Länder, in denen diese Aktivitäten ausgeführt werden. So sind bspw. bei Ländern in geografischer bzw. kultureller Nähe zum Stammland höhere Koordinationsvorteile zu erwarten.

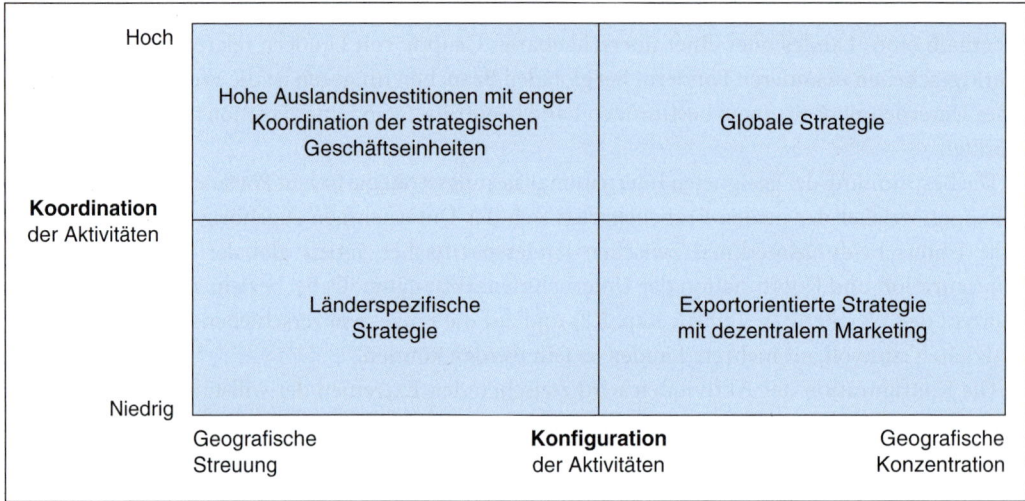

Abb. 4.11: Vier Typen von Internationalisierungsstrategien
(Quelle: Eigene Darstellung in Anlehnung an Porter (1986, S. 19))

2.4.5 Die transnationale Strategie nach Bartlett/Ghoshal

Bartlett/Ghoshal basieren ihren Ansatz auf der Kritik an einer unreflektierten Globalisierungsthese (vgl. zu den folgenden Ausführungen Bartlett/Ghoshal 1988, 1994, 1995a, 1995b, 2003; Ghoshal/Bartlett 1990). Eine konventionelle und verallgemeinerte Globalisierungsstrategie mit standardisierten Produkten, rationalisierten operativen Verfahren sowie zentralisierter Koordination und Kontrolle trägt ihrer Ansicht nach das beträchtliche Risiko eines »Globalisierungsglaukoms«. Dies resultiere in einer Blindheit gegenüber allem anderen als Globalisierungskräften und einer Kurzsichtigkeit hinsichtlich der Zwänge zur Lokalisierung. Um der vermeintlichen Alternative von entweder Globalisierung oder Lokalisierung zu entkommen, bei der es um eine Entscheidung auf einem Kontinuum geht, seien stattdessen beide Kräfte gleichzeitig in Betracht zu ziehen. Es gehe also nicht um eine »Entweder-oder-Entscheidung« sondern um ein »Sowohl-als-auch«. Bevor wir diesen Gedanken weiter ausführen, wollen wir diejenigen Überlegungen von Bartlett/Ghoshal aufzeigen, die sich auf das administrative Erbe international tätiger Unternehmen beziehen und für das weitere Verständnis wesentlich sind.

Bartlett/Ghoshal bezeichnen das administrative Erbe eines Unternehmens als strategischen Faktor und organisationalen Anker, da sie der Ansicht sind, dass die künftige strategische Ausrichtung des Unternehmens essenziell von seiner (geografischen und strategischen) Herkunft abhängig sei (»where to« is influenced by »where from«). Der Wettbewerbsvorteil eines Unternehmens sei in erheblichem Maße vom Stammland, dem Zeitpunkt der ersten Internationalisierung und der Art der unternehmerischen Führung geprägt. Bartlett/Ghoshal beschreiben idealtypisch drei Arten von Unternehmen, die im letzten Jahrhundert entscheidend die Internationalisierung vorangetrieben haben. Diese kategorisieren sie hinsichtlich ihres geografischen Ursprungs und ihrer dominanten Strategieform.

Der erste Idealtyp sind die sog. »Pre-War European Empires«, die vor dem 2. Weltkrieg international zu einem Zeitpunkt expandierten, als starke internationale Handelsbarrieren bestanden. Da sie über ihren Einfluss auf ehemalige oder bestehende Kolonien einen präferierten Zugang zu diesen Beschaffungs- und Absatzmärkten erreichen konnten, haben sich diese Unternehmen organisatorisch als ein Portfolio nationaler Firmen entwickelt, die oftmals über persönliche Kontrolle von einem Familienmanagement geführt wurden. Die Internationalisierungsstrategie dieser Unternehmen basiert auf einem tiefgehenden Verständnis des nationalen Marktes und Eingehen auf die landesspezifischen Bedürfnisse. Bartlett/Ghoshal bezeichnen diese Unternehmen als »dezentralisierte Föderationen«, die einem multinationalen Strategiemodell folgen und sich durch lokal responsive Strategien auszeichnen.

Den zweiten Idealtyp repräsentieren Unternehmen, die nach dem 2. Weltkrieg die deutlicher werdende wirtschaftliche und politische Führungsposition der USA nutzten (Post-War American Hegemony). Diese Unternehmen betreiben ihre internationale Expansion zu einer Zeit, die durch ökonomische Rekonstruktion geprägt war. Da sie in den USA über einen sehr großen und entwickelten Heimatmarkt verfügten, konnten sie diesen als Wissensbasis nutzen. Diese Unternehmen stützen ihre internationale Organisation auf enge Verbindungen mit dem Stammhaus. Das administrative Erbe dieser Unternehmen ist durch professionelles Management und Systemkontrolle gekennzeichnet. Dies führte zu einer Strategie des Transfers der überlegenen Kenntnis des Stammhauses hinsichtlich Technologie, Marketing und anderer Fähigkeiten. Bartlett/Ghoshal bezeichnen diese Unternehmen als »koordinierte Föderationen«, die dem internationalen Strategiemodell folgen und sich durch eine Strategie des Wissenstransfers auszeichnen.

Dem dritten Idealtyp entsprechen schließlich moderne japanische Unternehmen, die in einer Zeit fallender Handelsbarrieren ihre internationale Expansion betreiben (Modern Day Japanese Challenge). Neu geschaffene Kapazitäten und moderne Anlagen sowie die Unterstützung durch eine von der Regierung betriebene Industriepolitik (insbesondere durch das MITI: Ministry of Trade and Industry) waren wesentliche Wettbewerbsgrundlagen dieser Unternehmen. Typischerweise führte dies zu einer Organisation, bei der die ausländischen Geschäftseinheiten in starker Abhängigkeit zur Zentrale standen, welche wiederum eine enge Kontrolle ausübte. Das administrative Erbe besteht in stark kulturgeprägten Managementmethoden, die von Gruppenprozessen dominiert werden. Bartlett/Ghoshal bezeichnen diese Unternehmen als »zentralisierte Knotenpunkte«, die dem globalen Strategiemodell folgen und sich durch eine effizienzorientierte Globalstrategie auszeichnen.

Hinsichtlich einer erfolgversprechenden Internationalisierungsstrategie argumentieren Bartlett/Ghoshal, dass es seit den 1990er Jahren nicht mehr ausreiche, über eine einzige dominante strategische Fähigkeit zu verfügen, sondern dass Unternehmen multidimensionale strategische Fähigkeiten erwerben müssten (▶ Abb. 4.12). Ein erfolgreiches Unternehmen bedarf ihrer Ansicht nach der Flexibilität, responsiv auf den lokalen Märkten zu agieren. Außerdem muss es über weltweite Innovationsfähigkeiten und Lernprozesse verfügen und schließlich in der Lage sein, globale Skaleneffekte zu erzielen.

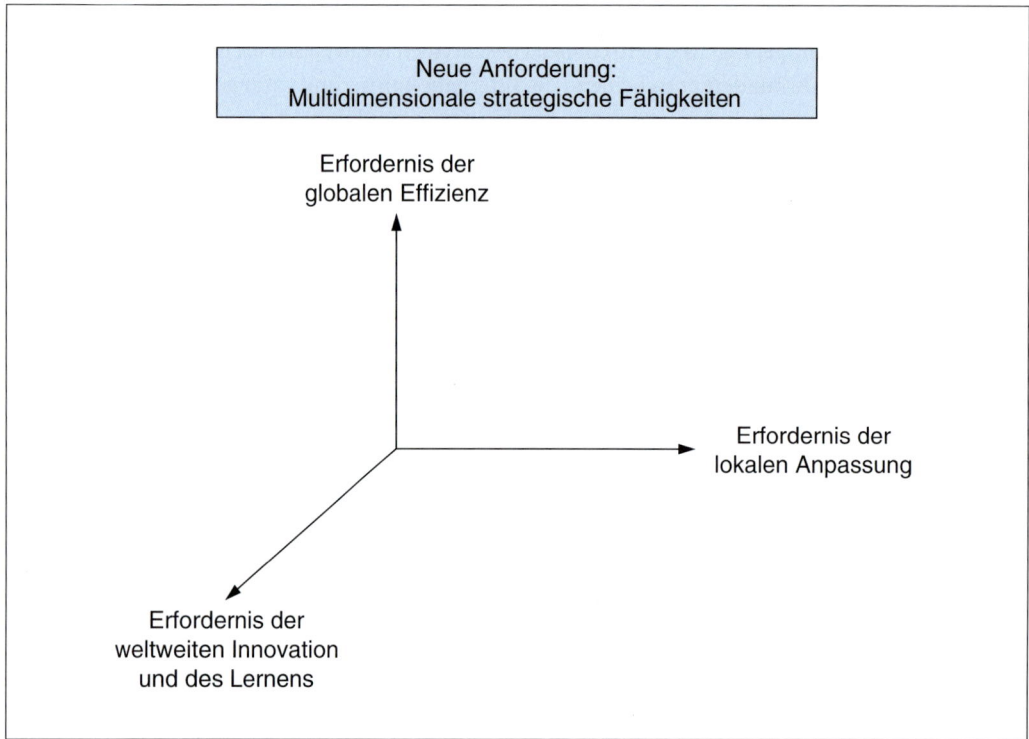

Abb. 4.12: Multidimensionale strategische Fähigkeiten bei transnationalen Unternehmen
(Quelle: Eigene Darstellung)

Für die oben beschriebenen idealtypischen Unternehmen besteht die Herausforderung darin, neue Fähigkeiten zu erwerben, während sie gleichzeitig ihre existierenden Stärken behalten bzw. ausbauen. Jedes der idealtypischen Unternehmen besitzt zwar bestimmte Stärken, weist aber gleichzeitig Schwächen im Hinblick auf die von Bartlett/Ghoshal geforderte Multidimensionalität auf (▶ Tab. 4.3).

Tab. 4.3: Stärken und Schwächen hinsichtlich der Multidimensionalität der transnationalen Unternehmen
(Quelle: Eigene Darstellung)

Unternehmenstyp	Stärken	Schwächen
Dezentralisierte Föderation	Lokale Anpassungsfähigkeit	Globale Effizienz und weltweites Lernen
Koordinierte Föderation	Weltweites Lernen	Lokale Anpassungsfähigkeit und globale Effizienz
Zentralisierte Knotenpunkte	Globale Effizienz	Lokale Anpassungsfähigkeit und weltweites Lernen

2 Besonderheiten eines strategischen Managements im globalen Wettbewerb

Für Bartlett/Ghoshal zeichnet sich ein transnationales Unternehmen durch genau diese multidimensionalen strategischen Fähigkeiten aus. Dadurch ist ein Unternehmen mit transnationaler Strategie in der Lage, die gleichzeitig auftretenden Zwänge zu Globalisierung und Lokalisierung auszubalancieren. Da es wesentlich von der Branche abhängig ist, welche Kräfte dominant sind, schlagen Bartlett/Ghoshal (1990) vier Normstrategien vor (▶ Abb. 4.13). Ghoshal/Nohria (1993) argumentieren, dass je nach Branchenerfordernis die dafür geeignete Strategie zu wählen sei.

	Balance zwischen Kräften zur globalen Integration und lokalen Anpassung	
Kräfte zur globalen Integration — Hoch	**Globale Strategie** Das Unternehmen sieht die gesamte Welt als einen einzigen Marktplatz und sein primäres Ziel ist die Schaffung standardisierter Güter und Dienstleistungen, die die Kundenbedürfnisse weltweit ansprechen	**Transnationale Strategie** Das Unternehmen versucht, die Vorteile globaler Skaleneffekte mit denen der lokalen Anpassung zu vereinen
Kräfte zur globalen Integration — Niedrig	**Internationale Strategie** Das Unternehmen nutzt seine im Heimatmarkt entwickelte Kernkompetenz als seinen vorrangigen Wettbewerbsvorteil auf den Auslandsmärkten	**Multinationale Strategie** Das Unternehmen sieht sich als eine Ansammlung relativ unabhängiger Landesgesellschaften, die sich jeweils auf einen spezifischen lokalen Markt fokussieren
	Niedrig ——— Kräfte zur lokalen Anpassung ——— Hoch	

Abb. 4.13: Vier Normstrategien
(Quelle: Eigene Darstellung in Anlehnung an Bartlett/Ghoshal (1990, S. 92))

Eines der größten Verdienste von Bartlett/Ghoshal ist darin zu sehen, dass sie der bis dato vorherrschenden Sprachverwirrung (vgl. zu dieser Diskussion Kutschker/Schmid 2011, S. 299–306) ein Kategorisierungsraster entgegengesetzt haben, das die eindeutige Einordnung der verschiedenen Strategietypen ermöglicht.

Demnach sieht sich das Unternehmen bei seiner internationalen Strategie als nationales Unternehmen mit ausländischen Ablegern, was letztlich zu einem opportunistischen Zugang zu ausländischen Direktinvestitionen führt.

Bei der multinationalen Strategie herrscht eine stärkere Wahrnehmung der Wichtigkeit ausländischer Märkte vor. Die ausländischen Geschäftseinheiten werden als Föderation relativ unabhängiger Firmen bzw. Landesgesellschaften geführt.

Mit der globalen Strategie verbindet sich eine steigende Besorgnis über internationalen Wettbewerb und die Ineffizienz einer multinationalen Strategie. Dadurch entsteht ein Antrieb, Wettbewerbsfähigkeit über Kostenkontrolle zu erreichen, die über Produktstandardisierung und organisatorische Zentralisierung geschaffen werden soll. Die weltweiten Aktivitäten werden wie eine einzelne Geschäftseinheit geführt.

Bei der transnationalen Strategie schließlich herrscht die Erkenntnis vor, dass (je nach Branchenspezifika) auf die lokalen Anpassungszwänge und die globalen Wettbewerbskräfte gleichzeitig zu reagieren ist. Für das Management entsteht so die Herausforderung, lokal responsive nationale Geschäftseinheiten in ein global effizientes System zu integrieren (▶ Tab. 4.4). Um diesen scheinbaren strategischen Widerspruch aufzulösen, können Unternehmen auf verschiedene Produktentwicklungsverfahren gleichzeitig zurückgreifen. So lassen sich bspw. modulare Produkte entwickeln, die vor allem der globalen Effizienz Genüge leisten und gleichzeitig über eine adaptive Programmierbarkeit verfügen, um die lokale Adaption zu gewährleisten (Lehrer/Behnam 2009). Als Beispiel lassen sich moderne Mobiltelefone anführen, die aus Kostengründen modular aufgebaut sind und deren Programmierbarkeit gleichzeitig eine Funktionsfähigkeit in verschiedenen Ländermärkten mit unterschiedlichen Wellenbereichen erlaubt.

Tab. 4.4: Kategorisierungsraster zur Einordnung der Strategietypen
(Quelle: Eigene Darstellung in Anlehnung Kutschker/Schmid (2011, S. 300))

Charakteristika	International	Multinational	Global	Transnational
Konfiguration der Assets und Fähigkeiten	Kernkompetenzen zentralisiert- andere dezentralisiert	Dezentralisiert und nationale Autarkie	Zentralisiert und global skaliert	Verteilt, interdependent und spezialisiert
Rolle der ausländischen Geschäftseinheiten	Adaption und Umsetzung der Kompetenzen des Stammhauses	Aufspüren und Ausnutzen lokaler Marktchancen	Implementierung der Stammhausstrategie	Differenzierte Beiträge der nationalen Einheiten in integrierte weltweite Aktivitäten
Entwicklung und Verbreitung von Wissen	Wissen wird zentral im Stammhaus entwickelt und an Auslandseinheiten transferiert	Wissen wird in jeder einzelnen Auslandseinheit entwickelt und nur lokal verwendet	Wissen wird zentral im Stammhaus entwickelt und verbleibt dort	Wissen wird gemeinsam entwickelt und weltweit geteilt

Verfolgt ein Unternehmen eine transnationale Strategie, erkennt es an, dass Fähigkeiten und Kompetenzen nicht mehr notwendigerweise nur im Stammhaus entstehen können, sondern auch in jeder einzelnen Landesgesellschaft. Dies hat zur Folge, dass es nicht mehr einen vom Stammhaus ausgehenden einseitigen Strom an Fähigkeiten, Expertise, Produktentwicklungen und angeboten gibt. Stattdessen kann dieser Strom auch von der Landesgesellschaft zum Stammhaus bzw. zwischen den einzelnen Landesgesellschaften fließen. Es geht also darum, das Wissen der einzelnen Landesgesellschaften auf weltweiter Ebene zu nutzen. Organisatorisch kann dies durch die Implementierung eines sog. integrierten Netzwerks gelingen (Bartlett/Ghoshal 1990). In dieser netzwerkartigen Organisation kommen den Tochtergesellschaften in einem international tätigen Unternehmen differenzierte und spezialisierte Rollen zu. Zudem wird das traditionelle und durch starke Machtunterschiede geprägte Verhältnis zwischen Mutter- und Tochtergesellschaften infrage gestellt. Um vorhandenes Wissen, Kreativität und unterschiedliche Fähigkeiten besser nutzen zu können, müssen die Muttergesellschaft sowie ihre Tochtergesellschaften von einer »Befehlsempfängermentalität« absehen (Kutschker/Schmid 2011, S. 344) und stärker gleichberechtigt zusammen arbeiten. Je nach Wissen und Fähigkeit wechselt die Führungsrolle im Netzwerk des international tätigen Unternehmens zwischen Mutter- und Tochtergesellschaften.

Der konzeptionelle Ansatz von Bartlett/Ghoshal (1990) hat einen großen Einfluß auf das internationale Management gehabt und macht eindeutige Aussagen über die strategische Ausrichtung von international tätigen Unternehmen. Insgesamt werden vier Basisstrategien diskutiert und die jeweilige Normstrategie bestimmt dann, welche organisatorischen Charakteristika und mentalen Einstellungen sich daraus ergeben sollten. Die Strategien widerum sind stark abhängig von der Branche und deren Anforderungen bzw. Struktur. Es sind nach Bartlett/Ghoshal (1990) letztlich die Anforderungen und Strukturmerkmale einer Branche, die darüber entscheiden, ob ein Unternehmen international, multinational, global oder transnational ausgerichtet sein sollte, um erfolgreich im Wettbewerb zu bestehen. Die Autoren stehen damit in der Tradition von Porter (2004b), der ebenfalls die Branche als Ausgangspunkt für die Bestimmung von Wettbewerbsstrategien betrachtet.

Trotz der weiten Verbreitung des Ansatzes gibt es einige Kritikpunkte (Kutschker/Schmid 2011, S. 297–306). Erstens suggerieren Bartlett/Ghoshal (1990) in ihrem Ansatz, dass die transnationale Strategie für viele Branchen die »richtige« Lösung sei, da diese besser als die internationale, multinationale und globale Strategie simultan globale Effizienz, lokale Anpassung und weltweite Lernfähigkeit sicherstellen könne. Diese Schlussfolgerung ist jedoch empirisch nicht haltbar (Ghoshal/Nohria 1993). Zweitens erwecken Bartlett/Ghoshal (1990) in ihrem Konzept den Eindruck, als hätten sie die genannten Unternehmensmodelle neu erfunden. Dies ist aber nicht der Fall, und zu allen Strategietypen, die diskutiert werden (international, multinational und global), gibt es Vorläufer in der Literatur. Drittens bleibt an vielen Stellen unklar, wie ein integriertes Netzwerk genau koordiniert und gesteuert werden kann, um der lokalen Anpassung zum einen und der Notwendigkeit zur globalen Integration zum anderen gleichzeitig gerecht zu werden. Viertens findet die Diskussion um die Bedeutung sog. regionaler Strategien in dem Ansatz von Bartlett/Ghoshal (noch) keine Berücksichtigung. In den letzten Jahren wird aber vermehrt die Frage diskutiert, ob es auf dem Kontinuum zwischen der Notwendigkeit zur gobalen Integration einerseits und der lokalen Anpassung andererseits nicht noch Raum gäbe für die Formulierung von Strategien, die stärker auf bestimmte Regionen (z. B. Europäische Union) fokussieren (Gilbert/Heinecke 2014; Rugman/Verbeke 2004).

2.5 Strategieimplementierung auf globaler Ebene

Bei der Strategieimplementierung im internationalen Kontext geht es um die Frage, wie die gewählte Strategie effizient und effektiv umzusetzen ist. Dabei sind zunächst zwei grundsätzliche Entscheidungen zu treffen: Nach der Entscheidung, in welchen Ländern das Unternehmen mit welcher Strategie aktiv zu werden gedenkt, muss es den geeigneten Zeitpunkt des Markteintritts und die Intensität der Marktbearbeitung bestimmen.

Hinsichtlich des Markteintritts hat das Unternehmen zwischen frühem und spätem Markteintritt zu wählen, wobei sich diese Zeitangabe auf den eigenen Markteintritt im Vergleich zu den wichtigsten Wettbewerbern bezieht. Bei frühem Markteintritt ergeben sich i. d. R. Vorteile, die als »First-Mover-Advantage« bezeichnet werden (Lieberman/Montgomery 1988). Damit ergeben sich insbesondere drei miteinander verbundene Wettbewerbsvorteile für das Unternehmen: Erstens, den Wettbewerbern in diesem Land zuvorzukommen und eine stabile Nachfrage durch eine starke Markenreputation aufbauen. Dadurch ist zweitens ein hohes Verkaufsvolumen zu erreichen und über Erfahrungskurveneffekte ein Kostenvorteil gegenüber späteren Wettbewerbern zu erzielen. Drittens sind schließlich Wechselkosten aufzubauen, die einen Wechsel zum später eintretenden Wettbewerber verhindern oder zumindest erschweren.

Mit einem frühen Markteintritt können aber auch Nachteile verbunden sein, die sog. »First-Mover-Disadvantages«. Dies sind bspw. mit der Pionierrolle verbundene Kosten, die ein späterer Wettbewerber vermeiden kann. Solche Pionierkosten entstehen, wenn sich das Geschäftssystem in dem neuen Ländermarkt in erheblichem Maße vom Heimatmarkt unterscheidet und das Unternehmen daher hohen Aufwand hinsichtlich Leistungen, Zeit und Kapital betreiben muss, um die herrschenden »Spielregeln« zu lernen. So können bspw. erhebliche Kosten entstehen, wenn die Konsumenten in dem neuen Ländermarkt das Produktangebot des Unternehmens nicht kennen und daher erst mit Existenz, Nutzen und Gebrauch des Produktes oder der Dienstleistung vertraut gemacht werden müssen. Einige Studien zeigen, dass sich die Wahrscheinlichkeit des »Überlebens« auf einem fremden Markt erhöht, wenn einige andere ausländische Firmen dort bereits aktiv sind (Shaver/Mitchell/Yeung 1997). Das später eintretende Unternehmen kann die »First-Mover« beobachten und von ihnen lernen, um die von ihnen gemachten Fehler zu vermeiden bzw. auf der von diesen Unternehmen geschaffenen Basis selbst aufzubauen (Bartlett/Ghoshal 2000).

Die zweite fundamentale Entscheidung im Rahmen der Implementierung ist die Intensität der Marktbearbeitung. Hier lässt sich generell zwischen hoher und niedriger Intensität unterscheiden. Zumindest annähernd lassen sich für beide Vorgehensweisen Vor- und Nachteile aufzeigen. Wird ein neuer Ländermarkt mit hoher Intensität bearbeitet, dann führt dies zum Einsatz signifikanter Ressourcen, die gebunden sind, ohne dass sich der Markterfolg zwingend einstellt. Der Vorteil liegt darin, dass so der Markteintritt relativ schnell erfolgt und am ehesten »First-Mover-Advantages« realisiert werden können. Zudem wird ein deutliches Signal an den Markt gesendet, dass das Unternehmen sich strategisch »verpflichtet«, auf diesem Markt aktiv zu bleiben, mit positiven Auswirkungen auf Lieferanten- und Kundenbeziehungen. Der Nachteil eines solchen Vorgehens liegt nicht nur darin, dass viele Unternehmen nicht über die nötigen Ressourcen verfügen, sondern auch in der Abnahme an strategischer Flexibilität. Ist der Markteintritt trotz erheblichen Ressourceneinsatzes nicht erfolgreich, dann sind hohe Sunk Costs entstanden.

Erfolgt der Markteintritt mit niedriger Intensität, stellt sich das Bild genau andersherum dar. Während ein solches Vorgehen erlaubt, allmählich Marktkenntnis aufzubauen, von den etablierten Wettbewerbern zu lernen sowie weiterhin strategische Flexibilität zu besitzen, ist die Chance von »First-Mover-Advantages« dahin. Wie zu erkennen ist, gibt es hier keine stets richtige Lösung. Vielmehr muss ein Unternehmen aufgrund seines Risikoprofils und der gewählten Zielmärkte eine adäquate Entscheidung treffen. Die Art des Zielmarktes ist insofern entscheidend. So verspricht der Eintritt mit hoher Intensität in Länder wie China oder Indien zwar enormes Potenzial, er trägt aber

2 Besonderheiten eines strategischen Managements im globalen Wettbewerb

eben gleichzeitig auch sehr hohe Risiken. Hingegen ist ein langsamer Markteintritt in entwickelte Industrieländer wie die USA oder Kanada mit relativ geringen Risiken verbunden, führt aber im Gegenzug auch zu geringerem Erfolgspotenzial.

Hat das Unternehmen diese beiden fundamentalen Entscheidungen im Rahmen der Implementierung getroffen, geht es im Anschluss um die Auswahl der geeigneten Marktbearbeitung und -penetration. Dabei muss das Unternehmen seine Produkt-Markt-Ziele und die Konfiguration seiner Wertschöpfungskette klären. Es muss festlegen, mit welchen Eigentumsformen es den Markt bearbeiten sowie penetrieren will und schließlich entscheiden, welche Organisations- und Kontrollsysteme installiert werden. Wir gehen im Weiteren auf ausgewählte Eigentumsformen ein, die sich für die Implementierung einer Internationalisierungsstrategie anbieten (für einen ausführlichen Überblick vgl. Hill 2014, S. 453–469; Kutschker/Schmid 2011, S. 848–939; Peng 2014, S. 164–170).

Viele Unternehmen beginnen ihre internationalen Aktivitäten mit dem Export ihrer Güter. Beim indirekten Export fungiert das Unternehmen als Lieferant für ein anderes Unternehmen, welches die gelieferten Güter in sein Produkt einbaut und schließlich das fertige Endprodukt in das Ausland exportiert. Beim direkten Export hingegen tritt das Unternehmen unmittelbar mit dem ausländischen Abnehmer in einen Vertrag ein, wobei es sich um einen Großimporteur, Distributor oder Endabnehmer handeln kann. Die Vorteile des Exportes liegen darin, dass sich i. d. R. substanzielle Kosten eigener Produktionsstätten im Zielmarkt umgehen lassen; zudem kann das Unternehmen so besser Erfahrungskurveneffekte und Vorteile der Standortbündelung nutzen. Die Nachteile sind darin zu sehen, dass beim Export aus dem industrialisierten Stammland heraus die möglichen Vorteile einer Verlagerung in Niedriglohn-Länder nicht genutzt werden können. Handelt es sich bei den Gütern um voluminöse Produkte mit relativ geringem Wert (bspw. Autoreifen), dann sind u. U. die Transportkosten prohibitiv teuer. Ein weiterer Nachteil entsteht beim Export, falls das Zielland Tarife oder Zölle auf das Produkt erhebt und der Preis nicht mehr wettbewerbsfähig ist.

Lizenzverträge stellen eine weitere, häufig genutzte Möglichkeit dar, sich international zu betätigen. Dabei erteilt der Lizenzgeber dem Lizenznehmer das Nutzungsrecht an einem immateriellen Eigentum (bspw. Patent, Verfahren oder geschützter Name) für eine bestimmte Zeit zu einem bestimmten Nutzungsentgelt (Contractor 1981). Vorteile der Lizenzvergabe liegen darin, dass der Lizenznehmer das Kapital für die Auslandsmarktbearbeitung aufbringen muss. Dies lohnt sich daher typischerweise für kapitalschwache Unternehmen oder solche, die sich nicht mit hoher Intensität auf diesem Markt betätigen wollen. In einigen Fällen stellt ein Lizenzvertrag auch eine Möglichkeit dar, ein von der Regierung des Ziellandes ausgesprochenes Betätigungsverbot zu umgehen, wenn bspw. der Lizenznehmer ein inländisches Unternehmen ist. Es bestehen aber auch essenzielle Nachteile der Lizenzvergabe. Erstens hat der Lizenzgeber üblicherweise keine oder nur geringe Kontrolle über Produktion, Marketing und Strategie und kann zudem keine Skaleneffekte erzielen. Zweitens besteht für ein international agierendes Unternehmen u. U. die Notwendigkeit, seine strategischen Manöver zu koordinieren und bspw. Gewinne, die in einem Land erzielt werden, für ein Wettbewerbsmanöver in einem anderen Land zu nutzen. Ein Lizenznehmer wird kaum einverstanden sein, über die Lizenzgebühr hinaus Beiträge zur Unterstützung eines anderen Lizenznehmers in einem anderen Land zu leisten. Der dritte Nachteil besteht insbesondere für Lizenzgeber von technologischem Know-how an ausländische Firmen in dem möglichen unerwünschten Abfluss von kritischer Expertise. Eine Möglichkeit, dies zu umgehen liegt im sog. »Cross-Licensing« mit einem anderen

Unternehmen, bei dem man Lizenzgeber für ein Verfahren und Lizenznehmer für ein anderes Verfahren ist (Madhok 1997).

Franchising lässt sich als spezialisierte Form der Lizenzvergabe verstehen, ist aber oftmals eher langfristig ausgelegt. Hinzu kommt, dass der Franchisegeber nicht nur ein immaterielles Gut wie einen Markennamen vergibt, sondern auch darauf besteht, dass sich der Franchisenehmer an strikte Regeln der Geschäftsausübung hält. Während die Lizenzvergabe typischerweise eher von Produktionsunternehmen genutzt wird, verfolgen Dienstleistungsunternehmen oftmals eher Franchisingstrategien (Dunning/McQueen 1981). Die Vorteile des Franchising sind denen der Lizenzvergabe ähnlich. Das franchisegebende Unternehmen hat geringere Kosten und Risiken beim Markteintritt in ein neues Land, da diese vom Franchisenehmer übernommen werden. Dies erzeugt einen recht hohen Anreiz für den Franchisenehmer, zügig eine profitable Position aufzubauen, was wiederum für den Franchisegeber dazu führt, relativ schnell eine weltweite Präsenz erzielen zu können. Die Nachteile sind geringer ausgeprägt als bei der Lizenzvergabe. Da Franchising vielfach von Dienstleistungsunternehmen genutzt wird, stellt sich die Frage nach Skaleneffekten weniger. Aber auch hier verliert das Unternehmen die Flexibilität, die Gewinne aus einem Land zur Wettbewerbsattacke in einem anderen Land zu nutzen. Ein noch bedeutenderer Nachteil liegt in der Schwierigkeit weltweiter Qualitätskontrolle. Die Basis einer Franchisevereinbarung ist es, dass der Markenname ein bestimmtes Signal hinsichtlich einer konsistenten Produktqualität gibt. Wenn nun die Produktqualität in einem Land leidet, kann dies auch zu einer Schädigung der Unternehmensreputation in anderen Märkten führen (Hill 2014, S. 459). Große Franchisegeber versuchen dieses Problem über die Gründung von Landesgesellschaften in den Griff zu bekommen, die vor Ort für Steuerung und Qualitätskontrolle der Franchisenehmer zuständig sind und an die Zentrale berichten.

Eine weitere häufig genutzte Umsetzung einer internationalen Strategie bietet das Joint Venture, bei dem zwei oder mehrere ansonsten unabhängige Unternehmen eine neue Firma gründen. Dabei kann es eine Gleich- oder Ungleichverteilung der Kapitalanteile geben, was wesentlich von der Ressourcenstärke, dem Wunsch nach Machtausübung oder weiteren strategischen Vorgaben abhängt. Im Rahmen der Internationalisierung kommt es oft zur Gründung einer gemeinsamen Firma durch ein lokales und ein ausländisches Unternehmen. Joint Ventures verfügen über eine Anzahl an Vorteilen. Erstens kann ein Unternehmen von der Kenntnis des lokalen Joint Venture-Partners hinsichtlich Wettbewerbsbedingungen, Kultur, Sprache, politischem System oder Geschäftssystemen profitieren. So kann bspw. das ausländische Unternehmen technologisches Know-how und Produkte einbringen, während das lokale Unternehmen die länderspezifische Marktkenntnis beisteuert. Ein zweiter Vorteil ist dann gegeben, wenn die Entwicklungskosten und/oder -risiken für den Markteintritt im Zielland hoch sind und diese mit dem lokalen oder auch internationalen Partner geteilt werden können. Drittens bietet ein Joint Venture in einigen Ländern aufgrund politischer Vorgaben die einzige Möglichkeit, überhaupt tätig zu werden. Empirische Ergebnisse zeigen, dass Joint Ventures mit lokalen Partnern einem geringeren Risiko der Enteignung oder anderer staatlicher Einflussnahme ausgesetzt sind (Bradley 1977). Diesen Vorteilen stehen aber auch gewichtige Nachteile gegenüber. Ähnlich wie bei der Lizenzvergabe besteht das Risiko des Know-how-Abflusses an den Joint Venture-Partner, auch wenn es durch eine Mehrheitsbeteiligung am Joint Venture verringert werden kann, da der größere Partner so eine engere Kontrolle gewährleisten kann. Andererseits kann ein solches Vorgehen das Auffinden eines geeigneten lokalen Partners erschweren, wenn dieser nicht an einer Minderheitsbeteiligung interessiert ist. Ein zweiter Nachteil besteht dann, wenn nicht genügend Kontrolle über das Joint Venture ausgeübt werden kann, um es für ein Wettbewerbsmanöver im Zielland oder auch in anderen Ländern zu nutzen (vgl. Robins/Tallman/Fladmoe-Lindquist 2002; für Beispiele vgl. Hill 2014, S. 458). Ein dritter Nachteil liegt darin, dass es zwischen den Partnern zu Konflikten und Machtkämpfen kommen kann. Dies ist insbesondere der Fall, wenn sich die Absichten und strategischen Ziele der Partner im Zeitablauf verändern und schließlich nicht mehr kompatibel sind. Wie empirische Studien zeigen, treten unterschiedliche Auffassungen über die strategische Ausrichtung, insbesondere bei Joint Ventures mit Partnern aus unterschiedlichen Herkunftsländern auf. Häufig kommt es dann sogar zur Auflösung der Partnerschaft (Inkpen/Beamish 1997; Park/Ungson 1997).

Schließlich steht einem Unternehmen auch die Möglichkeit offen, mit einer eigenen Auslandsgesellschaft den Zielmarkt zu bearbeiten. Dabei muss sich das Unternehmen entscheiden, ob es eine neue Gesellschaft gründen möchte oder eine bestehende Firma im Zielmarkt übernimmt (Brouthers/Brouthers 2000). Mit beiden Vorgehensweisen sind wieder entsprechende Vor- und Nachteile verbunden. Wenn ein Unternehmen über eine kritische Technologie verfügt, dann wird diese Option bevorzugt gewählt, da das Risiko des Know-how-Abflusses am geringsten ist. Zweitens bietet eine eigene Auslandsgesellschaft den Vorteil, eine enge Kontrolle über deren strategisches Vorgehen ausüben zu können und eine Auslandsgesellschaft zur Unterstützung einer anderen heranzuziehen, falls nötig. Drittens kann sich die eigene Auslandsgesellschaft lohnen, wenn das Unternehmen Skaleneffekte und Standortvorteile ausnutzen möchte (Hill 2014, S. 459). Der herausragende Nachteil einer eigenen Auslandsgesellschaft liegt dagegen in den damit verbundenen hohen Kosten. Dieses Vorgehen erfordert mit Abstand den höchsten Kapitalbedarf. Außerdem wird das Risiko des Markteintritts alleine getragen. Zwar verringert sich dieses Risiko, wenn ein bestehendes Unternehmen gekauft wird, allerdings entstehen neue Probleme in Form von Konflikten in der Unternehmenskultur.

Wie wir aufgezeigt haben, beinhaltet jede der verschiedenen Implementierungsmöglichkeiten gravierende Vor- und Nachteile. Das Unternehmen wird in jedem Falle Kompromisse eingehen müssen. Es liegt also an der spezifischen Kombination strategischer Erfolgsfaktoren, welche Vorgehensweise am geeignetsten ist.

2.6 Zur strategischen Kontrolle im globalen Wettbewerb

Die grundsätzliche Aufgabe der strategischen Kontrolle bleibt auch im internationalen Kontext unverändert (▶ Teil II, Kap. 6). Allerdings ändern sich die Fülle der Informationen und deren Reichweite. Für ein international tätiges Unternehmen bedeutet dies in erster Linie, Informationen über Auslandsmärkte, in denen es tätig ist, systematisch zu generieren und auszuwerten. Insbesondere im Rahmen der strategischen Überwachung erhöht sich die Komplexität erheblich. Durch ihren ungerichteten Charakter verfügt sie bereits im nationalen Kontext über eine hohe Komplexität. Diese verstärkt sich nochmals durch die Interdependenz des internationalen Geschehens. Falls das Unternehmen in einer globalen Branche im Porterschen Sinne tätig ist und die Aktivitäten in einem Land auch alle anderen Aktivitäten beeinflussen, erhöht sich einerseits die Bedeutung der Überwachungskontrolle, aber gleichzeitig auch die Schwierigkeit ihrer Durchführung.

Für die strategische Prämissenkontrolle und Durchführungskontrolle gilt zwar Ähnliches, allerdings ist diese Aufgabe eher zu bewältigen. Die Prämissen, die im Rahmen der Segmentierung und Analyse über die Zielmärkte und die dort tätigen oder potenziell wirkenden Wettbewerber getroffen wurden, müssen in regelmäßigen Abständen überprüft werden. Dazu gehört insbesondere eine gravierende Veränderung der Annahmen über die generelle politische Ausrichtung, die Industriepolitik sowie das Konsumklima und -verhalten. Auch die sich anschließende Formulierung und Implementierung einer Internationalisierungsstrategie gehört in den Aufgabenbereich der Prämissenkontrolle.

Literaturverzeichnis

Aaker, David A. (2001): Strategic Market Management. 6. Aufl. New York: John Wiley & Sons.
Abell, Derek F. (1980): Defining the Business: The Starting Point of Strategic Planning. Englewood Cliffs: Prentice Hall.
Abplanalp, Peter A.; Lombriser, Roman (2013): Strategien verstehen. Begriffe, Konzepte und Instrumente des Strategischen Managements. Zürich: Versus (Versus kompakt).
adidas AG (2015): How We Create Value. Geschäftsbericht 2015. Herzogenaurach.
Afuah, Allan (2014): Business Model Innovation. Concepts, Analysis, and Cases. New York, NY: Routledge.
Albach, Horst (1978): Strategische Unternehmensplanung bei erhöhter Unsicherheit. In: *Zeitschrift für Betriebswirtschaft* 48 (8), S. 702–715.
Alexander, Larry D. (1985): Successfully Implementing Strategic Decisions. In: *Long Range Planning* 18 (3), S. 91–97.
Al-Ghamdi, Salem M. (1998): Obstacles to Successful Implementation of Strategic Decisions: The British Experience. In: *European Business Review* 98 (6), S. 322–327.
Al-Laham, Andreas (1997): Strategieprozesse in deutschen Unternehmungen. Verlauf, Struktur und Effizienz. Wiesbaden: Gabler.
Al-Laham, Andreas (2000): Die Implementierung von Strategien in der Unternehmenspraxis. Probleme und Lösungsperspektiven. In: Martin K. Welge, Andreas Al-Laham und Peter Kajüter (Hg.): Praxis des strategischen Managements. Wiesbaden: Gabler, S. 261–277.
Andrews, Kenneth R. (1951): Product Diversification and the Public Interest. In: *Harvard Business Review* 29 (4), S. 91–107.
Andrews, Kenneth R. (1971): The Concept of Corporate Strategy. Homewood: Irwin.
Angermeyer-Naumann, Regine (1985): Szenarien und Unternehmenspolitik. Globalszenarien für die Evolution des unternehmenspolitischen Rahmens. München: Barbara Kirsch.
Annan, Kofi (1999): Business and the U.N. A Global Compact of Shared Values and Principles. In: *Vital Speeches of the Day* 65 (9), S. 260–261.
Ansoff, H. Igor (1965): Corporate Strategy. An Analytic Approach to Business Policy for Growth and Expansion. New York: McGraw-Hill.
Ansoff, H. Igor (1966): Management-Strategie. München: Moderne Industrie.
Ansoff, H. Igor (1975): Managing Strategic Surprise by Response to Weak Signals. In: *California Management Review* 18 (2), S. 21–33.
Ansoff, H. Igor (1976): Managing Surprise and Discontinuity. Strategic Response to Weak Signals. In: *Zeitschrift für betriebswirtschaftliche Forschung* 28, S. 129–152.
Ansoff, H. Igor (1979): Strategic Management. London, Basingstoke: Macmillan.
Ansoff, H. Igor (1980): Strategic Issue Management. In: *Strategic Management Journal* 1 (2), S. 131–148.
Ansoff, H. Igor (1991): Critique of Henry Mintzberg's 'The Design School: Reconsidering the Basic Premises of Strategic Management'. In: *Strategic Management Journal* 12 (6), S. 449–461.
Ansoff, H. Igor; Declerck, Roger P.; Hayes, Robert L. (1976): From Strategic Planning to Strategic Management. London: John Wiley & Sons.
Ansoff, H. Igor; McDonnell, Edward J. (1990): Implanting Strategic Management. 2. Aufl. New York: Prentice Hall.
Anthony, Robert N. (1965): Planning and Control Systems. A Framework for Analysis. Boston: Harvard University Press.
Armbruster, Alexander (2017): Der Welthandel kommt ins Gerede. In: *Frankfurter Allgemeine Zeitung*, 08.06.2017 (131), S. 20.
Atsmon, Yuval; Child, Peter; Dobbs, Richard; Narasimhan, Laxman (2012): Winning the $30 trillion decathlon: going for gold in emerging markets. In: *McKinsey Quarterly* 4, S. 20–35.

Baalbaki, Imad B.; Malhotra, Naresh K. (1993): Marketing Management Bases for International Market Segmentation. An Alternate Look at the Standardization/Customization Debate. In: *International Marketing Review* 10 (1), S. 19–44.

Bailom, Franz; Matzler, Kurt; Tschemernjak, Dieter (2013): Was Top-Unternehmen anders machen. Mit Strategie, Innovation und Leadership zum nachhaltigen Erfolg. 2. Aufl. Wien: Linde Verlag.

Bain, J. S. (1956): Barriers to New Competition. Their Character and Consequences in Manufacturing Industries. Cambridge.

Bain, Joe S. (1959): Industrial Organization. New York: John Wiley & Sons.

Bamberger, Ingolf; Cappallo, Stephan (2003): Problembereiche und Ansätze der Strategischen Prozessforschung. In: Max J. Ringlstetter, Herbert A. Henzler und Michael Mirow (Hg.): Perspektiven der strategischen Unternehmensführung. Theorien, Konzepte, Anwendungen. Wiesbaden: Gabler, S. 93–120.

Barnard, Chester I. (1956): The Functions of the Executive. Cambridge: Harvard University Press.

Barnett, John H.; Wilsted, William D. (1989): Strategic Management. Texts and Concepts. Boston: South-Western.

Barney, Jay B. (1986): Organizational Culture. Can it Be a Source of Sustained Competitive Advantage? In: *Academy of Management Review* 11 (3), S. 656–665.

Barney, Jay B. (1991): Firm Resources and Sustained Competitive Advantage. In: *Journal of Management* 17 (1), S. 99–120.

Barney, Jay B. (2011): Gaining and Sustaining Competitive Advantage. 4. Aufl. Upper Saddle River, NJ: Pearson.

Barney, Jay B.; Mackey, Alison (2016): Text and Metatext in the Resource-based View. In: *Human Resource Management Journal* 26 (4), S. 369–378.

Bart, Christopher K. (1997): Sex, Lies and Mission Statements. In: *Business Horizons* 40 (6), S. 9–18.

Bartlett, Christopher A.; Ghoshal, Sumantra (1987): Managing Across Borders. New Organizational Responses. In: *Sloan Management Review* 29 (1), S. 43–53.

Bartlett, Christopher A.; Ghoshal, Sumantra (1988): Organizing for Worldwide Effectiveness: The Transnational Solution. In: *California Management Review* 31 (1), S. 54–74.

Bartlett, Christopher A.; Ghoshal, Sumantra (1990): Internationale Unternehmensführung: Innovation, globale Effizienz, differenziertes Marketing. Frankfurt/Main: Campus Verlag.

Bartlett, Christopher A.; Ghoshal, Sumantra (1993): Beyond the M-Form. Toward a Managerial Theory of the Firm. In: *Strategic Management Journal* 14 (Special Issue), S. 23–46.

Bartlett, Christopher A.; Ghoshal, Sumantra (1994): Changing the Role of Top Management: Beyond Strategy to Purpose. In: *Harvard Business Review* 72 (6), S. 79–88.

Bartlett, Christopher A.; Ghoshal, Sumantra (1995a): Changing the Role of Top Management. Beyond Structure to Processes. In: *Harvard Business Review* 73 (1), S. 86–96.

Bartlett, Christopher A.; Ghoshal, Sumantra (1995b): Changing the Role of Top Management. Beyond Systems to People. In: *Harvard Business Review* 73 (3), S. 132–142.

Bartlett, Christopher A.; Ghoshal, Sumantra (2000): Going Global. Lessons from Late Movers. In: *Harvard Business Review* 78 (2), S. 132–145.

Bartlett, Christopher A.; Ghoshal, Sumantra (2003): What Is a Global Manager? In: *Harvard Business Review* 81 (8), S. 101–108.

Barton, Dominic; Manyika, James; Koller, Timothy; Palter, Robert; Godsall, Jonathan; Zoffer, Joshua (2017): Measuring the Economic Impact of Short-Termism. Discussion Paper. McKinsey Global Institute.

Bassen, Alexander; Behnam, Michael; Gilbert, Dirk U. (2001): Internationalisierung des Mittelstands. Ergebnisse einer empirischen Studie zum Internationalisierungsverhalten deutscher mittelständischer Unternehmen. In: *Zeitschrift für Betriebswirtschaft* 71 (4), S. 413–432.

Baulig, Christian (2009): Kleiner Markt ganz groß. In: *Financial Times Deutschland*, 06.01.2009, S. 12–15.

Bea, Franz X.; Haas, Jürgen (2016): Strategisches Management. 8. Aufl. Konstanz/München: UTB GmbH.

Beck, Ulrich (1997): Was ist Globalisierung? 4. Aufl. Frankfurt/Main: Suhrkamp.

Behnam, Michael (1998): Strategische Unternehmensplanung und ethische Reflexion. Sternenfels: Wissenschaft & Praxis.

Behnam, Michael; Gilbert, Dirk U.; Kleinfeld, André (2004): Strategisches Management muss verjüngt werden. Ergebnisse einer empirischen Studie. In: *io new management* 73 (10), S. 26–31.

Behnam, Michael; Rasche, Andreas (2009): 'Are Strategists from Mars and Ethicists from Venus?'. Strategizing as Ethical Reflection. In: *Journal of Business Ethics* 84 (1), S. 79–88.

Benkenstein, M.; Henke, N. (1993): Der Grad vertikaler Integration als strategisches Entscheidungsproblem. In: *Die Betriebswirtschaft* 53 (1), S. 77–91.

Berger, Philip G.; Ofek, Eli (1995): Diversification's Effect on Firm Value. In: *Journal of Financial Economics* 37 (1), S. 39–65.

Betriebswirtschaftlicher Ausschuss des Zentralverbandes Elektrotechnik- und Elektroindustrie (ZVEI) e.V. (Hg.) (1970): ZVEI-Kennzahlensystem. Frankfurt/Main.

Bhatty, Egbert P. (1981): Corporate Planning in Medium-Sized Companies in the U.K. In: *Long Range Planning* 14 (1), S. 60–72.

Birkinshaw, Julian; Gupta, Kamini (2013): Clarifying the Distinctive Contribution of Ambidexterity to the Field of Organization Studies. In: *The Academy of Management Perspectives* 27 (4), S. 287–298.

Birkinshaw, Julian M.; Morrison, Allen J. (1995): Configurations of Strategy and Structure in Subsidiaries of Multinational Corporations. In: *Journal of International Business Studies* 26 (4), S. 729–753.

Blackwell, Roger D.; Miniard, Paul W.; Engel, James F. (2005): Consumer Behavior. 10. Aufl. Mason, Ohio: South-Western.

Bleicher, Knut (2016): Das Konzept Integriertes Management. Frankfurt, New York: Campus Verlag.

Blowfield, Michael; Murray, Alan (2014): Corporate Responsibility. 3. Aufl. Oxford: Oxford Univ. Press.

Blythe, Jim; Zimmerman, Alan (2004): Strategic Planning for Global Markets. In: *Marketing Review* 4 (4), S. 369–384.

Bonini, Sheila M. J.; Mendonca, Lenny; Oppenhcim, Jeremy M. (2006): When Social Issues Become Strategic. In: *McKinsey Quarterly* (2), S. 20–31.

Boons, Frank; Lüdeke-Freund, Florian (2013): Business Models for Sustainable Innovation: State-of-the-art and Steps towards a Research Agenda. In: *Sustainable Innovation and Business Models* 45, S. 9–19.

Bosch, Harald (1993): Entscheidung und Unschärfe. Eine entscheidungstheoretische Analyse der Fuzzy-Set-Theorie. Bergisch Gladbach: Josef Eul.

Boston Consulting Group (1988): Vision und Strategie. Die 34. Kronberger Konferenz. München.

Bourgeois, Jay L. (1986): Strategic Management. From Concept to Implementation. In: Gayton E. Germane (Hg.): The Executive Course. What Every Manager Needs to Know About the Essentials of Business. Reading: Addison-Wesley, S. 347–391.

Bradley, David G. (1977): Managing Against Expropriation. In: *Harvard Business Review* 55 (4), S. 75–83.

Brandenburger, Adam M.; Nalebuff, Barry J. (2012): Coopetition. Kooperativ konkurrieren; mit der Spieltheorie zum Geschäftserfolg. 3. Aufl. Eschborn: Rieck.

Brockhoff, Klaus K. (1999): Forschung und Entwicklung. Planung und Kontrolle. 5. Aufl. München, Wien: Oldenbourg.

Bromiley, Philip; Rau, Devaki (2014): Towards a Practice-based View of Strategy. In: *Strategic Management Journal* 35 (8), S. 1249–1256.

Brouthers, Keith D.; Brouthers, Lance E. (2000): Acquisition or Greenfield Start-up? Institutional, Cultural and Transaction Cost Influences. In: *Strategic Management Journal* 21 (1), S. 89–97.

Brown, Wilson B (1976): Islands of Conscious Power: MNCs in the Theory of the Firm. In: *MSU Business Topics* 24, S. 37–45.

Buckley, Peter J. (1975): Alternative Theories of the Multinational Enterprise. Reading: University of Reading, Department of Economics.

Buckley, Peter J. (Hg.) (1988): The Limits of Explanation: Testing the Internalization Theory of the Multinational Enterprise (19).

Buckley, Peter J. (1989): The Multinational Enterprise. Theory and Applications. Houndmills Basingstoke, London: Macmillan.

Buckley, Peter J.; Casson, Mark (Hg.) (1976): The Future of the Multinational Enterprise. London, Basingstoke.

Bughin, Jacques; LaBerge, Laura; Mellbye, Anette (2017): The Case for Digital Reinvention. In: *McKinsey Quarterly* (1), S. 27–41.

Bughin, Jacques; Lund, Susan; Manyika, James (2016): Five Priorities for Competing in an Era of Digital Globalization. In: *McKinsey Quarterly* (2), S. 55–61.

Bühner, Rolf (1993): Strategie und Organisation. Analyse und Planung der Unternehmensdiversifikation mit Fallbeispielen. 2. Aufl. Wiesbaden: Gabler.

Bühner, Rolf; Stiller, Patrick; Tuschke, Anja (2004): Legitimität und Innovation. Einführung wertorientierten Managements in Deutschland. In: *Zeitschrift für betriebswirtschaftliche Forschung* 56 (12), S. 715–736.

Burke, Andrew; Stel, André van; Thurik, Roy (2010): Five Forces gegen Blue Ocean. In: *Harvard Business Manager* 32 (8), S. 12–13.

Buzzell, Robert D.; Gale, Bradley T. (1987): The PIMS Principles. Linking Strategy to Performance. New York, NY: The Free Press.

Buzzell, Robert D.; Gale, Bradley T.; Sultan, Ralph G. M. (1975): Market Share – A Key to Profitability. In: *Harvard Business Review* 53 (1), S. 97–106.

Camp, Robert C. (1995): Business Process Benchmarking: Finding and Implementing Best Practices. Milwaukee: ASQC Quality Press.

Campbell, Andrew (2006): The Role of the Parent Company. In: David O. Faulkner und Andrew Campbell (Hg.): The Oxford Handbook of Strategy. A Strategy Overview and Competitive Strategy. Oxford: Oxford Univ. Press, S. 564–586.

Campbell, Andrew; Goold, Michael; Alexander, Marcus; Whitehead, Jo (2014): Strategy for the Corporate Level. Where to Invest, What to Cut Back and How to Grow Organisations with Multiple Divisions. Chichester, West Sussex, United Kingdom: John Wiley & Sons.

Capon, Noel; Farley, John U.; Hulbert, James (1980): International Diffusion of Corporate and Strategic Planning Practices. In: *Columbia Journal of World Business* 15 (3), S. 5–13.

Carroll, Archie B. (2004): Managing Ethically with Global Stakeholders. A Present and Future Challenge. In: *Academy of Management Executive* 18 (2), S. 114–120.

Casadesus-Masanell, Ramon; Ricart, Joan Enric (2010): From Strategy to Business Models and onto Tactics. In: *Business Models* 43 (2–3), S. 195–215.

Casson, Mark (1975): A Long-run Theory of the Multinational Enterprise. Reading: University of Reading, Department of Economics.

Casson, Mark (1979): Alternatives to the Multinational Enterprise. London: Macmillan.

Casson, Mark (1995): The Organization of International Business. Aldershot, Brookfield.

Chaffee, Ellen E. (1985): Three Models of Strategy. In: *Academy of Management Review* 10 (1), S. 89–98.

Chakravarthy, Balaji S.; Doz, Yves L. (1992): Strategy Process Research. Focusing on Corporate Self-Renewal. In: *Strategic Management Journal* 13 (5), S. 5–14.

Chakravarthy, Balaji S.; Müller-Stewens, Günter; Lorange, Peter; Lechner, Christoph (2003): Defining the Contours of the Strategy Process Field. In: Balaji S. Chakravarthy, Günter Müller-Stewens und Peter Lorange (Hg.): Strategy Process. Shaping the Contours of the Field. Malden: Blackwell Publishing, S. 1–17.

Chandler, Alfred D. (1962): Strategy and Structure. Chapters in the History of the Industrial Enterprise. Cambridge: MIT Press.

Chesbrough, Henry (2010): Business Model Innovation: Opportunities and Barriers. In: *Long Range Planning* 43 (2/3), S. 354–363.

Chia, Robert (2004): Strategy-as-Practice. Reflections on the Research Agenda. In: *European Management Review* 1 (1), S. 21–28.

Chipman, John (2016): Why Your Company Needs a Foreign Policy. Multinationals Must Address Growing Geopolitical Volatility. In: *Harvard Business Review* 94 (9), S. 36–43.

Christensen, Carl R.; Andrews, Kenneth R.; Bower, Joseph L. (1973): Business Policy. Text and Cases. 3. Aufl. Homewood: Irwin.

Christensen, Carl R.; Andrews, Kenneth R.; Bower, Joseph L.; Hamermesh, R. G.; Porter, Michael E. (1987): Business Policy. Texts and Cases. 6. Aufl. Homewood: Irwin.

Christensen, Clayton M. (1997): The Innovator's Dilemma. When New Technologies Cause Great Firms to Fail. Boston MA: Harvard Business School Press.

Claycamp, Henry J. (1985): Strategic Management Fundamentals. In: Howard Thomas und David Gardner (Hg.): Strategic Marketing and Management. Chichester: John Wiley & Sons, S. 9–16.

Coase, Ronald H. (1937): The Nature of the Firm. In: *Economica* 4, S. 386–405.

Collins, James C.; Porras, Jerry I. (1991): Organizational Vision and Visionary Organizations. In: *California Management Review* 34 (1), S. 30–52.

Collins, James C.; Porras, Jerry I. (1995): Building a Visionary Company. In: *California Management Review* 37 (2), S. 80–100.

Collins, James C.; Porras, Jerry I. (1996a): Building Your Company's Vision. In: *Harvard Business Review* 74 (5), S. 65–77.

Collins, James C.; Porras, Jerry I. (1996b): Built to Last. Successful Habits of Visionary Companies. London: Century.

Collins, James Charles; Porras, Jerry I. (1994): Built to Last. Successful Habits of Visionary Companies. New York: Harper Business.

Collis, David J.; Rukstad, Michael G. (2008): Can You Say What Your Strategy Is? In: *Harvard Business Review* 86 (4), S. 82–90.

Contractor, Farok J. (1981): The Role of Licensing in International Strategy. In: *Columbia Journal of World Business* 16 (4), S. 73–83.

Corsten, Hans (1998): Grundlagen der Wettbewerbsstrategie. Stuttgart: Teubner.

Crane, Andrew; Matten, Dirk (2016): Business Ethics. Managing Corporate Citizenship and Sustainability in the Age of Globalization. 4. Aufl. Oxford: Oxford University Press.

Daniels, John D.; Radebaugh, Lee H.; Sullivan, Daniel P. (2015): International Business. Environments and Operations. 15. Aufl. Boston: Pearson.

Dannenberg, Jan (1990): Mikrocomputergestützte Instrumente der strategischen Unternehmungsplanung. Wiesbaden: Deutscher Universitäts-Verlag.

DaSilva, Carlos M.; Trkman, Peter (2014): Business Model: What It Is and What It Is Not. In: *Long Range Planning* 47 (6), S. 379–389.

Datta, Deepak K.; Rajagopalan, Nandini; Rasheed, Abdul M. A. (1991): Diversification and Performance. Critical Review and Future Directions. In: *Journal of Management Studies* 28 (6), S. 529–558.

D'Aveni, Richard A. (1995a): Coping with Hypercompetition. Utilizing the New 7S's Framework. In: *Academy of Management Executive* 9 (3), S. 45–60.

D'Aveni, Richard A. (1995b): Hyperwettbewerb. Strategien für die neue Dynamik der Märkte. Frankfurt/Main: Campus Verlag.

Dawar, Niraj; Frost, Tony (1999): Competing with Giants. Survival Strategies for Local Companies in Emerging Markets. In: *Harvard Business Review* 77 (2), S. 119–129.

Dawson, Angus; Hirt, Martin; Scanlan, Jay (2016): The Economic Essentials of Digital Strategy. In: *McKinsey Quarterly* (2), S. 32–44.

Day, Ellen; Fox, Richard J.; Huszagh, Sandra M. (1988): Segmenting the Global Market for Industrial Goods. Issues and Implications. In: *International Marketing Review* 5 (3), S. 14–27.

Day, George S. (1986a): Analysis for Strategic Market Decisions. St. Paul: West Publishing Company.

Day, George S. (1986b): Tough Questions For Developing Strategies. In: *Journal of Business Strategy* 6 (3), S. 60–68.

de Wit, Bob (2017): Strategy. An International Perspective. 6. Aufl. Andover: Cengage Learning.

de Wit, Bob; Meyer, Ron (Hg.) (2010): Strategy. Process, Content, Context: an International Perspective. 4. Aufl. Andover: Cengage Learning.

Deshpande, Rohit; Lau, Dawn H. (2016): Singapore Airlines. Premium Goes Multi-Brand. In: *Harvard Business School Case Collection* 517-017.

Dess, Gregory G.; Lumpkin, G. Tom; Taylor, Marilyn L. (2005): Strategic Management. Creating Competitive Advantages. 2. Aufl. Boston: McGraw-Hill.

Dowling, Grahame R. (2004): Corporate Reputations: Should You Compete on Yours? In: *California Management Review* 46 (3), S. 19–36.

Drews, Hanno (2008): Abschied vom Marktwachstums-Marktanteils-Portfolio nach über 35 Jahren Einsatz? Eine kritische Überprüfung der BCG-Matrix. In: *Zeitschrift für Planung & Unternehmenssteuerung* 19 (1), S. 39–57.

Drucker, Peter F. (1973): Management. Tasks, Responsibilities, Practices. New York: Harper & Row.

Duina, Francesco (2004): Regional Market Building as a Social Process. An Analysis of Cognitive Strategies in NAFTA, the European Union and Mercosur. In: *Economy & Society* 33 (3), S. 359–389.
Dunning, John H. (1986): Japanese Participation in British Industry. Trojan Horse or Catalyst for Growth? London: Croom Helm.
Dunning, John H. (1993): The Globalization of Business. London: Routledge.
Dunning, John H.; McQueen, Matthew (1981): The Eclectic Theory of International Production. A Case Study of the International Hotel Industry. In: *Managerial and Decision Economics* 2 (4), S. 197–210.
Dunning, John H.; Rugman, Alan M. (1985): The Influence of Hymer's Dissertation on the Theory of Foreign Direct Investment. In: *The American Economic Review* 75 (2), S. 228–232.
Dyas, Gareth P.; Thanheiser, Heinz T. (1976): The Emerging European Enterprise. Strategy and Structure in French and German Industry. London: Macmillan.
Dyer, Jeffrey H.; Kale, Prashant; Singh, Harbir (2004): When to Ally & When to Acquire. In: *Harvard Business Review* 82 (7/8), S. 108–115.
Elbanna, Said; Child, John (2007): Influences on Strategic Decision Effectiveness. Development and Test of an Integrative Model. In: *Strategic Management Journal* 28 (4), S. 431–453.
Elms, Heather; Brammer, Stephen; Harris, Jared D.; Phillips, Robert A. (2010): New Directions in Strategic Management and Business Ethics. In: *Business Ethics Quarterly* 20 (3), S. 401–425.
El-Namaki, M. S. S. (1992): Creating a Corporate Vision. In: *Long Range Planning* 25 (6), S. 25–29.
Elnathan, Dan; Lin, Thomas W.; Young, S. Mark (1996): Benchmarking and Management Accounting: A Framework for Research. In: *Journal of Management Accounting Research* 8, S. 37–54.
Enderwick, P. (1982): Labour and the Theory of the Multinational Corporation. In: *Industrial Relations Journal* 13 (2), S. 32–43.
Engardio, Pete (2005): A New World Economy. In: *Businessweek*, 22.08.2005, S. 52–58.
Ernst and Young (2016): The Upside of Disruption – Megatrends Shaping 2016 and Beyond. Online verfügbar unter http://www.ey.com/gl/en/issues/business-environment/ey-megatrends.
Espino-Rodríguez, Tomás F.; Padrón-Robaina, Víctor (2006): A Review of Outsourcing from the Resource-based View of the Firm. In: *International Journal of Innovation Management* 10 (1), S. 19–45.
Evered, Roger (1983): S. What is Strategy? In: *Long Range Planning* 16 (3), S. 57–72.
Farjoun, Moshe (2002): Towards an Organic Perspective on Strategy. In: *Strategic Management Journal* 23 (7), S. 561–594.
Firk, Sebastian; Schrapp, Sebastian; Wolff, Michael (2016): Drivers of Value Creation – The Role of Value-based Management and Underlying Institutions. In: *Management Accounting Research* 33, S. 42–60.
Fleck, Andree (1995): Hybride Wettbewerbsstrategien. Zur Synthese von Kosten- und Differenzierungsvorteilen. Wiesbaden: Deutscher Universitäts-Verlag.
Fließ, Sabine (2009): Dienstleistungsmanagement. Kundenintegration gestalten und steuern. Wiesbaden: Gabler.
Focusing Capital on the Long Term (Hg.) (2015): Perspectives on the Long Term. Building a Stronger Foundation for Tomorrow. Boston, MA.
Forsgren, Mats; Holm, Ulf; Johanson, Jan (Hg.) (2015): Knowledge, Networks and Power. The Uppsala School of International Business. New York NY u.a.: Palgrave.
Foss, Nicolai J.; Saebi, Tina (2017): Fifteen Years of Research on Business Model Innovation. In: *Journal of Management* 43 (1), S. 200–227.
Francis, Graham; Holloway, Jacky (2007): What Have We Learned? Themes from the Literature on Best-Practice Benchmarking. In: *International Journal of Management Reviews* 9 (3), S. 171–189.
Frear, Carl R.; Alguire, Mary S. (1995): Country Segmentation on the Basis of International Purchasing Patterns. In: *Journal of Business & Industrial Marketing* 10 (2), S. 59–68.
Freeman, R. Edward (1984): Strategic Management. A Stakeholder Approach. Boston: Pitman.
Freeman, R. Edward; McVea, John (2005): A Stakeholder Approach to Strategic Management. In: Michael A. Hitt, R. Edward Freeman und Jeffrey S. Harrison (Hg.): The Blackwell Handbook of Strategic Management. Malden: Blackwell Publishing, S. 189–207.

Fritz, Wolfgang; Förster, Friedrich; Wiedmann, Klaus-Peter; Raffée, Hans (1988): Unternehmensziele und strategische Unternehmensführung. Neuere Resultate der empirischen Zielforschung und ihre Bedeutung für das strategische Management und die Managementlehre. In: *Die Betriebswirtschaft* 48 (5), S. 567–586.

Frost, Jette; Morner, Michèle (2010): Konzernmanagement. Strategien für Mehrwert. Wiesbaden: Gabler.

Gälweiler, Aloys (1979): Strategische Geschäftseinheiten (SGE) und Aufbau-Organisation der Unternehmung. In: *Zeitschrift Führung + Organisation* 48 (5), S. 252–260.

Gälweiler, Aloys (1986): Unternehmensplanung. Grundlagen und Praxis. Frankfurt/Main: Campus Verlag.

Gälweiler, Aloys (2005): Strategische Unternehmensführung. 3. Aufl. Frankfurt/Main: Campus Verlag.

Gande, Amar; Schenzler, Christoph; Senbet, Lemma W. (2009): Valuation Effects of Global Diversification. In: *Journal of International Business Studies* 40 (9), S. 1515–1532.

Garrigós-Simón, Fernando J.; Marqués, Daniel P.; Narangajavana, Yeamduan (2005): Competitive Strategies and Performance in Spanish Hospitality Firms. In: *International Journal of Contemporary Hospitality Management* 17 (1), S. 22–38.

Gathen, Andreas von der (2014): Das große Handbuch der Strategieinstrumente. Werkzeuge für eine erfolgreiche Unternehmensführung. 3. Aufl. Frankfurt am Main [u.a.]: Campus Verlag.

Gerl, K.; Roventa, Peter (1981): Strategische Geschäftseinheiten. Perspektiven aus der Sicht des Strategischen Managements. In: *Zeitschrift für betriebswirtschaftliche Forschung* 33, S. 843–858.

Gerlach, C. (1983): Praxisbeispiele von Benchmarking-Projekten bei ABB im Personalwesen. In: Armin Töpfer und Heik Afheldt (Hg.): Praxis der strategischen Unternehmensplanung. Frankfurt/Main: Metzner, S. 143–154.

Gerpott, Torsten J.; Hoffmann, Alexander P. (2008): Risikomanagement in Unternehmen. In: *Wirtschaftswissenschaftliches Studium* 37 (1), S. 7–13.

Geuser, Fabien de; Mooraj, Stella; Oyon, Daniel (2009): Does the Balanced Scorecard Add Value? Empirical Evidence on its Effect on Performance. In: *European Accounting Review* 18 (1), S. 93–122.

Ghemawat, Pankaj (2017): Globalization in the Age of Trump. Protectionism will Change How Companies Do Business – But Not in the Ways You Think. In: *Harvard Business Review* 95 (4), S. 112–123.

Ghemawat, Pankaj; Altman, Steven A. (2016): DHL Global Connectedness Index 2016. The State of Globalization in an Age of Ambiguity. Hg. v. Deutsche Post DHL Group. Bonn. Online verfügbar unter http://www.dpdhl.com/de/logistik_populaer/zukunftsstudien/global_connectedness_index.html.

Ghoshal, Sumantra; Bartlett, Christopher A. (1990): The Multinational Corporation as an Interorganizational Network. In: *Academy of Management Review* 15 (4), S. 626–645.

Ghoshal, Sumantra; Nohria, Nitin (1993): Horses for Courses. Organizational Forms for Multinational Corporations. In: *Sloan Management Review* 34 (2), S. 23–35.

Giambona, Erasmo; Graham, John R.; Harvey, Campbell R. (2017): The Management of Political Risk. In: *Journal of International Business Studies* 48 (4), S. 523–533.

Giddens, Anthony (1984): The Constitution of Society. Outline of the Theory of Structuration. Cambridge: Polity Press.

Giddens, Anthony (1995): Konsequenzen der Moderne. Frankfurt/Main: Suhrkamp.

Gigerenzer, Gerd; Kober, Hainer (2008): Bauchentscheidungen. Die Intelligenz des Unbewussten und die Macht der Intuition. 6. Aufl. München: Goldmann.

Gilbert, Dirk U. (1998): Konfliktmanagement in international tätigen Unternehmen. Ein diskursethischer Ansatz zur Regelung von Konflikten im interkulturellen Management. Sternenfels: Wiss. & Praxis.

Gilbert, Dirk U. (2003a): Institutionalisierung von Unternehmensethik in internationalen Unternehmen. In: *Zeitschrift für Betriebswirtschaft* 73 (1), S. 25–48.

Gilbert, Dirk U. (2003b): Vertrauen in strategischen Unternehmensnetzwerken. Ein strukturationstheoretischer Ansatz. Wiesbaden: Deutscher Universitäts-Verlag.

Gilbert, Dirk U. (2005): Kontextsteuerung und Systemvertrauen in strategischen Unternehmensnetzwerken. In: *Die Unternehmung* 59 (5), S. 407–422.

Gilbert, Dirk U. (2009): Ethikmaßnahmen. In: Christian Scholz (Hg.): Vahlens großes Personallexikon. München: C.H.Beck und Vahlen, S. 318–321.

Gilbert, Dirk U.; Behnam, Michael (2009a): Advancing Integrative Social Contracts Theory: A Habermasian Perspective. In: *Journal of Business Ethics* 89 (2), S. 215–234.

Gilbert, Dirk U.; Behnam, Michael (2009b): Strategy Process Management in Multinational Companies. Status Quo, Deficits and Future Perspectives. In: *Problems and Perspectives in Management* 7 (1), S. 59–74.

Gilbert, Dirk Ulrich (2011): Erfolgreich durch innovative Geschäftsmodelle. In: *Business + Innovation* (03), S. 24–32.

Gilbert, Dirk Ulrich; Behnam, Michael (2013): Trust and the United Nations Global Compact. In: *Business & Society* 52 (1), S. 135–169.

Gilbert, Dirk Ulrich; Heinecke, Patrick (2014): Success Factors of Regional Strategies for Multinational Corporations. Exploring the Appropriate Degree of Regional Management Autonomy and Regional Product/Service Adaptation. In: *Management International Review* 54 (5), S. 615–651.

Gilbert, Xavier; Strebel, Paul (1987): Strategies to Outpace the Competition. In: *Journal of Business Strategy* 8 (1), S. 28–36.

Gleich, Ronald; Kopp, Jens; Leyk, Jörg (2003): Advanced Budgeting: Better and Beyond. In: Péter Horváth und Ronald Gleich (Hg.): Neugestaltung der Unternehmensplanung. Innovative Konzepte und erfolgreiche Praxislösungen. Stuttgart: Schäffer-Poeschel, S. 315–329.

Gluck, Frederick W. (1980): Strategic Choice and Resource Allocation. In: *McKinsey Quarterly* (1), S. 22–33.

Gluck, Frederick W. (1981): Vision and Leadership in Corporate Strategy. In: *McKinsey Quarterly* (4), S. 13–27.

Gluck, Frederick W. (1986): Strategic Planning in a New Key. In: *McKinsey Quarterly* (1), S. 18–41.

Gluck, Frederick W.; Kaufman, Stephen P. (1980): Strategic Management for Competitive Advantage. In: *Harvard Business Review* 58 (4), S. 151–161.

Gooderham, Paul N.; Ulset, Svein (2002): »Beyond the M-Form«: Towards a Critical Test of the New Form. In: *International Journal of the Economics of Business* 9 (1), S. 117–138.

Goold, Michael; Campbell, Andrew (2002): Parenting in Complex Structures. In: *Long Range Planning* 35 (3), S. 219–243.

Goold, Michael; Campbell, Andrew; Alexander, Marcus (1994): Corporate-level Strategy. Creating Value in the Multibusiness Company. New York: John Wiley & Sons.

Goold, Michael; Campbell, Andrew; Alexander, Marcus (1998): Corporate Strategy and Parenting Theory. In: *Long Range Planning* 31 (2), S. 308–314.

Gort, Michael (1962): Diversification and Integration in American Industry. Princeton: Princeton University Press.

Grant, Robert M. (2016): Contemporary Strategy Analysis. 9. Aufl. West Sussex: John Wiley & Sons.

Grant, Robert M.; Jammine, Azar P.; Thomas, Howard (1988): Diversity, Diversification, and Profitability Among British Manufacturing Companies, 1972-84. In: *Academy of Management Journal* 31 (4), S. 771–801.

Grant, Robert M.; Nippa, Michael (2006): Strategisches Management. Analyse, Entwicklung und Implementierung von Unternehmensstrategien. 5. Aufl. München: Pearson.

Greenberg, Ezra; Hirt, Martin; Smit, Sven (2017): The Global Forces Inspiring a New Narrative of Progress. In: *McKinsey Quarterly* (2), S. 35–52.

Grimm, Ulrich (1983): Analyse strategischer Faktoren. Ein Beitrag zur Theorie der strategischen Unternehmensplanung. Wiesbaden: Gabler.

Guillen, Mauro F. (2003): Experience, Imitation, and the Sequence of Foreign Entry. Wholly Owned and Joint-venture Manufacturing by South Korean Firms and Business Groups in China, 1987-1995. In: *Journal of International Business Studies* 34 (2), S. 185–198.

Gulati, Ranjay; Wohlgezogen, Franz; Zhelyazkov, Pavel (2012): The Two Facets of Collaboration: Cooperation and Coordination in Strategic Alliances. In: *The Academy of Management Annals* 6 (1), S. 531–583.

Gutenberg, Erich (1983): Grundlagen der Betriebswirtschaftslehre. Die Produktion. 1. Band. 24. Aufl. Berlin: Springer.

Hahn, Dietger (2006a): Stand der Entwicklungstendenzen der strategischen Planung. In: Dietger Hahn und Bernard Taylor (Hg.): Strategische Unternehmungsplanung – Strategische Unternehmungsführung. Stand und Entwicklungstendenzen. 9. Aufl. Berlin, Heidelberg: Springer, S. 3–28.

Hahn, Dietger (2006b): Strategische Unternehmensführung. Grundkonzept. In: Dietger Hahn und Bernard Taylor (Hg.): Strategische Unternehmungsplanung – Strategische Unternehmungsführung. Stand und Entwicklungstendenzen. 9. Aufl. Berlin, Heidelberg: Springer, S. 29–50.

Hahn, Dietger (2006c): Zweck und Entwicklung der Portfolio-Konzepte in der strategischen Unternehmensplanung. In: Dietger Hahn und Bernard Taylor (Hg.): Strategische Unternehmungsplanung – Strategische Unternehmungsführung. Stand und Entwicklungstendenzen. 9. Aufl. Berlin, Heidelberg: Springer, S. 215–248.

Hahn, Dietger; Oppenländer, Karl H. (1992): Stand und Entwicklungstendenzen der strategischen Unternehmungsplanung in der Bundesrepublik Deutschland. Erste Ergebnisse eines empirischen Forschungsprojektes. In: Dietger Hahn und Bernard Taylor (Hg.): Strategische Unternehmungsplanung, strategische Unternehmungsführung. Stand und Entwicklungstendenzen. 6. Aufl. Heidelberg: Physica, S. 971–1010.

Hahn, Dietger; Taylor, Bernard (Hg.) (2006): Strategische Unternehmungsplanung – Strategische Unternehmungsführung. Stand und Entwicklungstendenzen. 9. Aufl. Berlin, Heidelberg: Springer.

Hambrick, Donald C.; Fredrickson, James W. (2005): Are You Sure You Have a Strategy? In: *Academy of Management Executive* 19 (4), S. 51–62.

Hamel, Gary; Prahalad, Coimbatore K. (1994): Competing for the Future. Boston: Harvard Business School Press.

Hansmann, Karl-Werner (1983): Kurzlehrbuch Prognoseverfahren. Mit Aufgaben und Lösungen. Wiesbaden: Gabler.

Hart, Stuart L. (1992): An Integrative Framework for Strategy-Making Processes. In: *Academy of Management Review* 17 (2), S. 327–351.

Haspeslagh, Philippe (1982): Portfolio Planning. Uses and Limits. In: *Harvard Business Review* 60 (1), S. 58–73.

Haspeslagh, Philippe; Noda, Tomo; Boulos, Fares (2002): Wertemanagement über die Zahlen hinaus. In: *Harvard Business Manager* 24 (1), S. 46–59.

Haupt, Joachim; Grünewald, Lorenz (2014): Vom Produkt zum Produktionsmittel: Was Medienunternehmer von Spotify lernen können. In: Harald Rau (Hg.): Digitale Dämmerung. Die Entmaterialisierung der Medienwirtschaft. 1. Aufl. Baden-Baden: Nomos (Reihe Medienökonomie, 7), S. 97–116.

Hauschildt, Jürgen (1977): Entscheidungsziele. Zielbildung in innovativen Entscheidungsprozessen. Theoretische Ansätze und empirische Prüfung. Tübingen: Mohr.

Hauschildt, Jürgen; Petersen, Knut (1987): Phasen-Theorem und Organisation komplexer Entscheidungsverläufe. Weiterführende Untersuchungen. In: *Zeitschrift für Betriebswirtschaft* 39 (12), S. 1043–1062.

Hax, Arnoldo C.; Majluf, Nicolás S. (1984): Strategic Management. An Integrative Perspective. Englewood Cliffs: Prentice Hall.

Hax, Herbert (1985): Investitionstheorie. 5. Aufl. Würzburg: Physica.

Hedley, Barry (1977): Strategy and the »Business Portfolio«. In: *Long Range Planning* 10 (1), S. 9–15.

Heiligtag, Sven; Maurenbrecher, Susanne; Niemann, Niklas (2017): From Scenario Planning to Stress Testing: The Next Step for Energy Companies. In: *McKinsey on Risk* (2), S. 23–28.

Heinecke, Patrick (2011): Success Factors of Regional Strategies for Multinational Corporations. Appropriate Degrees of Management Autonomy and Product Adaptation. Berlin, Heidelberg: Springer.

Heinen, Edmund (1966): Das Zielsystem der Unternehmung. Wiesbaden: Gabler.

Helfat, C. E.; Teece, D. J. (1987): Vertical Integration and Risk Reduction. In: *Journal of Law, Economics, and Organisation* 3 (1), S. 47–67.

Helfat, Constance E.; Peteraf, Margaret A. (2003): The Dynamic Resource-based View. Capability Lifecycles. In: *Strategic Management Journal* 24 (10), S. 997–1010.

Helfat, Constance E.; Peteraf, Margaret A. (2015): Managerial Cognitive Capabilities and the Microfoundations of Dynamic Capabilities. In: *Strategic Management Journal* 36 (6), S. 831–850.

Hennart, J. F. (1982): A Theory of Multinational Enterprise. Ann Arbor: MIT.

Hennart, J. S. (1991): The Transaction Cost Theory of the Multinational Enterprise. In: C. N. Pitelis und R. Sugden (Hg.): The Nature of the Transnational Firm. London, New York, S. 81–116.

Hennart, Jean-François Marie André (1986): What is Internalization? In: *Weltwirtschaftliches Archiv : Zeitschrift des Instituts für Weltwirtschaft an der Universität Kiel*.

Henzler, Herbert A. (1978): Strategische Geschäftseinheiten (SGE). Das Umsetzen von Strategischer Planung in Organisation. In: *Zeitschrift für Betriebswirtschaft* 48 (10), S. 912–919.

Henzler, Herbert A. (1988): Handbuch strategische Führung. Wiesbaden: Gabler.

Heracleous, Loizos; Wirtz, Jochen (2010): Zwei Wege, ein Ziel. In: *Harvard Business Manager* 32 (11), S. 66–76.

Heracleous, Loizos; Wirtz, Jochen (2012): Strategy and Organisation at Singapore Airlines: Achieving Sustainable Advantage Through Dual Strategy. In: Oliver Inderwildi und Sir David King (Hg.): Energy, Transport, & the Environment. London: Springer London, S. 479–493.

Heracleous, Loizos; Wirtz, Jochen (2014): Singapore Airlines: Achieving Sustainable Advantage through Mastering Paradox. In: *The Journal of Applied Behavioral Science* 50 (2), S. 1–22.

Herbert, Theodore T.; Deresky, Helen (1987): Generic Strategies: An Empirical Investigation of Typology Validity and Strategy Content. In: *Strategic Management Journal* 8 (2), S. 135–147.

Hergert, Roland (2007): Strategische Früherkennung. Wahrnehmung relevanter Umweltreize oder wie ticken Unternehmen? Marburg: Metropolis.

Hill, Charles W. L. (2014): International Business. Competing in the Global Marketplace. 10. Aufl. New York, NY: McGraw-Hill.

Hinterhuber, Hans H. (1996): Maßstäbe für die Unternehmer und Führungskräfte von morgen. In: Hans H. Hinterhuber, Ayad Al-Ani und Gernot Handlbauer (Hg.): Das neue strategische Management. Elemente und Perspektiven einer zukunftsorientierten Unternehmensführung. Wiesbaden: Gabler, S. 33–60.

Hinterhuber, Hans H. (2015): Strategische Unternehmensführung. Das Gesamtmodell für nachhaltige Wertsteigerung. 9. Aufl. Berlin: Erich Schmidt Verlag.

Hitt, Michael A.; Ireland, R. Duane; Hoskisson, Robert E. (2016): Strategic Management. Competitiveness & Globalization: Concepts and Cases. 12. Aufl. Boston, MA: Cengage Learning.

Hofer, Charles W. (1973): Some Preliminary Research on Patterns of Strategic Behavior. In: *Academy of Management Proceedings*, S. 46–54.

Hofer, Charles W.; Schendel, Dan (1978): Strategy Formulation. Analytical Concepts. St. Paul: West Publishing Company.

Hoffmann, Friedrich (1980): Führungsorganisation. Band I. Stand der Forschung und Konzeption. Tübingen: Mohr.

Hofstede, Frenkel T.; Steenkamp, Jan-Benedict E. M.; Wedel, Michel (1999): International Market Segmentation Based on Consumer-Product Relations. In: *Journal of Marketing Research* 36 (1), S. 1–17.

Homburg, Christian (1991): Modellgestützte Unternehmensplanung. Wiesbaden: Gabler.

Homburg, Christian (2017): Marketingmanagement. Strategie – Instrumente – Umsetzung – Unternehmensführung. 6. Aufl. Wiesbaden: Gabler.

Hope, Jeremy; Fraser, Robin (2003): Beyond Budgeting. How Managers Can Break Free from the Annual Performance Trap. Boston, Mass.: Harvard Business School Press.

Horváth, Péter (2000): Balanced Scorecard umsetzen. Stuttgart: Schäffer-Poeschel.

Horváth, Péter; Gaiser, Bernd; Vogelsang, Peter (2006): Quo vadis Balanced Scorecard? Implementierungserfahrungen und Anregungen zur Weiterentwicklung. In: Dietger Hahn und Bernard Taylor (Hg.): Strategische Unternehmungsplanung – Strategische Unternehmungsführung. Stand und Entwicklungstendenzen. 9. Aufl. Berlin, Heidelberg: Springer, S. 151–171.

Horváth & Partners (2008): Balanced Scorecard-Studie 2008. Ergebnisbericht. Stuttgart: Horváth & Partner GmbH.

Horváth & Partners (2016): Balanced Scorecard umsetzen. 5. Aufl. Stuttgart: Schäffer-Poeschel.

Houlden, Brian T. (1995): How Corporate Planning Adopts and Survives. In: *Long Range Planning* 28 (4), S. 99–108.

Hout, Thomas; Porter, Michael E.; Rudden, Eileen (1982): How Global Companies Win Out. In: *Harvard Business Review* 60 (5), S. 98–108.

Hubig, Christoph (1982): Die Unmöglichkeit der Übertragung individualistischer Handlungskonzepte auf institutionelles Handeln und ihre Konsequenzen für eine Ethik der Institution. In: Christoph Hubig (Hg.): Ethik institutionellen Handelns. Frankfurt/Main, New York: Campus Verlag, S. 56–80.

Huff, Anne S.; Reger, Rhonda K. (1987): A Review of Strategic Process Research. In: *Journal of Management* 13 (2), S. 211–236.

Hui, Michael; Joy, Annamma; Kim, Chankon; Laroche, Michel (1993): Equivalence of Lifestyle Dimensions Across Four Major Subcultures in Canada. In: *Journal of International Consumer Marketing* 5 (3), S. 15–35.

Hungenberg, Harald (2014): Strategisches Management in Unternehmen. Ziele – Prozesse – Verfahren. 8. Aufl. Wiesbaden: Gabler.

Hutzschenreuter, Thomas; Kleindienst, Ingo (2006): Strategy-Process Research. What Have We Learned and What Is Still to Be Explored. In: *Journal of Management* 32 (5), S. 673–720.

Hymer, S. (1968): La Grande »Corporation« Multinationale. Analyse de certaines raisons qui poussent à l'intégration internationale des affaires. In: *Revue Economique* 19 (6), S. 949–973.
Hymer, S. (1976): The International Operations of National Firms: A Study of Direct Foreign Investment. London: Cambridge.
IBM Global Business Services (2006): Expanding the Innovation Horizon. The Global CEO Study 2006. Somers: IBM Corporation.
Ingram, Tomasz; Kraśnicka, Teresa; Wronka-Pośpiech, Martyna; Głód, Grzegorz; Głód, Wojciech (2016): Relationships Between Miles and Snow Strategic Types and Organizational Performance in Polish Production Companies. In: *Journal of Managment and Business Administration. Central Europe* 24 (1), S. 17–45.
Inkpen, Andrew C.; Beamish, Paul W. (1997): Knowledge, Bargaining Power, and the Instability of International Joint Ventures. In: *Academy of Management Review* 22 (1), S. 177–202.
Ireland, R. Duane; Hitt, Michael A. (1999): Achieving and Maintaining Strategic Competitiveness in the 21st Century. The Role of Strategic Leadership. In: *Academy of Management Executive* 13 (1), S. 43–57.
Jacob, Adolf-Friedrich (1993): Amerikanische und europäische Paradigmen. Konsequenzen für Finanzierungstheorie und Finanzierungspraxis. In: Ulrich Steger (Hg.): Der Niedergang des US-Management-Paradigmas. Die europäische Antwort. Düsseldorf: ECON-Verlag, S. 99–115.
Jain, Subhash C. (1996): International Marketing Management. 5. Aufl. Cincinnati: South-Western.
Jarzabkowski, Paula (2004): Strategy as Practice. Recursiveness, Adaptation, and Practices-in-Use. In: *Organization Studies* 25 (4), S. 529–560.
Jarzabkowski, Paula; Balogun, Julia; Seidl, David (2007): Strategizing. The Challenges of a Practice Perspective. In: *Human Relations* 60 (1), S. 5–27.
Jarzabkowski, Paula; Kaplan, Sarah; Seidl, David; Whittington, Richard (2016): If You Aren't Talking About Practices, Don't Call It a Practice-based View: Rejoinder to Bromiley and Rau in Strategic Organization. In: *Strategic Organization* 14 (3), S. 270–274.
Jenner, Thomas (2003): Strategieforschung zwischen Content und Process. In: *Wirtschaftswissenschaftliches Studium* 32 (3), S. 341–346.
Jensen, Michael C. (2002): Value Maximization, Stakeholder Theory, and the Corporate Objective Function. In: *Business Ethics Quarterly* 12 (2), S. 235–256.
Johanson, Jan; Vahlne, Jan-Erik (1977): The Internationalization Process of the Firm. A Model of Knowledge Development and Increasing Foreign Market Commitments. In: *Journal of International Business Studies* 8 (1), S. 23–32.
Johanson, Jan; Vahlne, Jan-Erik (1978): The Internationalization Process of the Firm. In: *International Executive* 20 (1), S. 19–21.
Johanson, Jan; Vahlne, Jan-Erik (1990): The Mechanism of Internationalism. In: *International Marketing Review* 7 (4), S. 11–24.
Johanson, Jan; Vahlne, Jan-Erik (2009): The Uppsala Internationaliziation Process Model Revisited: From Liability of Foreignness to Liability of Outsidership. In: *Journal of International Business Studies* 40 (9), S. 1411–1431.
Johnson, Gerry; Whittington, Richard; Scholes, Kevan; Angwin, Duncan; Regnér, Patrick (2014): Exploring Strategy. Text and Cases. 10. Aufl. Harlow: Pearson.
Johnson, Mark W. (2010): Seizing the White Space. Business Model Innovation for Growth and Renewal. Boston: Harvard Business Press.
Johnson, Mark W.; Christensen, Clayton M.; Kagermann, Henning (2008): Reinventing Your Business Model. In: *Harvard Business Review* 86 (12), S. 50–59.
Jörg, Petra; Loderer, Claudio; Roth, Lukas (2004): Shareholder Value Maximization: What Managers Say and What They Do. In: *Die Betriebswirtschaft* 64 (3), S. 357–378.
Josefy, Matthew A.; Harrison, Joseph S.; Sirmon, David G.; Carnes, Christina (2017): Living and Dying. Synthesizing the Literature on Firm Survival and Failure across Stages of Development. In: *Academy of Management Annals* 11 (2), S. 770–799.
Joyce, Alexandre; Paquin, Raymond L. (2016): The Triple Layered Business Model Canvas: A Tool to Design More Sustainable Business Models. In: *Journal of Cleaner Production* 135, S. 1474–1486.
Jungbluth, Rüdiger (2008): Die 11 Geheimnisse des IKEA-Erfolgs. Bergisch Gladbach: Bastei Lübbe.

Junni, Paulina; Sarala, Riikka M.; Taras, Vas; Tarba, Shlomo Y. (2013): Organizational ambidexterity and performance. A meta-analysis. In: *The Academy of Management perspectives : AMP* 27 (4), S. 299–312.

Kahneman, Daniel (2003): A Perspective on Judgment and Choice: Mapping Bounded Rationality. In: *The American psychologist* 58 (9), S. 697–720.

Kahneman, Daniel; Lovello, Dan (1993): Timid Choices and Bold Forecasts: A Cognitive Perspective on Risk Taking. In: *Management Science* 39 (1), S. 17–31.

Kahneman, Daniel; Tversky, Amos (1979): Prospect Theory. An Analysis of Decision under Risk. In: *Econometrica* 47 (2), S. 263–291.

Kale, Sudhir H.; Sudharshan, Devanathan (1987): A Strategic Approach to International Segmentation. In: *International Marketing Review* 4 (2), S. 60–70.

Kaplan, Robert S.; Norton, David P. (1992): The Balanced Scorecard – Measures That Drive Performance. In: *Harvard Business Review* 70 (1), S. 71–79.

Kaplan, Robert S.; Norton, David P. (1997): Balanced Scorecard. Strategien erfolgreich umsetzen. Stuttgart: Schäffer-Poeschel.

Kaplan, Robert S.; Norton, David P. (2000): Having Trouble with Your Strategy? Then Map it. In: *Harvard Business Review* 78 (5), S. 167–176.

Kaplan, Robert S.; Norton, David P. (2008): The Execution Premium. Linking Strategy to Operations for Competitive Advantage. New York: Harvard Business Review Press.

Kaplan, Robert S.; Norton, David P.; Hilgner, Brigitte (2009): Der effektive Strategieprozess. Erfolgreich mit dem 6-Phasen-System. Frankfurt/Main: Campus Verlag.

Kaplan, Robert S.; Norton, David P.; Rugelsjoen, Bjarne (2010): Allianzen führen mit der Balanced Scorecard. In: *Harvard Business Manager* 32 (4), S. 77–85.

Kappler, Ekkehard (1975): Zielsetzung- und Zieldurchsetzungsplanung in Betriebswirtschaften. In: Hans Ulrich (Hg.): Unternehmensplanung. Wiesbaden: Gabler, S. 82–102.

Kaptein, Muel (2009): Ethics Programs and Ethical Culture: A Next Step in Unraveling Their Multi-Faceted Relationship. In: *Journal of Business Ethics* 89 (2), S. 261–281.

Kaptein, Muel (2015): The Effectiveness of Ethics Programs: The Role of Scope, Composition, and Sequence. In: *Journal of Business Ethics* 132 (2), S. 415–431.

Kaufmann, Daniel; Kraay, Aart; Mastruzzi, Massimo (2011): The Worldwide Governance Indicators. Methodology and Analytical Issues. In: *Hague Journal on the Rule of Law* 3 (02), S. 220–246.

Kavadias, Stelios; Ladas, Kostas; Loch, Christoph (2016): The Transformative Business Model. In: *Harvard Business Review* 94 (10), S. 90–98.

Kay, John (1988): The Single Market. Myths and Realities. In: *Accountancy* 102 (1143), S. 19–20.

Kerth, Klaus; Asum, Heiko; Stich, Volker (2015): Die besten Strategietools in der Praxis. Welche Werkzeuge brauche ich wann? Wie wende ich sie an? Wo liegen die Grenzen? 6. Aufl. München: Hanser.

Kim, Chan W.; Mauborgne, Renée (2009): How Strategy Shapes Structure. In: *Harvard Business Review* 87 (9), S. 72–80.

Kim, W. Chan; Mauborgne, Renée (2015a): Blue Ocean Strategy. How to Create Uncontested Market Space and Make the Competition Irrelevant. Boston, Massachusetts: Harvard Business Review Press.

Kim, W. Chang; Mauborgne, Renée (2015b): Red Ocean Traps: the Mental Models that Undermine Market-creating Strategies. In: *Harvard Business Review* 93 (3), S. 68–73.

Kindleberger, C. P. (1969): American Business Abroad. Six Lectures on Direct Investment. New Haven, London.

Kirsch, Werner (2001): Die Führung von Unternehmen. 2. Aufl. Herrsching: Barbara Kirsch.

Kirsch, Werner; Roventa, Peter (1983): Bausteine eines strategischen Managements. Dialoge zwischen Wissenschaft und Praxis. Berlin: De Gruyter.

Kirsch, Werner; van Aaken, Dominik (2008): Ansatzpunkte zur Weiterentwicklung der Theorie der strategischen Führung. In: Thomas Wrona (Hg.): Strategische Managementforschung. Aktuelle Entwicklungen und internationale Perspektiven. Wiesbaden: Gabler, S. 15–39.

Kißler, Martin (2011): Informationsmanagement für den Aufsichtsrat im Konzern. Corporate Governance und Controlling. Frankfurt am Main [u.a.]: Peter Lang.

Kleinfeld, André (2002): Menschenorientiertes Krankenhausmanagement. Wiesbaden: Deutscher Universitäts-Verlag.

Knyphausen-Aufseß, Dodo zu (1995): Theorie der strategischen Unternehmensführung. State of the Art und neue Perspektiven. Wiesbaden: Gabler.

Knyphausen-Aufseß, Dodo zu (1997): Strategisches Management auf dem Weg ins 21. Jahrhundert. In: *Die Betriebswirtschaft* 57 (1), S. 73–90.

Kohlberg, Lawrence (1974): Zur kognitiven Entwicklung des Kindes. Frankfurt/Main: Suhrkamp.

Kohlberg, Lawrence (1981): The Philosophy of Moral Developement. San Francisco: Harper & Row.

Kolks, Uwe (1990): Strategieimplementierung. Ein anwenderorientiertes Konzept. Wiesbaden: Deutscher Universitäts-Verlag.

Kotler, Philip; Keller, Kevin Lane; Opresnik, Marc O. (2015): Marketing Management. Konzepte – Instrumente – Unternehmensfallstudien. 15. ed. Boston, Mass.: Pearson.

Kowalski, Ulrich (1980): Der Schutz von betrieblichen Forschungs- und Entwicklungsergebnissen. Die Gestaltung des schutzpolitischen Instrumentariums im Innovations-/Imitationsprozess. Thun: Deutsch.

Krafft, Andreas; Roth, Stephan (2006): Unternehmenskultur für den wirtschaftlichen Erfolg nutzen. In: Bertelsmann Stiftung (Hg.): Messen, werten, optimieren. Erfolg durch Unternehmenskultur. Ein Leitfaden für die Praxis. Gütersloh: Bertelsmann Stiftung, S. 8–13.

Kramer, Mark R.; Pfitzer, Marc W. (2016): The Ecosystem of Shared Value. In: *Harvard Business Review* 94 (10), S. 80–89.

Kranz, Mathias (2007): Management von Strategieprozessen. Von der Strategischen Planung zur integrierten Strategieentwicklung. Wiesbaden: Deutscher Universitäts-Verlag.

Kreikebaum, Hartmut (1989): Strategic Issue Analysis. In: Norbert Szyperski (Hg.): Handwörterbuch der Planung. Stuttgart: Poeschel, S. 1876–1885.

Kreikebaum, Hartmut (1992): Die Einführung strategischer Planungssysteme in der Praxis. In: *Zeitschrift für Betriebswirtschaft* 62 (6), S. 671–683.

Kreikebaum, Hartmut (1993): Der Mythos des Portfolio-Managements. In: Ulrich Steger (Hg.): Der Niedergang des US-Management-Paradigmas. Die europäische Antwort. Düsseldorf: ECON-Verlag, S. 155–166.

Kreikebaum, Hartmut (1996): Grundlagen der Unternehmensethik. Stuttgart: Schäffer-Poeschel.

Kreikebaum, Hartmut (1997): Strategische Unternehmensplanung. 6. Aufl. Stuttgart: Kohlhammer.

Kreikebaum, Hartmut; Behnam, Michael; Gilbert, Dirk U. (2001): Management ethischer Konflikte in international tätigen Unternehmen. Wiesbaden: Gabler.

Kreikebaum, Hartmut; Gilbert, Dirk U.; Reinhardt, Glenn O. (2002): Organisationsmanagement internationaler Unternehmen. Grundlagen und moderne Netzwerkstrukturen. 2. Aufl. Wiesbaden: Gabler.

Kreikebaum, Hartmut; Grimm, Ulrich (1978): Strategische Unternehmensplanung. Ergebnisse einer empirischen Untersuchung. Seminar für Industriewirtschaft. Frankfurt/Main: Johann-Wolfgang-Goethe-Universität.

Kreikebaum, Hartmut; Grimm, Ulrich (1986): Strategische Unternehmensplanung in der Bundesrepublik Deutschland. Ergebnisse einer empirischen Untersuchung. In: Dietger Hahn und Bernard Taylor (Hg.): Strategische Unternehmungsplanung. Stand und Entwicklungstendenzen. 4. Aufl. Heidelberg: Physica, S. 857–879.

Kreikebaum, Hartmut; Suffel, Winfried (1980): Empirische Analyse des Einführungsprozesses strategischer Planungssysteme bei 40 deutschen Industrieunternehmen mit Geschäftsbereichsorganisation. Seminar für Industriewirtschaft. Frankfurt/Main: Johann-Wolfgang-Goethe-Universität.

Kreikebaum, Hartmut; Suffel, Winfried (1981): Der Entwicklungsprozeß der strategischen Planung. Erfahrungen deutscher und amerikanischer Industrieunternehmen mit Geschäftsbereichsorganisation bei der Einführung und Weiterentwicklung strategischer Planungssysteme. Thun: Deutsch.

Krüger, Wilfried (1999): Konsequenzen der Globalisierung für Strategien, Fähigkeiten und Strukturen der Unternehmung. In: Franz Giesel, Martin Glaum und Ehrenfried Pausenberger (Hg.): Globalisierung. Herausforderung an die Unternehmensführung zu Beginn des 21. Jahrhunderts. München: Beck, S. 17–48.

Krugman, Paul (1994): Rethinking International Trade. Cambridge: MIT Press.

Krystek, Ulrich; Müller-Stewens, Günter (2006): Strategische Frühaufklärung. In: Dietger Hahn und Bernard Taylor (Hg.): Strategische Unternehmungsplanung – Strategische Unternehmungsführung. Stand und Entwicklungstendenzen. 9. Aufl. Berlin, Heidelberg: Springer, S. 175–193.

Kutschker, Michael; Schmid, Stefan (2011): Internationales Management. 7. Aufl. Berlin: De Gruyter.

Laartz, Jürgen (2005): Enterprise Resource Planning: Grundlage für globales Prozessmanagement. In: Harald Hungenberg und Jürgen Meffert (Hg.): Handbuch Strategisches Management. 2. Aufl. Wiesbaden: Gabler, S. 657–669.
Lall, Sanjaya; Narula, Rajneesh (2004): Foreign Direct Investment and its Role in Economic Development. Do We Need a New Agenda? In: *European Journal of Development Research* 16 (3), S. 447–464.
Lang, Larry H. P.; Stulz, René M. (1994): Tobin's q, Corporate Diversification, and Firm Performance. In: *Journal of Political Economy* 102 (6), S. 1248–1280.
Laux, Helmut (1971): Flexible Investitionsplanung. Opladen: Westdeutscher Verlag.
Laux, Helmut (1995): Entscheidungstheorie. 3. Aufl. Berlin: Springer.
Laux, Helmut; Gillenkirch, Robert M.; Schenk-Mathes, Heike Y. (2014): Entscheidungstheorie. 9. Aufl. Berlin: Springer Gabler.
Lavie, Dovev (2006): The Competitive Advantage of Interconnected Firms. An Extension of the Resource-based View. In: *Academy of Management Review* 31 (3), S. 638–658.
Learned, Edmund P.; Christensen, Carl R.; Andrews, Kenneth R.; Guth, William D. (1969): Business Policy. Homewood: Irwin.
Lechner, Christoph (2006): A Primer to Strategy Process Research. Göttingen: Cuvillier.
Lehrer, Mark; Behnam, Michael (2009): Modularity vs. Programmability in Design of International Products: Beyond the Standardization-Adaptation Tradeoff? In: *European Management Journal* 27 (4), S. 281–292.
Leonard, Mark (2015): Geo-Economics: Seven Challenges to Globalization. World Economic Forum.
Levitas, Edward; Ndofor, Hermann A. (2006): What to Do with the Resource-Based View. A Few Suggestions for What Ails the RBV That Supporters and Opponents Might Accept. In: *Journal of Management Inquiry* 15 (2), S. 135–144.
Levitt, Theodore (1960): Marketing Myopia. In: *Harvard Business Review* 38 (4), S. 45–56.
Levitt, Theodore (1979): Marketing-Kurzsichtigkeit. In: *Harvard Business Manager* 1 (2), S. 92–110.
Levitt, Theodore (1983): The Globalization of Markets. In: *Harvard Business Review* 61 (3), S. 92–102.
Libby, Theresa; Lindsay, R. Murray (2010): Beyond Budgeting or Budgeting Reconsidered? A Survey of North-American Budgeting Practice. In: *Management Accounting Research* 21 (1), S. 56–75.
Lieberman, Marvin B.; Montgomery, David B. (1988): First-Mover Advantages. In: *Strategic Management Journal* 9 (Summer Special), S. 41–58.
Lindblom, Charles E. (1959): The Science of »Muddling Through«. In: *Public Administration Review* 19 (2), S. 76–88.
Lindblom, Charles E. (1965): The Intelligence of Democracy. Decision Making Through Mutual Adjustment. New York: Free Press.
Lindblom, Charles E. (1968): The Policy-making Process. Englewood Cliffs: Prentice Hall.
Link, Jörg (1985): Organisation der strategischen Planung. Aufbau und Bedeutung strategischer Geschäftseinheiten sowie strategischer Planungsorgane. Heidelberg: Physica.
Liu, Weiping; Yang, Haibin; Zhang, Guangxi (2012): Does Family Business Excel in Firm Performance? An Institution-based View. In: *Asia Pacific Journal of Management* 29 (4), S. 965–987.
Lombriser, Roman; Abplanalp, Peter A. (2015): Strategisches Management. Visionen entwickeln, Erfolgspotenziale aufbauen, Strategien umsetzen. 6. Aufl. Zürich: Versus.
Lorange, Peter (1980): Corporate Planning. An Executive Viewpoint. Englewood Cliffs: Prentice Hall.
Lück, Wolfgang (1998): Der Umgang mit unternehmerischen Risiken durch ein Risikomanagementsystem und durch ein Überwachungssystem. In: *Der Betrieb* 51 (39), S. 1925–1930.
Macharzina, Klaus; Wolf, Joachim (2015): Unternehmensführung. Das internationale Managementwissen; Konzepte, Methoden, Praxis. 9. Aufl. Wiesbaden: Springer Gabler.
MacKay, Bradley; McKiernan, Peter (2004): Exploring Strategy Context with Foresight. In: *European Management Review* 1 (1), S. 69–77.
Madhok, Anoop (1997): Cost, Value and Foreign Market Entry. The Transaction and the Firm. In: *Strategic Management Journal* 18 (1), S. 39–61.
Magretta, Joan (2002): Why Business Models Matter. In: *Harvard Business Review* 80 (5), S. 86–92.
Maksimovic, V.; Phillips, G. (2002): Do Conglomerate Firms Allocate Resources Inefficiently Across Industries? Theory and evidence. In: *Journal of Finance* 57 (2), S. 721–767.

Markides, Constantinos C. (2013): Business Model Innovation: What Can the Ambidexterity Literature Teach Us? In: *The Academy of Management Perspectives* 27 (4), S. 313–323.

Markowitz, Harry M. (1952): Portfolio Selection. In: *The Journal of Finance* 7 (1), S. 77–91.

Markowitz, Harry M. (1959): Portfolio Selection. Efficient Diversification of Investment. New York: John Wiley & Sons.

Martin, Roger L. (2010): Das Zeitalter des Kundenkapitalismus. In: *Harvard Business Manager* 32 (3), S. 76–85.

Mason, Edward S. (1939): Price and Production Policies of Large-Scale Enterprises. In: *American Economic Review* 29 (1), S. 61–74.

Massa, Lorenzo; Tucci, Christopher; Afuah, Allan (2016): A Critical Assessment Of Business Model Research. In: *Academy of Management Annals*.

Mathur, Ike; Singh, Manohar; Gleason, Kimberly C. (2004): Multinational Diversification and Corporate Performance. Evidence from European Firms. In: *European Financial Management* 10 (3), S. 439–464.

Mazzolini, Renato (1981): How Strategic Decisions are Made. In: *Long Range Planning* 14 (3), S. 85–96.

McGahan, Anita M.; Porter, Michael E. (1997): How Much Does Industry Matter, Really? In: *Strategic Management Journal* 18 (Summer Special Issue), S. 15–30.

McGrew, Anthony G.; Lewis, Paul G. (1992): Global Politics. Globalization and the Nation-State. Cambridge: Polity Press.

McKiernan, Peter; Carter, Chris (2004): The Millennium Nexus. Strategic Management at the Crossroads. In: *European Management Review* 1 (1), S. 3–13.

McManus, J. (1972): The Theory of the International Firm. In: G. Paquet (Hg.): The Multinational Firm and the Nation State. Don Mills, New York, S. 66–93.

Meckl, Reinhard (2009): Leitbild. In: Christian Scholz (Hg.): Vahlens großes Personallexikon. München: C. H. Beck und Vahlen, S. 692–693.

Meyer-Schönherr, Mirko (1992): Szenario-Technik als Instrument der strategischen Planung. Ludwigsburg: Wissenschaft & Praxis.

Miles, Raymond E.; Snow, Charles C. (1978): Organizational Strategy, Structure, and Process. New York: McGraw-Hill.

Miles, Raymond E.; Snow, Charles C. (1986): Unternehmensstrategien. Hamburg: McGraw-Hill.

Miles, Raymond E.; Snow, Charles C. (2003): Organizational Strategy, Structure, and Process. Stanford: Stanford University Press.

Miller, Alex; Dess, Gregory G. (1993): Assessing Porter's (1980) Model in Terms of Generalizability, Accuracy, and Simplicity. In: *Journal of Management Studies* 30 (4), S. 553–585.

Mintzberg, Henry (1978): Patterns in Strategy Formation. In: *Management Science* 24 (9), S. 934–948.

Mintzberg, Henry (1987a): Crafting Strategy. In: *Harvard Business Review* 65 (4), S. 66–75.

Mintzberg, Henry (1987b): The Strategy Concept I: Five Ps for Strategy. In: *California Management Review* 30 (1), S. 11–24.

Mintzberg, Henry (1987c): The Strategy Concept II: Another Look at Why Organizations Need Strategies. In: *California Management Review* 30 (1), S. 25–32.

Mintzberg, Henry (1990): The Design School. Reconsidering the Basic Premises of Strategic Management. In: *Strategic Management Journal* 11 (3), S. 171–195.

Mintzberg, Henry (1991a): Learning 1, Planning 0. Reply to Igor Ansoff. In: *Strategic Management Journal* 12 (6), S. 463–466.

Mintzberg, Henry (1991b): Mintzberg über Management. Führung und Organisation, Mythos und Realität. Wiesbaden: Gabler.

Mintzberg, Henry (1993): The Pitfalls of Strategic Planning. In: *California Management Review* 36 (1), S. 32–47.

Mintzberg, Henry (1994): The Rise and Fall of Strategic Planning. New York: Prentice Hall.

Mintzberg, Henry; Ahlstrand, Bruce W.; Lampel, Joseph (2009): Strategy Safari. Your Complete Guide Through the Wilds of Strategic Management. 2. Aufl. New York: Pearson.

Mintzberg, Henry; Lampel, Joseph (1999): Reflecting on the Strategy Process. In: *Sloan Management Review* 40 (3), S. 21–30.

Mintzberg, Henry; Quinn, James B.; Voyer, John (1995): The Strategy Process. Englewood Cliffs: Prentice Hall.

Mintzberg, Henry; Waters, James A. (2004): Of Strategies, Deliberate and Emergent. In: Susan Segal-Horn (Hg.): The Strategy Reader. 2. Aufl. Malden: Blackwell Publishing, S. 17–28.

Mishra, Anurag; Akbar, Mohammad (2007): Parenting Advantage in Business Groups of Emerging Markets. In: *Vision* 11 (3), S. 1–10.

Montgomery, Cynthia A. (2012): The Strategist. Become the Leader Your Business Needs. New York: Harper Business.

Moon, Jeremy; Murphy, Luisa; Gond, Jean-Pascal (2017): Historical Perspectives on Corporate Social Responsibility. In: Andreas Rasche, Jeremy Moon und Mette Morsing (Hg.): Corporate Social Responsibility. Strategy, Communication, Governance. Cambridge: Cambridge University Press, S. 31–62.

Moormann, Jürgen (1996): EIS als Unterstützungswerkzeug des strategischen Managements in vernetzten Organisationen. In: Hans H. Hinterhuber, Ayad Al-Ani und Gernot Handlbauer (Hg.): Das neue strategische Management. Elemente und Perspektiven einer zukunftsorientierten Unternehmensführung. Wiesbaden: Gabler, S. 343–364.

Morrison, Allen J.; Ricks, David A.; Roth, Kendall (1991): Globalization Versus Regionalization. Which Way for the Multinational? In: *Organizational Dynamics* 19 (3), S. 17–29.

Müller, Adrian W.; Müller-Stewens, Günter (2009): Strategic Foresight. Trend- und Zukunftsforschung in Unternehmen. Instrumente, Prozesse, Fallstudien. Stuttgart: Schäffer-Poeschel.

Müller-Stewens, Günter; Brauer, Matthias (2008): Bei Managern neues Denken fördern. In: *WirtschaftsWoche* (25), S. 52–53.

Müller-Stewens, Günter; Brauer, Matthias (2009): Corporate Strategy & Governance. Wege zur nachhaltigen Wertsteigerung im diversifizierten Unternehmen. Stuttgart: Schäffer-Poeschel.

Müller-Stewens, Günter; Brauer, Matthias (2011): Schafft unsere Konzernebene einen Mehrwert? Ein Plädoyer für eine verantwortungsvolle Diversifikation. In: Bernd Eggers, Friedel Ahlers und Timm Eichenberg (Hg.): Integrierte Unternehmungsführung. Festschrift zum 65. Geburtstag von Prof. Dr. Claus Steinle. Wiesbaden: Gabler (Springer Link: Bücher), S. 29–38.

Müller-Stewens, Günter; Lechner, Christoph (2003): Strategische Prozessforschung. Grundlagen und Perspektiven. In: Max J. Ringlstetter, Herbert A. Henzler und Michael Mirow (Hg.): Perspektiven der strategischen Unternehmensführung. Theorien, Konzepte, Anwendungen. Wiesbaden: Gabler, S. 43–71.

Müller-Stewens, Günter; Lechner, Christoph (2005): Strategisches Management. Wie strategische Initiativen zum Wandel führen. Der St. Galler General Management Navigator. 3. Aufl. Stuttgart: Schäffer-Poeschel.

Müller-Stewens, Günter; Lechner, Christoph (2016): Strategisches Management. Wie strategische Initiativen zum Wandel führen. 5. Aufl. Stuttgart: Schäffer-Poeschel.

Nachum, Lilach (1994): The Choice of Variables for Segmentation of the International Market. In: *International Marketing Review* 11 (3), S. 54–67.

Nagel, Reinhart (2014): Lust auf Strategie. Workbook zur Systemischen Strategieentwicklung. 3. Aufl. Stuttgart: Schäffer-Poeschel.

Nalebuff, Barry J.; Brandenburger, Adam M. (1996): Coopetition – kooperativ konkurrieren. Mit der Spieltheorie zum Unternehmenserfolg. Frankfurt/Main: Campus Verlag.

Newman, William H. (1951): Administrative Action. The Techniques of Organization and Management. Englewood Cliffs: Prentice Hall.

Nguyen Huy, Quy; Jarrett, Michael; Duke, Lisa (2011a): How IKEA's Strategy was formed. INSEAD Case Centre.

Nguyen Huy, Quy; Jarrett, Michael; Duke, Lisa (2011b): IKEA: A Furniture Dealer. INSEAD Case Centre.

Nicolai, Alexander; Kieser, Alfred (2002): Trotz eklatanter Erfolgslosigkeit. Die Erfolgsfaktorenforschung weiter auf Erfolgskurs. In: *Die Betriebswirtschaft* 62 (6), S. 579–596.

Nippa, Michael; Pidun, Ulrich; Rubner, Harald (2011): Corporate Portfolio Management: Appraising Four Decades of Academic Research. In: *The Academy of Management Perspectives* 25 (4), S. 50–66.

Olenick, Michael (2016): The Marvel Way: Restoring a Blue Ocean. INSEAD Case Centre.

Osterwalder, Alexander; Pigneur, Yves (2011): Business Model Generation. Ein Handbuch für Visionäre, Spielveränderer und Herausforderer. Frankfurt u.a.: Campus.

Osterwalder, Alexander; Pigneur, Yves; Bernarda, Greg; Smith, Alan (2014): Value Proposition Design. How to Create Products and Services Customers Want. Hoboken: Wiley.

Osterwalder, Alexander; Pigneur, Yves; Clark, Tim; Smith, Alan (2010): Business model generation. A handbook for visionaries, game changers, and challengers. Hoboken, New Jersey: Wiley.

Palich, Leslie E.; Cardinal, Laura B.; Miller, Chet C. (2000): Curvilinearity in the Diversification-Performance Linkage. An Examination of over Three Decades of Research. In: *Strategic Management Journal* 21 (2), S. 155–174.

Park, Seung H. O.; Ungson, Gerardo R. (1997): The Effect of National Culture, Organizational Complementarity, and Economic Motivation on Joint Venture Dissolution. In: *Academy of Management Journal* 40 (2), S. 279–307.

Parker, Geoffrey; van Alstyne, Marshall W.; Choudary, Sangeet Paul (2016): Platform Revolution. How Networked Markets are Transforming the Economy – and How to Make Them Work for You. New York, London: W.W. Norton & Company.

Patel, Pari; Pavitt, Keith (1991): Large Firms in the Production of the World's Technology. An Important Case of »Non-Globalisation«. In: *Journal of International Business Studies* 22 (1), S. 1–21.

Pearce, John A.; Robinson, Richard B. (2009): Formulation, Implementation, and Control of Competitive Strategy. 11. Aufl. Boston: McGraw-Hill.

Peng, Mike W. (2014): Global Strategic Management. 3. Aufl. Mason, Ohio: South-Western.

Peng, Mike W.; Parente, Ronaldo C. (2012): Institution-based Weaknesses Behind Emerging Multinationals. In: *Revista de Administração de Empresas* 52 (3), S. 360–364.

Peng, Mike W.; Sun, Sunny L.; Pinkham, Brian; Chen, Hao (2009): The Institution-based View as a Third Leg for a Strategy Tripod. In: *Academy of Management Perspectives* 23 (3), S. 63–81.

Penrose, Edith T. (1959): The Theory of the Growth of the Firm. Oxford: Blackwell Publishing.

Peteraf, Margaret A. (1993): The Cornerstones of Competitive Advantage. A Resource-based View. In: *Strategic Management Journal* 14 (3), S. 179–191.

Peters, Thomas J.; Waterman, Robert H. (1982): In Search of Excellence. Lessons from America's Best-run Companies. New York: Harper & Row.

Peters, Thomas J.; Waterman, Robert H. (1983): Auf der Suche nach Spitzenleistungen. Was man von den bestgeführten US-Unternehmen lernen kann. Landsberg am Lech: Moderne Industrie.

Pettigrew, Andrew M. (1992): The Character and Significance of Strategy Process Research. In: *Strategic Management Journal* 13 (8), S. 5–16.

Pettigrew, Andrew M.; Whipp, Richard (1992): Managing Change for Competitive Success. Oxford: Blackwell Publishing.

Pfeiffer, Werner; Dögl, Rudolf (1999): Das Technologie-Portfolio-Konzept zur Beherrschung der Schnittstelle Technik und Unternehmensstrategie. In: Dietger Hahn und Bernard Taylor (Hg.): Strategische Unternehmungsplanung – strategische Unternehmungsführung. Stand und Entwicklungstendenzen. 8. Aufl. Heidelberg: Physica-Verlag, S. 440–468.

Pfitzer, Marc; Bockstette, Valerie; Stamp, Mike (2013): Innovating for Shared Value. In: *Harvard Business Review* 91 (9), S. 100–107.

Piccolo, Salvatore; Tarantino, Emanuele; Ursino, Giovanni (2015): The Value of Transparency in Multidivisional Firms. In: *International Journal of Industrial Organization* 41, S. 9–18.

Picot, Arnold; Lange, Bernd (1978): Strategische Planung: synoptisch oder inkremental? Wirkungsanalyse zweier Planungskonzeptionen im Laborexperiment. Hannover: Leibniz Universität.

Picot, Arnold; Lange, Bernd (1979): Synoptische versus inkrementale Gestaltung des Strategischen Planungsprozesses. Theoretische Grundlagen und Ergebnisse einer Laborstudie. In: *Zeitschrift für betriebswirtschaftliche Forschung* 31, S. 569–596.

Porter, Michael E. (1980): Competitive Strategy. Techniques for Analyzing Industries and Competitors. New York: Free Press.

Porter, Michael E. (1981): The Contributions of Industrial Organization to Strategic Management. In: *Academy of Management Review* 6 (4), S. 609–620.

Porter, Michael E. (1985): Competitive Advantage. Creating and Sustaining Superior Performance. New York: Free Press.

Porter, Michael E. (1986): Competition in Global Industries. New York: Free Press.

Porter, Michael E. (1987): Diversifikation – Konzerne ohne Konzept. In: *Harvard Business Manager* 9 (4), S. 30–49.

Porter, Michael E. (1989): Wettbewerbsvorteile (Competitive advantage). Spitzenleistungen erreichen und behaupten. 4. Aufl. Frankfurt/Main: Campus Verlag.
Porter, Michael E. (1990): The Competitive Advantage of Nations. In: *Harvard Business Review* 68 (2), S. 73–89.
Porter, Michael E. (1991): Towards a Dynamic Theory of Strategy. In: *Strategic Management Journal* 12 (Summer Special Issue), S. 95–117.
Porter, Michael E. (1992): Wettbewerbsstrategie (Competitive Strategy). Methoden zur Analyse von Branchen und Konkurrenten. 7. Aufl. Frankfurt/Main: Campus Verlag.
Porter, Michael E. (1996): What Is Strategy? In: *Harvard Business Review* 74 (6), S. 61–78.
Porter, Michael E. (1997): Nur Strategie sichert auf Dauer hohe Erträge. In: *Harvard Business Manager* 19 (3), S. 42–58.
Porter, Michael E. (2001): Strategy and the Internet. In: *Harvard Business Review* 79 (3), S. 62–78.
Porter, Michael E. (2004a): Competitive Advantage. Creating and Sustaining Superior Performance. New York: Free Press.
Porter, Michael E. (2004b): Competitive Strategy. Techniques for Analyzing Industries and Competitors. New York: Free Press.
Porter, Michael E. (2008): The Five Competitive Forces That Shape Strategy. In: *Harvard Business Review* 86 (1), S. 78–93.
Porter, Michael E. (2013): Wettbewerbsstrategie. Methoden zur Analyse von Branchen und Konkurrenten. 12. Aufl. Frankfurt am Main: Campus Verlag.
Porter, Michael E. (2014): Wettbewerbsvorteile (competitive advantage). Spitzenleistungen erreichen und behaupten. 8. Aufl. Frankfurt: Campus Verlag.
Porter, Michael E.; Kramer, Mark R. (2006): Strategy & Society. The Link Between Competitive Advantage and Corporate Social Responsibility. In: *Harvard Business Review* 84 (12), S. 78–92.
Porter, Michael E.; Kramer, Mark R. (2011): Creating Shared Value. In: *Harvard Business Review* 89 (1), S. 62–77.
Porter, Michael E.; Siggelkow, Nicolaj (2008): Contextuality within Activity Systems and Sustainability of Competitive Advantage. In: *Academy of Management Perspectives* 22 (2), S. 34–56.
Post, James E. (2002): Global Corporate Citizenship: Principles to Live and Work By. In: *Business Ethics Quarterly* 12 (2), S. 143–153.
Pott, Christiane; Wömpener, Andreas (2008): Zur Wirksamkeit der Regulierung interner Kontrollsysteme – empirische Ergebnisse der Wirkung des KonTraG. In: *Zeitschrift für Planung* 18 (4), S. 407–425.
Prahalad, Coimbatore K.; Doz, Yves L. (1987): The Multinational Mission. Balancing Local Demands and Global Vision. New York: Free Press.
Prahalad, Coimbatore K.; Hamel, Gary (1990): The Core Competence of the Corporation. In: *Harvard Business Review* 68 (3), S. 79–91.
Priem, R. L.; Butler, J. E.; Li, S. (2013): Toward Reimagining Strategy Research. Retrospection and Prospection on the 2011 AMR Decade Award Article. In: *Academy of Management Review* 38 (4), S. 471–489.
Priem, Richard L.; Butler, John E. (2001): Is The Resource-based »View« a Useful Perspective for Strategic Management Research? In: *Academy of Management Review* 26 (1), S. 22–40.
Puck, Jonas F.; Rogers, Helen; Mohr, Alex T. (2013): Flying under the Radar: Foreign Firm Visibility and the Efficacy of Political Strategies in Emerging Economies. In: *International Business Review* 22 (6), S. 1021–1033.
Pümpin, Cuno; Amann, Wolfgang (2005): SEP. Strategische Erfolgspositionen. Kernkompetenzen aufbauen und umsetzen. Bern: Haupt.
PWC (2015): The World in 2050. Will the shift in global economic power continue? Pricewaterhouse Coopers LLP.
Quinn, James B. (1980): Strategies for Change. Logical Incrementalism. Homewood: Irwin.
Quinn, James B. (1982): Managing Strategies Incrementally. In: *OMEGA* 10 (6), S. 613–627.
Raffée, Hans; Fritz, Wolfgang (1992): Dimensionen und Konsistenz der Führungskonzeption von Industrieunternehmen. In: *Zeitschrift für betriebswirtschaftliche Forschung* 44 (4), S. 303–322.
Rajan, R., Servaes, H.; Zingales, L. (2000): The Cost of Diversification. The Diversification Discount and Inefficient Investment. In: *Journal of Finance* 55 (1), S. 35–80.
Rall, Wilhelm; König, Birgit (2005): Aktuelle Herausforderungen an das strategische Management. In: Harald Hungenberg und Jürgen Meffert (Hg.): Handbuch Strategisches Management. 2. Aufl. Wiesbaden: Gabler, S. 9–33.

Ramanujam, Vasudevan; Varadarajan, Rajan P. (1989): Research on Corporate Diversification. A Synthesis. In: *Strategic Management Journal* 10 (6), S. 523–551.

Ramos-Rodríguez, Antonio-Rafael; Ruíz-Navarro, José (2004): Changes in the Intellectual Structure of Strategic Management Research. A Bibliometric Study of the Strategic Management Journal, 1980-2000. In: *Strategic Management Journal* 25 (10), S. 981–1004.

Rappaport, Alfred (1999): Shareholder Value. Ein Handbuch für Manager und Investoren. 2. Aufl. Stuttgart: Schäffer-Poeschel.

Rappaport, Alfred (2006): 10 Ways to Create Shareholder Value. In: *Harvard Business Review* 84 (9), S. 66–77.

Rappaport, Alfred (2011): Saving Capitalism from Short-termism. How to Build Long-term Value and Take Back Our Financial Future. New York, NY: McGraw-Hill.

Raps, Andreas (2008): Erfolgsfaktoren der Strategieimplementierung. Konzeption, Instrumente und Fallbeispiele. 3. Aufl. Wiesbaden: Gabler.

Rasche, Andreas (2008): The Paradoxical Foundation of Strategic Management. Heidelberg: Physica.

Rasche, Andreas; Esser, Daniel (2006): From Stakeholder Management to Stakeholder Accountability. Applying Habermasian Discourse Ethics to Accountability Research. In: *Journal of Business Ethics* 65 (3), S. 251–267.

Rasche, Andreas; Morsing, Mette; Moon, Jeremy (2017): The Changing Role of Business in Global Society: CSR and Beyond. In: Andreas Rasche, Jeremy Moon und Mette Morsing (Hg.): Corporate Social Responsibility. Strategy, Communication, Governance. Cambridge: Cambridge University Press, S. 1–28.

Reeves, Martin; Love, Claire; Tillmanns, Philipp (2012): Your Strategy Needs a Strategy. In: *Harvard Business Review* 90 (9), S. 76–83.

Reiß, Michael (1989): Prognose und Planung. In: Norbert Szyperski (Hg.): Handwörterbuch der Planung. Stuttgart: Poeschel, S. 1628–1637.

Rentmeister, Jahn; Klein, Stefan (2003): Geschäftsmodelle – ein Modebegriff auf der Waagschale. In: *Zeitschrift für Betriebswirtschaft* 73 (Ergänzungsheft 1), S. 17–29.

Rieg, Robert (2015): Planung und Budgetierung. Was wirklich funktioniert. 2. Aufl. Wiesbaden: Springer.

Rigby, Darell (2001): Management Tools and Techniques. A Survey. In: *California Management Review* 43 (2), S. 139–160.

Rigby, Darell (2003): Management Tools Survey 2003. Usage up as Companies Strive to Make Headway in Tough Times. In: *Strategy & Leadership* 31 (5), S. 4–11.

Rigby, Darell; Bilodeau, Barbara (2007): Bain's Global 2007 Management Tools and Trends Survey. In: *Strategy & Leadership* 35 (5), S. 9–16.

Rigby, Darell; Bilodeau, Barbara (2015): Management Tools & Trends 2015. Hg. v. Inc. Bain & Company.

Ringlstetter, Max J. (1995): Konzernentwicklung. Rahmenkonzepte zu Strategien, Strukturen und Systemen. München: Barbara Kirsch.

Ringlstetter, Max J.; Henzler, Herbert A.; Mirow, Michael (Hg.) (2003): Perspektiven der strategischen Unternehmensführung. Theorien, Konzepte, Anwendungen. Wiesbaden: Gabler.

Ringlstetter, Max J.; Klein, Benjamin (2010): Konzernmanagement. Strategien und Strukturen. Stuttgart: Kohlhammer.

Robertson, Christopher J.; Blevins, Dane P.; Duffy, Tom (2013): A Five-Year Review, Update, and Assessment of Ethics and Governance in Strategic Management Journal. In: *Journal of Business Ethics* 117 (1), S. 85–91.

Robertson, Christopher J.; Crittenden, William F. (2003): Mapping Moral Philosophies: Strategic Implications for Multinational Firms. In: *Strategic Management Journal* 24 (4), S. 385–392.

Robins, James A.; Tallman, Stephen; Fladmoe-Lindquist, Karin (2002): Autonomy and Dependence of International Cooperative Ventures. An Exploration of the Strategic Performance of U.S. Ventures in Mexico. In: *Strategic Management Journal* 23 (10), S. 881–901.

Robins, James A.; Wiersema, Margarethe F. (1995): A Resource-Based Approach to the Multibusiness Firm: Empirical Analysis of Portfolio Interrelationships and Corporate Financial Performance. In: *Strategic Management Journal* 16 (4), S. 277–299.

Rogers, Rolf E. (1981): Corporate Strategy and Planning. Columbus: Grid. Pub.

Romer, Paul M. (1994): The Origins of Endogenous Growth. In: *Journal of Economic Perspectives* 8 (1), S. 3–22.

Rostow, Walt W. (1960): The Stages of Economic Growth. Cambridge: Cambridge University Press.

Roventa, Peter (1981): Portfolio-Analyse und strategisches Management. Ein Konzept zur strategischen Chancen- u. Risikohandhabung. 2. Aufl. München: Planungs- und organisationswissenschaftliche Schriften.
Roxburgh, Charles (2009): The Use and Abuse of Scenarios. In: *McKinsey Quarterly* (4), S. 1–10.
Rüegg, Johannes (1989): Unternehmensentwicklung im Spannungsfeld von Komplexität und Ethik. Eine permanente Herausforderung für ein ganzheitliches Management. Bern: Haupt.
Rugman, A. M. (1975): Motives for Foreign Investment: The Market Imperfections and Risk Diversification Hypotheses. In: *Journal of World Trade Law* 9 (4), S. 567–573.
Rugman, Alan M. (1981): Inside the Multinationals. The Economics of Internal Markets. New York.
Rugman, Alan M. (1985): The Determinants of Intra-Mutual Invaders Industry Direct Foreign Investment. In: Asim Erdilek (Hg.): Multinationals as Mutual Invaders. Intraindustry Direct Foreign Investment. London: Croom Helm, S. 38–66.
Rugman, Alan M.; Verbeke, Alain (2004): A Perspective on Regional and Global Strategies of Multinational Enterprises. In: *Journal of International Business Studies* 35 (1), S. 3–18.
Rugman, Alan M.; Verbeke, Alain (2006): Strategies for Multinational Enterprises. In: David O. Faulkner und Andrew Campbell (Hg.): The Oxford Handbook of Strategy. A Strategy Overview and Competitive Strategy. Oxford: Oxford Univ. Press, S. 675–697.
Rühli, Edwin; Schmidt, Sascha L. (1999): Die angloamerikanische »Strategy Process Research«. In: *Die Unternehmung* 53 (4), S. 267–286.
Rühli, Edwin; Schmidt, Sascha L. (2001): Strategieprozessforschung. In: *Zeitschrift für Betriebswirtschaft* 71 (5), S. 531–550.
Rumelt, Richard P. (1974): Strategy, Structure, and Economic Performance. Boston: Harvard University Press.
Rumelt, Richard P. (1984): Towards a Strategic Theory of the Firm. In: Robert B. Lamb (Hg.): Competitive Strategic Management. Englewood Cliffs: Prentice Hall, S. 556–570.
Rumelt, Richard P.; Schendel, Dan; Teece, David J. (1991): Strategic Management and Economics. In: *Strategic Management Journal* 12 (Special Issue), S. 5–29.
Schallmo, Daniel R. A. (2013): Geschäftsmodell-Innovation. Grundlagen, bestehende Ansätze, methodisches Vorgehen und B2B-Geschäftsmodelle. Wiesbaden: Springer Fachmedien Wiesbaden: Springer Gabler.
Schallmo, Daniel R. A. (Hg.) (2014): Kompendium Geschäftsmodell-Innovation. Grundlagen, aktuelle Ansätze und Fallbeispiele zur erfolgreichen Geschäftsmodell-Innovation. Wiesbaden: Springer Gabler.
Schaltegger, Stefan; Hansen, Erik G.; Lüdeke-Freund, Florian (2015): Business Models for Sustainability. In: *Organization & Environment* 29 (1), S. 3–10.
Schein, Edgar H. (2010): Organizational Culture and Leadership. 4. Aufl. San Francisco: Jossey-Bass.
Schendel, Dan (1992a): Introduction to the Summer 1992 Special Issue on ‚Strategy Process Research'. In: *Strategic Management Journal* 13 (5), S. 1–4.
Schendel, Dan (1992b): Introduction to the Winter 1992 Special Issue ‚Fundamental Themes in Strategy Process Research'. In: *Strategic Management Journal* 13 (8), S. 1–3.
Schendel, Dan; Hofer, Charles W. (1979): Strategic Management. A New View of Business Policy and Planning. Boston: Little Brown & Company.
Scherer, Andreas Georg (1995): Pluralismus im Strategischen Management. Der Beitrag der Teilnehmerperspektive zur Lösung von Inkommensurabilitätsproblemen in Forschung und Praxis. Wiesbaden: Deutscher Universitäts-Verlag.
Scherer, Andreas Georg; Palazzo, Guido (2007): Toward a Political Conception of Corporate Responsibility: Business and Society Seen from a Habermasian Perspective. In: *Academy of Management Review* 32 (4), S. 1096–1120.
Scherer, Andreas Georg; Palazzo, Guido (2011): The New Political Role of Business in a Globalized World: A Review of a New Perspective on CSR and its Implications for the Firm, Governance, and Democracy. In: *Journal of Management Studies* 48 (4), S. 899–931.
Scherer, Andreas Georg; Rasche, Andreas; Palazzo, Guido; Spicer, André (2016): Managing for Political Corporate Social Responsibility: New Challenges and Directions for PCSR 2.0. In: *Journal of Management Studies* 53 (3), S. 273–298.
Scherer, Frederic M. (1970): Industrial Market Structure and Economic Performance. Chicago: Rand McNally.

Schloemann, Johan (2017): Ist die Globalisierung am Ende? In: *Süddeutsche.de*, 10.04.2017. Online verfügbar unter http://www.sueddeutsche.de/kultur/sz-reihe-ueber-globalisierung-ist-die-globalisierung-am-ende-1.3453869, zuletzt geprüft am 02.06.2017.

Schmidtchen, Dieter (2005): Wettbewerb und Kooperation (Co-opetition). Neues Paradigma für Wettbewerbstheorie und Wettbewerbspolitik? In: Joachim Zentes, Bernhard Swoboda und Dirk Morschett (Hg.): Kooperationen, Allianzen und Netzwerke. Grundlagen-Ansätze-Perspektiven. 2. Aufl. Wiesbaden: Gabler, S. 65–93.

Schneider, Anselm; Scherer, Andreas Georg (2015): Corporate Governance in a Risk Society. In: *Journal of Business Ethics* 126 (2), S. 309–323.

Schneider, Dieter (1994): Allgemeine Betriebswirtschaftslehre. 3. Aufl. München: Oldenbourg.

Schoar, A. (2002): Effect of Corporate Diversification on Productivity. In: *Journal of Finance* 57 (6), S. 2379–2403.

Scholz, Christian (1987): Strategisches Management. Ein integrativer Ansatz. Berlin: De Gruyter.

Schommer, M.; Karna, A.; Richter, A. (2015): Performance Effects of Diversification Across Institutional Contexts. A Meta-analysis. In: *Academy of Management Proceedings* 15633 (1), S. 1–40.

Schormair, Maximilian J. L.; Gilbert, Dirk Ulrich (2015): Das Shared Value-Konzept von Porter und Kramer – der Rede wert?; eine unternehmensethische Einordnung. In: *Wirtschaftswissenschaftliches Studium: WiSt; Zeitschrift für Studium und Forschung* 44 (10), S. 579–583.

Schreyögg, Georg (1984): Unternehmensstrategie. Grundfragen einer Theorie strategischer Unternehmensführung. Berlin: De Gruyter.

Schreyögg, Georg; Geiger, Daniel (2016): Organisation. Grundlagen moderner Organisationsgestaltung: mit Fallstudien. 6. Aufl. Wiesbaden: Springer Gabler.

Schreyögg, Georg; Steinmann, Horst (1986): Zur Praxis strategischer Kontrolle. Ergebnisse einer explorativen Studie. In: *Zeitschrift für Betriebswirtschaft* 56 (1), S. 40–50.

Schreyögg, Georg; Steinmann, Horst (1987): Strategic Control. A New Perspective. In: *Academy of Management Review* 12 (1), S. 91–103.

Schuman, Michael (2013): Globalization Isn't Dead, It's Only Just Beginning. In: *Time*, 19.11.2013.

Schwalbach, Joachim (1991): Profitability and Market Share: A Reflection on the Functional Relationship. In: *Strategic Management Journal* 12 (4), S. 299–306.

Seibert, Ulrich (1999): Geleitwort. In: Bernd Saitz und Frank Braun (Hg.): Das Kontroll- und Transparenzgesetz. Herausforderungen und Chancen für das Risikomanagement. Wiesbaden: Gabler, S. V–VIII.

Sepp, Holger M. (1996): Strategische Frühaufklärung. Eine ganzheitliche Konzeption aus ökologieorientierter Perspektive. Wiesbaden: Deutscher Universitäts-Verlag.

Shaver, Myles J.; Mitchell, Will; Yeung, Bernard (1997): The Effect of Own Firm and Other Firm Experience on Foreign Direct Investment Survival in the United States, 1987–92. In: *Strategic Management Journal* 18 (10), S. 811–824.

Siebert, Holger (1991): Ökonomische Analyse von Unternehmensnetzwerken. In: Wolfgang H. Staehle und Jörg Sydow (Hg.): Managementforschung 1. Berlin: De Gruyter, S. 291–311.

Siegert, Theo (1995): Shareholder-Value als Lenkungsinstrument. In: *Zeitschrift für betriebswirtschaftliche Forschung* 47 (6), S. 580–607.

Simon, Herbert A. (1959): Theories of Decision-Making in Economics and Behavioral Science. In: *American Economic Review* 49 (3), S. 253–283.

Simon, Herbert A. (1966): Models of Man. Mathematical Essays on Rational Human Behaviour in a Social Setting. 4. Aufl. New York NY u.a.: John Wiley & Sons.

Simon, Herbert A. (1976): Administrative Behavior: a Study of Decision-making Processes in Administrative Organization. 3. Aufl. New York: Free Press.

Simon, Herbert A. (2008): Economics, Bounded Rationality and the Cognitive Revolution. Cheltenham u.a.: Elgar.

Simon, Hermann (2012): Hidden Champions – Aufbruch nach Globalia. Die Erfolgsstrategien unbekannter Weltmarktführer. Frankfurt am Main [u.a.]: Campus Verlag.

Simon, Hermann; Fassnacht, Martin (2016): Preismanagement. Strategie – Analyse – Entscheidung – Umsetzung. 4. Aufl. Wiesbaden: Springer Gabler.

Simon, Hermann; von der Gathen, Andreas (2010): Das große Handbuch der Strategieinstrumente. Werkzeuge für eine erfolgreiche Unternehmensführung: Campus Verlag.

Singer, Alan E. (2010): Integrating Ethics and Strategy: A Pragmatic Approach. In: *Journal of Business Ethics* 92 (4), S. 479–491.

Spang, Stefan (2005): Neue Kernkompetenzen gefragt: IT verändert die Unternehmen. In: Harald Hungenberg und Jürgen Meffert (Hg.): Handbuch Strategisches Management. 2. Aufl. Wiesbaden: Gabler, S. 639–655.

Spieth, Patrick; Schneckenberg, Dirk; Matzler, Kurt (2016): Exploring the Linkage between Business Model (&) Innovation and the Strategy of the Firm. In: *R&D Management* 46 (3), S. 403–413.

Stabell, Charles B.; Fjeldstad, Oystein D. (1998): Configuring Value for Competitive Advantage: On Chains, Shops, and Networks. In: *Strategic Management Journal* 19 (5), S. 413–437.

Stadler, Christian; Wältermann, Philip (2012): Die Jahrhundert-Champions. Fünf Prinzipien für dauerhaften Unternehmenserfolg oder Was wir aus der Geschichte europäischer Top-Unternehmen lernen können. Stuttgart: Schäffer-Poeschel (Handelsblatt-Bücher).

Steiner, George A. (1969): Top Management Planning. New York: Macmillan.

Steinle, Claus (2005): Ganzheitliches Management. Eine mehrdimensionale Sichtweise integrierter Unternehmungsführung. Wiesbaden: Gabler.

Steinle, Claus; Thiem, Henning; Lange, Morten (2001): Die Balanced Scorecard als Instrument zur Umsetzung von Strategien. In: *Controller Magazin* 26, S. 29–37.

Steinmann, Horst; Koch, Jochen; Schreyögg, Georg (2013): Management. Grundlagen der Unternehmensführung. Konzepte – Funktionen – Fallstudien. 7. Aufl. Wiesbaden: Springer Gabler.

Steinmann, Horst; Schreyögg, Georg (2005): Management. Grundlagen der Unternehmensführung. Konzepte, Funktionen, Fallstudien. 6. Aufl. Wiesbaden: Gabler.

Stocker, Frank (2016): Die Ära der Gliobalisierung steht vor dem Ende. In: *Die Welt*, 24.08.2016. Online verfügbar unter https://www.welt.de/wirtschaft/article157825087/Die-Aera-der-Globalisierung-steht-vor-dem-Ende.html, zuletzt geprüft am 02.06.2017.

Stöger, Roman (2010): Strategieentwicklung für die Praxis. Kunde – Leistung – Ergebnis. 2. Aufl. Stuttgart: Schäffer-Poeschel.

Suchman, Mark C. (1995): Managing Legitimacy. Strategic and Institutional Approaches. In: *Academy of Management Review* 20 (3), S. 571–610.

Sydow, Jörg (1992): Strategische Netzwerke. Evolution und Organisation. Wiesbaden: Gabler.

Sydow, Jörg (Hg.) (2010): Management von Netzwerkorganisationen. Beiträge aus der »Managementforschung«. 5. Aufl. Wiesbaden: Gabler.

Sydow, Jörg; Windeler, Arnold (2001): Strategisches Management von Unternehmensnetzwerken. Komplexität und Reflexivität. In: Günther Ortmann und Jörg Sydow (Hg.): Strategie und Strukturation. Strategisches Management von Unternehmen, Netzwerken und Konzernen. Wiesbaden: Gabler, S. 129–142.

Szeless, Georg (2001): Diversifikation und Unternehmenserfolg. Eine empirische Analyse deutscher, schweizerischer und österreichischer Unternehmen. St. Gallen: Universität St. Gallen.

Szymanskki, David M.; Bharadwaj, G. Sundar; Varadarajan, P. Rajan (1993): An Analysis of the Market Share-Profitability Relationship. In: *Journal of Marketing* 57 (3), S. 1–18.

Szyperski, Norbert; Winand, Udo (1980): Grundbegriffe der Unternehmensplanung. Stuttgart: Poeschel.

Taleb, Nassim Nicholas (2007): The Black Swan. The Impact of the Highly Improbable. New York: Random House.

Tallman, Stephen (2006): Dynamic Capabilities. In: David O. Faulkner und Andrew Campbell (Hg.): The Oxford Handbook of Strategy. A Strategy Overview and Competitive Strategy. Oxford: Oxford Univ. Press, S. 378–409.

Teece, David J. (1976): Technological and Organizational Factors in the Theory of the Multinational Enterprise. In: Peter J. Buckley und Mark Casson (Hg.): The Future of the Multinational Enterprise. London, Basingstoke.

Teece, David J. (1981): The Multinational Enterprise: Market Failure and Market Power Considerations. In: *Sloan Management Review* 22 (3), S. 3–17.

Teece, David J. (1983): Technological and Organizational Factors in the Theory of the Multinational Enterprise. In: Mark Casson und Peter J. Buckley (Hg.): The Growth of International Business. London u.a.: Allen [and] Unwin, S. 51–62.

Teece, David J. (1985): Multinational Enterprise, Internal Governance, and Industrial Organization. In: *The American Economic Review* 75 (2), S. 233–238.

Teece, David J. (1986): Transaction Cost Economics and the Multinational Enterprise: An Assessment. In: *Journal of Economic Behavior and Organization* 7, S. 21–45.

Terpstra, Vern (1987): The Evolution of International Marketing. In: *International Marketing Review* 4 (2), S. 47–59.

The Galileo Consulting Group; Behnam, Michael; Gilbert, Dirk U. (2002): Strategic Issues in German Industries. Ergebnisse der Tracking Studie zur Evaluierung von Strategieprozessen in deutschen Top-Unternehmen. Ingelheim: The Galileo Consulting Group.

Thommen, Jean-Paul; Achleitner, Ann-Kristin (2012): Allgemeine Betriebswirtschaftslehre. Umfassende Einführung aus managementorientierter Sicht. 7. Aufl. Wiesbaden: Gabler.

Thommen, Jean-Paul; Achleitner, Ann-Kristin; Gilbert, Dirk Ulrich; Hachmeister, Dirk; Kaiser, Gernot (2017): Allgemeine Betriebswirtschaftslehre. Umfassende Einführung aus managementorientierter Sicht. 8. Aufl. Wiesbaden: Springer Gabler.

Thompson, Arthur A.; Peteraf, Margaret A.; Gamble, John E.; Strickland, Alonzo J. (2015): Crafting and Executing Strategy. The Quest for Competitive Advantage: Concepts and Readings. 20. Aufl. New York, NY: McGraw-Hill.

Timmers, Paul (1998): Business Models for Electronic Markets. In: *EM-Electronic Markets* 8 (2), S. 3–8.

Toni, Alberto Felice de; Fornasier, Andrea; Nonino, Fabio (2015): The Impact of Implementation Process on the Perception of Enterprise Resource Planning Success. In: *Business Process Management Journal* 21 (2), S. 332–352.

Ulrich, Hans (1990): Unternehmungspolitik. 3. Aufl. Bern: Haupt.

Ulrich, Peter (2010): Zivilisierte Marktwirtschaft. Eine wirtschaftsethische Orientierung. Bern, Stuttgart, Wien: Haupt.

Ulrich, Peter (2016): Integrative Wirtschaftsethik. Grundlagen einer lebensdienlichen Ökonomie. 5. Aufl. Bern: Haupt.

Ulrich, Peter; Fluri, Edgar (1995): Management. Eine konzentrierte Einführung. 7. Aufl. Bern: Haupt.

Ungericht, Bernhard (2012): Strategiebewusstes Management. Konzepte und Instrumente für nachhaltiges Handeln. München u.a.: Pearson.

Utterback, James M.; Abernathy, William J. (1975): A Dynamic Model of Process and Product Innovation. In: *OMEGA* 3 (6), S. 639–656.

Vahlne, Jan-Erik; Johanson, Jan (2013): The Uppsala Model on Evolution of the Multinational Business Enterprise – from Internalization to Coordination of Networks. In: *International Marketing Review* 30 (3), S. 189–210.

Valmohammadi, Changiz; Roshanzamir, Shervin (2015): The Guidelines of Improvement. Relations among Organizational Culture, TQM and Performance. In: *International Journal of Production Economics* 164, S. 167–178.

van de Ven, Andrew H. (1992): Suggestions for Studying Strategy Process. A Research Note. In: *Strategic Management Journal* 13 (5), S. 169–188.

van Deusen, Cheryl; Williamson, Steven; Babson, Harold C. (2007): Business Policy and Strategy. The Art of Competition. 7. Aufl. Boca Raton: Auerbach Publications.

Vancil, Richard F.; Lorange, Peter (1979): Die drei Phasen strategischer Planung. In: *Harvard Business Manager* 1 (2), S. 61–68.

Venohr, Bernd (1987): »Marktgesetze« und strategische Unternehmensführung. Eine kritische Analyse des PIMS-Programms. Wiesbaden: Gabler.

Verwijmeren, Patrick; Derwall, Jeroen (2010): Employee Well-being, Firm Leverage, and Bankruptcy Risk. In: *Journal of Banking & Finance* 34 (5), S. 956–964.

von Clausewitz, Carl (1991): Vom Kriege. Bonn: Dümmler.

von Colbe, Walther B. (1989): Budgetierung und Planung. In: Norbert Szyperski (Hg.): Handwörterbuch der Planung. Stuttgart: Poeschel, S. 176–182.

von Hayek, Friedrich A. (1969): Freiburger Studien. Tübingen: Mohr.

von Neumann, John; Morgenstern, Oskar (1967): Spieltheorie und wirtschaftliches Verhalten. 2. Aufl. Würzburg: Physica.

von Reibnitz, Ute (1986): Szenarien als Grundlage strategischer Planung. In: Ute von Reibnitz und Walter Kroy (Hg.): Szenario-Technik. Management-Seminar. Zürich: Zentrum für Unternehmensführung.

von Reibnitz, Ute (1987): Szenarien: Optionen für die Zukunft. Hamburg: McGraw-Hill.

von Reibnitz, Ute; Geschka, Horst; Seibert, Siegfried (1982): Die Szenario-Technik als Grundlage von Planungen. Frankfurt/Main: Battelle-Institut.

Walgenbach, Peter; Hegele, Cornelia (2001): What Can an Apple Learn from an Orange? Or: What Do Companies Use Benchmarking for? In: *Organization* 8 (1), S. 121–144.

Walters, Peter G. P. (1997): Global Market Segmentation. Methodologies and Challenges. In: *Journal of Marketing Management* 13 (1/3), S. 165–177.

Waters, James A.; Bird, Frederick (1987): The Moral Dimension of Organizational Culture. In: *Journal of Business Ethics* 8 (1), S. 15–22.

Waters, James A.; Bird, Frederick (1989): Attending to Ethics in Management. In: *Journal of Business Ethics* 8 (6), S. 493–497.

Welge, Martin K.; Al-Laham, Andreas (2012): Strategisches Management. Grundlagen – Prozess – Implementierung. 6. Aufl. Wiesbaden: Gabler.

Welge, Martin K.; Al-Laham, Andreas; Eulerich, Marc (2017): Strategisches Management. Grundlagen – Prozess – Implementierung. 7. Aufl. Wiesbaden: Gabler.

Welge, Martin K.; Eulerich, Marc (2014): Corporate-Governance-Management. Theorie und Praxis der guten Unternehmensführung. 2. Aufl. 2014. Wiesbaden: Springer Gabler.

Wellstein, Benjamin; Kieser, Alfred (2011): Trading »Best Practices«—a Good Practice? In: *Industrial and Corporate Change* 20 (3), S. 683–719.

Werkmann, Günter (1989): Strategie und Organisationsgestaltung. Frankfurt/Main: Campus Verlag.

Wernerfelt, Birger (1984): A Resource-based View of the Firm. In: *Strategic Management Journal* 5 (2), S. 171–180.

Wernerfelt, Birger (1995): The Resource-based View of the Firm. Ten Years After. In: *Strategic Management Journal* 16 (3), S. 171–174.

Whittington, Richard (1996): Strategy as Practice. In: *Long Range Planning* 29 (5), S. 731–735.

Whittington, Richard (2006): Completing the Practice Turn in Strategy Research. In: *Organization Studies* 27 (5), S. 613–634.

Wieland, Josef (2007): Die Ethik der Governance. 5. Aufl. Marburg: Metropolis.

Wild, Jürgen (1982): Grundlagen der Unternehmungsplanung. 4. Aufl. Opladen: Westdeutscher Verlag.

Williamson, Oliver E. (1971): The Vertical Integration of Production: Market Failure Considerations. In: *The American Economic Review* 61 (2), S. 112–123.

Williamson, Oliver E. (1975): Markets and Hierarchies. Analysis and Antitrust Implications. New York: Free Press.

Wirtz, Bernd W. (2013): Business Model Management. Design, Instrumente, Erfolgsfaktoren von Geschäftsmodellen. 3. Aufl. Wiesbaden: Springer Gabler.

Wirtz, Bernd W.; Schilke, Oliver; Ullrich, Sebastian (2010): Strategic Development of Business Models: Implications of the Web 2.0 for Creating Value on the Internet. In: *Long Range Planning* 43 (2/3), S. 272–290.

Witte, Eberhard (1968): Phasen-Theorem und Organisation komplexer Entscheidungsverläufe. In: *Zeitschrift für betriebswirtschaftliche Forschung* 20, S. 625–647.

Wöhe, Günter; Döring, Ulrich; Brösel, Gerrit (2016): Einführung in die allgemeine Betriebswirtschaftslehre. 26. Aufl. München, München: Vahlen.

Wolf, Joachim (2000): Strategie und Struktur 1955-1995. Ein Kapitel der Geschichte deutscher nationaler und internationaler Unternehmen. Wiesbaden: Gabler.

Wulf, Torsten; Krys, Christian; Brands, Christian; Meissner, Philip; Stubner, Stephan (2011): Ein Radar für die Strategieplanung. In: *Harvard Business Manager* 33 (3), S. 56–62.

Wunder, Thomas (2016a): Essentials of Strategic Management. Effective Formulation and Execution of Strategy. Stuttgart: Schäffer-Poeschel.

Wunder, Thomas (2016b): Geschäftsmodellinnovation. Systematisch neue Wettbewerbsvorteile schaffen. In: *Zeitschrift Führung + Organisation* 85 (5), S. 358–361.

Yip, George S. (1995): Total Global Strategy. Managing for Worldwide Competitive Advantage. Englewood Cliffs: Prentice Hall.

Yoshimori, Masaru (1995): Whose Company Is it? The Concept of the Corporation in Japan and the West. In: *Long Range Planning* 28 (4), S. 33–44.

Zencke, Peter; Ebner, Manuel (2005): Geschäftlicher Nutzen von IT-Lösungen am Beispiel CRM. In: Harald Hungenberg und Jürgen Meffert (Hg.): Handbuch Strategisches Management. 2. Aufl. Wiesbaden: Gabler, S. 709–724.

Bernd Noll

Wirtschafts- und Unternehmensethik in der Marktwirtschaft

2., aktualisierte und überarbeitete Auflage 2013
334 Seiten, 17 Abb. Kart.
€ 29,90
ISBN 978-3-17-021839-0

Wirtschaftsethik ist zu einem zentralen Diskussionsthema geworden. In diesem Lehrbuch werden zunächst die Grundlagen der allgemeinen Ethik entwickelt und dann die wichtigsten Ebenen unterschieden, auf denen moralische Anliegen zur Geltung gebracht werden können: Die Ordnungsethik fragt nach der „gerechten" Wirtschaftsordnung der Marktwirtschaft, die Unternehmensethik nach der moralischen Verantwortung von Unternehmen, die Individualethik nach den moralischen Ansprüchen an das Management und die Mitarbeiter im Unternehmen. Die Darstellung ist ein wissenschaftlich fundierter Leitfaden, der dem Leser durch verständliche Sprache und Praxisbeispiele einen Zugang ermöglicht. Neben Aktualisierungen wird die Neuauflage stärker die Bedeutung von Verbänden und Nichtregierungsorganisationen für die Ethikdebatte herausarbeiten. Die Erstauflage des Buches wurde mit dem Max-Weber-Preis für Wirtschaftsethik ausgezeichnet.

Prof. Dr. Bernd Noll lehrt Volkswirtschaftslehre und Wirtschaftsethik an der Hochschule Pforzheim.

Leseproben und weitere Informationen unter www.kohlhammer.de

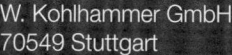

Aus der Reihe **Executive Education**

Moreen Heine/Stephan A. Rehder

Geschäftsprozess-management

2017. 80 Seiten, 53 Abb., 10 Tab. Kart. € 16,–
ISBN 978-3-17-033391-8

Christian Schultz/Stephan A. Rehder

Entrepreneurship

2017. 100 Seiten, 36 Abb, 11 Tab. Kart. € 15,–
ISBN 978-3-17-033395-6

Christoph Rasche/Stephan A. Rehder

Internationales Management

2017. 100 Seiten, 48 Abb., 21 Tab. Kart. € 19,–
ISBN 978-3-17-033399-4

Dieter Wagner/Stephan A. Rehder

Personalmanagement

2017. 100 Seiten, 68 Abb., 13 Tab. Kart. € 19,–
ISBN 978-3-17-033403-8

jeweils auch als EBOOK

Leseproben und weitere Informationen unter www.kohlhammer.de

W. Kohlhammer GmbH
70549 Stuttgart

Kohlhammer